八閩文庫

八閩文庫

專題彙編

第二種

福建民間契約文書

18

厦門大學民間歷史文獻研究中心 編

鄭振滿 主編

海峽出版發行集團
THE STRAITS PUBLISHING & DISTRIBUTING GROUP
福建人民出版社

本册目録

第四卷　永泰縣蓋洋鄉前湖村契約文書

第二帙　許新良户

第四帙 許光斌户

第五帙　鄭勇藏件

第四卷　永泰縣蓋洋鄉前湖村契約文書

本卷主編　周煜翔

本卷簡介

前湖村地處戴雲山北麓，平均海拔高度七百九十米左右。發源於湖裡村的門前溪流經該村，並在水尾處匯成湖泊，故得名前湖。全村東西寬一千一百多米，南北長一千三百多米，整體呈楓葉狀分佈。轄區面積二十二點六七平方公里，耕地二千三百二十畝，果園七百畝，山地主要種植杉木、竹子和油茶。

明清時期，前湖村屬永福縣和平鄉英達里三十六都，民國時屬永泰縣南區，現屬永泰縣蓋洋鄉。東接蓋洋村，南鄰小洋村，有古驛道通往洑口鄉、德化縣和尤溪縣。該村居民均爲許姓，現有户籍人口一千五百二十八人，常住人口大約九百人。

前湖許氏家族原籍尤溪縣中仙鄉，始祖進寶於明洪武二十四年（一三九一）隨母改嫁遷居永泰縣蓋洋鄉南山溪兜村，從繼父張得宗入籍。進寶有神居、孟福二子，分立福、壽兩房，俗稱長房和二房，是爲前湖許氏家族的兩大房。目前，該村居民多爲福房子孫。明天順六年（一四六二），福房三世祖許招入三十六都林璇户下爲甲首，並於明成化十八年（一四八二）改户名爲許姓。福房七世祖許澄（一五二八—一六〇九）以頂種屯田爲業，開始發家致富，修建了新園厝和東園厝，被推選爲二甲里長。清代以來，許氏家族致力於山林經營，被視爲蓋洋鄉較爲富裕的家族。

我們在前湖村共收集到契約文書三百二十餘件，另有若干墓祭簿、抄契簿、得業簿、流水賬等歷史文獻資料。這些契約文書主要來自於該村四户村民，還有一些由周寧縣博物館鄭勇館長提供。依據「歸户」的原則，每户收藏的契約文書各編爲一帙，而鄭勇館長提供的契約文書亦獨立編爲一帙。

第一帙爲許新雲户契約文書，包括各類契約文書一百餘件，其中大多是有關山場和林業的契約，而且涉及德化、尤溪、永泰洑口等地的不同家族。許新雲出自福房，其所藏契約文書繼承自祖父許存英。此外，許新雲之叔進晟（譜名正晟）絶嗣，其所立「租糧出入總目」亦由許新雲繼承。該簿記録了許進晟祖父義華祭産的租額和佃户名稱，其中大部分爲許氏族人。

第二帙爲許新良户契約文書，主要爲許存英所立的抄契簿和得業簿，其中記録了清末至民國時期許氏家族同德化鄭氏、尤溪李氏和紀氏三個家族的田産交易。許新良爲許存英之孫，與許新雲爲兄弟。

第三帙爲許文武户契約文書，僅有一册立於道光十六年（一八三六）的「輪流墓簿」，其中記録了福房第十二世祖孟興的祭産和祭規。孟興派下分爲乾、坤兩房，許文武爲乾房派下子孫，其所藏「輪流墓簿」繼承自父親許賢亨。

第四帙爲許光斌户契約文書，包括各類契約一百六十餘件，另有若干收據、鬮單、信件和田租流水賬等。許光斌出自壽房，所藏契約文書繼承自父親許金禎。該户契約以田契爲主，交易雙方多爲壽房族人，有些契約涉及南山柯氏、蓋洋鄭氏、嵩口毛氏等家族。需要説明的是，壽房派下子孫在永泰長慶修建了東園厝和新園厝，其相關契約亦編入本帙。

第五帙爲鄭勇館長收藏的契約文書，包括各類契約九十件，其中山林契約大多涉及尤溪、德化、蓋洋、洑口等地各家族。這些契約文書的系統性較差，相互關聯的契約較少。不過，從涉及的當事人看，這些契約文書應當是出自壽房。爲了盡可能揭示其内在聯繫，我們主要依據文獻類型和交易物，對這些契約文書作了重新整理和排序。

前湖許氏家族尚存族譜、科儀本等歷史文獻資料，周邊地區也有不少相關契約文書，可以綜合利用這些歷史文獻資料，深入考察明代以來前湖許氏家族的發展歷程。

第一帙 許新雲户

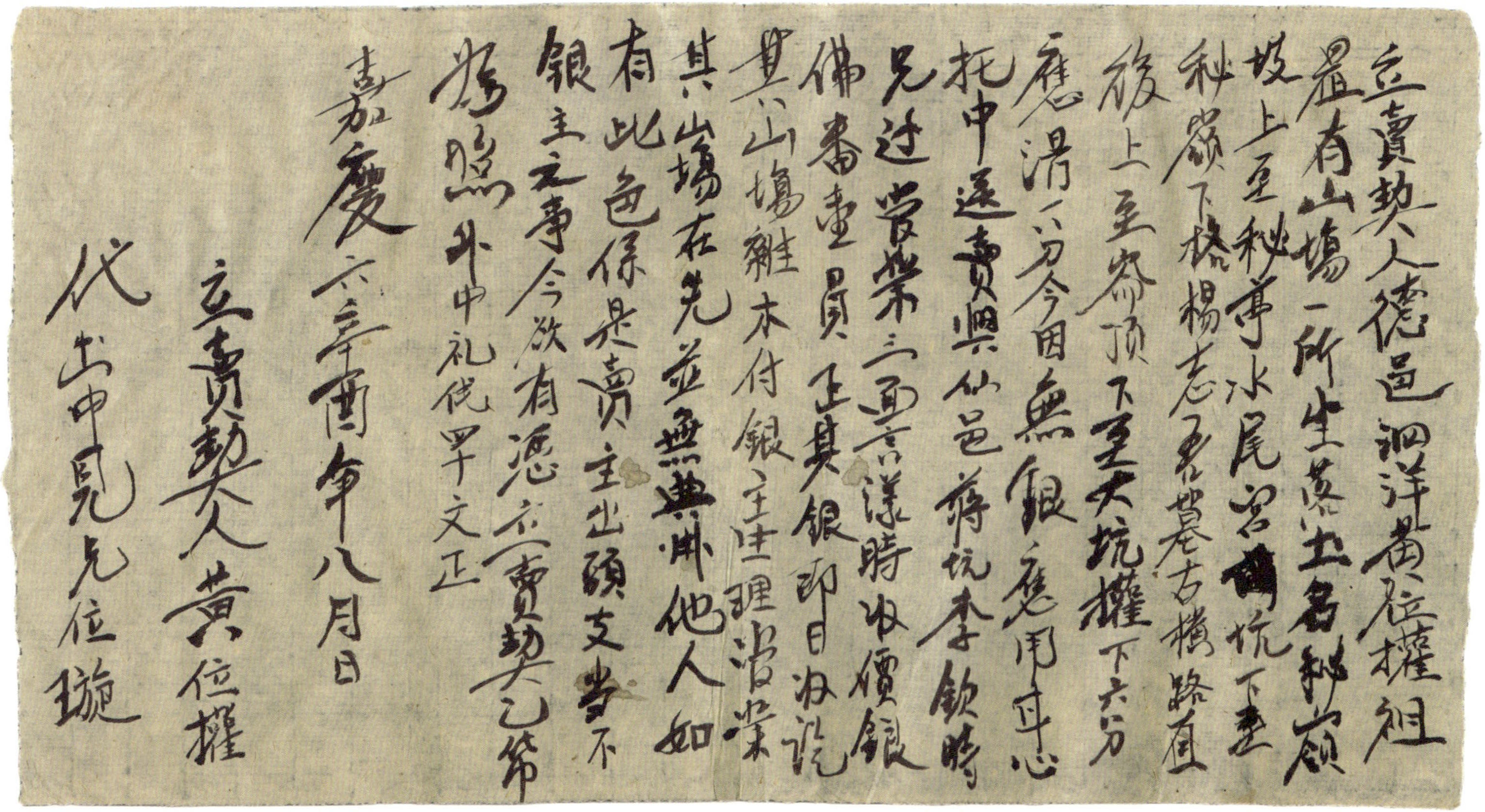
立賣契人德邑泗洋黄位權祖
置有山場一所，坐落土名秋竹嶺
坡上至秋竹水尾宮[illegible]坑下至
秋嶺下橋楊志君墓古橋路直
後上至崙頂下至大坑，權下六分
應得六分。今因無銀應用，甘心
托中送賣與仙邑蒋坑李欽時
兄边管業，三面言議時價銀
佛番壹員正，其銀即日收訖，
其山場雜木付銀主任理管業。
其山場在先並無典掛他人，如
有此色，係是賣主出頭支當，不
銀主之事。今欲有憑，立賣契乙帋
為照。外中礼伐[illegible]千文正
嘉慶六年辛酉年八月　日
立賣契人黄位權
代出中見兄位璇

4-1-1-1　清嘉慶六年八月德化黄位權立賣山場契

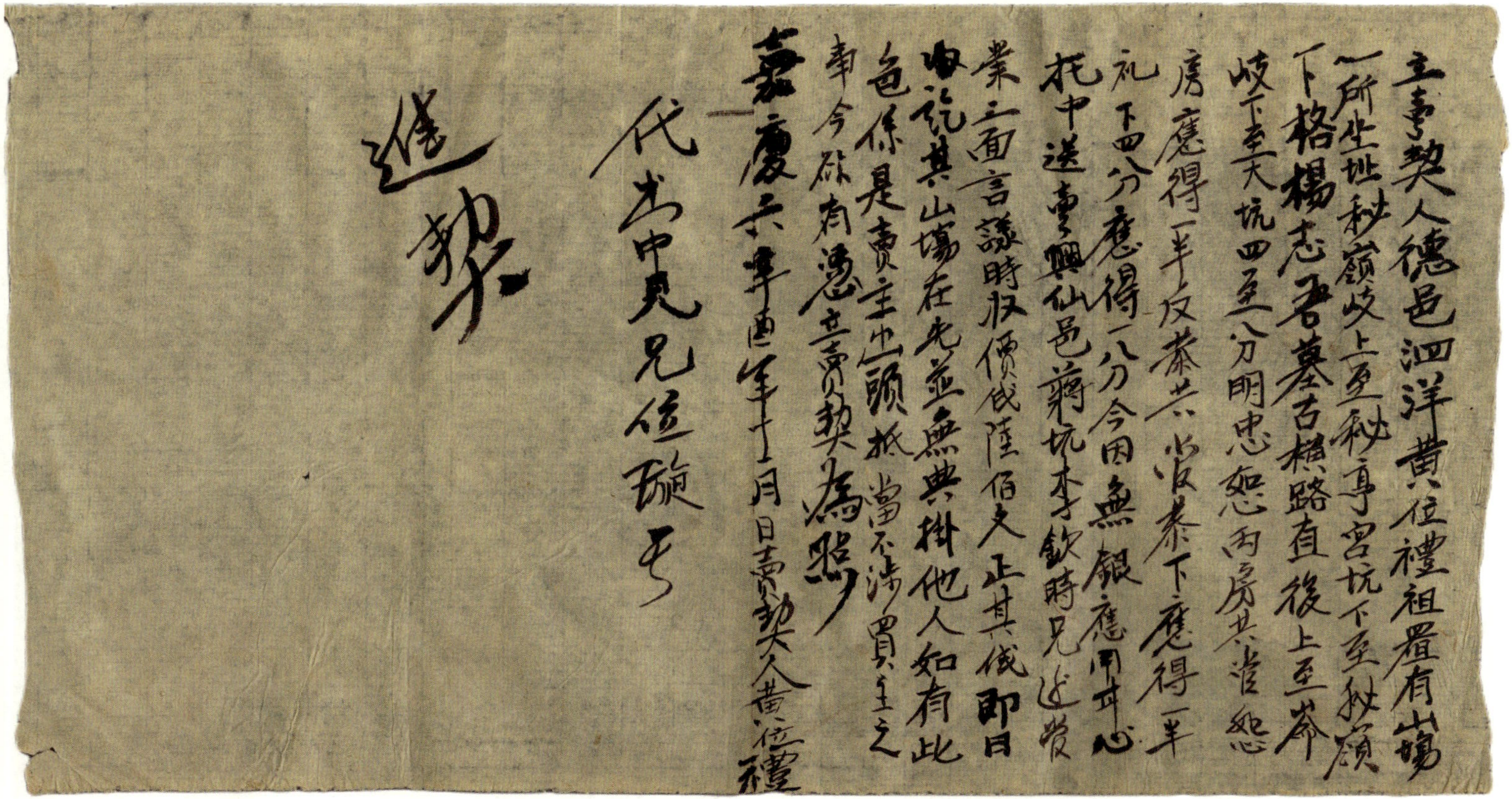

立賣契人德邑泗洋黄位禮祖置有山場
一所坐址秋嶺岐上至秋亭宮坑下至秋嶺
下格楊志玉君墓古横路直後上至崙
岐下至大坑四至八分明忠恕兩房共沓恕
房應得一半又恭共沓恭下應得一半
禮下四八分應得一八分今因無銀應用甘心
托中送賣與仙邑蔣坑李欽時兄边當
業三面言議時值價錢陸佰文正其錢即日
收訖其山場在先並無典掛他人如有此
色係是賣主出頭抵當不涉買主之
事今欲有憑立賣契為照
嘉慶六年十一月　日立賣契人黄位禮
代书中見兄位璇　书
進契

4-1-1-2　清嘉慶六年十一月德化黄位禮立賣山場契

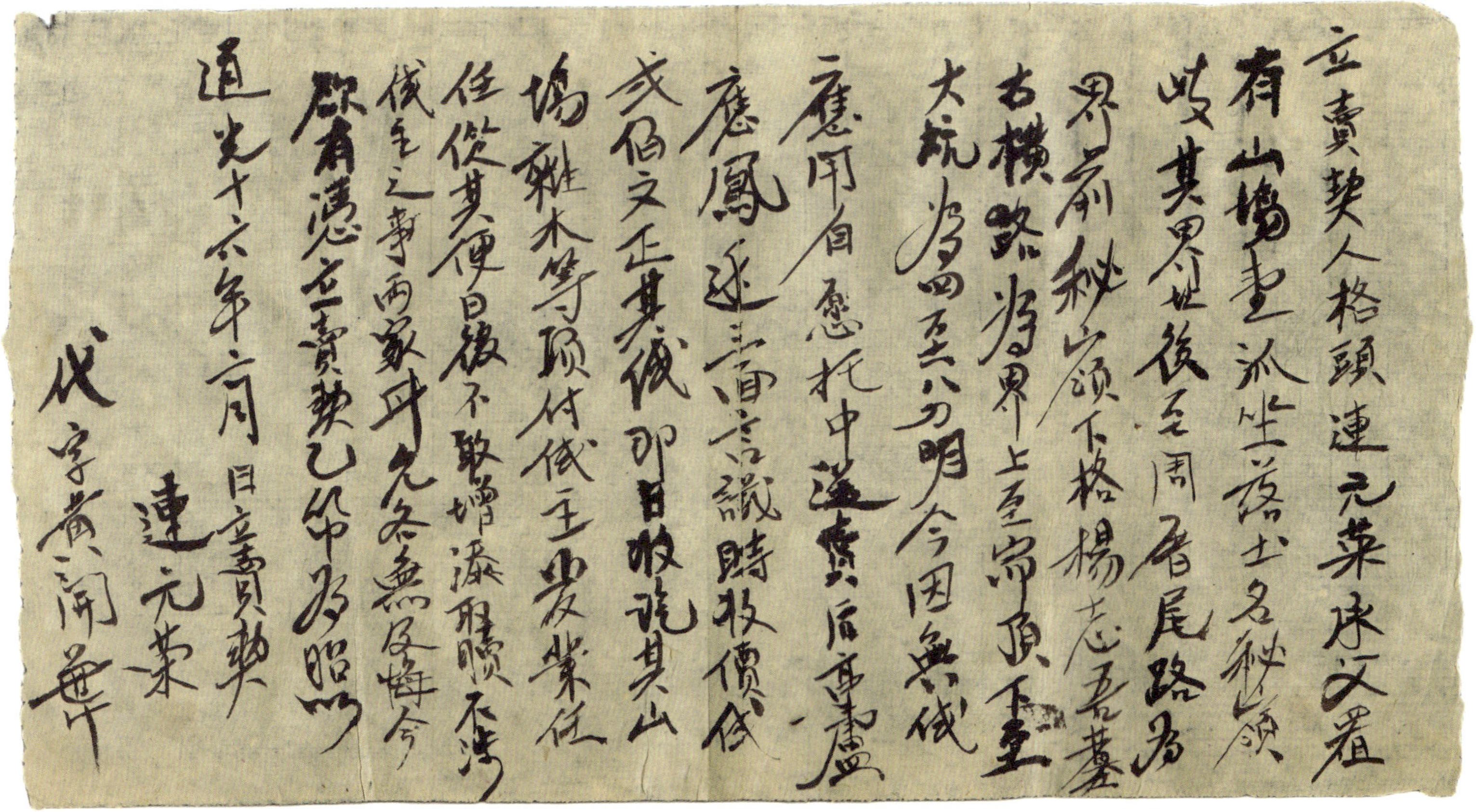

立賣契人格頭連元栄承父置
有山場壹所坐落土名秘嶺
岐其界址後至周厝尾路爲
界前秘山嶺下格楊志吾墓
右横路爲界上至嶺頂下至
大坑爲界四至分明今因無錢
應用自愿托中送賣盧
應鳳邊三面言議時收價錢
弍佰文正其錢即日收訖其山
場雜木等項付錢主掌業任
任從其便日後不敢增添取贖不得
錢主之事兩家甘允各無反悔今
欲有憑立賣契乙紙爲照
道光十六年二月　日立賣契
連元栄
代字黃開華

4-1-2-1　清道光十六年二月連元栄立賣山場契（草契）

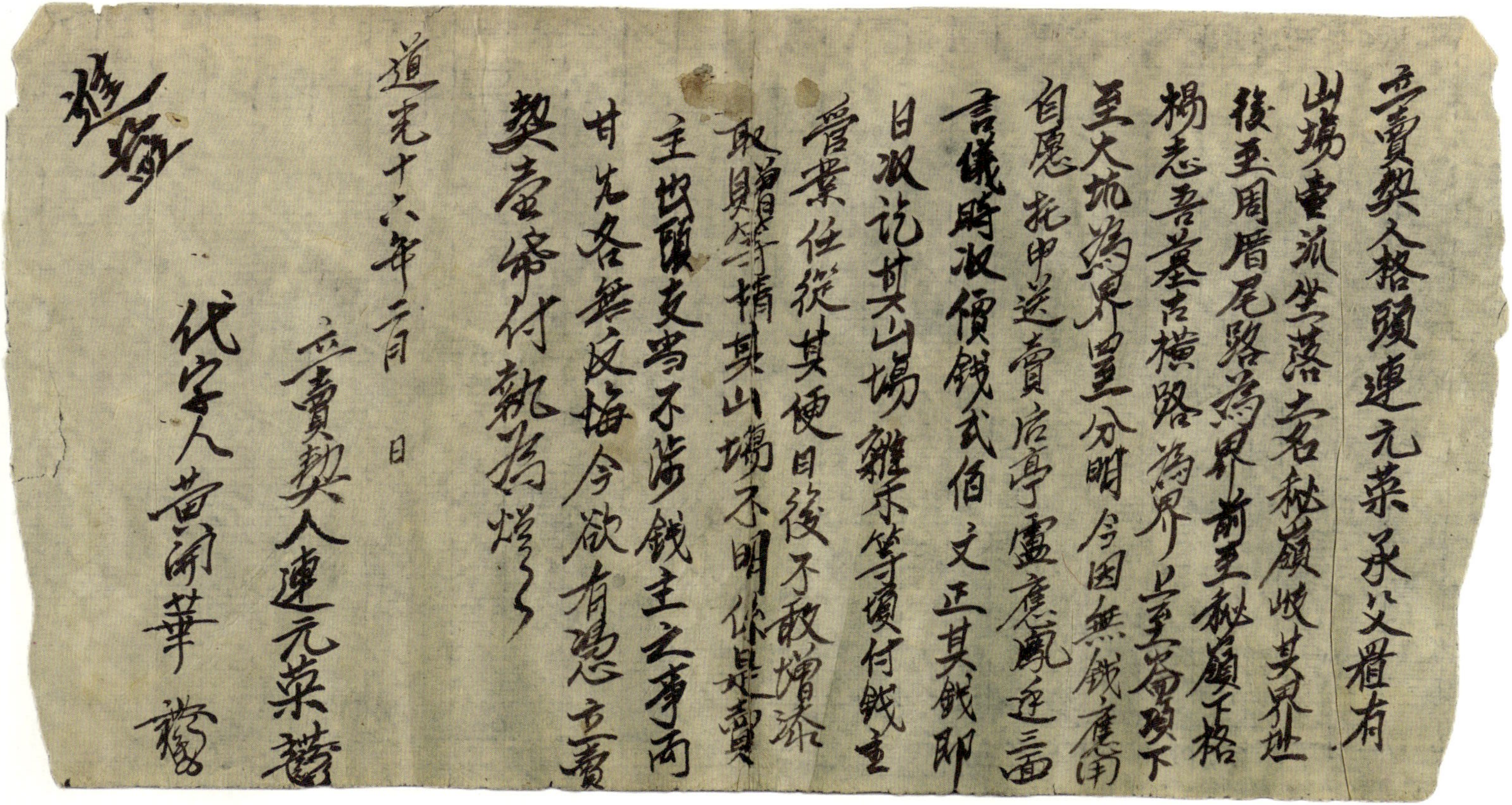

立賣契人格頭連元荣，承父置有
山場壹派，坐落土名秘嶺岐，其界址
後至周厝尾路為界，前至秘嶺下格
楊志音墓吉橫路為界，上至崙頂，下
至大坑為界，四至分明。今因無錢應用，
自愿托中送賣店亭盧鹿鳳邊，三面
言議時價錢貳佰文正，其錢即
日收訖。其山場雜木等項付錢主
管業，任從其便，日後不敢增添
取贖等情。其山場不明，係是賣
主出頭支當，不涉錢主之事。兩
甘先各無反悔，今欲有憑，立賣
契壹紙付執為照。
道光十六年二月 日
立賣契人連元荣（押）
代字人黃開華（押）
[illegible]

4-1-2-2　清道光十六年二月連元荣立賣山場契

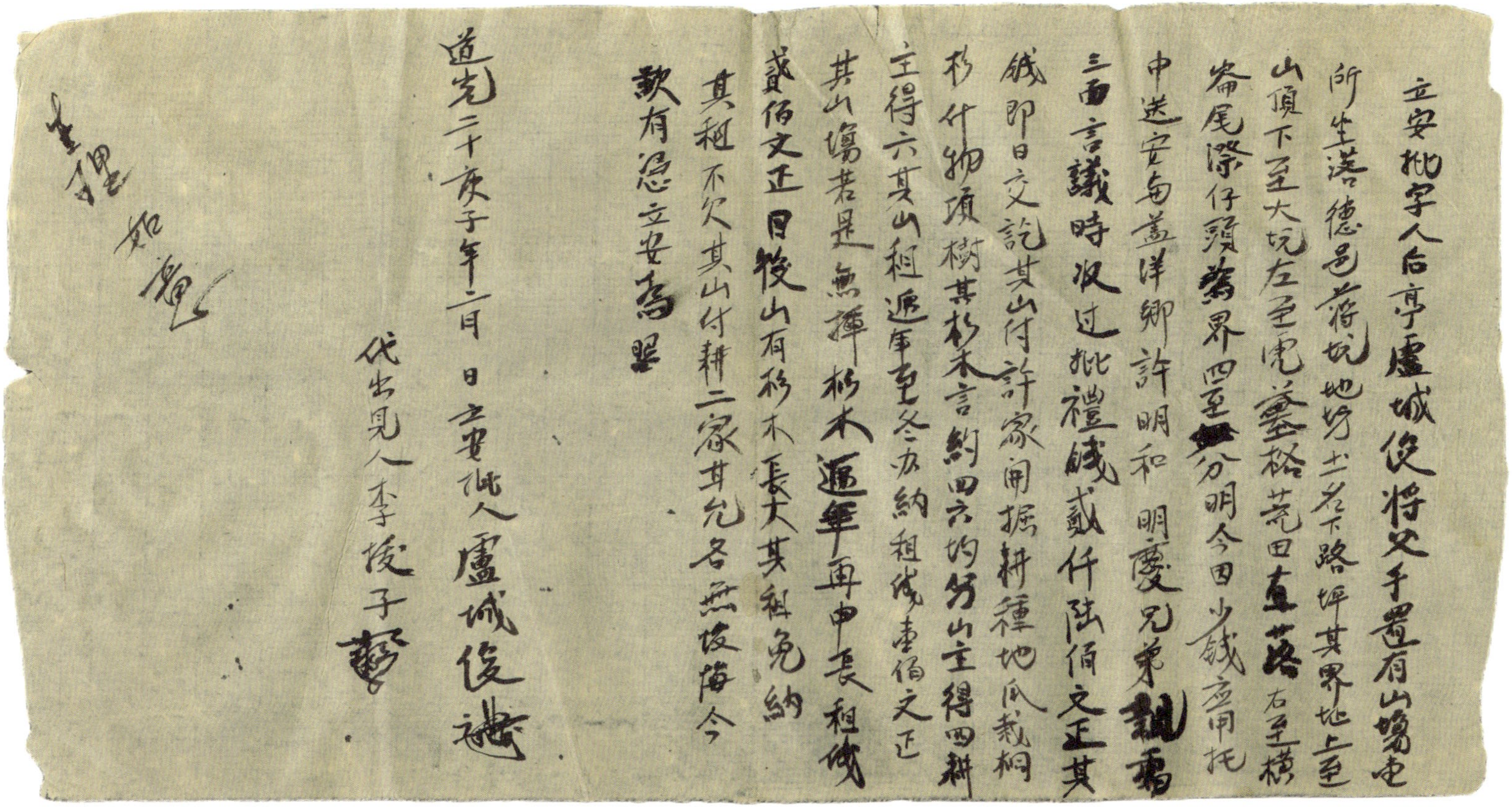

立安批字人台亭盧城俊将父手置有山場屯
所坐落德邑蒋坑地方土名下路坪其界地上至
山頂下至大坑左至甩蓋格荒田直落右至横
崙尾際仔頭為界四至[illegible]分明今因少錢應用托
中送安與蓋洋鄉許明和　明慶兄弟親邊
三面言議時收过批禮錢貳仟陆佰文正其
錢即日交訖其山付許家開掘耕種地瓜栽桐
杉什物項樹其杉木言約四六均分山主得四耕
主得六其山租逐年至冬办納租錢壹佰文正
其山場若是無擇杉木逐年再申長租錢
貳佰文正日後山有杉木長大其租免納
其租不欠其山付耕二家甘允各無反悔今
欲有憑立安為照

道光二十庚子年二月　日立安批人盧城俊
代書見人李俊子

生理如意

4-1-3-1　清道光二十年二月盧城俊立安批山場字

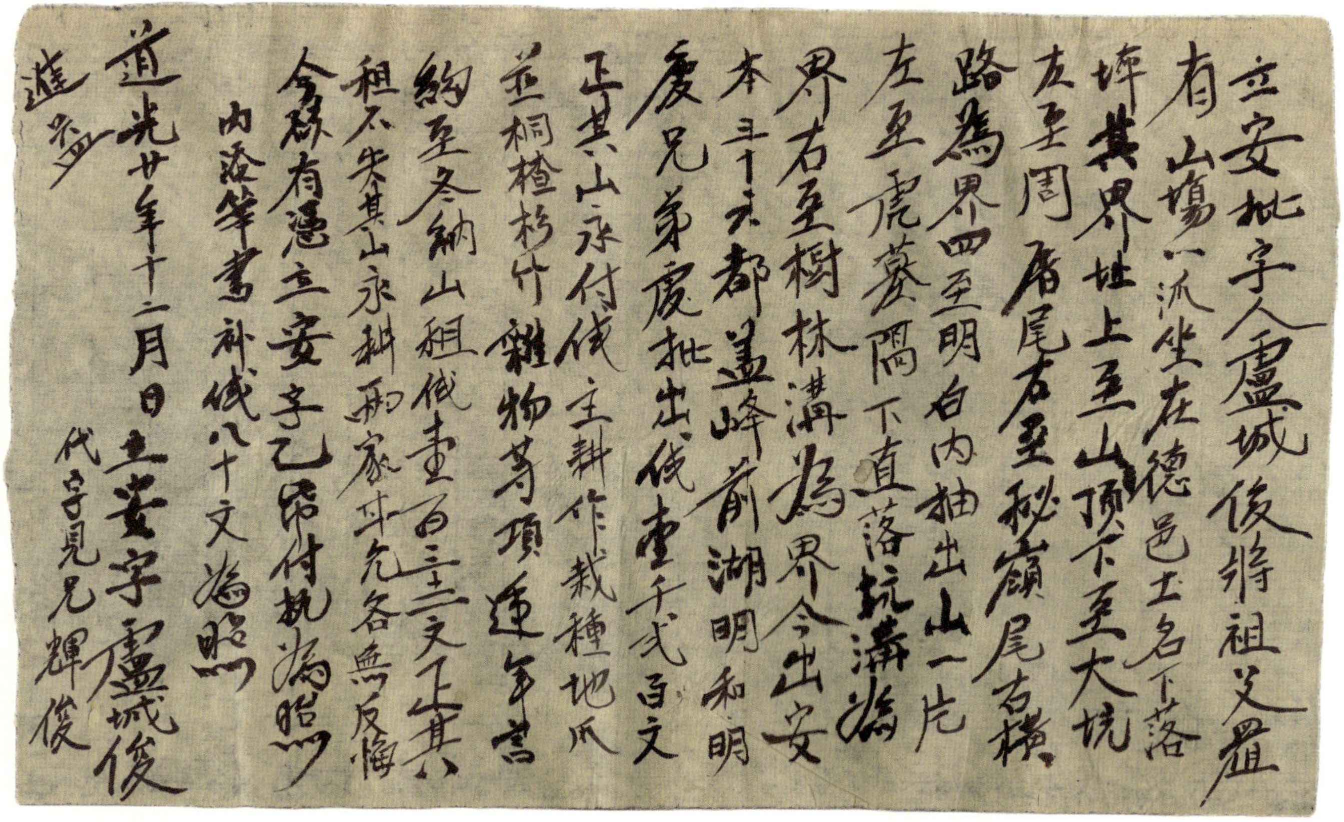
立安批字人盧城俊將祖父置
有山場一派坐在德邑土名下落
坪其界址上至山頂下至大坑
左至周厝尾右至秘嶺尾古橫
路為界四至明白內抽出山一片
左至虎寮隔下直落坑溝為
界右至樹林溝為界今出安
本三十六都蓋峰前湖明和明
庚兄弟處批出俵重千弍百文
正其山永付俵主耕作栽種地瓜
並桐檔杉竹雜物等項逐年當
納至冬納山租俵重百三十文正其
租不欠其山永耕兩家斗允各無反悔
今欲有憑立安字乙紙付執為照
內添筆書補俵八十文為照
道光廿年十二月日 立安字盧城俊
代字見兄輝俊
進益

4-1-3-2　清道光二十年十二月盧城俊立安批山場字（草契）

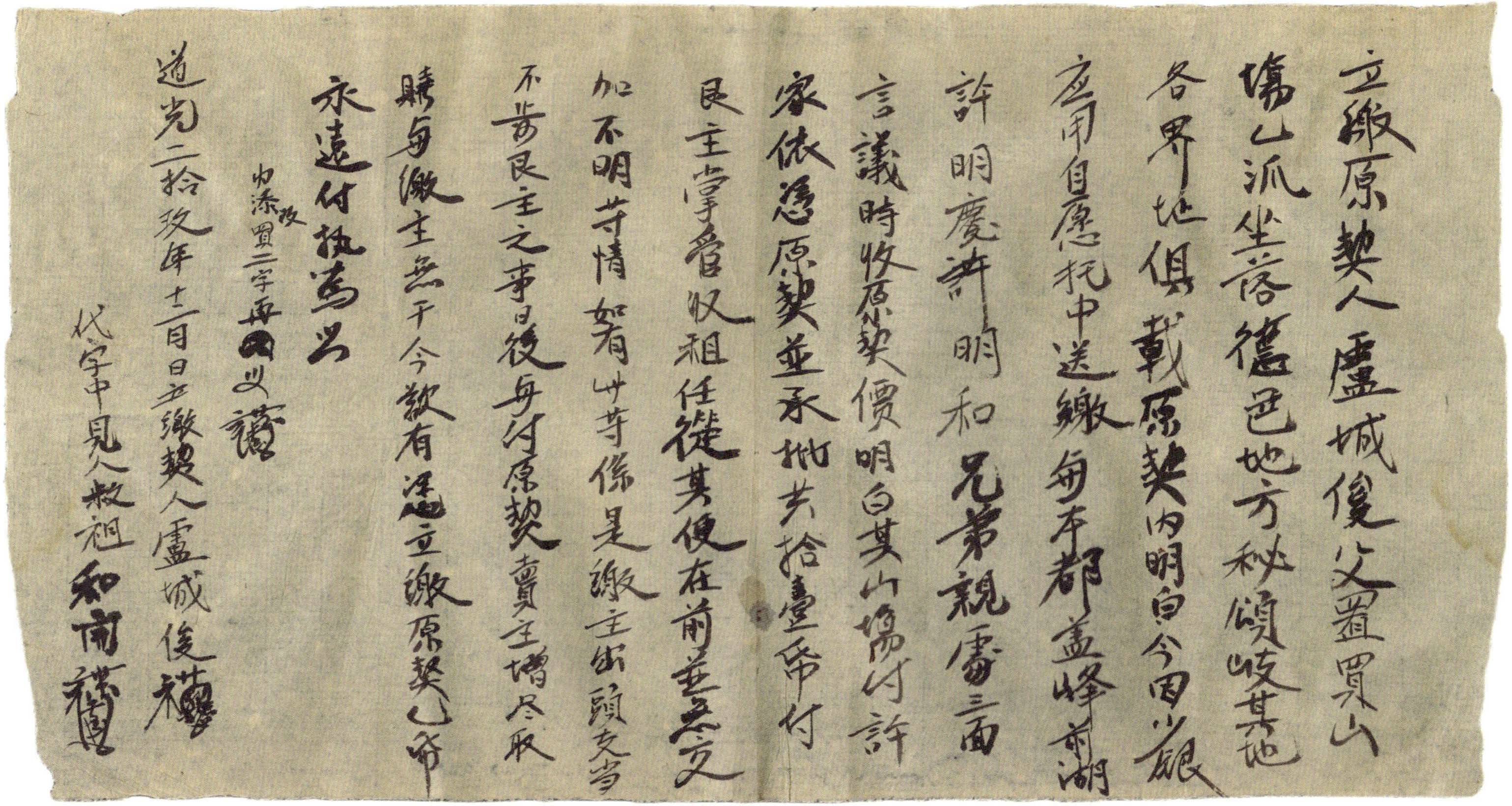

立繳原契人盧城俊父置買山
場一所坐落德邑地方秋領岐其地
各界址俱載原契內明白今因乏銀
應用自愿托中送繳與本都蓋峰前湖
許明慶、許明和兄弟親邊三面
言議時收原契價明白其山場付許
家依憑原契並承批共拾壹帋付
與主掌管收租任從其便在前並無交
加不明等情如有此等係是繳主出頭支當
不涉與主之事日後毋得原契賣主增尽取
贖毋繳主無干今欲有憑立繳原契一帋
永遠付執為照
內添改買二字再照
道光二拾玖年十二月日立繳契人盧城俊（押）
代字中見人叔祖和甫（押）

4-1-3-3　清道光二十九年十二月盧城俊立繳山場契

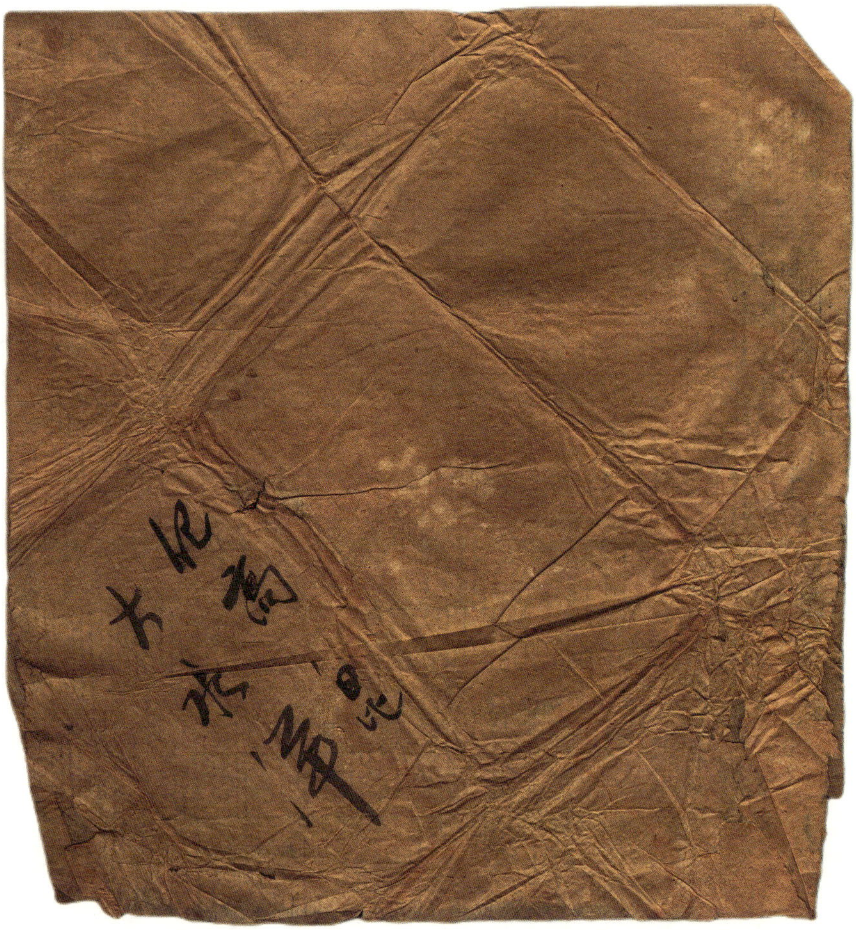

4-1-4-1　包契紙

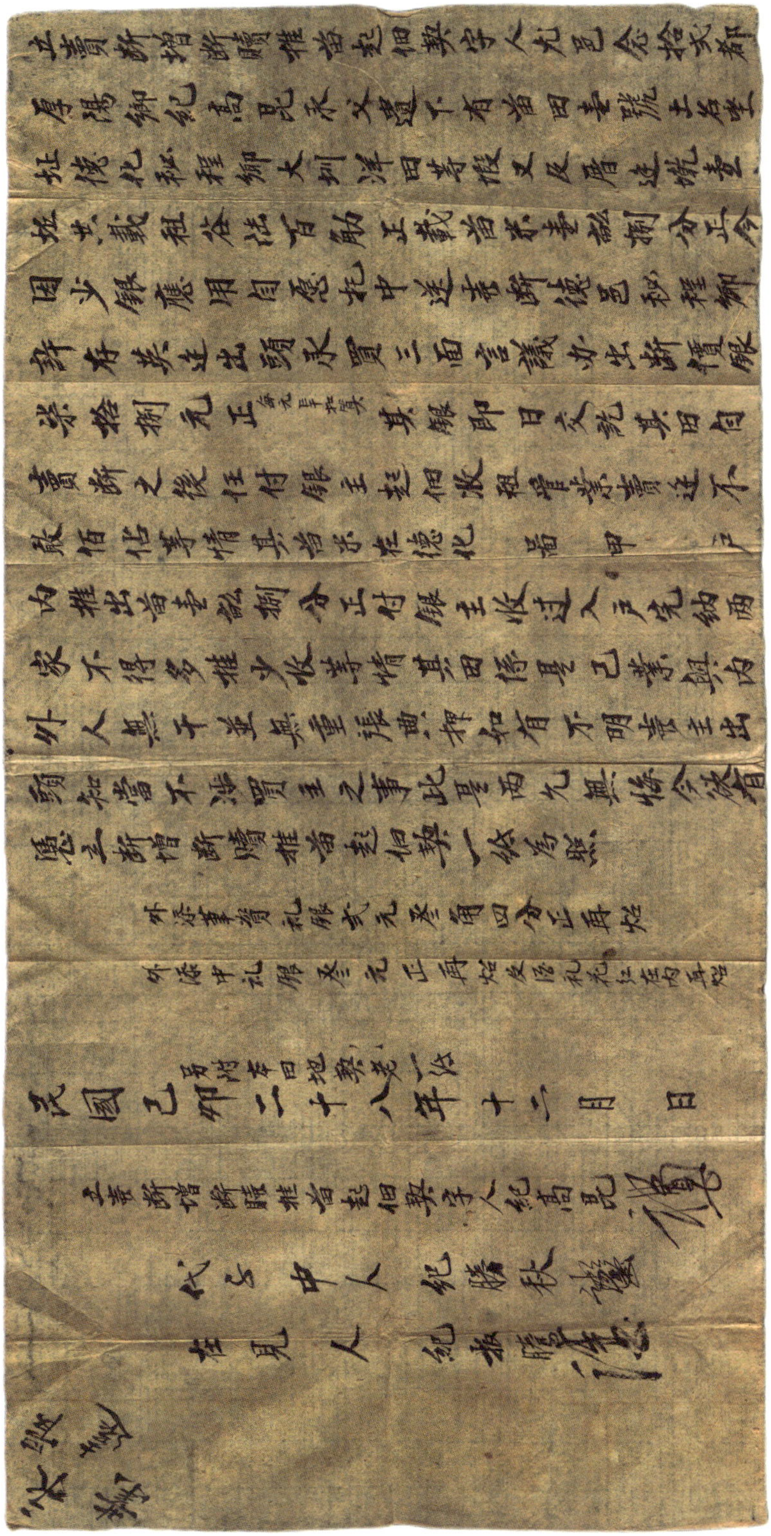

4-1-4-2　民國二十八年十二月尤溪紀高昆立賣斷增斷賤推苗起佃契字

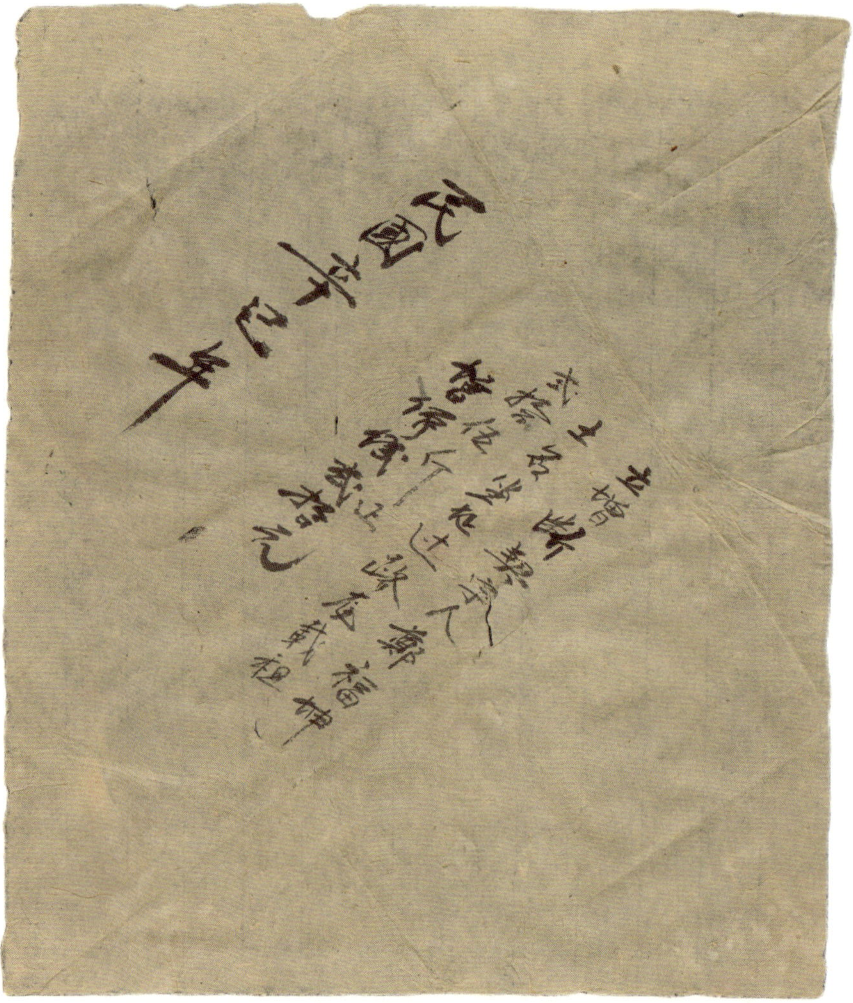

4-1-5-1　包契紙

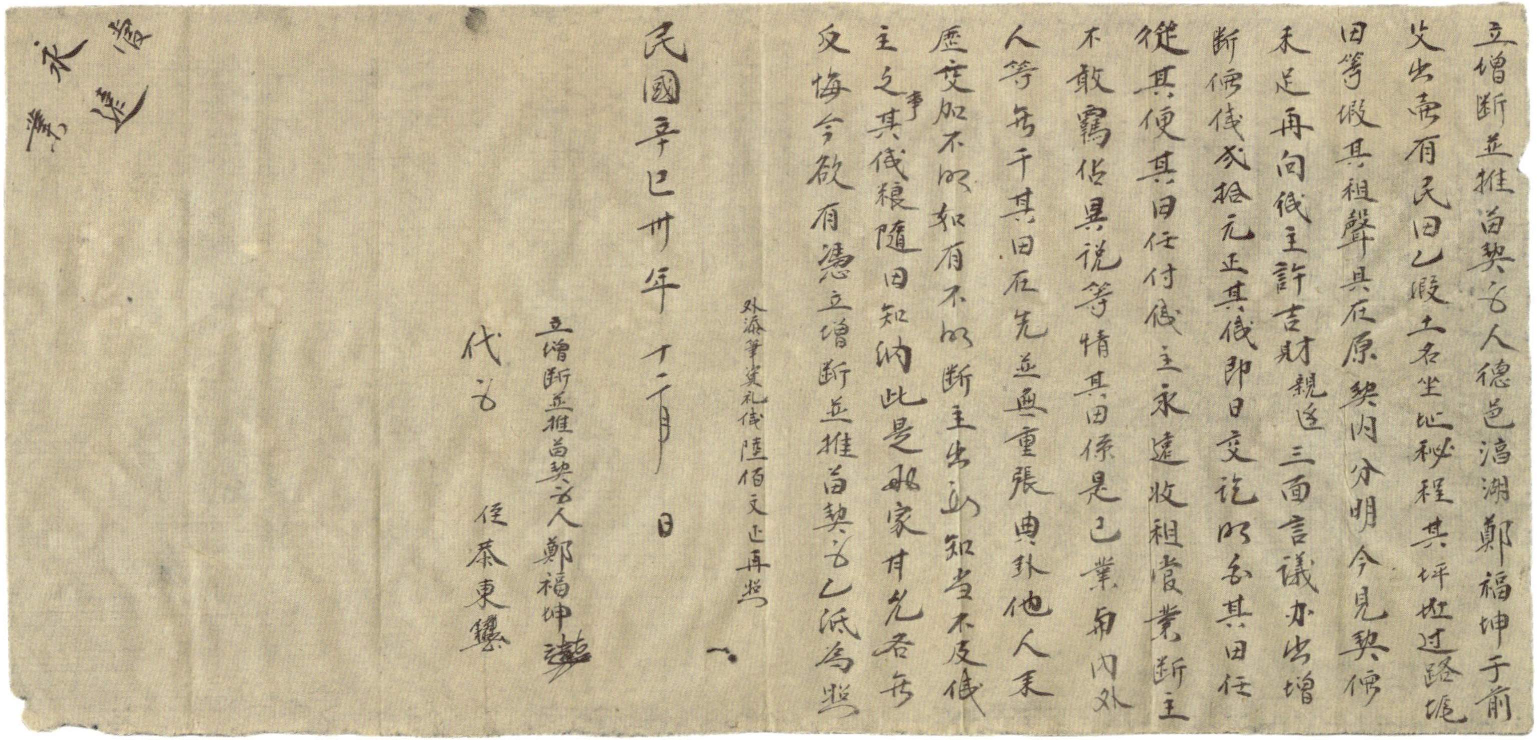
立增斷並推苗契字人德邑湄湖鄭福坤于前
父出有民田乙段土名坐址秘程其坪址过路墘
田等假其租聲具在原契內分明今見契價
未足再向俵主許吉財親送三面言議办出增
斷價俵弍拾元正其俵即日交訖明白其田任
從其便其田任付俵主永遠收租管業斷主
不敢霸佔異說等情其田係是己業與內外
人等無干其田在先並無重張典卦他人來
歷交加不明如有不明斷主出頭知當不干俵
主之事其俵粮隨田知納此是兩家甘允各無
反悔今欲有憑立增斷並推苗契字乙紙為照

外添筆実礼俵陸佰文正再照

民國辛巳卅年十二月　日

立增斷並推苗契字人鄭福坤（押）

代字　侄泰東（押）

永遠管業

4-1-5-2　民國三十年十二月德化鄭福坤立增斷並推苗契字

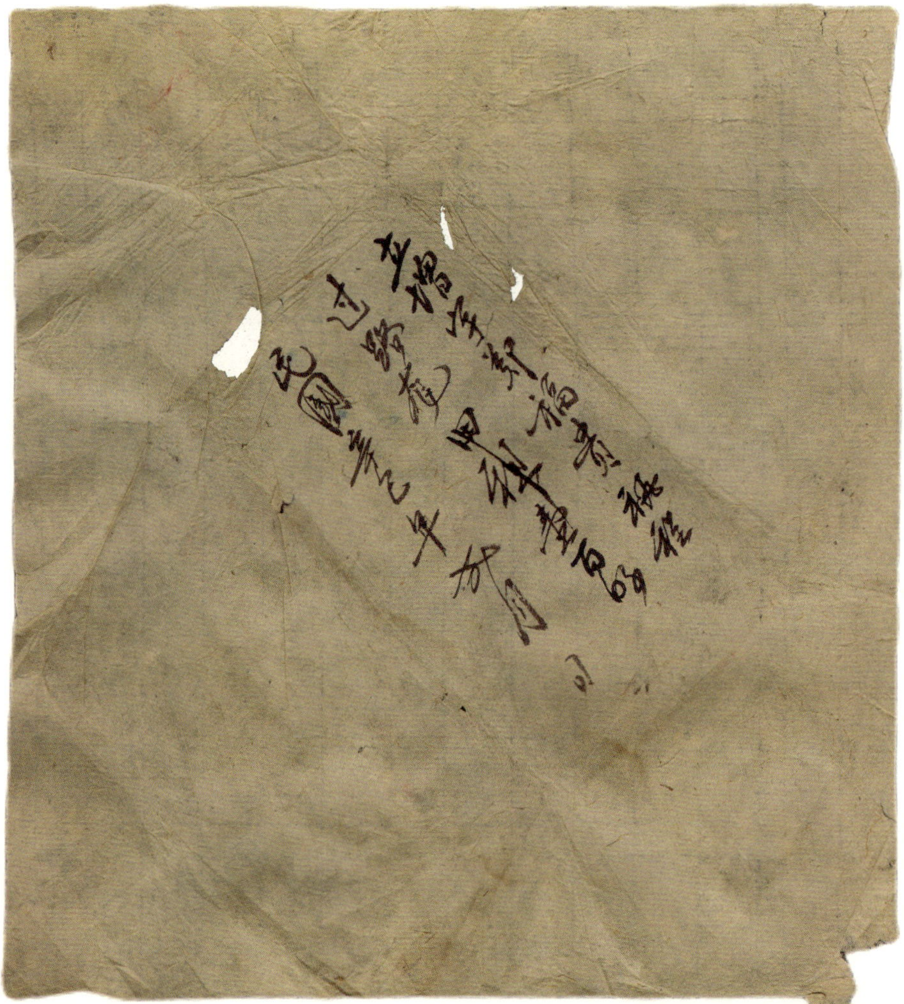

4-1-6-1　包契紙

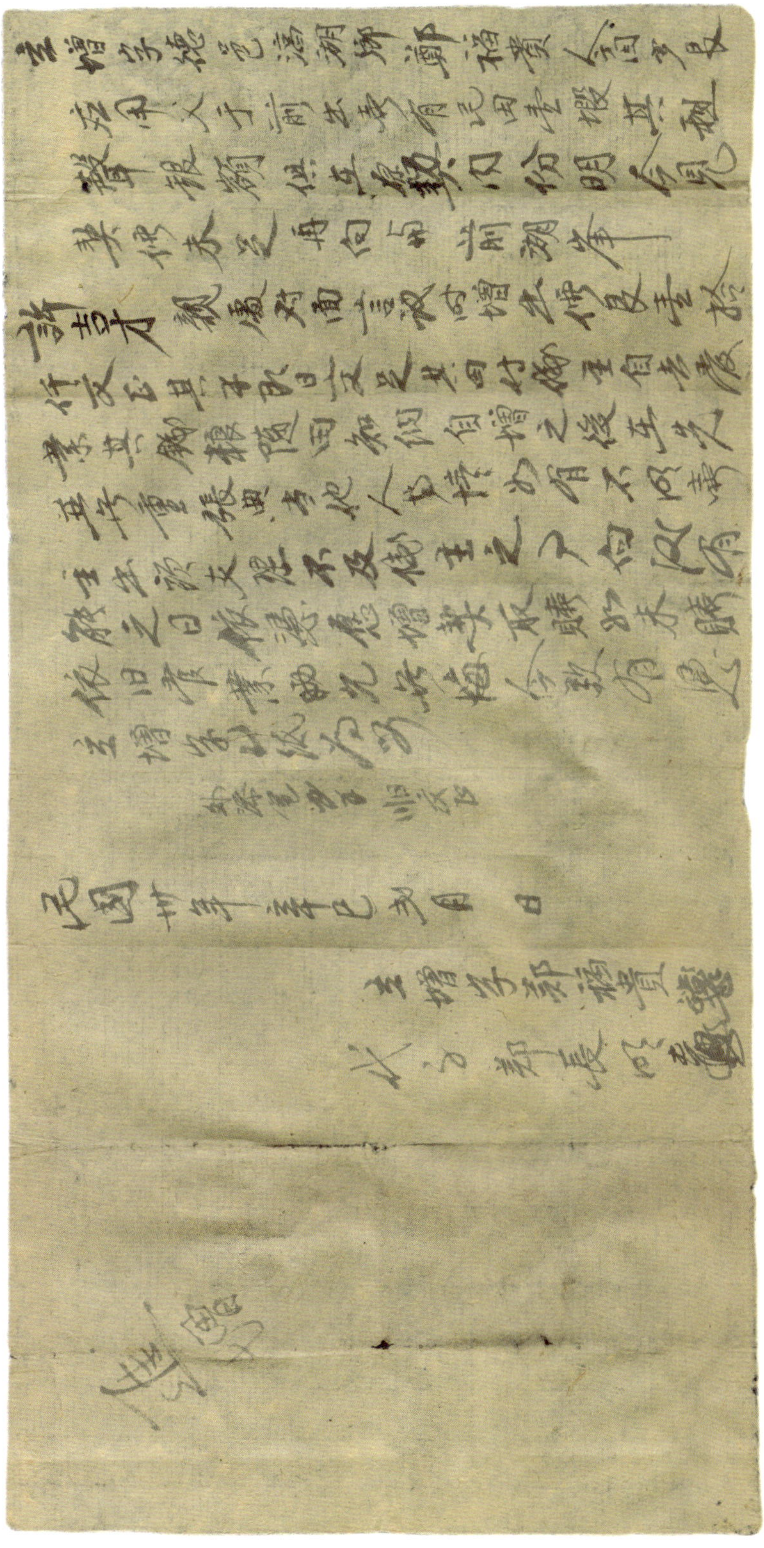

4-1-6-2　民國三十年二月德化鄭福貴立增民田字

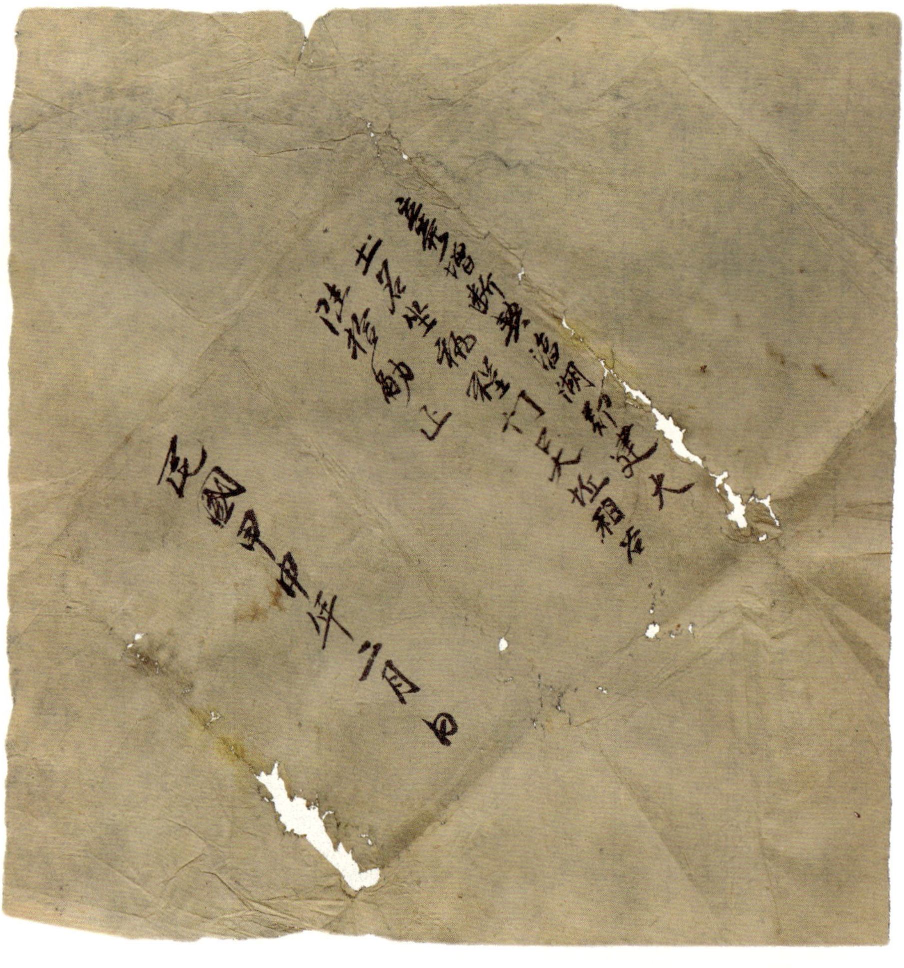

4-1-7-1　包契紙

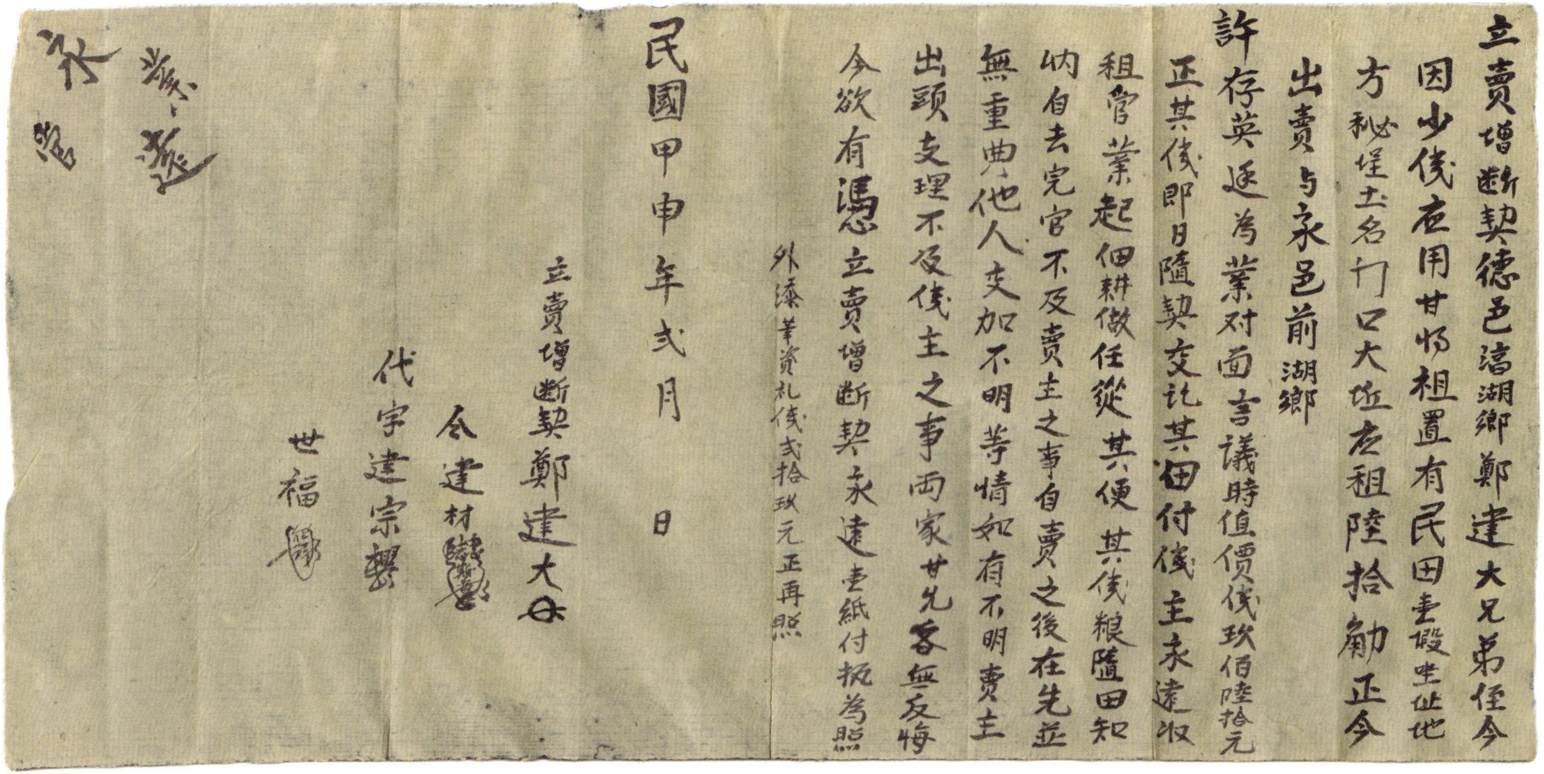
立賣增斷契德邑塆湖鄉鄭建大兄弟侄今
因少錢應用甘將祖置有民田壹段坐址地
方秘侄土名冂口大坵應租陸拾觔正今
出賣与永邑前湖鄉
許存英廷為業對面言議時值價錢玖佰陸拾元
正其錢即日隨契交訖其田付錢主永遠收
租管業起佃耕做任從其便其錢粮隨田知
納自去完官不及賣主之事自賣之後在先並
無重典他人交加不明等情如有不明賣主
出頭支理不及錢主之事两家甘允各無反悔
今欲有憑立賣增斷契永遠壹紙付執為照
外添筆資礼錢弍拾玖元正再照

民國甲申年弍月　　日

立賣增斷契鄭建大（押）
仝建材（押）
代字建宗（押）
世福（押）

業遠
永照

4-1-7-2　民國三十三年二月德化鄭建大等立賣增斷民田契

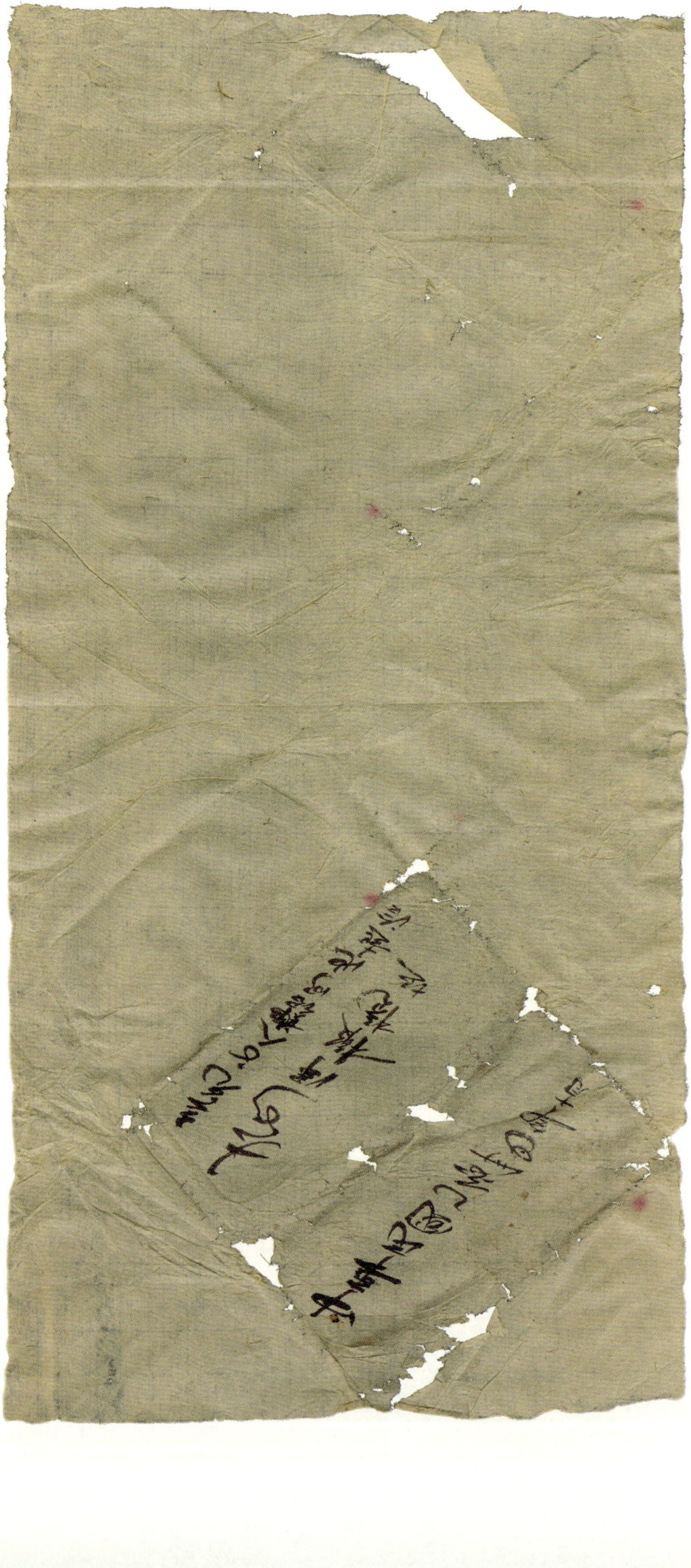

4-1-8-1 包契紙

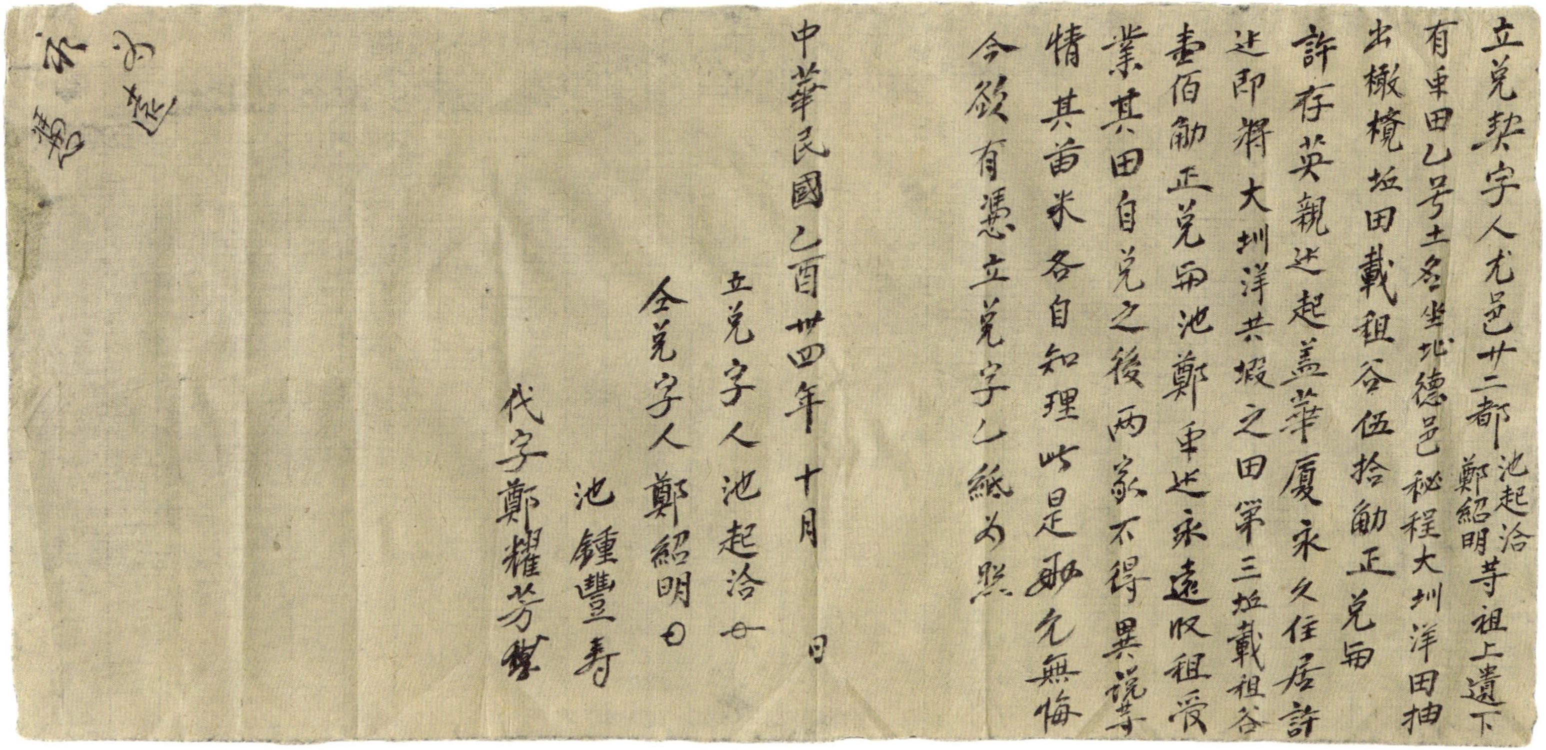

立兑契字人尤邑廿二都池起洽 鄭紹明等祖上遺下
有乗田乙号土名坐北德邑秘程大圳洋田抽
出橄欖垅田載租谷伍拾觔正兑与
許存英親邊起蓋華厦永久住居許
邊即將大圳洋共墩之田罕三垅載租谷
壹佰觔正兑与池鄭乗邊永遠收租管
業其田自兑之後兩家不得異說等
情其苗米各自知理此是兩允無悔
今欲有憑立兑字乙紙為照

中華民國乙酉卅四年十月 日
立兑字人池起洽〇
仝兑字人鄭紹明〇
池鍾豐壽
代字鄭耀芳筆

4-1-8-2　民國三十四年十月尤溪池起洽等立兑屯田租字

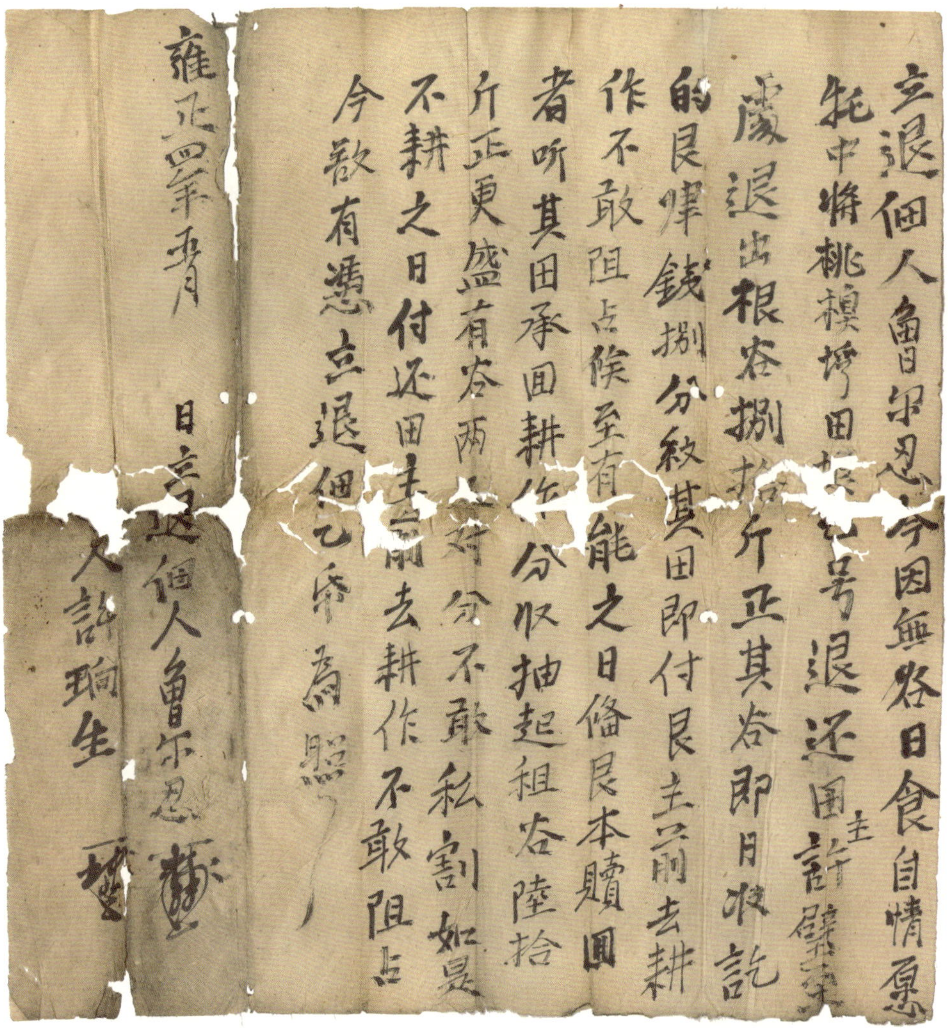

4-1-9-1　清雍正四年五月曾尔忍立退佃田根字

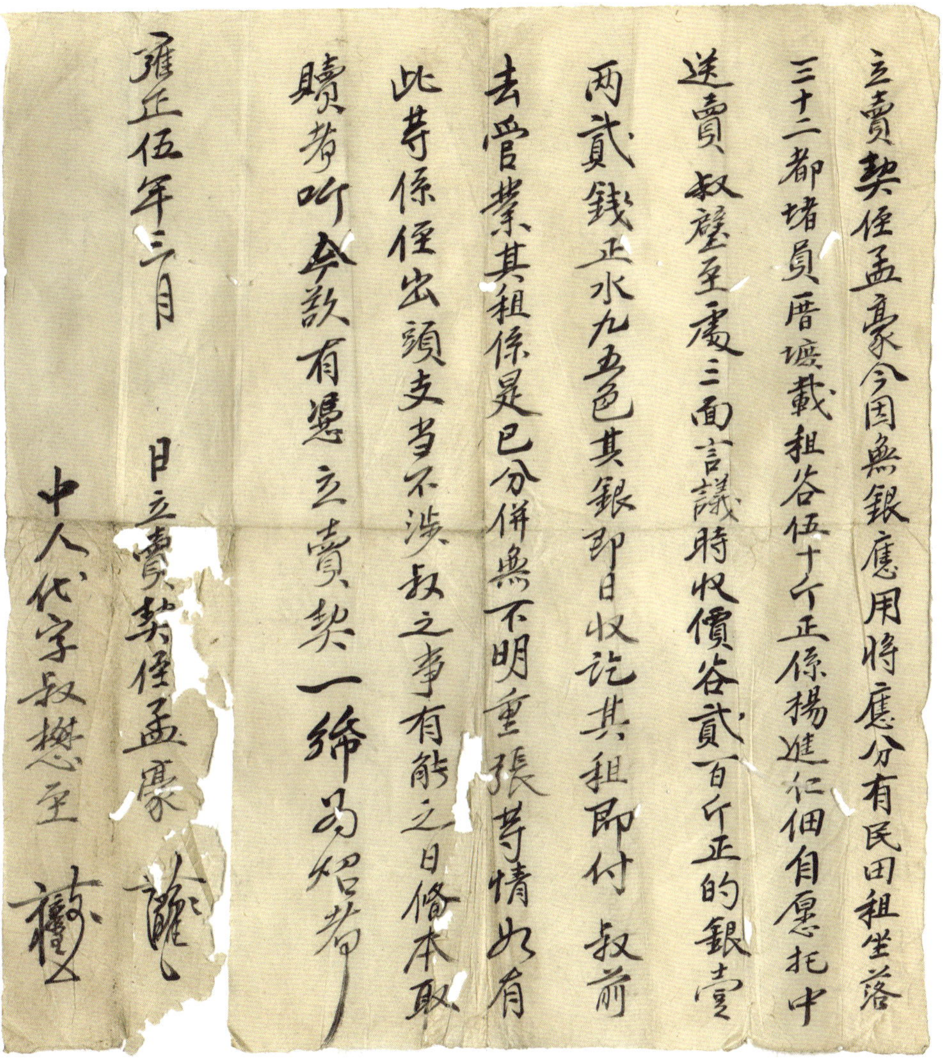
立賣契侄孟豪今因無銀應用將應分有民田租坐落
三十二都堵員厝壢載租谷伍十斤正係揚進仁佃自愿托中
送賣叔懋至處三面言議時收價谷貳百斤正的銀壹
兩貳錢正水九五色其銀即日收訖其租即付叔前
去管業其租係是已分併無不明重張等情如有
此等係侄出頭支当不涉叔之事有能之日備本取
贖等听今欲有憑立賣契一紙為照者
雍正伍年三月 日立賣契侄孟豪（押）
中人代字叔懋至（押）

4-1-9-2　清雍正五年三月許孟豪立賣民田租契

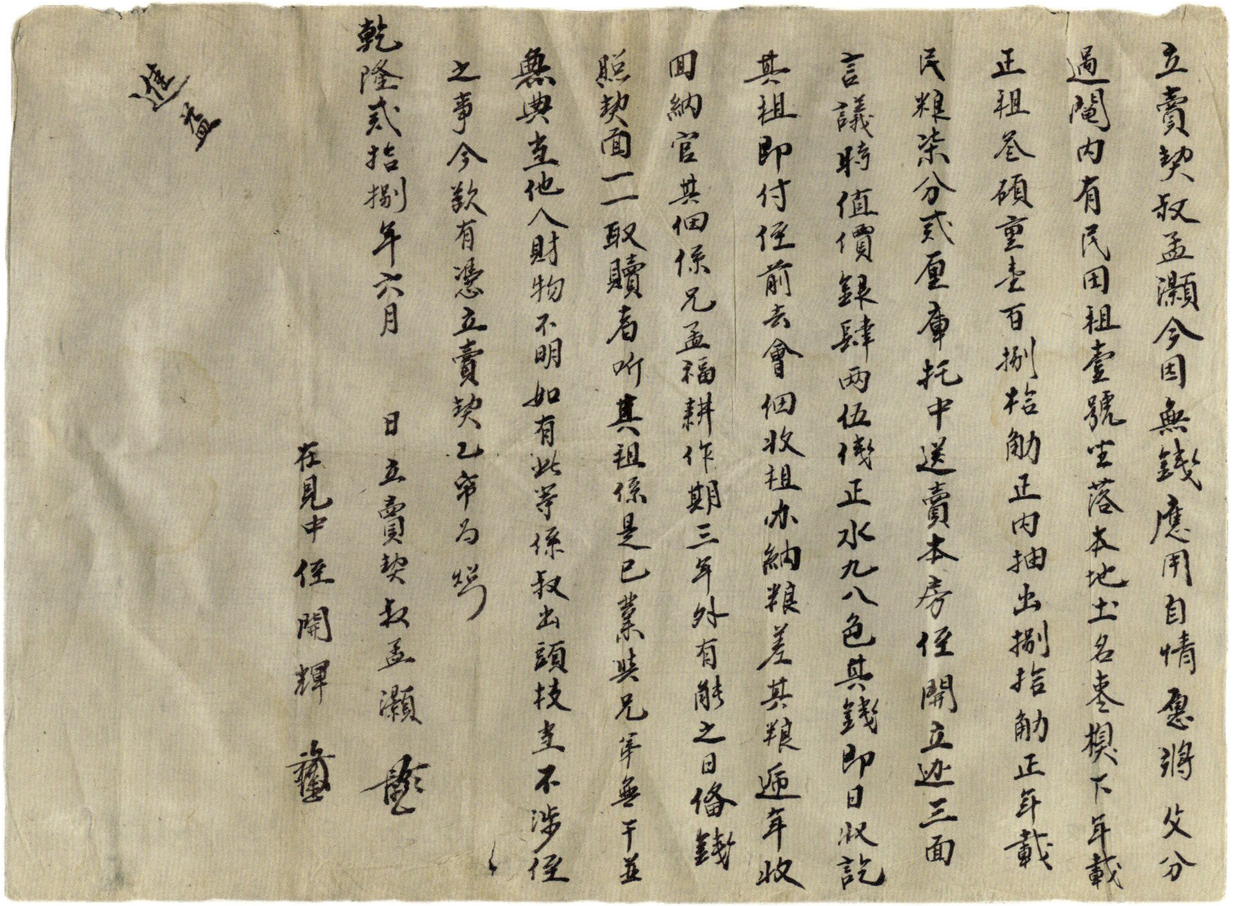
立賣契叔孟灝今因無錢應用自情愿將父分
過閹内有民田租壹號坐落本地土名枣樹下年載
正租叁碩重壹百捌拾觔正内抽出捌拾觔正年載
民粮柒分贰厘今托中送賣本房侄闌立边三面
言議時值價銀肆兩伍錢正水九八色其錢即日收訖
其租即付侄前去會佃收租亦納粮差其粮逐年收
回納官其佃係兄孟福耕作期三年外有能之日備錢
照契面一取贖看听真租係是已業與兄弟無干並
無典在他人財物不明如有此等係叔出頭抵当不涉侄
之事今欲有憑立賣契乙帋為照
乾隆贰拾捌年六月　日立賣契叔孟灝（押）
在見中侄闌輝（押）
進益

4-1-9-3　清乾隆二十八年六月許孟灝立賣民田租契

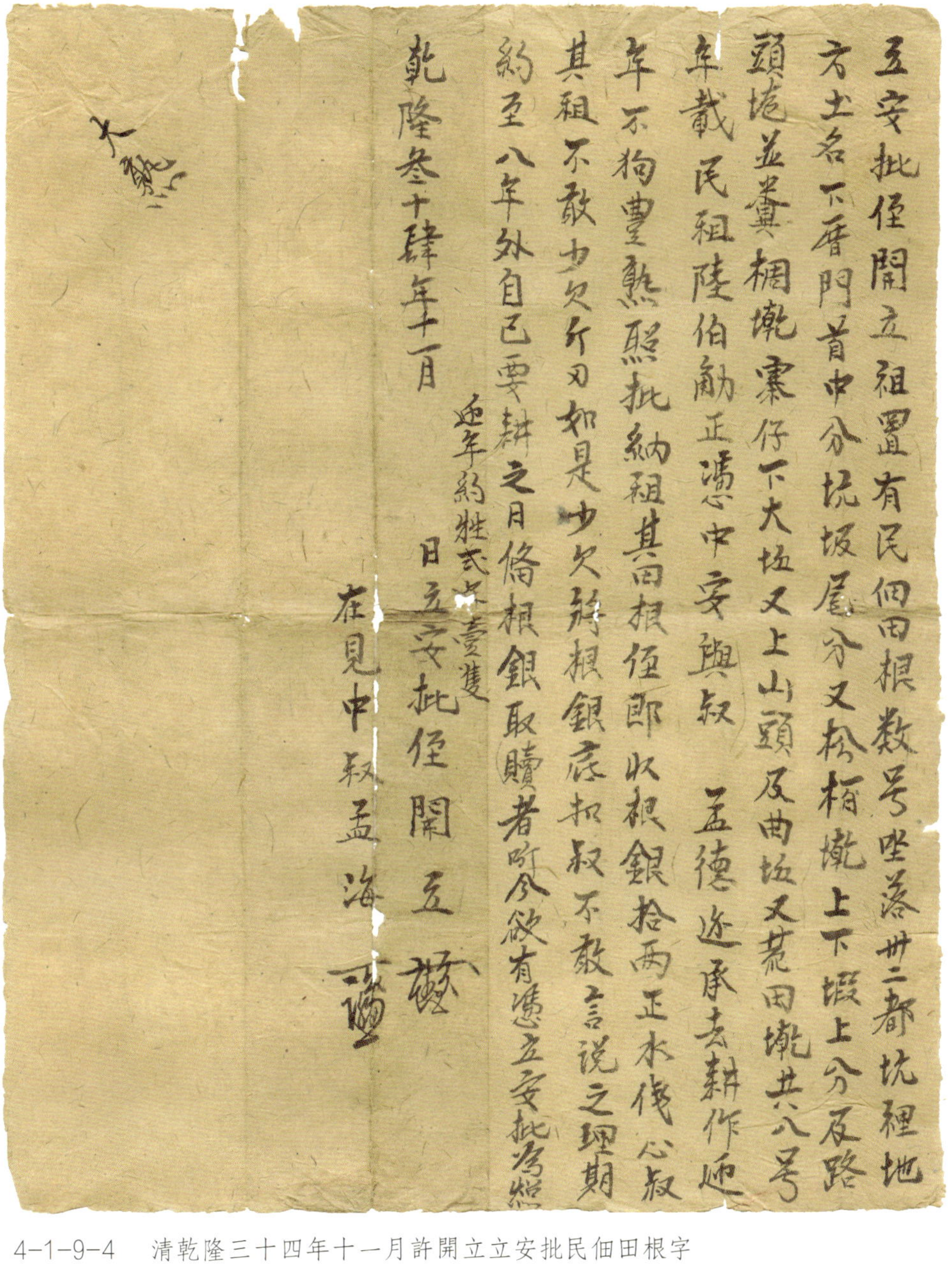

立安批侄開立祖置有民佃田根數号坐落卅二都坑裡地
方土名下厝門首中分坑坂尾分又松栢墘上下墈上分及路
頭墘並畚桐墘寨仔下大垅又上山頭及曲垅又荒田墘共八号
年載民租陸伯觔正憑中安與叔　孟德边承去耕作延
年不拘豊熟照批納租其田根侄即收根銀拾兩正水纹心叔
其租不敢少欠斤刃如是少欠將根銀除扣叔不敢言說之理朋
約至八年外自己要耕之日備根銀取贖者听今欲有憑立安批爲照
延年約壯式字壹隻
乾隆叁十肆年十一月　日立安批侄開立
在見中叔孟海

4-1-9-4　清乾隆三十四年十一月許開立立安批民佃田根字

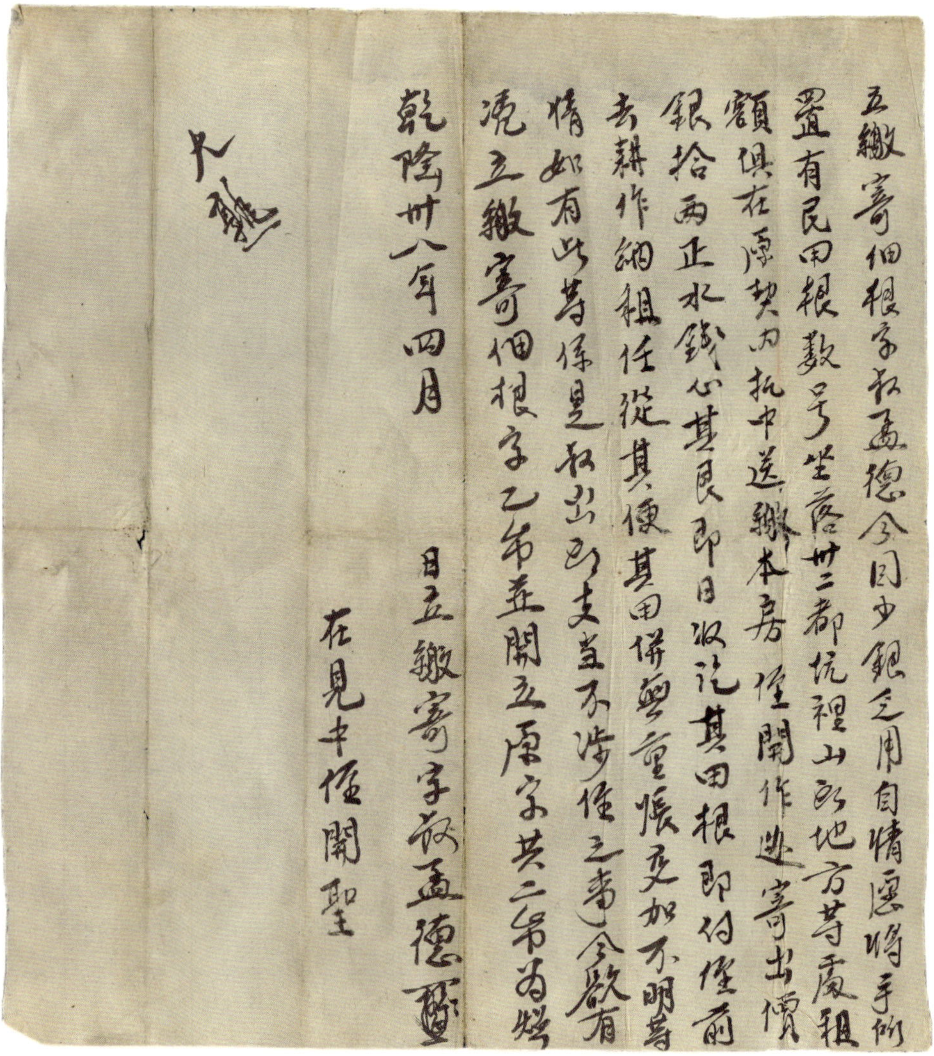

立繳寄佃根字許孟德今因少銀乏用自情愿將手所
置有民田根數号坐落廿三都坑裡山頭地方等處租
額俱在原契內托中送繳本房侄開作邊寄出價
銀拾兩正水錢八其銀即日收訖其田根即付侄前
去耕作納租任從其便其田併無重張更加不明等
情如有此等係是許出頭支當不涉侄之事今欲有
憑立繳寄佃根字乙帋並開立原字共二帋為照
乾隆卅八年四月　日立繳寄字許孟德（押）
在見中侄開聖

4-1-9-5　清乾隆三十八年四月許孟德立繳寄佃民田根字

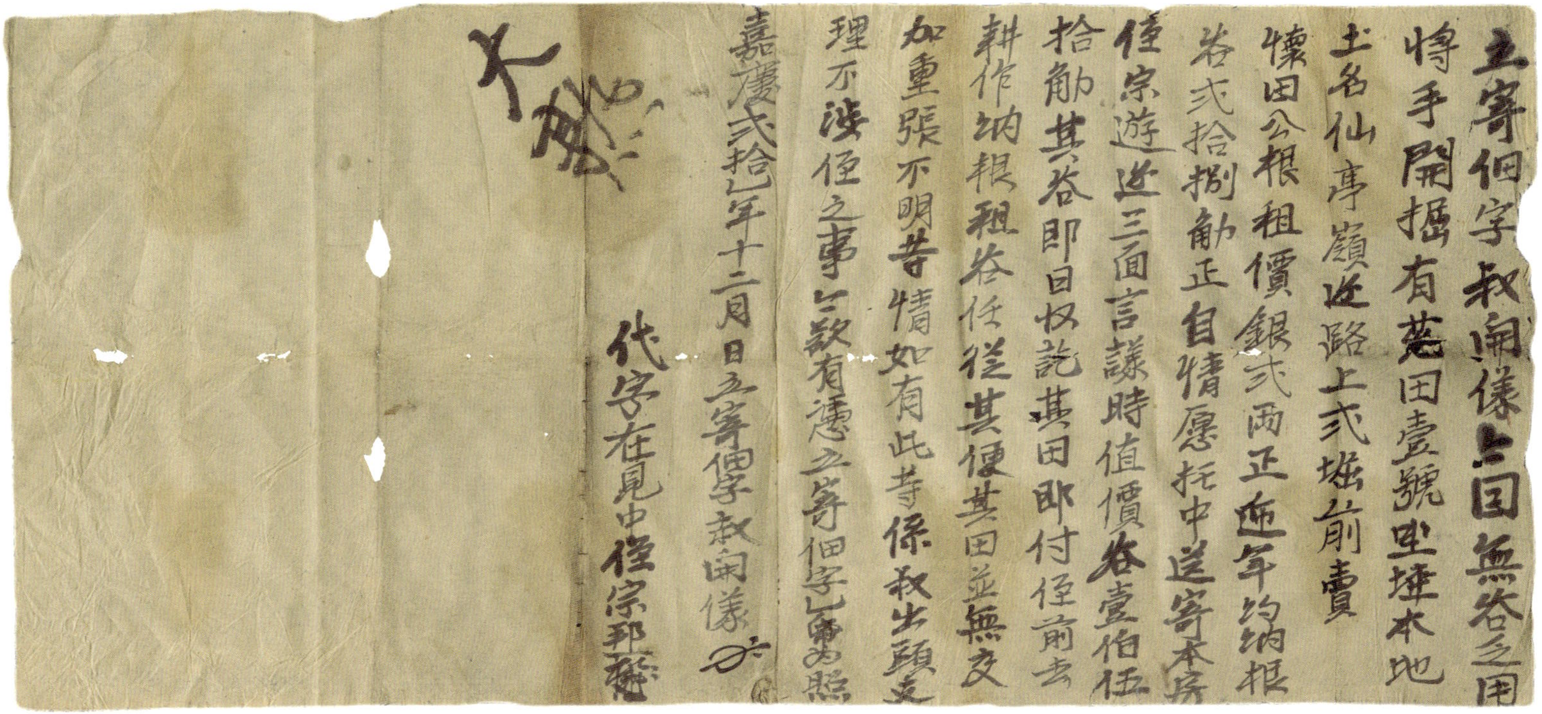

立寄佃字叔開儀，今因無谷乏用
將手開掘有荒田壹號，坐址本地
土名仙亭嶺近路上弍墈，前賣
懷田公根租價銀弍兩正，逐年約納根
谷弍拾捌觔正。自情愿托中送寄本房
侄宗遊邊，三面言議，時值價谷壹伯伍
拾觔，其谷即日收訖，其田即付侄前去
耕作納根租谷，任從其便。其田並無交
加重張不明等情，如有此等，係叔出頭支
理，不涉侄之事。今欲有憑，立寄佃字一紙為照。
嘉慶弍拾壹年十二月　日立寄佃字叔開儀（押）
代字在見中侄宗邦（押）
大發

4-1-9-6　清嘉慶二十一年十二月許開儀立寄佃荒田字

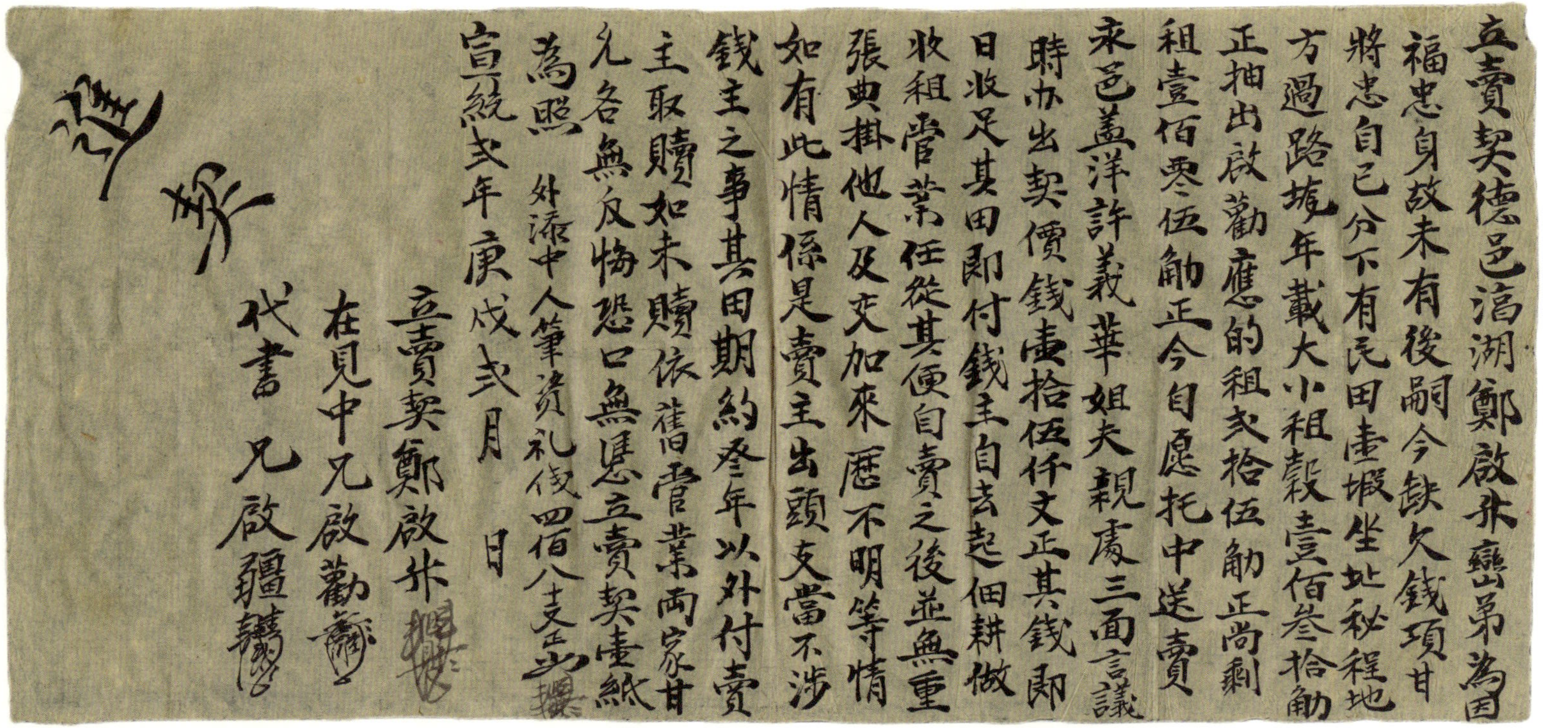
立賣契德邑滸湖鄭啟升[illegible]弟為因
福忠身故未有後嗣今缺欠錢項甘
將忠自己分下有民田壹坵坐址秘程地
方過路墘年載大小租穀壹佰叁拾觔
正抽出啟勸應的租貳拾伍觔正尚剩
租壹佰零伍觔正今自愿托中送賣
永邑蓋洋許義華姐夫親處三面言議
時亦出契價錢壹拾伍仟文正其錢即
日收足其田即付錢主自去起佃耕做
收租管業任從其便自賣之後並無重
張典掛他人及交加來歷不明等情
如有此情係是賣主出頭支當不涉
錢主之事其田期約叁年以外付賣
主取贖如未贖依舊管業兩家甘
允各無反悔恐口無憑立賣契壹紙
為照　外添中人筆資礼錢四佰八十文正
宣統貳年庚戌貳月　日
立賣契鄭啟升
在見中兄啟勸
代書　兄啟疆
進契

4-1-9-7　清宣統二年二月德化鄭啓升立賣民田契

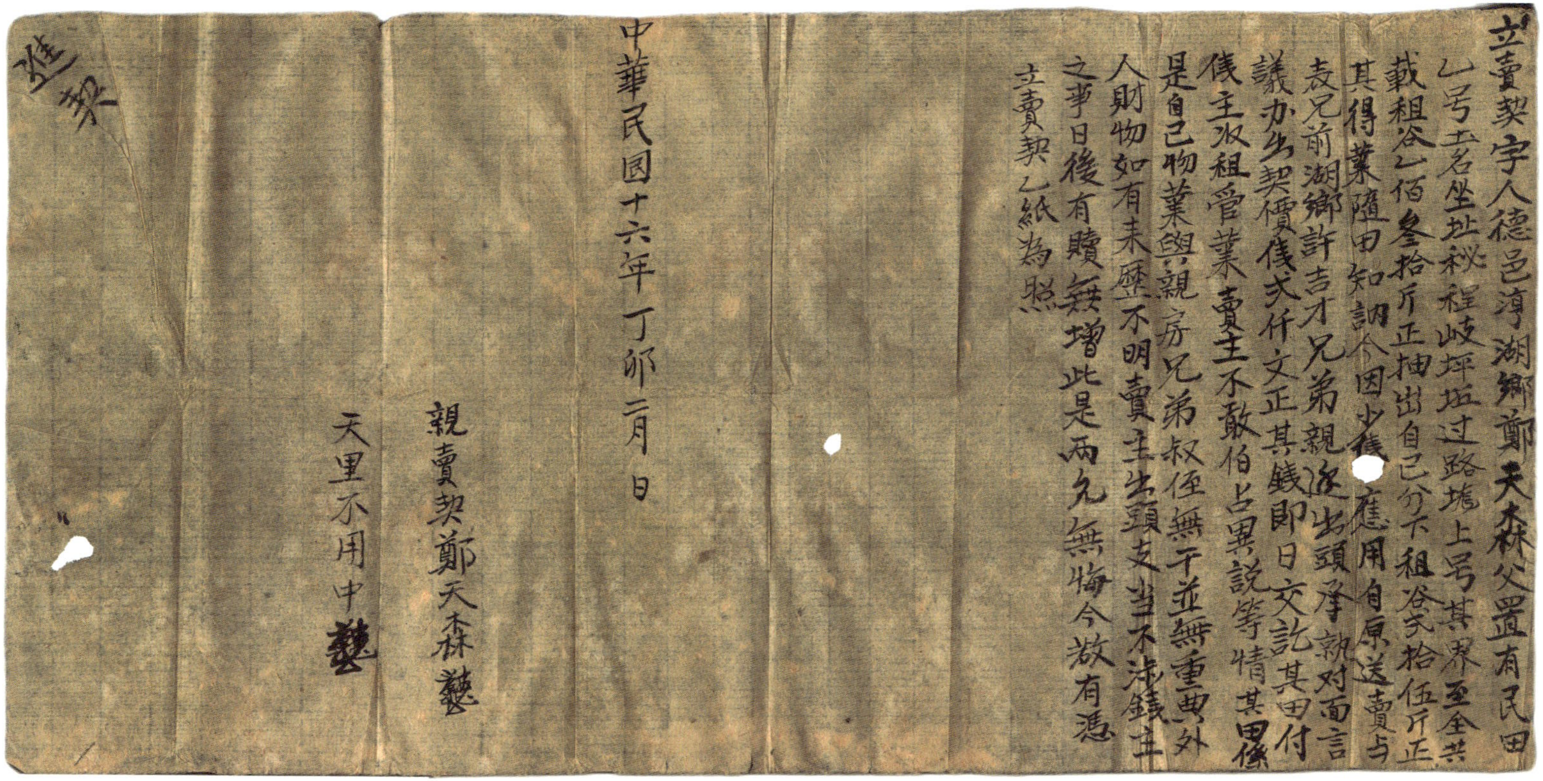

進契

立賣契字人德邑淳湖鄉鄭天森父置有民田
乙号土名坐址秋程岐坪坂过路墘上号其界至全共
載租谷乙佰叁拾斤正抽出自己分下租谷叁拾伍斤正
其得業隨田知認今因少錢應用自原送賣与
表兄前湖鄉許吉才兄弟親邊出頭承就对面言
議办出契價錢弍仟文正其錢即日交訖其田付
錢主收租管業賣主不敢伯占異說等情其田係
是自己物業與親房兄弟叔侄無干並無重典外
人財物如有未歷不明賣主出頭支当不涉錢主
之事日後有贖無增此是兩允無悔今欲有憑
立賣契乙紙為照

中華民國十六年丁卯二月　日

親賣契鄭天森（押）

天里不用中（押）

4-1-9-8　民國十六年二月德化鄭天森立賣民田契

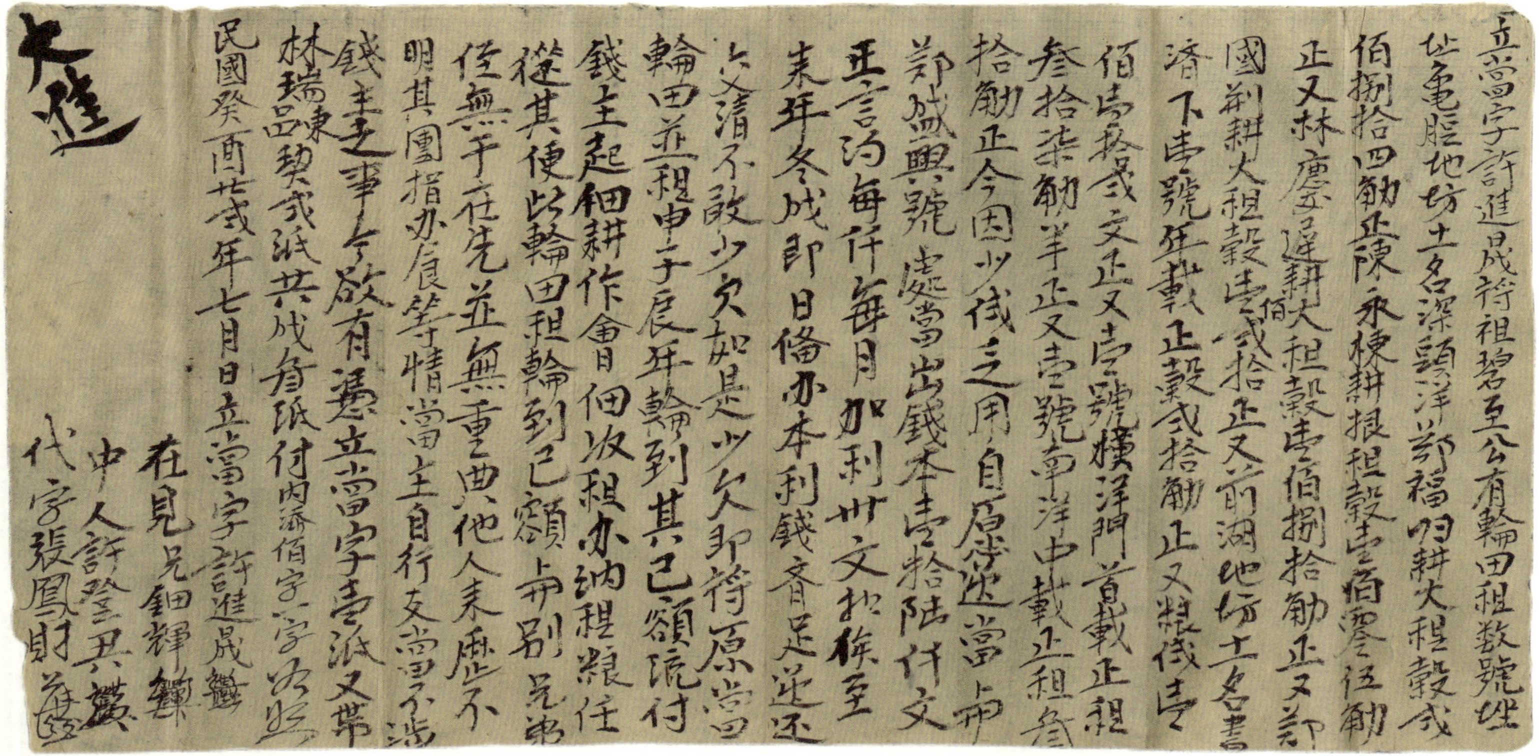

大進

立當字許進晟承祖碧玉公有輪田租數號坐
址龜山地方土名深頭洋鄉福帅耕大租穀弍
佰捌拾四觔正陳永棟耕根租穀壹佰零伍觔
正又林慶遲耕大租穀壹佰捌拾觔正又鄉
國郑耕大租穀壹佰弍拾正又前湖地方土名書
濟下壹號年載正穀弍拾觔正又粮伐壹
佰壹拾弍文正又壹號橫洋門首載正租
叁拾柒觔半正又壹號中洋中載正租叁
拾觔正今因乏錢之用自願將此當與
鄉盛興號處當出錢本壹拾陸仟文
正言約每仟每月加利卅文約至
來年冬成即日備辦本利錢齊足送還
亦文清不敢少欠如是少欠即將原當
輪田並租申于辰年輪到其已領訖付
錢主起佃耕作會同佃收租亦納粮任
從其便此輪田租輪到已額與別兄弟
侄無干在先並無重典他人來歷不
明其園指亦無等情當主自行支當不涉
錢主之事今欲有憑立當字壹紙又帶
林瑞品契弍紙共成叁紙付內添佰字一字照
民國癸酉廿弍年七月日立當字許進晟
在見兄鈿輝
中人許登丹
代字張鳳財

4-1-9-9　民國二十二年七月許進晟立當輪田租字

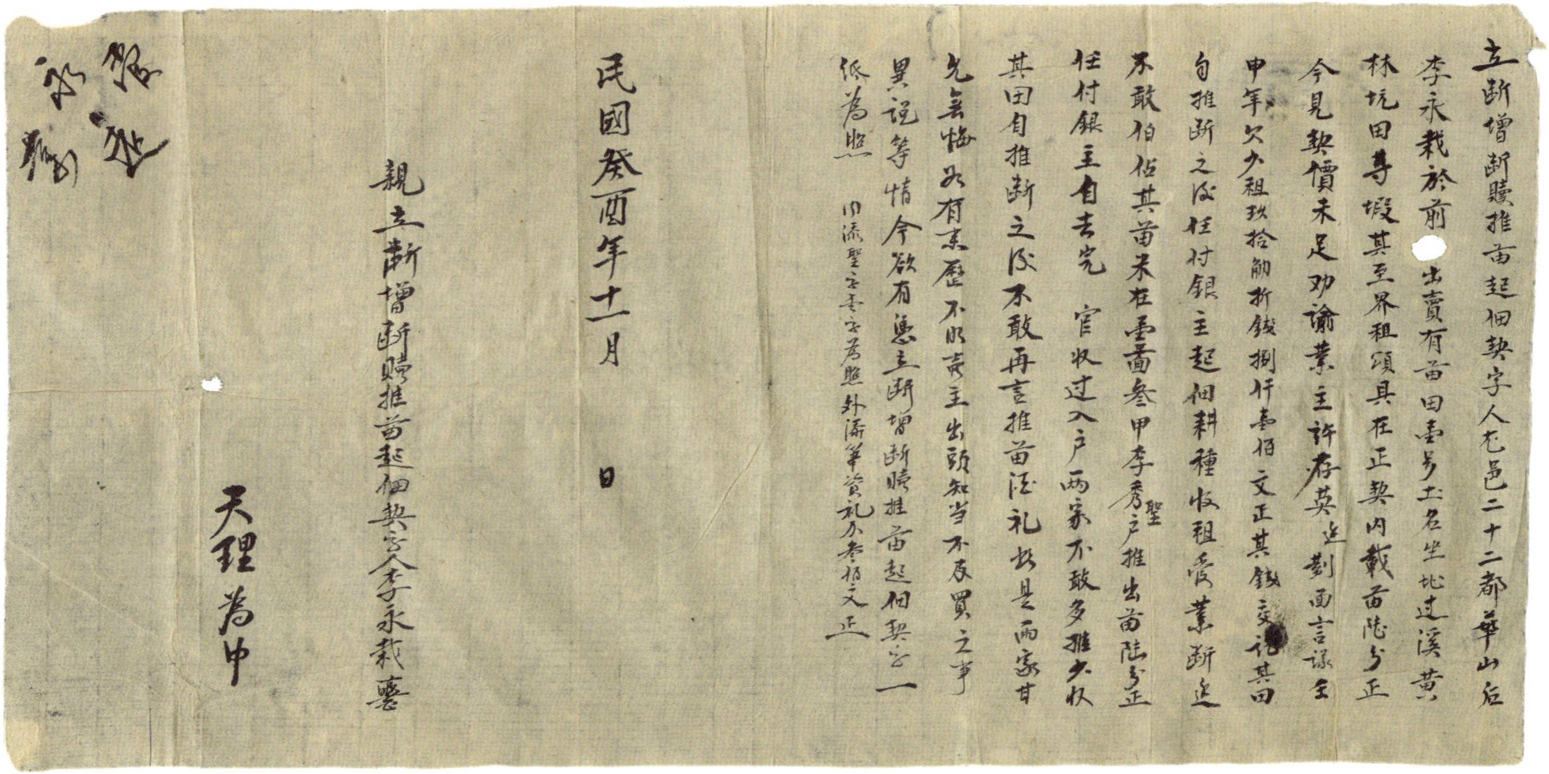

立斷增斷贖推苗起佃契字人尤邑二十二都華山后
李永栽，於前出賣有苗田壹号，土名坐址尤溪黃
林坑田壹段，其至界租額具在正契內載，苗陸斗正。
今見契價未足，劝諭業主許存英邊劃，面言議全
中年欠少租玖拾觔，折錢捌仟壹佰文正，其錢交訖。其田
自推斷之後，任付銀主起佃耕種收租管業，斷退
不敢伯佔。其苗未在壹甲，參甲李秀聖戶推出苗陸斗正，
任付銀主自去完官，收过入戶，兩家不敢多推少收。
其田自推斷之後，不敢再言推苗活礼，此是兩家甘
允，無悔。如有来歷不明，責主出頭知当，不反買之事。
異說等情，今欲有憑，立斷增斷贖推苗起佃契字一
紙為照。　即添聖字壹字為照，外添筆資礼不参拾文正。

民國癸酉年十一月　　日

親立斷增斷贖推苗起佃契字人李永栽

天理為中

4-1-9-10　民國二十二年十一月尤溪李永栽立斷增斷贖推苗起佃契字

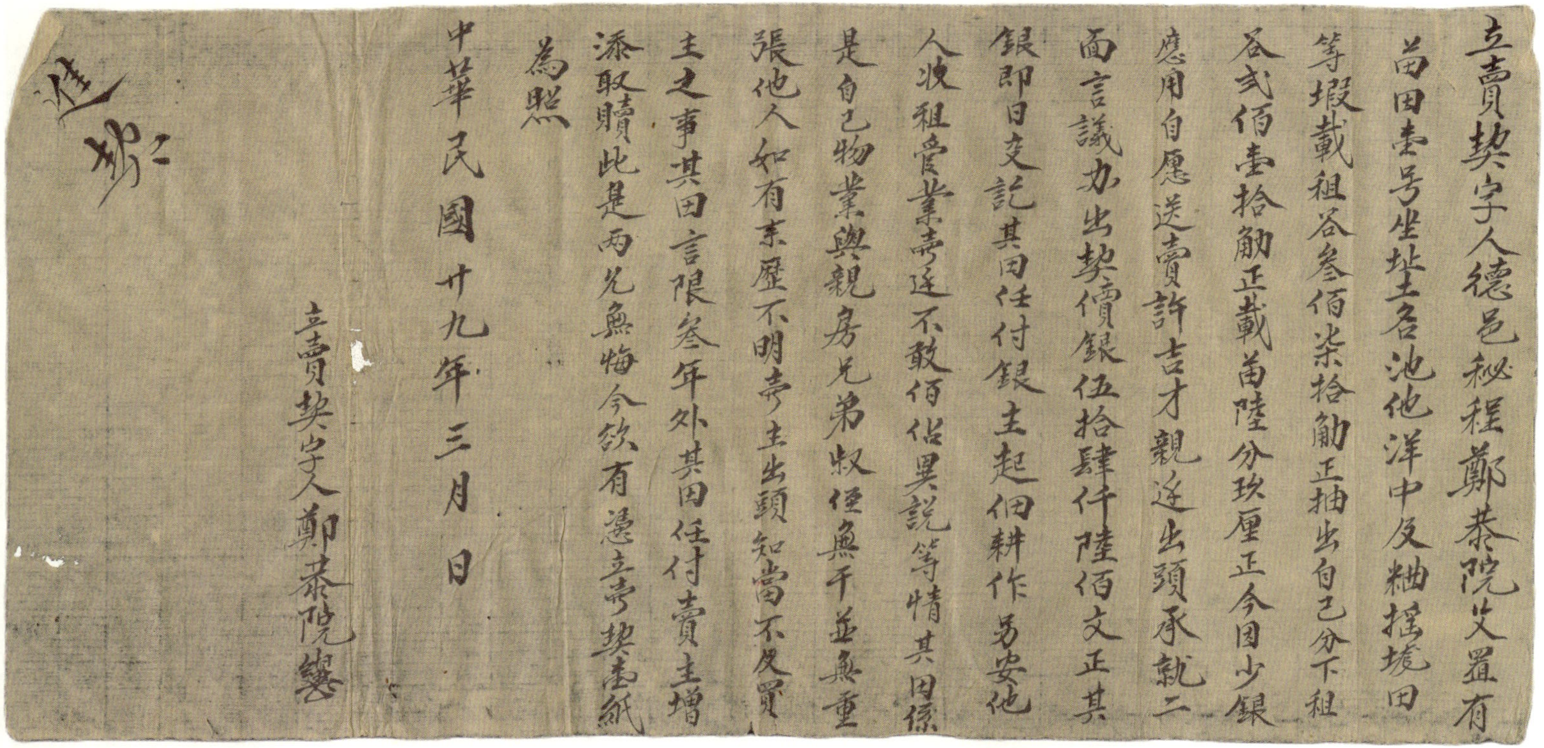
立賣契字人德邑秘程鄭恭院父置有
苗田壹号坐址土名池他洋中反紬摇垅田
等塅載租谷叁佰柒拾觔正抽出自己分下租
谷式佰壹拾觔正載苗陸分玖厘正今因少銀
應用自愿送賣許吉才親送出頭承就二
面言議办出契價銀伍拾肆仟陸佰文正其
銀即日交訖其田任付銀主起佃耕作另安他
人收租管業壹退不敢佰佔異說等情其田係
是自己物業與親房兄弟叔侄無干並無重
張他人如有來歷不明壹主出頭知當不及買
主之事其田言限叁年外其田任付賣主增
添取贖此是兩允無悔今欲有憑立賣契壹紙
為照
中華民國廿九年三月　日
立賣契字人鄭恭院
進契二

4-1-9-11　民國二十九年三月德化鄭恭院立賣苗田契字

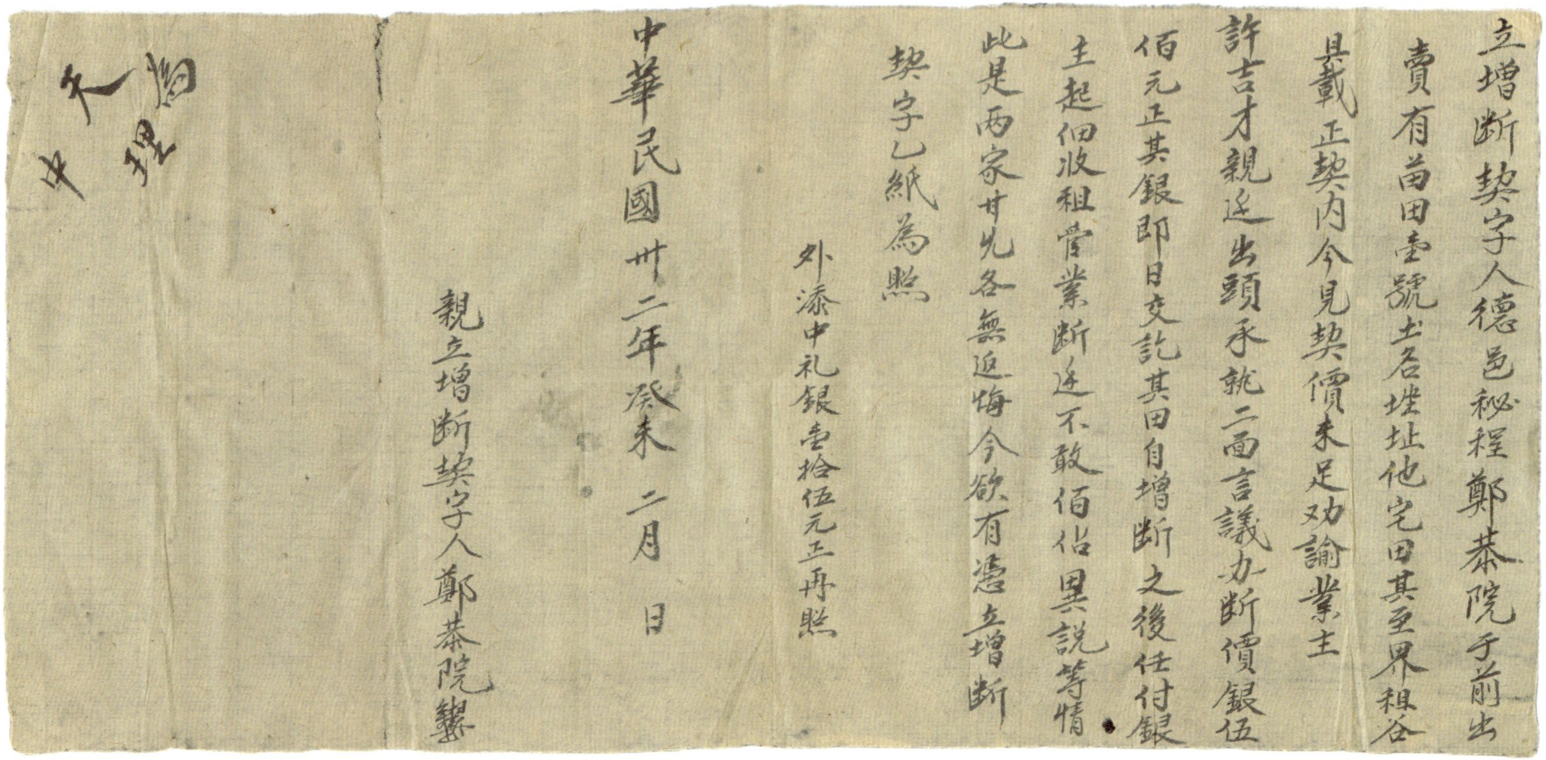

立增斷契字人德邑秘程鄭恭院予前出
賣有苗田壹號土名埕址他宅田其至界租谷
具載正契內今見契價未足劝諭業主
許吉才親进出頭承執二面言議劝斷價銀伍
佰元正其銀即日交訖其田自增斷之後任付銀
主起佃收租管業斷进不敢佰佁異說等情
此是兩家甘允各無返悔今欲有憑立增斷
契字乙紙為照

外添中礼銀壹拾伍元正再照

中華民國卅二年癸未二月　日

親立增斷契字人鄭恭院

天理為中

4-1-9-12　民國三十二年二月德化鄭恭院立增斷苗田契字

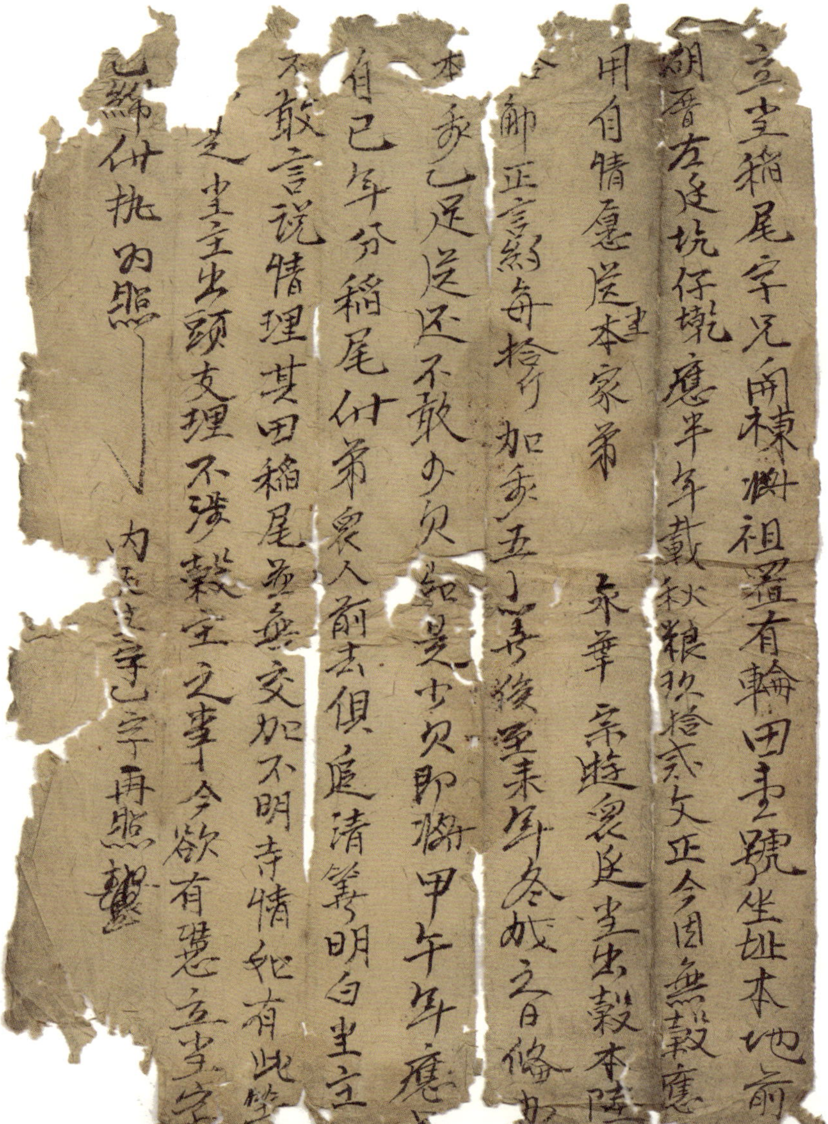

立當稻尾字兄開棟斷祖置有輪車田壹號坐址本地前
胡厝左邊坑仔墘應半年載秋粮玖拾貳文正今因無穀應
用自情愿送主本家弟衆華 衆遊衆邊當出穀本陸
分廂正言約每拾行加參五丁 其餘至來年冬收之日條办
本參乙足送還不敢少欠如是少欠即將甲午年應
自己年分稻尾付弟衆人前去俱邊清算明白當立
不敢言說情理其田稻尾並無交加不明等情如有此等
是當主出頭支理不涉穀主之事今欲有憑立當字
一紙付执為照
内添边字乙字再照

4-1-9-13　許開棟立當稻尾字（年代不詳）

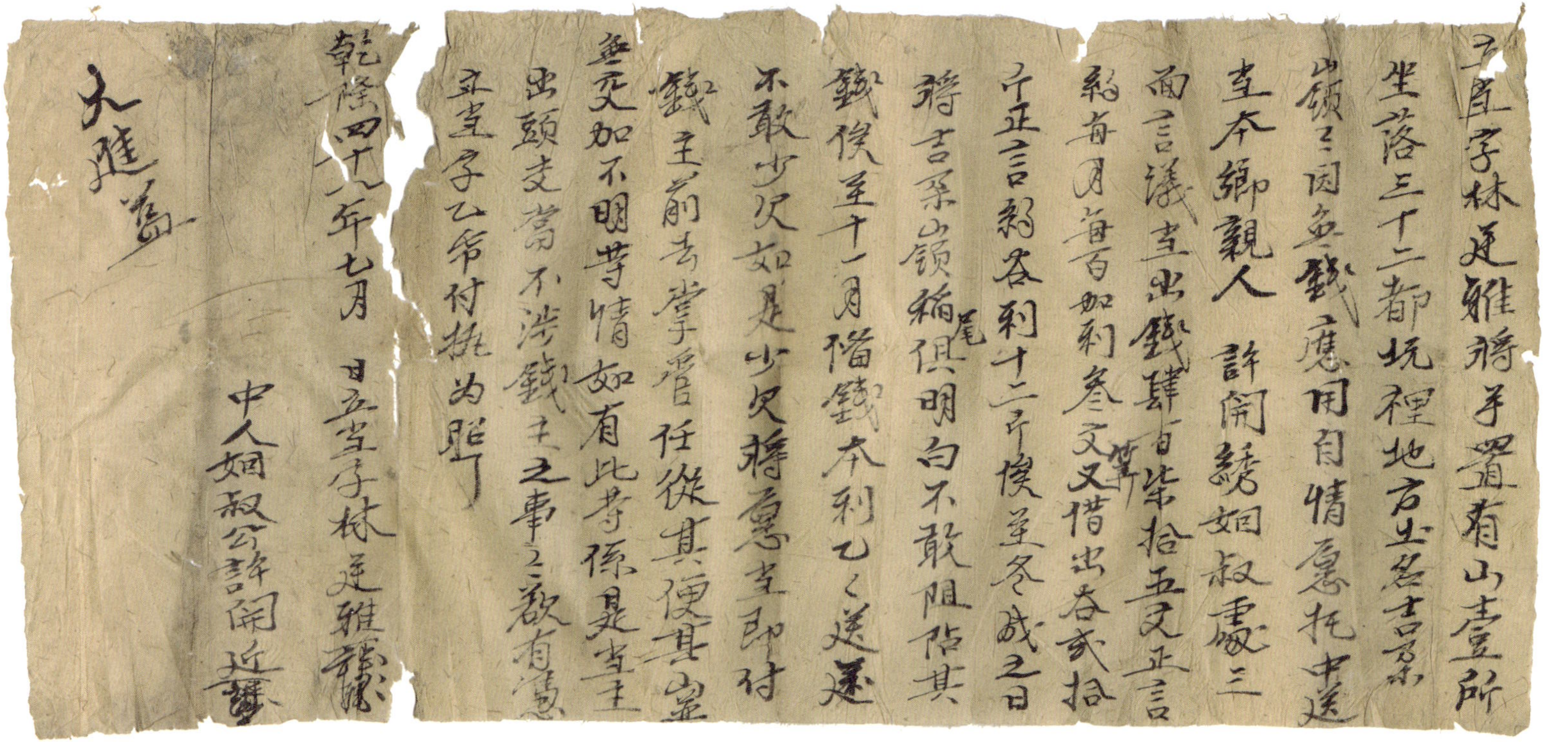

立當字林廷雅，將手置有山壹所，坐落三十二都坑裡地方，土名吉栗嶺，今因無錢應用，自情愿托中送至本鄉親人許開綉姻叔處，三面言議，當出錢肆百柒拾五文正，言約每月每百加利叁文，又借出谷貳拾斤正，言約谷利十二斤，俟至冬成之日，將吉栗山嶺稻尾俱明白，不敢阻陷其錢，俟至十一月備錢本利一一送還，不敢少欠，如是少欠，將愿當即付錢主前去掌管，任從其便。其山並無交加不明等情，如有此等，係是當主出頭支當，不涉錢主之事。今欲有憑，立當字乙帋付執為照。

乾隆四十八年七月　日立當字林廷雅（押）

中人姻叔公許開近（押）

大進益

4-1-10-1　清乾隆四十八年七月林廷雅立當山字

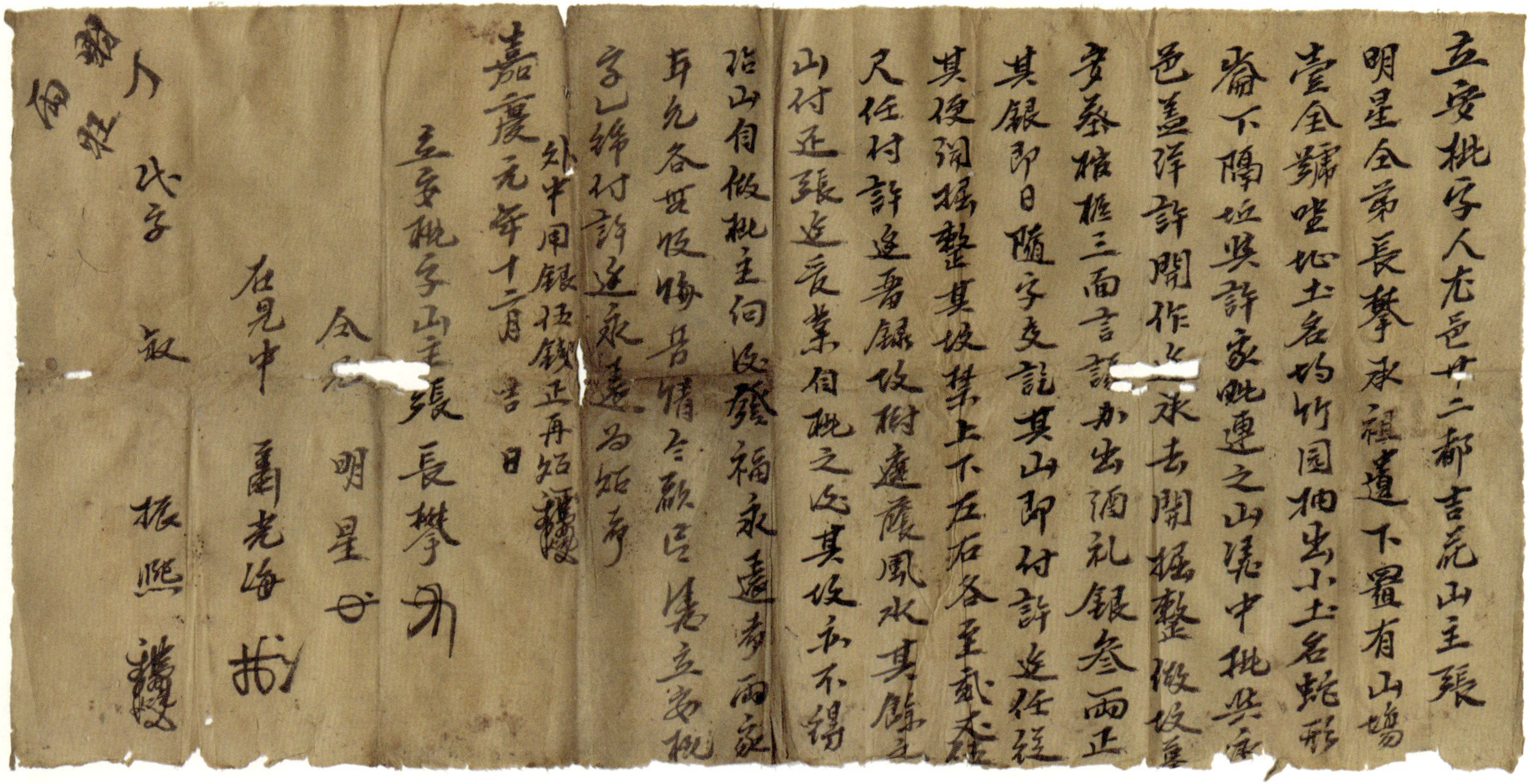
立安批字人尤邑廿二都吉苑山主張
明星仝弟長攀承祖遺下置有山場
壹全歸坐地土名竹园柚出小土名蛇形
嵛下隔坵與許家毗連之山場中批與本
邑盖洋許開作[illegible]來去開掘整做坟塋
安葬棺柩三面言議办出酒礼銀叁兩正
其銀即日隨字交訖其山即付許邊任從
其便開掘整其坟禁上下左右各至貳丈
尺任付許邊書録坟樹遮蔭風水其餘之
山付还張邊管業自批之後其坟亦不得
占山自做批主向後發福永遠壽兩[illegible]
此允各無反悔吾情今欲有憑立安批
字山場付許邊永遠為炤
外中用銀伍錢正再炤[押]
嘉慶元年十二月吉日
立安批字山主張長攀[押]
仝 明星[押]
在見中 蕭光海[押]
代字 叔 振熙[押]
發人兩旺

4-1-10-2　清嘉慶元年十二月尤溪張明星等立安批山場字

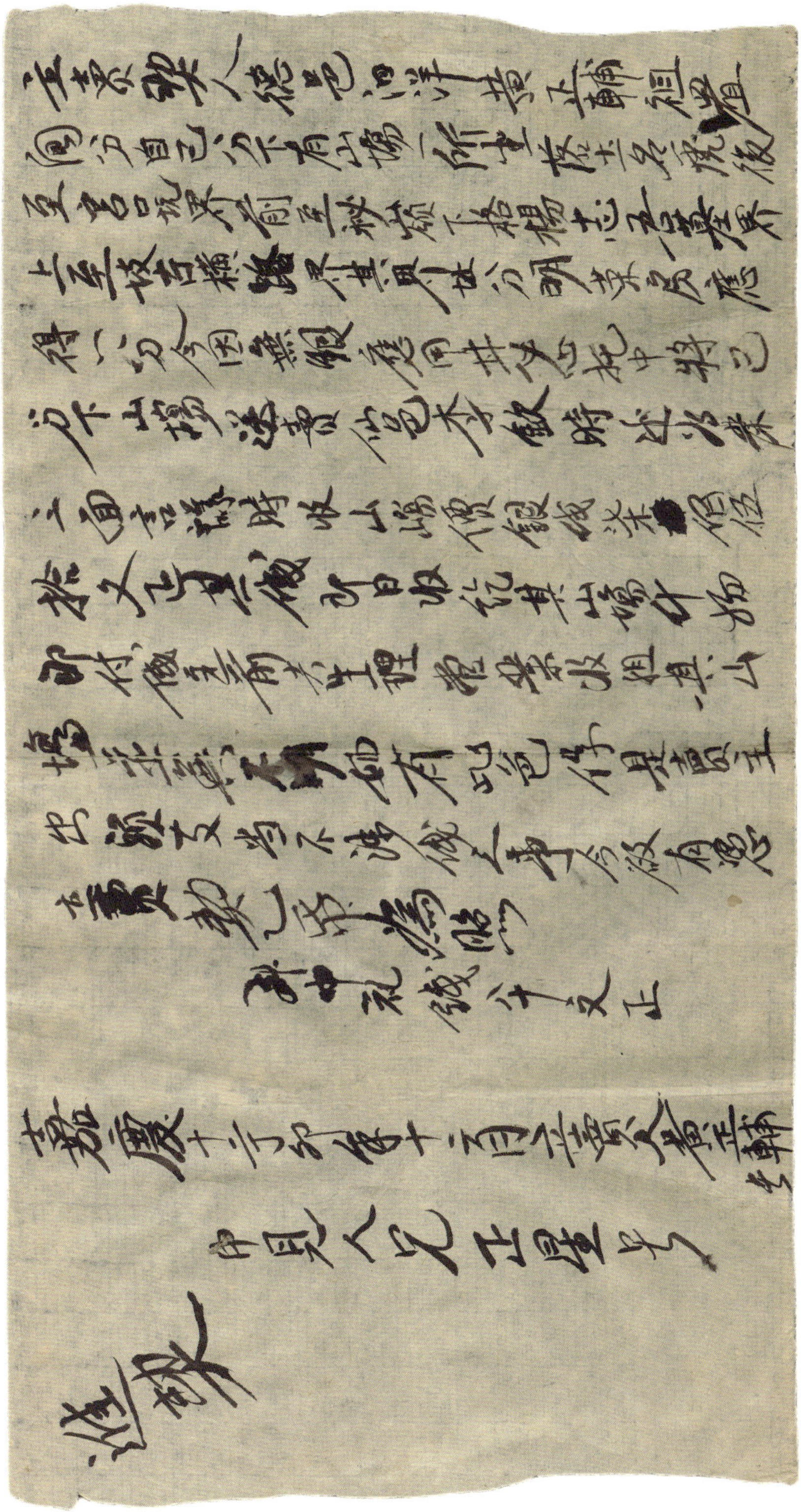

4-1-10-3　清嘉慶十二年十二月德化黃正輔立賣山場契

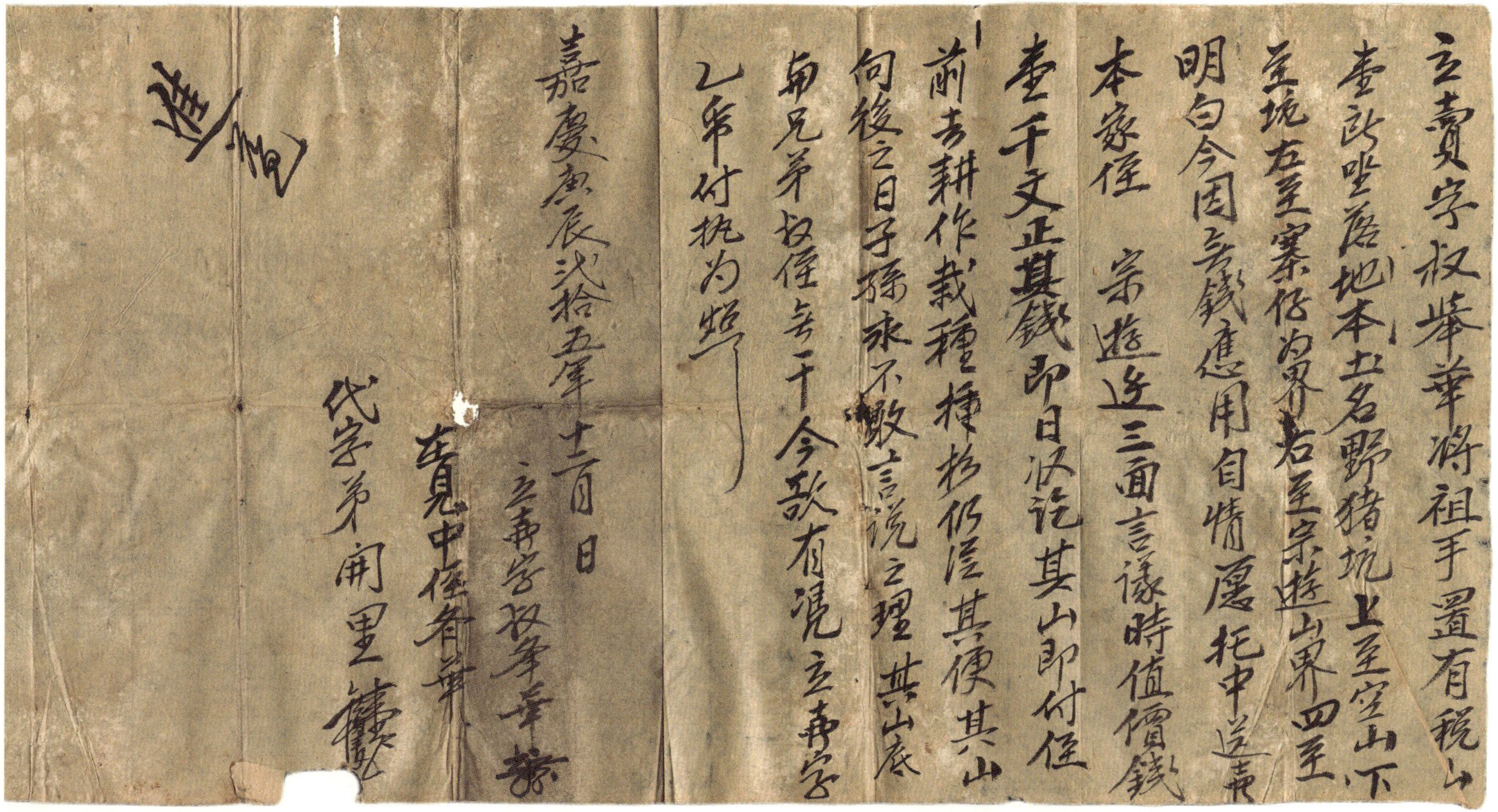

立賣字叔舉華將祖手置有稅山
壹所坐落地本土名野猪坑，上至空山，下
至坑，左至寨仔為界，右至宗遊山界，四至
明白。今因無錢應用，自情愿托中送賣
本家侄　宗遊近三面言議時值價錢
壹千文正，其錢即日收訖，其山即付侄
前去耕作栽種插杉，任從其便，其山
向後之日子孫永不敢言說之理，其山底
面兄弟叔侄無干。今欲有憑，立賣字
乙帋付执為照。

嘉慶庚辰貳拾五年十二月　日　立賣字叔舉華（押）
在見中侄肴華
代字弟開里（押）

進（押）

4-1-10-4　清嘉慶二十五年十二月許舉華立賣稅山契

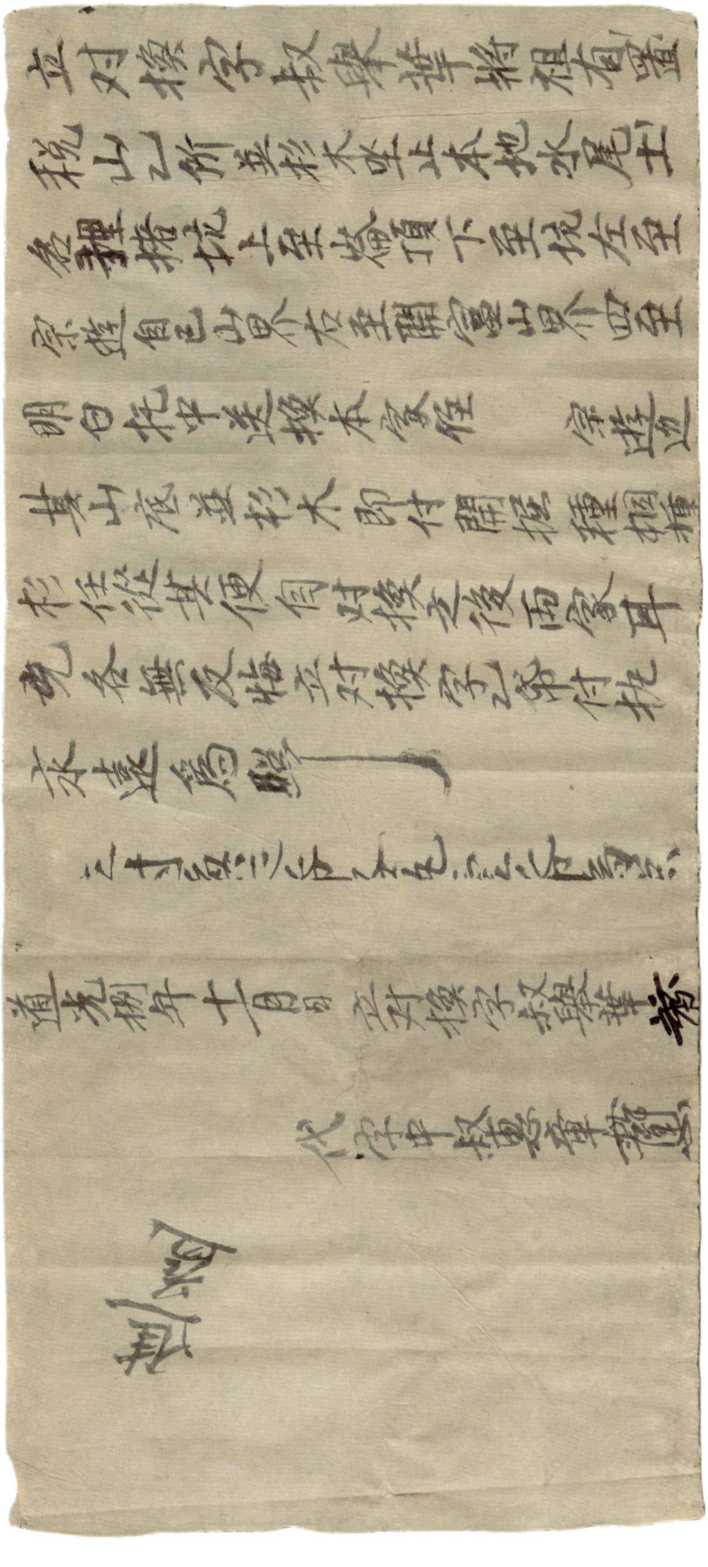

立對換字叔舉華將祖有置
稅山乙所坐址本地水尾土
名裡墘坑上至坑頂下至坑左至
宗姪自己山界右至闌宦山界四至
明白托中送換本家姪　宗遵
其山底並杉木即付開掘種植
杉任從其便向對換之後兩家日
後各無反悔立對換字乙帋付執
永遠為照
[illegible]
道光捌年十一月日　立對換字叔舉華（押）
代字中叔惠彩（押）
[illegible]

4-1-10-5　清道光八年十一月許舉華立對換稅山字

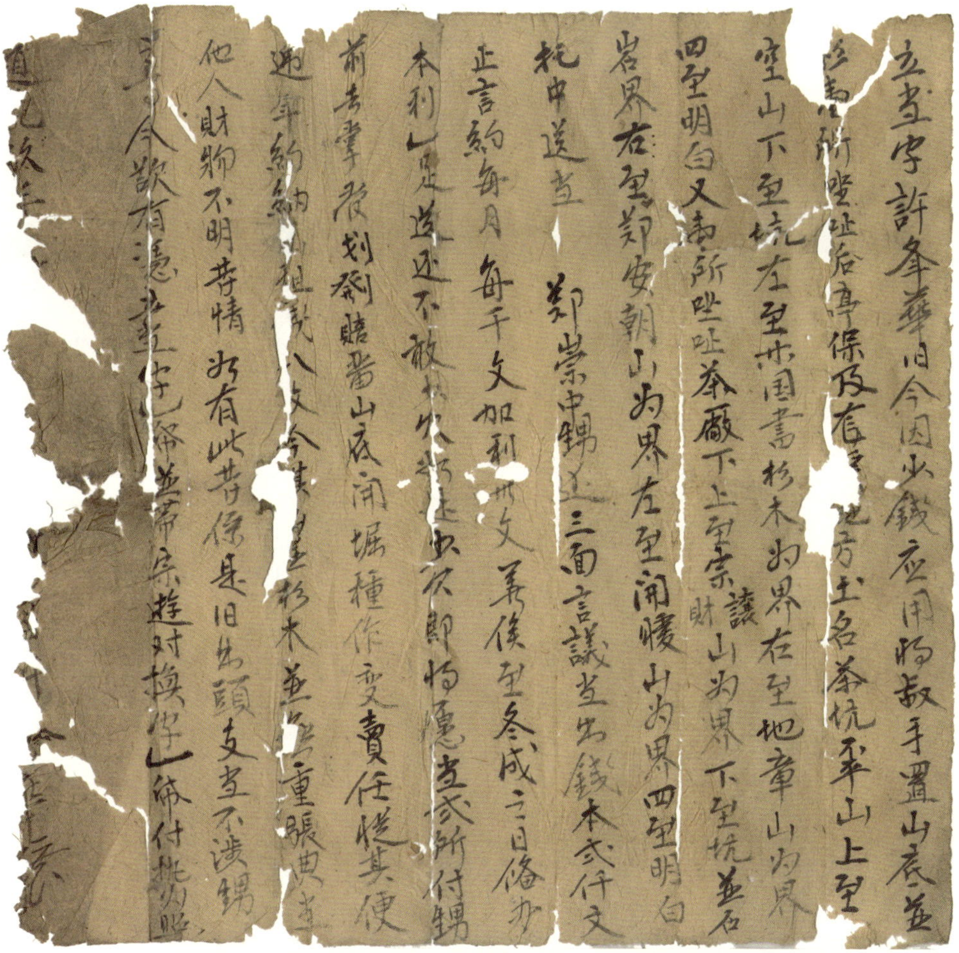

立当字許舉華旧今因少錢應用將叔手置山底并
坐落[illegible]所坐址名亭保及蒼[illegible]地方土名茶坑壟山上至
空山下至坑左至洪国書杉木为界右至地章山为界
四至明白又坐落所坐址茶厰下上至宗讓財山为界下至坑並石
岩界右至鄭安朝山为界左至闲樓山为界四至明白
托中送当鄭崇中锡边三面言議当出錢本弍仟文
正言約每月每千文加利卅文其俟至冬成之日備办
本利足送还不敢欠少如欠即將[illegible]憑当弍所付锡
前去掌管划剎賠當山底闲掘種作变賣任從其便
邀年約納[illegible]租税八文今其山上杉木並[illegible]重張典当
他人財物不明等情如有此等係是旧主頭支当不涉锡
[illegible]今欲有憑立当字[illegible]並帶宗進对換字[illegible]付批为照
道光玖年[illegible]

4-1-10-6　清道光九年許舉華立當山底等字

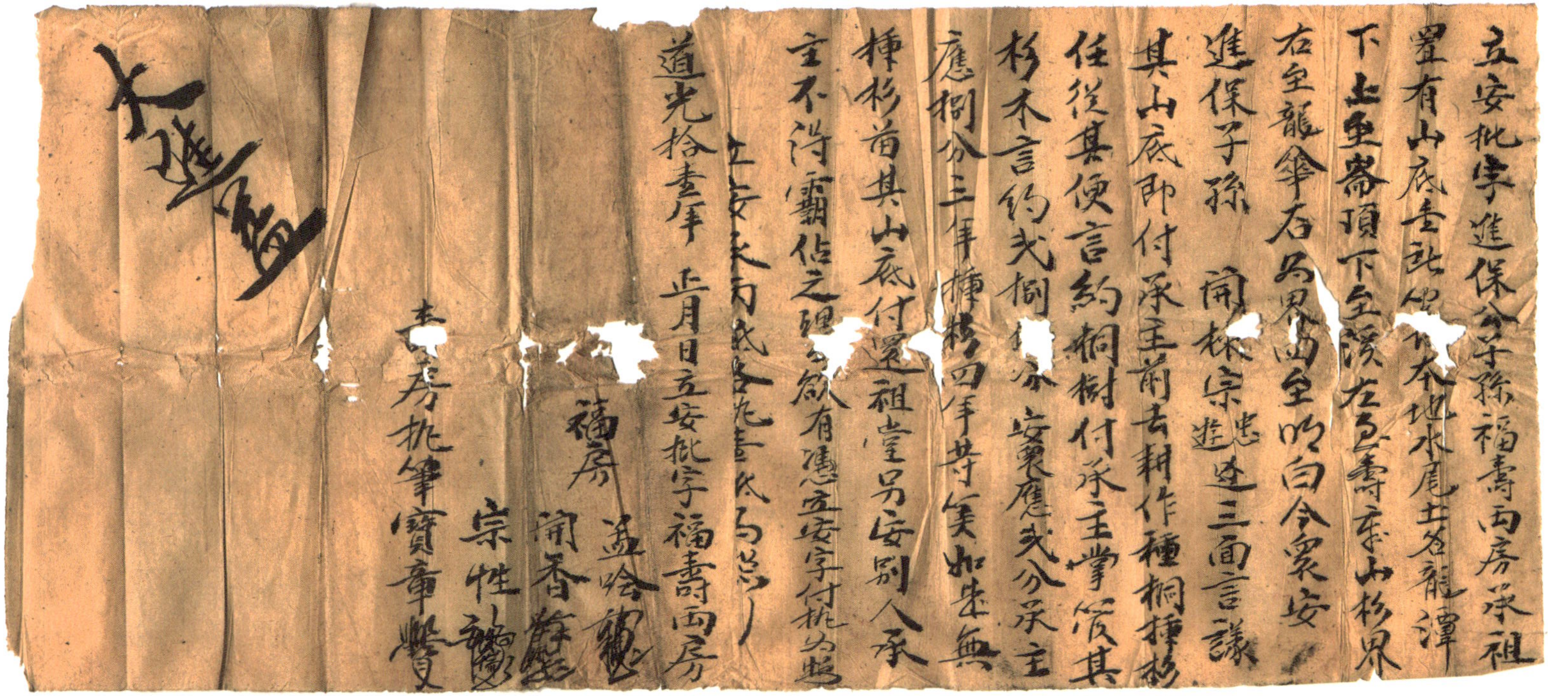
立安批字進保仝子孫福壽兩房承祖
置有山底壹號坐[illegible]本地水尾土名龍潭
下上至嶺頂下至溪左至壽房山杉界
右至龍爭石為界四至明白今衆安
進保子孫　開林宗忠進述三面言議
其山底即付承主前去耕作種桐插杉
任從其便言約桐樹付承主掌管其
杉木言約弍個[illegible]安衆應弍分承主
應捌分三年插杉四年[illegible]如先無
插杉苗其山底付還祖堂另安別人承
主不得霸佔之理[illegible]欲有憑立安字付執為照
立安[illegible]兩房各執壹紙為照
道光拾壹年　正月日立安批字福壽兩房
福房　孟嗆
開香
宗性
壽房　批筆寶章

4-1-10-7　清道光十一年正月許孟嗆等立安批山底字

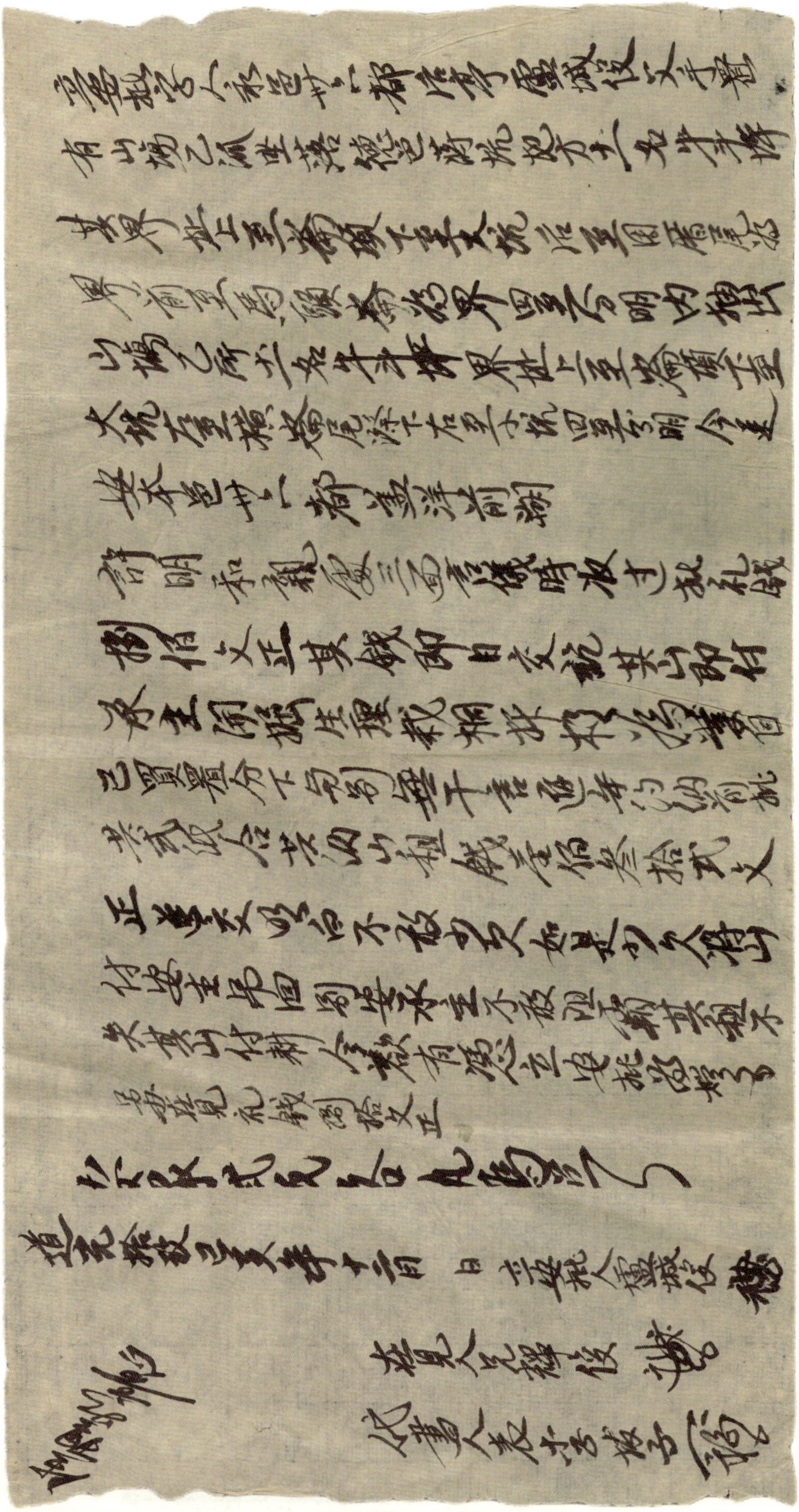

4-1-10-8　清道光十九年十二月盧城俊立安批山場字

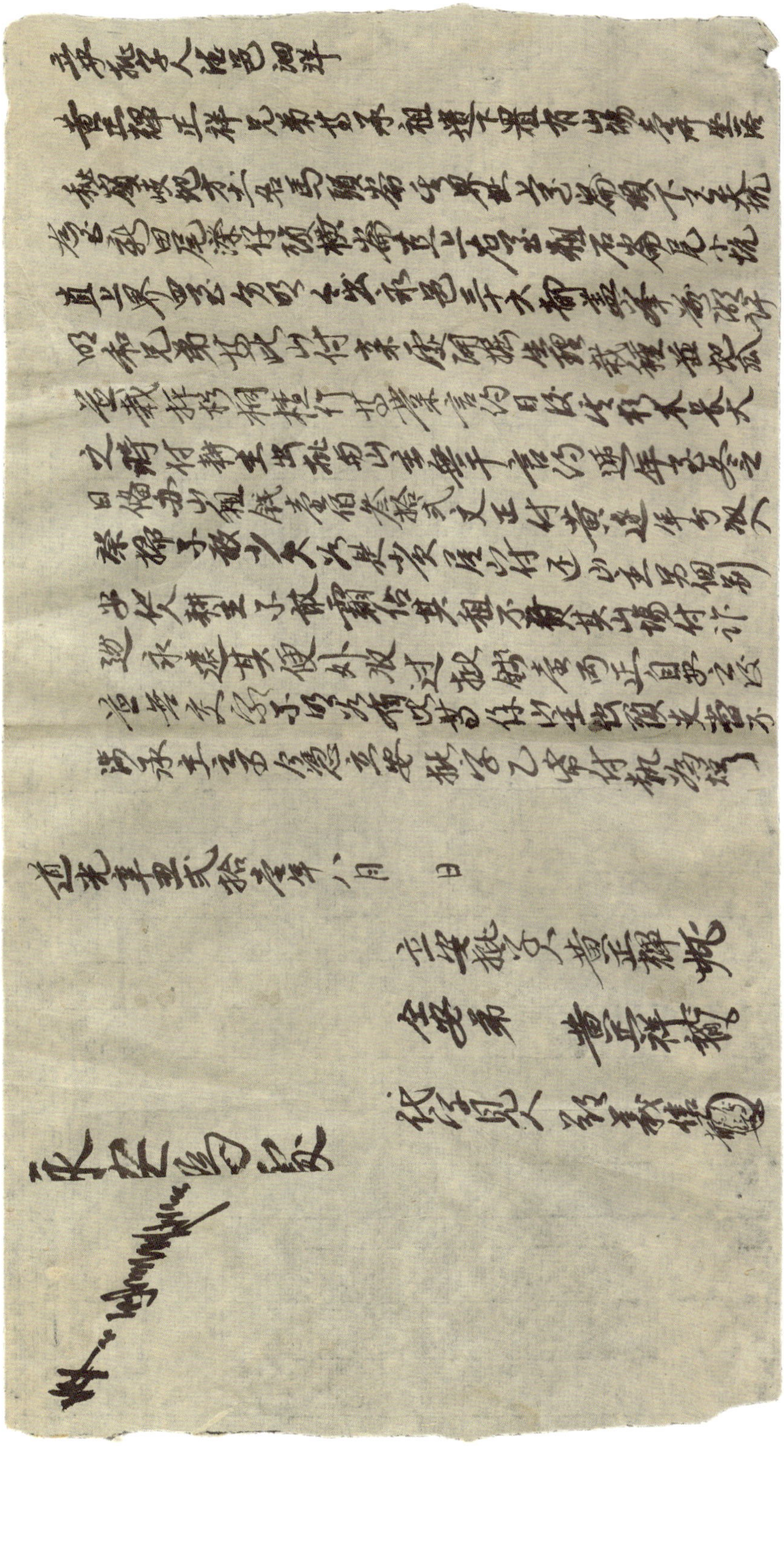

4-1-10-9　清道光二十一年八月德化黃正輝等立安批山場字

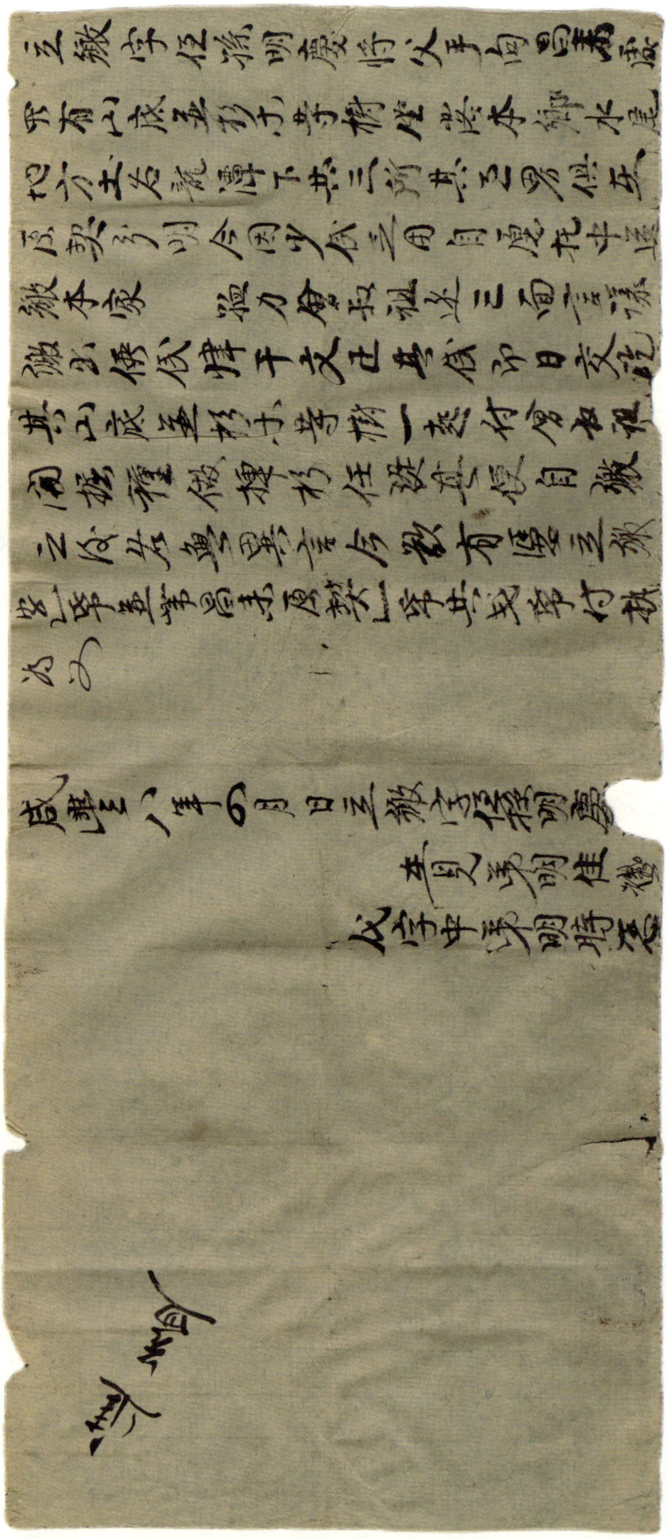

4-1-10-10　清咸豐八年四月許明慶立繳山底等字

4-1-10-11　清光緒三十一年十二月德化鄭進有等立安批山場字

立安批字人德邑滀湖鄭朝賓衆承祖遺下
罡直有山場壹所坐址秘程地方其界址上至滋水洋
崙面為界下至水模厝為界東至湖坪岐面為界西
至南山隔岐面為界四至明白今出批安與永邑
前康鄉　許義載華兄弟親房兩家相議
時出批禮錢壹仟捌佰文正其錢即日交足其山
場即付許家自去栽種相杉樹竹雜物等項
山主不敢異言霸佔生端等情不明如有不明山
主出頭知當其山不許私退他人如敢私退其山
付還山主另召他人承主不敢霸佔等情其山
租過年言約亦納山租錢肆佰捌拾文正付鄭家
收入明白不敢少欠如是少欠其山付還山主其
杉木後日出批之時山主應得三分承主乃應
得七分均分兩家不得多言兩家甘允各無反悔
今欲有憑立安批字壹紙付執為照
外添筆資禮錢弍佰叁拾文正再照

光緒叁拾壹年乙巳十二月日立安批字人德邑進有（押）
樂房　天本（押）
鄭房　良積（押）
御房　能書（押）
書房　宗陞（押）
代字見鄭房　兆熊（押）

合同

其山不欠租不召佃再照

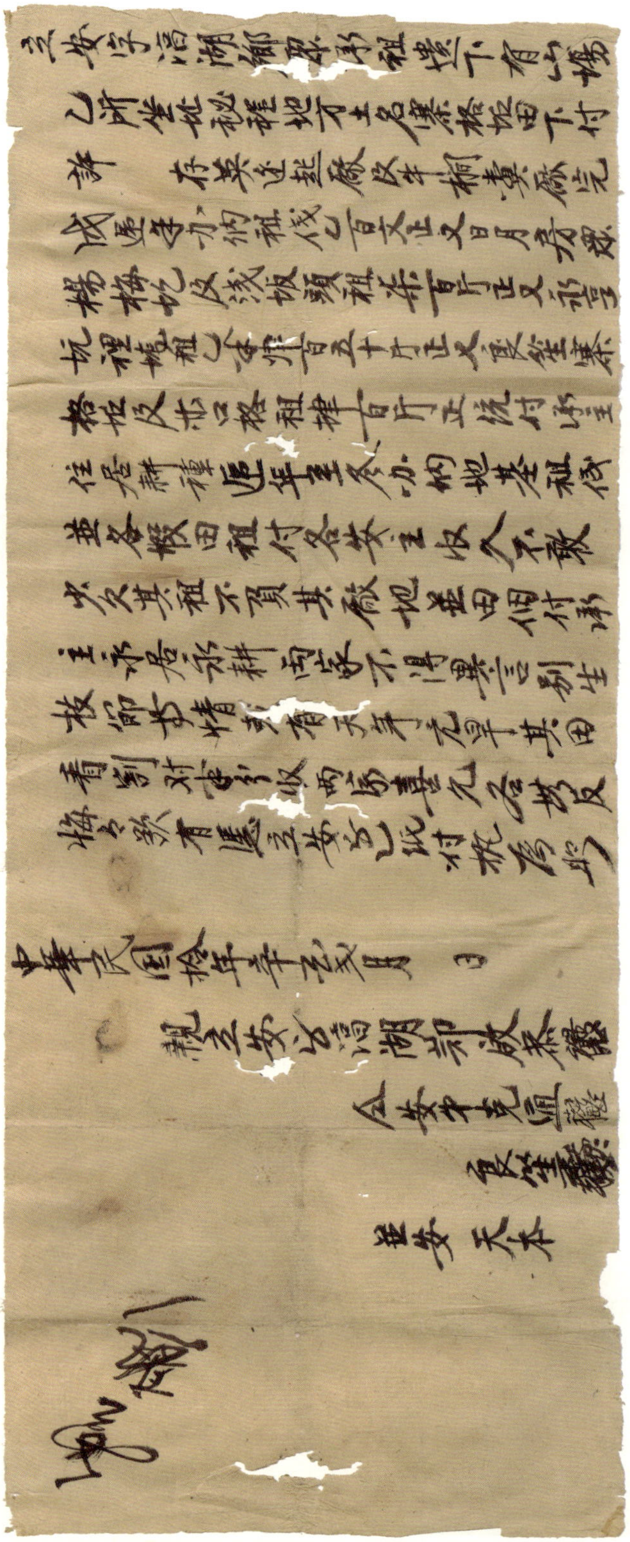

4-1-10-12　民國十年二月德化鄭啓恭等立安批山場字

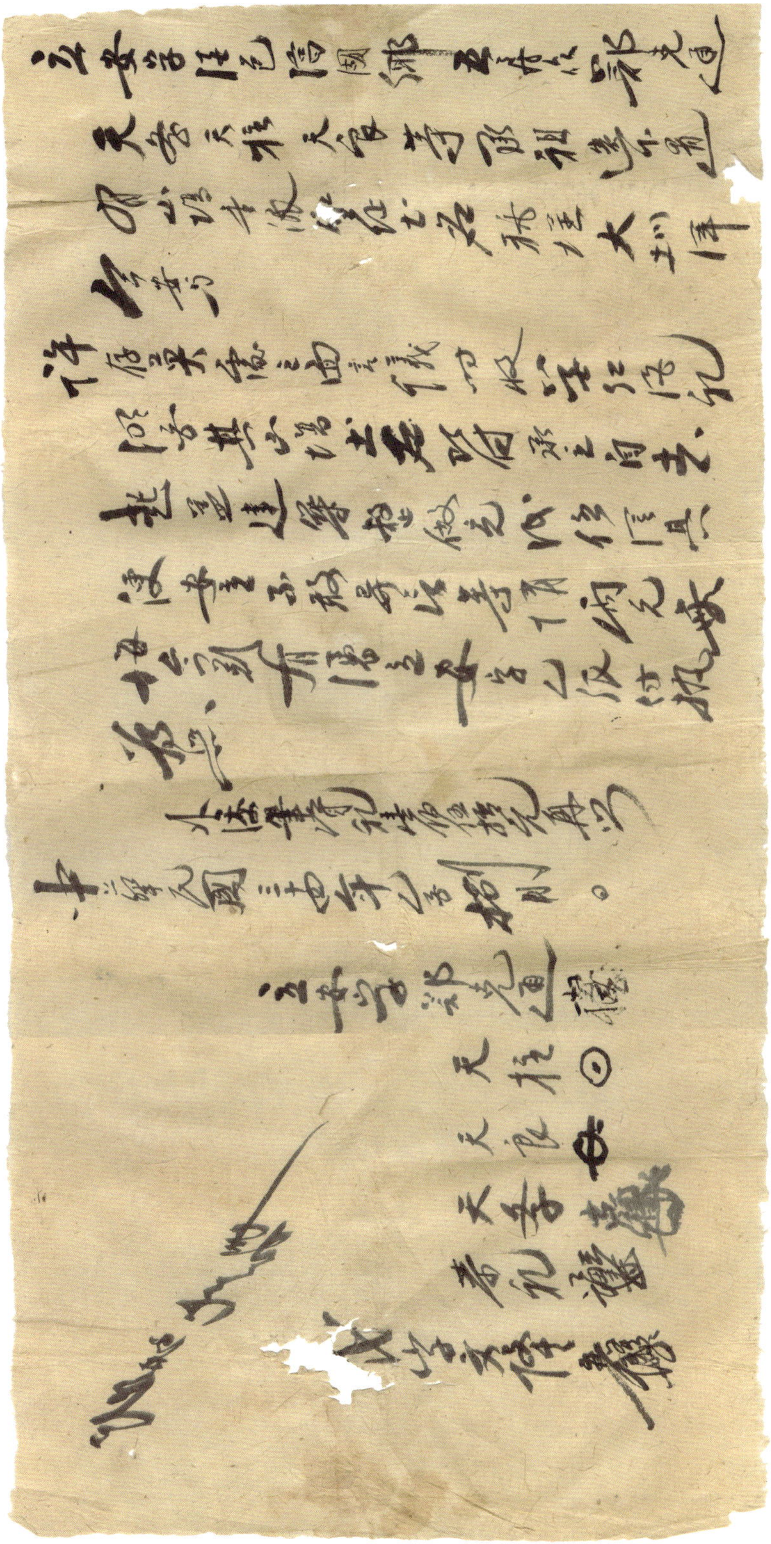

4-1-10-13　民國三十四年八月德化鄭克通等立安山場字

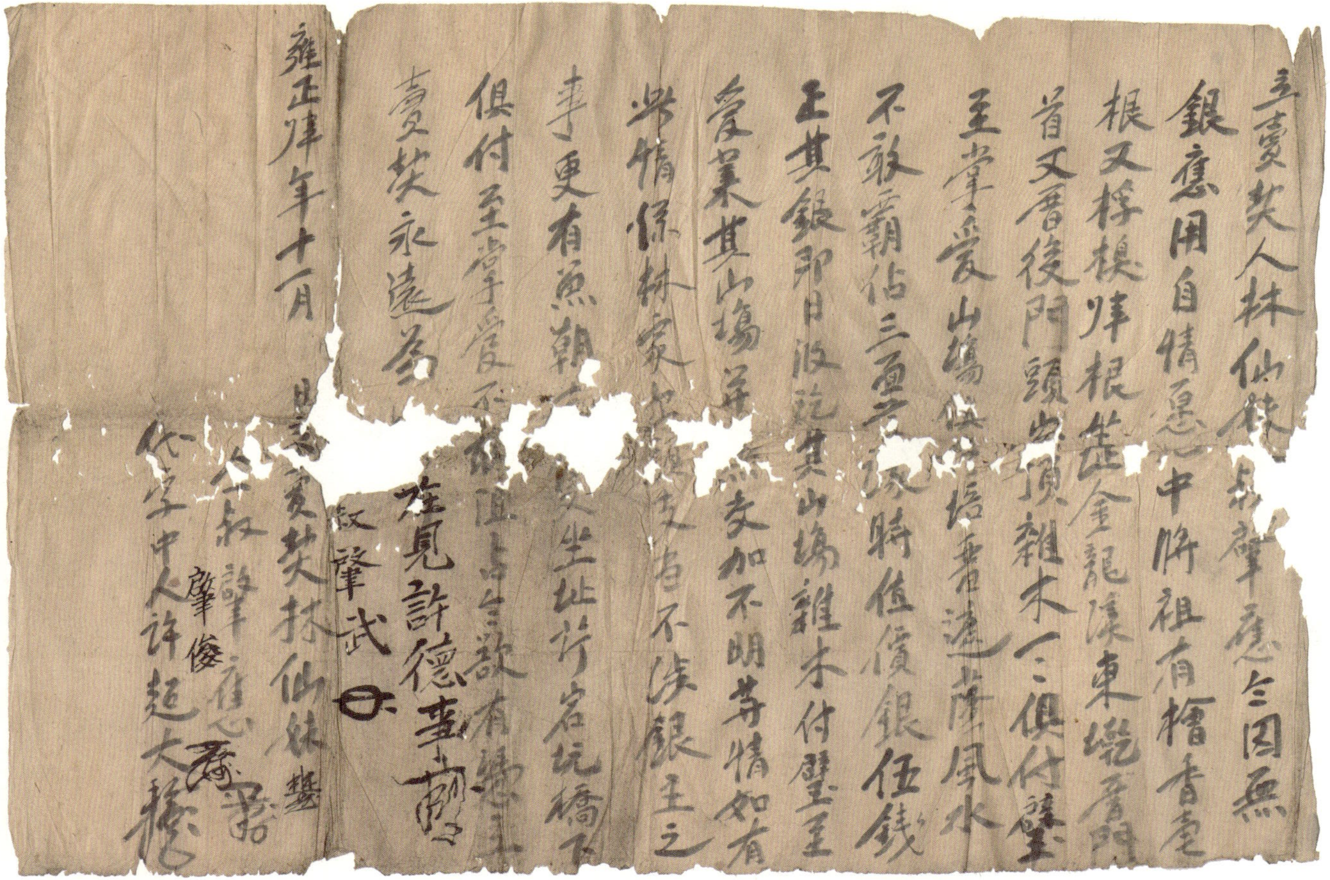

4-1-11-1　清雍正四年十一月林仙妹等立賣檜香等契

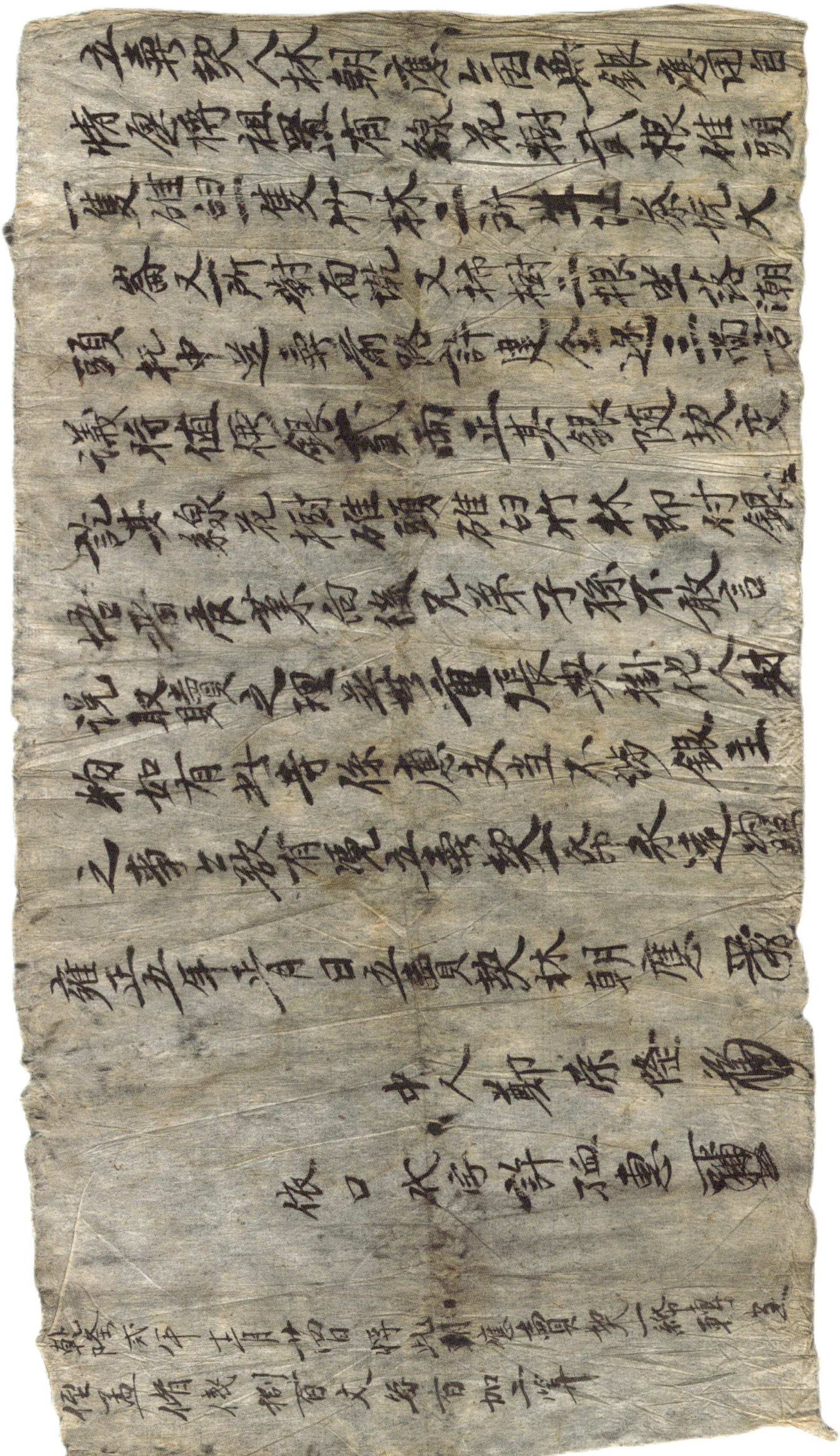
立賣契人林朝應，今因無銀應用，自
情願將祖置前園線花樹貳株，址頭
下[illegible]竹林，計[illegible]大
[illegible]又一所樹兩株，又將樹一株，坐落湖
頭[illegible]中，[illegible]三面言定
議將値價銀壹兩正，其銀隨契交
訖，其線花樹任從[illegible]竹林即付銀主
照契掌管，向後兄弟子孫不敢言
說取贖之理，並無重張典掛他人財
物，如有此等，係應支當，不涉銀主
之事。今欲有憑，立賣契為照。
雍正五年正月　日立賣契林朝應（押）
中人鄭[illegible]（押）
依口代字許[illegible]（押）
乾隆[illegible]年正月廿四日將此契[illegible]契一紙[illegible]
[illegible]加二[illegible]

4-1-11-2　清雍正五年正月林朝應立賣線花樹等契

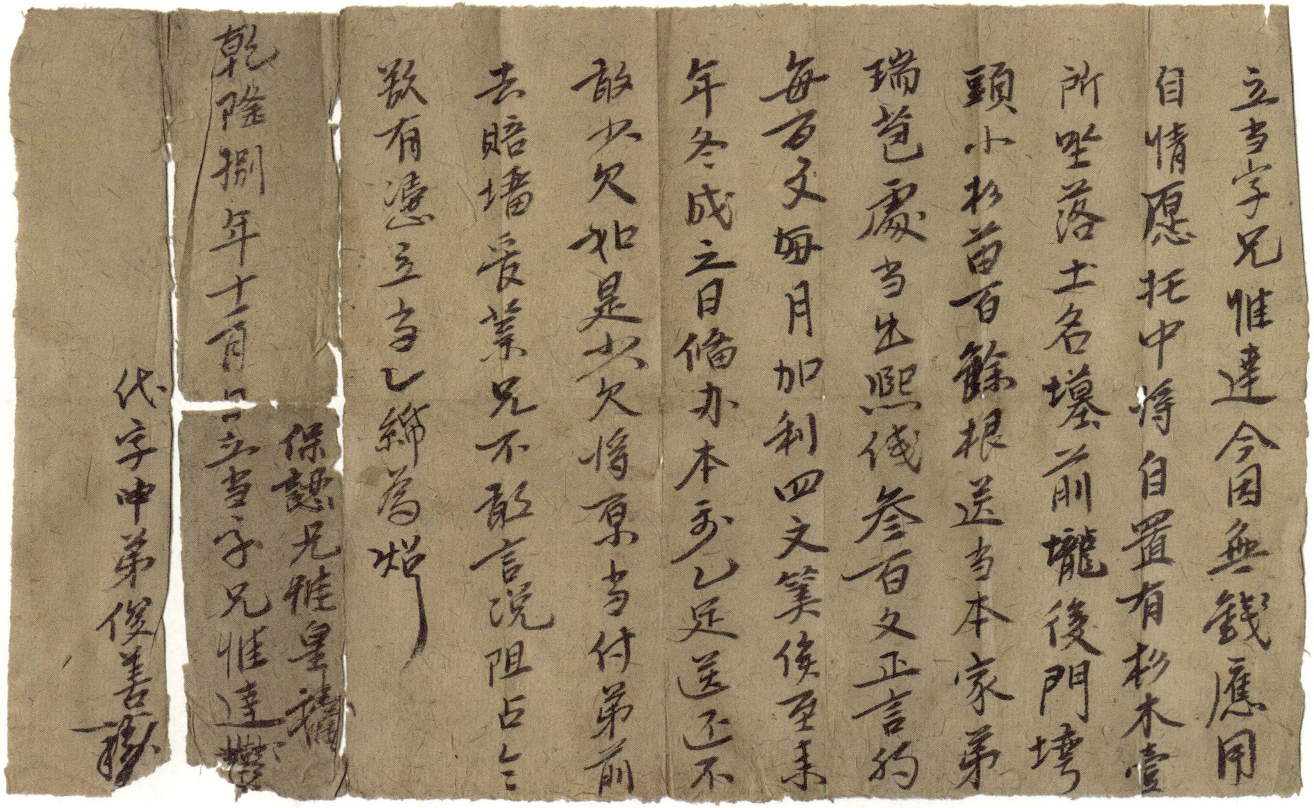
立當字兄惟達今因無錢應用
自情愿托中將自置有杉木壹
所坐落土名墓前壠後門塆
頭小杉苗百餘根送當本家弟
瑞笆處當出銅錢叁百文正言約
每百文每月加利四文筭後至來
年冬成之日備办本利一足送還不
敢少欠如是少欠將原當付弟前
去賠墻管業兄不敢言說阻占今
欲有憑立當字一紙爲照
乾隆捌年十二月 日立當字兄惟達
保認兄惟皇
代字中弟俊善

4-1-11-3　清乾隆八年十二月許惟達立當杉木字

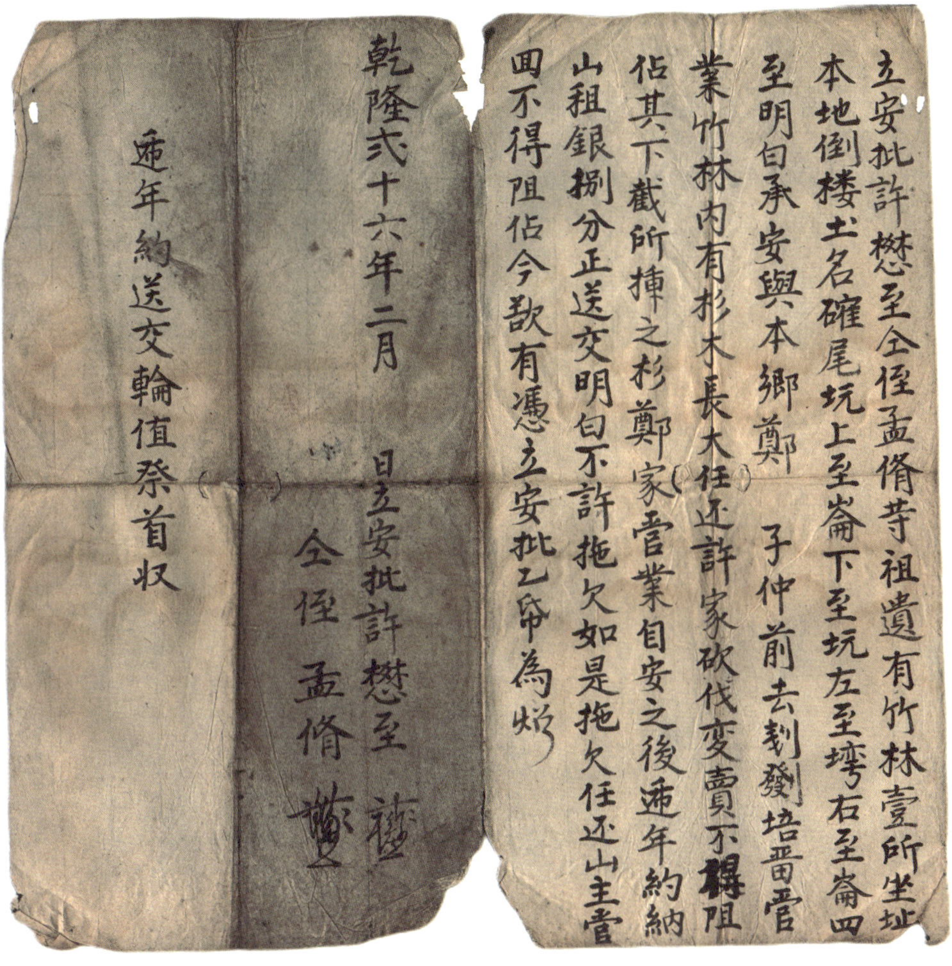
立安批許懋至仝侄孟脩等祖遺有竹林壹所坐址
本地倒樓土名碓尾坑上至崙下至坑左至墿右至崙四
至明白承安與本鄉鄭　子仲前去剗發培置
業竹林内有杉木長大任还許家砍伐変賣不得阻
佔其下截所揷之杉鄭家营業自安之後逓年約納
山租銀捌分正送交明白不許拖欠如是拖欠任还山主营
回不得阻佔今欲有憑立安批乙帋為炤

乾隆弍十六年二月　日立安批許懋至
仝侄　孟脩

逓年約送交輪值祭首收

4-1-11-4　清乾隆二十六年二月許懋至等立安批竹林字

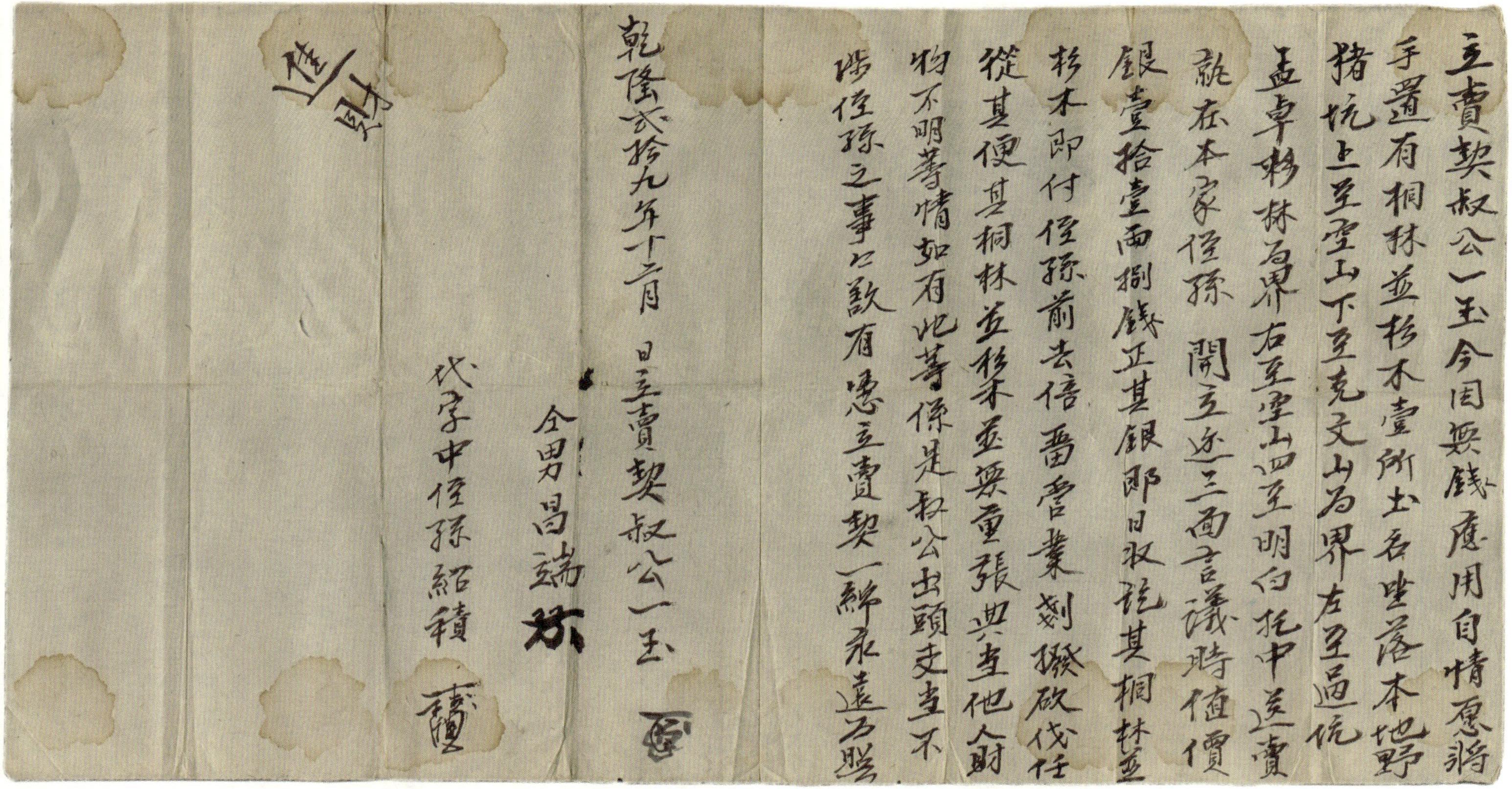

立賣契叔公一玉今因要錢應用自情愿將
手置有桐林並杉木壹所土名坐落本地野
豬坑上至空山下至克文山為界左至過坑
直卓杉林為界右至空山四至明白托中送賣
就在本家侄孫　開立迩三面言議時值價
銀壹拾壹両捌錢正其銀即日收訖其桐林並
杉木即付侄孫前去住番管業剗掇砍伐任
從其便其桐林並杉木並無重張典挂他人財
物不明等情如有此等係是叔公出頭支当不
涉侄孫之事今欲有憑立賣契一紙永遠為照

乾隆貳拾九年十二月　日立賣契叔公一玉

仝男昌端

代字中侄孫紹積

4-1-11-5　清乾隆二十九年十二月許一玉等立賣桐林等契

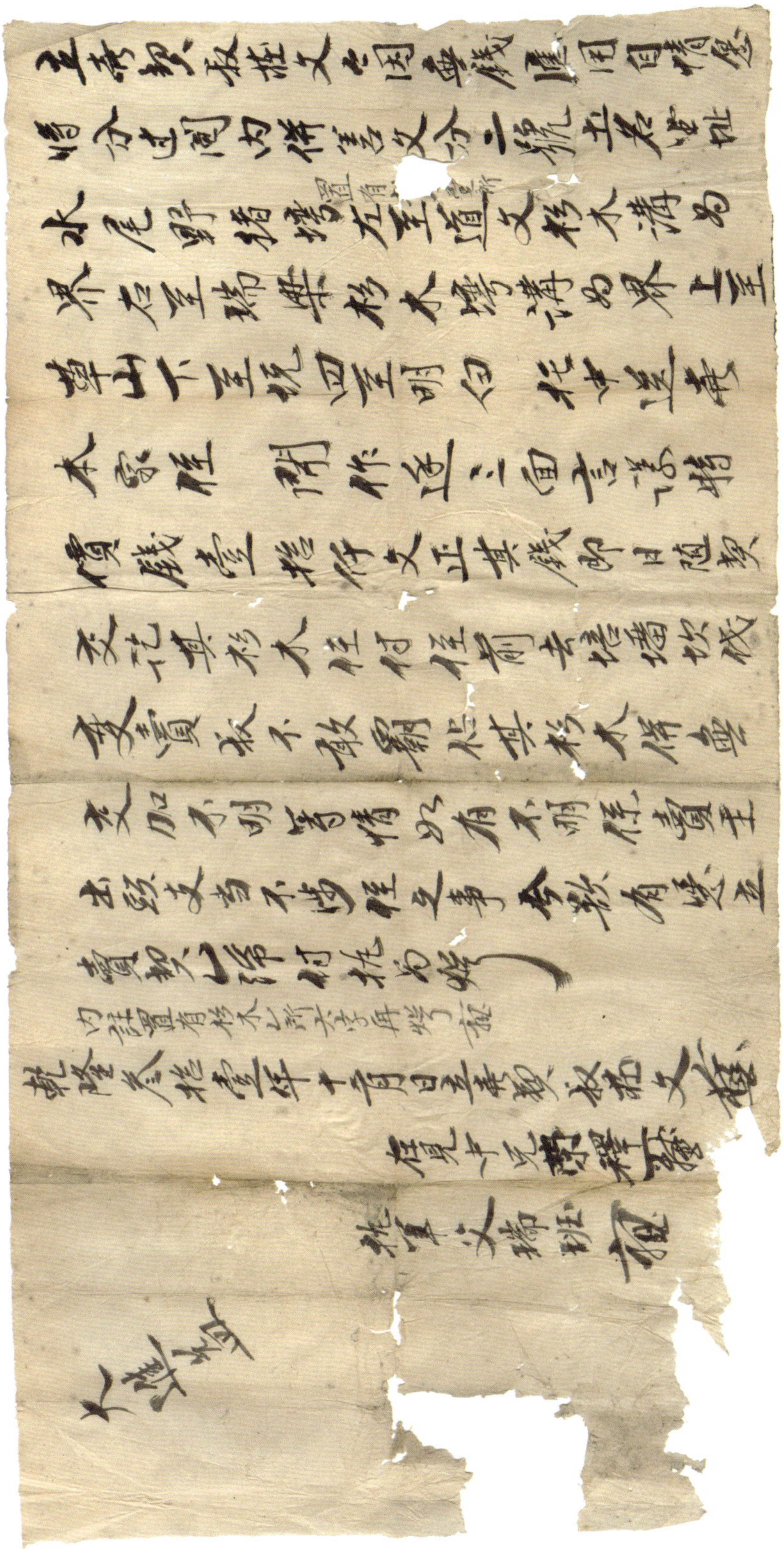
立賣契人叔莊文也因無錢應用自情愿
將分己闔內併侄己文分二股土名坐址
水尾野猪墘左至直文杉木為界
界右至坊華杉木灣溝為界上至
嶺山下至坑田至明白於中立賣
本家侄開作出三面言議將
價錢壹拾肆文正其錢即日隨契
交訖其杉木任侄前去管掌收成
文賣永不敢取贖其杉木併無
交加不明等情如有不明係賣主
出頭支當不涉侄之事今欲有憑立
賣契一紙付侄爲照
內註置有杉木乙所六字再照
乾隆叁拾壹年十二月日立賣契叔莊文也
在見中兄莊瓚
代筆許文
大發興

4-1-11-6　清乾隆三十一年十二月許莊文立賣杉木契

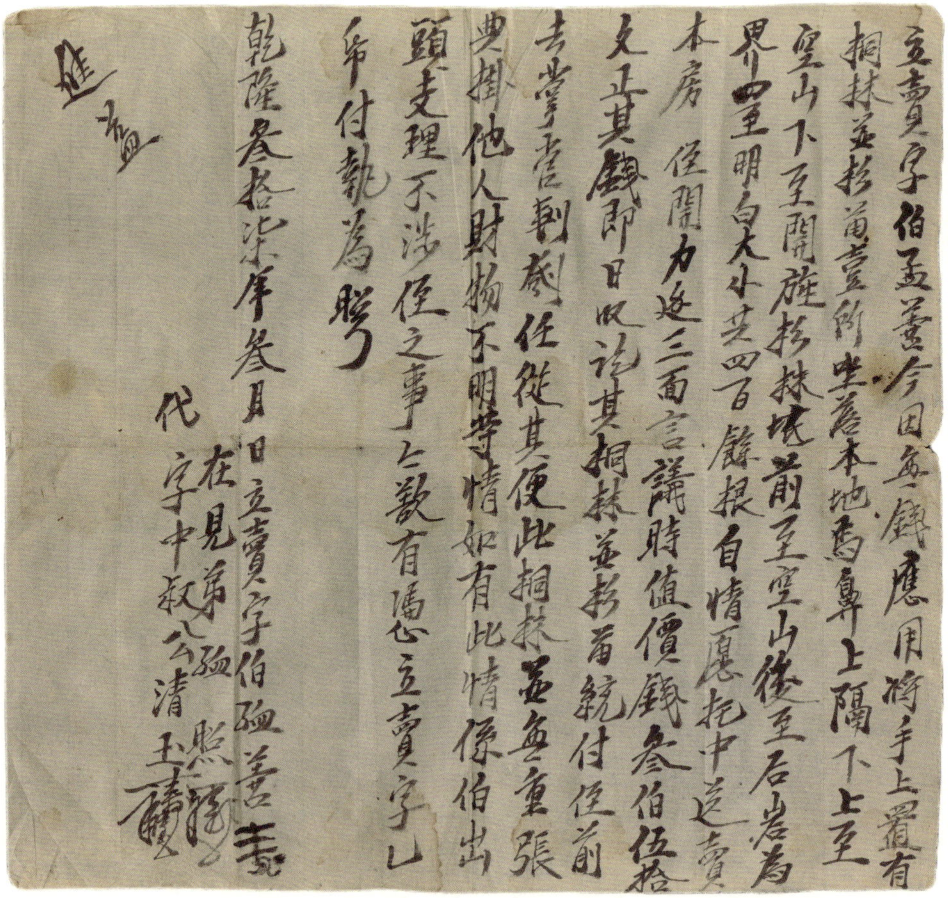

立賣字伯孟善今因無錢應用將手上置有
桐林並杉苗壹所坐落本地爲鼻上隔下上至
空山下至閒旋杉林坵前至空山後至石岩爲
界四至明白大小共四百餘根自情愿托中送賣
本房 侄閒力邊三面言議時値價錢叁佰伍拾
文正其錢即日收訖其桐林並杉苗統付侄前
去掌管剷劀任從其便此桐林並無重張
典掛他人財物不明等情如有此情係伯出
頭支理不涉侄之事今欲有憑立賣字山
帋付執爲照
乾隆叁拾柒年叁月日立賣字伯孟善
在見弟孟照
代字中叔公清玉
進益

4-1-11-7　清乾隆三十七年三月許孟善立賣桐林等契

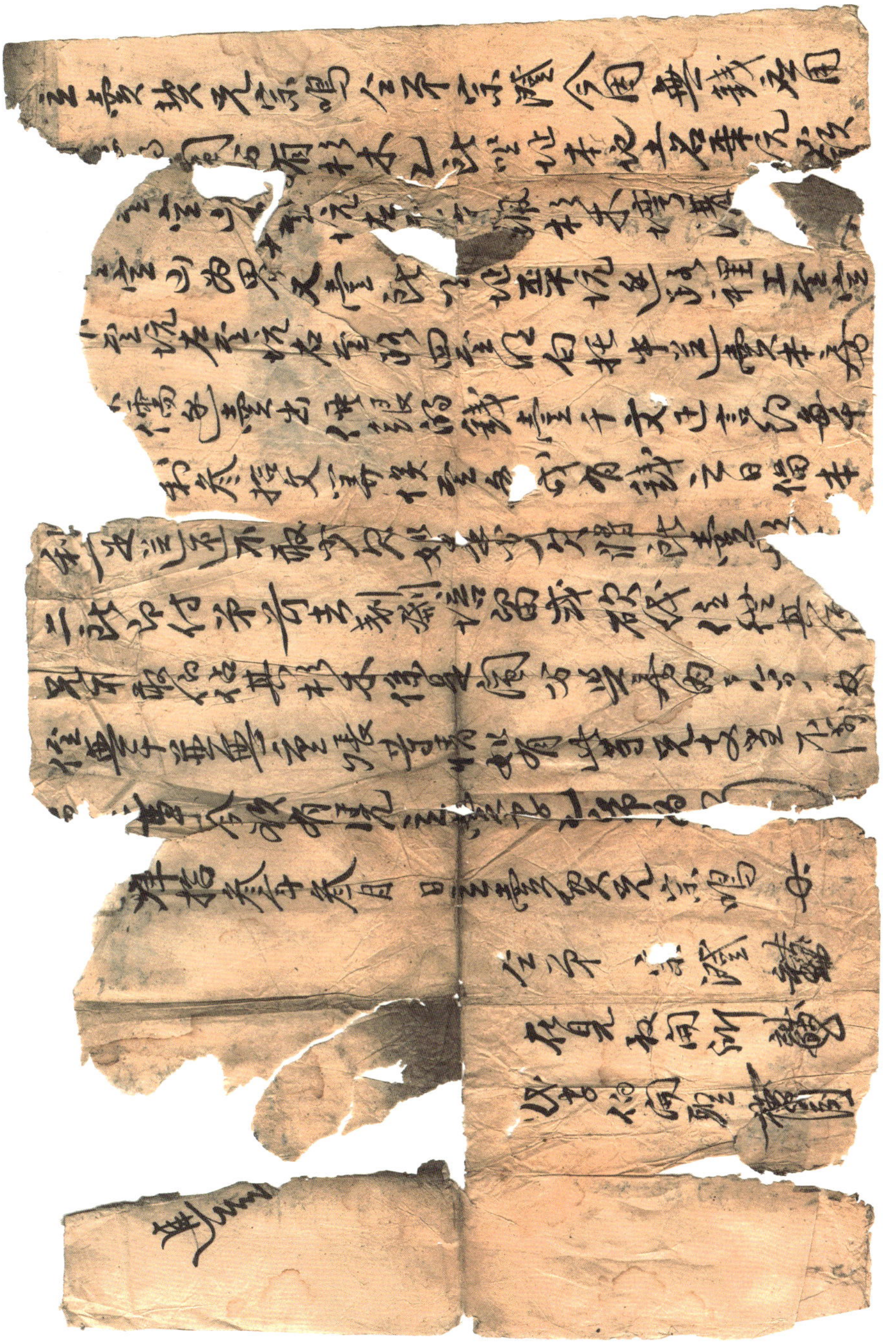

4-1-11-8　清乾隆四十三年三月許宗鳴等立賣杉木契

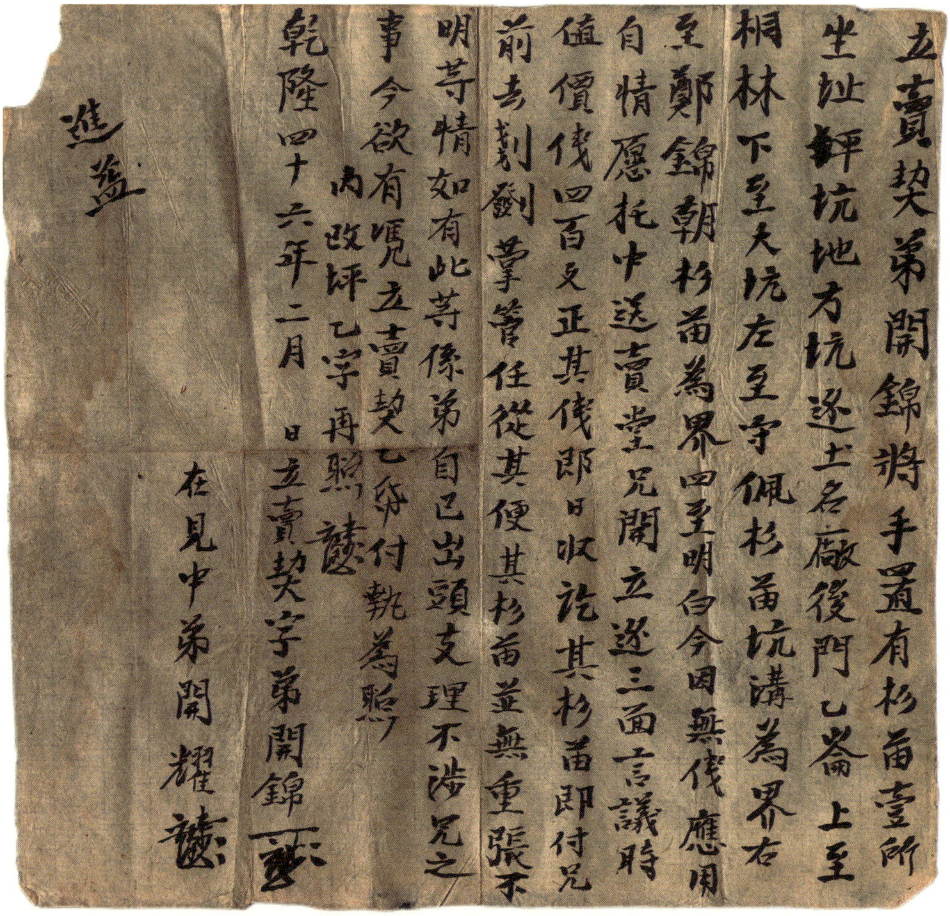

立賣契弟開錦將手置有杉苗壹所
坐址蚶坑地方坑邊土名廠後門乙畬上至
桐林下至大坑左至守佩杉苗坑溝為界右
至鄭錦朝杉苗為界四至明白今因無錢應用
自情愿托中送賣堂兄開立邊三面言議時
值價錢四百文正其錢即日收訖其杉苗即付兄
前去割劉掌管任從其便其杉苗並無重張不
明等情如有此等係弟自己出頭支理不涉兄之
事今欲有憑立賣契乙紙付執為照
內改坪乙字再照
乾隆四十六年二月　日立賣契字弟開錦
在見中弟開耀
進益

4-1-11-9　清乾隆四十六年二月許開錦立賣杉苗契

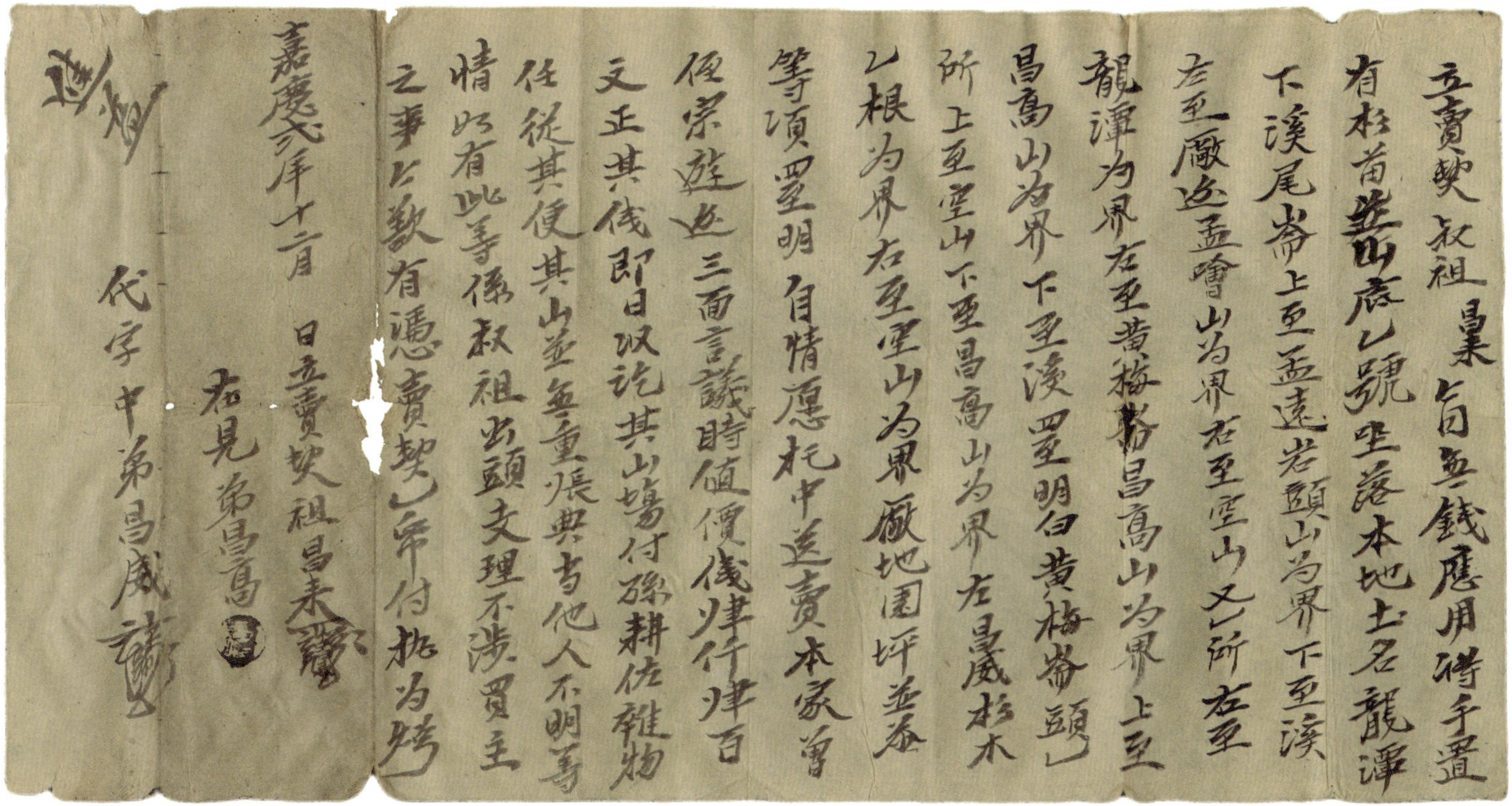
立賣契叔祖昌來，今因無錢應用，將手置
有杉苗壹山底山號，坐落本地土名龍潭
下溪尾崙，上至孟遠岩頭山為界，下至溪
左至厰迹孟會山為界，右至埕山；又一所，左至
龍潭為界，右至黃梅崙昌高山為界，上至
昌高山為界，下至溪墘明白；黃梅崙頭一
所，上至埕山，下至昌高山為界，左昌威杉木
山根為界，右至埕山為界，厰地園坪並及
等項，四至明白，自情愿托中送賣本家曾
侄宗遊邊，三面言議時值價錢肆仟肆百
文正，其錢即日收訖，其山場付孫耕佐雜物
任從其便，其山並無重張典當他人，不明等
情，如有此等，係叔祖出頭支理，不涉買主
之事。今欲有憑，賣契一帋付執為照。
嘉慶弍年十二月　日立賣契祖昌來（押）
在見弟昌高（印）
代字中弟昌威（押）

4-1-11-10　清嘉慶二年十二月許昌來立賣杉苗等契

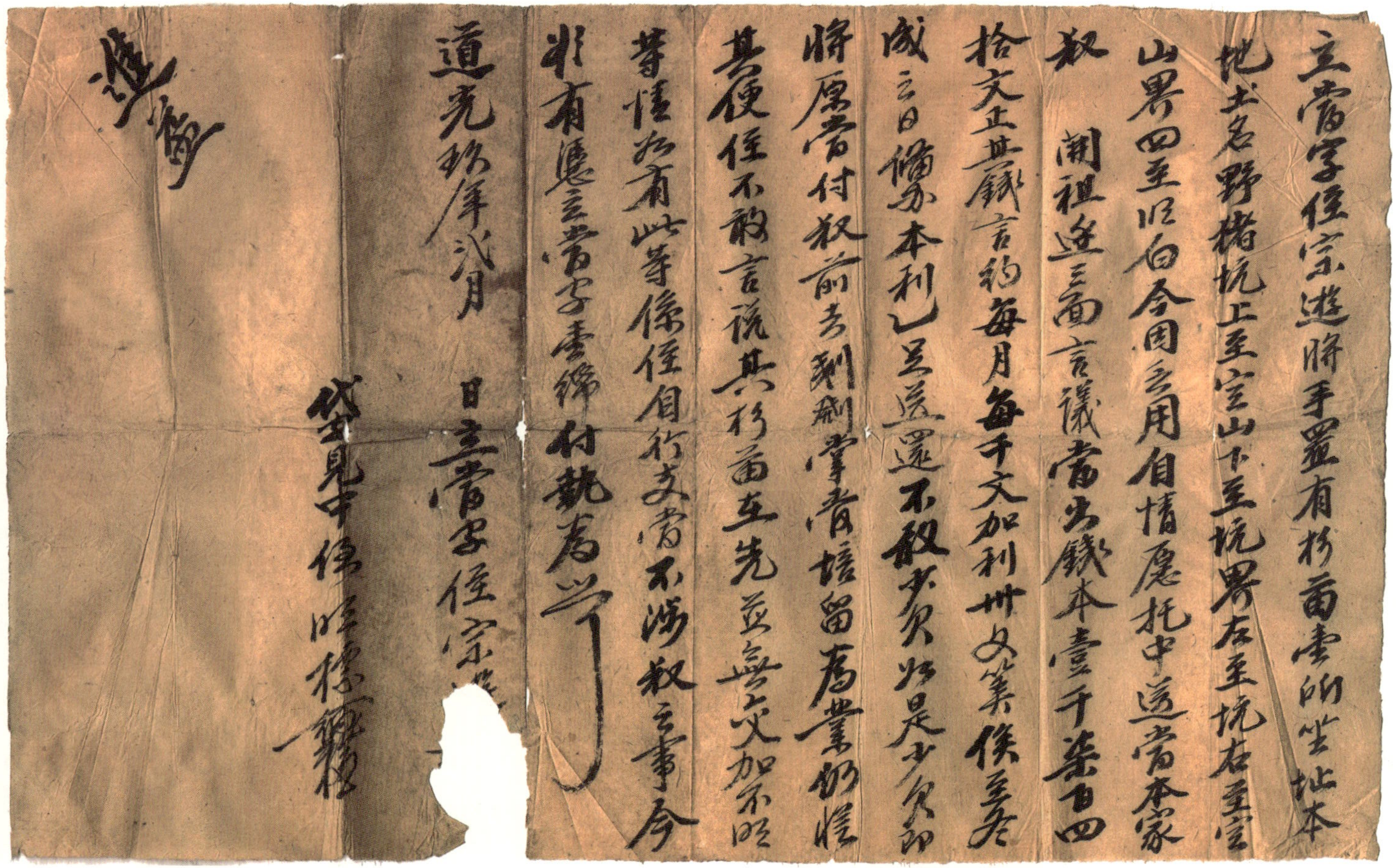

立當字侄宗遊將手置有杉苗壹所坐址本
地土名野楮坑上至宦山下至坑界左至坑右至宦
山界四至旧白今因乏用自情愿托中送當本家
叔 闹祖边三面言議當出錢本壹千柒百四
拾文正其錢言約每月每千文加利卅文算係至冬
成之日備办本利一足送還不敢少欠如是少欠即
將原當付叔前去剡劄掌管培留為業叔侄
其侄不敢言説其杉苗在先並無文加不明
等情如有此等係侄自行支當不涉叔之事今
非有憑立當字壹紙付執為炤
道光玖年弍月　日立當字侄宗遊
在見中侄旺標

4-1-11-11　清道光九年二月許宗遊立當杉苗字

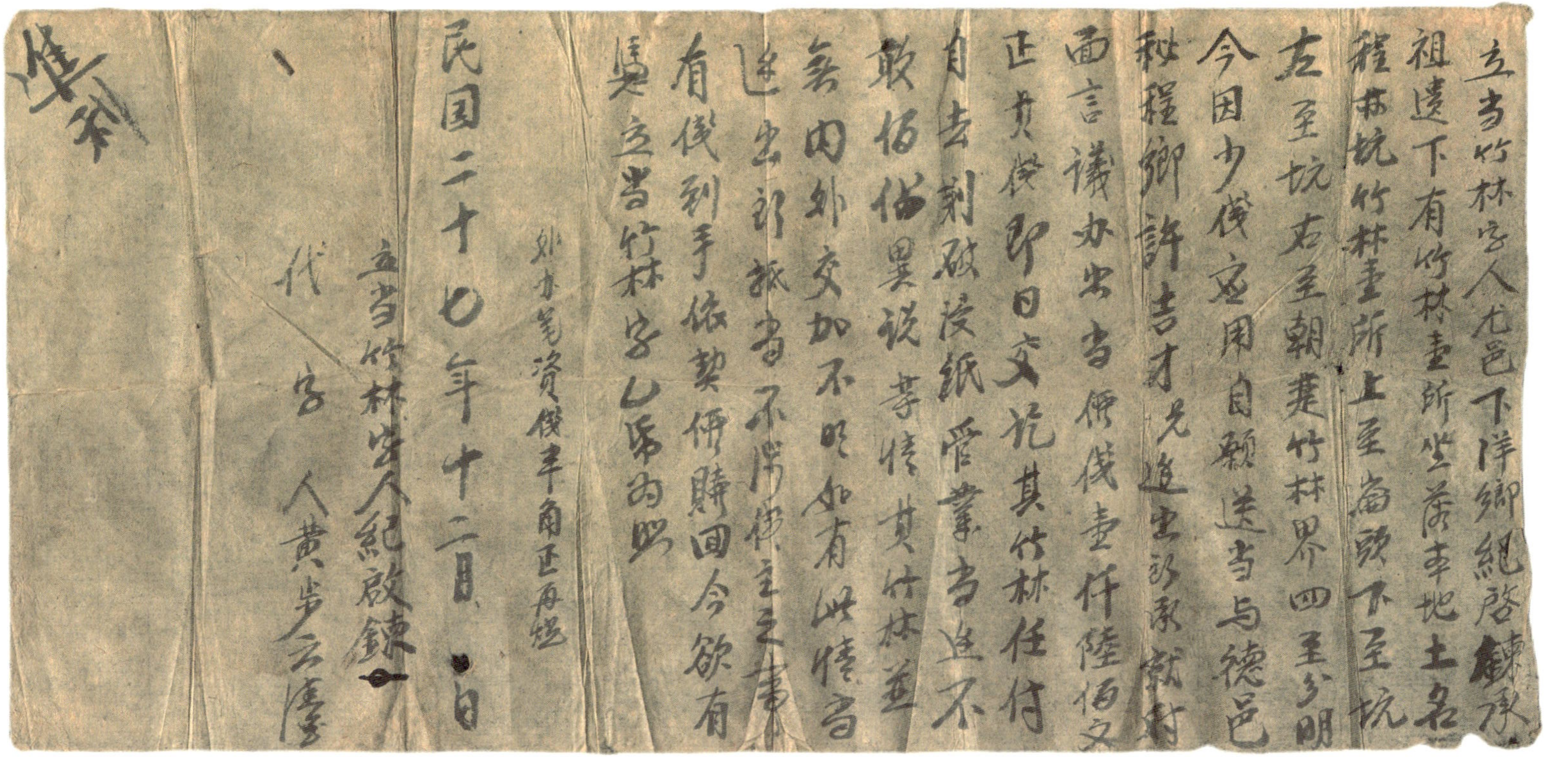

立當竹林字人尤邑下洋鄉紀啓錬承
祖遺下有竹林壹所坐落本地土名
程林坑竹林壹所上至崗頭下至坑
左至坑右至朝建竹林界四至分明
今因少錢應用自願送當與德邑
秋程鄉許吉才允進出承就對
面言議作出當價錢壹仟陸佰文
正其錢即日交訖其竹林任付
自去剝破板紙管業當進不
敢阻擋異說等情其竹林並
無內外交加不明如有此情當
進出郎抵當不干錢主之事
有錢到手依契價贖回今欲有
憑立當竹林字乙紙為照
外本筆資錢本角正再照
民國二十七年十二月　日
立當竹林字人紀啓錬（押）
代字人黃步云[illegible]
一
[illegible]

4-1-11-12　民國二十七年十二月尤溪紀啓錬立當竹林字

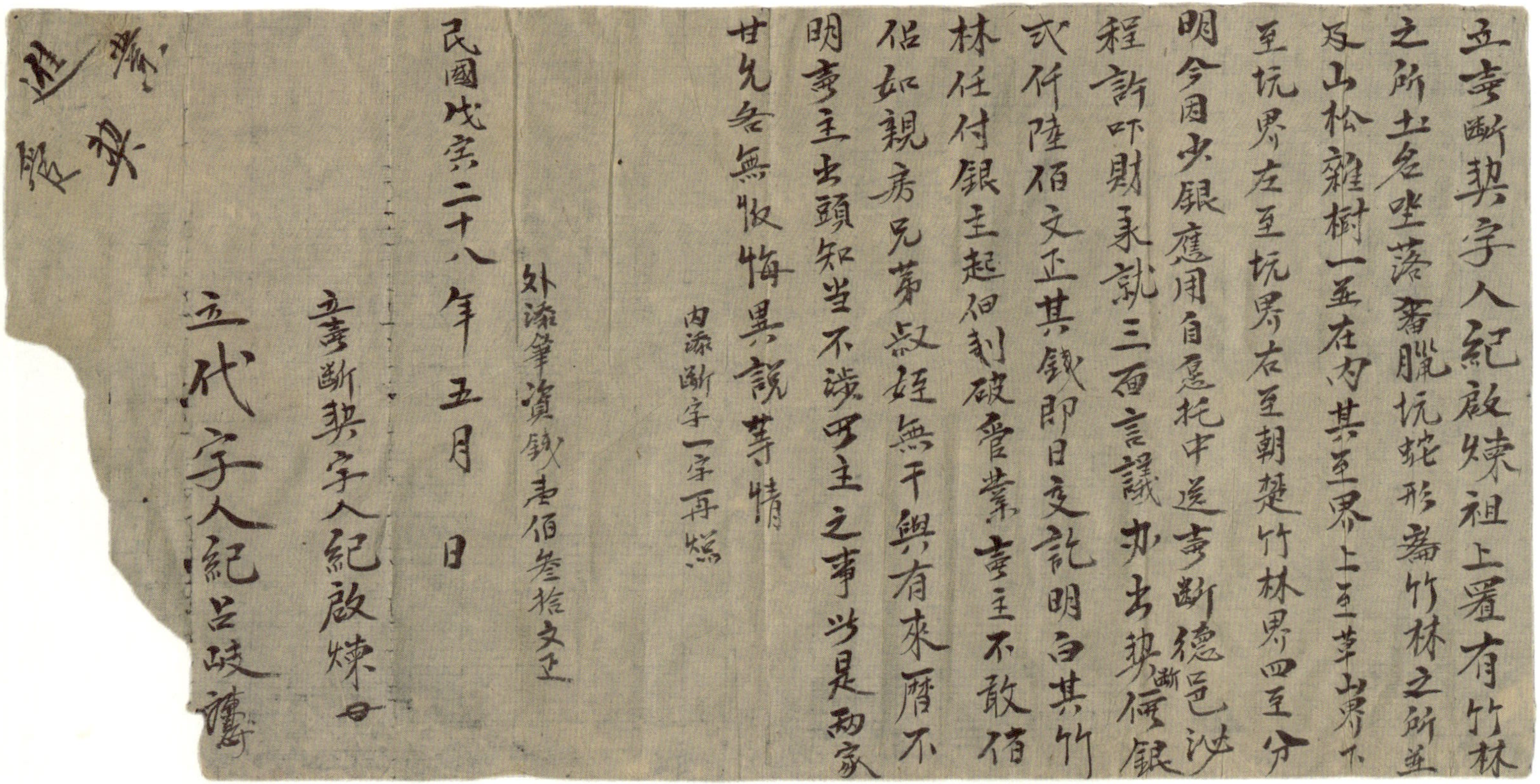
立賣斷契字人紀啟煉祖上置有竹林
之所土名坐落番朧坑蛇形崙竹林之所並
及山松雜樹一並在內其至界上至苹山界下
至坑界左至坑界右至朝楚竹林界四至分
明今因少銀應用自愿托中送賣斷德邑沈
程許吓財承就三面言議办出契斷價銀
貳仟陸佰文正其錢即日交訖明白其竹
林任付銀主起佃割破管業賣主不敢佰
伯叔親房兄弟叔侄無干與有來歷不
明賣主出頭知當不涉買主之事此是兩家
甘允各無反悔異說等情
內添斷字一字再照
外添筆資錢壹佰叁拾文正
民國戊寅二十八年五月　日
立賣斷契字人紀啟煉
立代字人紀呂岐

4-1-11-13　民國二十八年五月尤溪紀啓煉立賣斷竹林契

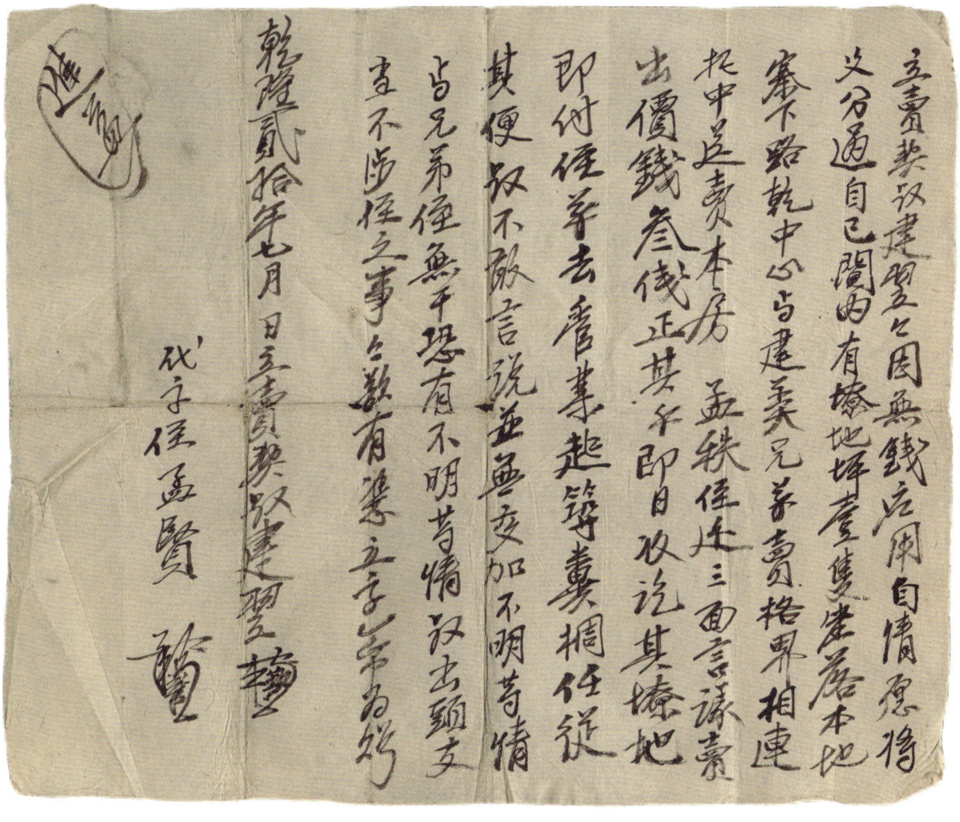

立賣契叔建翌今因無錢應用自情愿將
父分過自己闔内有壙地坪壹隻坐落本地
寨下路乾中心與建義兄弟賣格界相連
托中送賣本房 孟鉄侄邊三面言議賣
出價錢叁仟正其錢即日收訖其壙地
即付侄前去管業起築壙搁任從
其便叔不敢言說並無交加不明等情
與兄弟侄無干倘有不明等情叔出頭支
當不涉侄之事今欲有憑立字為照
乾隆貳拾年七月 日立賣契叔建翌
代字侄孟賢

4-1-12-1　清乾隆二十年七月許建翌立賣壙地坪契

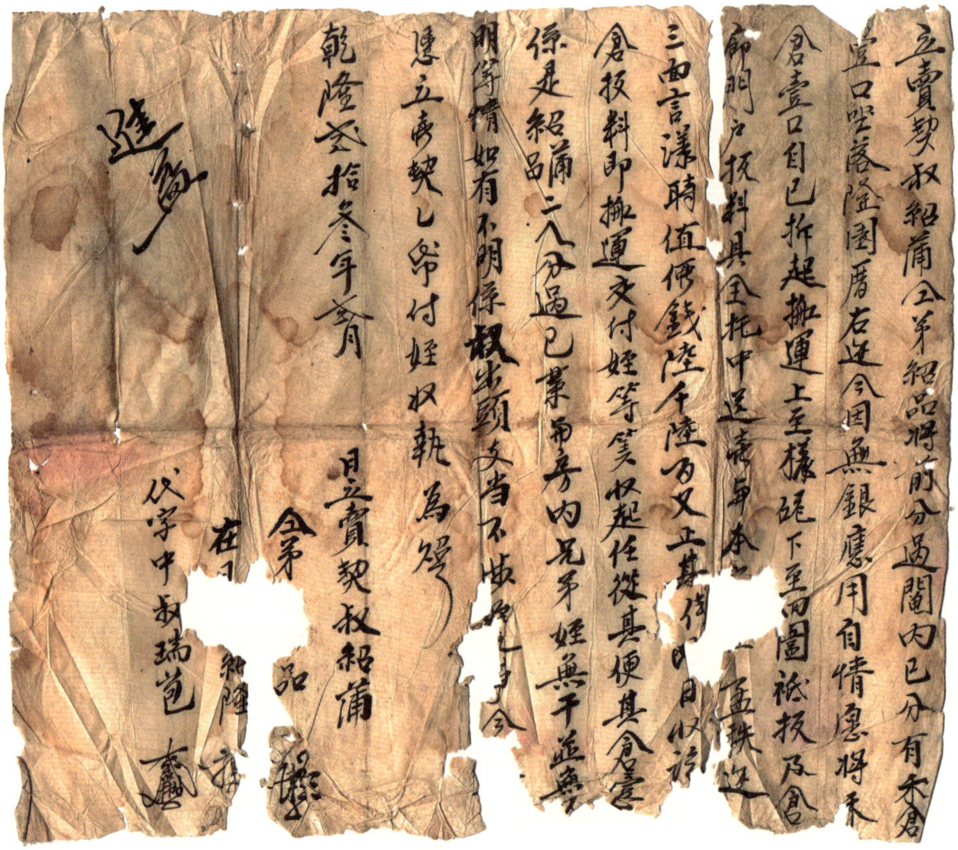
立賣契叔紹蒲仝弟紹品將前分過鬮內已分有禾倉
坐口坐落隆園厝右邊今因無銀應用自情愿將禾
倉壹口自己拆起搬運上至[illegible]砥下至田園祇扶及倉
卸門戶扶料具全托中送賣與本[illegible][illegible]侄
三面言議時值價錢陸千陸百文正其[illegible]日收訖
倉扶料即搬運交付侄等掌收起任從其便其倉還
係是紹蒲紹品二人分過己業兄弟內兄弟侄無干並無
明等情如有不明係叔出頭支當不涉[illegible][illegible]今
欲有憑立賣契乙紙付侄叔執為照
乾隆念拾叁年二月　日立賣契叔紹蒲
仝弟　紹品
在[illegible]　知隆[illegible]
代字中叔瑞邕
進益

4-1-12-2　清乾隆二十三年二月許紹蒲等立賣禾倉契

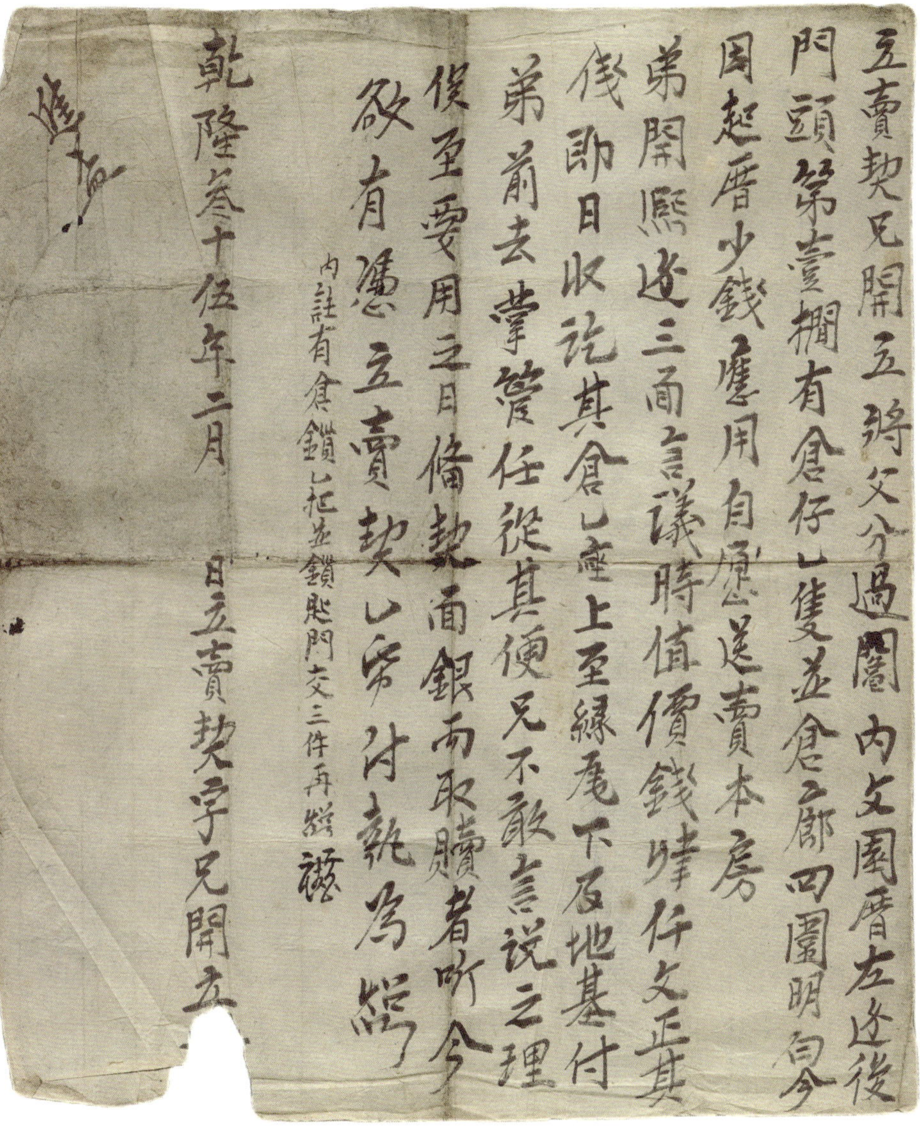

立賣契兄開立，將父分過闔內文園厝左边後
門頭第壹櫚有倉仔乙隻並倉乙廊四圍明白，今
因起厝少錢應用，自愿送賣本房
弟開懸边三面言議，時值價錢肆仟文正，其
錢即日收訖，其倉乙座上至緣庵，下至地基，付
弟前去掌管，任從其便，兄不敢言説之理。
俟至要用之日，備契面銀而取贖者，听今
欲有憑，立賣契乙帋付執為照。
内註有倉鎖乙把並鎖匙門文三件再照
乾隆叁十伍年二月　日立賣契字兄開立

4-1-12-3　清乾隆三十五年二月許開立立賣倉仔等契

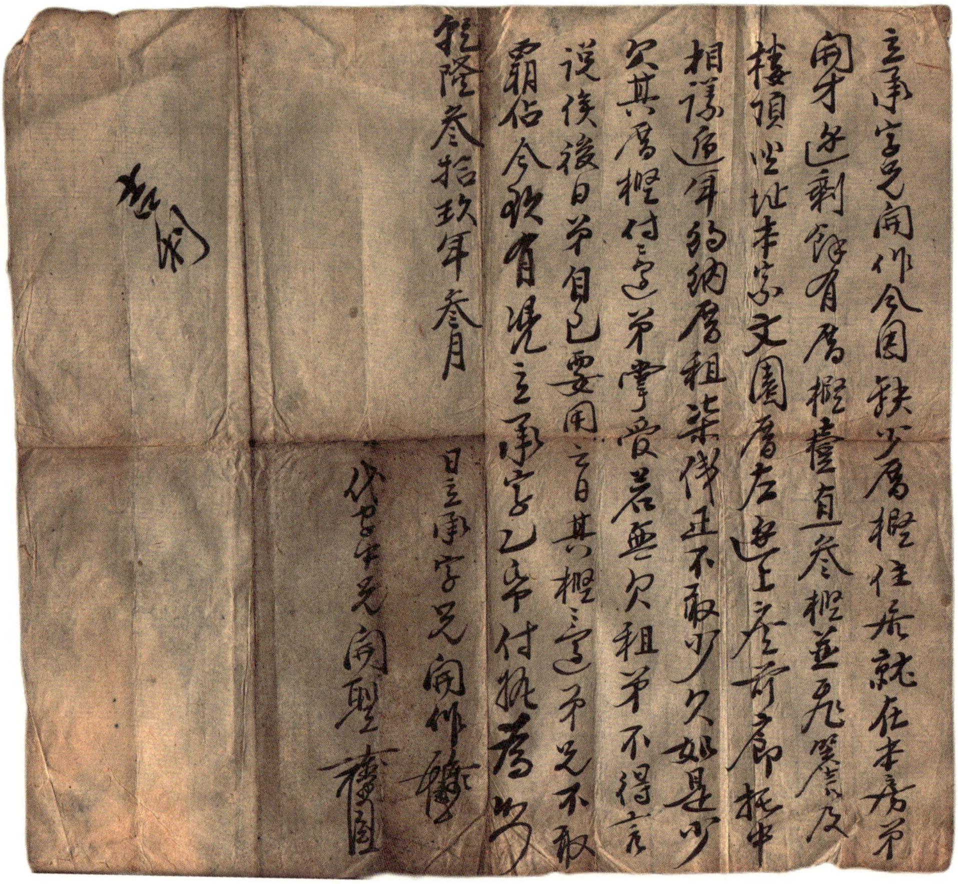
立承字兄開作今因缺少厝榉住居就在本房弟
開才邊剩餘有厝榉壹直叁榉並瓦蓋及
樓項坐址本宗文園厝左邊上落前廊拖中
相議逐年納厝租柒伴正不敢少欠如是少
欠其厝榉付還弟掌管若無欠租弟不得言
説俟後日弟自己要用言自其榉還弟兄不敢
霸佔今欲有憑立承字乙紙付執為照
乾隆叁拾玖年叁月　日立承字兄開作
代書弟兄開聖
吉利

4-1-12-4　清乾隆三十九年三月許開作立承厝樫字

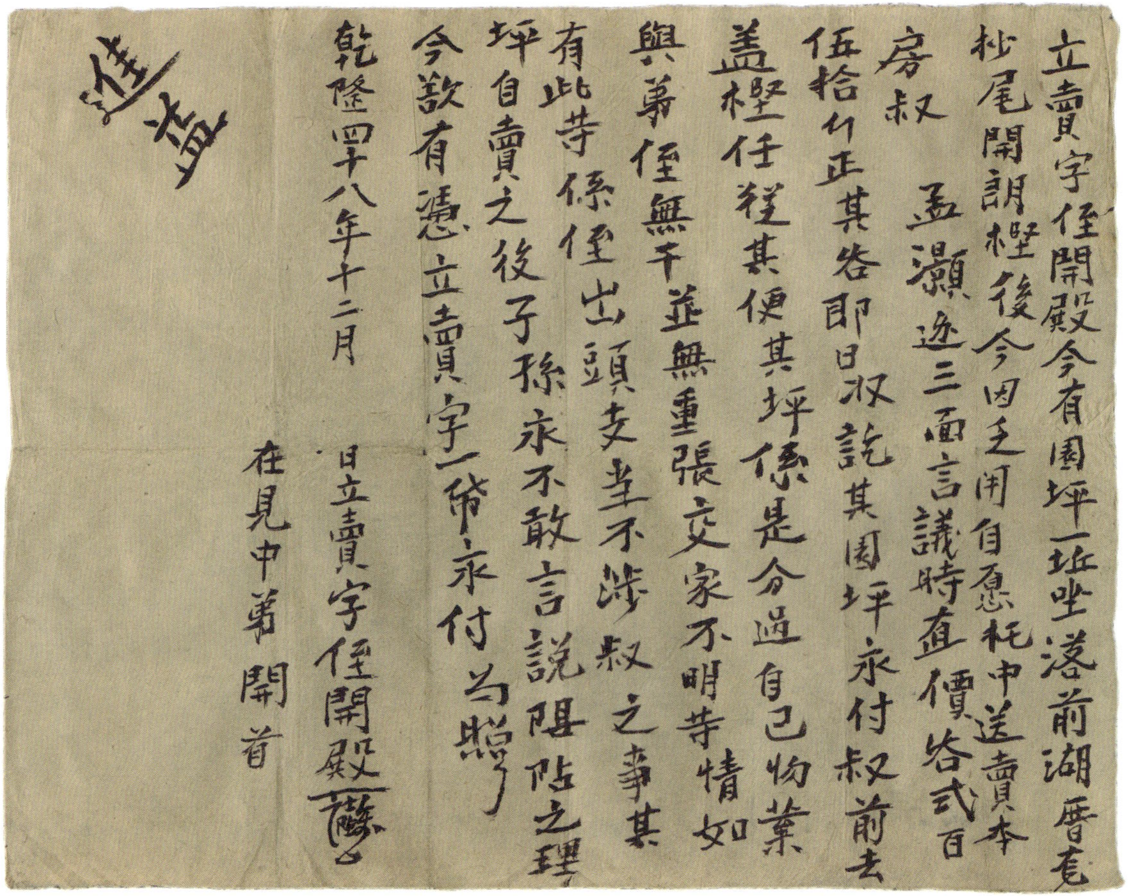
立賣字侄開殿今有園坪一址坐落前湖厝乇
杪尾開訓樫後今因乏用自愿托中送賣本
房叔　孟灝邊三面言議時值價答式百
伍拾仃正其咨即日収訖其園坪永付叔前去
蓋樫任從其便其坪係是侄自己物業
與弟侄無干並無重張交家不明等情如
有此等係侄出頭支当不涉叔之事其
坪自賣之後子孫永不敢言說阻阽之理
今欲有憑立賣字一帋永付為照
乾隆四十八年十二月　日立賣字侄開殿
在見中弟開首
佳益

4-1-12-5　清乾隆四十八年十二月許開殿立賣園坪契

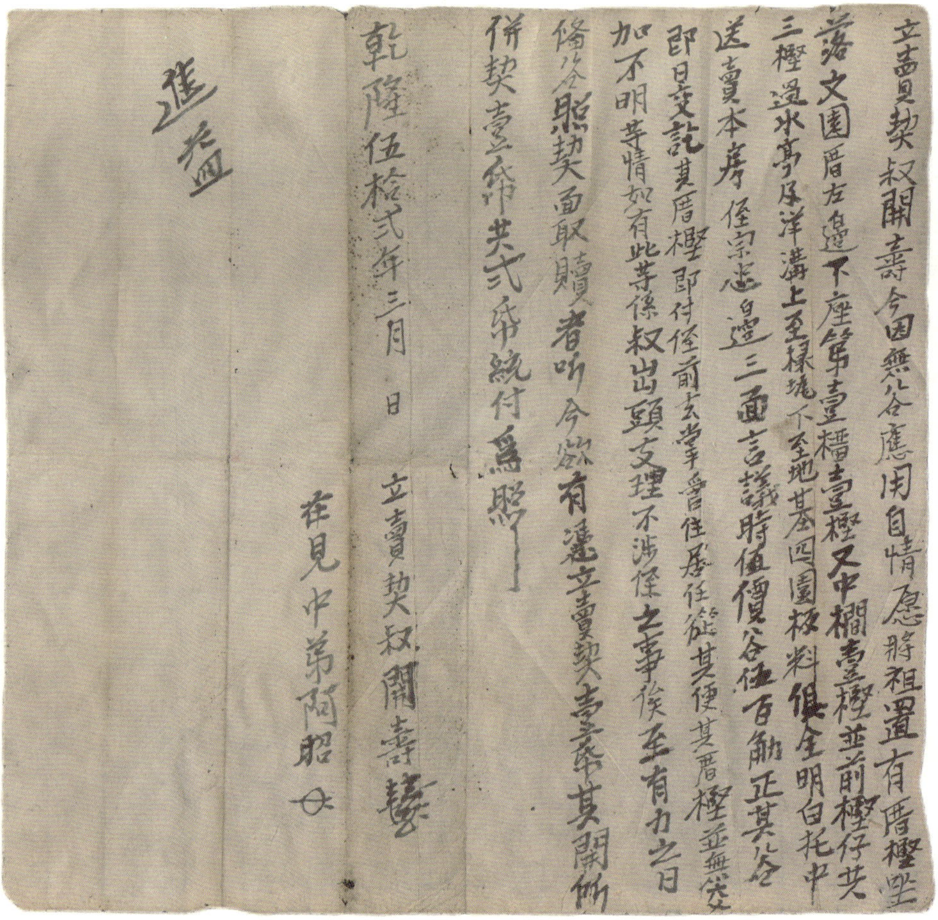
立賣契叔開壽今因無銀應用自情愿將祖置有厝樫坐
落文園厝左邊下座第壹檑壹樫又中檑壹樫並前樫仔共
三樫邊水亭及洋溝上至祿境下至地基四圍板料俱全明白托中
送賣本房侄宗忠邊三面言議時值價銀伍百兩正其銀
即日交訖其厝樫即付侄前去掌管住居任從其便其厝樫並無交
加不明等情如有此等係叔出頭支理不涉侄之事俟至有力之日
備銀照契面取贖者听今欲有憑立賣契壹紙共
併契壹紙共弍紙統付為照
乾隆伍拾弍年三月　日　立賣契叔開壽（押）
在見中弟阿招（押）
進

4-1-12-6　清乾隆五十二年三月許開壽立賣厝樫契

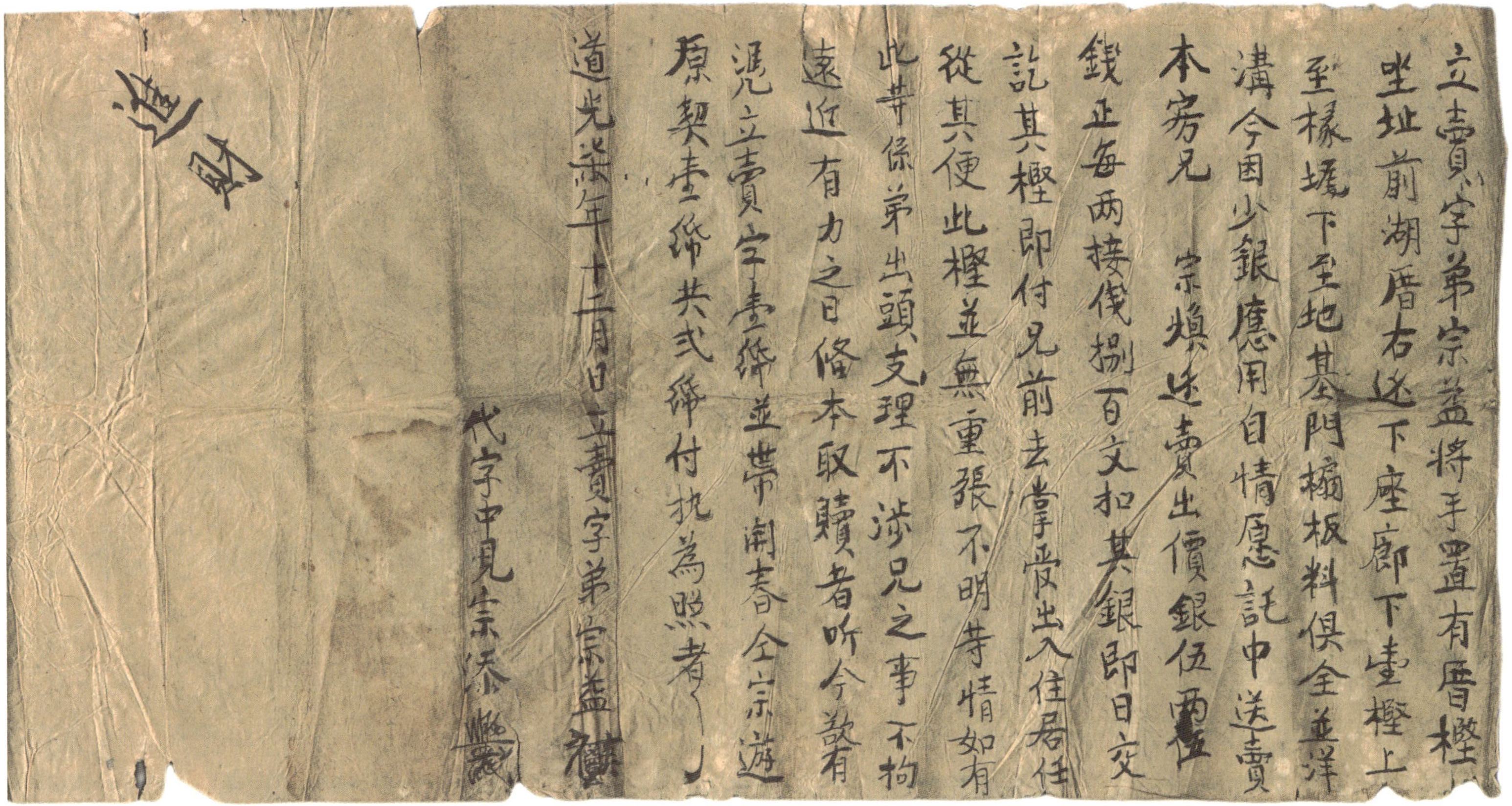

立賣契字弟宗益將手置有厝樫壹
坐址前湖厝右边下座廊下壹樫上
至椽桷下至地基門扇板料俱全並洋
盡今因少銀應用自情愿託中送賣
本房兄　宗熀边出價銀伍兩正
錢正每兩接價錢捌百文扣其銀即日交
訖其樫即付兄边前去掌管居住任
從其便此樫並無重張不明等情如有
此等係弟出頭支理不涉兄之事不拘
遠近有力之日依本取贖者听今欲有
退兄立賣字壹紙并並帶上手同本全宗添遞
為契壹紙并共貳紙付執為照者

道光柒年十二月　日立賣字弟宗益（押）

代字中見宗添（押）

[illegible]

4-1-12-7　清道光七年十二月許宗益立賣厝樫契

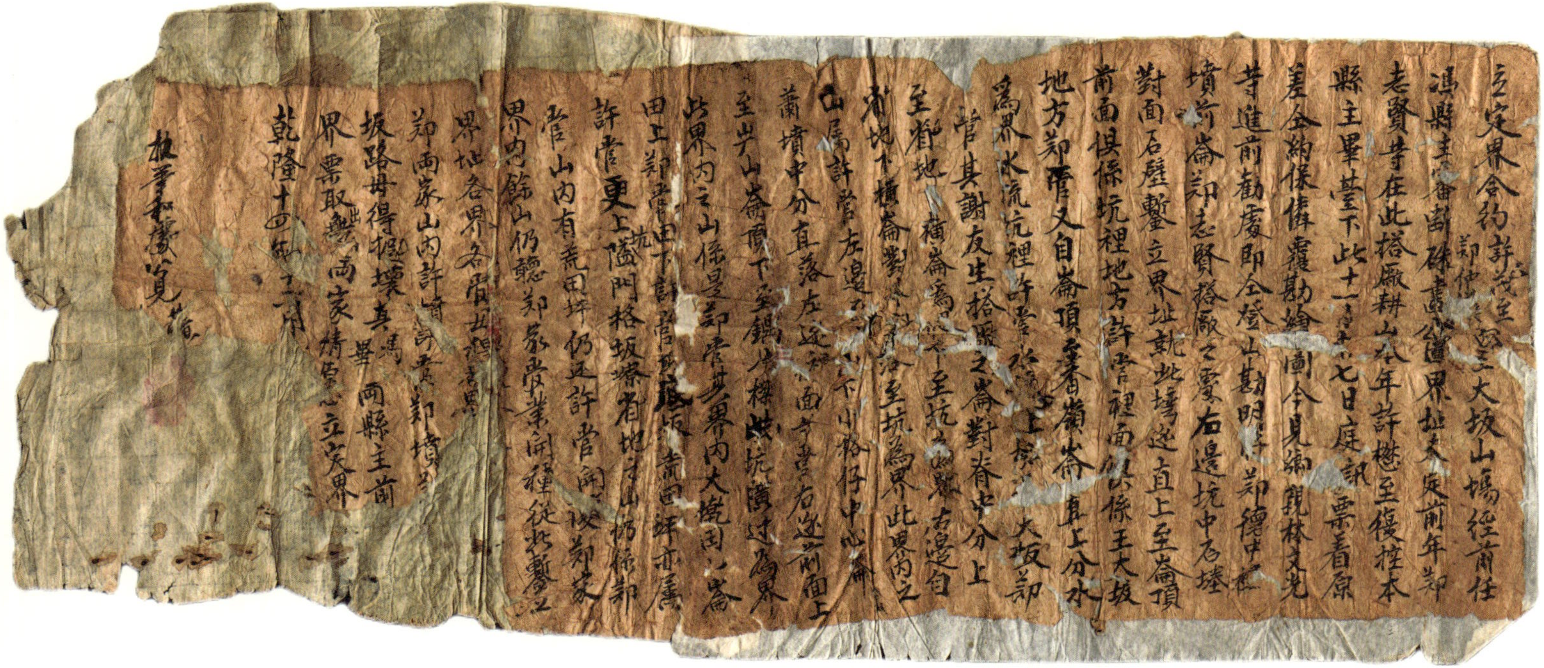
立定界合約許茂至[illegible]大坂山場經前任
馮縣主審斷[illegible]界址[illegible]前年鄭
志賢等在此搭廠耕山，本年許懋至復控本
縣主畢臺下，此十一月[illegible]七日庭訊[illegible]票着原
差金紹保備鼎勸[illegible]今見鄉親林文光
等進前勸處，即仝登山勘明，許鄭[illegible]
墳前崙，鄭志賢搭廠之處，右邊坑中石壁
對面石壁鑿立界址，就此壙逆直上至崙頂
前面俱係坑裡地方許管，裡面俱係王大坡
地方鄭管，又自崙頂[illegible]嶺茶，直上分水
為界，水流坑裡許管[illegible]上大坂鄭
管，其謝友生搭廠之崙對脊中分上
至[illegible]地[illegible]崙為[illegible]至坑[illegible]左邊白
崙地下[illegible]崙[illegible]至坑為界，此界內之
山屬許管，左邊[illegible]下小格仔中心崙
蕭墳中分直落，左逆鄭[illegible]面，右逆前面上
至半山崙頂下至[illegible]坑隨過為界
此界內之山係是鄭管，步界內大坵田一崙
田上鄭管，田下許管[illegible]荒田坪亦屬
許管，更上隘門格坂[illegible]地[illegible]山仍係鄭
管，山內有荒田坪，仍还許管[illegible]鄭家
界內[illegible]山仍聽鄭家管業開種，從此[illegible]
界址各界各管[illegible]
鄭兩家山內許[illegible]許管[illegible]鄭墳[illegible]
坂路毋得掘壞[illegible]兩縣主前
界票取[illegible]兩家情[illegible]立定界
乾隆十四年十二月 日
執筆[illegible]見[illegible]

4-1-13-1　清乾隆十四年十二月許茂至等立定界合約

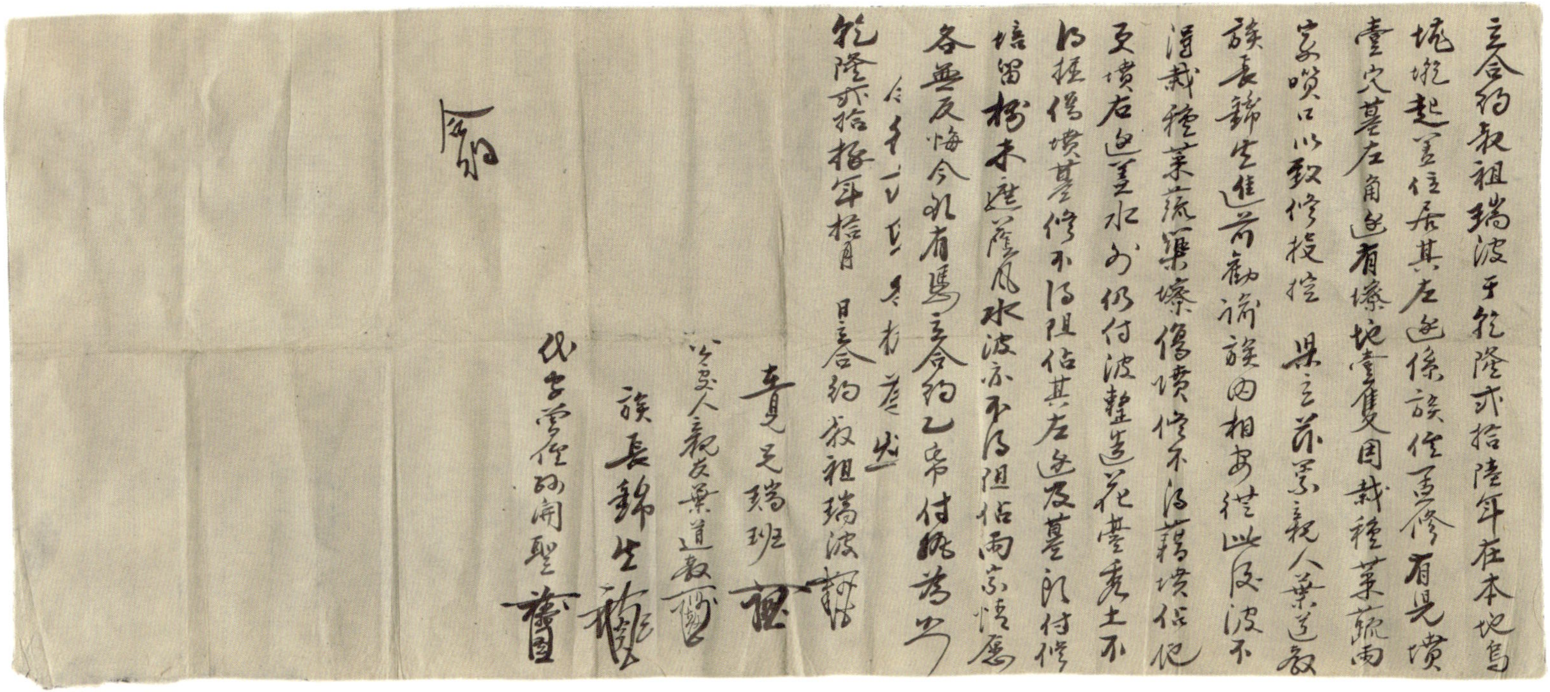
立合約叔祖瑞波于乾隆式拾陸年在本地烏
坵坑起蓋住居，其左邊係族侄孫修有見墳
壹穴，墓左角邊有𡍼地壹隻，因栽種菓蔬兩
家唆口，以致修投控，果三蒙親人葉道叔
族長錦生進前勸諭，族內相安，從此瑞波不
得栽種菜蔬，累塚傷墳，修不得藉墳佔地，
及墳右邊墓水，另仍付波整造花臺，秀土不
得損傷墳墓，修不得阻佔其左邊及墓前付修
培留樹木，遮蔭風水，波亦不得阻佔。兩家情愿
各無反悔，今欲有憑，立合約乙帋付執為照。
合同二紙各執存照
乾隆貳拾捌年拾月　日立合約叔祖瑞波（押）
在見兄瑞班（押）
公親人親友葉道叔（押）
族長錦生（押）
代書侄孫開聖（押）
合約

4-1-13-2　清乾隆二十八年十月許瑞波立合約

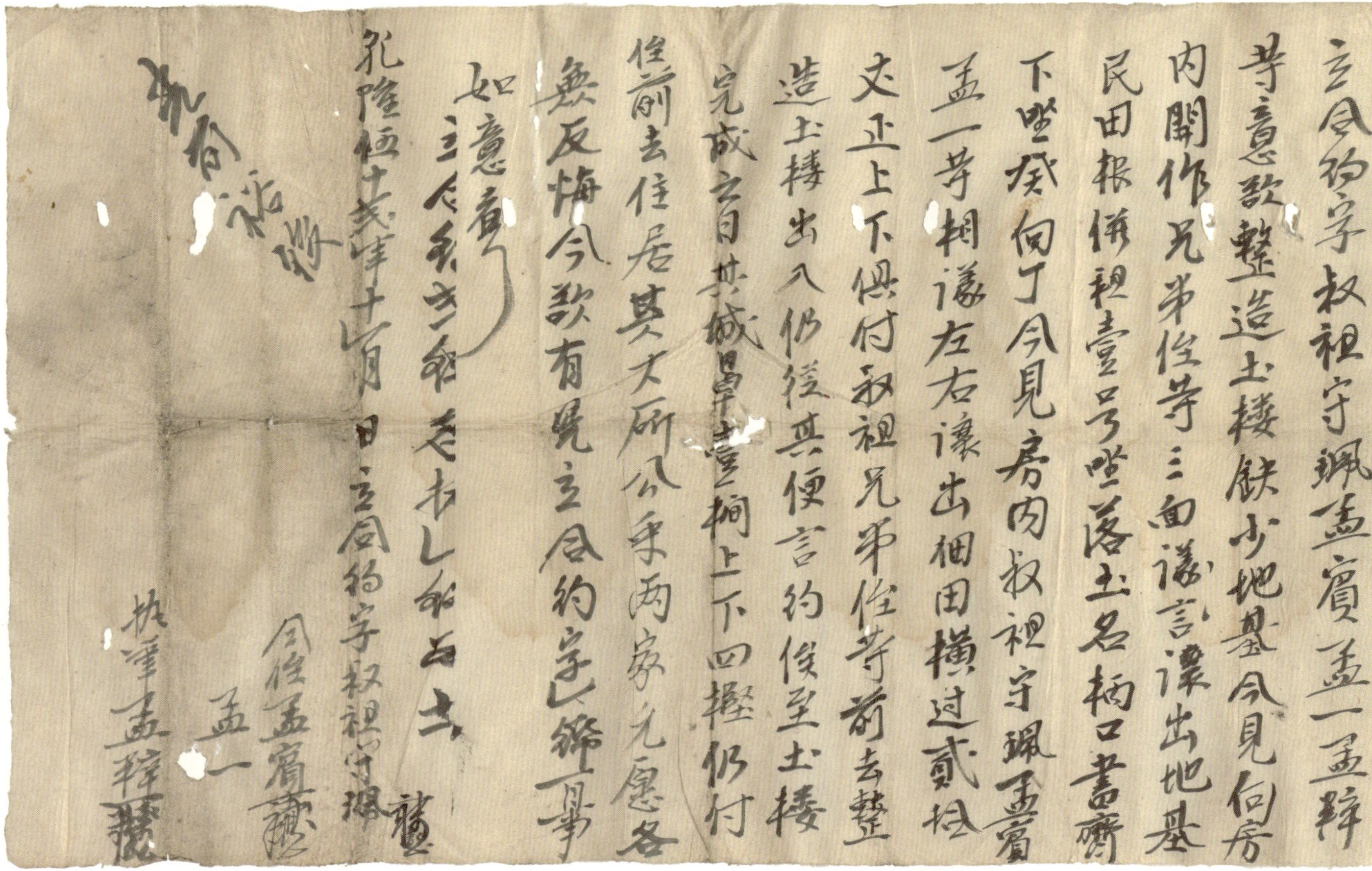

4–1–13–3　清乾隆五十二年十一月許守珮等立合約字

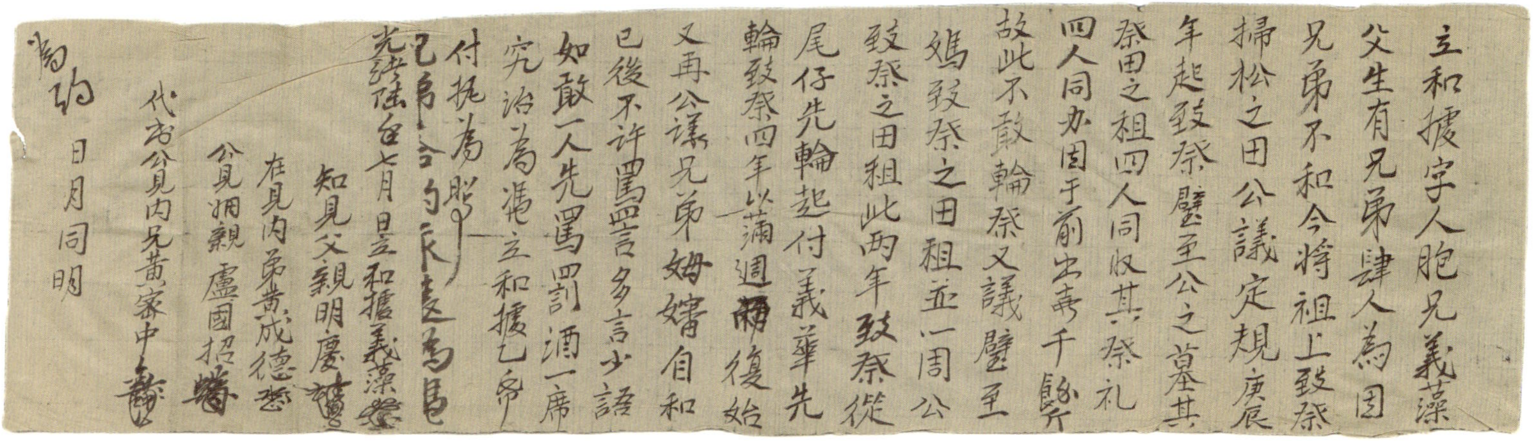

立和據字人胞兄義藻
父生有兄弟肆人為因
兄弟不和今將祖上致祭
掃松之田公議定規庚辰
年起致祭璧玉公之墓其
祭田之租四人同收其祭礼
四人同办因于前出壽千騐
故此不敢輪祭又議璧玉
媽致祭之田租五一周公
致祭之田租此两年致祭從
尾仔先輪起付義華先
輪致祭四年以滿週而復始
又再公議兄弟姆嬸自和
已後不許駡詈多言少語
如敢一人先駡罰酒一席
究治為憑立和據乙帋
付執為照
乙帋合同長為邑
光緒陸年七月 日 立和據義藻
知見父親明慶
在見內弟黃成德
公見姻親盧國招
代書公見內兄黃家中
日月同明
為約

4-1-13-4 清光緒六年七月許義藻立和據字

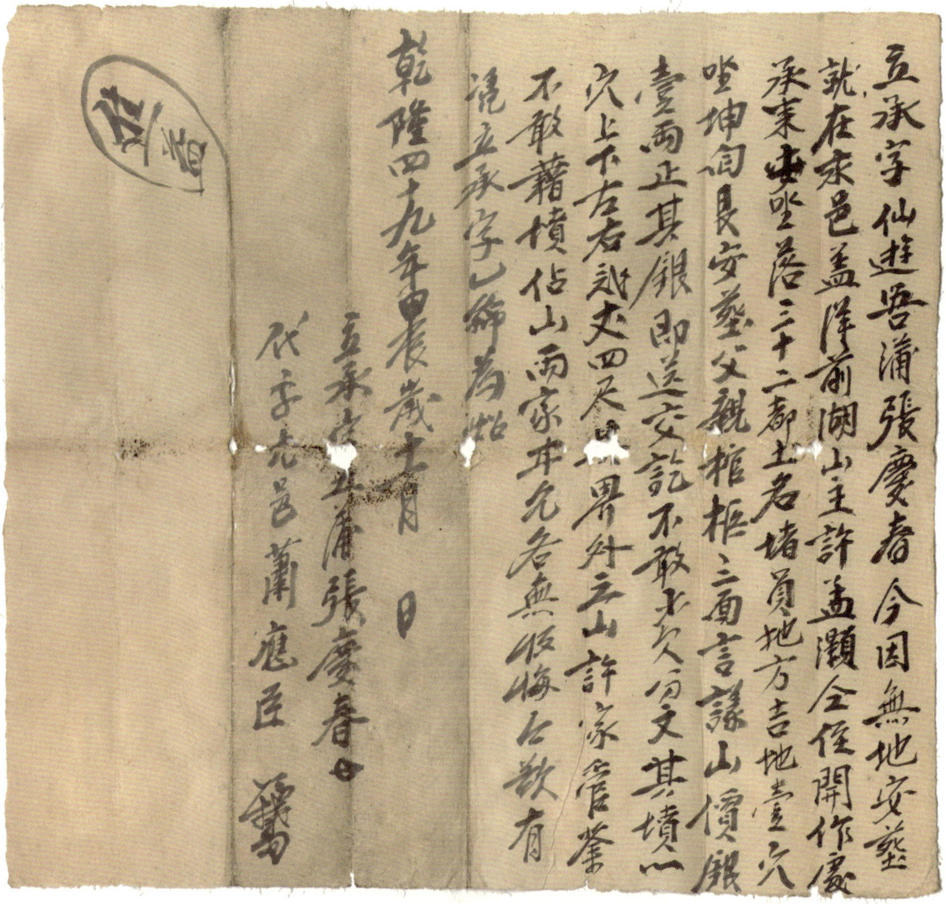
立承字仙遊吾蒲張慶春今因無地安葬
就在本邑蓋洋前湖山主許孟灝全侄開作處
承來安坐落二十二都土名堵員地方吉地壹穴
坐坤向艮安葬父親棺柩，二面言議山價銀
壹兩正其銀即日交訖不敢少欠分文其墳一
穴上下左右越丈四尺為界外之山許家管業
不敢藉墳佔山兩家甘允各無反悔今欲有
憑立承字山爲照
乾隆四十九年甲辰歲十一月　日
立承字仙蒲張慶春
代字表兄蕭鹿臣　筆

4-1-14-1　清乾隆四十九年十一月仙游五蒲張慶春立承吉地字

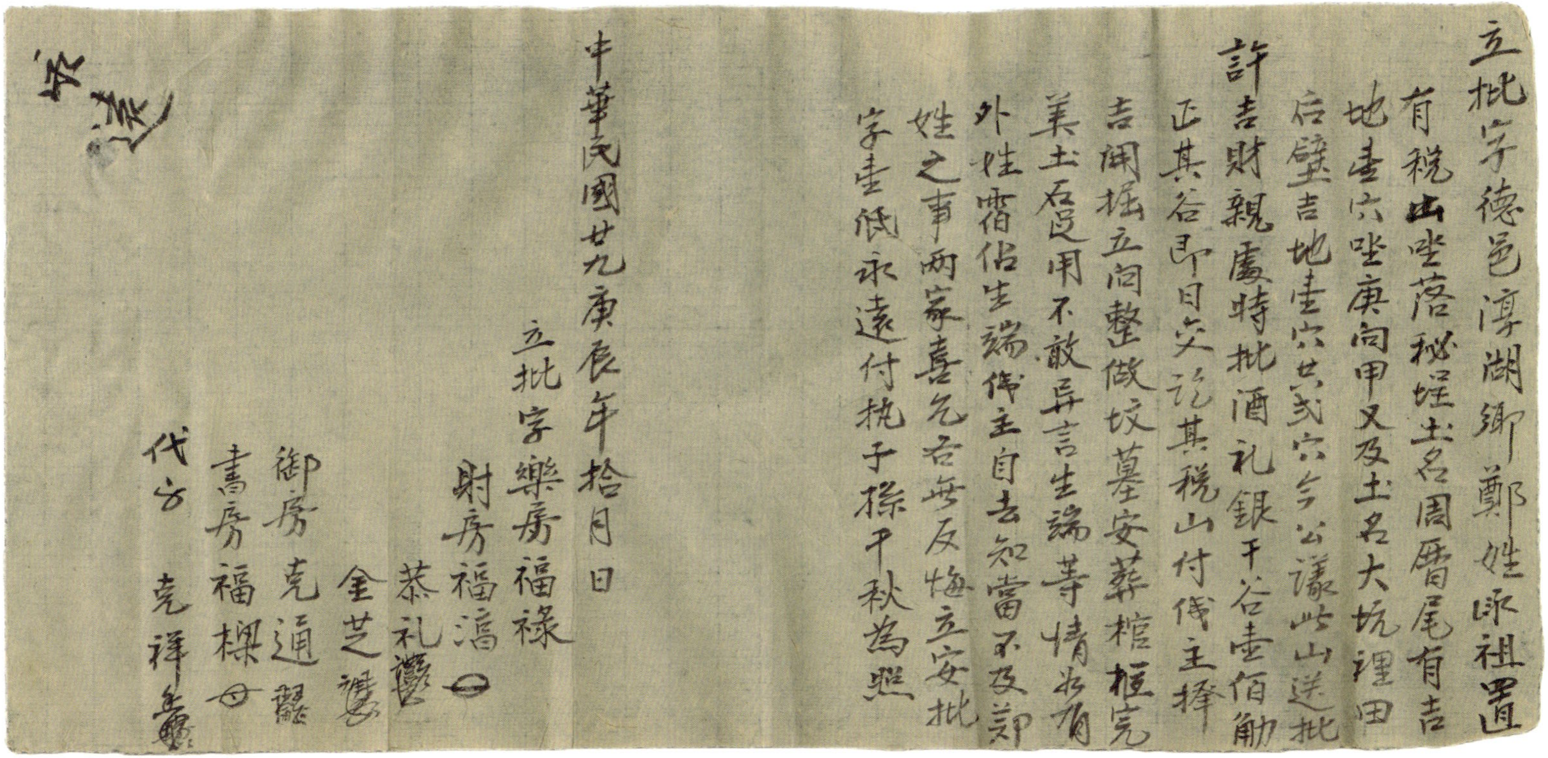
立批字德邑淳湖鄉鄭姓承祖置
有税山坐落秘坵土名國厝尾有吉
地壹穴坐庚向甲又及土名大坑理田
后壁吉地壹穴共弍穴今公議此山送批
許吉財親處特批酒礼銀千谷壹佰觔
正其谷即日交訖其税山付仍主擇
吉開掘立向整做坟墓安葬棺柩完
美土石俱用不敢异言生端等情如有
外姓霸佔生端俱主自去知當不及鄭
姓之事两家喜允各無反悔立安批
字壹紙永遠付執子孫千秋為照

中華民國廿九庚辰年拾月　日
立批字　樂房　福祿
射房　福滈
恭礼
金芝
御房　克通
書房　福樑
代字　克祥

[illegible]

4-1-14-2　民國二十九年十月德化鄭福禄等立批吉地字

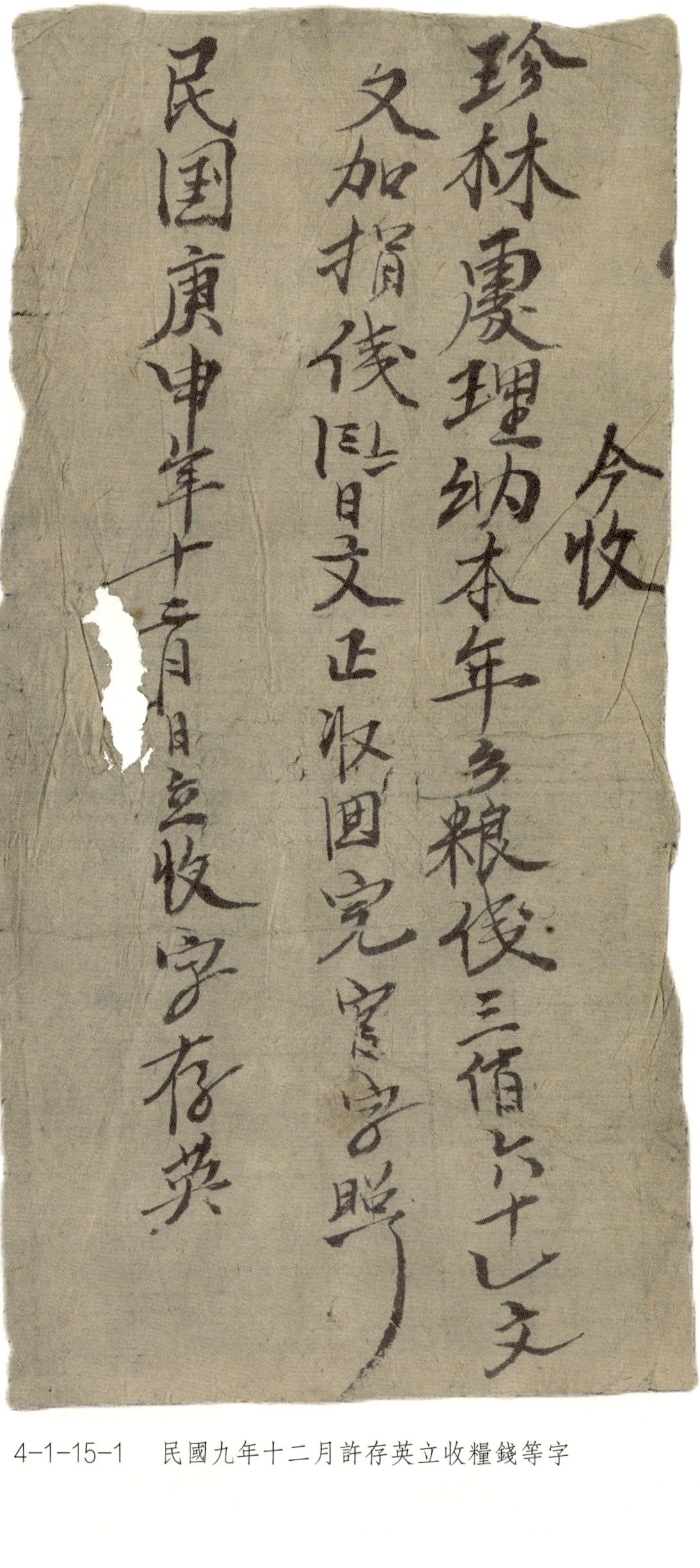

今收

珍林慶理納本年乡粮銭三佰六十七文

又加捐銭卌日文正收回完寔字照

民国庚申年十二月日立收字存英

4-1-15-1　民國九年十二月許存英立收糧錢等字

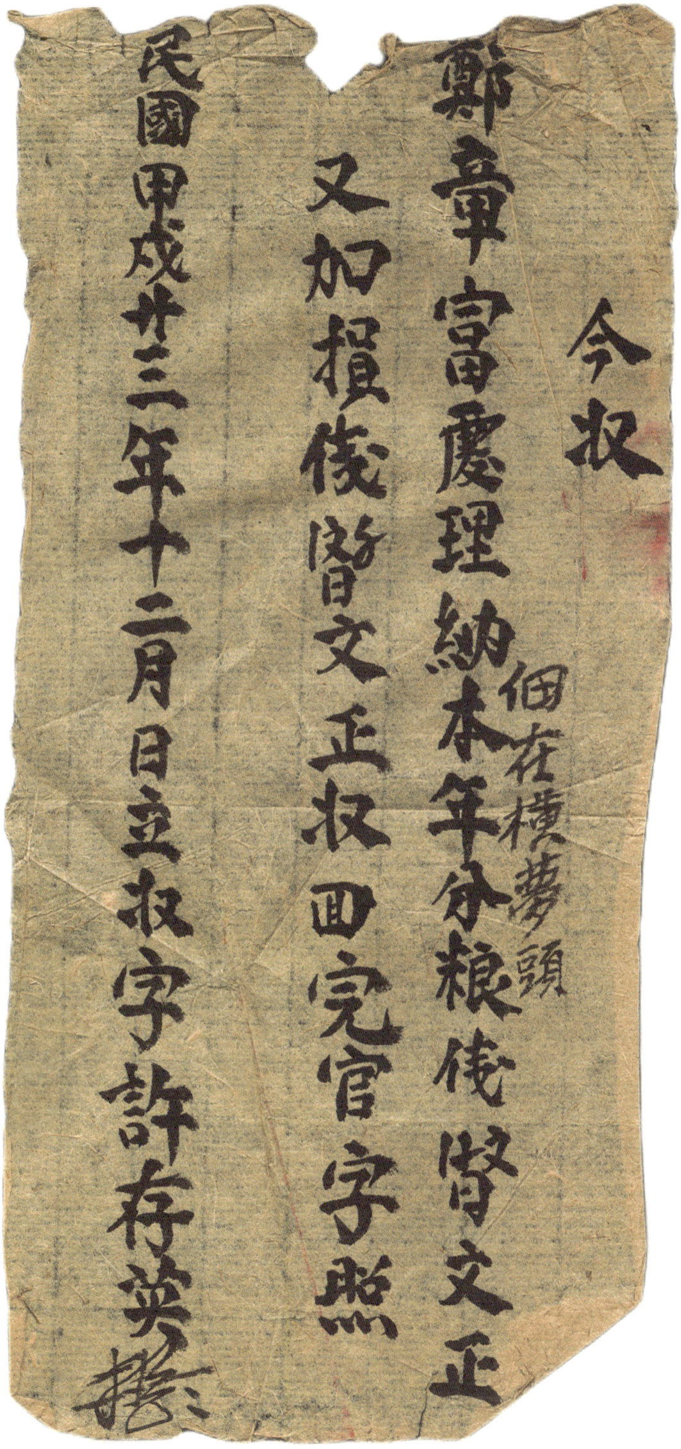
今收
鄭章富處理納本年分粮錢貿文正　佃在横夢頭
又加損錢貿文正收回完官字照
民國甲戌廿三年十二月日立收字許存英　押

4-1-15-2　民國二十三年十二月許存英立收糧錢等字（一）

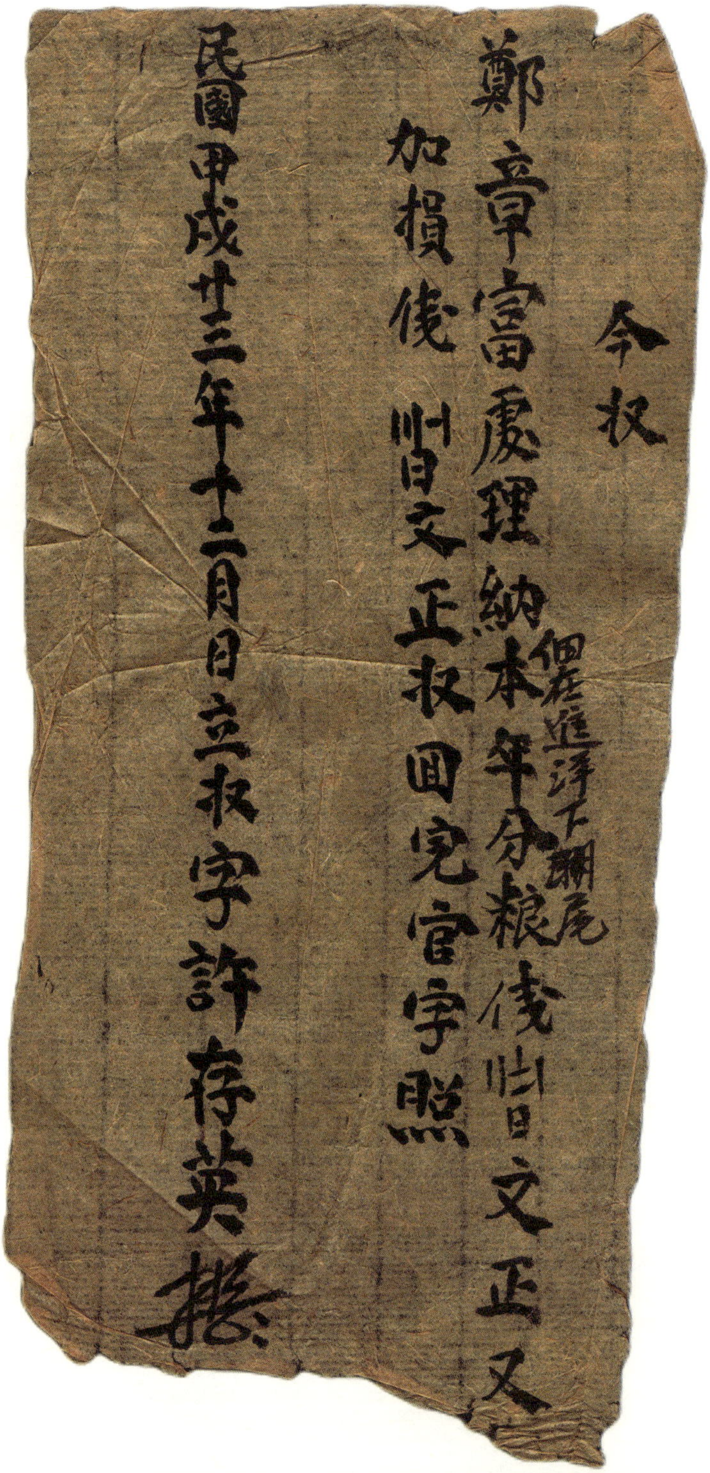
令收
鄭章富處理納本年分粮錢貲文正又（佃在逞浮下珊尾）
加損錢貲文正收回完官字照
民國甲戌廿三年十二月日立收字許存英 [illegible]

4-1-15-3　民國二十三年十二月許存英立收糧錢等字（二）

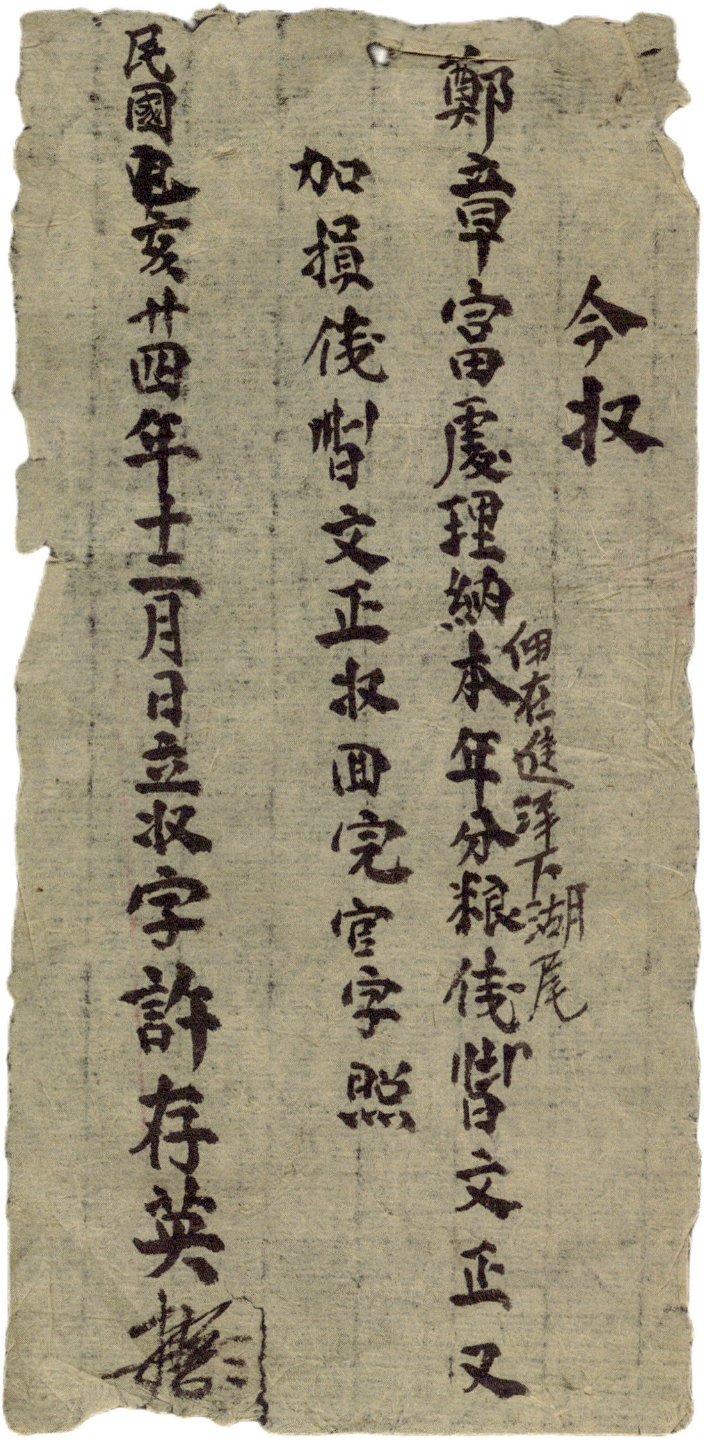
今收
鄭章富處理納本年分粮錢呰文正又
佃在進洋下湖尾
加損錢呰文正收回完官字照
民國乙亥廿四年十二月日立收字許存英

4-1-15-4　民國二十四年十二月許存英立收糧錢等字

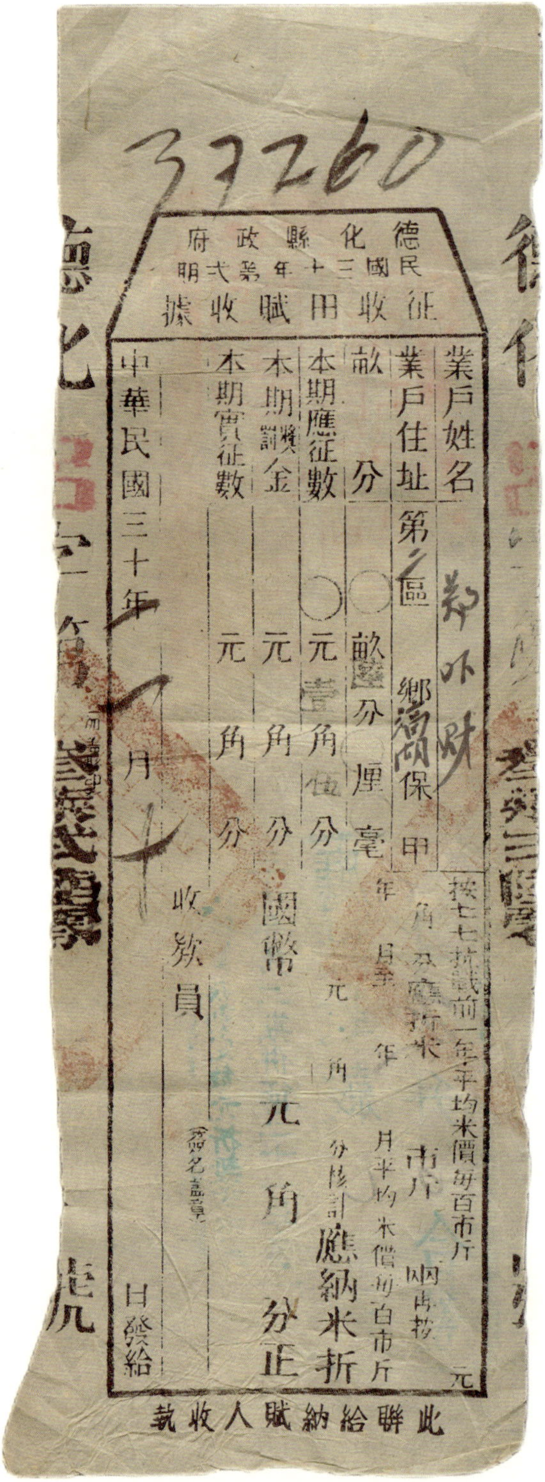

33260

德化縣政府
民國三十年第弍聯
征收田賦收據

業戶姓名 鄭吓財
業戶住址 第乙區 鄉 保 甲
畝分 畝 分 厘 毫
本期應征數 元 壹角伍分
本期罰獎金 元 角 分
本期實征數 元 角 分
按七七抗戰前一年平均米價每百市斤 元 角及應折米 市斤 照當 年 月平均米價每百市斤 元 角 分核計應納米折 國幣 元 角 分正
中華民國三十年 月 日發給
收款員 （簽名蓋章）
此聯給納賦人收執

4-1-15-5　民國三十年鄭吓財田賦收據

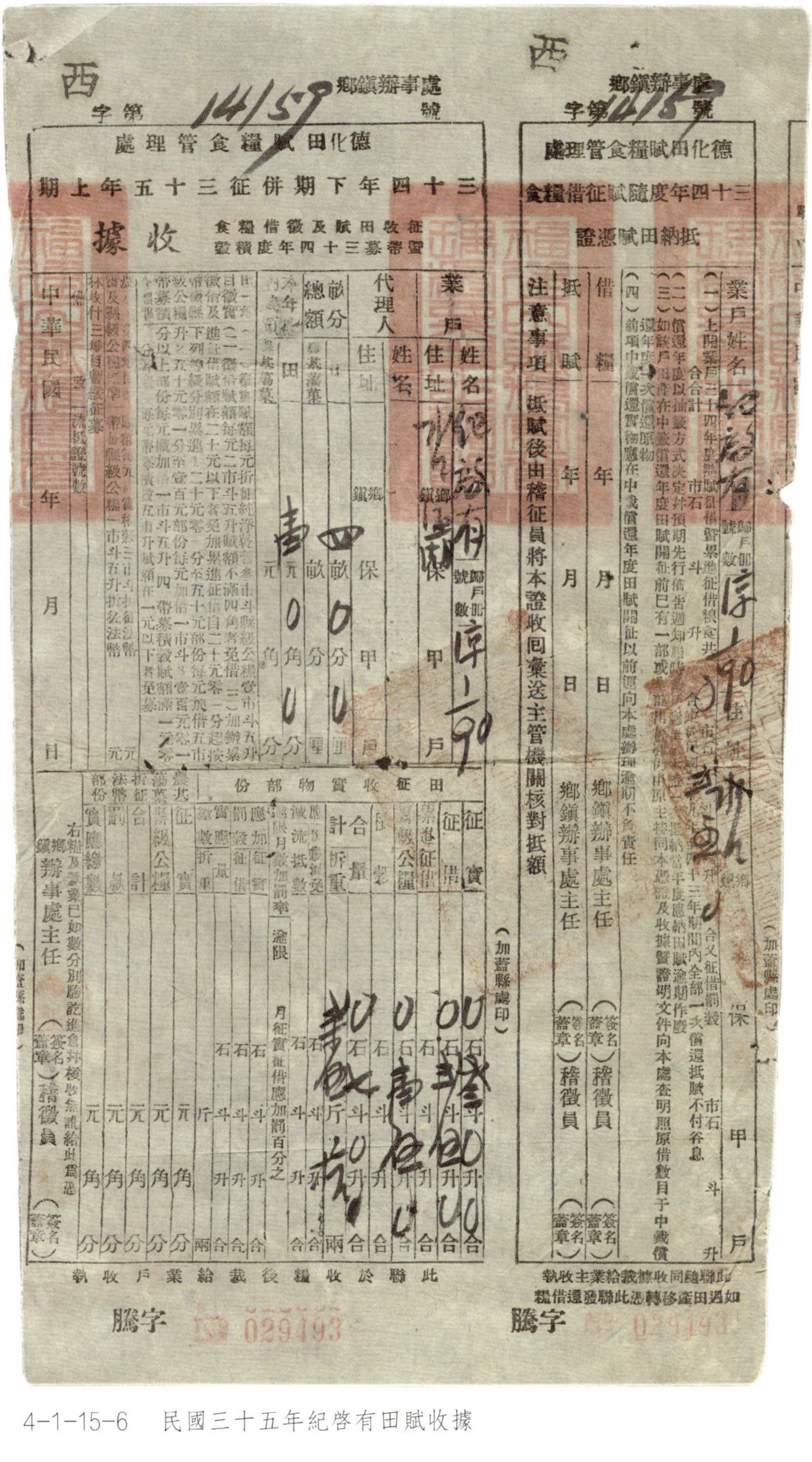

西　字第 14159 號　鄉鎮辦事處

德化田賦糧食管理處

三十四年下期併征三十五年上期

征收田賦及徵借糧食暨帶募三十四年度積穀　收據

業戶　姓名　紀啓有　住址　鄉鎮　保　甲　戶

歸戶冊號數　序1-90

代理人　姓名　住址　鄉鎮　保　甲　戶

畝分　四畝0分0厘

中華民國　年　月　日

田征收實物部份

鄉鎮辦事處主任（簽名蓋章）　稽徵員（簽名蓋章）

此聯於收糧後裁給業戶收執

騰字 029493

西　字第 14159 號　鄉鎮辦事處

德化田賦糧食管理處

三十四年度隨賦征借糧食

抵納田賦憑證

業戶姓名　紀啓有

歸戶冊號數　序1-90

借糧　年　月　日

抵賦　年　月　日

注意事項　抵賦後由稽征員將本證收回彙送主管機關核對抵額

鄉鎮辦事處主任（簽名蓋章）　稽徵員（簽名蓋章）

此聯隨同收據裁給業主收執　如遇田產移轉憑此聯發還借糧

騰字 029493

4-1-15-6　民國三十五年紀啓有田賦收據

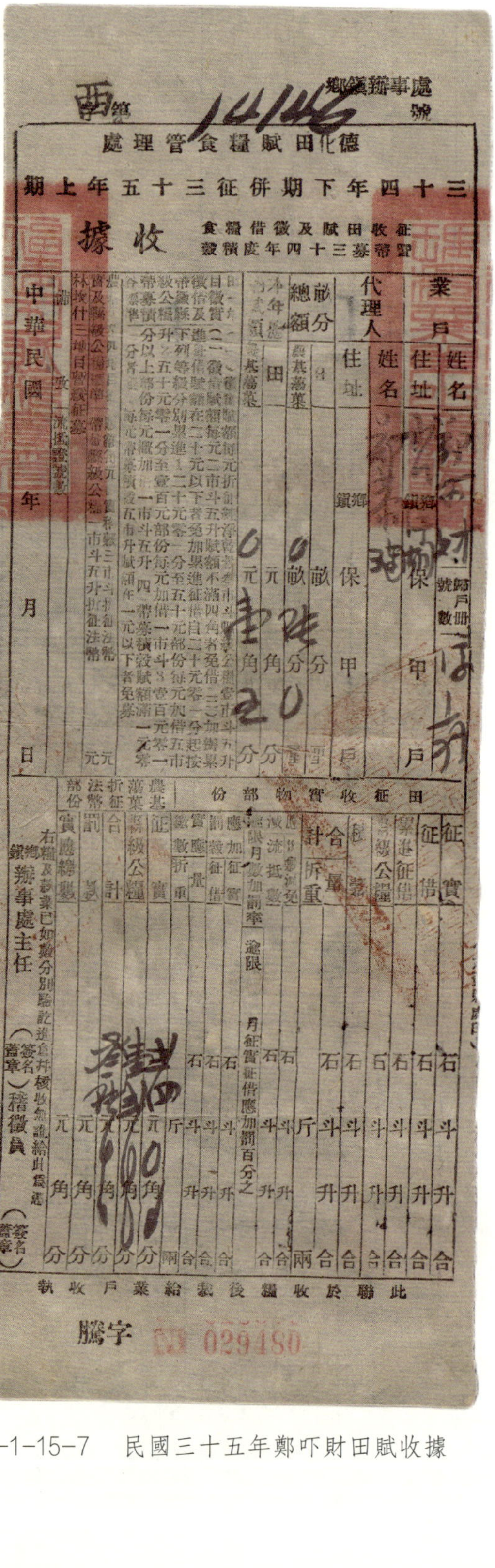
鄉鎮辦事處 西字第14146號

德化田賦糧食管理處

三十四年下期併征三十五年上期

征收田賦及徵借糧食
暨帶募三十四年度積穀
收據

業戶姓名
住址 鄉鎮 保 甲 戶

代理人姓名
住址 鄉鎮 保 甲 戶

中華民國 年 月 日

田賦征收實物部份

右糧及募穀已如數分別驗訖進倉并核收無誤給此為據

鄉鎮辦事處主任（簽名蓋章）　稽徵員（簽名蓋章）

此聯於收糧後給業戶收執

騰字 029480

4-1-15-7　民國三十五年鄭吓財田賦收據

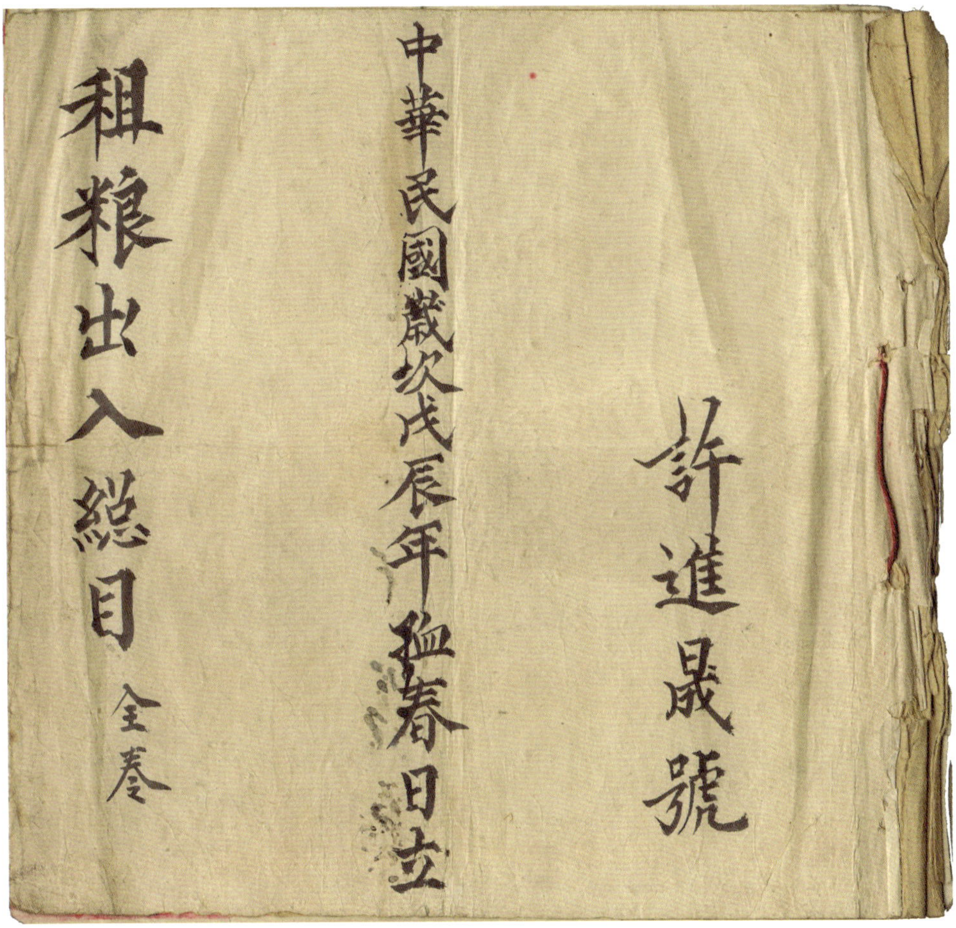
許進晟號
中華民國歲次戊辰年孟春日立
租粮出入總目　全叁

4-1-16-1　民國十七年許進晟立租糧出入總目（一）

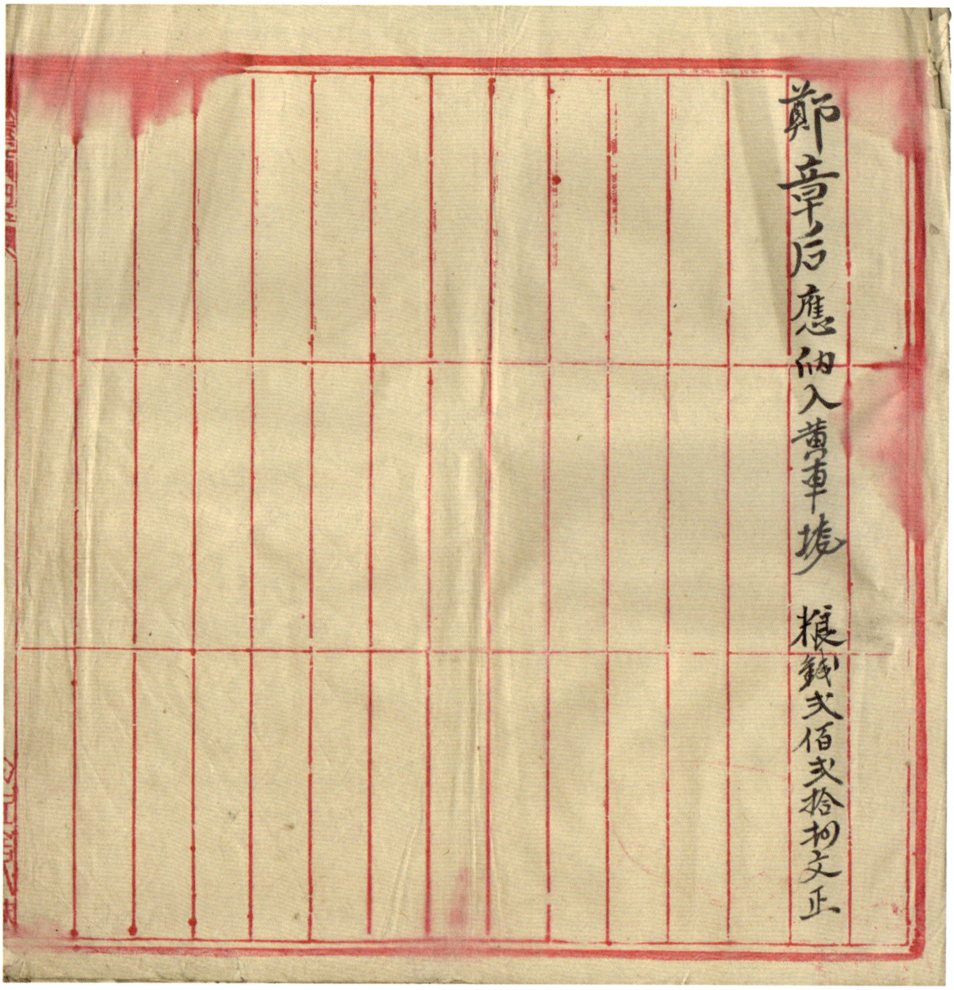
鄭章后應納入萬車坵　糧錢弍佰弍拾捌文正

4-1-16-2　民國十七年許進晟立租糧出入總目（二）

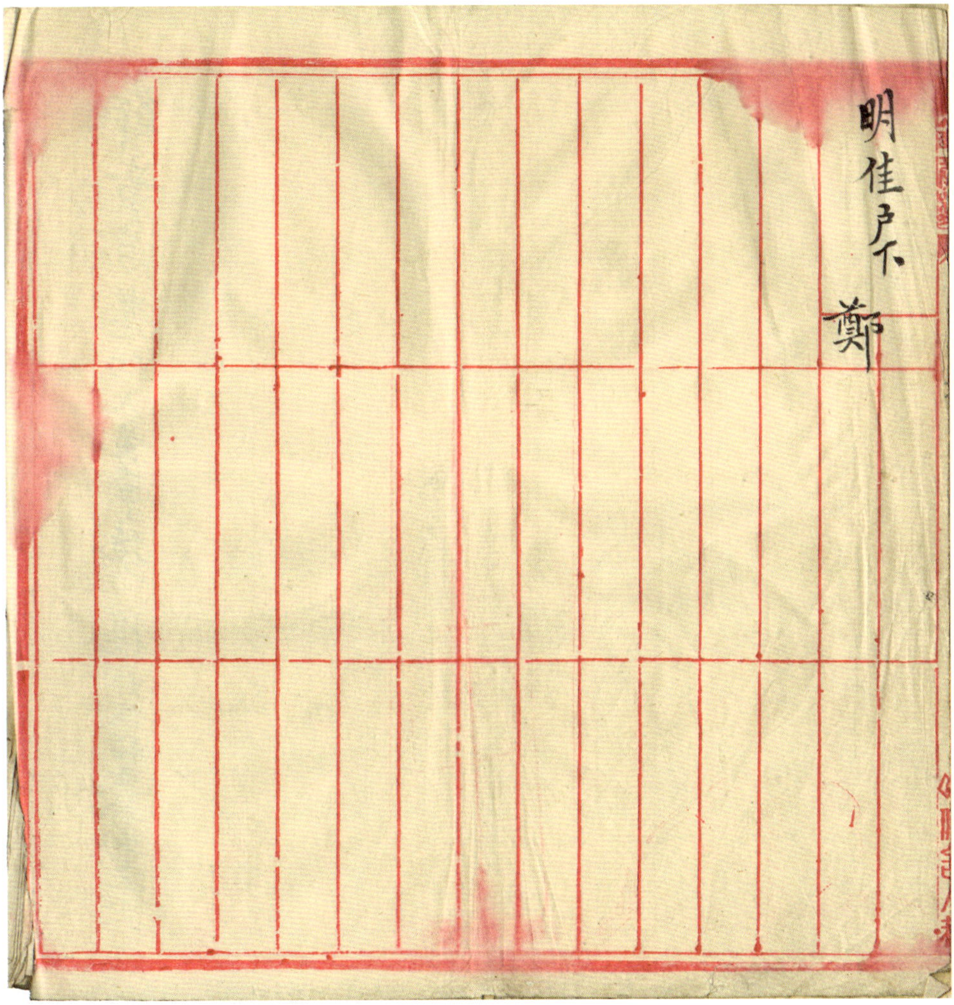
明佳户下　鄭

4-1-16-3　民國十七年許進晟立租糧出入總目（三）

守珍公 佃过進閻
應納入西湖壠佃粮钞
计文

4-1-16-4　民國十七年許進晟立租糧出入總目（四）

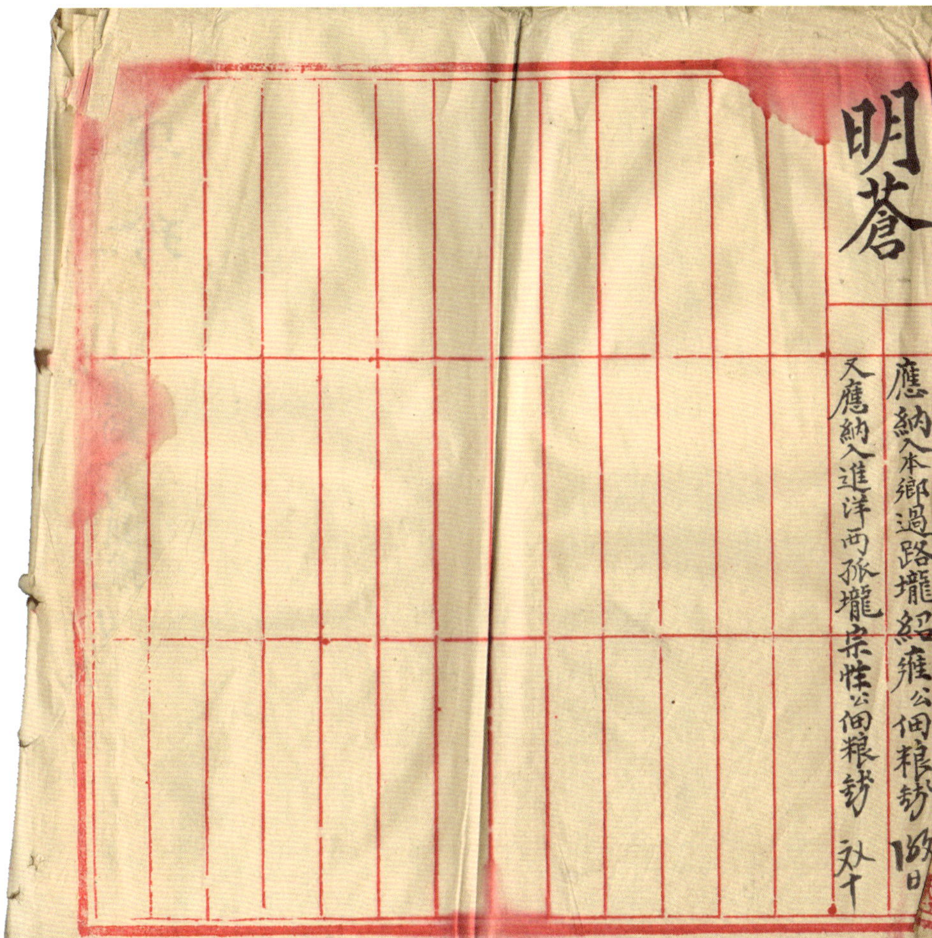

明蒼

應納入本鄉過路壠紹雍公佃粮銹 〡〤日

又應納入進洋西孫壠宗性公佃粮銹 〤十

4-1-16-5　民國十七年許進晟立租糧出入總目（五）

義

唐

全

應納入進洋下厝仔佃粮鈔

4-1-16-6　民國十七年許進晟立租糧出入總目（六）

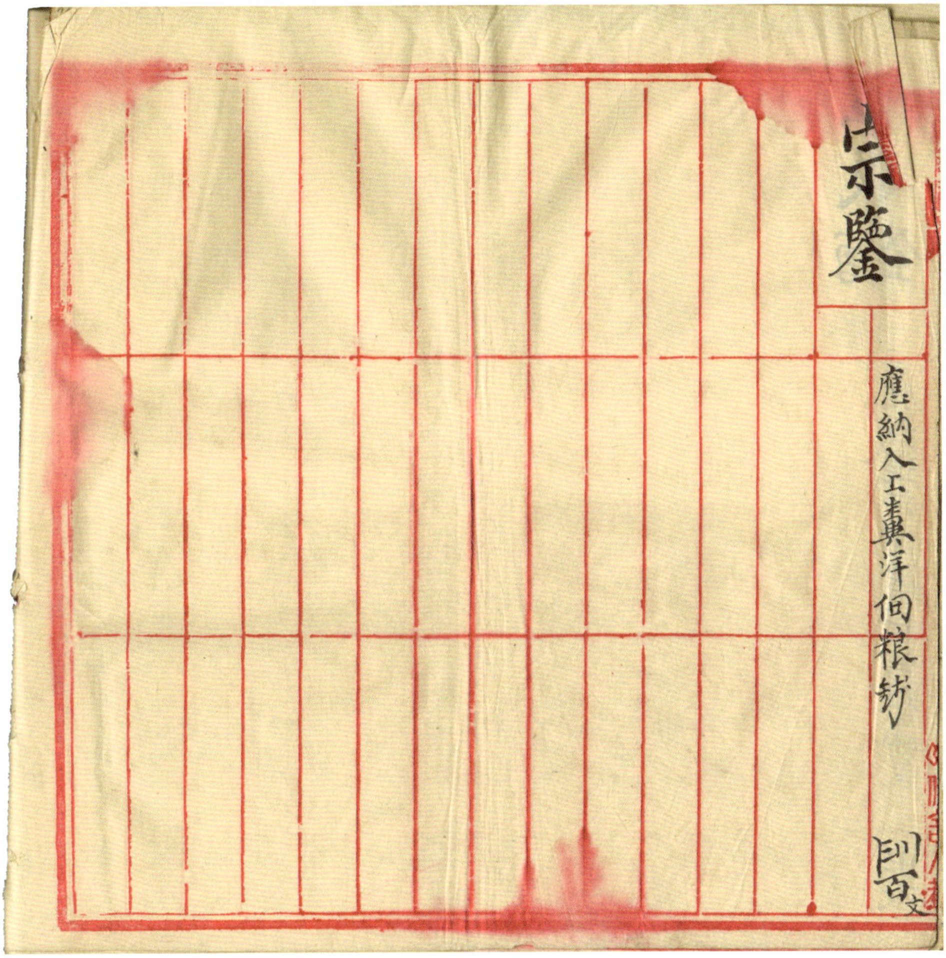

宗鑒

應納入工糞洋佃粮錺

[illegible]百文

4-1-16-7　民國十七年許進晟立租糧出入總目（七）

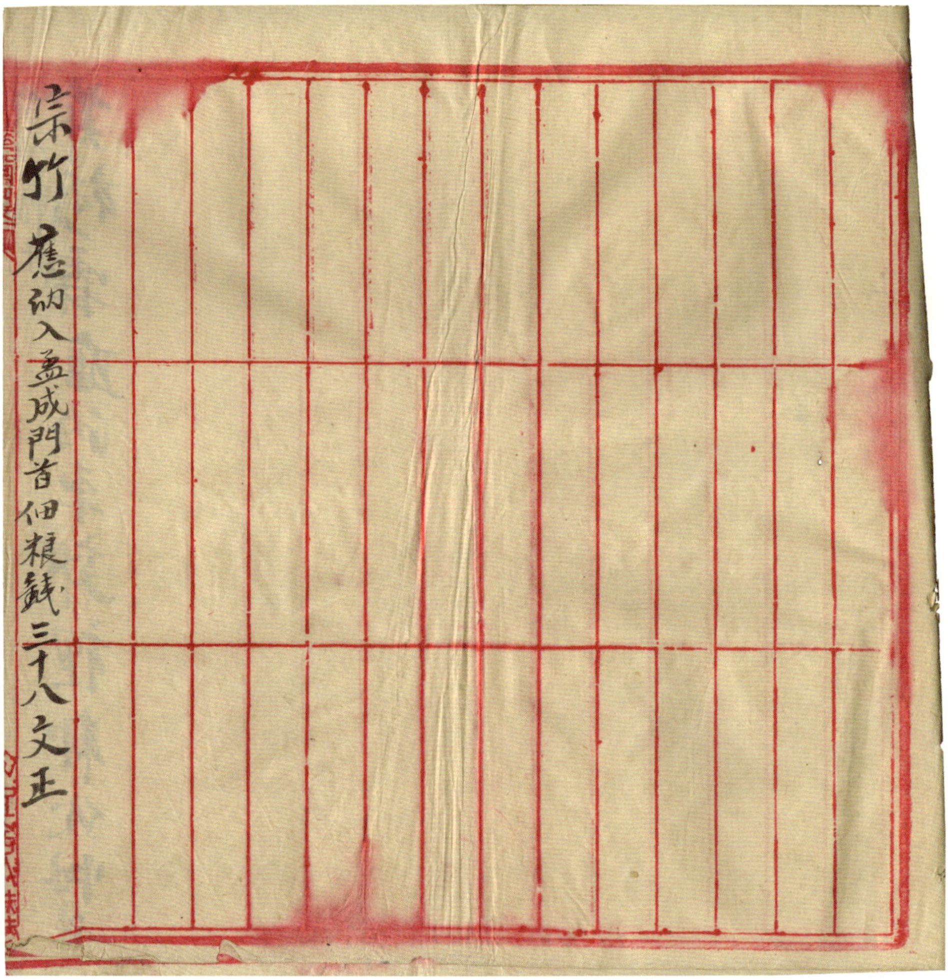

宗竹 舊欠入益成門首佃粮錢三十八文正

4-1-16-8　民國十七年許進晟立租糧出入總目（八）

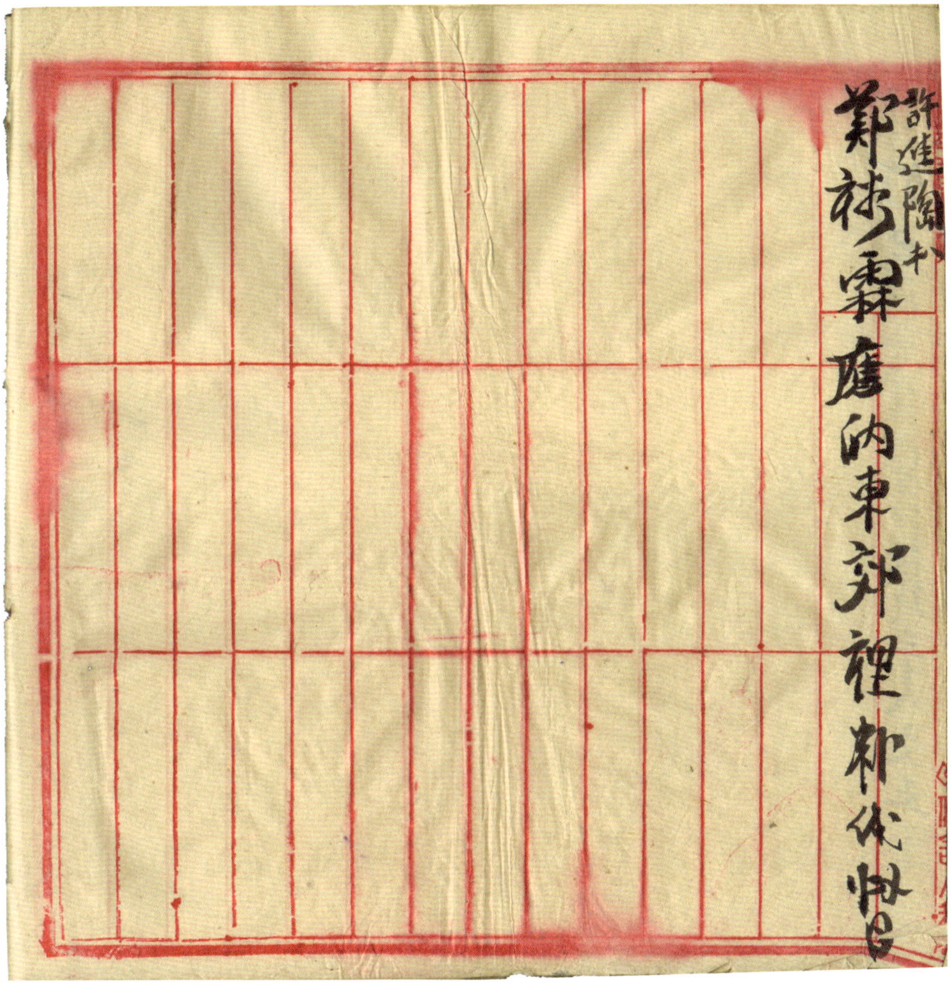
許進隨扒
鄭袜霖應納東郊裡都代嘗

4-1-16-9　民國十七年許進晟立租糧出入總目（九）

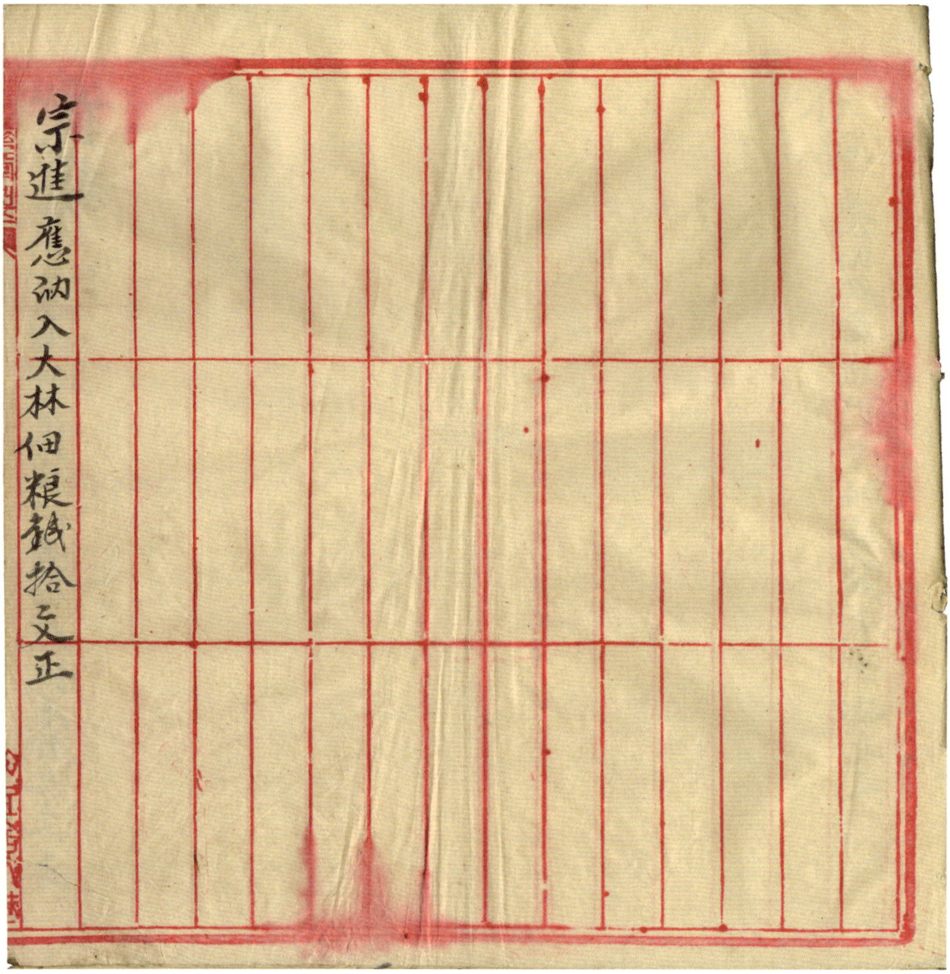
宗進
應納入大林佃粮錢拾文正

4-1-16-10　民國十七年許進晟立租糧出入總目（一〇）

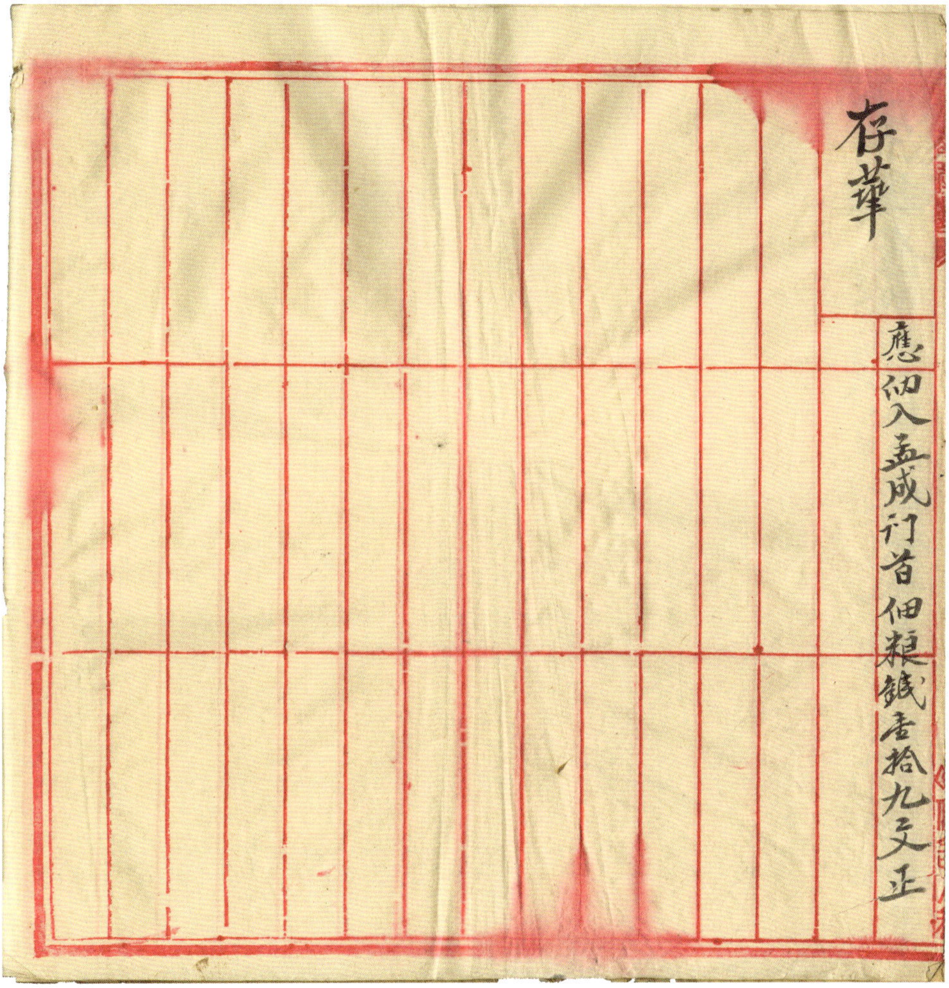
存華
應佃入孟成行首佃粮錢壹拾九文正

4-1-16-11　民國十七年許進晟立租糧出入總目（一一）

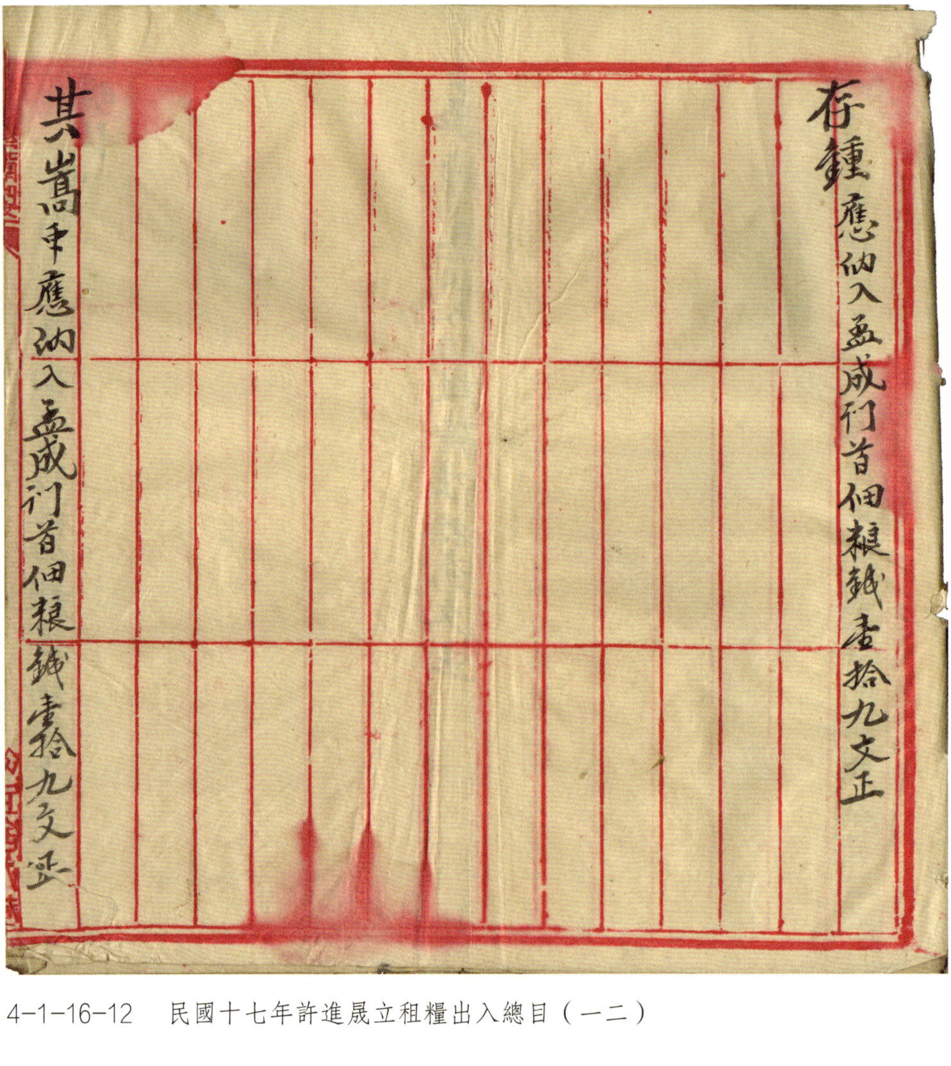

存鍾應納入盂成行首佃粮錢壹拾九文正

其嵩申應納入盂成行首佃粮錢壹拾九文正

4-1-16-12　民國十七年許進晟立租糧出入總目（一二）

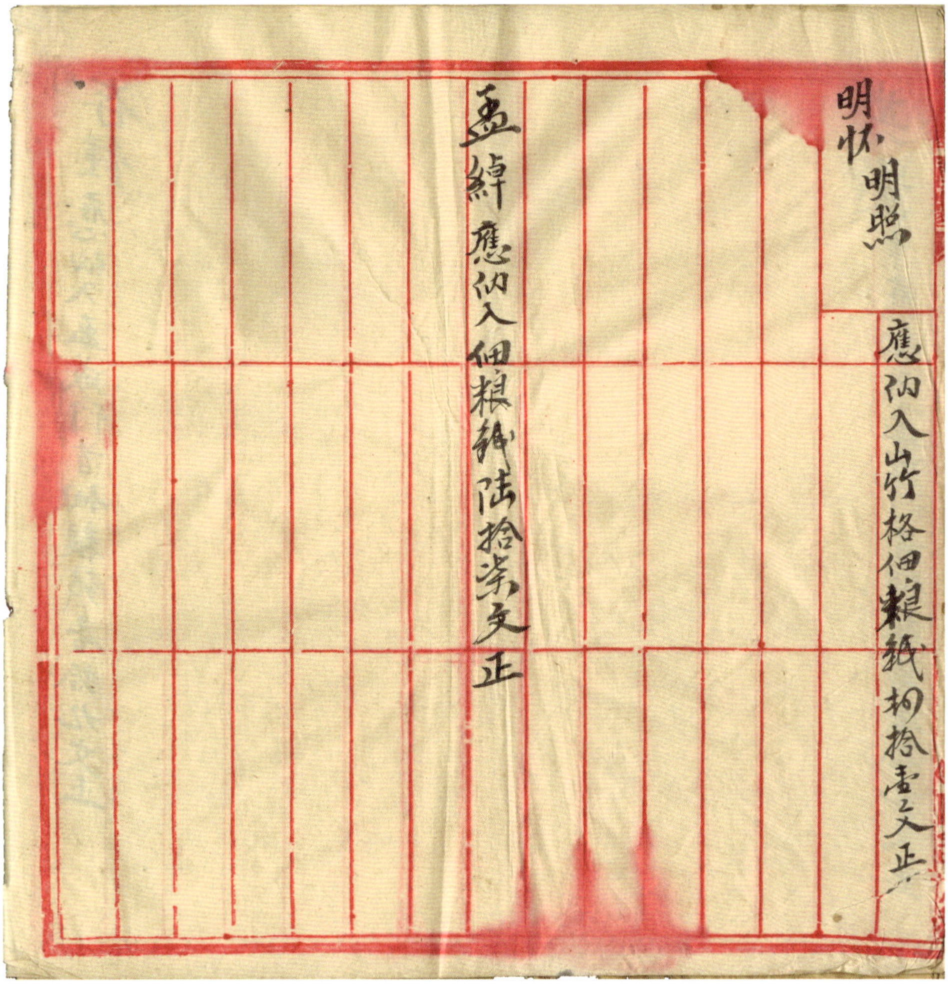

明怀 明照

應收入山竹格佃粮錢捌拾壹文正

孟緈 應收入佃粮錢陸拾柒文正

4-1-16-13　民國十七年許進晟立租糧出入總目（一三）

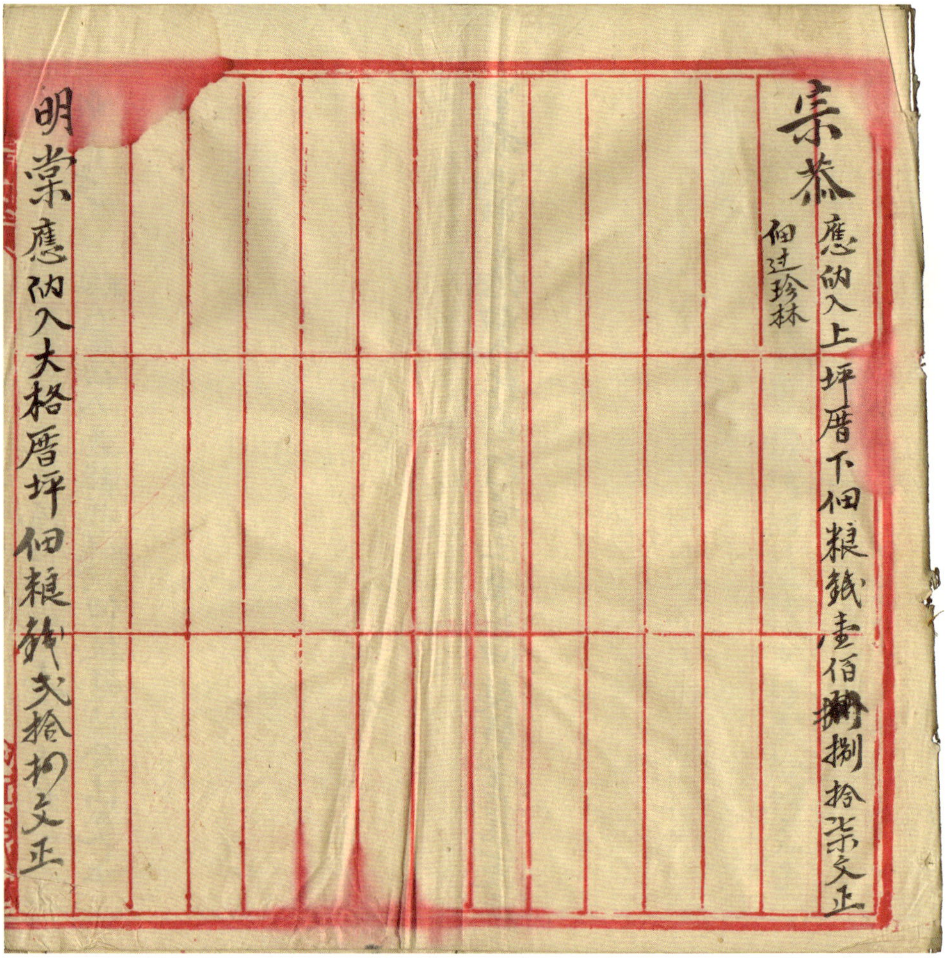

宗恭 應納入上坪厝下佃粮錢壹佰捌拾柒文正
佃过珍林

明棠 應納入大格厝坪佃粮錢弍拾捌文正

4-1-16-14　民國十七年許進晟立租糧出入總目（一四）

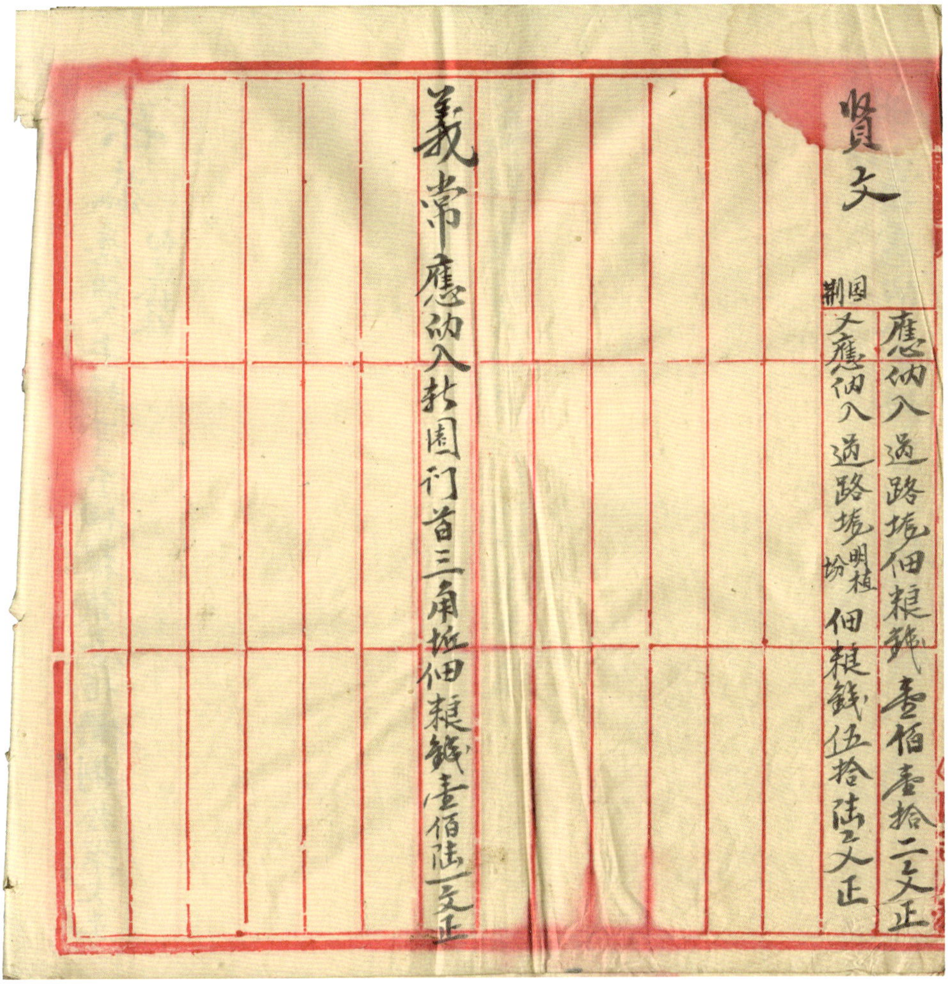

賢文

應納入過路垅佃粮錢壹佰壹拾二文正

国制

又應納入過路垅明楨坋佃粮錢伍拾陸乙文正

義常

應納入枯園行首三角垅佃粮錢壹佰陸一文正

4-1-16-15　民國十七年許進晟立租糧出入總目（一五）

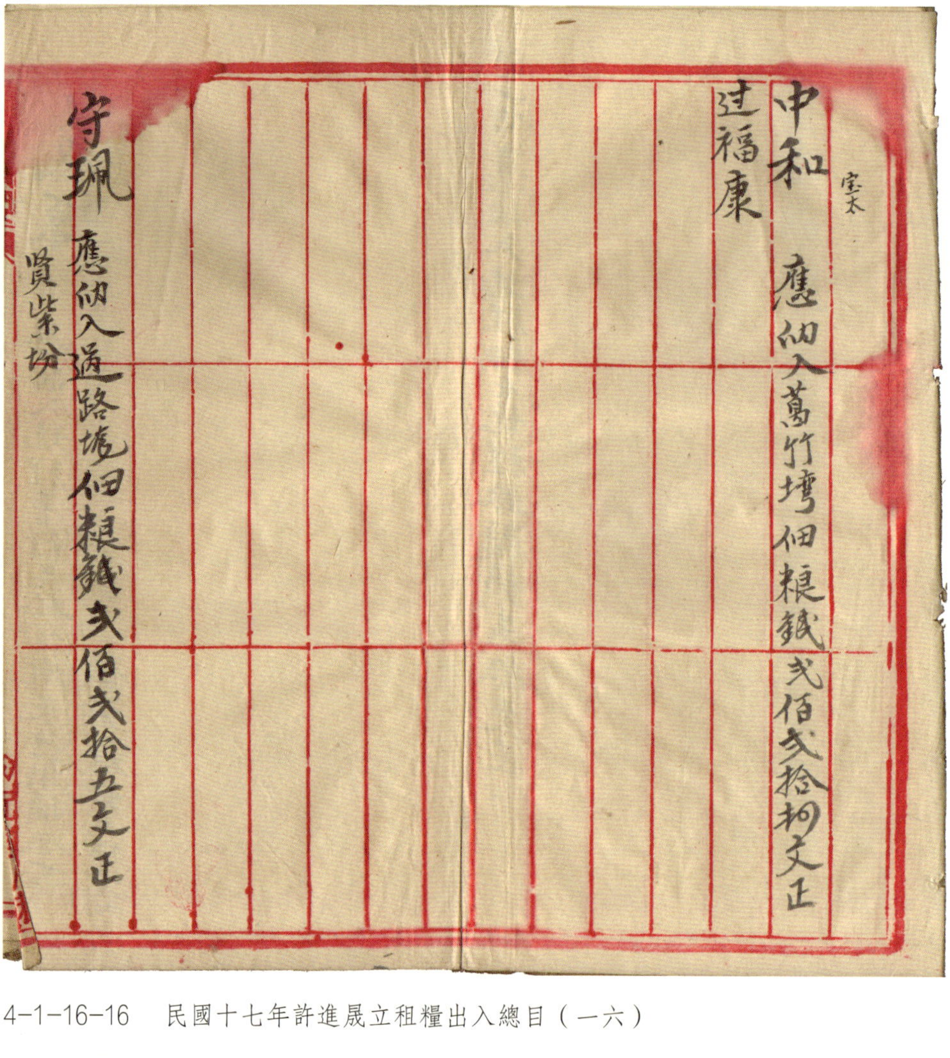

中和　宝太

廷福康

應收入葛竹墩佃粮錢弍佰弍拾柒文正

守珮

賢柴坋

應收入過路墘佃粮錢弍佰弍拾五文正

4-1-16-16　民國十七年許進晟立租糧出入總目（一六）

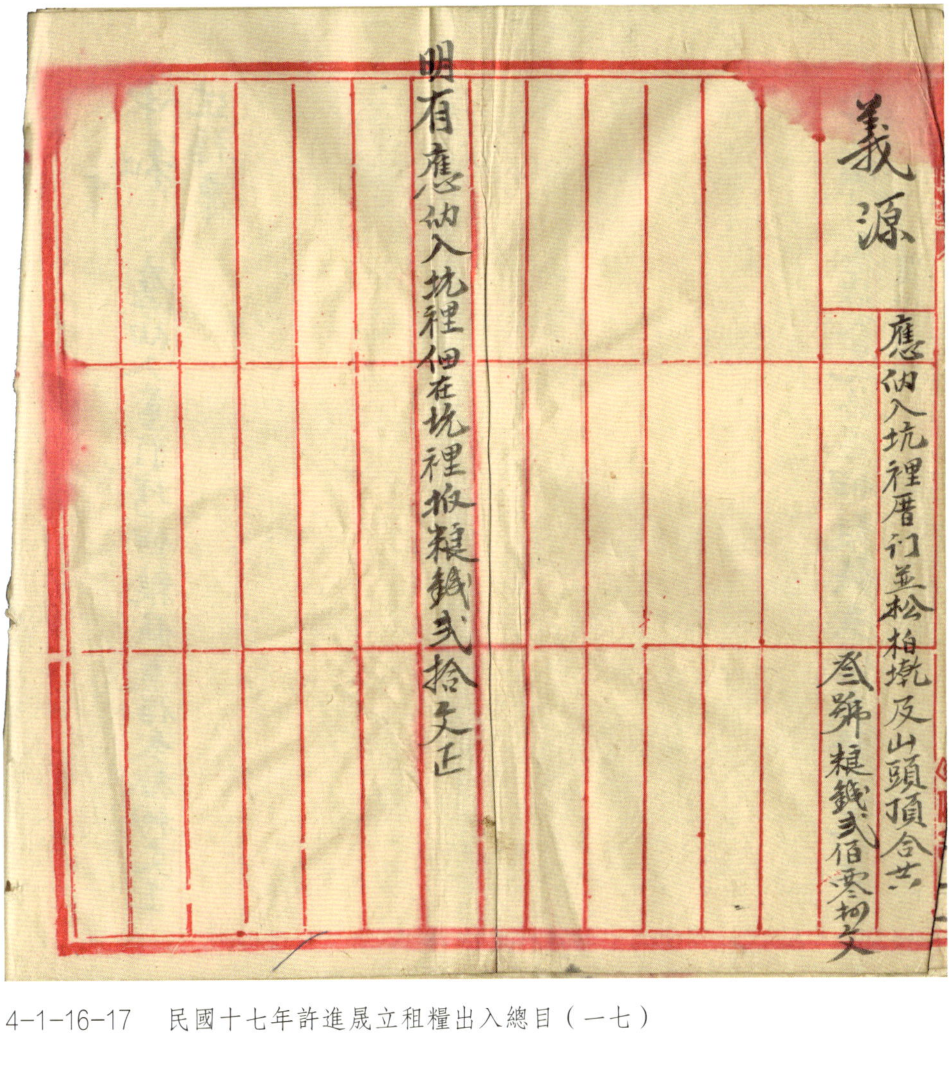

4-1-16-17　民國十七年許進晟立租糧出入總目（一七）

錦生 應納入佃在坑裡路頭墘糧錢伍拾陸文正

益德 應納入坑裡寨仔边糧錢貳拾文正

4-1-16-18　民國十七年許進晟立租糧出入總目（一八）

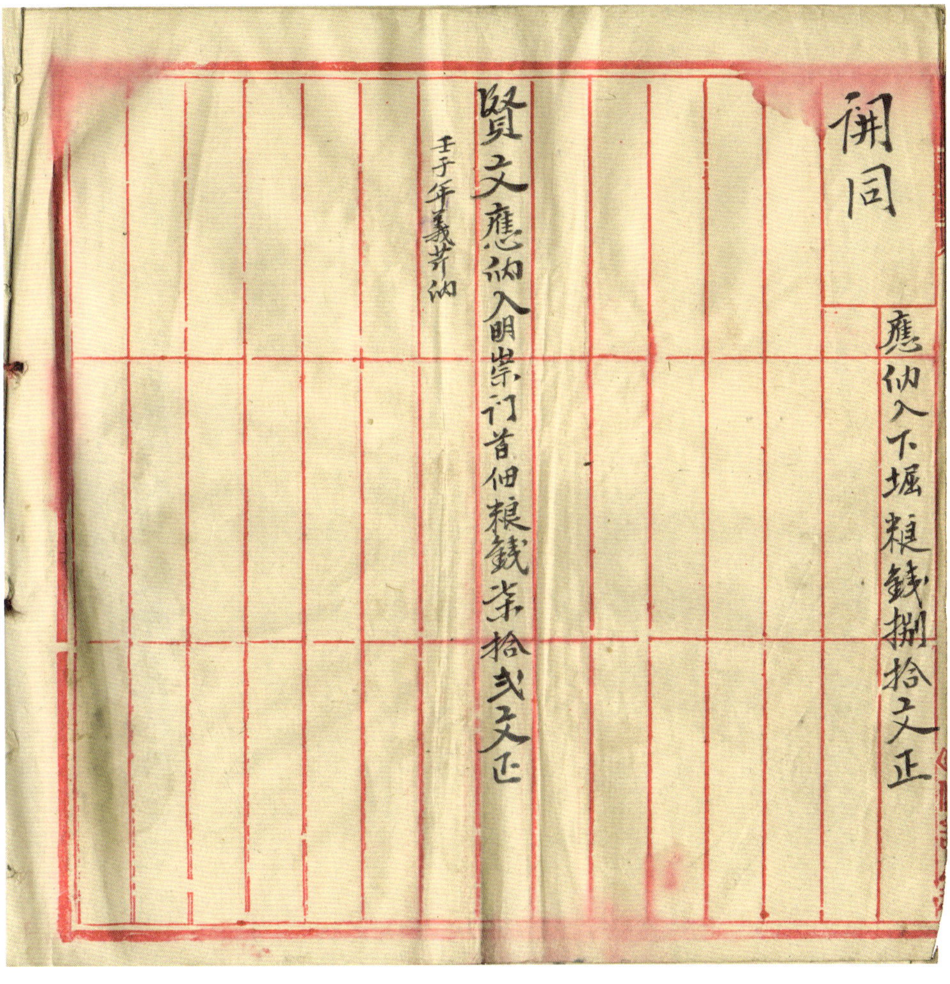
開同
應仙入下堀粮錢捌拾文正
賢文應仙入明崇订首佃粮錢柒拾弍文正
壬子年義芹納

4-1-16-19　民國十七年許進晟立租糧出入總目（一九）

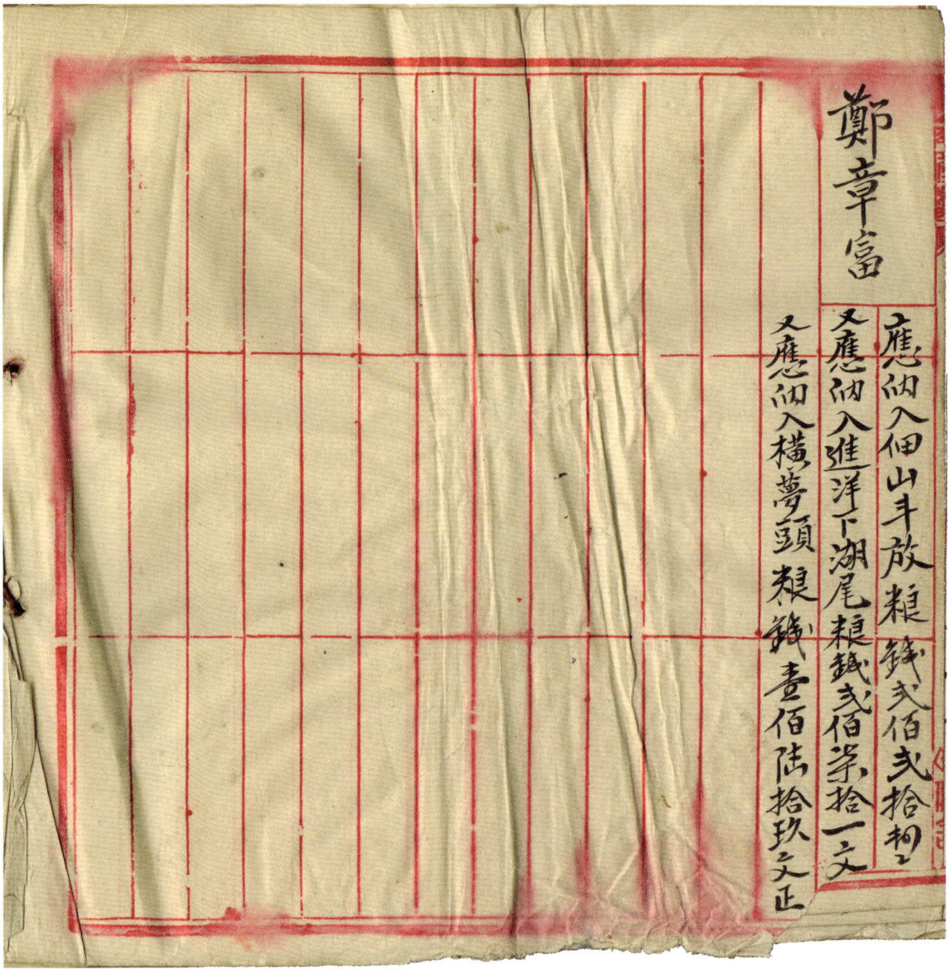

鄭章富

應納入佃山斗放粮錢貳佰貳拾捌文

又應納入進洋下湖尾粮錢貳佰柒拾一文

又應納入橫夢頭粮錢壹佰陸拾玖文正

4-1-16-20　民國十七年許進晟立租糧出入總目（二〇）

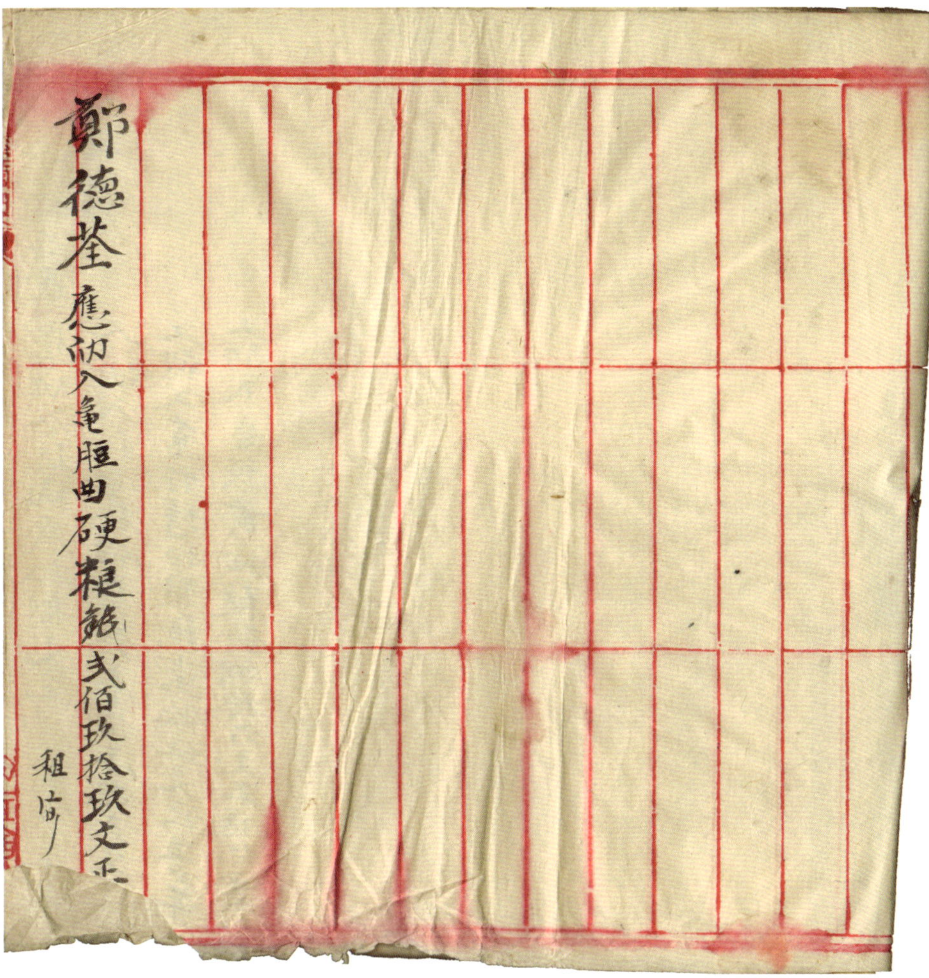

鄭德荃 應納入龜脛田石硬粮錢弍佰玖拾玖文正

租広

4-1-16-21　民國十七年許進晟立租糧出入總目（二一）

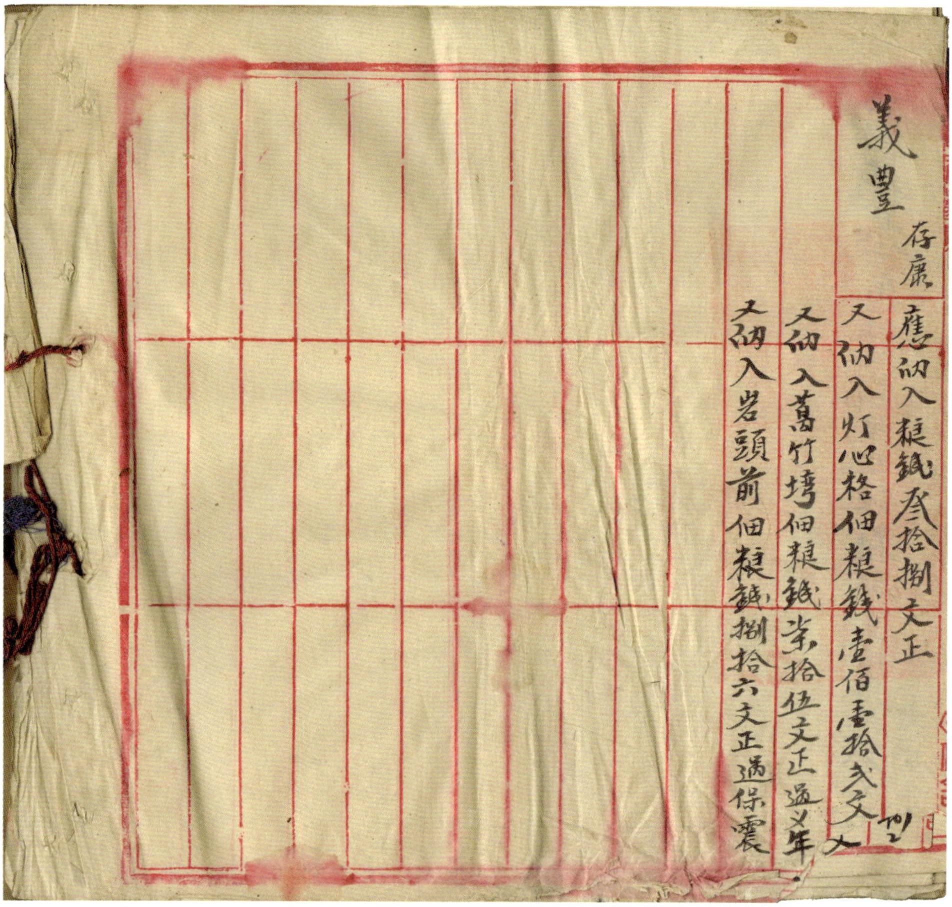

義豐 存康
應收入粮錢叁拾捌文正
又收入灯心格佃粮錢壹佰壹拾弍文
又收入舊竹塆佃粮錢柒拾伍文正過义年
又收入岩頭前佃粮錢捌拾六文正過保震

4-1-16-22　民國十七年許進晟立租糧出入總目（二二）

4-1-16-23　民國十七年許進晟立租糧出入總目（二三）

第二帙 許新良户

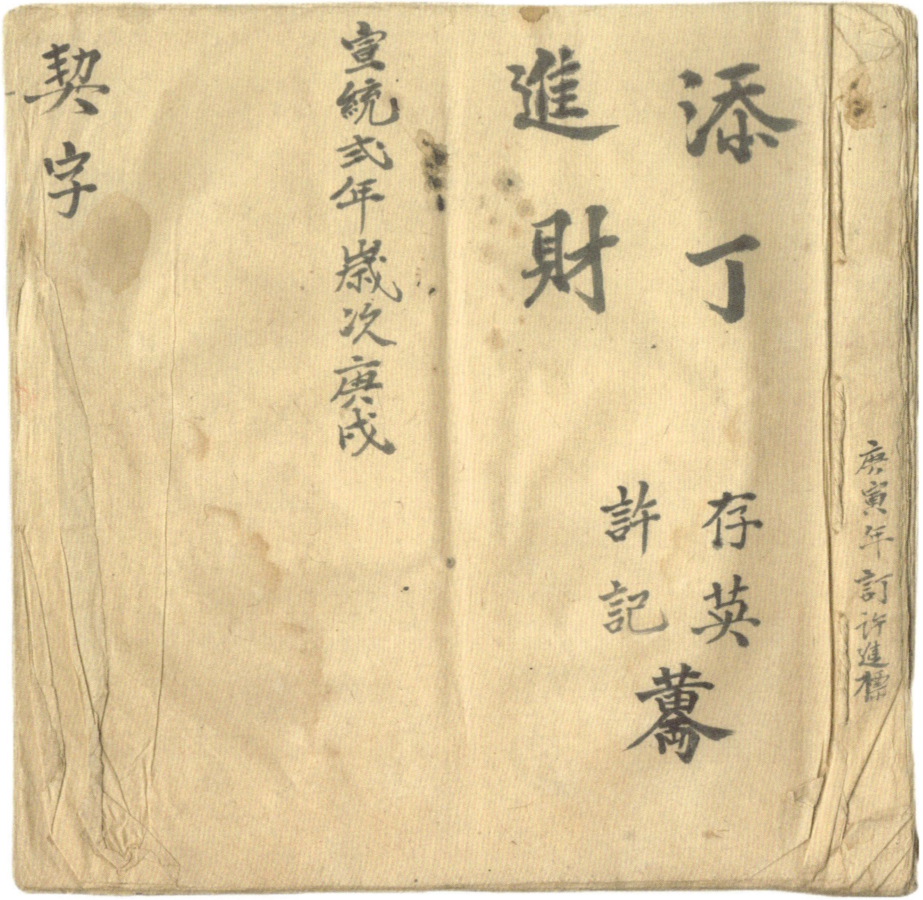
庚寅年訂許進標

添丁　進財

存英　許記　簿

宣統弍年歲次庚戌

契字

4-2-1-1　清宣統二年許存英記抄契簿（一）

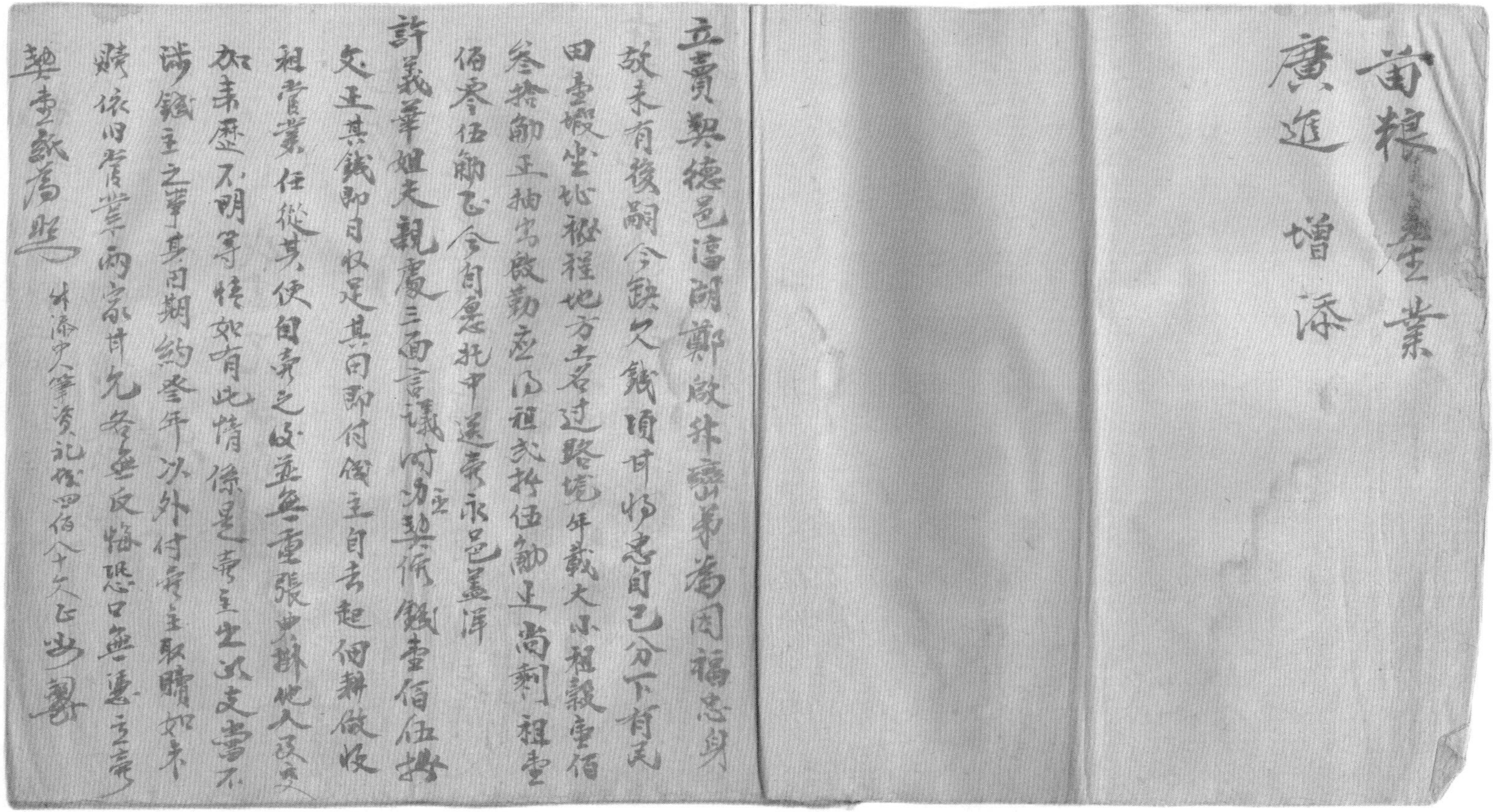

4-2-1-2　清宣統二年許存英記抄契簿（二）

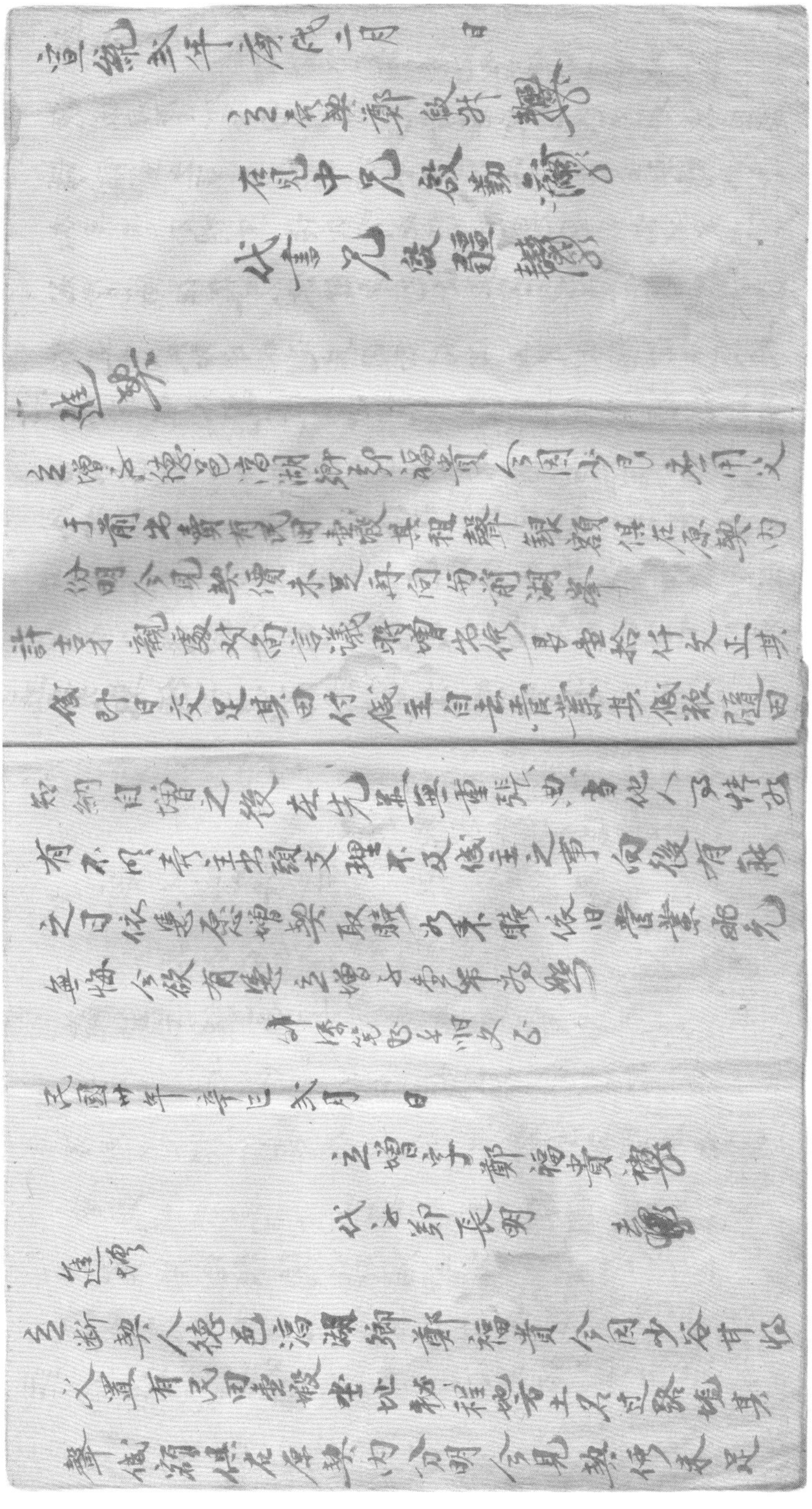

4-2-1-3　清宣統二年許存英記抄契簿（三）

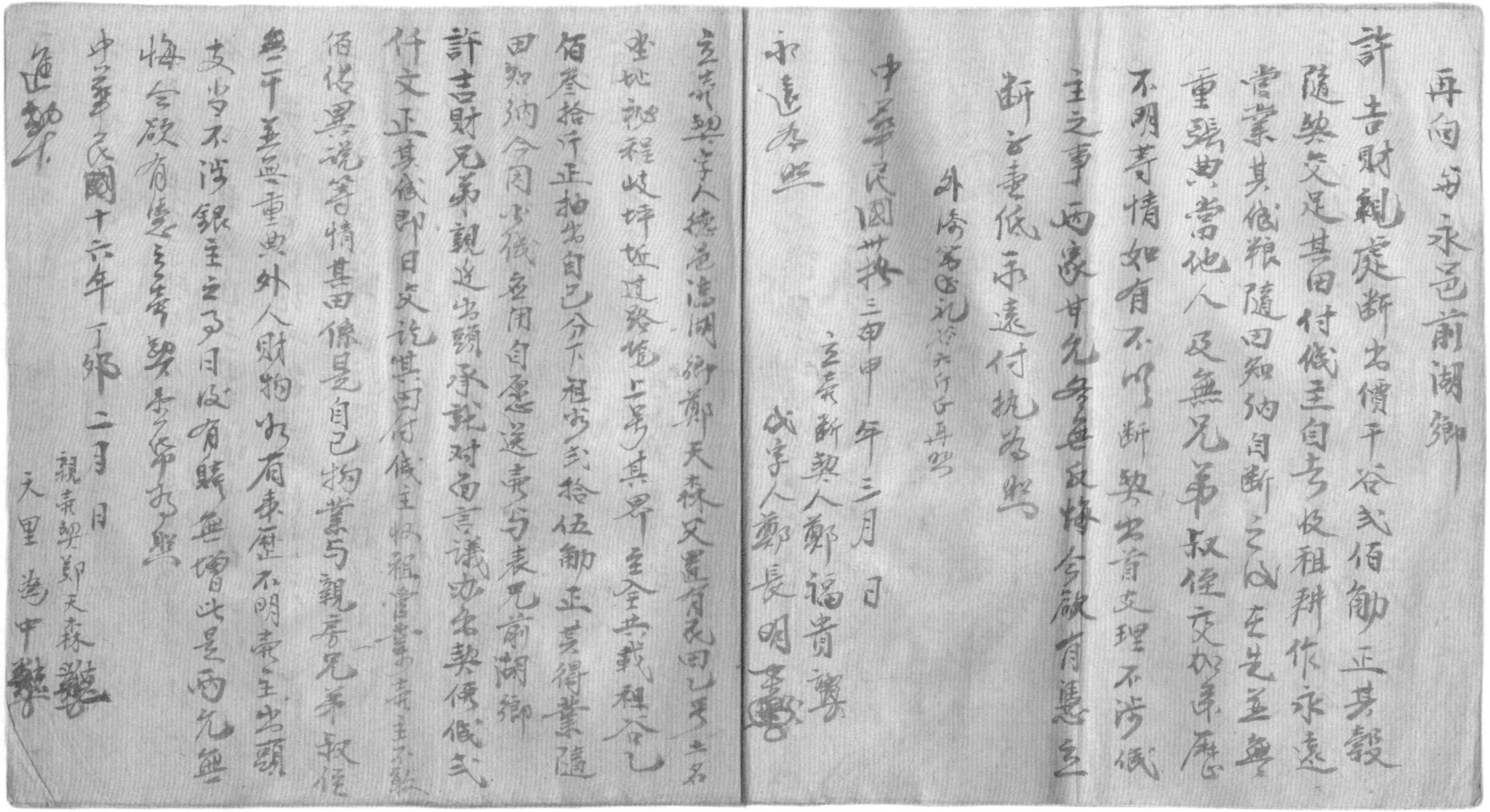
再向母永邑前湖鄉
許吉財親戚斷出價干谷弍佰觔正其穀
隨契交足其田付佃主自去收租耕作永遠
當業其佃粮隨田知納自斷之後在先並無
重張典當他人及無兄弟叔侄交加等應
不明等情如有不明斷契出首支理不涉佃
主之事兩家甘允各無反悔今欲有憑立
斷去盡根永遠付执為照
外添字□記价六仟正再照
中華民國卅三甲申年三月 日
立盡斷契人鄭福貴
代字人鄭長明
永遠存照

立賣契字人德邑潘湖鄉鄭天森父置有民田乙号土名
坐址秘程岐坪垅过路尾上号其界至全共載租谷乙
佰叁拾斤正抽出自己分下租谷弍拾伍觔正其得業隨
田知納今因乏銀应用自愿送賣与表兄前湖鄉
許吉財兄弟親送出頭承就对面言議出價銀弍
仟文正其銀即日交訖其田付銀主收租管業其主不敢
佰佬異說等情其田係是自己物業与親房兄弟叔侄
無干並無重典外人財物如有來歷不明賣主出頭
支當不涉銀主之事日後有贖無增此是兩允無
悔今欲有憑立賣契字為照
中華民國十六年丁卯二月 日
親賣契鄭天森
天里 為中
進契

4-2-1-4　清宣統二年許存英記抄契簿（四）

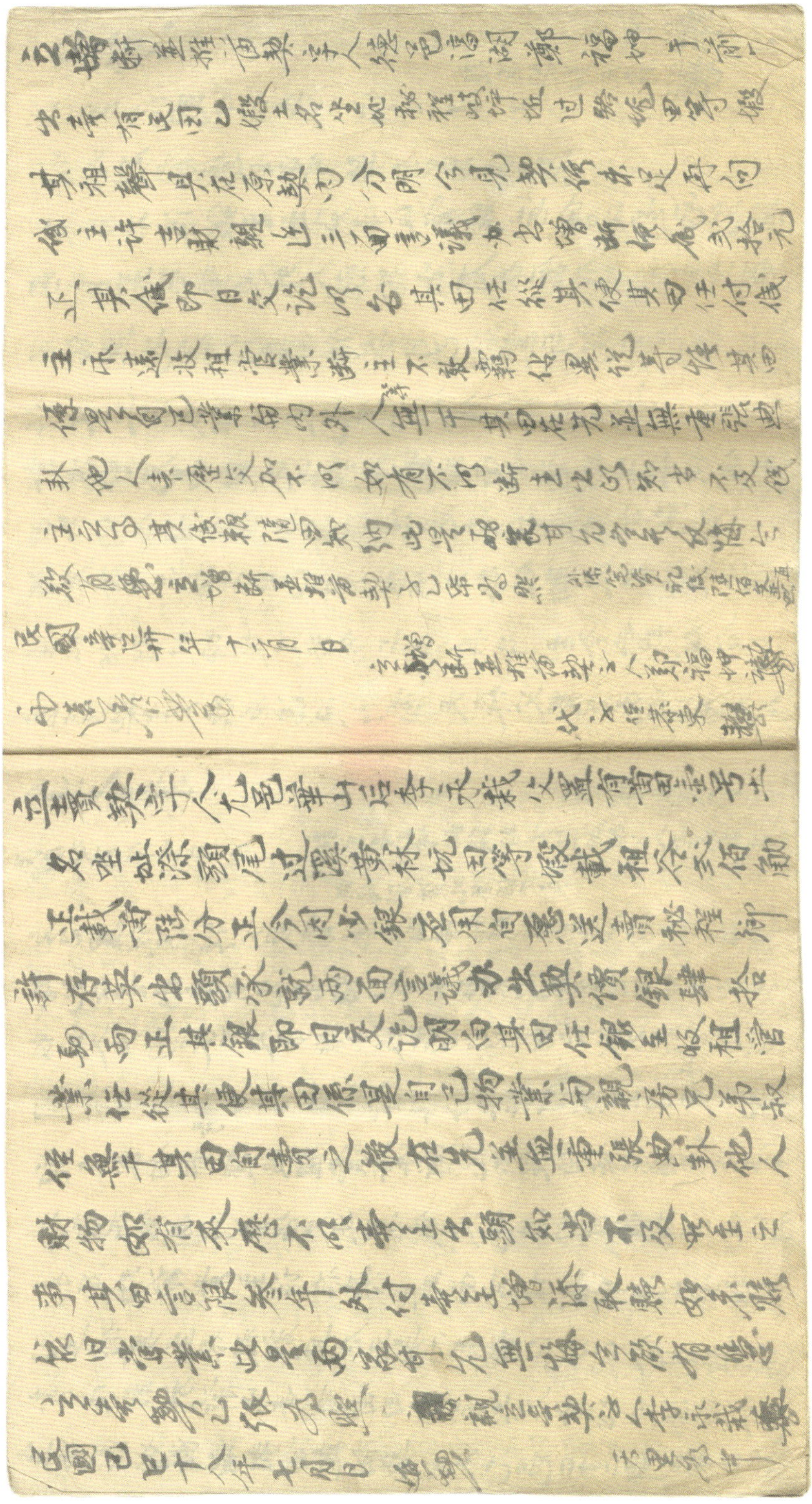

4-2-1-5　清宣统二年許存英記抄契簿（五）

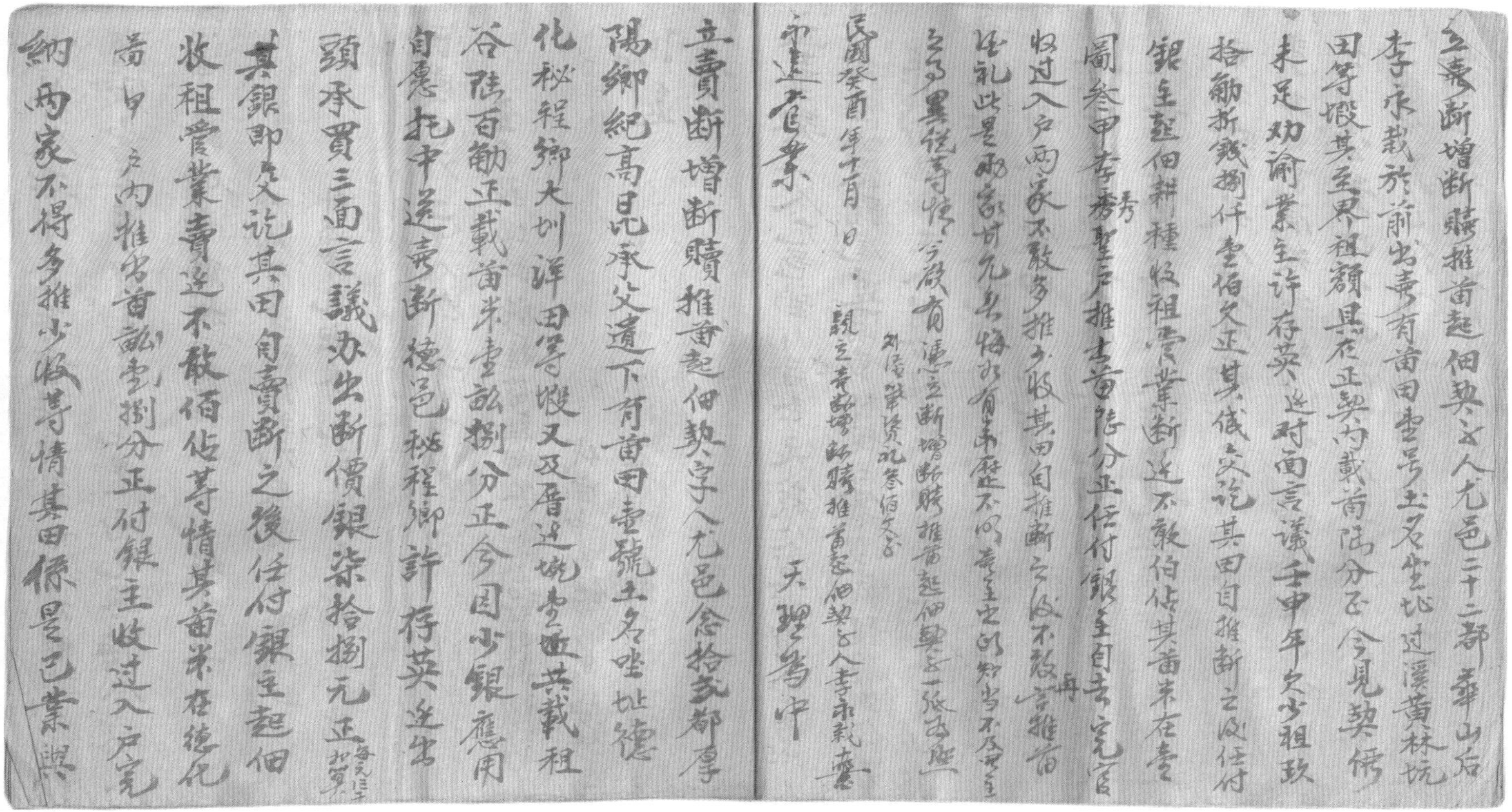
立賣断增断贖推苗起佃契字人尤邑二十二都韋山后李承栽，於前出賣有苗田壹号，土名坐址过溪黄林坑田等段，其至界、租額，具在正契內載，苗陆分正，今見契係未足，劝諭業主許存英边，对面言議，壬申年欠少租款拾觔，折钱捌仟壹佰文正。其钱交讫，其田自推断之後，任付銀主起佃耕種收租管業，断过不敢伯佔。其苗米在壹圖叁甲李秀聖戶推出苗陆分正，任付銀主自去完官收过入户，两家不敢多推少收。其田自推断之後，不敢再言推苗生礼。此是两家甘允，各無悔，亦有来歷不明，賣主出郎知当，不及買主之事。異從等情。今欲有憑，立断增断贖推苗起佃契字一纸为照。

外收字資礼叁佰文正

民國癸酉年十月 日 親立賣断增断贖推苗起佃契字人李承栽（押）

永進官業 天理爲中

立賣断增断贖推苗起佃契字人尤邑念拾叁都厚陽鄉紀高昆，承父遺下有苗田壹號，土名坐址德化秘程鄉大圳洋田等段，又及厝边坵壹畝，共載租谷陆百觔正，載苗米壹畝捌分正。今因少銀應用，自愿托中送賣断，德邑秘程鄉許存英边出頭承買，三面言議，办出断價銀柒拾捌元正（每元三十 扣算），其銀即交讫。其田自賣断之後，任付銀主起佃收租管業，賣过不敢佰佔等情。其苗米在德化黃 甲 戶內推出苗壹畝捌分正，付銀主收过入户完納，两家不得多推少收等情。其田係是己業，與

4-2-1-6　清宣統二年許存英記抄契簿（六）

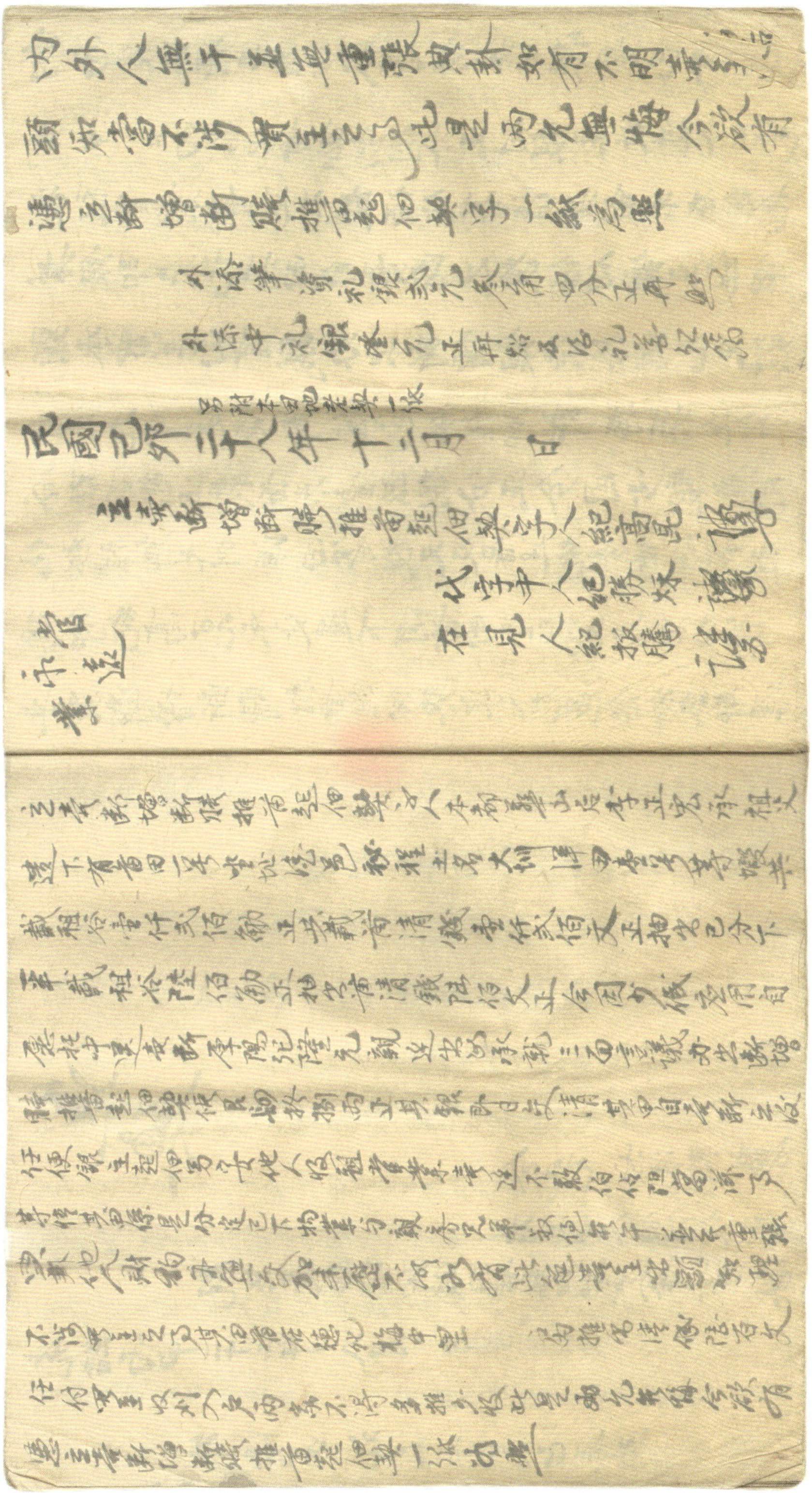

4-2-1-7　清宣統二年許存英記抄契簿（七）

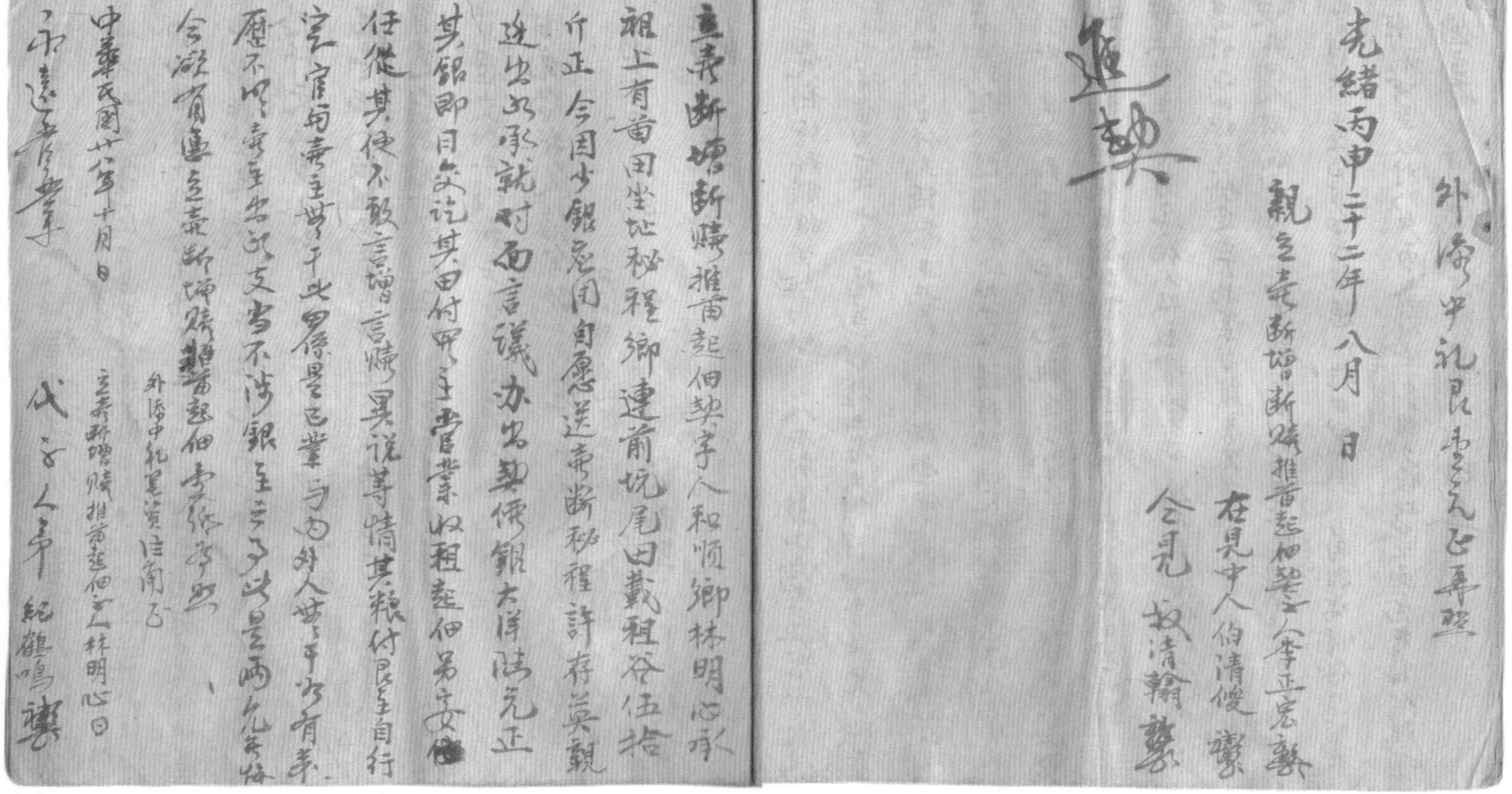

4-2-1-8　清宣統二年許存英記抄契簿（八）

立盡斷起佃契字人秘程鄭恭儀，父置有苗田乙号，土名坐址安陽下田等段，共載租谷貳佰斤正，应得乙分，下抽出租谷陸拾陸觔半正。今因少銀应用，自愿托中送与斷許存英親边出頭承就，三面言議，办出契價銀捌拾什文正，其銀即日交訖。所有其田任付銀主起佃耕作，另安他人收租管業，斷迯不敢伯侶異說等情。其田係是已業，与內外人無干，其田在先並無重張典掛他人，来歷交加不明，斷主出頭抵当，不及銀主之事。此是兩家甘允，各無反悔，今欲有憑，立盡斷契乙帋為照。

外添筆資礼錢貳仟四佰文正再照

立盡斷契字人鄭恭儀（押）

代字中見兄　恭東（押）

民国壬午八月　日

添丁進契

立盡斷增斷贖推苗起佃契字人儀邑秘程鄭恭儀，父置有民田壹号，土名坐址茶竹垅田等段，載租谷伍拾觔正。今因少錢应用，自愿托中送与斷永泰三十六都蓋洋許存英親边出頭承就，三面言議，办出契價銀叁佰元正，其銀即日交訖明白。其田付與銀主管業收租，另安佃人任從其便，不敢言增言贖、異說等情。其粮隨田知納。此田係是已業，与內外人無干，如有來歷不明，賣主出頭支当，不及買主之事。此是兩允無悔，今欲有憑，立盡斷增斷贖推苗起佃契乙帋為照。

4-2-1-9　清宣統二年許存英記抄契簿（九）

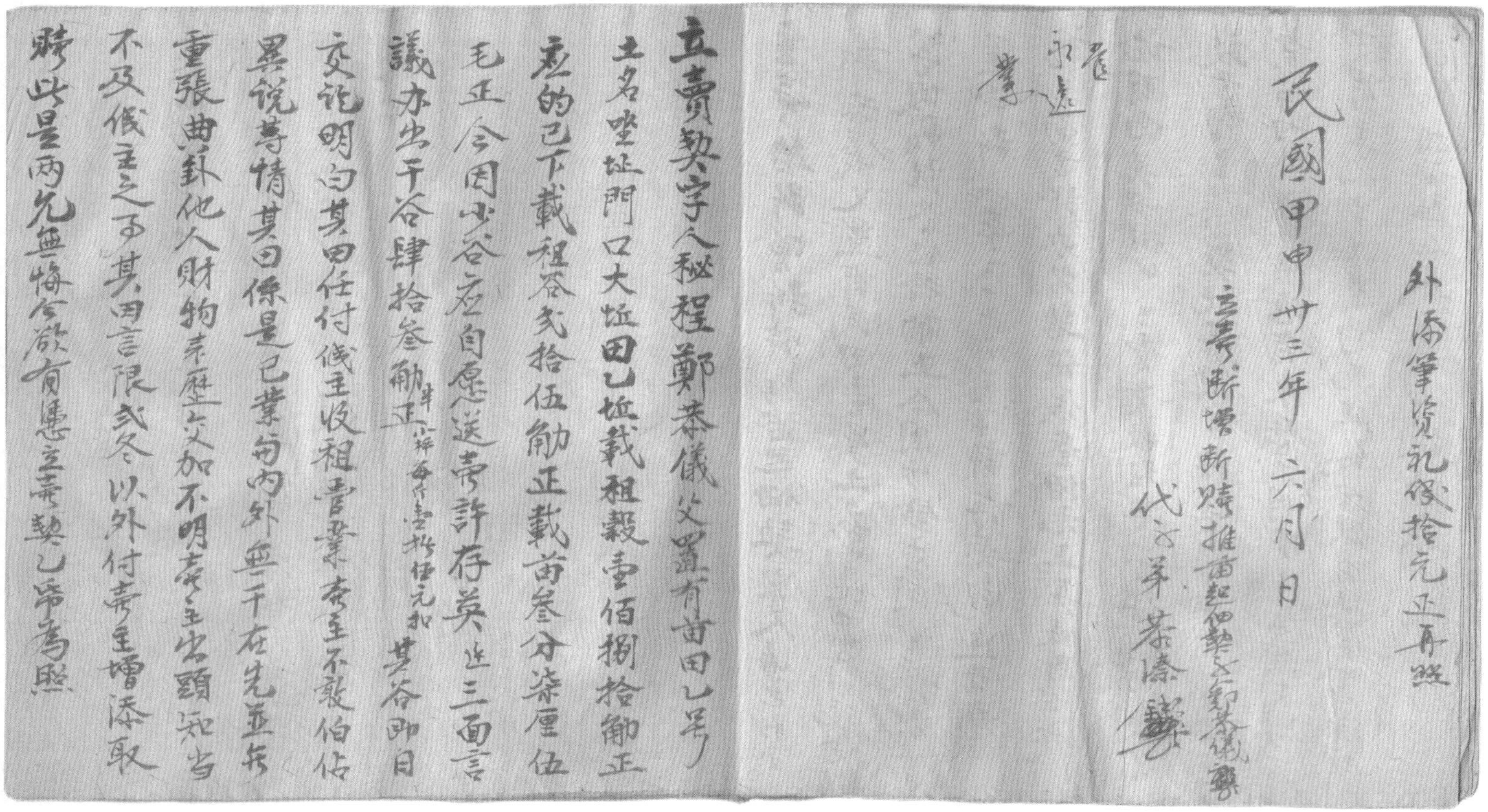
立賣契字人秘程鄭恭儀，父置有苗田乙号，
土名坐址門口大垣田乙垣，載租穀壹佰捌拾觔正，
應的已下載租谷弍拾伍觔正，載苗叁分柒厘伍
毛正。今因乏谷應用，自愿送賣許存英边，三面言
議，亦出干谷肆拾叁觔正，半小秤每斤壹拾伍元扣，其谷即日
交訖明白。其田任付銭主收租管業，賣主不敢伯佔
異説等情。其田係是已業，每內外無干，在先並無
重張典卦他人財物，未歷交加不明，賣主出頭知当，
不及銭主之事。其田言限弍冬以外付賣主增添取
贖，此是兩允無悔。今欲有憑，立賣契乙帋為照。
永遠
管業
民國甲申卅三年 六月 日
立賣斷增斷贖推田契字人鄭恭儀
代字弟 恭[illegible]
外添筆資礼佾拾元正再照

4-2-1-10　清宣統二年許存英記抄契簿（一〇）

外添筆資礼米叁盂正再照

民國甲申卅三年五月　日

立增契　鄭恭儀（押）

代字　見恭東（押）

進契

立增斷推當起佃契字人德邑秘程鄭恭儀
丈置有民田乙号土名坐址門口大垅田寺段載
租谷壹佰捌拾斤正应得自己分下載租谷贰拾
伍觔（大秤）正載苗叁分柒厘伍毫正今見契價未足
再向永泰前湖鄉許存英親边出頭承就三面
議于前典田租及谷本千谷贰佰玖拾陆觔正写上
斷價算清明白其田任付谷主起佃收租管業斷迭
不敢伯佔異說等情其田係是己業與內外人無
干碍先並無重張典卦他人財物来歷交加不明
斷主出頭知当不及錢主之事其錢粮自去完官

4-2-1-11　清宣統二年許存英記抄契簿（一一）

知納此是兩家甘允各無反悔今欲有憑立增
推苗起佃契字人乙帋為照
外添筆字礼米五斗壹盂正再照
民國丁亥廿五年七月　日
立增斷推苗起佃契字人鄭恭儀（押）
代字見兄　恭東（押）

廣苗
糧進

立賣增斷契德邑滸湖鄉鄭建大兄弟侄今
因少錢用應甘將祖置有民田壹號坐址地方土名
秋程門口大坵田芋塅共載租谷壹佰捌拾觔正抽出
已分下應租陸拾觔正今出賣与永邑前湖鄉
許存英送為業對面言議時值價錢玖佰陸拾元
正其錢即日隨契交訖其田付與錢主永遠收租管
業起佃耕作任從其便其錢糧隨田納自去完
官不及賣主之事自賣之後在先並無重典他人
交加不明等情如有不明賣主出頭支理不
及錢主之事兩家甘允各無反悔今欲有憑

4-2-1-12　清宣統二年許存英記抄契簿（一二）

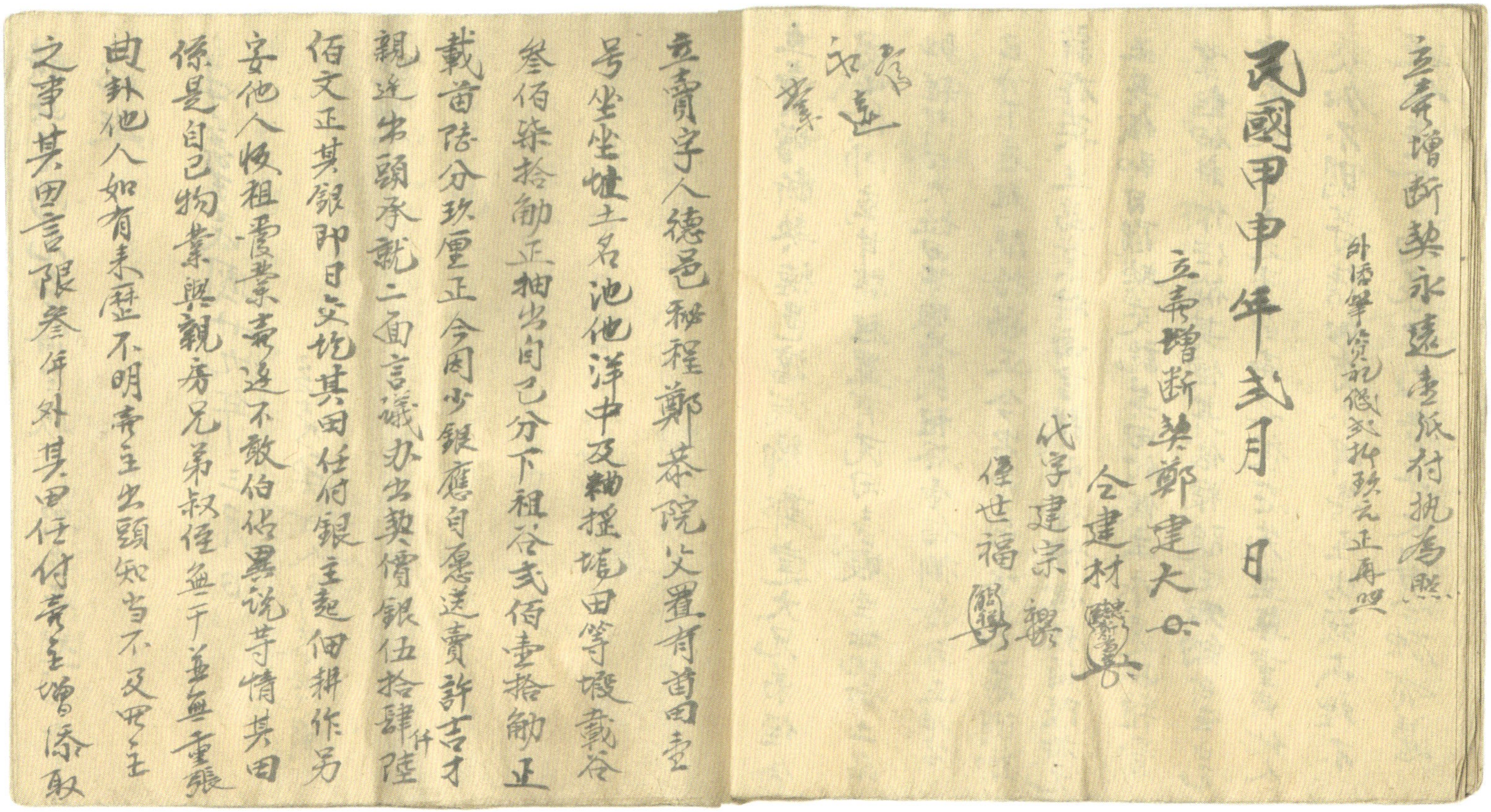
立永增斷契永遠壹紙付執為照
外添筆資記儀叁拾玖元正再照
民國甲申年貳月　日
立永增斷契鄭建大（押）
仝建材（押）
代字建宗（押）
保世福（押）
永遠管業

立賣字人德邑秘程鄭恭院自置有苗田壹
号坐址土名池他洋中及粬搖壠田等坵載谷
叁佰柒拾觔正抽出自己分下租谷貳佰壹拾觔正
載苗陸分玖厘正今因少銀應用自愿送賣許吉才
親邊出頭承就二面言議办出契價銀伍拾肆什陸
佰文正其銀即日交訖其田任付銀主起佃耕作另
安他人收租管業壹送不敢阻佔異說等情其田
係是自己物業與親房兄弟叔侄無干並無重張
典卦他人如有來歷不明賣主出頭知当不及買主
之事其田言限叁年外其田任付賣主增添取

4-2-1-13　清宣統二年許存英記抄契簿（一三）

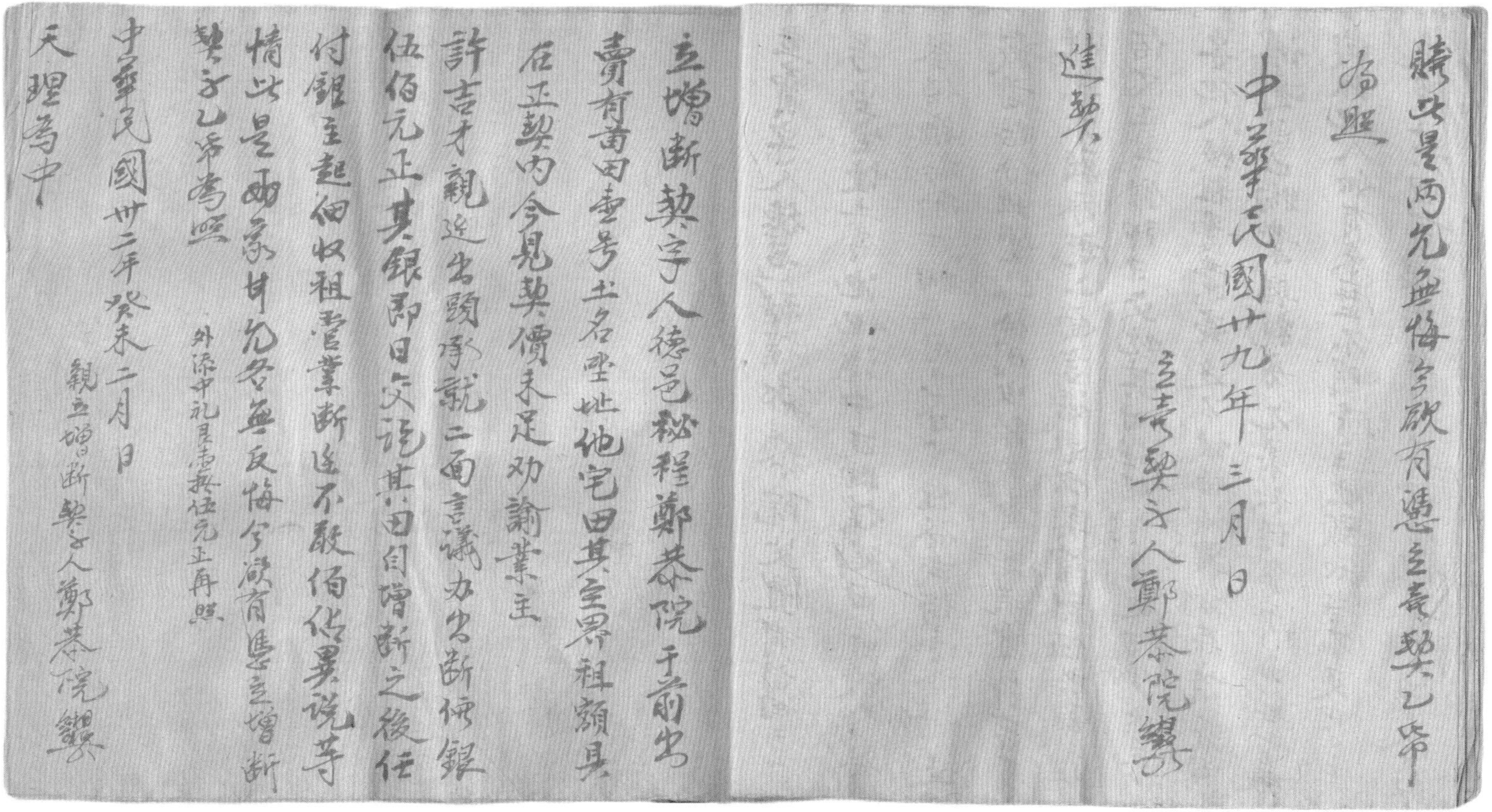
賠此是兩允無悔，今欲有憑，立賣契乙帋為照。
中華民國廿九年三月　日
立賣契字人鄭恭院（押）
進契

立增斷契字人德邑秘程鄭恭院，于前出賣有黄田壹号，土名坐址他宅田，其至界、租額具在正契內。今見契價未足，劝諭業主許吉才親邊出頭承就，二面言議加出斷價銀伍佰元正，其銀即日交訖。其田自增斷之後，任付銀主起佃收租管業，斷迭不敢佰他異說等情。此是兩家甘允，各無反悔，今欲有憑，立增斷契字乙帋為照。
外添中礼洋壹拾伍元正再照。
中華民國卅二年癸未二月　日
親立增斷契字人鄭恭院（押）
天理為中

4-2-1-14　清宣統二年許存英記抄契簿（一四）

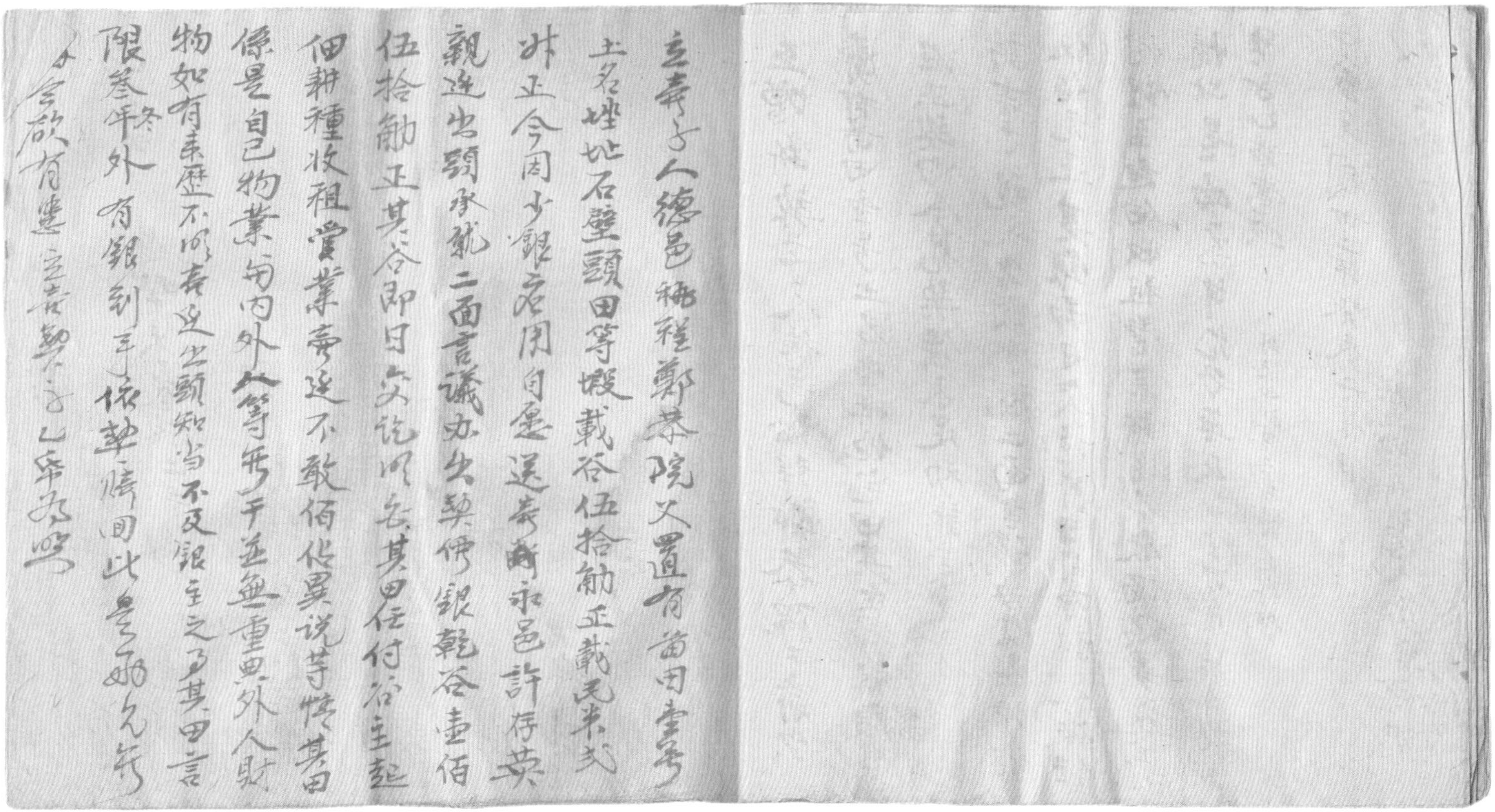

4-2-1-15　清宣統二年許存英記抄契簿（一五）

4-2-1-16　清宣統二年許存英記抄契簿（一六）

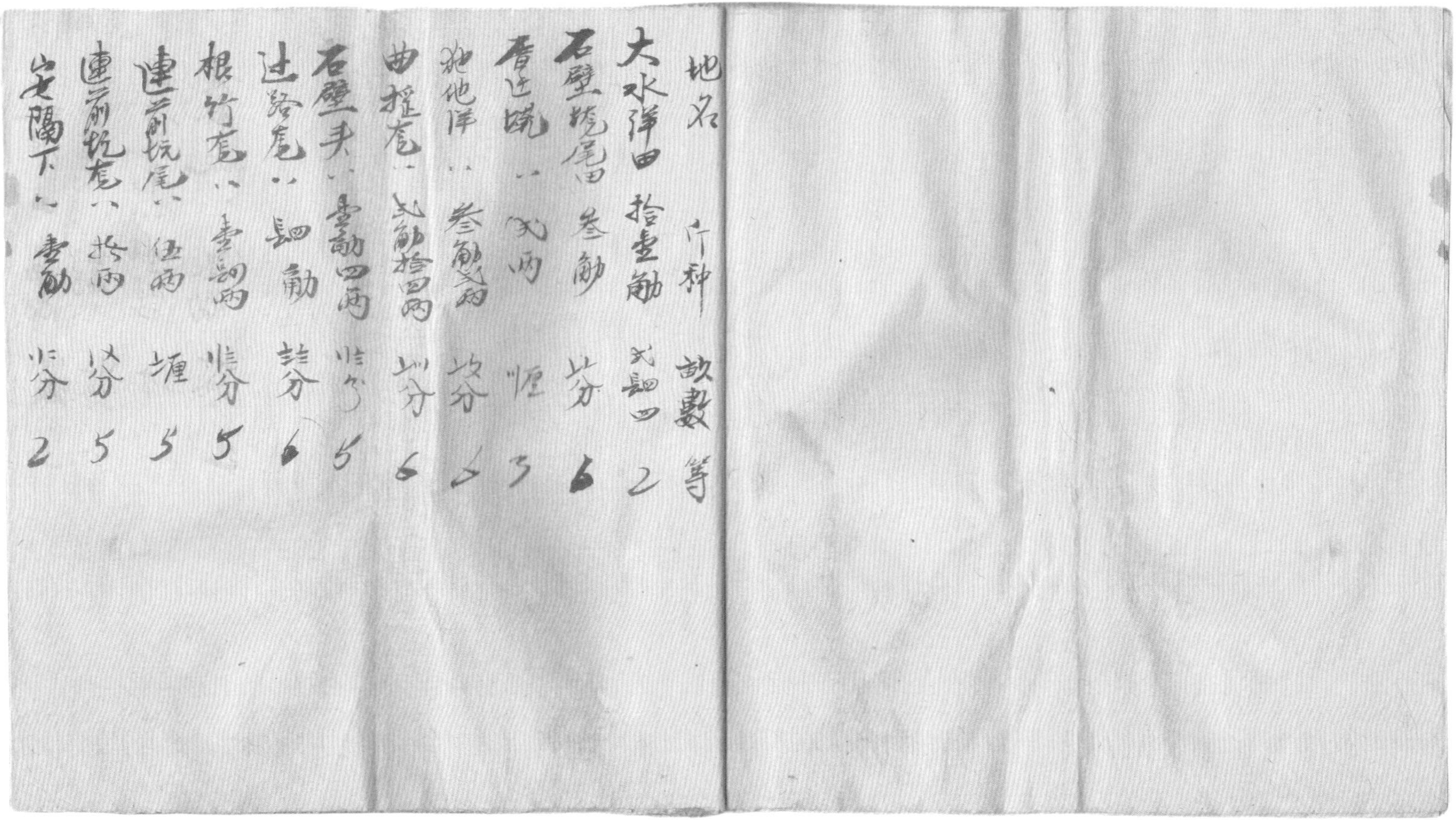

4-2-1-17　清宣統二年許存英記抄契簿（一七）

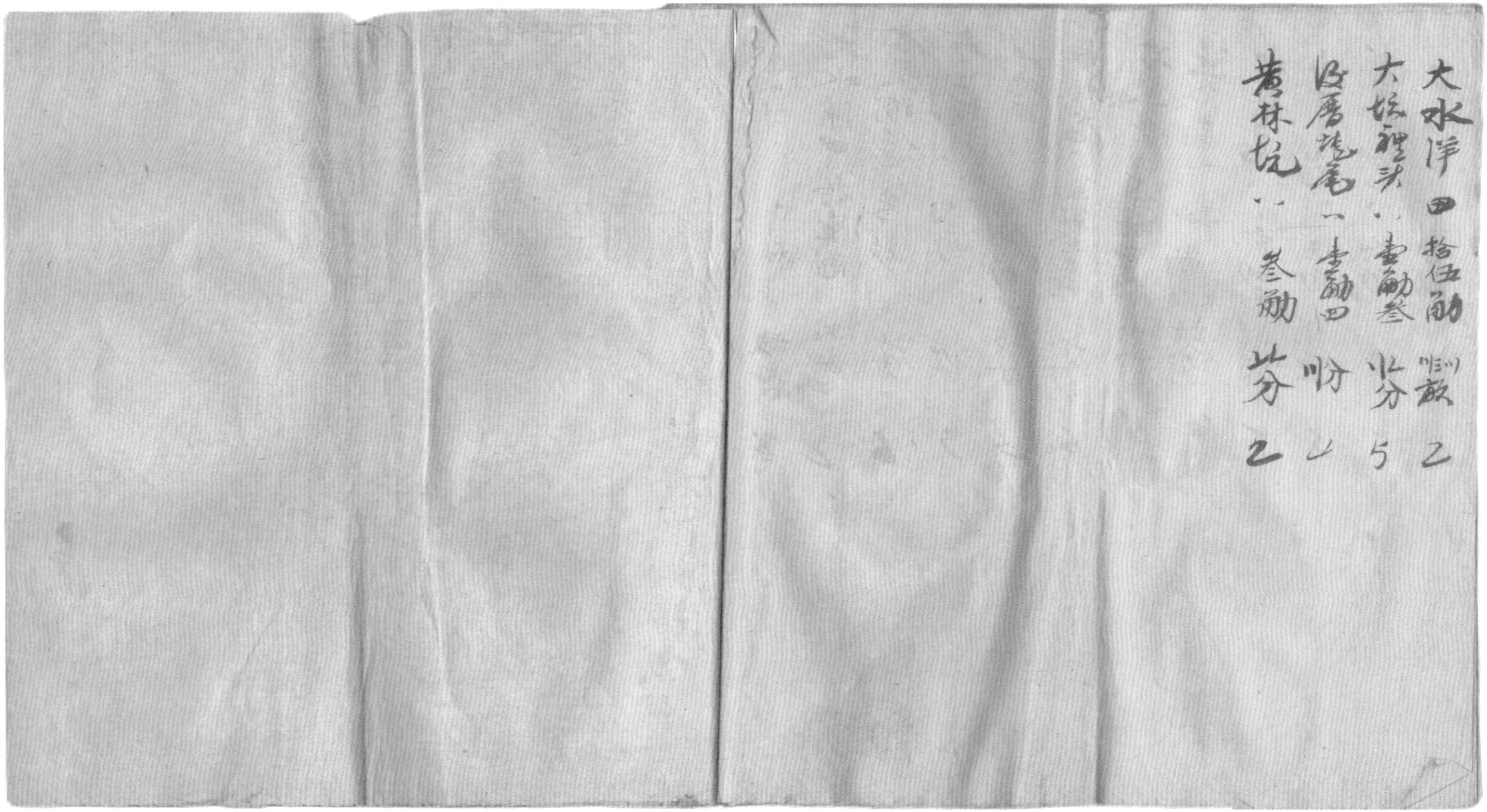

4-2-1-18　清宣統二年許存英記抄契簿（一八）

4-2-1-19　清宣統二年許存英記抄契簿（一九）

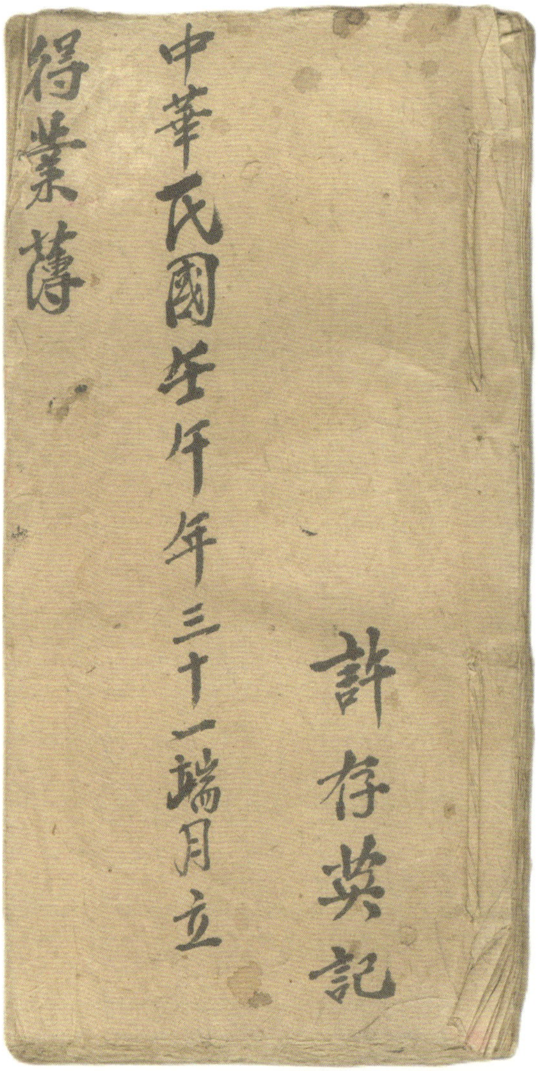

4-2-2-1　民國三十一年許存英記得業簿（一）

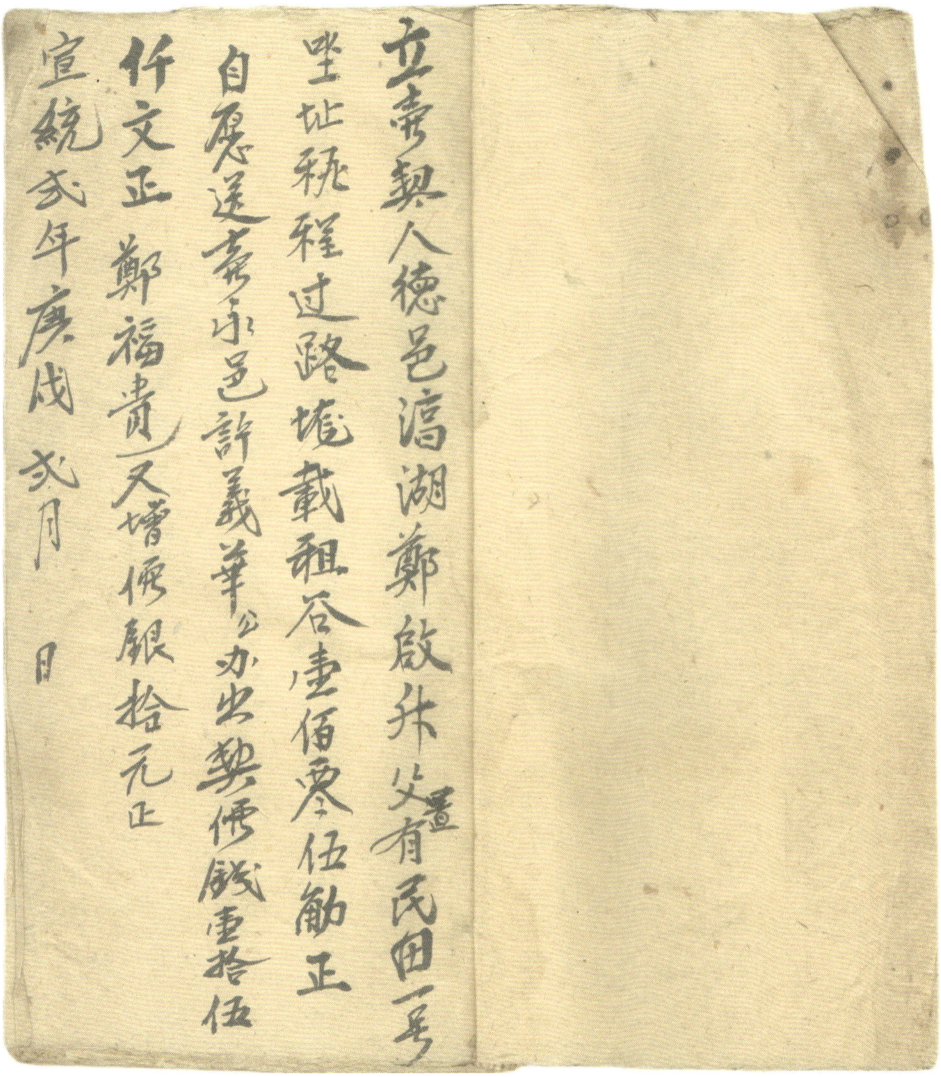
立賣契人德邑滈湖鄭啟升父置有民田一号
坐址秫程过路墘載租谷壹佰零伍觔正
自愿送賣永邑許義華公办出契價錢壹拾伍
仟文正　鄭福貴又增價艮拾元正
宣統貳年庚戌貳月　日

4-2-2-2　民國三十一年許存英記得業簿（二）

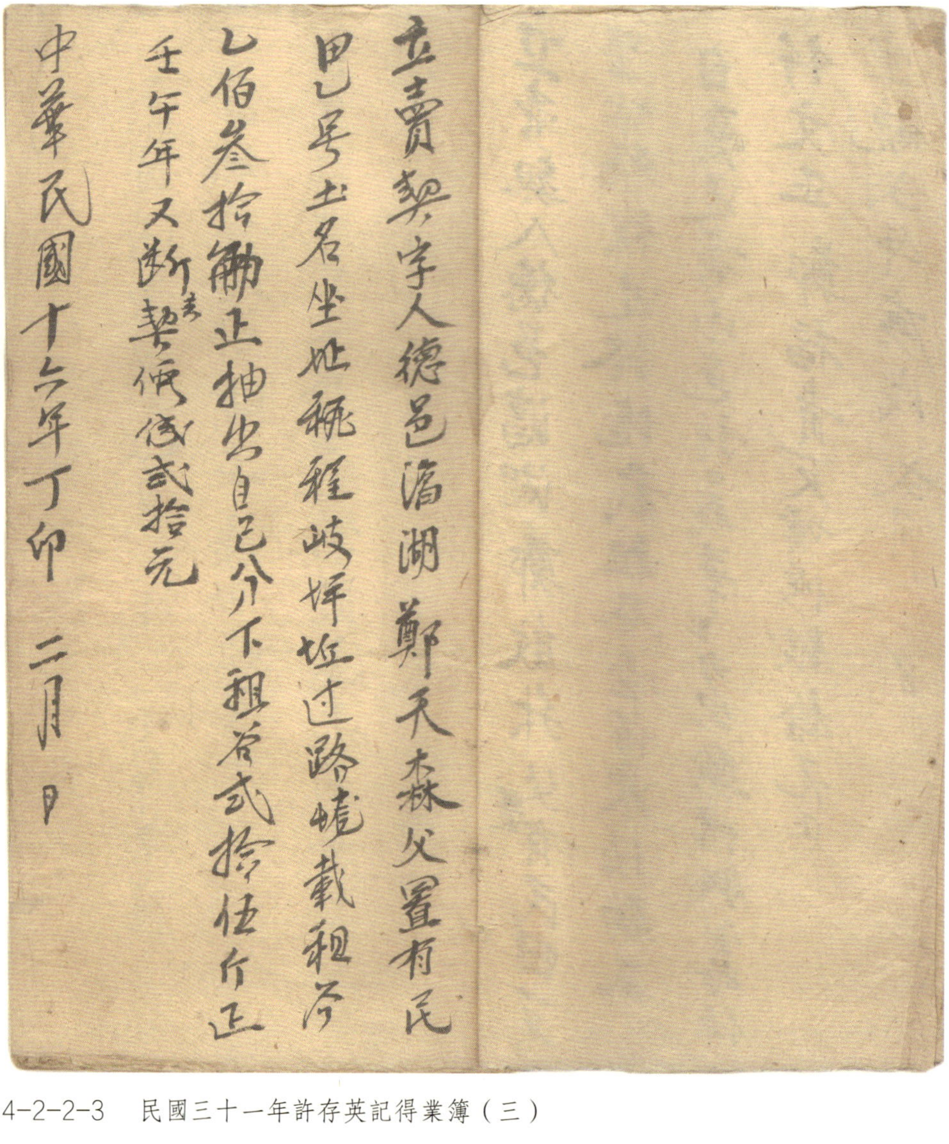
立賣契字人德邑渻湖鄭天森父置有民
田乙号土名坐址䅘程岐坪坵过路墘載租谷
乙佰叁拾觔正抽出自己分下租谷弍拾伍斤正
壬午年又断契價钱弍拾元
中華民國十六年丁卯　二月　日

4-2-2-3　民國三十一年許存英記得業簿（三）

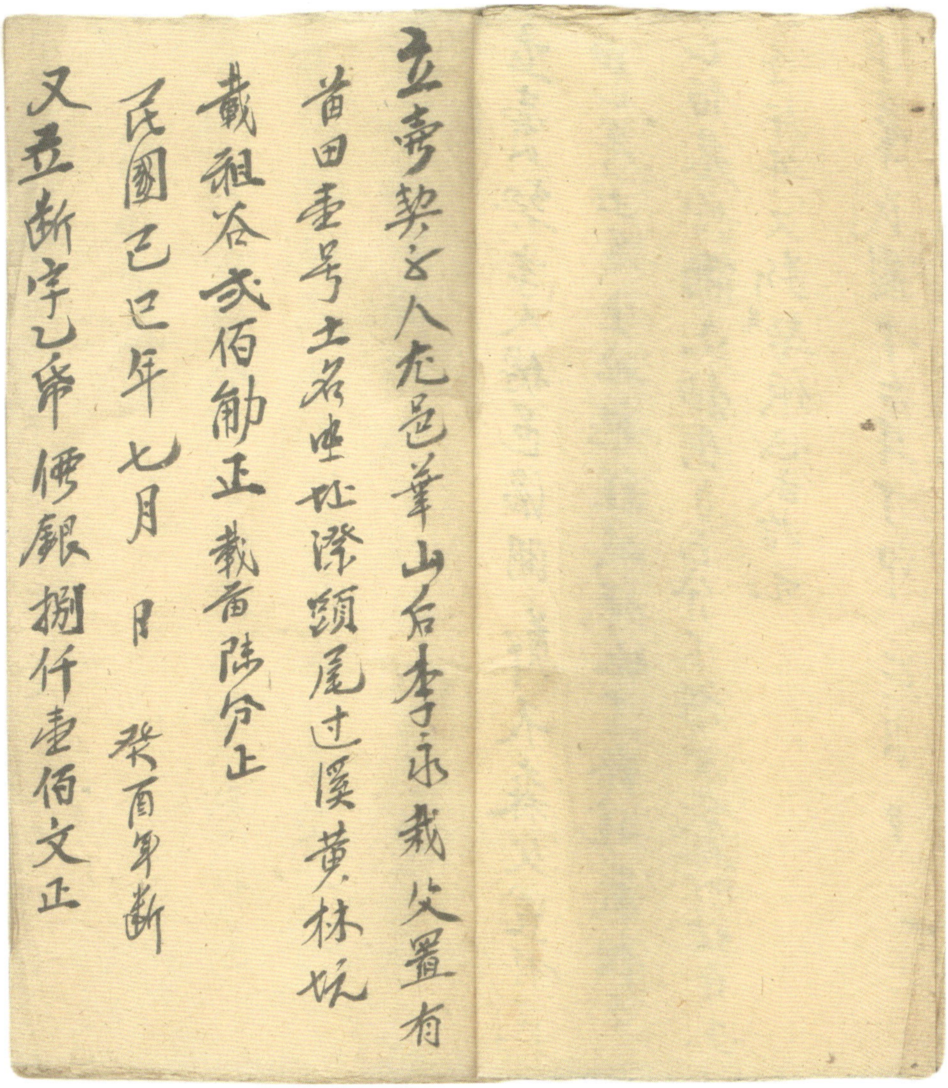
立賣契文人充邑華山后李永栽父置有
當田壹號土名坐址溪頭尾过溪黃林坑
載租谷貳佰觔正　載苗陸分正
民國己巳年七月　日　癸酉年斷
又立斷字乙帋　價銀捌仟壹佰文正

4-2-2-4　民國三十一年許存英記得業簿（四）

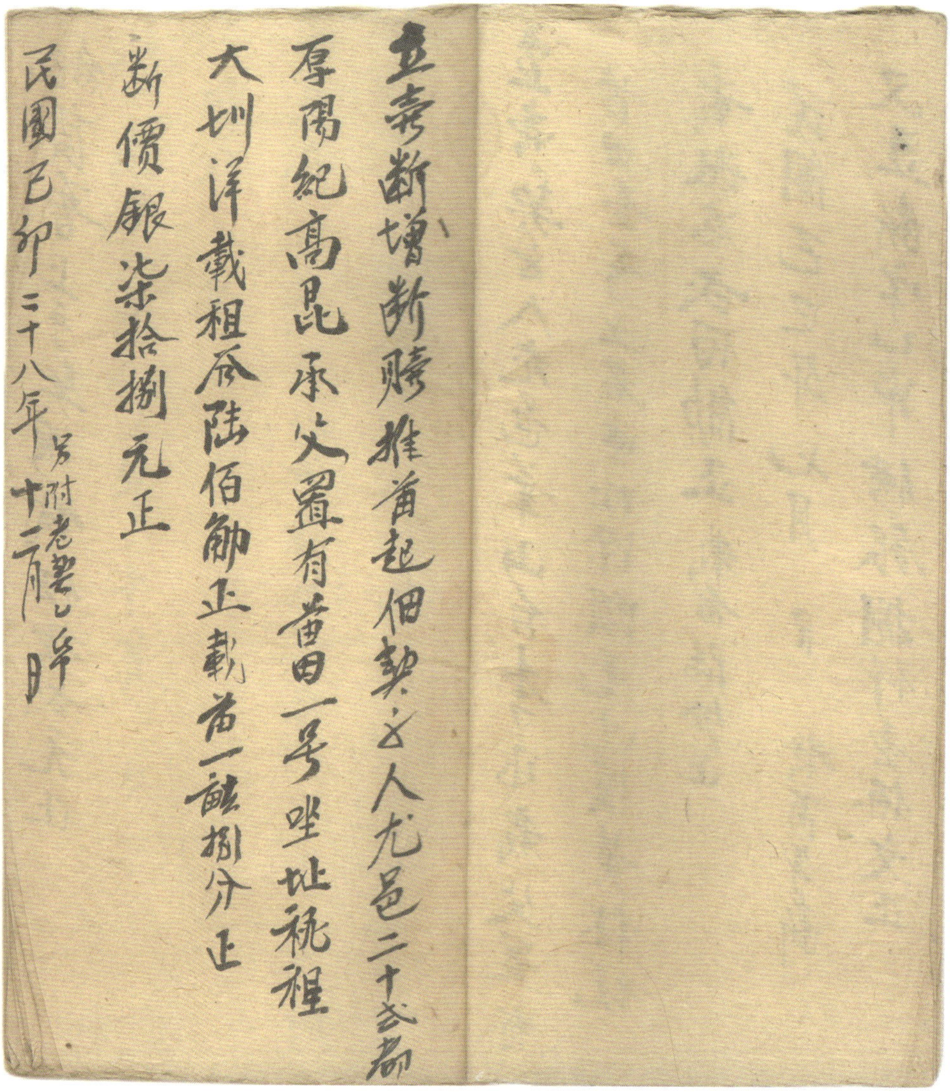

立賣斷增斷贖推首起佃契文人尤邑二十参都
厚陽紀高昆承父置有蕃田一号坐址秭程
大圳洋載租谷陸佰觔正載苗一畝捌分正
斷價銀柒拾捌元正
民國己卯二十八年十二月　日　另附老契一帋

4-2-2-5　民國三十一年許存英記得業簿（五）

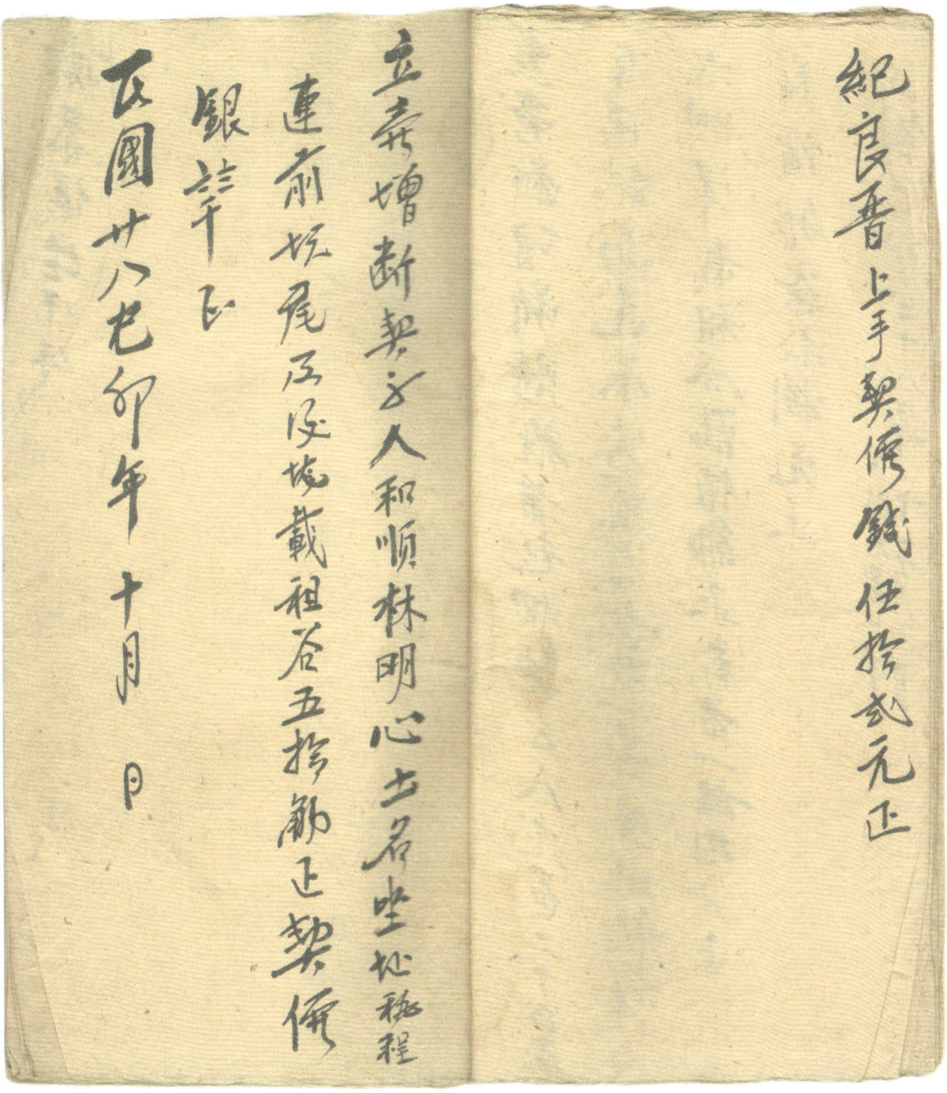
紀良晋上手契價錢伍拾貳元正
立賣增斷契文人和順林明心土名坐址秘程
連前坑尾瓦段垅載租谷五拾觔正契價
銀洋正
民國廿八己卯年十月 日

4-2-2-6　民國三十一年許存英記得業簿（六）

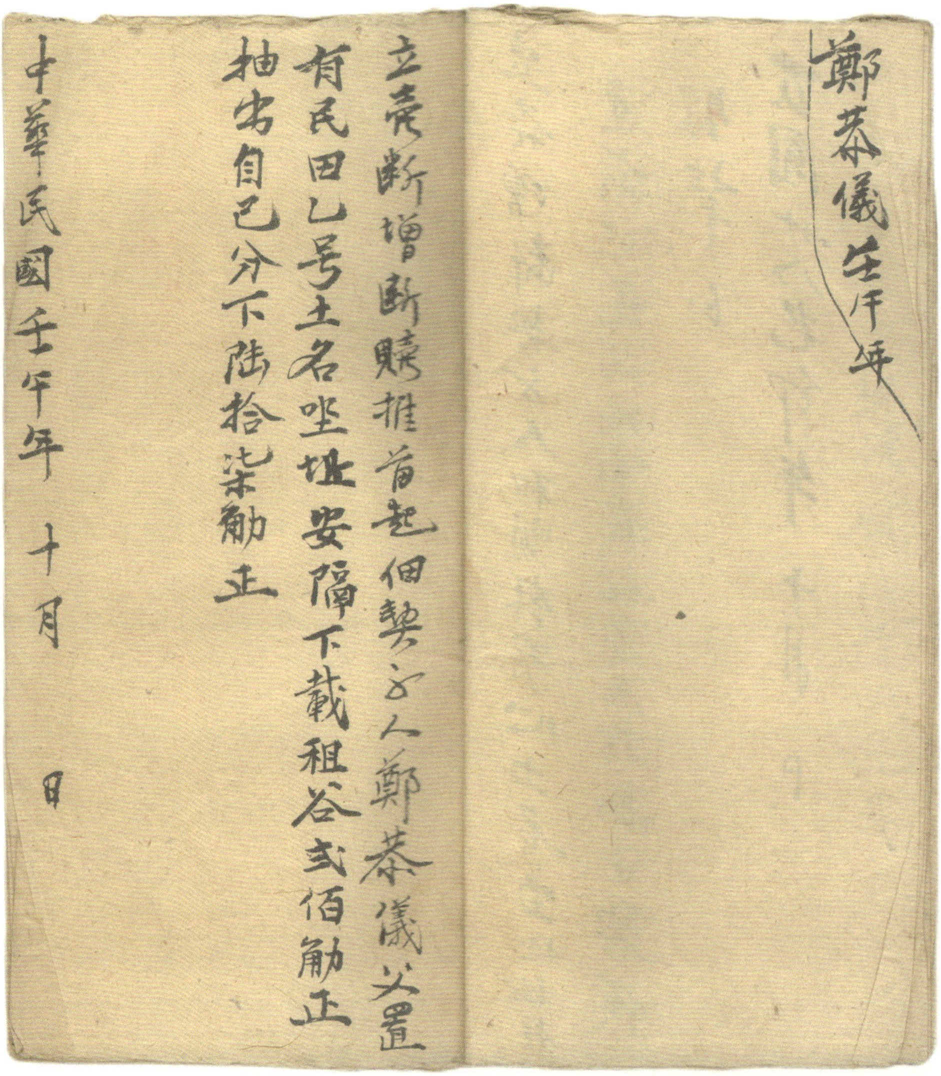
鄭恭儀壬午年

立賣斷增斷贖推首起佃契字人鄭恭儀父置
有民田乙号土名坐址安障下載租谷弍佰觔正
抽出自己分下陸拾柒觔正
中華民國壬午年 十月 日

4-2-2-7　民國三十一年許存英記得業簿（七）

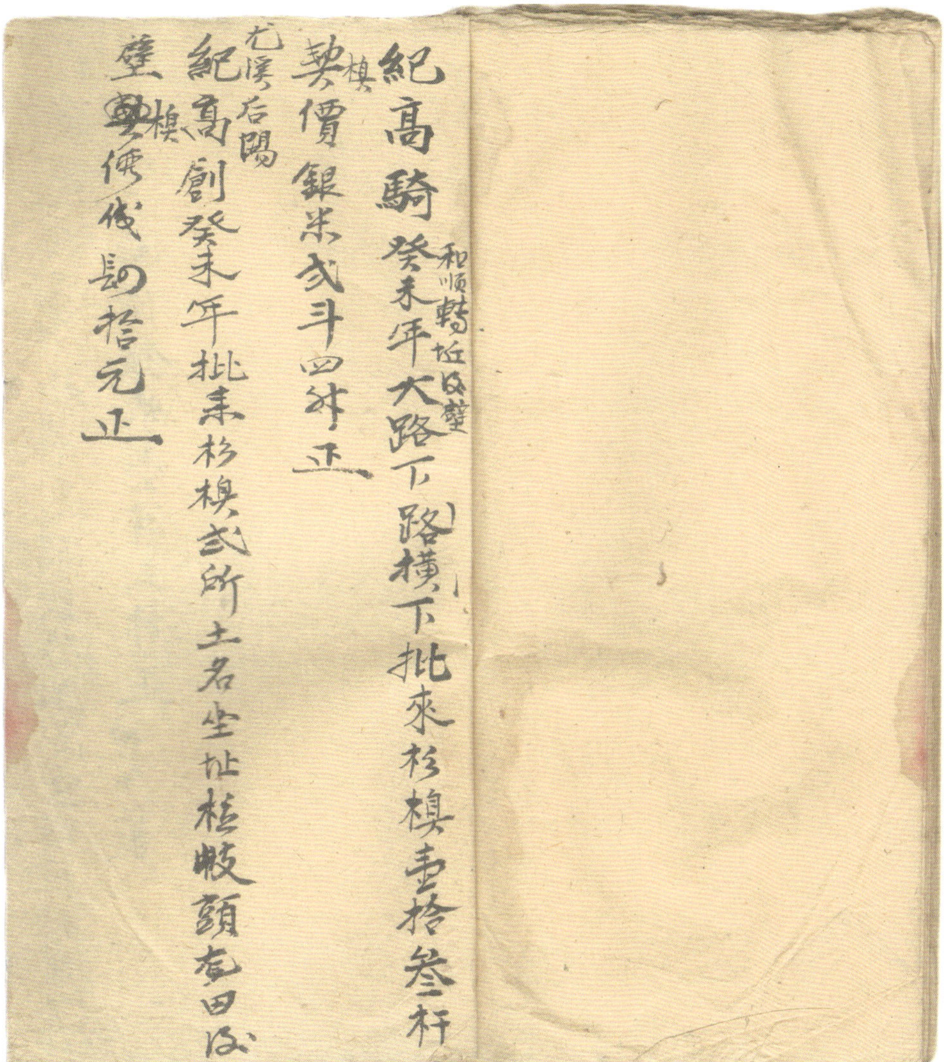

紀高騎癸未年大路下路横下批來杉樸壹拾叁杆
契價銀米貳斗四升正
紀高創癸未年批來杉樸貳所土名坐址桂嶺頭大田後
壁契價[illegible]拾元正

4-2-2-8　民國三十一年許存英記得業簿（八）

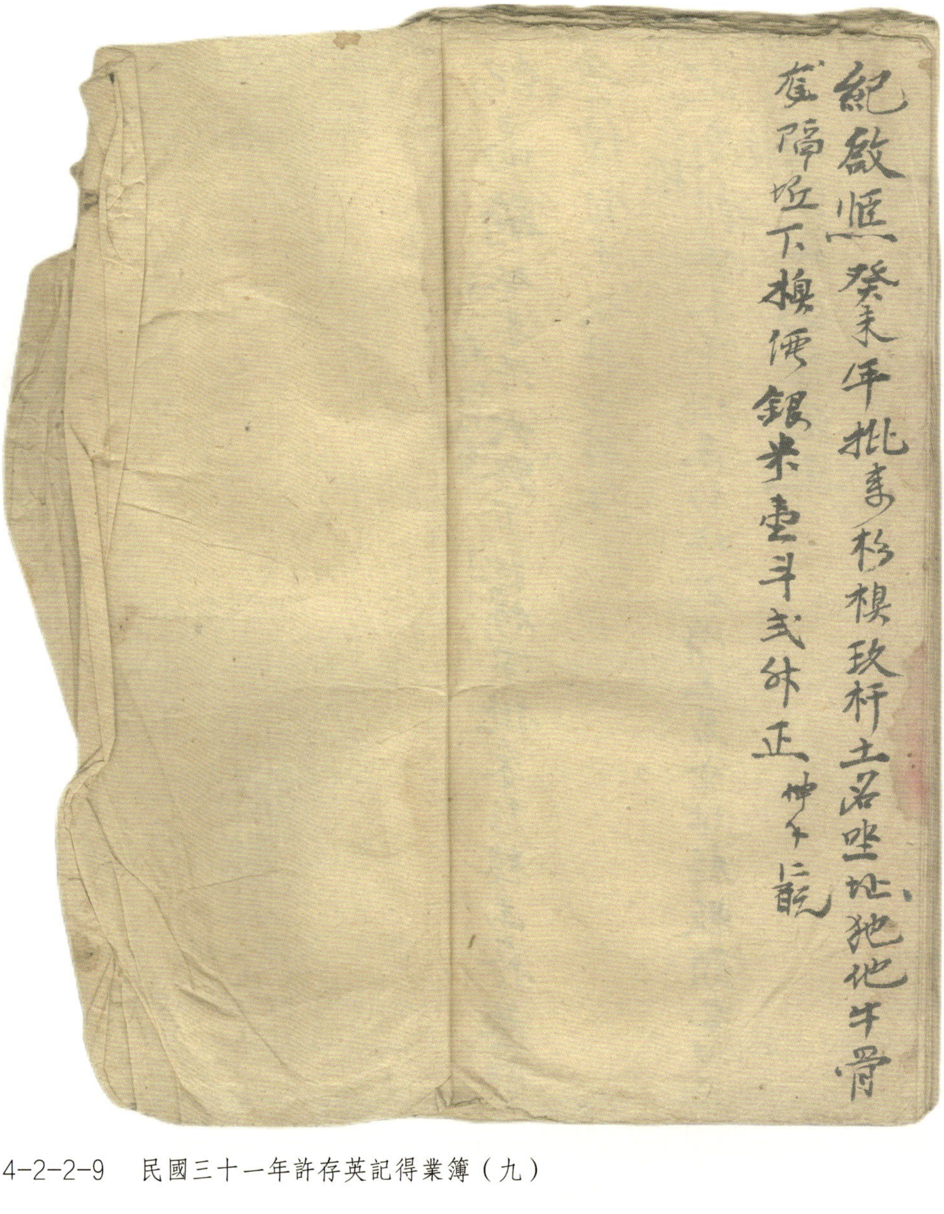

紀敘匯 癸未年批來杉模玖杆土名坐址、弛他牛骨
崔陽坵下模價銀米壹斗弍升正 仲仁謹

4-2-2-9　民國三十一年許存英記得業簿（九）

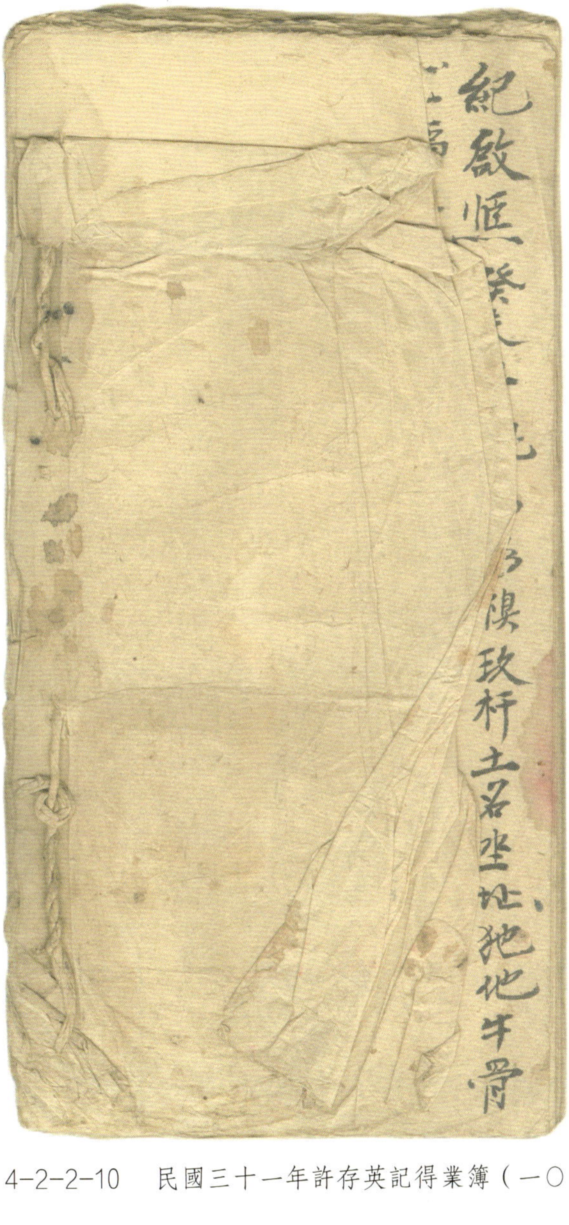

4-2-2-10　民國三十一年許存英記得業簿（一〇）

第三帙 許文武户

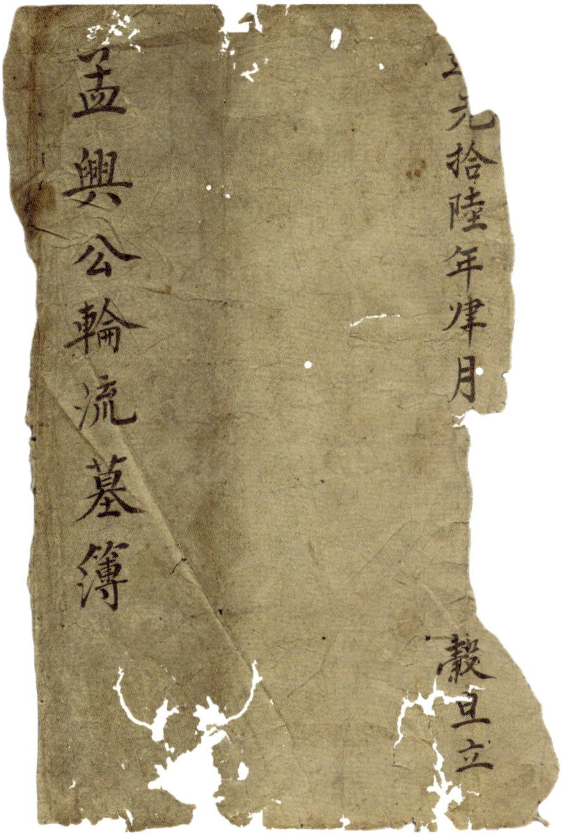

道光拾陸年肆月
穀旦立
孟興公輪流墓簿

4-3-1-1　清道光十六年孟興公輪流墓簿（一）

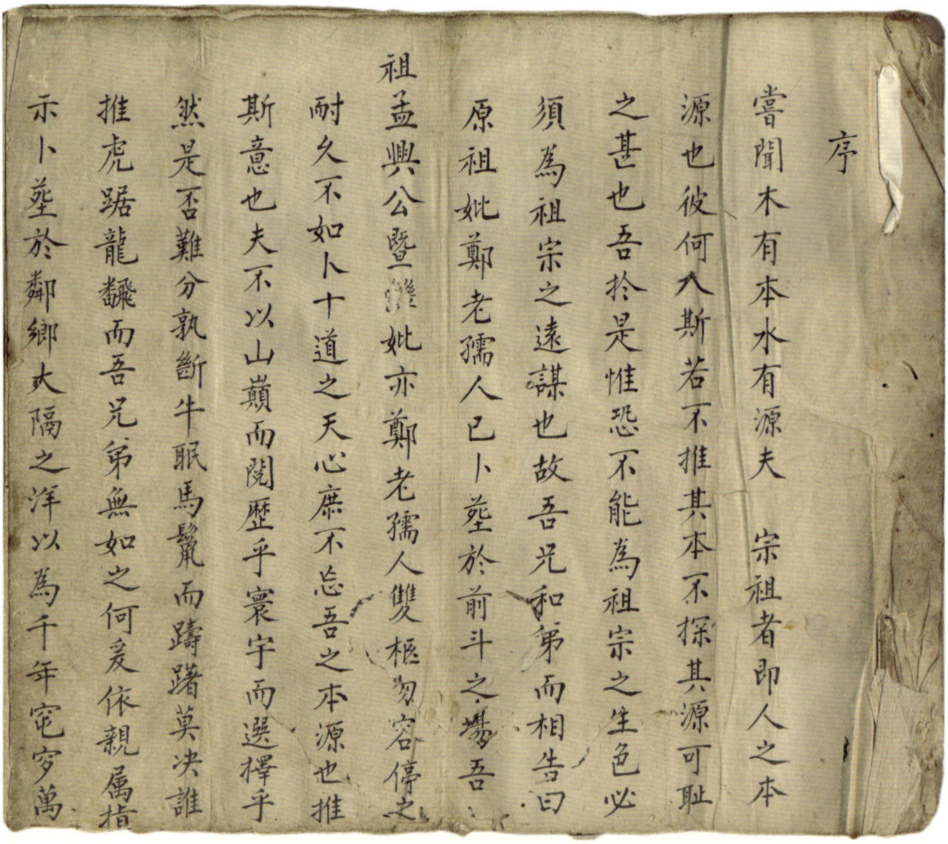
序

嘗聞木有本水有源夫　宗祖者即人之本
源也彼何人斯若不推其本不探其源可耻
之甚也吾拎是惟恐不能為祖宗之生色必
須為祖宗之遠謀也故吾兄和弟而相告曰
原祖妣鄭老孺人已卜塋於前斗之塲吾
祖孟興公暨继妣亦鄭老孺人雙柩勿容停
耐久不如卜十道之天心庶不忘吾之本源也推
斯意也夫不以山嶺而閱歷乎寰宇而選擇乎
然是否難分孰斷牛眠馬鬣而躊躇莫决誰
推虎踞龍蟠而吾兄弟無如之何爰依親屬指
示卜塋於鄰鄉大陽之洋以為千年宅歹萬

4-3-1-2　清道光十六年孟興公輪流墓簿（二）

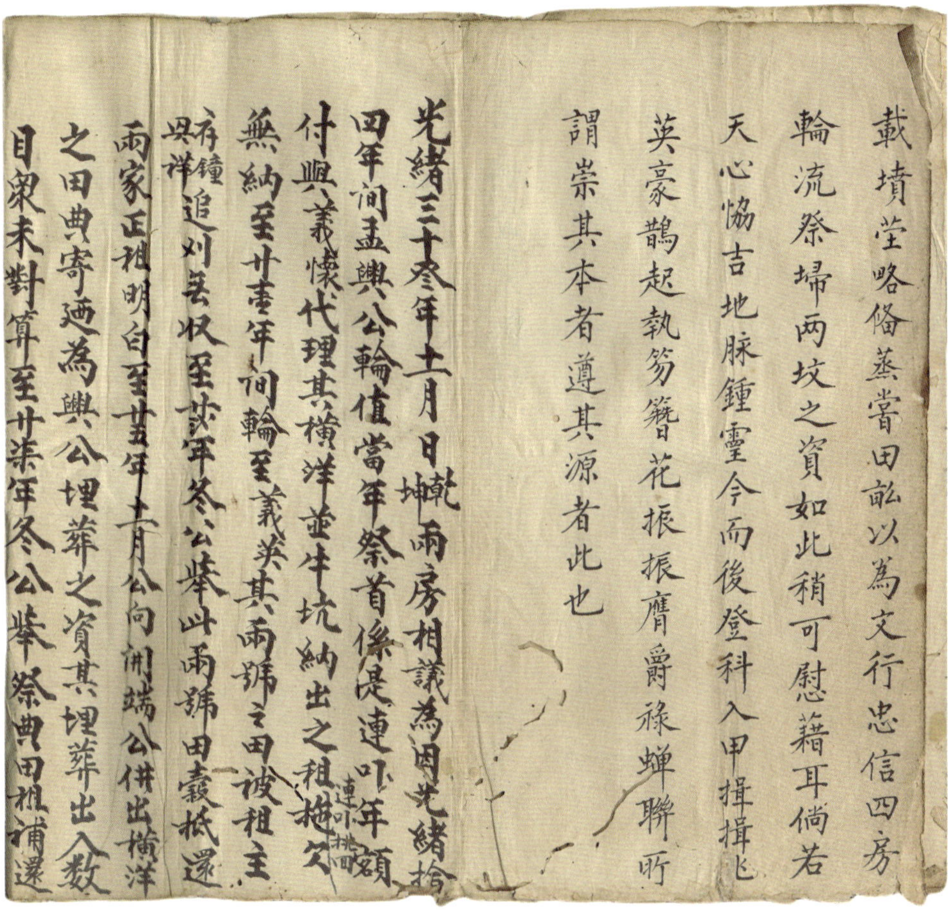
載墳塋略備蒸嘗田畝以為文行忠信四房
輪流祭埽兩坟之資如此稍可慰藉耳倘若
天心協吉地脉鍾靈今而後登科入甲揖揖飞
英豪鵲起執笏簪花振振膺爵祿蟬聯旷
謂崇其本者遵其源者此也

光緒三十叁年十一月日乾坤兩房相議為因光緒拾
四年間孟興公輪值當年祭首係是連叶年頭
付與義懷代理其横洋並牛坑納出之租撥欠（連叶撥租）
無納至廿壹年間輪至義英其兩房之田被租主
存鍾追刈去收至廿陸年冬公衆出兩房田穀抵還（母洋）
兩家正祖明白至廿五年十一月公向湖端公借出横洋
之田典寄迺為興公埋葬之資其埋葬出入數
目衆未對算至廿柒年冬公衆祭典田租補還

4-3-1-3　清道光十六年孟興公輪流墓簿（三）

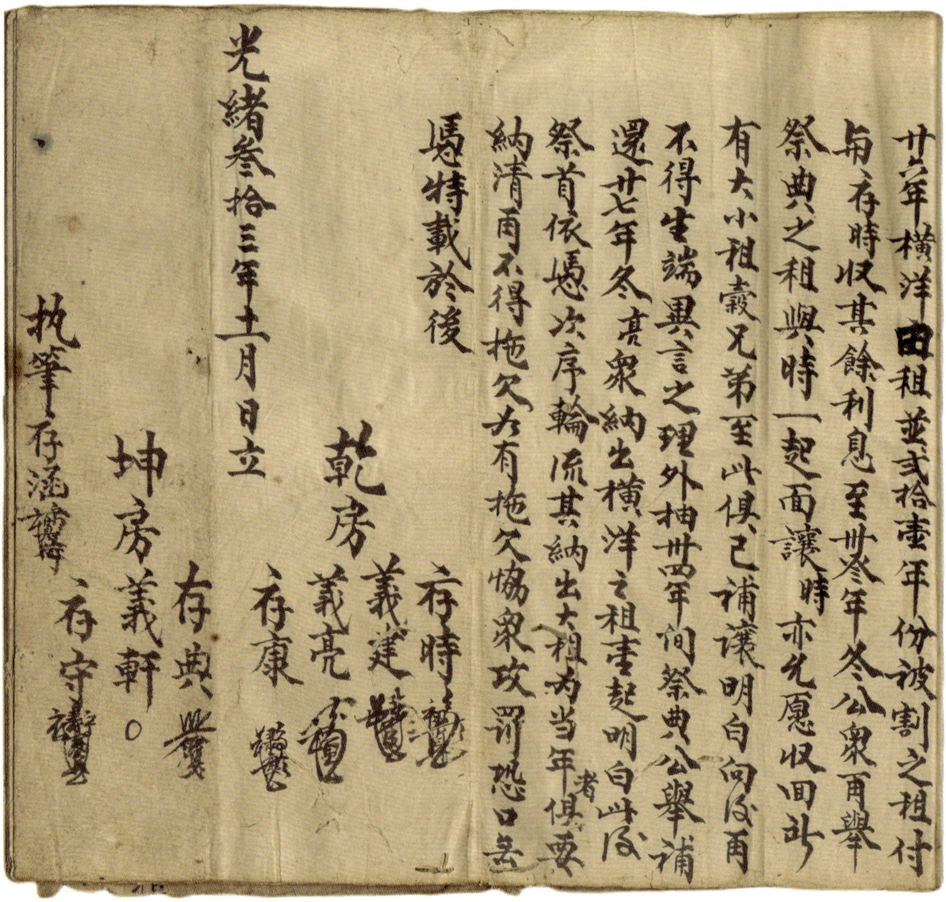

廿六年橫洋田租並貳拾壹年份被割之租付
與存時收其餘利息至卅叁年冬公衆再舉
祭典之租與時一起面讓時 亦允愿收回外
有大小租毅兄弟至此俱已補讓明白向後再
不得生端異言之理外抽卅四年間祭典公舉補
還廿七年冬貞衆納出橫洋之租壹起明白此後
祭首依憑次序輪流其納出大租者為当年俱要
納清再不得拖欠如有拖欠協衆攻罰恐口無
憑特載於後

乾房 存時 押
義建 押
義亮 押
存康 押

光緒叁拾三年十一月日立

坤房 義軒 ○
存典 押

執筆 存淞 押 存守 押

4-3-1-4　清道光十六年孟興公輪流墓簿（四）

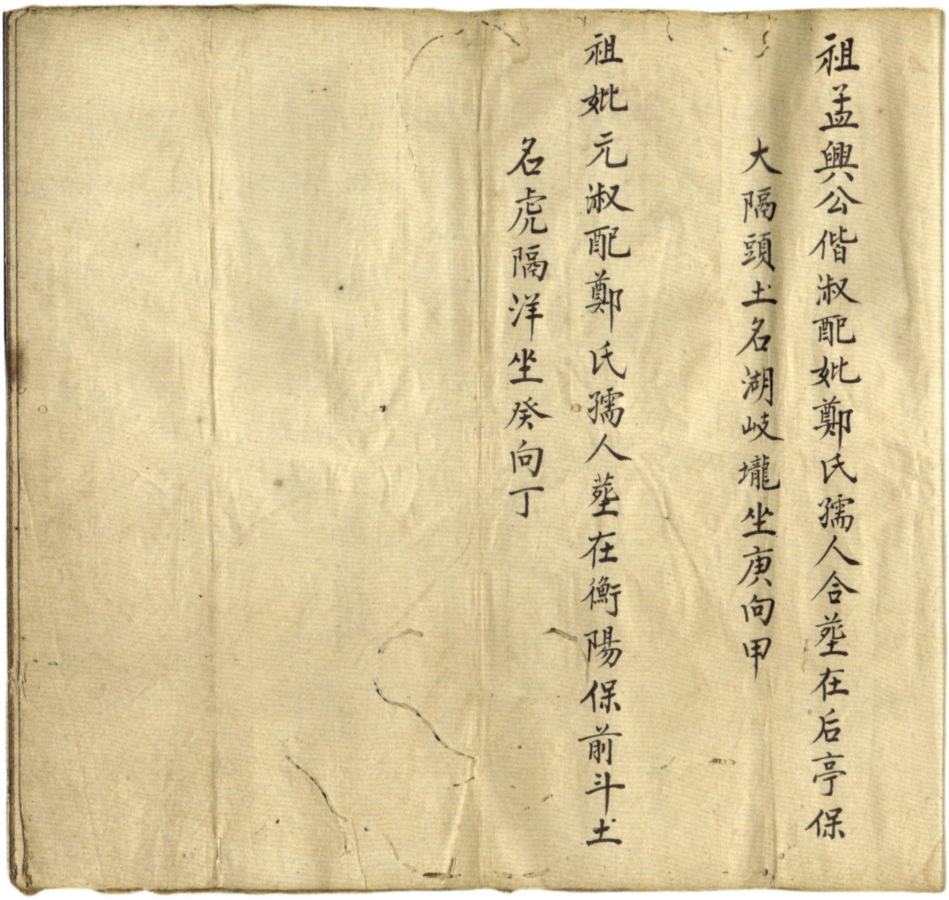
祖孟興公偕淑配妣鄭氏孺人合塋在后亭保
大陽頭土名湖岐壠坐庚向甲
祖妣元淑配鄭氏孺人塋在衡陽保前斗土
名虎隔洋坐癸向丁

4-3-1-5　清道光十六年孟興公輪流墓簿（五）

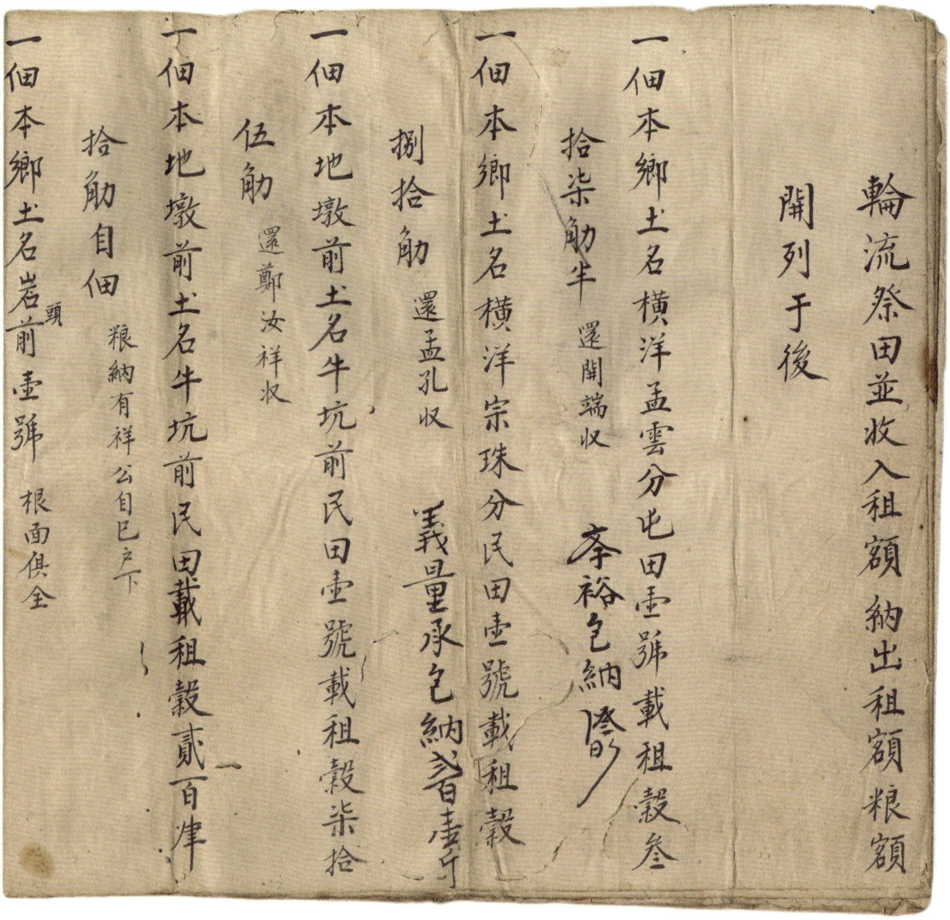

輪流祭田並收入租額納出租額粮額

開列于後

一佃本鄉土名横洋孟雲分屯田壹號載租穀叁拾柒觔半　還開端收　李裕包納叁斤

一佃本鄉土名横洋宗珠分民田壹號載租穀捌拾觔　還孟孔收　義量承包納省壹斤

一佃本地墩前土名牛坑前民田壹號載租穀柒拾伍觔　還鄭汝祥收

一佃本地墩前土名牛坑前民田載租穀貳百肆拾觔自佃　粮納有祥公自己户下

一佃本鄉土名岩頭前壹號　根面俱全

4-3-1-6　清道光十六年孟興公輪流墓簿（六）

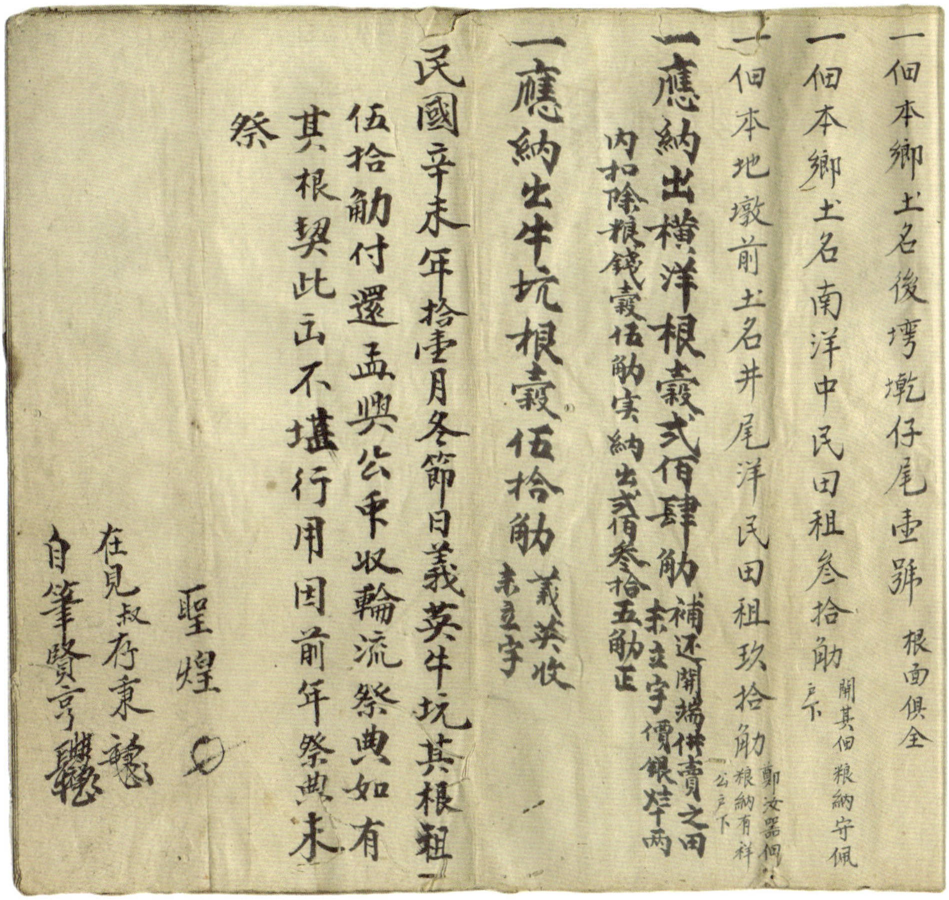

一佃本鄉土名後墩乞仔尾壹號 根面俱全
一佃本鄉土名南洋中民田租叁拾觔 開其佃糧納守佩戶下
一佃本地墩前土名井尾洋民田租玖拾觔 鄭汝器佃 糧納有祥公戶下
一應納出橫洋根穀弍佰肆觔 補還開端伴賣之田 未立字 價銀柒兩
內扣除根錢穀伍觔 實納出弍佰叁拾五觔正
一應納出牛坑根穀伍拾觔 義英收 未立字
民國辛未年拾壹月冬節日義英牛坑其根租一
伍拾觔付還孟興公東收輪流祭典如有
其根契此后不堪行用因前年祭典未
祭
聖煌 ○
在見叔存東 押
自筆賢亨 押

4-3-1-7　清道光十六年孟興公輪流墓簿（七）

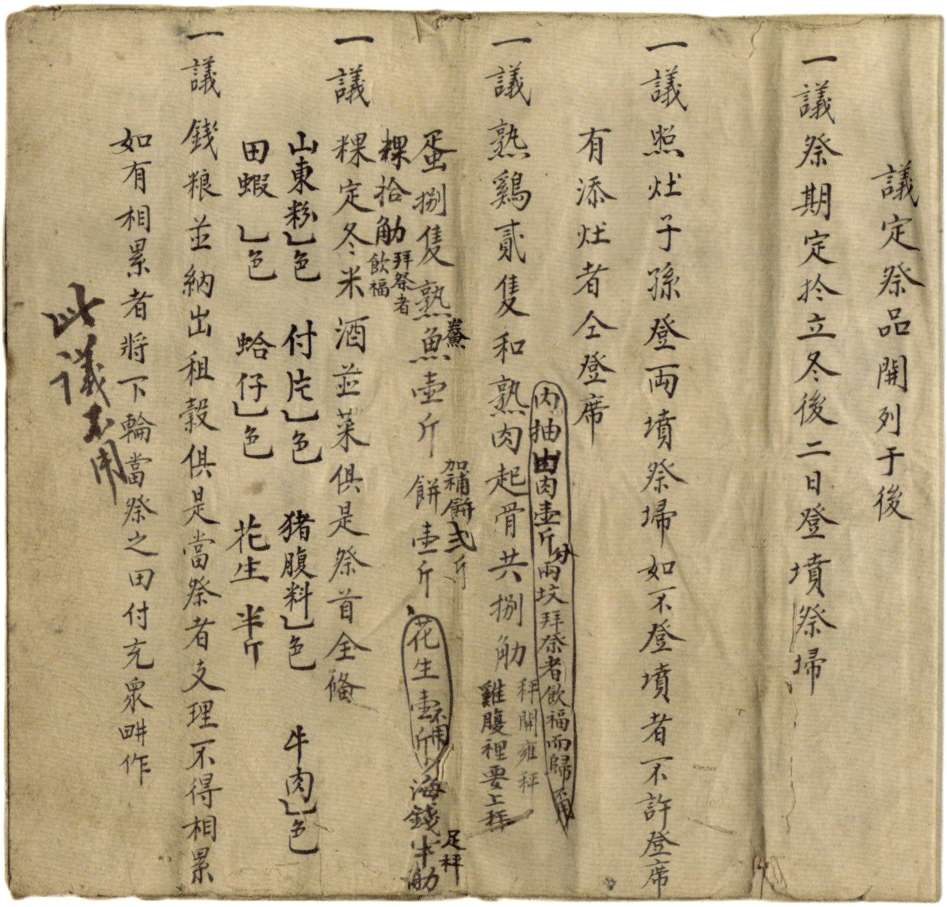
議定祭品開列于後
一議祭期定於立冬後二日登墳祭埽
一議照灶子孫登兩墳祭埽 如不登墳者不許登席
有添灶者仝登席
一議熟鷄貳隻和熟肉起骨共捌觔 拜開雍秤 雞腹裡要上秤
肉抽出肉壹斤分兩坟拜祭者飲福而歸
蛋捌隻 熟魚壹斤 餅壹斤 加補餅弍斤 花生壹觔 海錢半觔 足秤
粿拾觔 拜祭者飲福
一議粿定冬米酒並菜俱是祭首全備
山東粉乚色 付片乚色 猪腹料乚色 牛肉乚色
田蝦乚色 蛤仔乚色 花生半斤
一議錢粮並納出租穀俱是當祭者支理不得相累
如有相累者將下輪當祭之田付充衆畊作
此議未用

4-3-1-8 清道光十六年孟興公輪流墓簿（八）

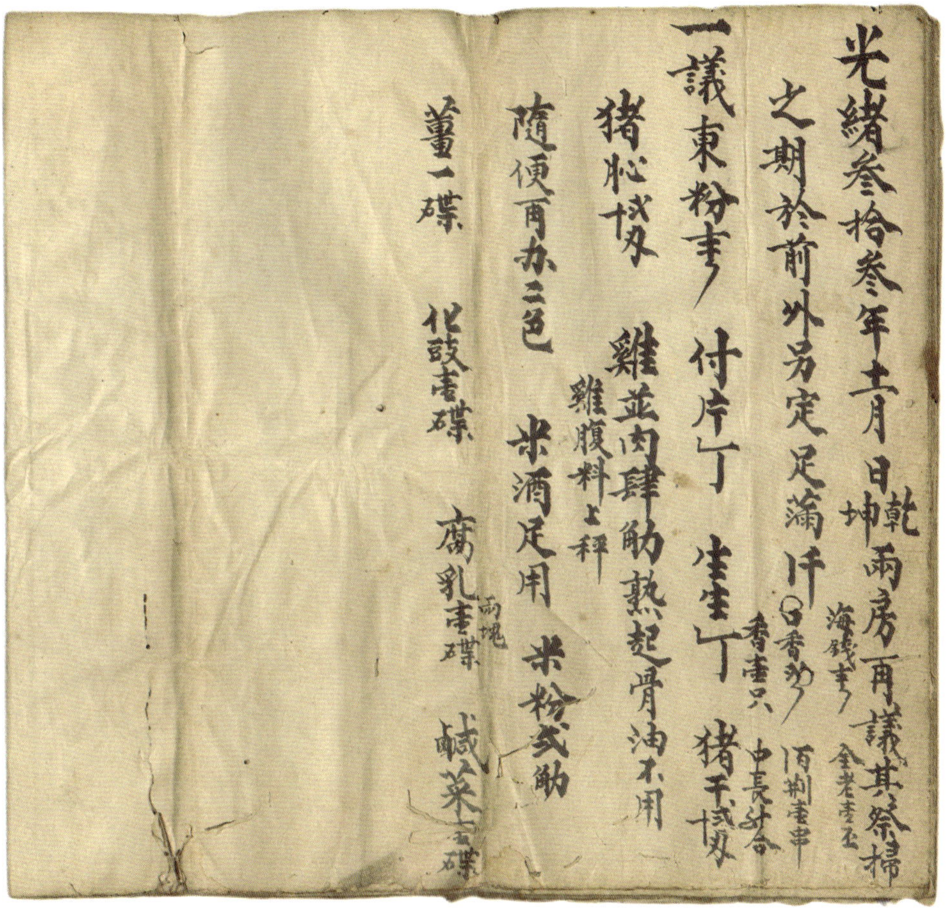
光緒叁拾叁年十一月日乾坤兩房再議其祭掃 海錢壹千 金老壹丞
之期於前外另定足滿仟（白香弍）百州壹串 香壹只 中長炮合
一議東粉壹斤 付斤丁 壹丁 猪千弍十斤
猪肚十斤 雞並肉肆觔 熟起骨油不用 雞腹料上秤
隨便再办二色 米酒足用 米粉弍觔
董一碟 化豉壹碟 腐乳壹碟 兩塊 鹹菜壹碟

4-3-1-9　清道光十六年孟興公輪流墓簿（九）

4-3-1-10　清道光十六年孟興公輪流墓簿（一〇）

第四帙　許光斌户

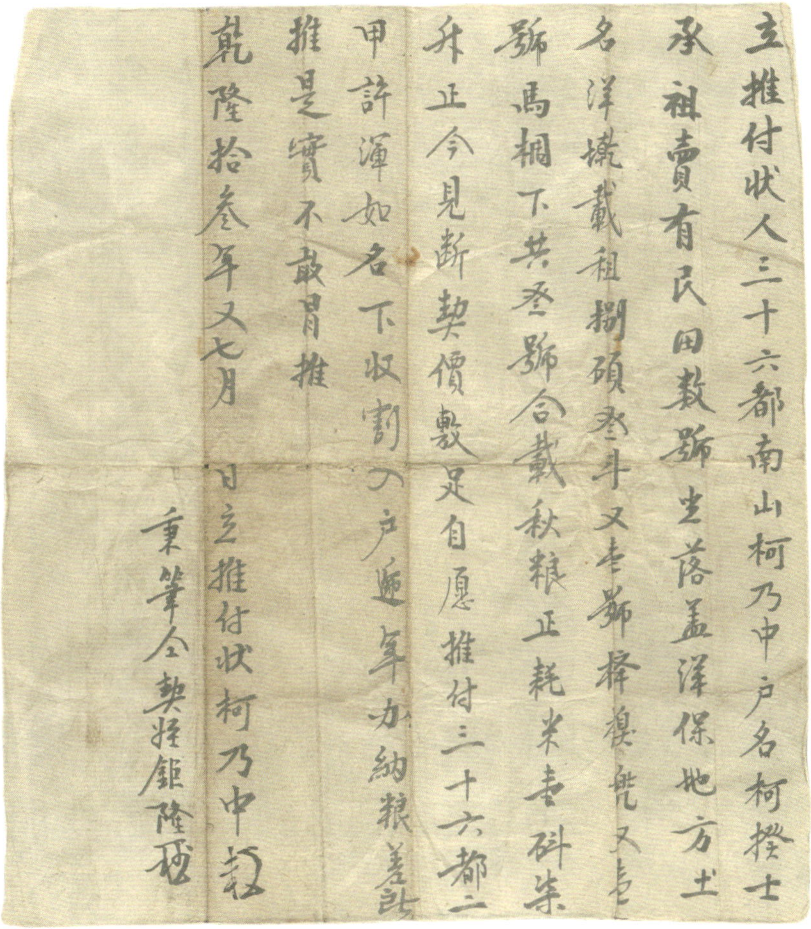

立推付狀人三十六都南山柯乃中户名柯揆士
承祖置有民田數號坐落蓋洋保地方土
名洋墘載租捌碩叁斗又壹號擇墺兜又壹
號馬掆下共叁號合載秋粮正耗米壹㪷柒
升正今見斷契價數足自愿推付三十六都二
甲許渾如名下收割入户過算办納粮差此
推是實不敢冒推
乾隆拾叁年又七月 日立推付狀柯乃中
秉筆仝契侄鉅隆

4-4-1-1　清乾隆十三年閏七月柯乃中等立推付狀

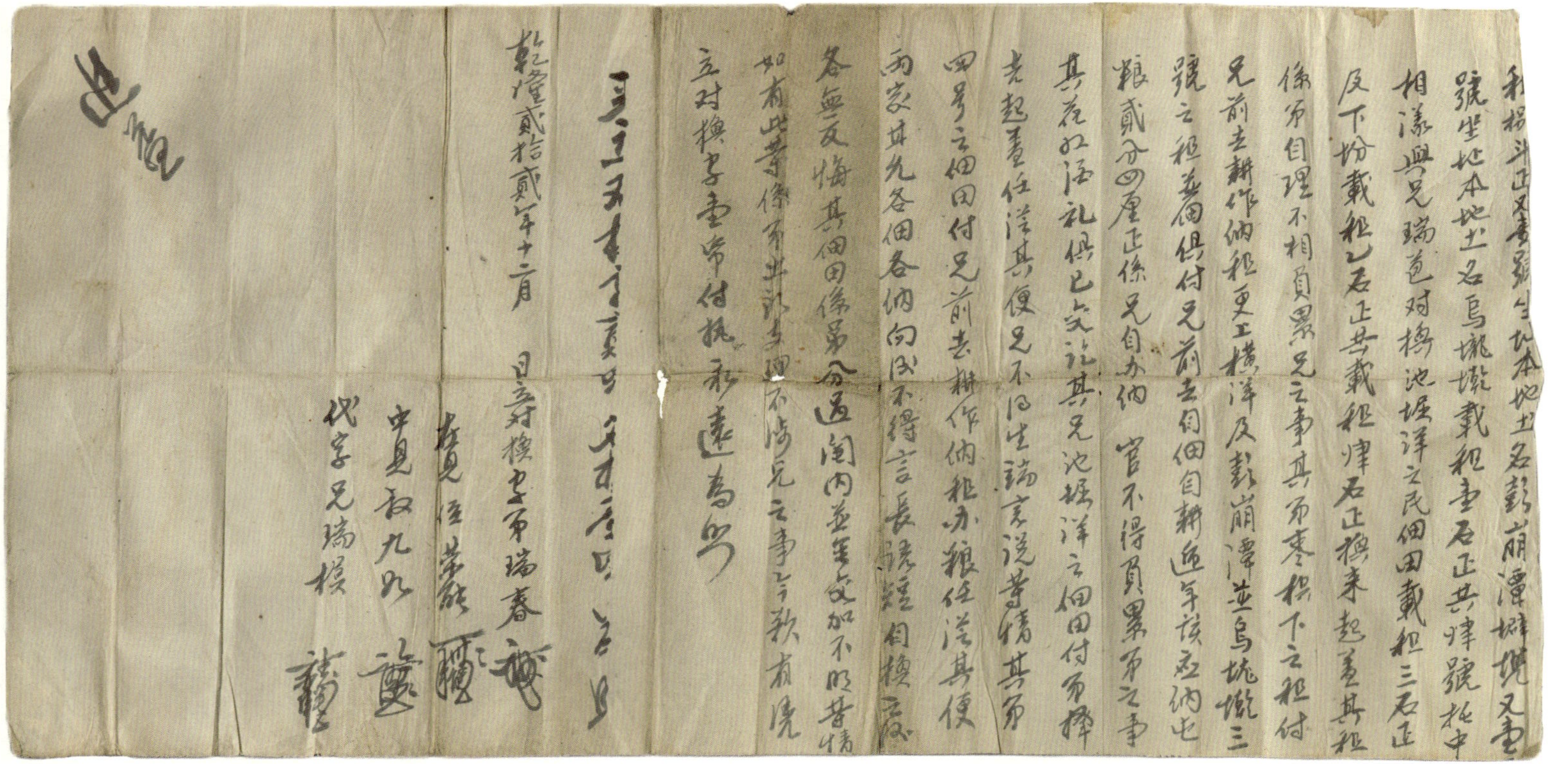
租捌斗正又壹號坐址本地土名彭崩潭埔墘又壹
號坐址本地土名烏垅墘載租壹石正共肆號址中
相議與兄瑞苞對換池堤洋之民田田載租三石正
及下坋載租乙石正共載租肆石正換來起蓋其租
係弟自理不相負累兄之事其弟麥租下之租付
兄前去耕作納租更立横洋及彭崩潭並烏垅墘三
號之租並田俱付兄前去自佃自耕逐年該應納屯
糧貳分四厘正係兄自办納　官不得負累弟之事
其荏坋泥礼俱已交訖其兄池堤洋之田田付弟擇
老起蓋任從其便兄不得生端言說等情其弟
四号之田田付兄前去耕作納租办糧任從其便
兩家甘允各佃各納向后不得言長論短自換之后
各無反悔其田田係弟分過闔內並無交加不明等情
如有此等係弟出頭抵當不涉兄之事今欲有憑
立對換字壹帋付執永遠為照
[illegible]
乾隆貳拾貳年十二月　日立對換字弟瑞春（押）
在見侄華縣（押）
中見叔九如（押）
代字兄瑞模（押）
[illegible]

4-4-1-2　清乾隆二十二年十二月許瑞春立對換田字

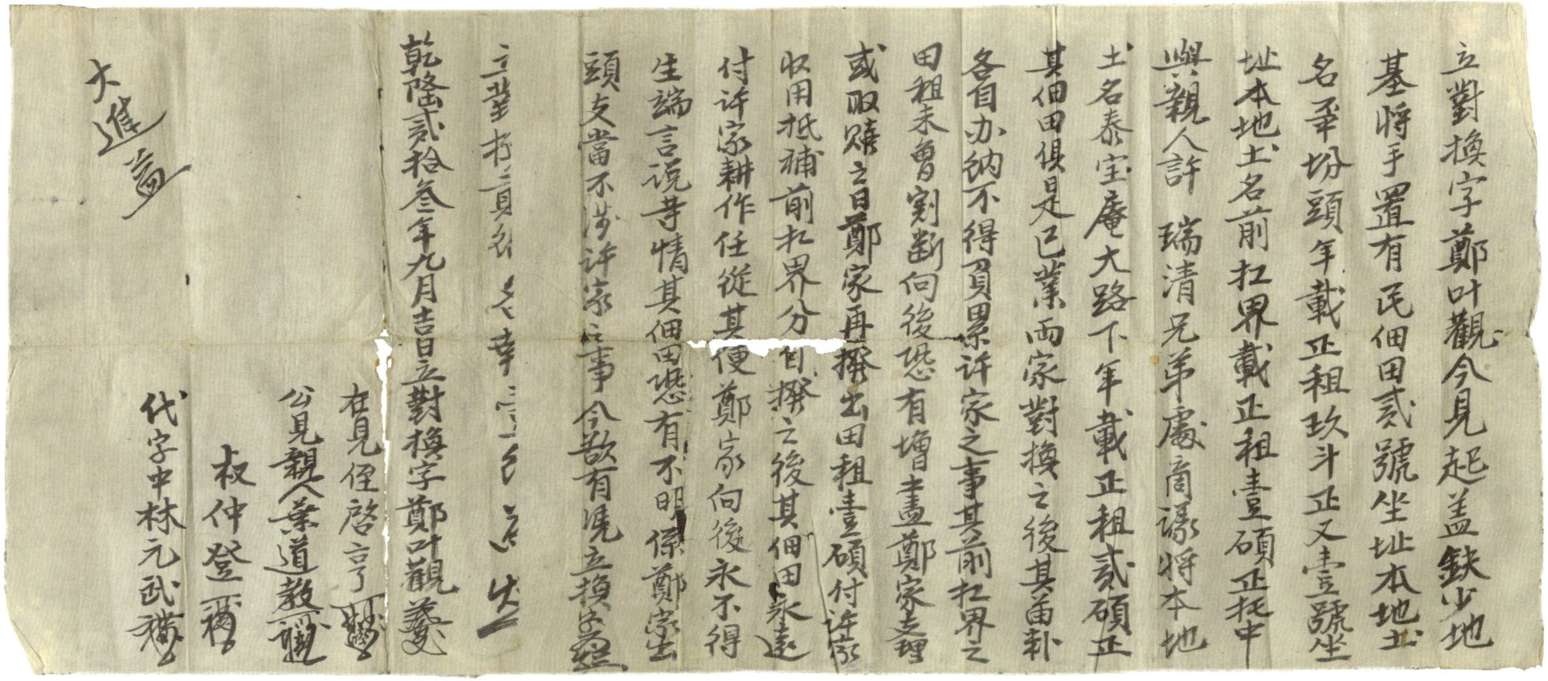

立對換字鄭叶觀今見起蓋鉄少地
基將手置有民佃田貳號坐址本地土
名平坋頭年載正租玖斗正又壹號坐
址本地土名前扛界載正租壹碩正托中
與親人許　瑞清兄弟處商議將本地
土名泰宝庵大路下年載正租貳碩正
其佃田俱是己業兩家對換之後其苗料
各自办納不得買累許家之事其前扛界之
田租未曾割斷向後恐有增畫鄭家去理
或取贖之日鄭家再撥出田租壹碩付許家
收用抵補前扛界分田撥之後其佃田永遠
付許家耕作任從其便鄭家向後永不得
生端言說寺情其佃田恐有不明係鄭家出
頭支當不涉許家之事今欲有憑立換字為照
[illegible]
乾隆貳拾叁年九月吉日立對換字鄭叶觀
在見侄啓亨
公見親人葉道毅
叔仲登
代字中林元武
大進益

4-4-1-3　清乾隆二十三年九月鄭叶觀立對換民佃田字

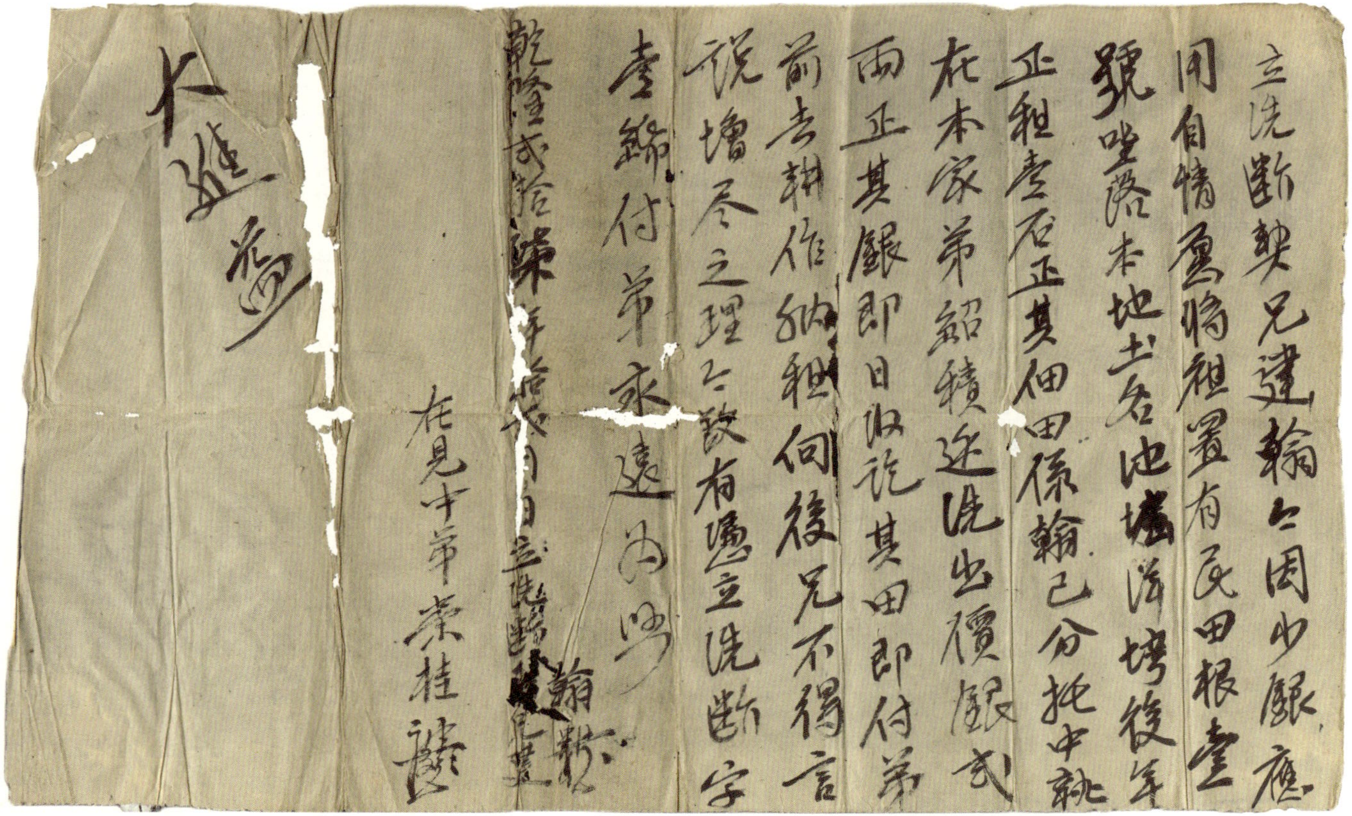

4-4-1-4　清乾隆二十七年十二月許建翰立洗斷民田根契

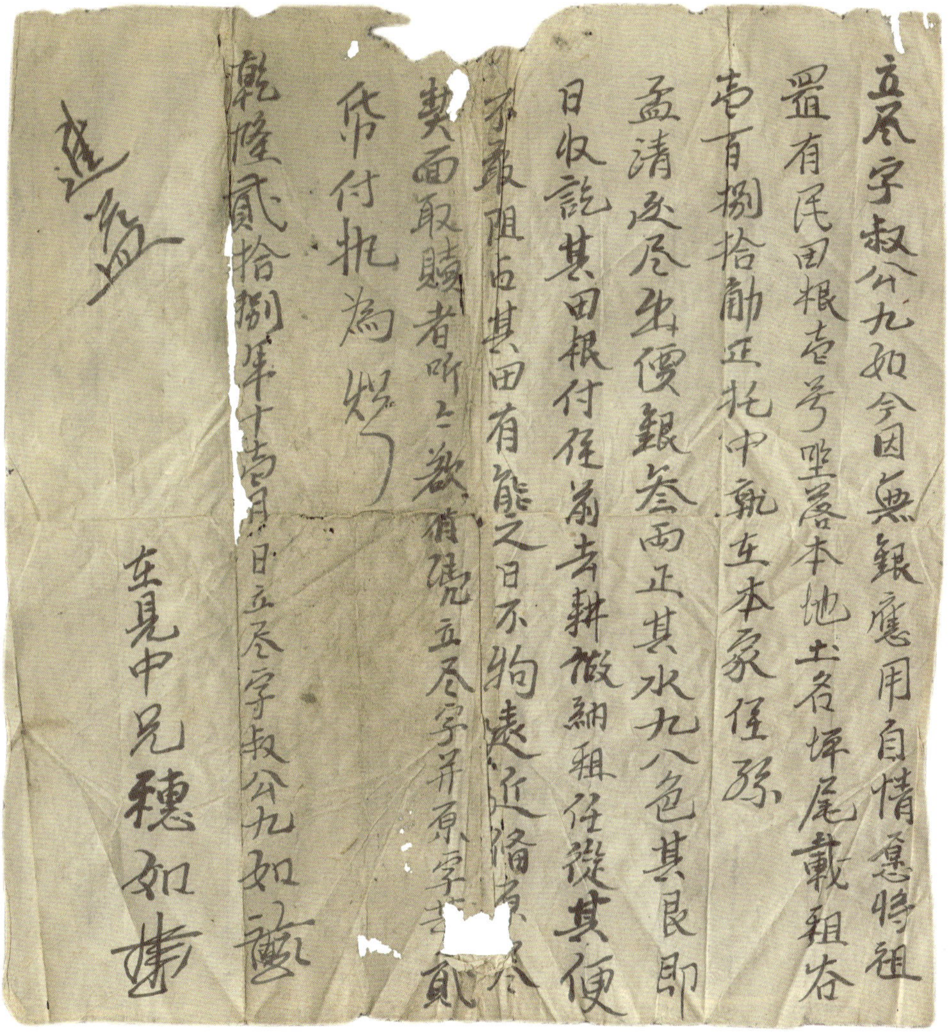
立盡字叔公九如今因無銀應用自情愿將祖
置有民田根壹号坐落本地土名坪尾載租谷
壹百捌拾觔正托中就在本家侄孫
益清邊盡出價銀叁兩正其水九八色其艮即
日收訖其田根付侄前去耕種納租任從其便
不敢阻占其田有能之日不拘遠近備有原價
契面取贖者听二數消號立盡字并原字共貳
紙付執為照
乾隆貳拾捌年十一月　日立盡字叔公九如（押）
在見中兄穗如（押）
進益

4-4-1-5　清乾隆二十八年十一月許九如立盡民田根字

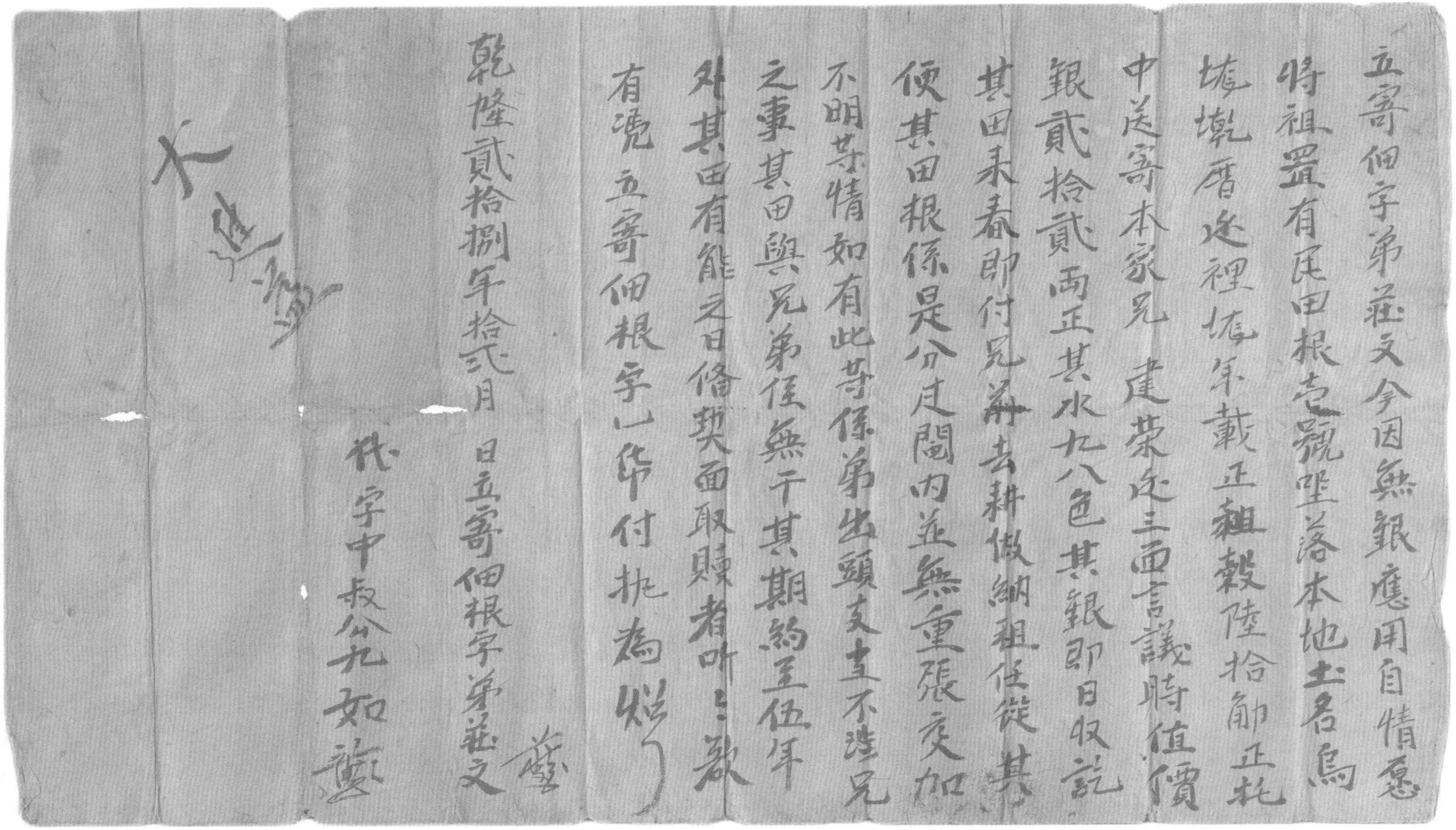

立寄佃字弟莊文，今因無銀應用，自情愿
將祖置有民田根壹號，坐落本地，土名烏
墘墘厝後裡墘，年載正租穀陸拾觔正，托
中送寄本家兄建榮邊，三面言議時值價
銀貳拾貳兩正，其水九八色，其銀即日收訖。
其田來春即付兄前去耕做，納租任從其
便。其田根係是分定鬮內，並無重張交加
不明等情，如有此等，係弟出頭支抵，不涉兄
之事。其田與兄弟侄無干。其期約至伍年
外，其田有能之日，備契面取贖，者聽二家[illegible]
有憑，立寄佃根字一紙付執為照。
乾隆貳拾捌年拾弍月　日立寄佃根字弟莊文[illegible]
代字中叔公元如[illegible]
[illegible]

4-4-1-6　清乾隆二十八年十二月許莊文立寄佃民田根字

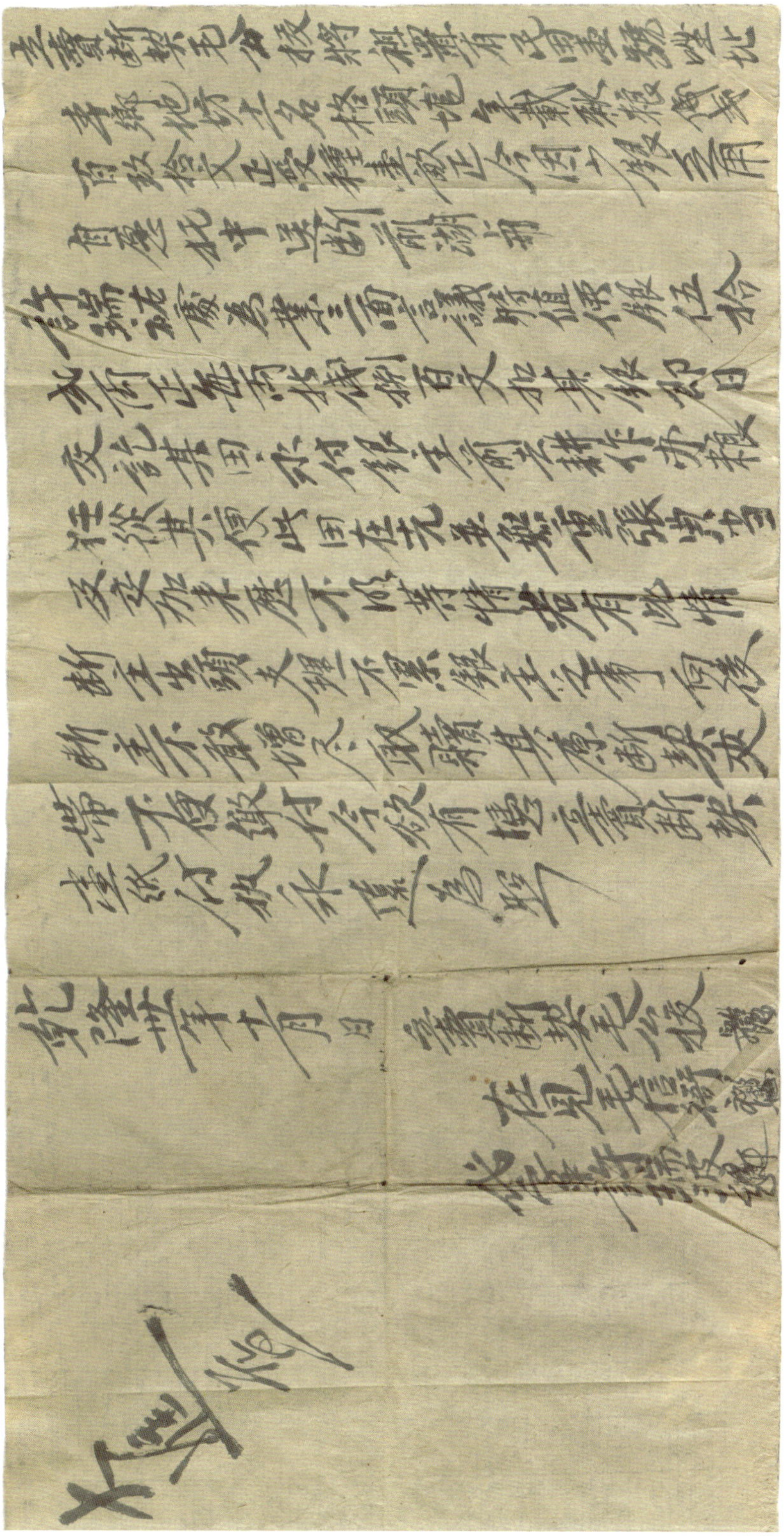

4-4-1-7　清乾隆三十一年十一月毛公扳立賣斷民田契

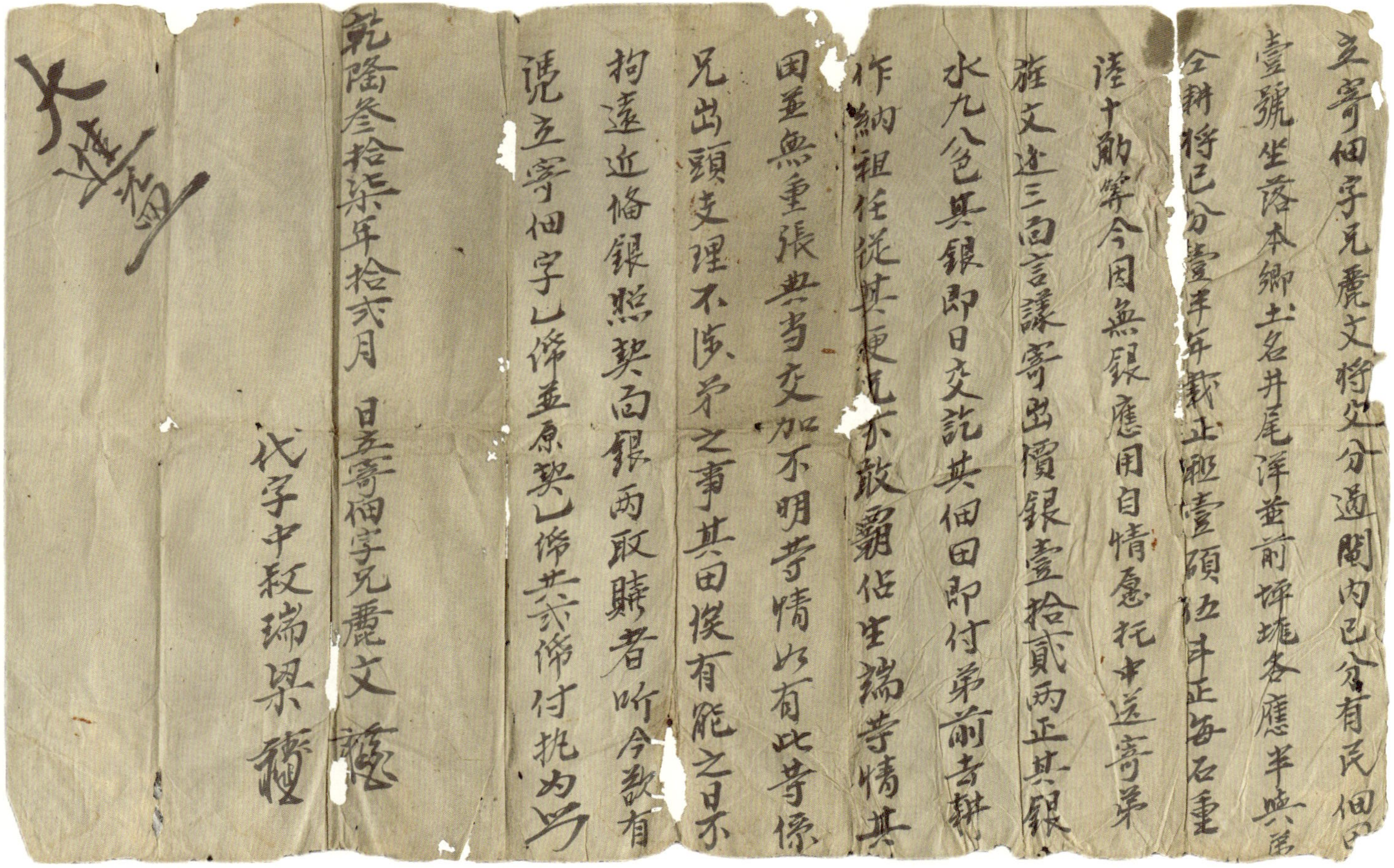
立寄佃字兄麗文將父分遺鬮內己分有民佃田
壹號坐落本鄉土名井尾洋並前坪墘各應半與弟
仝耕將己分壹半年載正租壹碩伍斗正每石重
𨑨十觔等今因無銀應用自情愿托中送寄弟
旌文邊三面言議寄出價銀壹拾貳兩正其銀
水九八色其銀即日交訖其佃田即付弟前去耕
作納租任從其便兄不敢覇佔生端等情其
田並無重張典当交加不明等情如有此等係
兄出頭支理不涉弟之事其田候有能之日不
拘遠近備銀照契面銀兩取贖者听今欲有
憑立寄佃字一紙並原契一紙共貳紙付執為照
乾隆叁拾柒年拾貳月　日立寄佃字兄麗文（押）
代字中叔瑞梁（押）

4-4-1-8　清乾隆三十七年十二月許麗文立寄民佃田字

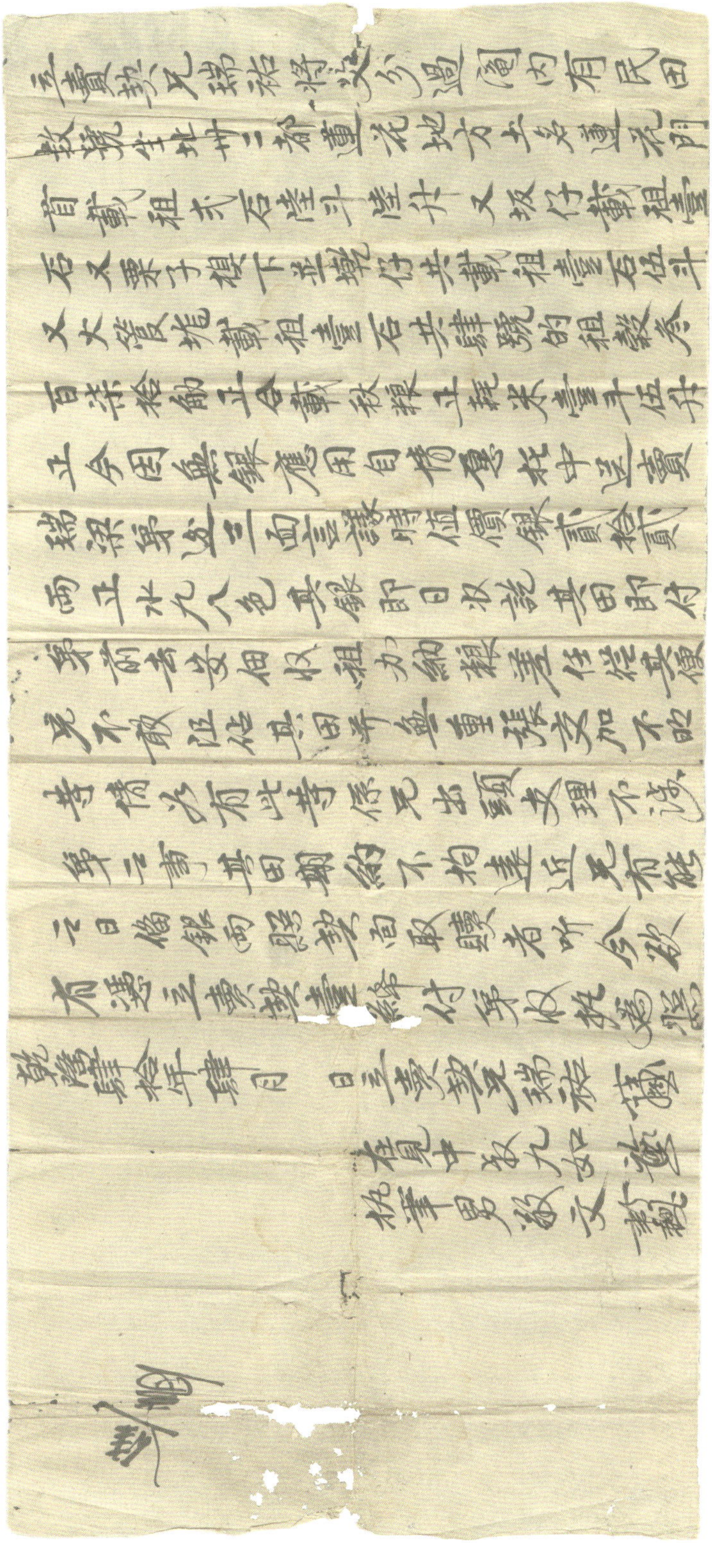
立賣契兄瑞祐將承父遺鬮內有民田
數號坐址卅二都蓮花地方土名蓮花門
前載租貳石陸斗陸升又坂仔載租壹
石又墨子嶺下並坑仔共載租壹石伍斗
又大路後坑載租壹石共肆號的租穀柒
石柒斗即正今載秋糧正耗米壹斗伍升
正今因無錢應用自情愿托中立賣
與胞弟邊三面言議時值價銀貳拾貳
兩正其銀即日收訖其田即付
弟前去管佃收租办納糧差任從其便
兄不敢阻佔其田乃係無重張交加不明
等情如有此等係兄出頭支理不涉
弟之事其田聽贖不拘遠近兄有能
之日備銀兩照契面取贖者听今欲
有憑立賣契壹紙付弟收執爲照
乾隆肆拾年肆月　日立賣契兄瑞祐
在見中叔九如
代筆男啟交

4-4-1-9　清乾隆四十年四月許瑞祐立賣民田契

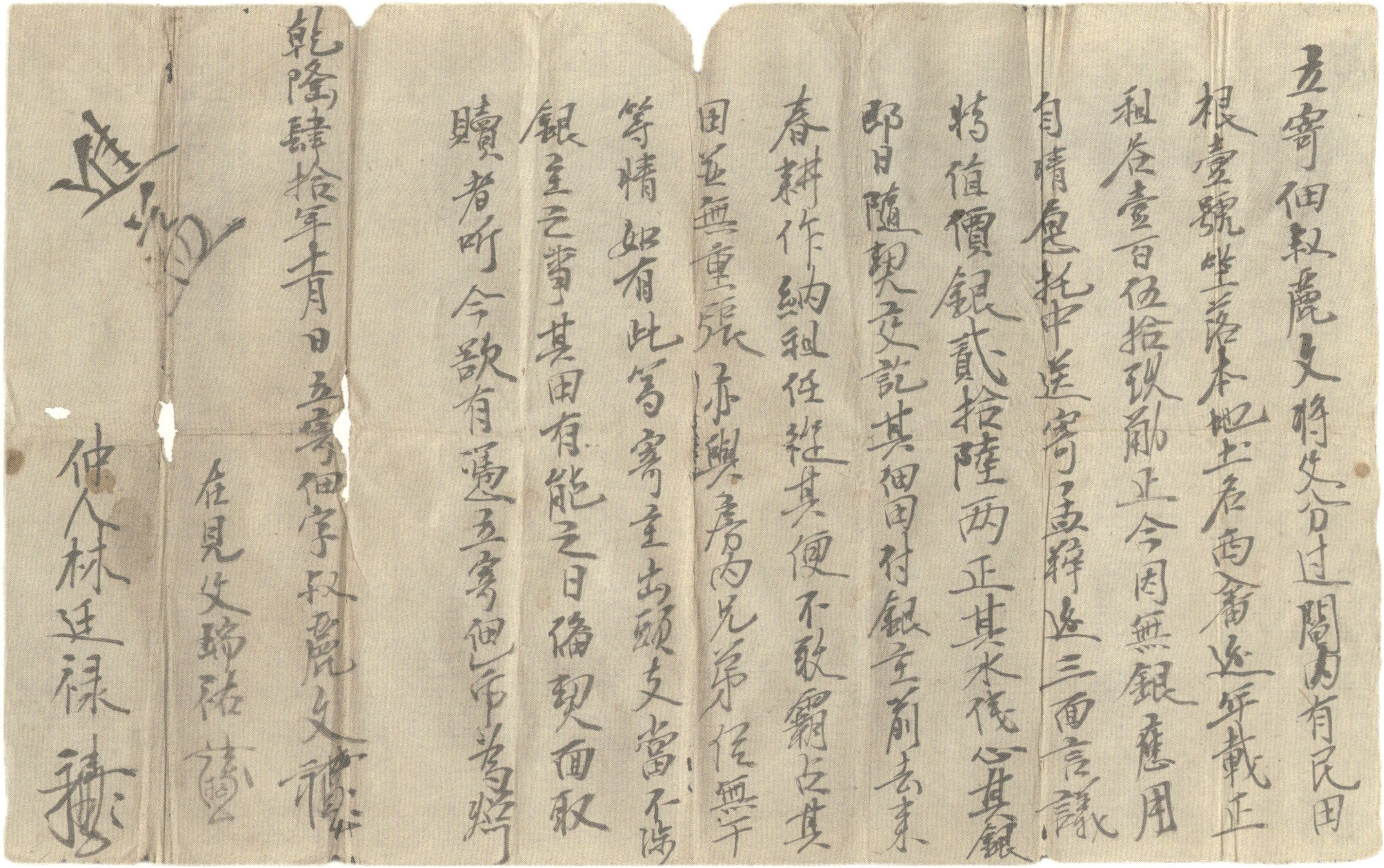
立寄佃叔麗文將先父日置闔內有民田
根壹號坐落本地土名西畬近年載正
租谷壹百伍拾玖觔正今因無銀應用
自情愿托中送寄孟辨边三面言議
時值價銀貳拾陸兩正其水僟心其銀
即日隨契交訖其佃田付銀主前去耒
春耕作納租任從其便不敢霸占其
田並無重張亦與房內兄弟侄無干
等情如有此等寄主出頭支當不涉
銀主之事其田有能之日備契面取
贖者听今欲有憑立寄佃字爲炤
乾隆肆拾年十一月　日立寄佃字叔麗文
在見文瑞
代筆人林廷禄

4-4-1-10　清乾隆四十年十一月許麗文立寄佃民田根字

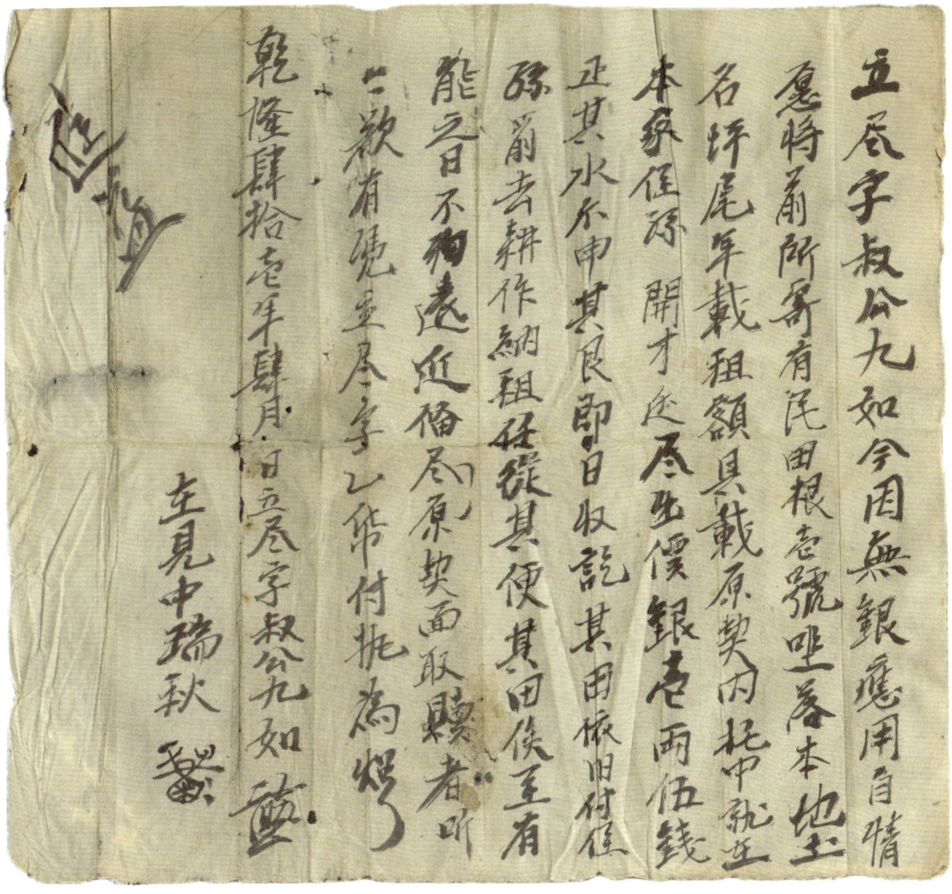

立盡字叔公九如今因無銀應用自情
愿將前所置有民田根壹號坐落本地土
名坪尾年載租額具載原契內托中就在
本家侄孫 開才邊盡出價銀壹兩伍錢
正其水不申其艮即日收訖其田依旧付侄
孫前去耕作納租任從其便其田候至有
能之日不拘遠近備盡原契面取贖者 听
二款有憑立盡字一紙付執為炤
乾隆肆拾壹年肆月 日立盡字叔公九如
在見中瑞秋

4-4-1-11　清乾隆四十一年四月許九如立盡民田根字

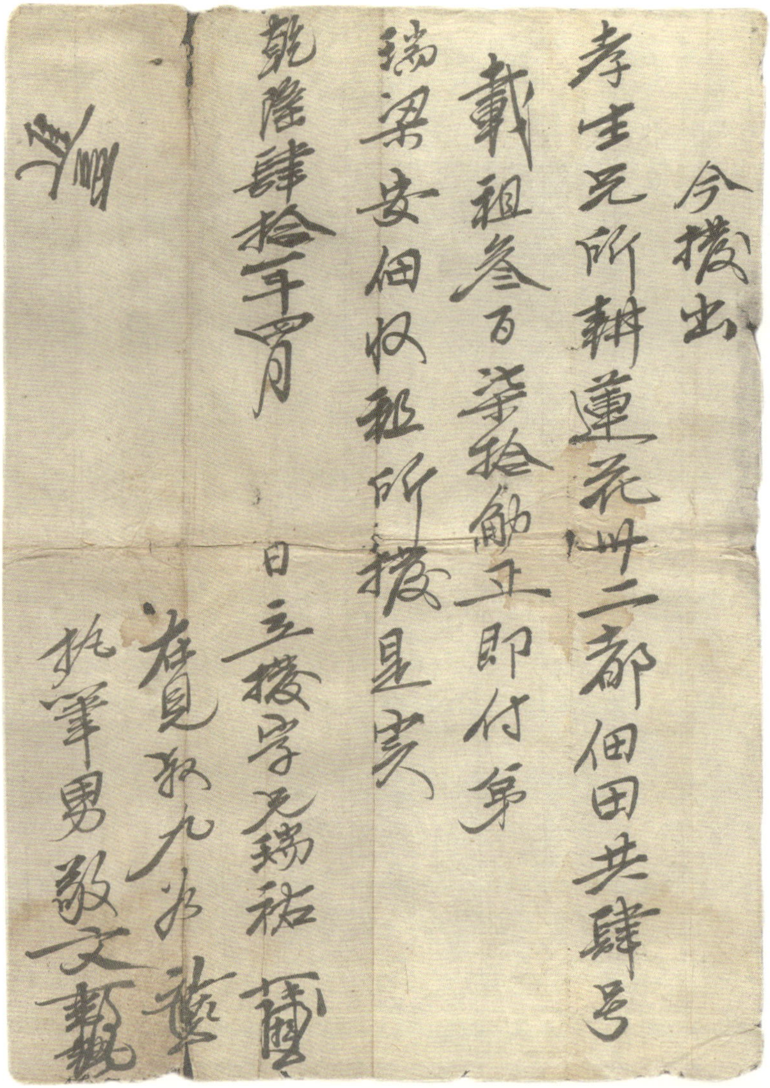
今撥出
孝生兄所耕蓮花卅二都佃田共肆号
載租叁百柒拾觔正即付弟
瑞梁安佃收租所撥是实
乾隆肆拾一年四月　日立撥字兄瑞祐
在見叔九水
执筆男敬文

4-4-1-12　清乾隆四十一年四月許瑞祐立撥佃田字

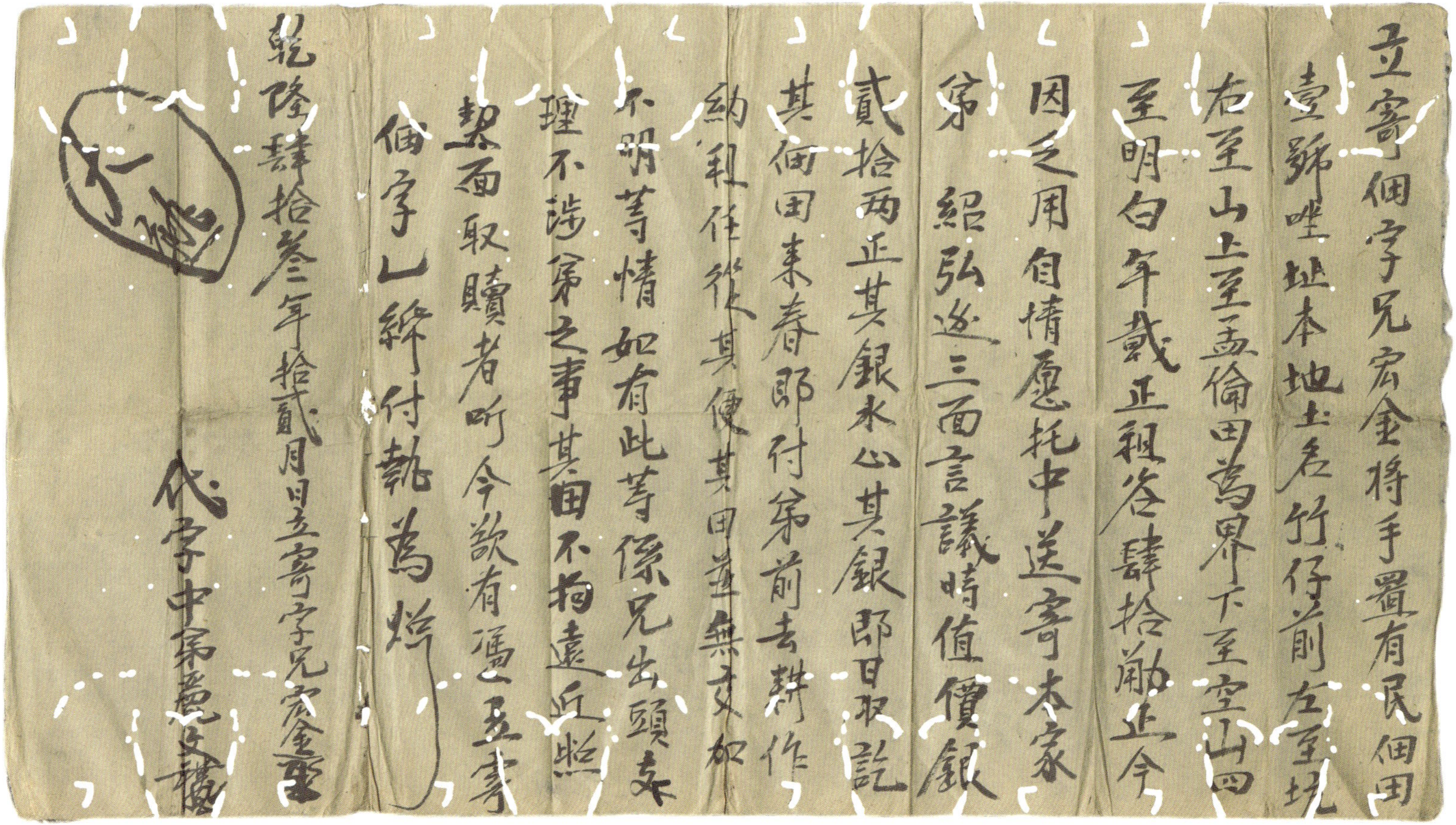

立寄佃字兄宏金將手置有民佃田
壹號坐址本地土名竹仔前左至圳
右至山上至孟倫田為界下至空山四
至明白年載正租谷肆拾觔正今
因乏用自情愿托中送寄本家
弟　紹弘邊三面言議時值價銀
貳拾兩正其銀水心其銀即日取訖
其佃田來春即付弟前去耕作
納租任從其便其田並無文加
不明等情如有此等係兄出頭支
理不諉弟之事其田不拘遠近照
契面取贖者聽今欲有憑立寄
佃字一紙付執為照
乾隆肆拾叁年拾貳月　日立寄字兄宏金
代字中弟邑文

4-4-1-13　清乾隆四十三年十二月許宏金立寄民佃田字

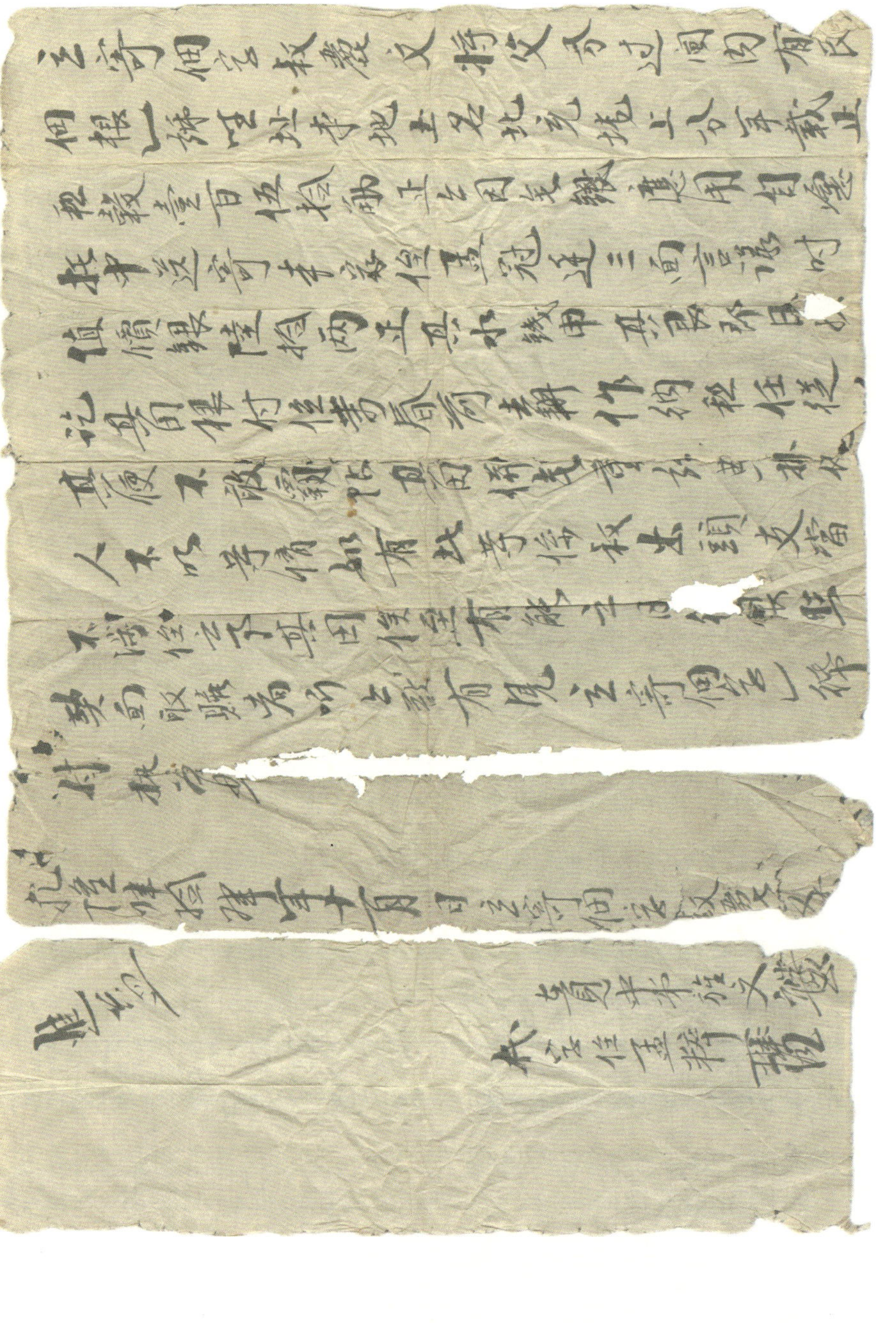

4-4-1-14　清乾隆四十四年十一月許麗文立寄佃民田根字

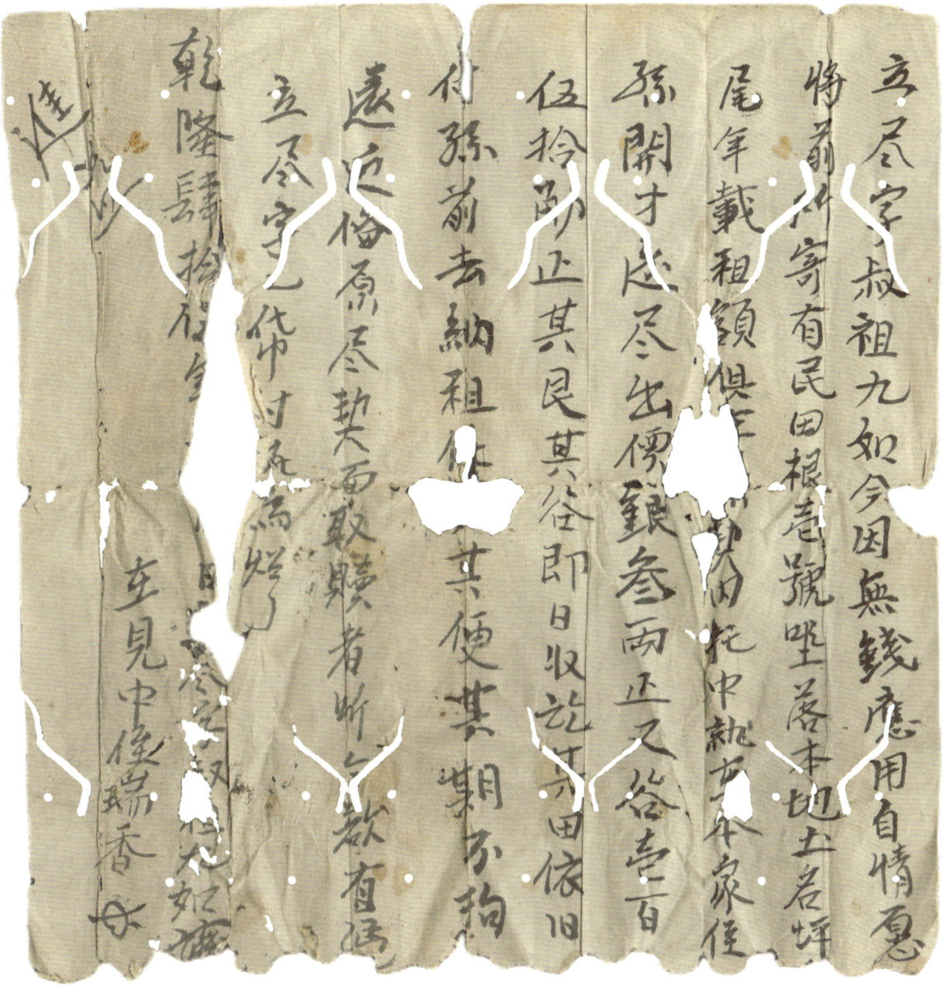
立盡字叔祖九如今因無錢應用自情愿
將前祖寄有民田根壹號坐落本地土名坪
尾年載租額俱[illegible]托中就本家侄
孫開才邊盡出價銀叁両正又谷壹百
伍拾觔正其艮其谷即日收訖其田依旧
付孫前去納租[illegible]其便其期不拘
遠近備原盡契面取贖者[illegible]欵有憑
立盡字乙紙付孫為炤
乾隆肆拾[illegible] 叔九如
在見中侄瑞香
佳

4-4-1-15　清乾隆四十五年許九如立盡民田根字

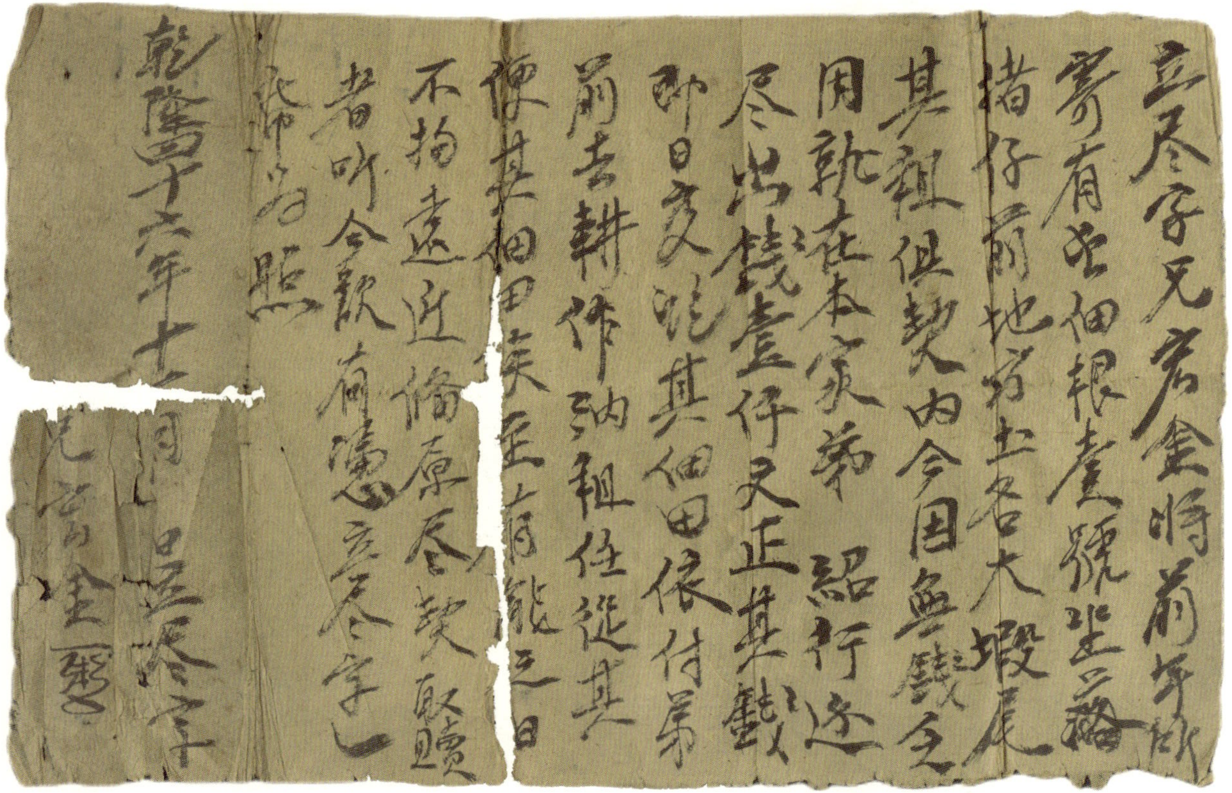

4-4-1-16　清乾隆四十六年十一月許宏金立盡屯佃根字

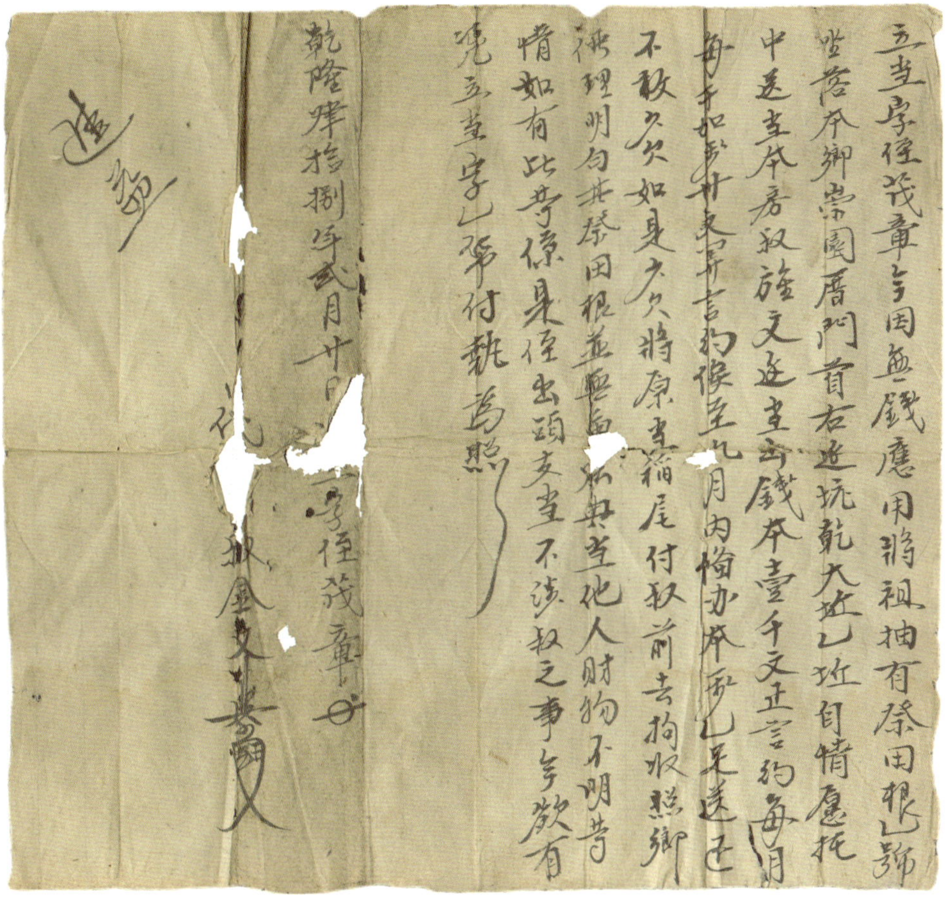

4-4-1-17　清乾隆四十八年二月許茂章立當祭田根字

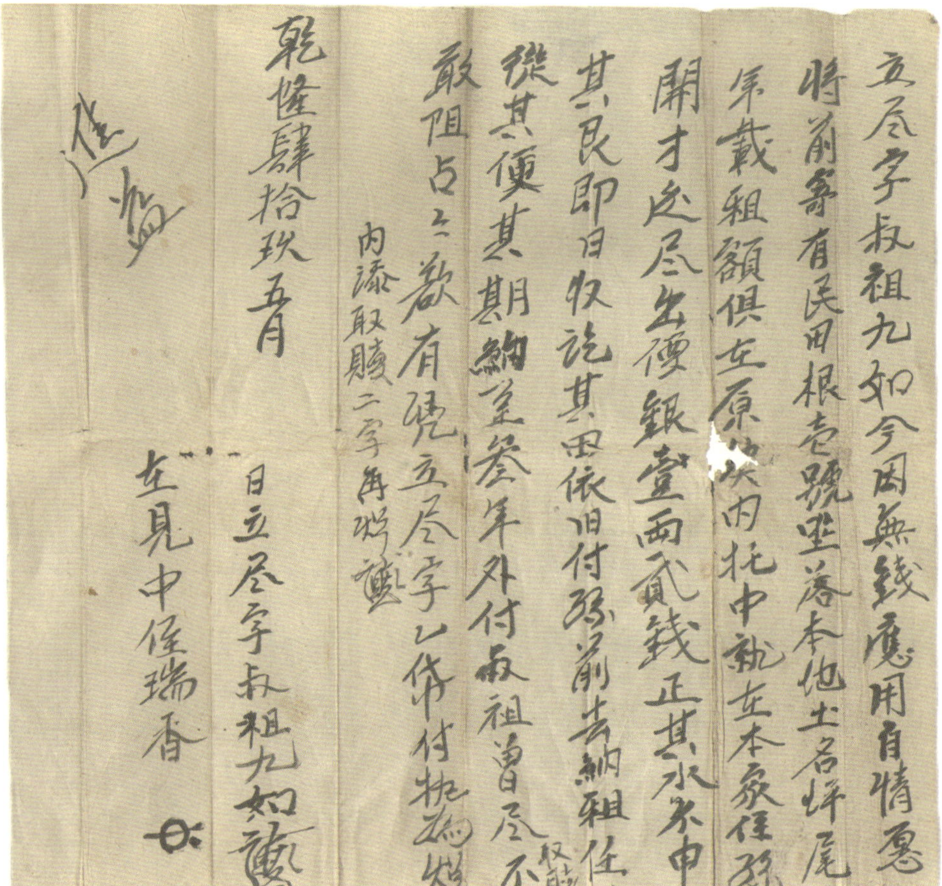

立盡字叔祖九如今因無錢應用自情愿
將前壽有民田根壹號坐落本他土名坪尾
第載租額俱在原契內托中就在本家侄孫
開才邊盡出價銀壹兩貳錢正其水不中
其民即日收訖其田依旧付孫前去納租任
從其便其期納足叁年外付叔祖曾盡不取贖
敢阻占二二欵有憑立盡字乙紙付執為炤
內添取贖二字再照
乾隆肆拾玖年五月　日立盡字叔祖九如
在見中侄瑞香
佳盈

4-4-1-18　清乾隆四十九年五月許九如立盡民田根字

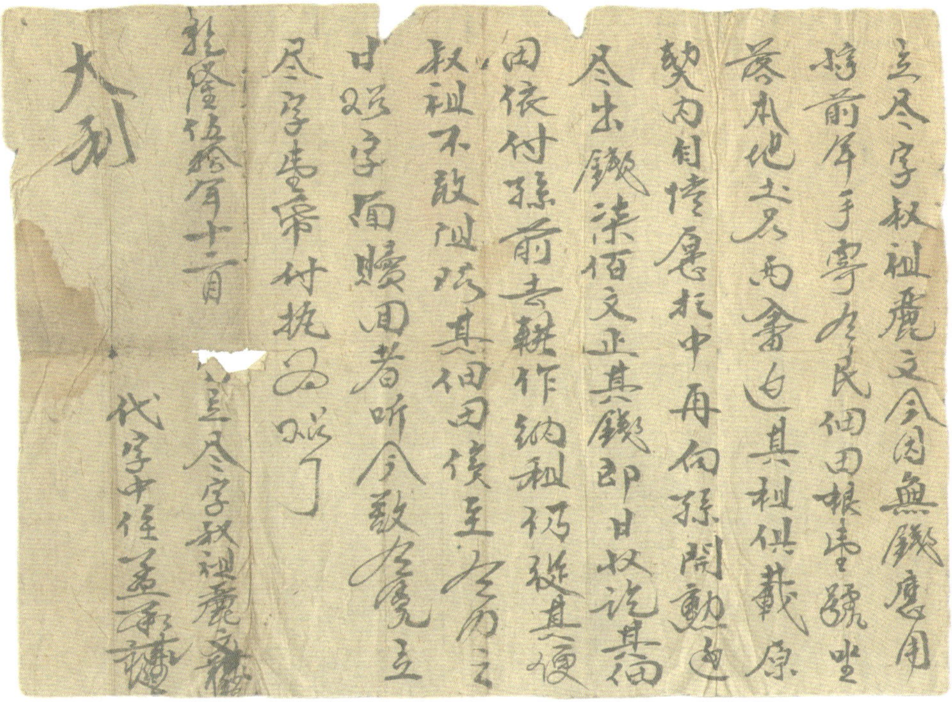

立盡字叔祖麗文今因無錢應用
將前年手置盡民佃田根壹號坐
落本地土名西畲白逆具租供載原
契內自情愿托中再向孫開勳邊
盡出錢柒佰文正其錢即日收訖其佃
田依付孫前去耕作納租仍從其便
叔祖不敢阻坊其佃田候至六月之
日照字面贖田着听今欲有憑立
盡字壹紙付執為照
乾隆伍拾年十二月　日立盡字叔祖麗文
代字中侄孟承
大利

4-4-1-19　清乾隆五十年十二月許麗文立盡民佃田根字

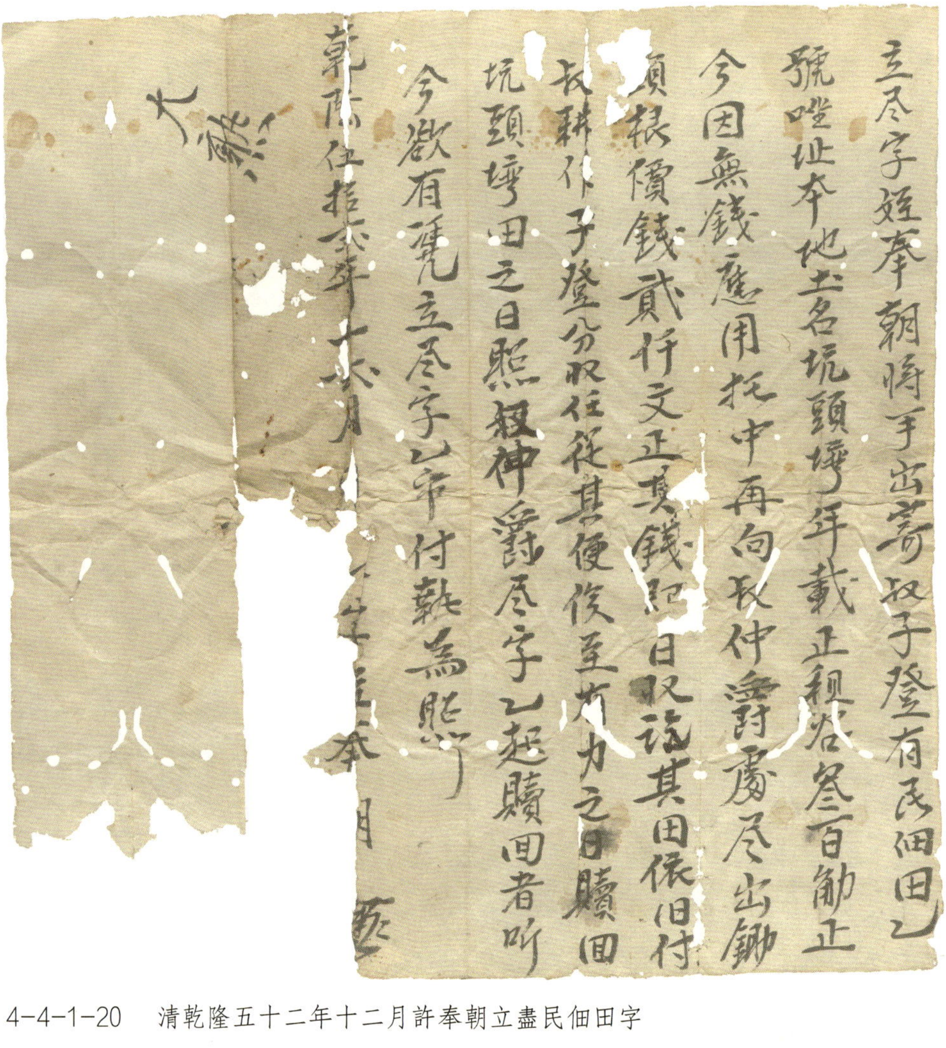
立盡字姪奉朝將手出當叔子登有民佃田乙
號坐址本地土名坑頭墿年載正租谷叁百觔正
今因無錢應用托中再向叔仲爵處盡出錢
項根價錢貳仟文正其錢即日收訖其田依旧付
叔耕作子登分收任從其便俟至有力之日贖回
坑頭墿田之日照叔仲爵盡字乙起贖回者所
今欲有憑立盡字乙帋付執為照
乾隆伍拾貳年十二月　日立盡字姪奉朝
大吉

4-4-1-20　清乾隆五十二年十二月許奉朝立盡民佃田字

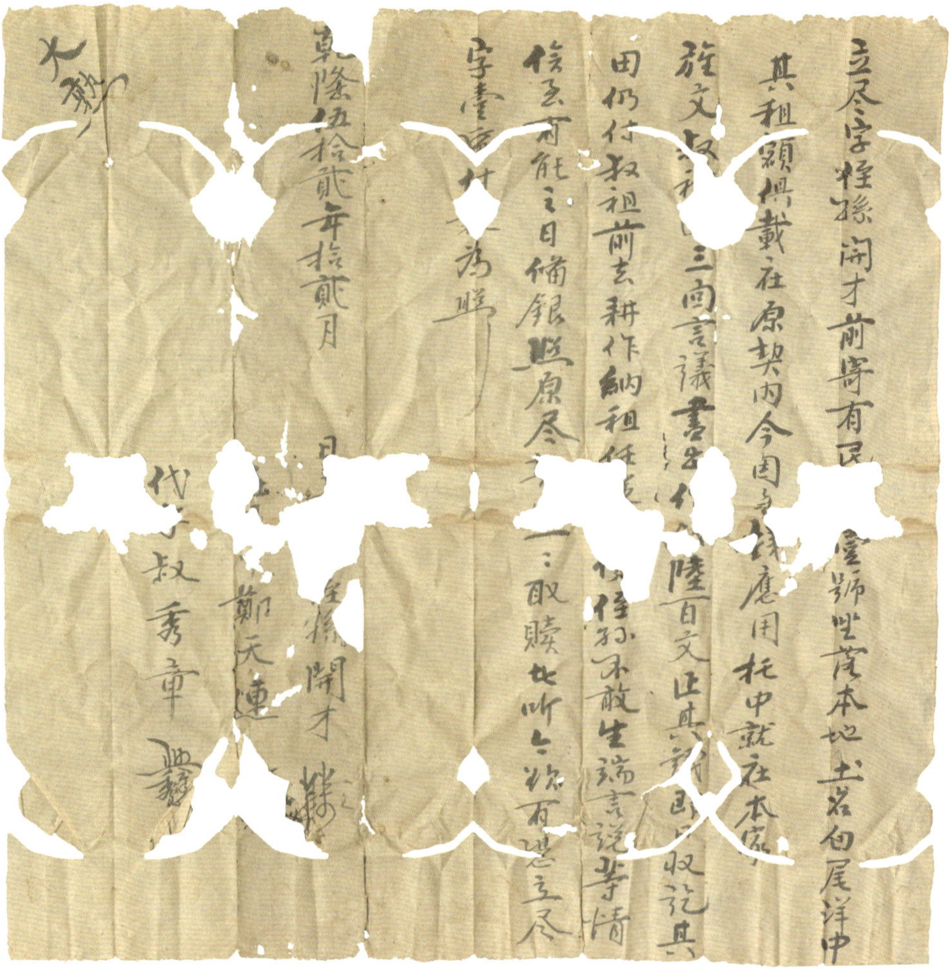

4-4-1-21　清乾隆五十二年十二月許開才立盡民田字

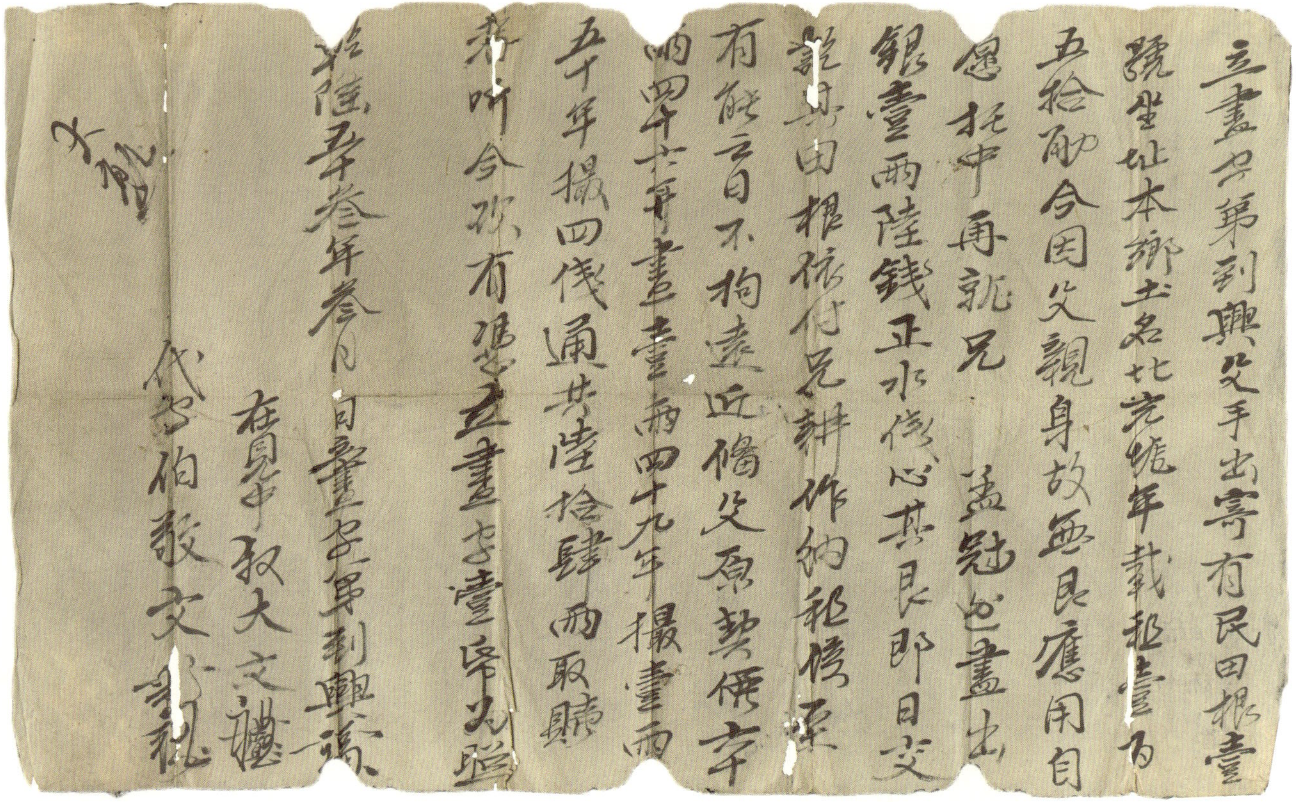
立盡字弟到興父手出寄有民田根壹
號坐址本鄉土名七亢塘年載租壹百
五拾斤今因父親身故無銀應用自
愿托中再就兄　孟魁邊盡出
銀壹兩陸錢正水儀心其艮即日交
訖其田根依付兄耕作納租信來
有能言日不拘遠近備父原契價字
兩四十六年盡壹兩四十九年撮壹兩
五十年撮四錢通共陸拾肆兩取贖
恐口今欲有憑立盡字壹紙為照
乾隆五十三年三月　日立盡字弟到興
在見中叔大文
代字伯發文

4-4-1-22　清乾隆五十三年三月許到興立盡民田根字（一）

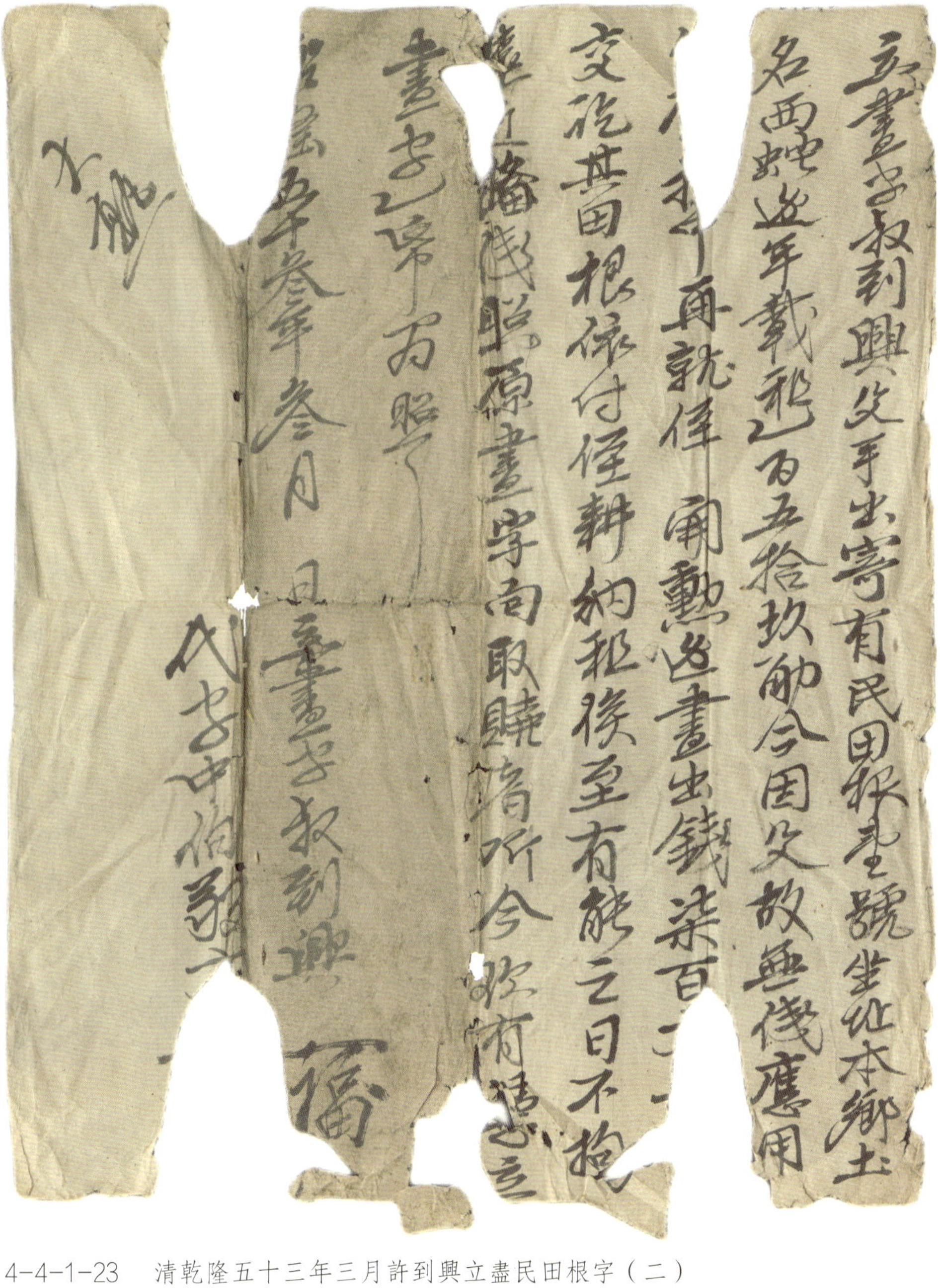
立盡字叔到興父手出寄有民田根壹號，坐址本鄉土
名西蛇，遞年載税壹百五拾玖觔。今因乏故，無錢應用，
□□再就侄開勳邊盡出錢柒百二□
交訖，其田根依付侄耕納租。後至有能之日，不拘
遠近備錢照原盡字面取贖，□□。今欲有憑，立
盡字一紙為照。
乾隆伍拾叁年叁月　日立盡字叔到興
代字中伯□□
福

4-4-1-23　清乾隆五十三年三月許到興立盡民田根字（二）

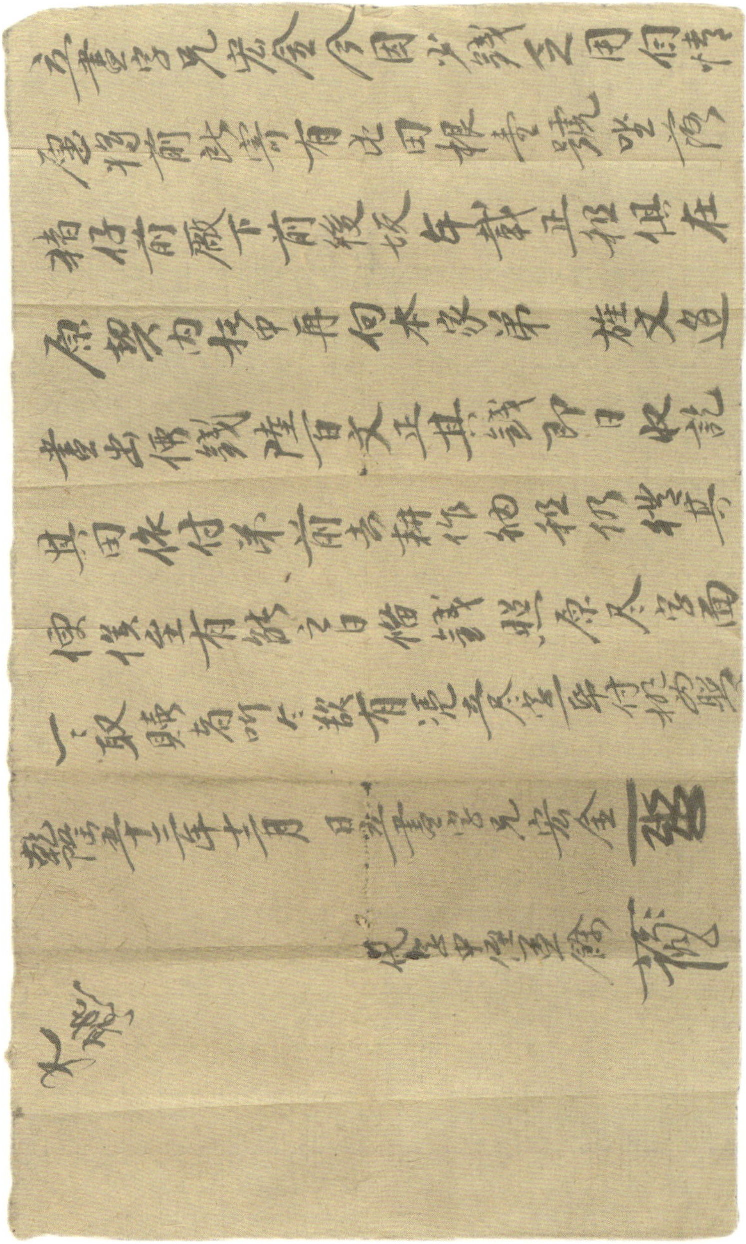

4-4-1-24　清乾隆五十三年十二月許宏金立盡屯田根字

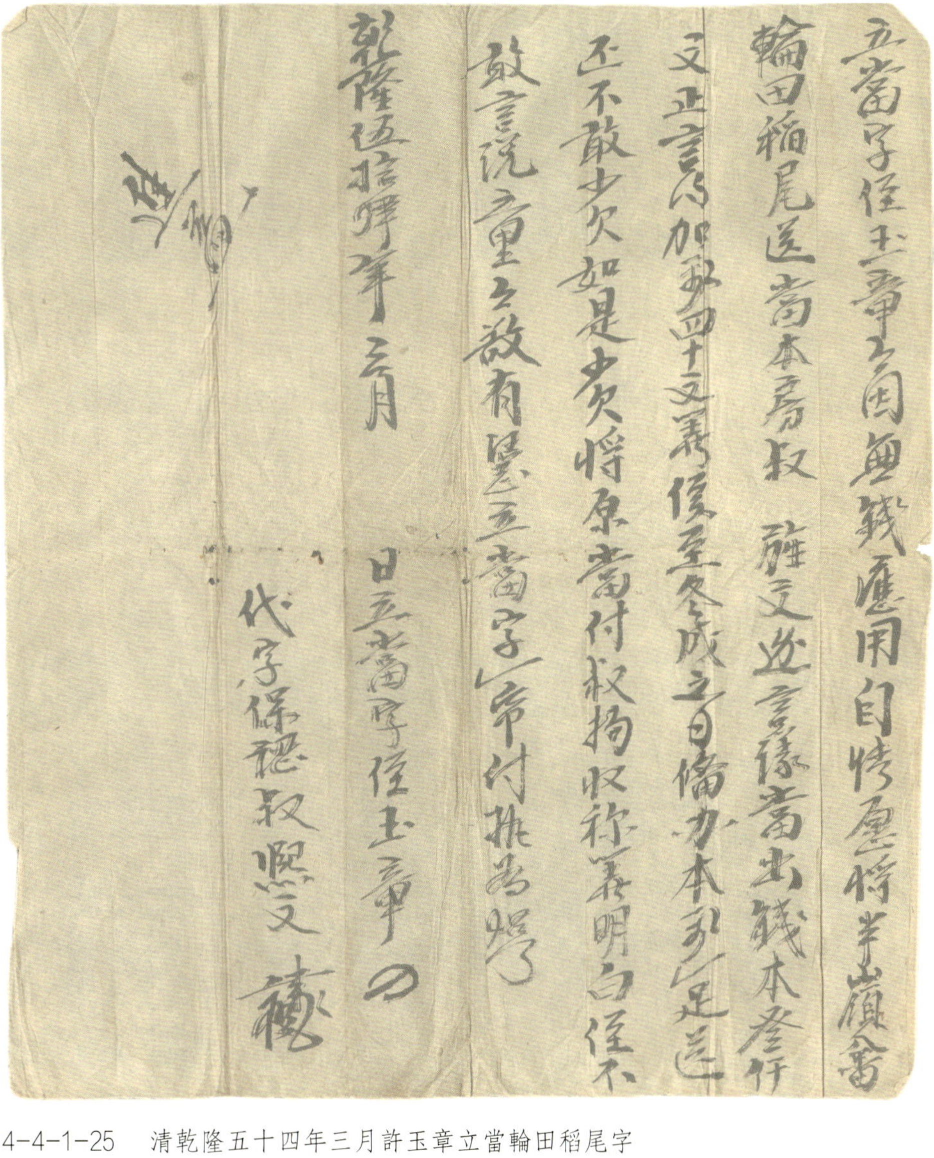
立當字侄玉章今因無錢應用自情愿將半嶺當
輪田稻尾送與本房叔 旂文邊言議當出錢本叁仟
文正言約加利四十文算俟至冬成之日備辦本利一足送
還不敢少欠如是少欠將原當付叔掏收稻算明白侄不
敢言說當日立數有憑立當字一帋付執爲照
乾隆伍拾肆年三月 日立當字侄玉章〇
代字保穗叔興文 押

4-4-1-25　清乾隆五十四年三月許玉章立當輪田稻尾字

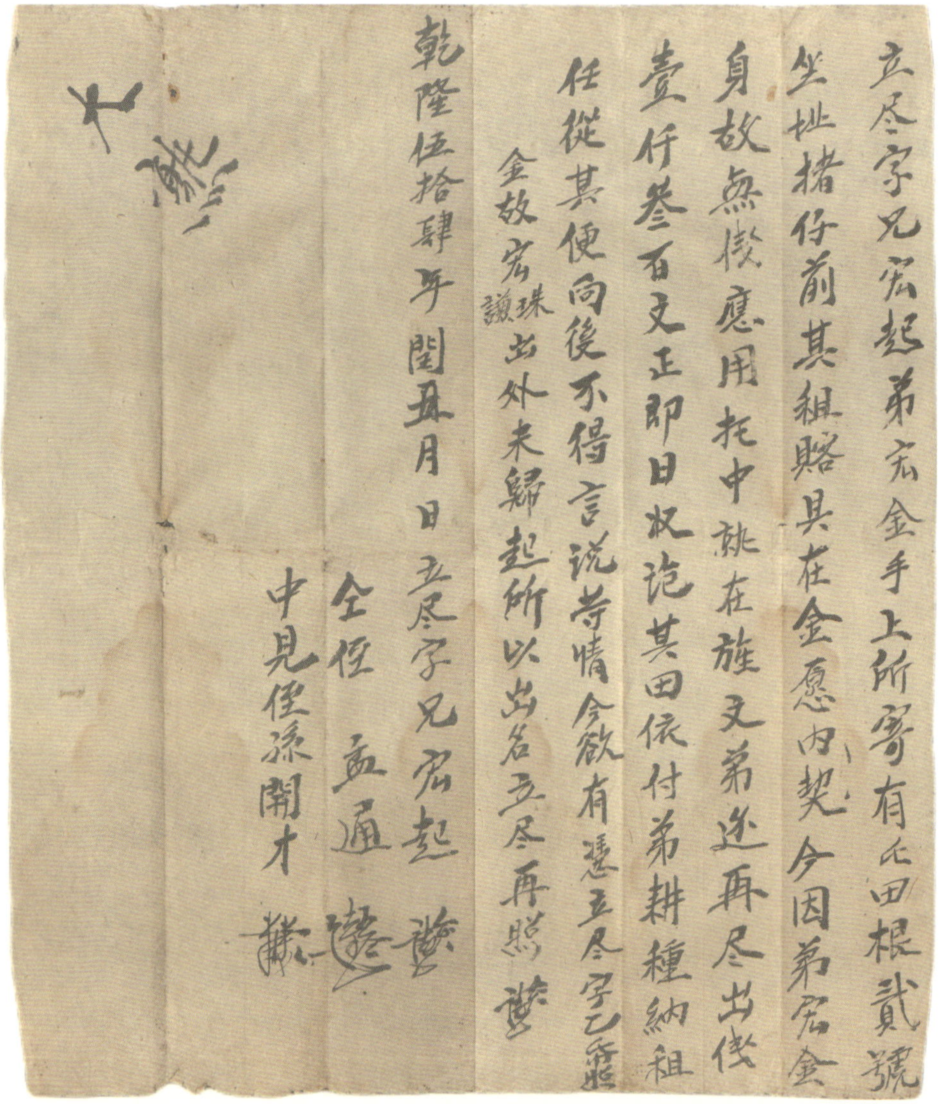

立尽字兄宏起弟宏金手上所有屯田根貳號
坐址楮仔前其租賂具在金愿内契今因弟宏金
身故無從應用托中就在旋叉弟遂再尽出价
壹仟叁百文正即日収訖其田依付弟耕種納租
任從其便向後不得言说寺情今欲有憑立尽字乙紙
金故宏珠讃出外未歸起所以出名立尽再照
乾隆伍拾肆年閏五月日立尽字兄宏起
仝侄孟通
中見侄孫闌才

4-4-1-26　清乾隆五十四年閏五月許宏起等立盡屯田根契

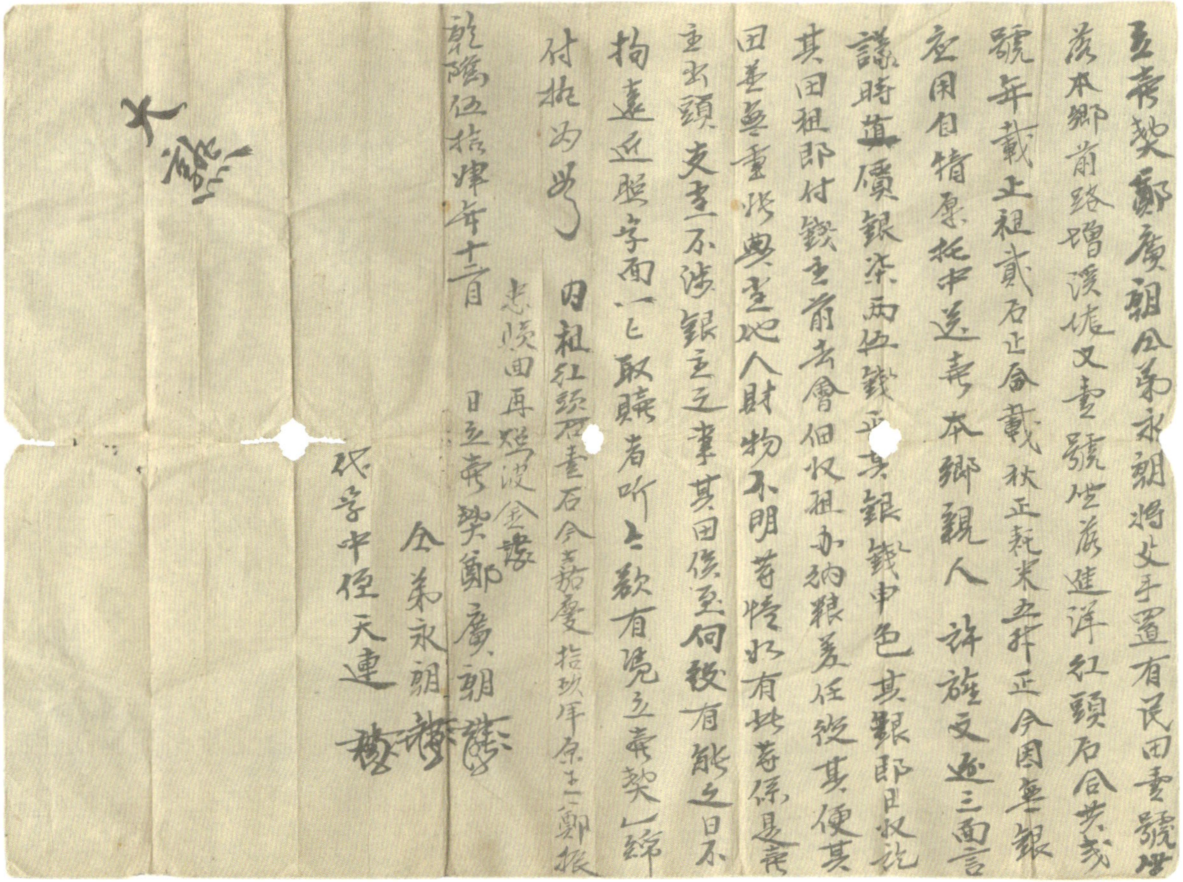

立賣契鄭廣朝仝弟永朝，將父手置有民田壹號，坐
落本鄉前路蹭溪佑，又壹號坐落進洋紅頭石，合共載
號年載正租貳石正，合載秋正耗米五斗正。今因無銀
應用，自情愿托中送賣本鄉親人許旌文邊，三面言
議，時值價銀柒兩伍錢正。其銀錢中色，其銀即日收訖。
其田祖即付錢主前去會佃收租，办納粮差，任從其便。其
田並無重張典賣他人財物不明等情，如有此等，係是賣
主出頭支理，不涉銀主之事。其田係至何年有能之日，不
拘遠近，照字面一ヒ取贖，者听ヒ。歉有憑，立賣契一紙，
付執為照。

[illegible]

乾隆伍拾肆年十二月　日立賣契鄭廣朝
仝弟永朝
代字中侄天連

[illegible]

4-4-1-27　清乾隆五十四年十二月鄭廣朝等立賣民田契

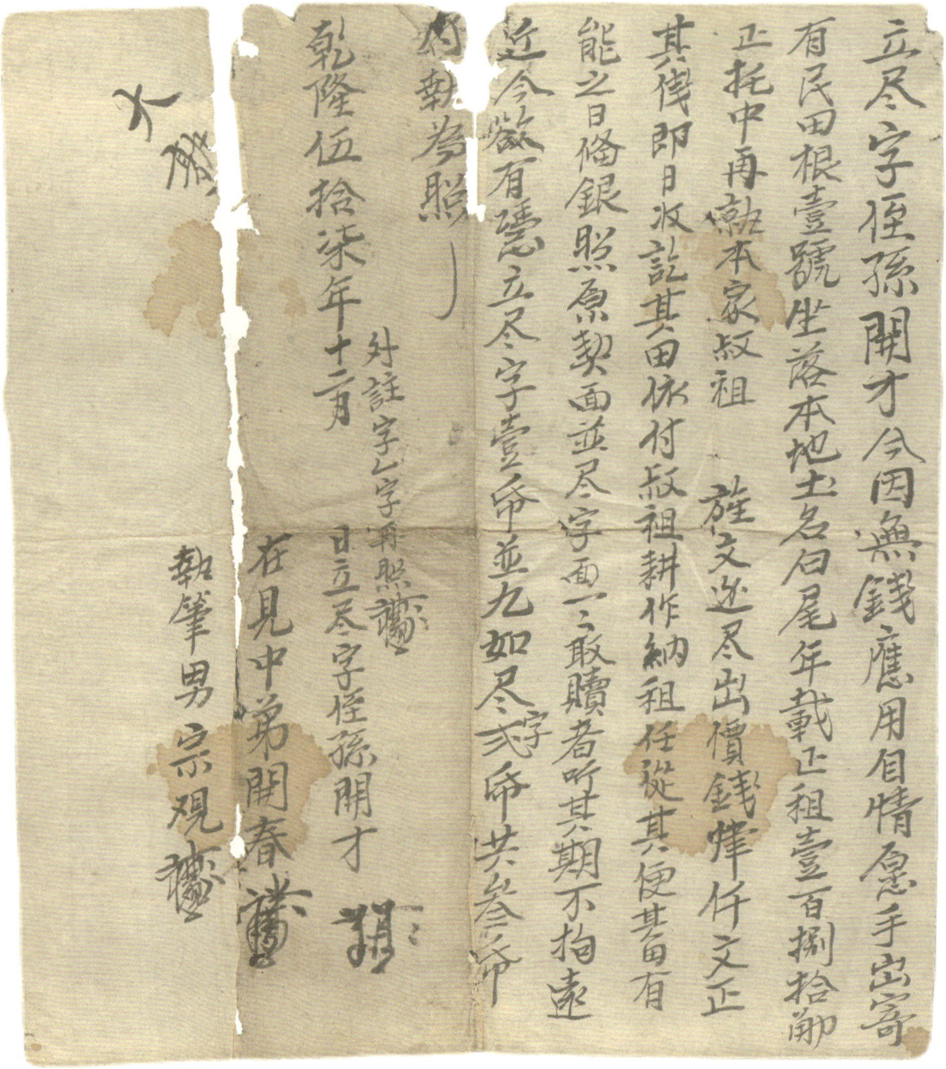
立盡字侄孫開才今因無錢應用自情愿手出寄
有民田根壹號坐落本地土名石尾年載正租壹百捌拾觔
正托中再勸本家叔祖 旌文边盡出價錢肆仟文正
其錢即日收訖其田依付叔祖耕作納租任從其便其有
能之日備銀照原契面並盡字面一二取贖者听其期不拘远
近今欲有憑立盡字壹帋並九如盡字式帋共叁帋
對執爲照
乾隆伍拾柒年十二月 日立盡字侄孫開才 押
外註字一字再照
在見中弟開春
執筆男宗規
大發

4-4-1-28 清乾隆五十七年十二月許開才立盡民田根字

立寄佃字弟學文，今因缺用，將父手買有民佃
田一號，坐址本地，土名坪尾墘，年載租谷弍拾
觔，自情愿托中送寄兄饒文邊，三面言議時值
價錢肆仟肆百文，其錢即日收訖，其田即付
兄前去自佃耕作，任從其便，弟不敢言說。其田
並無重張不明等情，如有此等，係弟出頭
支理，不涉兄之事。其田候至有力之日，備錢
照字面取贖者所。今欲有憑，立寄字一紙付
執為照。其期不拘遠近再照。

乾隆伍拾玖年十一月　日立寄佃字弟學文
代字中弟居文

4-4-1-29　清乾隆五十九年十一月許學文立寄民佃田字

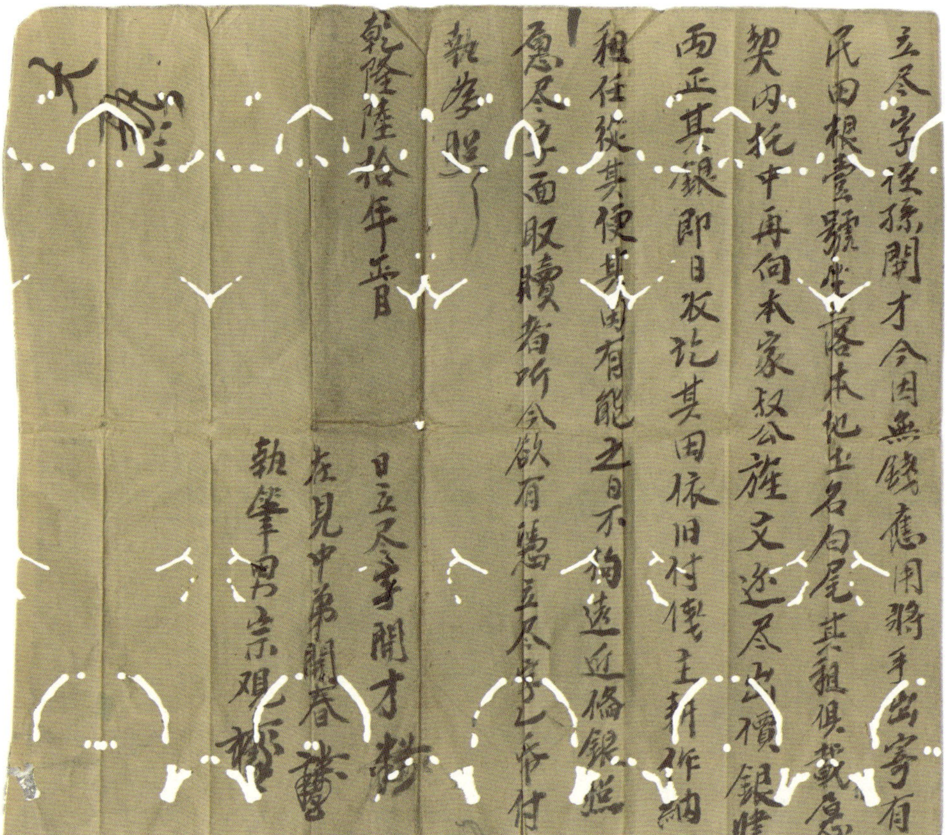

4-4-1-30　清乾隆六十年正月許開才立盡民田根字

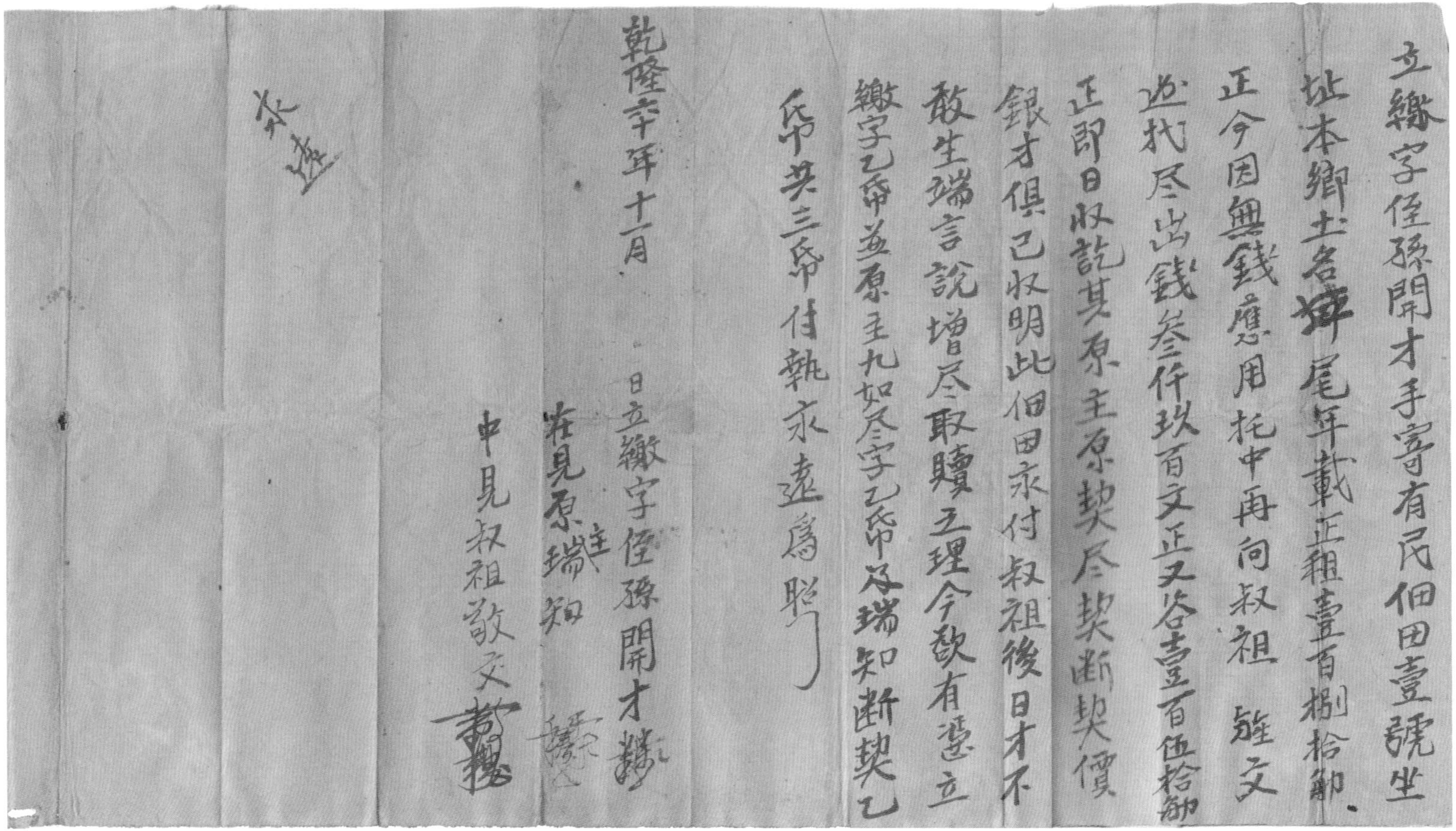
立繳字侄孫開才手置有民佃田壹號坐
址本鄉土名坪尾年載正租壹百捌拾觔
正今因無錢應用托中再向叔祖 旋文
边找尽出錢叁仟玖百文正又谷壹百伍拾觔
正即日收訖其原主原契尽契斷契價
銀才俱已收明此佃田永付叔祖後日才不
敢生端言說增尽取贖之理今欲有憑立
繳字乙帋並原主九如尽字乙帋及瑞知斷契乙
帋共三帋付執永遠爲照
乾隆六十年十一月 日立繳字侄孫開才
在見原主瑞知
中見叔祖敬文

4-4-1-31 清乾隆六十年十一月許開才立繳民佃田字

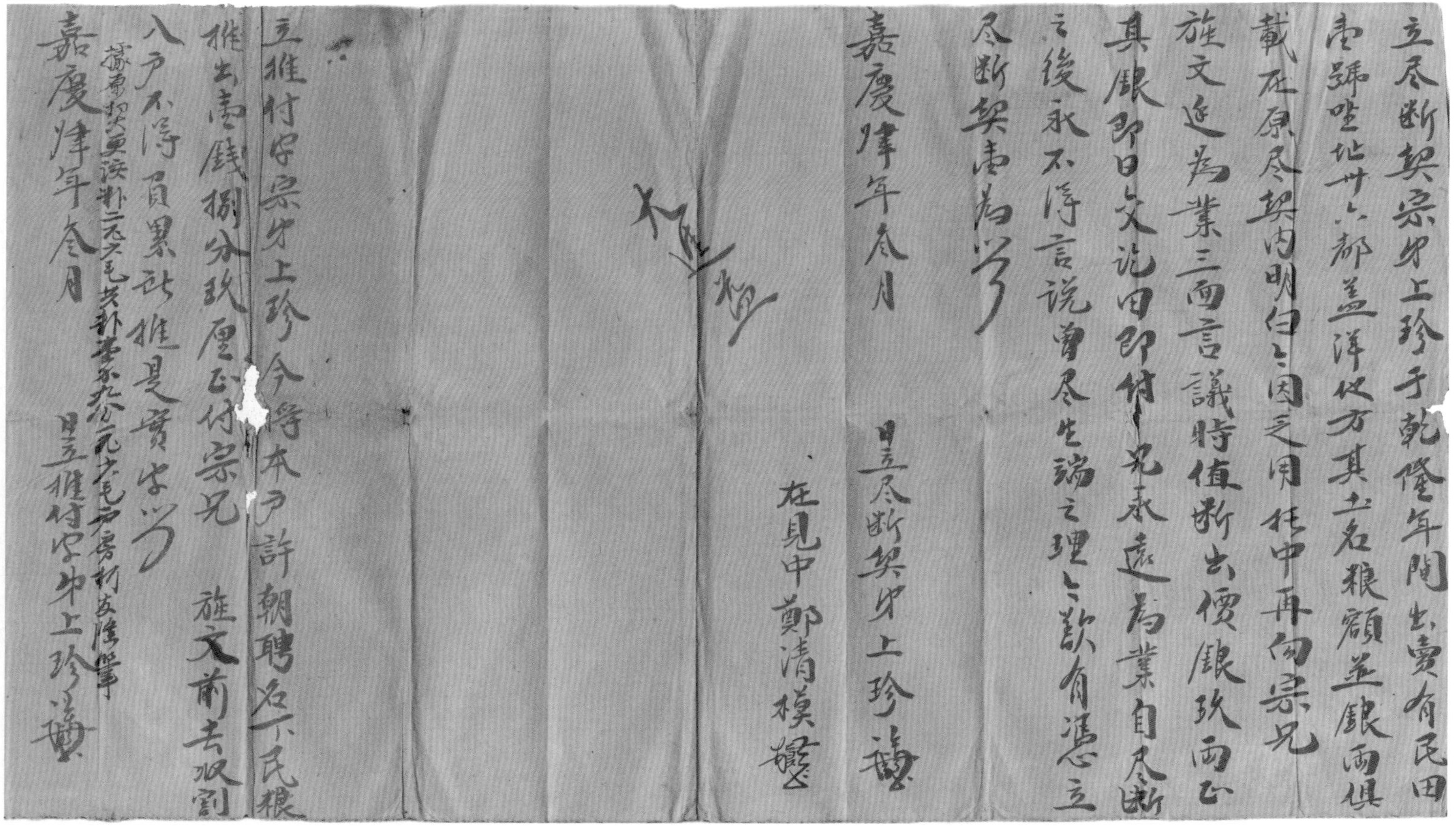

立盡斷契宗弟上珍，于乾隆年間出賣有民田壹號，坐址廿六都蓋洋仗方，其土名粮額並銀兩俱載在原盡契內明白。今因乏用，托中再向宗兄旌文邊為業，三面言議，特值斷出價銀玖兩正，其銀即日交訖，田即付兄永遠為業，自盡斷之後，永不得言說，曾盡生端之理。今欲有憑，立盡斷契壹為照。

嘉慶肆年叁月　日立盡斷契弟上珍（押）

在見中鄭清模（押）

立推付字宗弟上珍，今將本戶許朝聘名下民粮推出壹錢捌分玖厘正，付宗兄旌文前去收割入戶，不得冒累。此推是實，此照。

[illegible]

嘉慶肆年叁月　日立推付字弟上珍（押）

4-4-1-32　清嘉慶四年三月許上珍立盡斷民田契

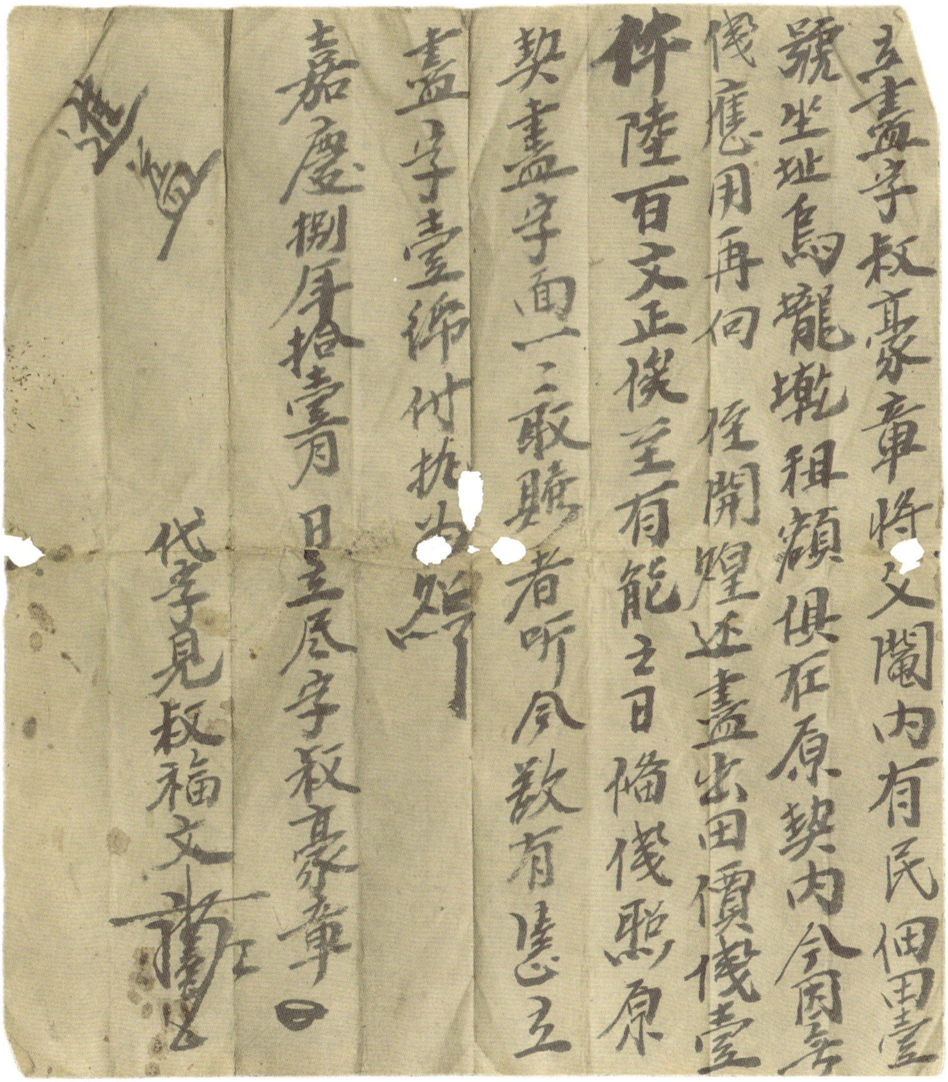

立盡字叔豪章將文闔內有民佃田壹
號坐址烏龍墘租額俱在原契內今因乏
錢應用再向　侄開煌邊盡出田價錢壹
仟陸百文正俟至有能之日備錢照原
契盡字面一二取贖者听合敢有恁立
盡字壹紙付執為照
嘉慶捌年拾壹月　日立盡字叔豪章
代字見叔福文

4-4-1-33　清嘉慶八年十一月許豪章立盡民佃田字

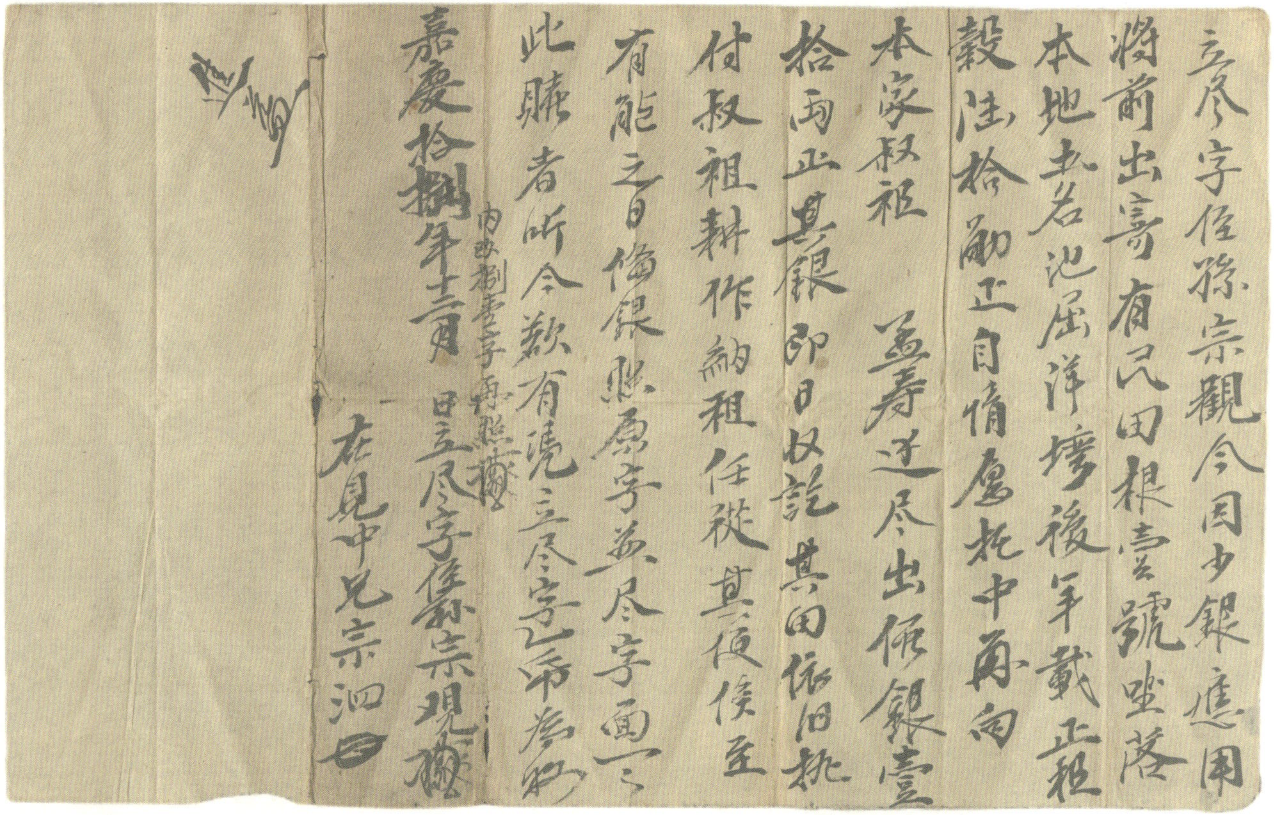

4-4-1-34　清嘉慶十八年十二月許宗觀立盡民田根字

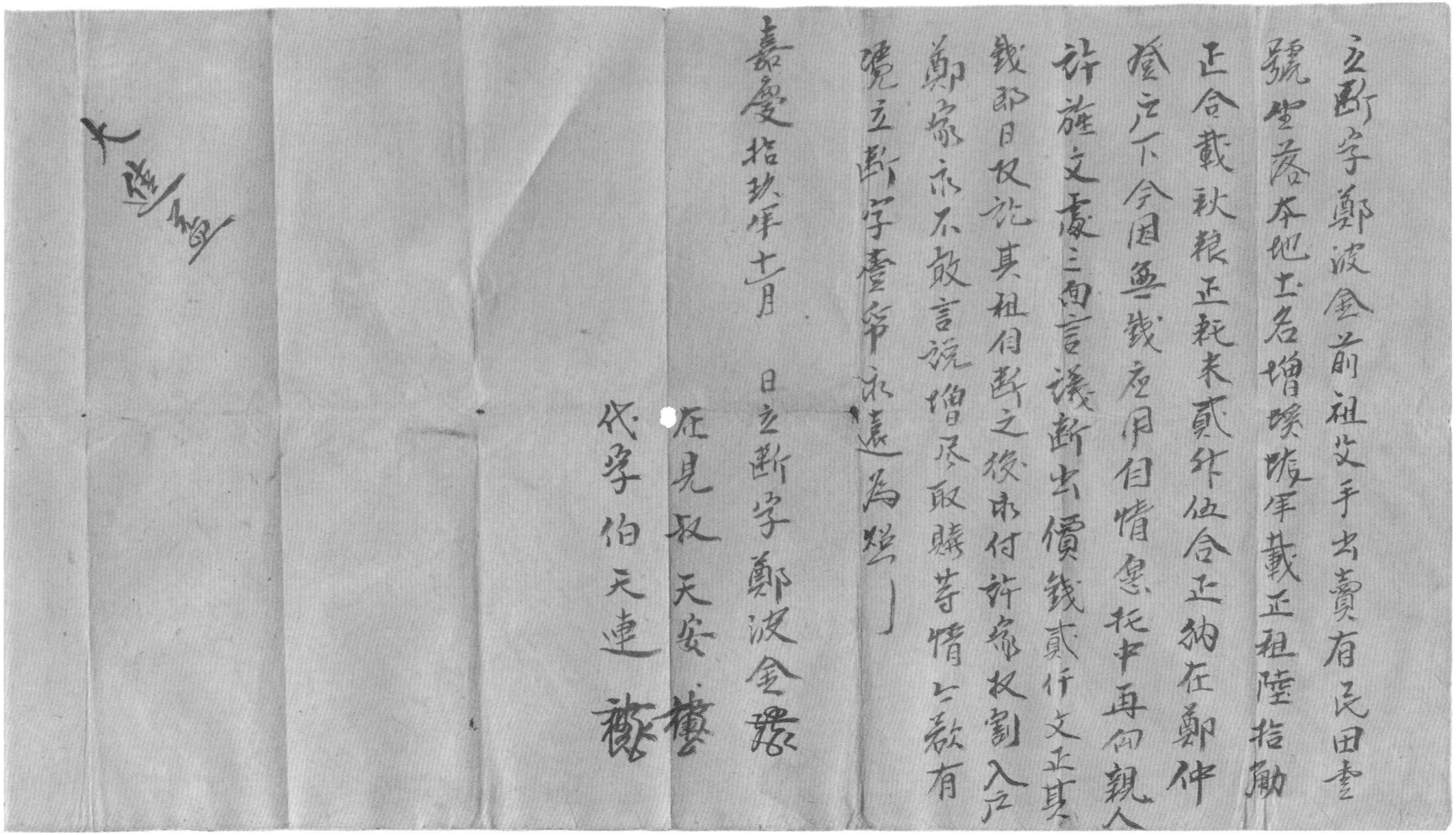

立斷字鄭波金前祖父手出賣有民田壹
號坐落本地土名增蹊垅年載正租陸指勵
正合載秋粮正耗米貳升伍合正納在鄭仲
登戶下今因無錢應用自情愿托中再向親人
許旌文處三面言議斷出價錢貳仟文正其
錢即日收訖其祖自斷之後永付許家收割入戶
鄭家永不敢言說增尽取贖等情亡款有
憑立斷字壹帋永遠為照｜

嘉慶拾玖年十一月　日立斷字鄭波金（押）

在見叔　天安（押）

代字伯　天連（押）

4-4-1-35　清嘉慶十九年十一月鄭波金立斷民田字

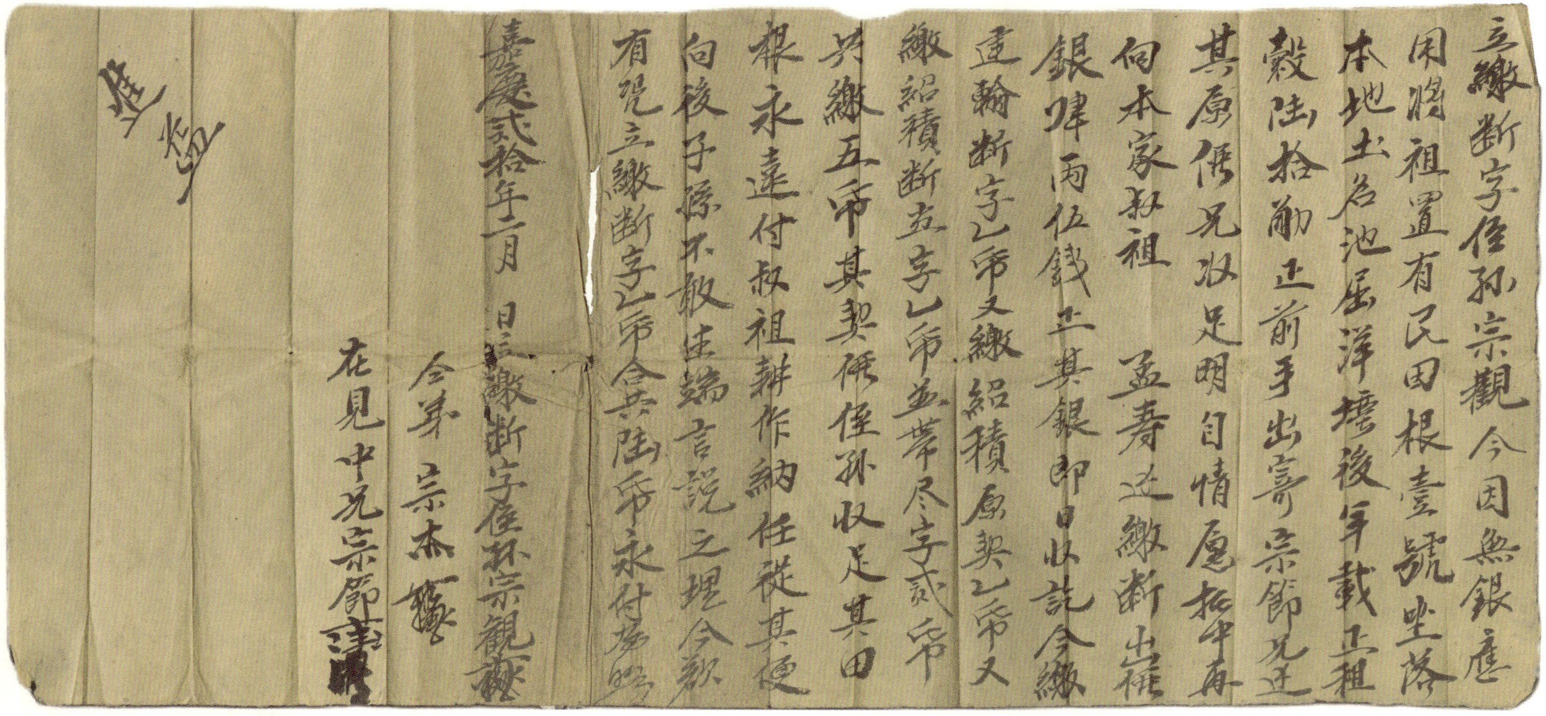
立繳斷字侄孫宗觀今因無銀應
用將祖置有民田根壹號坐落
本地土名池尾洋墘後年載正租
穀陆拾觔正前手出當宗節兄边
其原係兄收足明白情愿托中再
向本家叔祖　孟壽边繳斷出㭗
銀肆兩伍錢正其銀即日收訖今繳
過輸斷字乙帋又繳紹積原契乙帋又
繳紹積斷並字乙帋並帯尽字貳帋
共繳五帋其契係侄孫收足其田
根永遠付叔祖耕作納任從其便
向後子孫不敢生端言說之理今欲
有憑立繳斷字乙帋合共陆帋永付存照
嘉慶貳拾年二月　日立繳斷字侄孫宗觀
仝弟　宗杰
在見中兄宗節
准查

4-4-1-36　清嘉慶二十年二月許宗觀等立繳斷民田根字

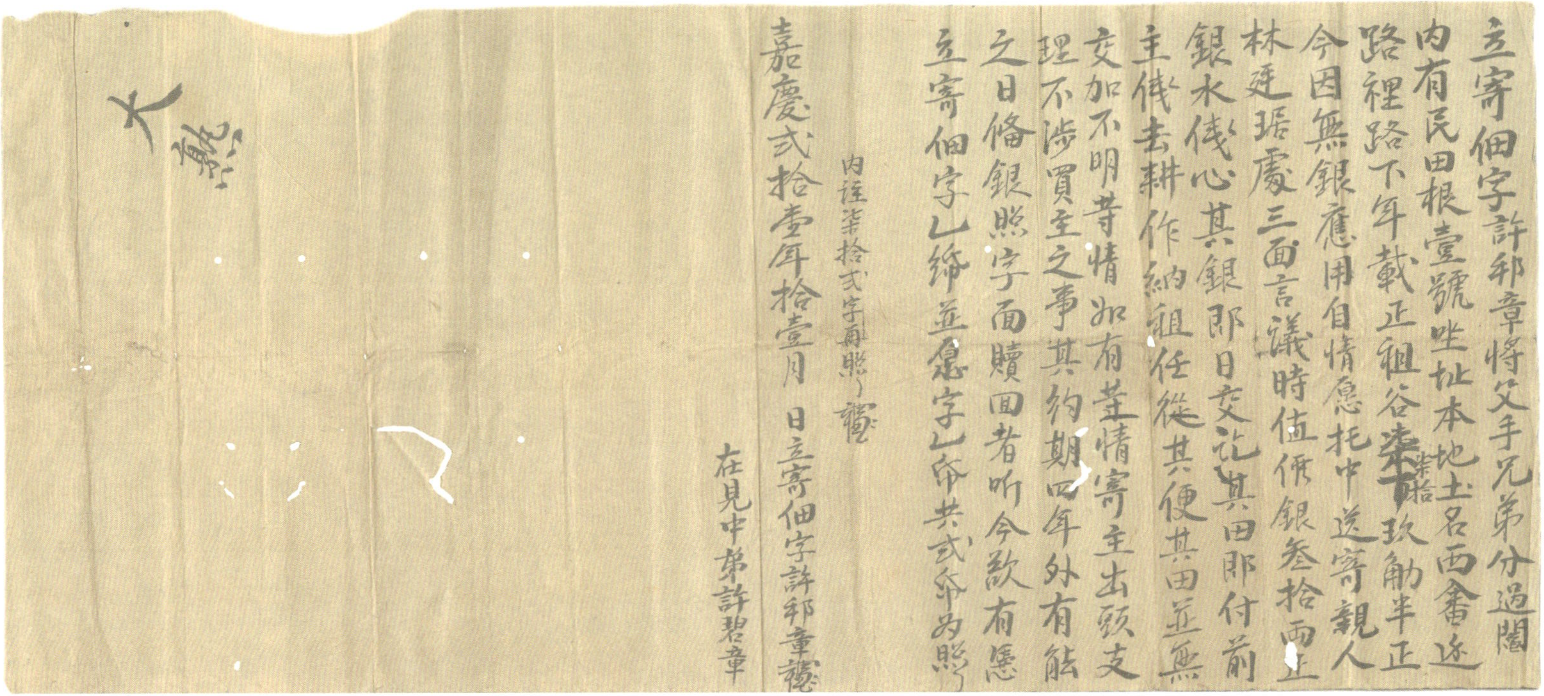
立寄佃字許邦章將父手兄弟分過鬮
內有民田根壹號坐址本地土名西畬逕
路裡路下年載正租谷柒拾玖斛半正
今因無銀應用自情愿托中送寄親人
林廷琚處三面言議時值價銀叁拾兩正
銀水俱心其銀即日交訖其田即付前
主佃去耕作納租任從其便其田並無
交加不明等情如有並情寄主出頭支
理不涉買主之事其約期四年外有能
之日備銀照字面贖回者听令欵有憑
立寄佃字山締並息字山紙共弍紙為照
內註涂拾弍字再照
嘉慶弍拾壹年拾壹月　日立寄佃字許邦章
在見中弟許碧章
大發

4-4-1-37　清嘉慶二十一年十一月許邦章立寄佃民田根字

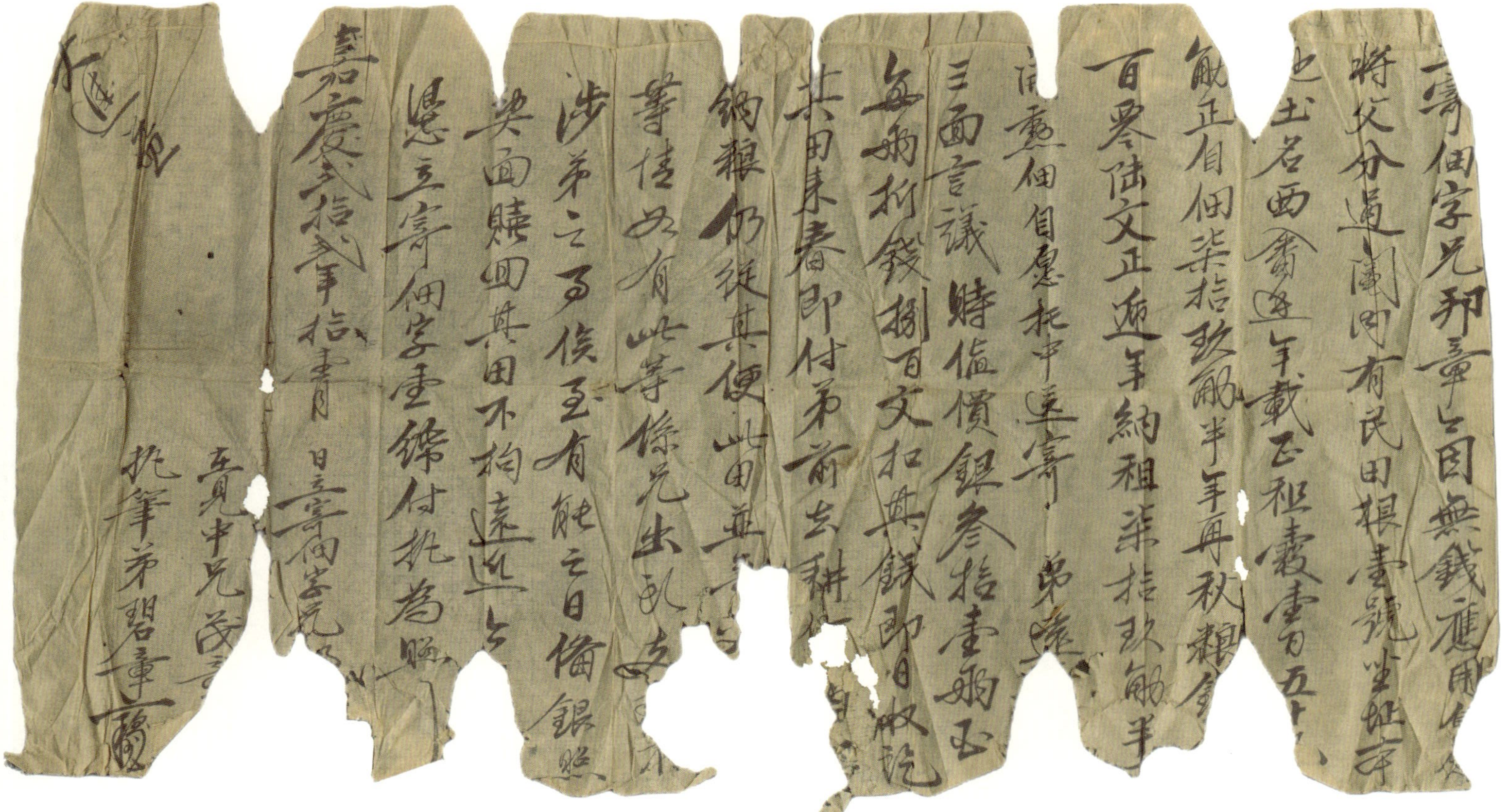

4-4-1-38　清嘉慶二十二年十一月許邦章立寄佃民田根字

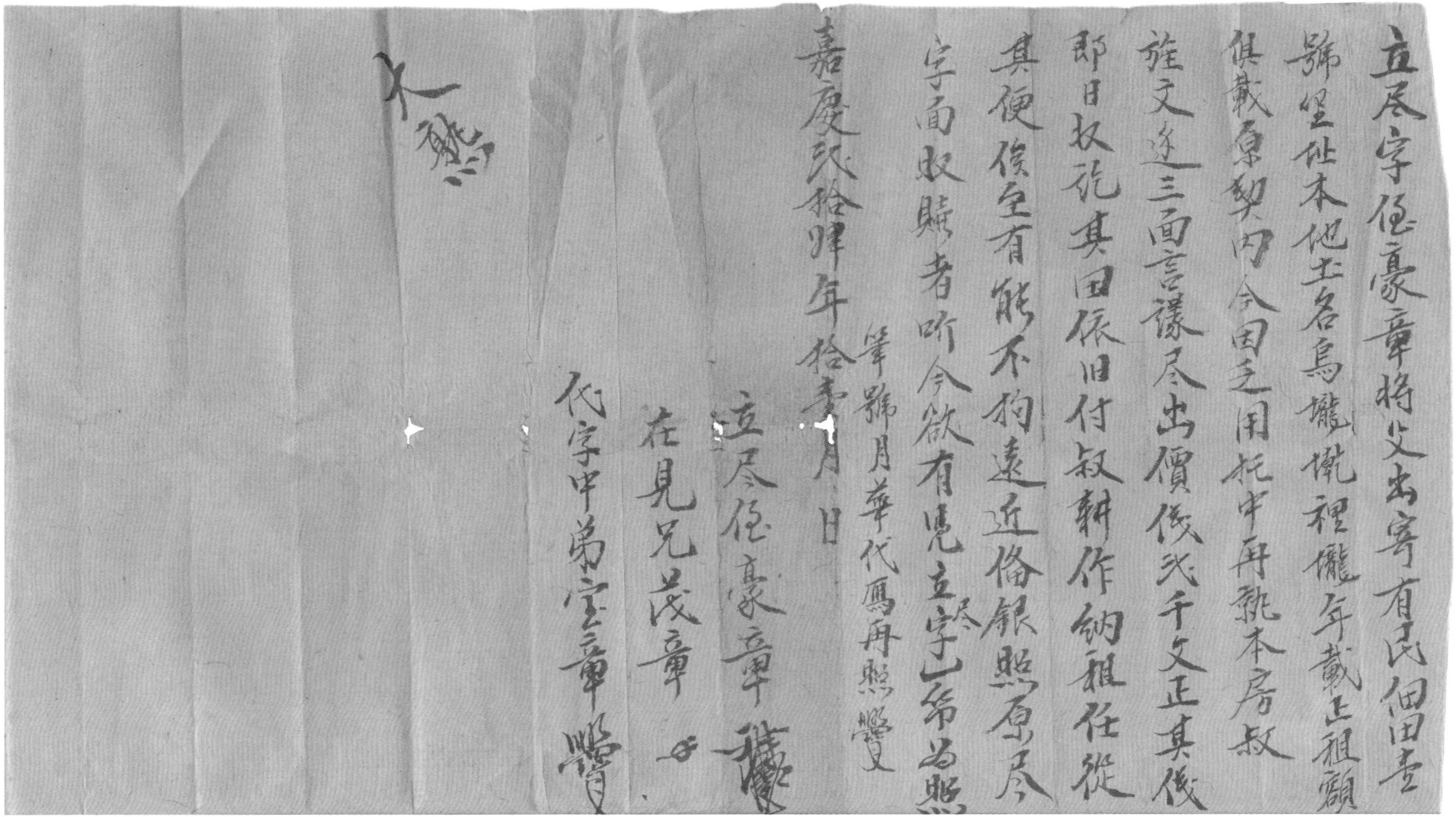

立盡字侄豪章將父出寄有民佃田壹
號坐址本地土名烏壠墘裡壠年載上租穀
俱載原契內今因乏用托中再就本房叔
旋文邊三面言議盡出價錢弍千文正其錢
即日收訖其田依旧付叔耕作納租任從
其便俟至有能不拘遠近備銀照原盡
字面收贖者聽今欲有憑立盡字一帋爲照
筆歸月華代爲再照燮
嘉慶弍拾肆年拾壹月　日
立盡侄豪章（押）
在見兄茂章（押）
代字中弟寶章（押）
大發

4-4-1-39　清嘉慶二十四年十一月許豪章立盡民佃田字

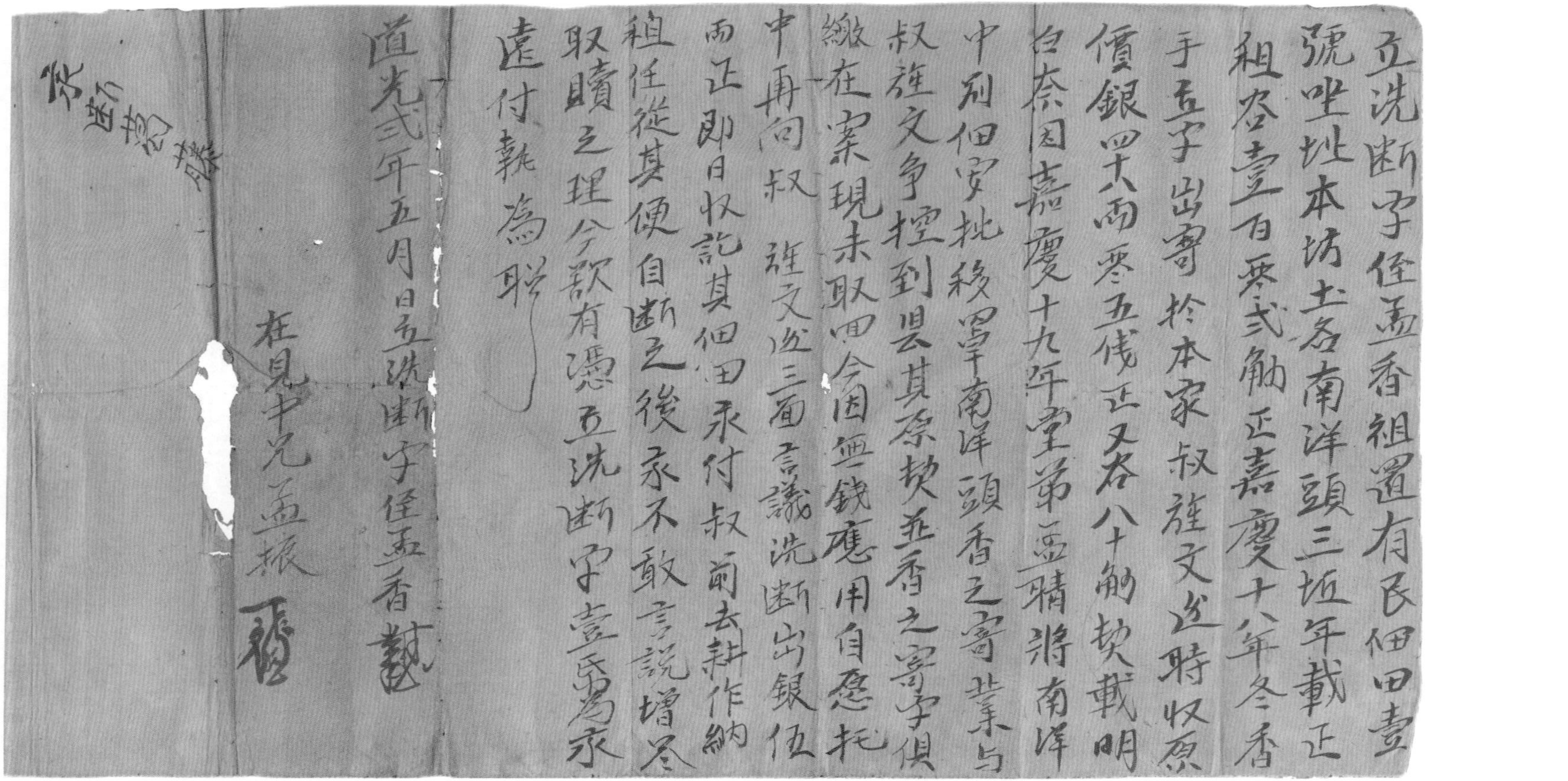

立洗斷字侄孟香祖置有民佃田壹
號坐址本坊土名南洋頭三坵年載正
租谷壹百零弍觔正嘉慶十八年冬香
手立字出寄於本家叔旌文边時收原
價銀四大兩零五錢正又谷八十觔契載明
白奈因嘉慶十九年堂弟孟猜將南洋
中別佃田字批移寫南洋頭香之寄業與
叔旌文争控到县其原契孟香之寄字俱
繳在案現未取回今因無錢應用自愿托
中再向叔旌文边三面言議洗斷出銀伍
兩正即日收訖其佃田永付叔前去耕作納
租任從其便自斷之後永不敢言說增找
取贖之理今欲有憑立洗斷字壹紙爲永
遠付執爲照
道光弍年五月　日立洗斷字侄孟香（押）
在見中兄孟振（押）

4-4-1-40　清道光二年五月許孟香立洗斷民佃田字

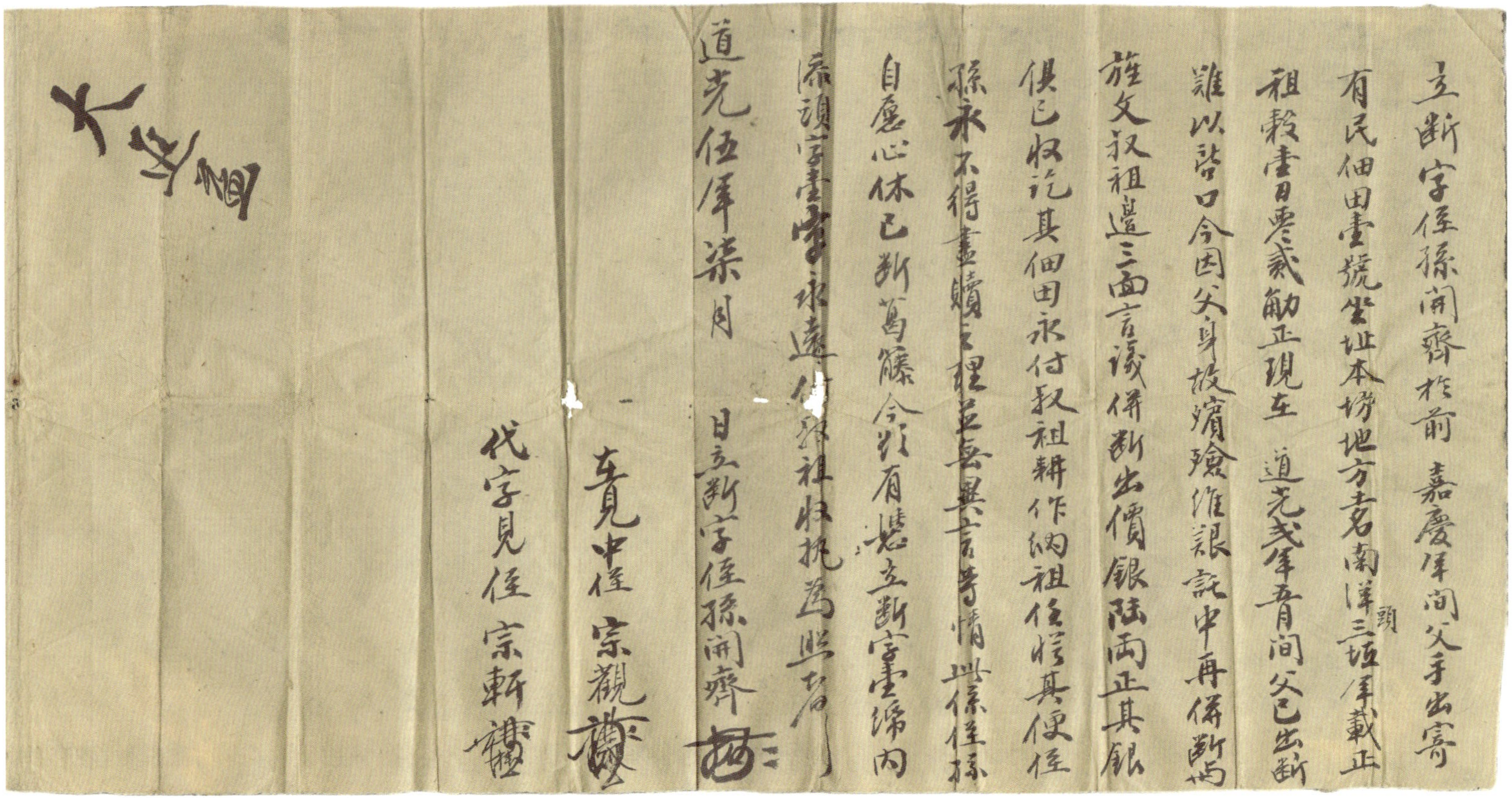
立斷字侄孫開齊，於前嘉慶年間父手出寄有民佃田壹號，坐址本坊地方，土名南洋頭三坵，年載正租穀壹百零貳觔正，現在。道光弍年春間父已出斷，難以啓口，今因父身故，殯殮維艱，託中再併斷與族文叔祖邊，三面言議併斷出價銀陸兩正，其銀俱已收訖，其佃田永付叔祖耕作納租，任憑其便，侄孫永不得言贖，言理並無異言等情。此係侄孫自愿心休，已斷葛籐，今欲有憑，立斷字壹紙，內添頭字壹字，永遠付與叔祖收執為照。

道光伍年柒月　日立斷字侄孫開齊（押）

在見中侄　宗觀（押）

代字見侄　宗軒（押）

4-4-1-41　清道光五年七月許開齊立斷民佃田字

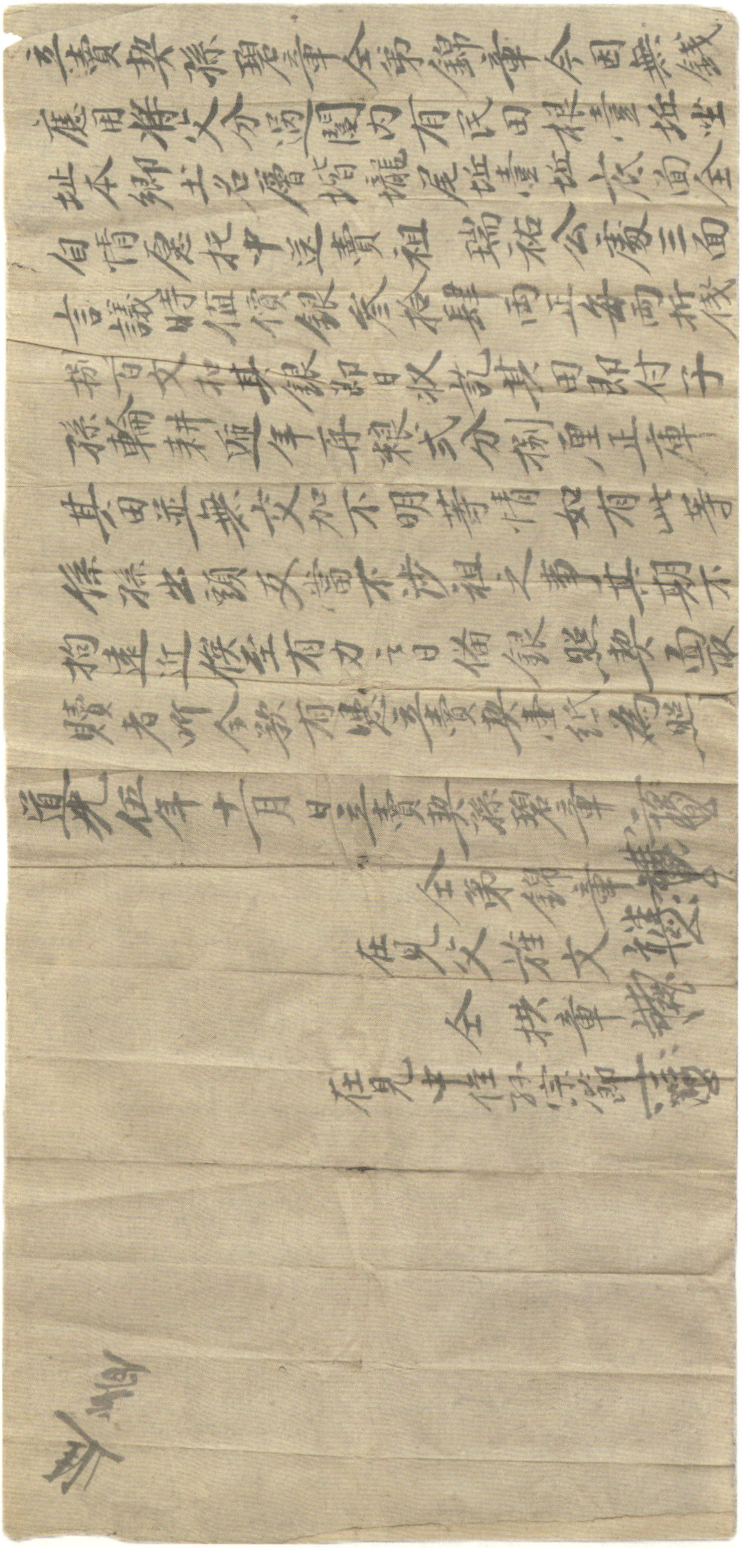

4-4-1-42　清道光五年十一月許碧章等立賣民田根契

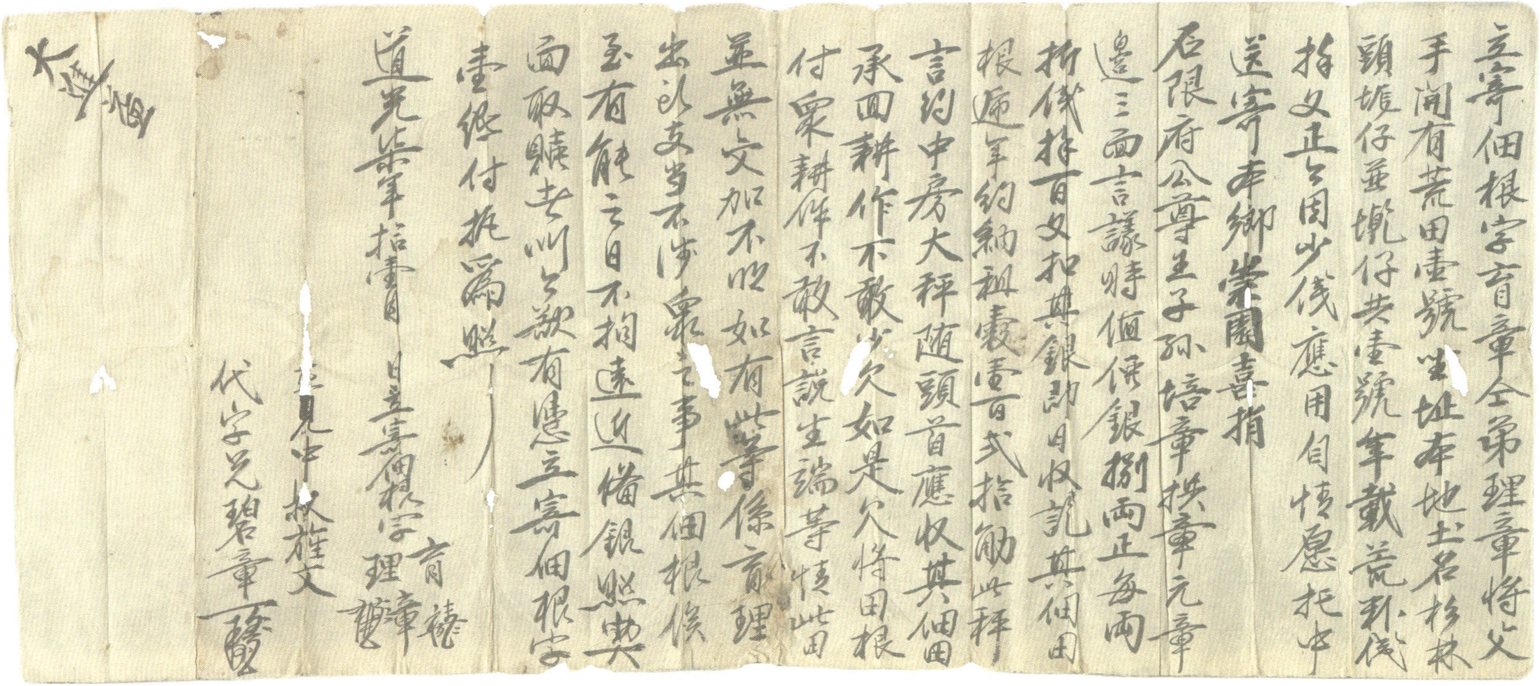

4-4-1-43　清道光七年十一月許育章等立寄佃荒田根字

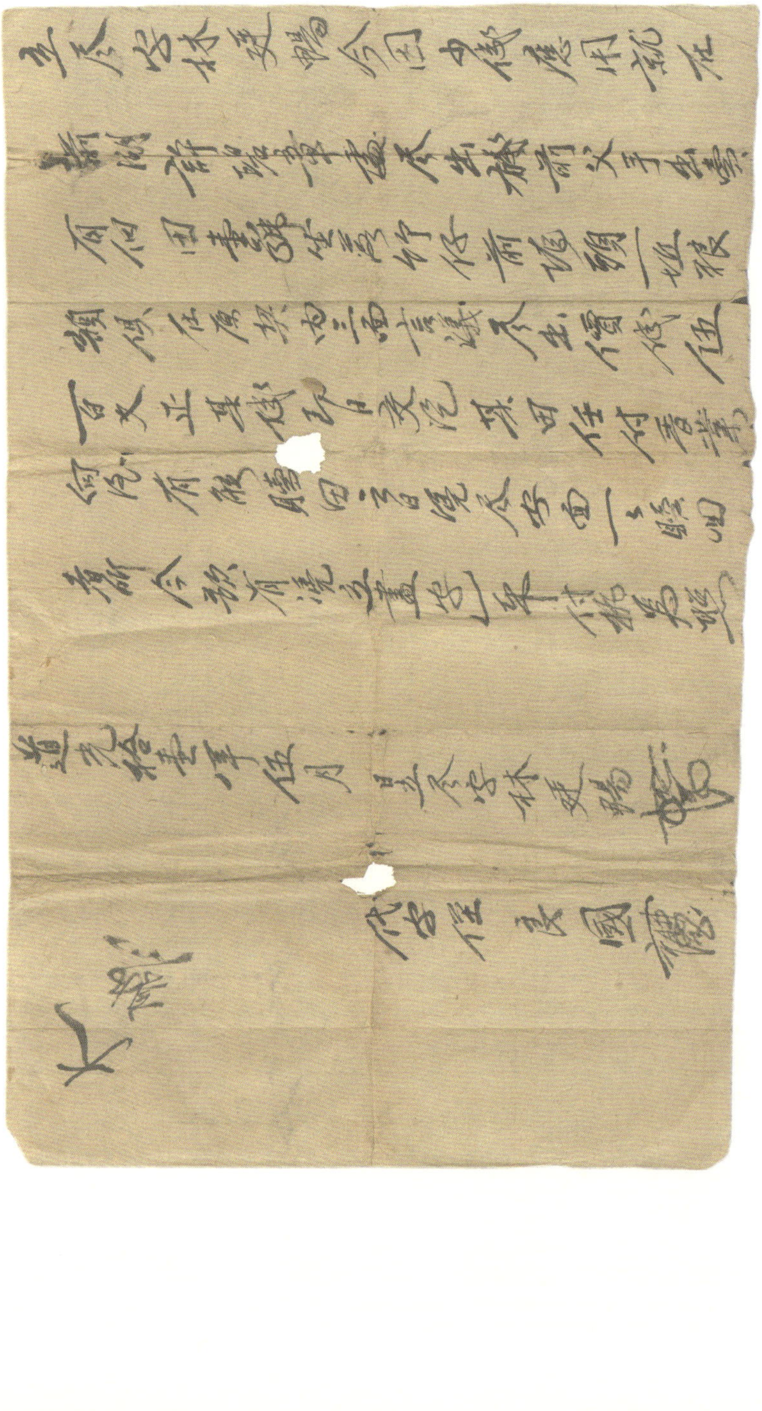
立盡佃字林廷暢今因乏銀應用就在
[illegible]
[illegible]
[illegible]
一百文正其銀即日交訖[illegible]
[illegible]
[illegible]
道光拾壹年伍月 日立盡佃字林廷暢（押）
代字侄[illegible]
大吉

4-4-1-44　清道光十一年五月林廷暢立盡佃田字

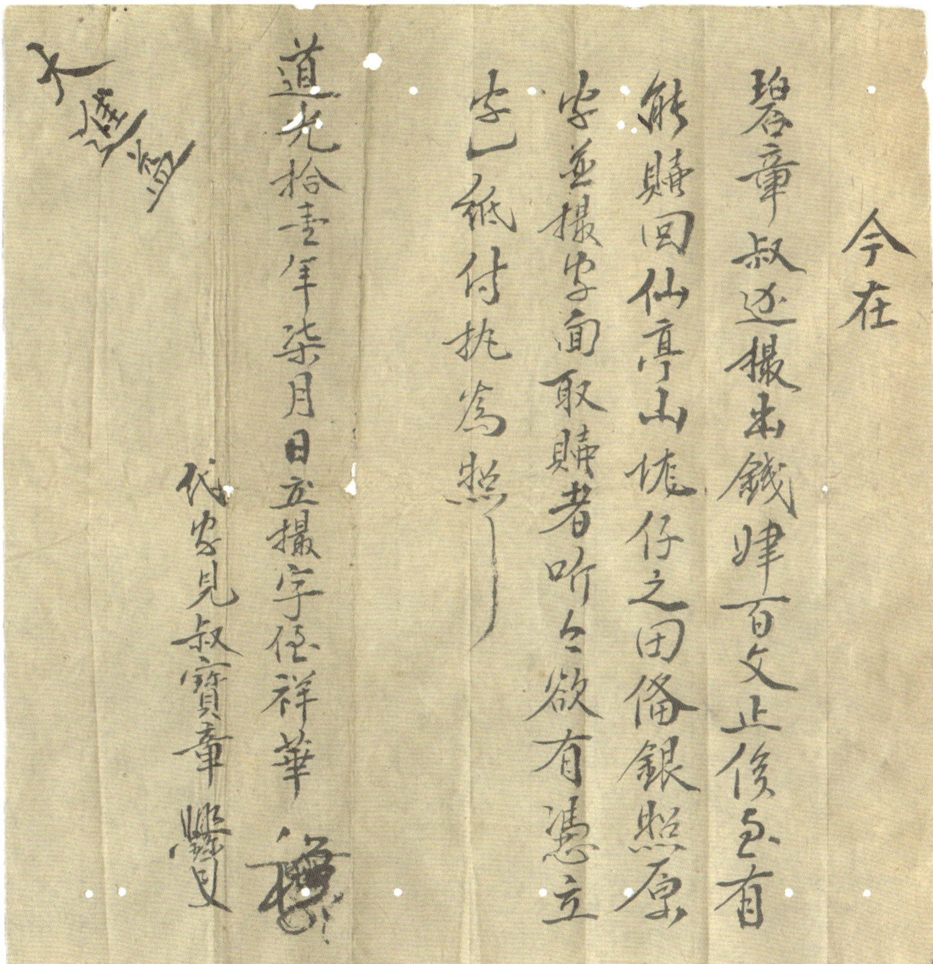

今在
碧章叔邊撮出錢肆百文正，後日有
能贖回仙亭山坑仔之田，備銀照原
字並撮字面取贖者，聽仝欲有憑，立
字一紙付執為照。
道光拾壹年柒月日立撮字侄祥華（押）
代字見叔寳章（押）
大進益

4-4-1-45　清道光十一年七月許祥華立撮字

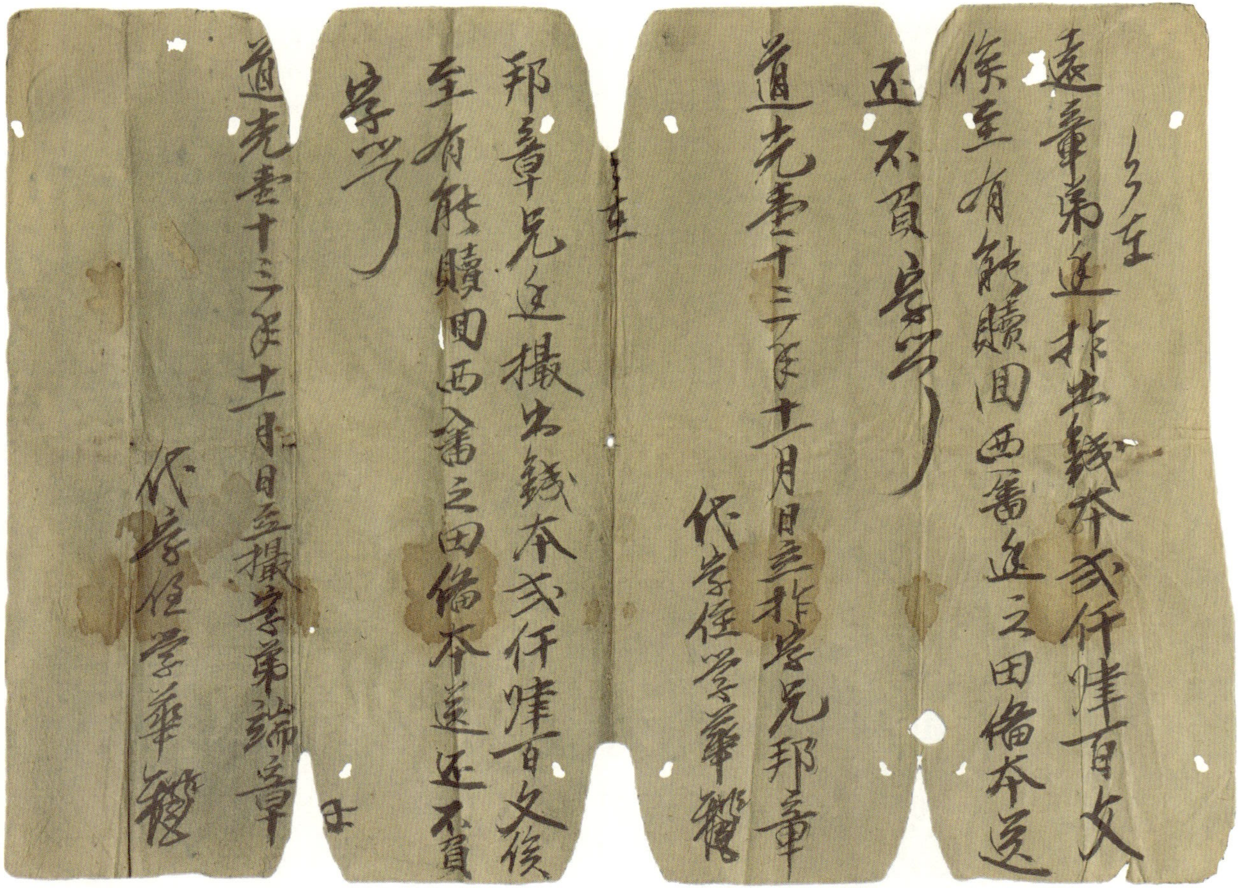

在
遠章弟邊非出錢本弍仟肆百文
係至有能贖回西畬邊之田倫本送
還不負字了
道光十三年十一月日立非字兄邦章
代字侄學華號

在
邦章兄邊撮出錢本弍仟肆百文後
至有能贖回西畬之田倫本送還不負
字了
任
道光十三年十一月日立撮字弟端章
代字侄學華號

4-4-1-46　清道光十三年十一月許邦章立撮字

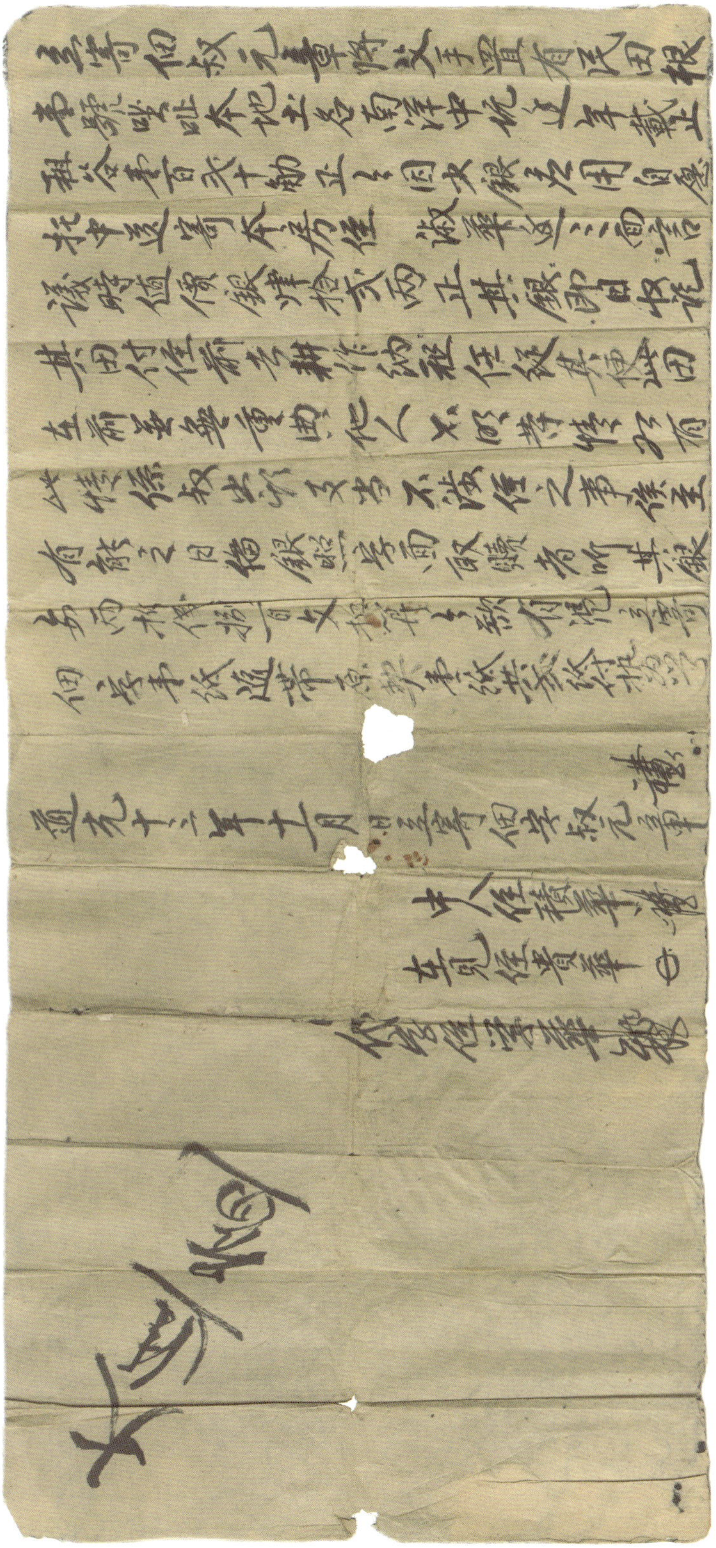

4-4-1-47　清道光十三年十一月許元章立寄佃民田根字

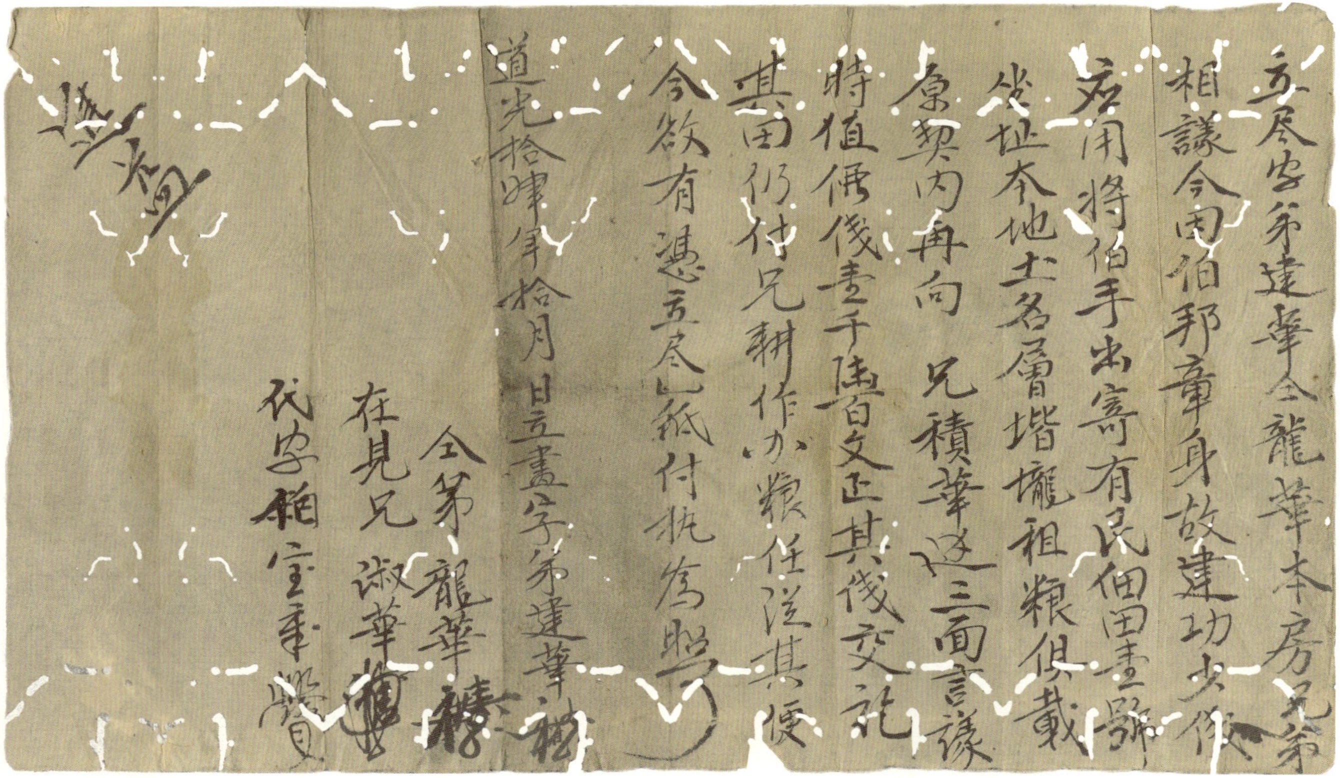

立盡字弟建華仝龍華本房兄弟
相議今因伯邦章身故建功出[illegible]
安用將伯手出寄有民佃田壹段
坐址本地土名層塔壠祖粮俱載
原契內再向　兄積華送三面言議
時值價錢壹千陸百文正其錢交訖
其田仍付兄耕作办粮任從其便
今欲有憑立盡山紙付執為照
道光拾肆年拾月　日立盡字弟建華
仝弟　龍華
在見兄　瀲華
代字稻金手

4-4-1-48　清道光十四年十月許建華等立盡民佃田字

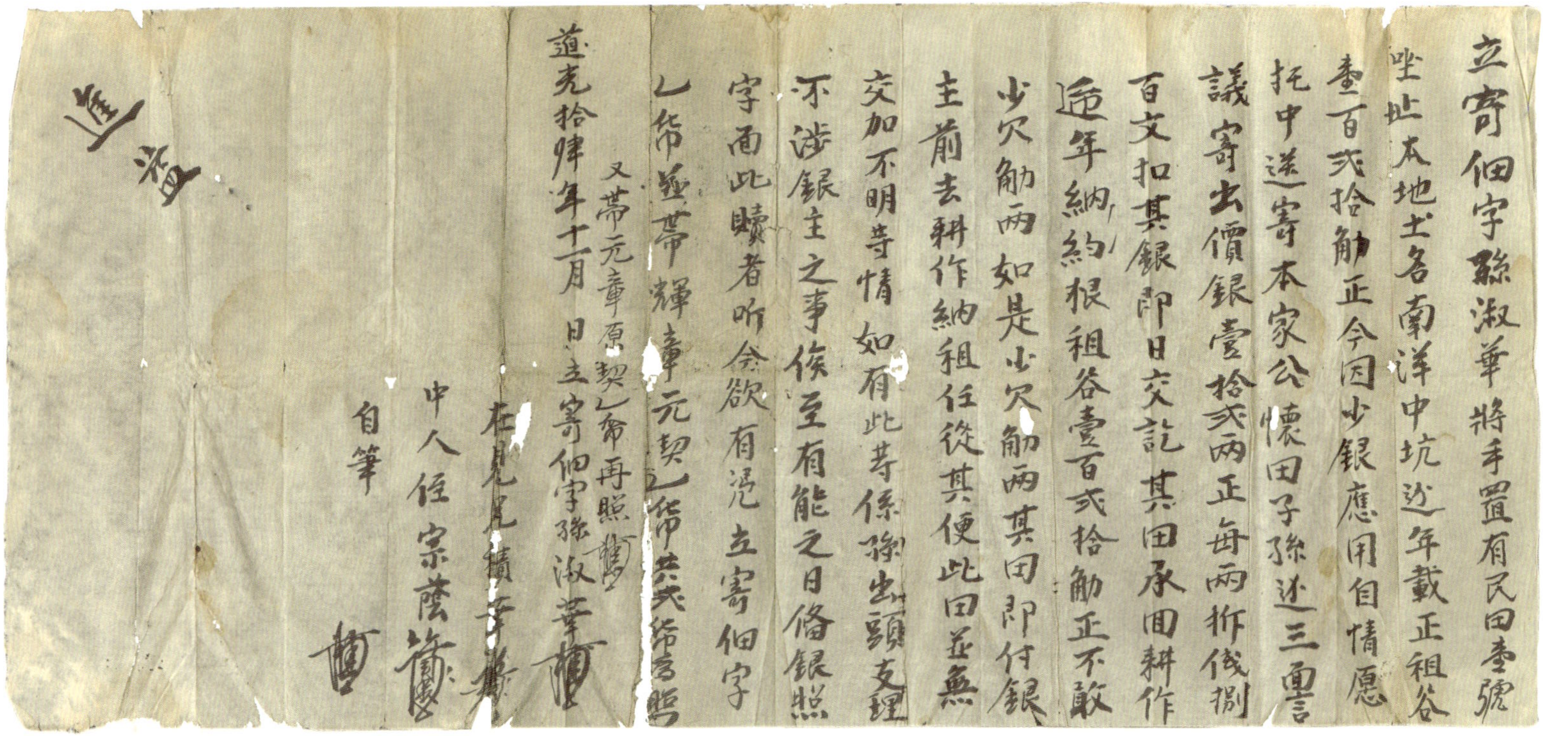

立寄佃字孫淑華將手置有民田壹號
坐址本地土名南洋中坑边年載正租谷
壹百弍拾觔正今因少銀應用自情愿
托中送寄本家公懷田子孫述三粤
議寄出價銀壹拾弍兩正每兩折錢捌
百文扣其銀即日交訖其田承佃耕作
逐年納約根租谷壹百弍拾觔正不敢
少欠觔兩如是少欠觔兩其田即付銀
主前去耕作納租任從其便此田並無
交加不明等情如有此等係孫出頭支理
不涉銀主之事候至有能之日備銀照
字面此贖者听会欲有憑立寄佃字
乙紙並帶輝章元契乙紙共弍紙付照
又帶元章原契乙紙再照
道光拾肆年十一月　日立寄佃字孫淑華
在見兄積章
中人侄宗蔭
自筆
進管

4-4-1-49　清道光十四年十一月許淑華立寄佃民田字

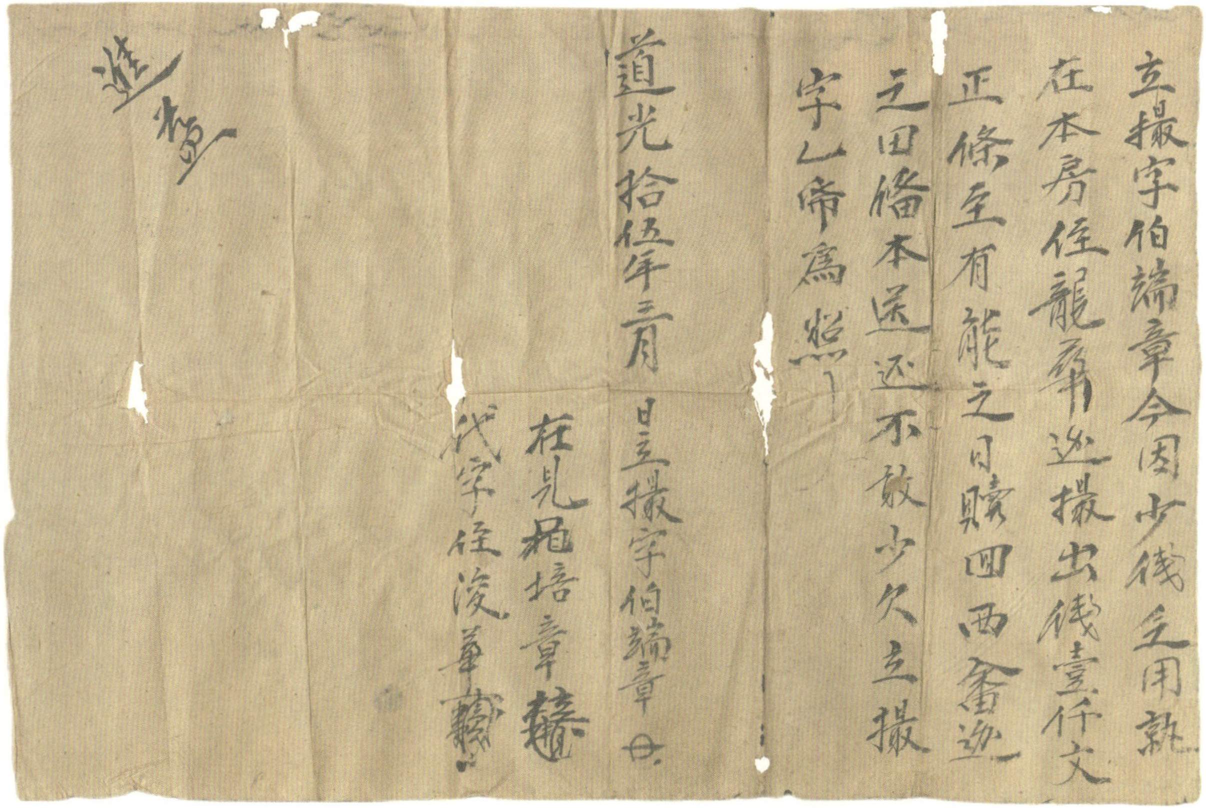
立撮字伯端章今因少錢乏用就
在本房侄龍彝邊撮出錢壹仟文
正，條至有能之日贖回西畬邊
之田備本送还不敢少欠立撮
字一帋為照。
道光拾伍年三月　日立撮字伯端章（押）
在見胞培章（押）
代字侄浚華（押）

4-4-1-50　清道光十五年三月許端章立撮字

立尽字叔元章將手出壽有民佃田
壹號坐址本地土名南洋中石橋頭
年載正租壹佰貳拾觔正今因乏用
自情愿再向本房姪淑華邊
尽出價錢陸佰文正其價即日收訖
其田依付侄前去耕作納租仍從其
便係至有餘之日備銀照原盡字
面可取贖者此今欲有憑立盡字為照

道光拾伍年九月　日立盡字叔元章（押）
在見兄惠章（押）

大[illegible]

4-4-1-51　清道光十五年九月許元章立盡民佃田字

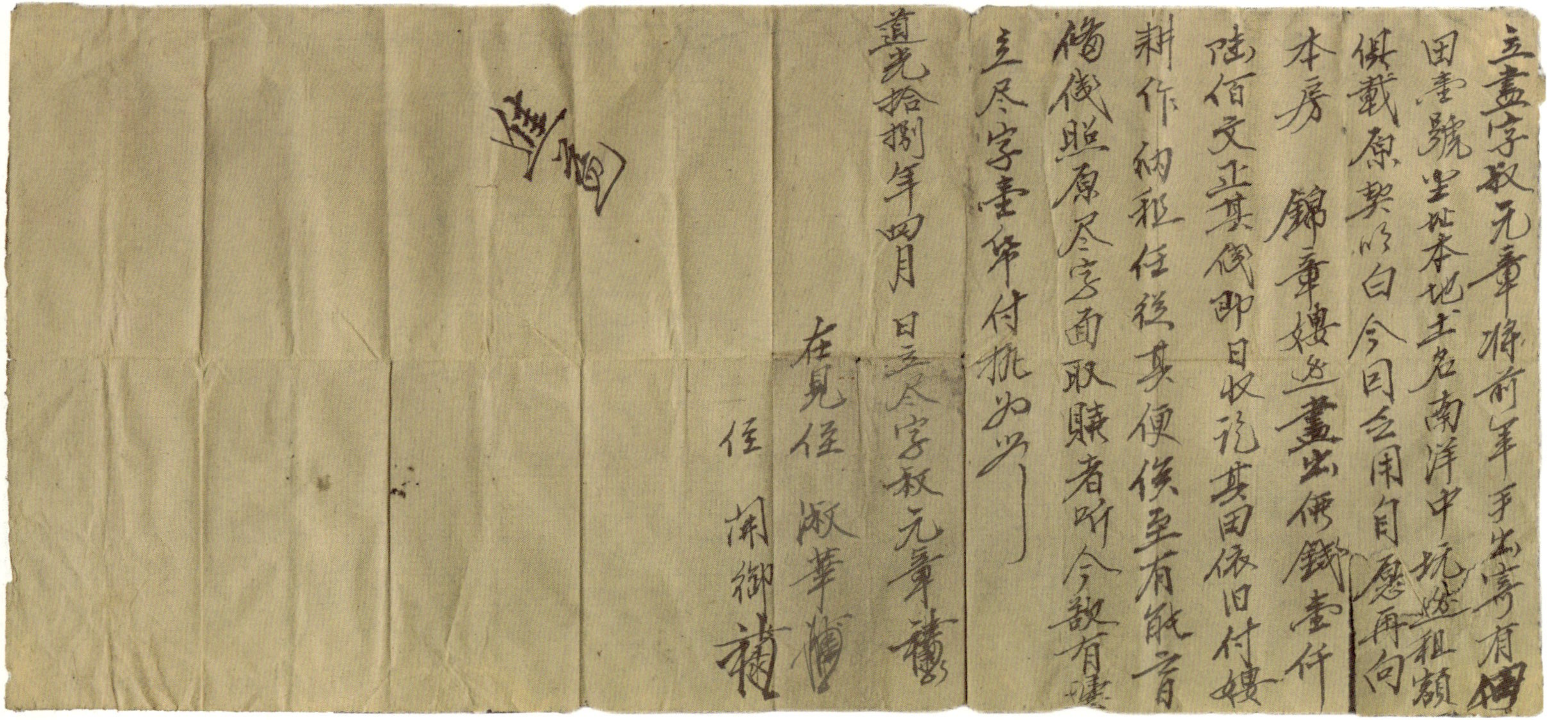

立盡字叔元章將前年手出當有佃
田壹號坐址本地土名南洋中坑邊租額
俱載原契明白今因乏用自愿再向
本房 錦章嫂邊盡出佛錢壹仟
陸佰文正其錢即日收訖其田依旧付嫂
耕作納租任從其便侄至有能肯
備錢照原盡字面取贖者听令敢有嫂
立盡字壹帋付執為照
道光拾捌年四月 日立盡字叔元章
在見侄 淑華
侄 開御 補

4-4-1-52　清道光十八年四月許元章立盡佃田字

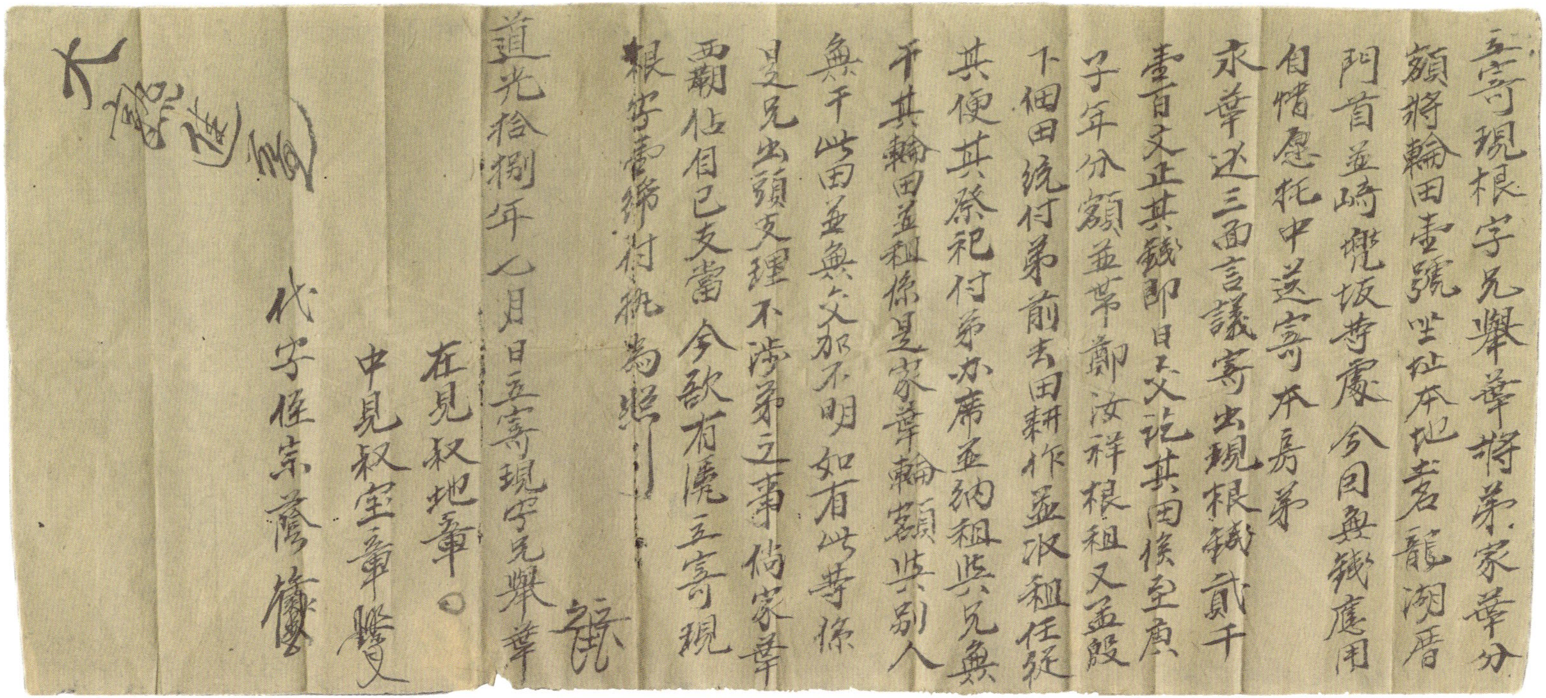
立寄現根字兄舉華將弟家華分
額將輪田壹號坐址本地著龍湖厝
門首並崎塆坂等處，今因無錢應用，
自情愿托中送寄本房弟
求華边三面言議，寄出現根錢貳千
壹百文正，其錢即日交訖，其田候至庚
子年分額並苐鄭汝祥根租又並殷
下佃田統付弟前去田耕作，並收租任從
其便，其祭祀付弟办席，並納租與兄無
干，其輪田並租係是家華輪額，與別人
無干，此田並無文加不明，如有此等係
是兄出頭支理，不涉弟之事，倘家華
爾佔自己支當。今欲有憑，立寄現
根字壹紙付執為照。
道光拾捌年七月　日立寄現字兄舉華
在見叔地華
中見叔室華
代字侄宗蔭

4-4-1-53　清道光十八年七月許舉華立寄輪田現根字

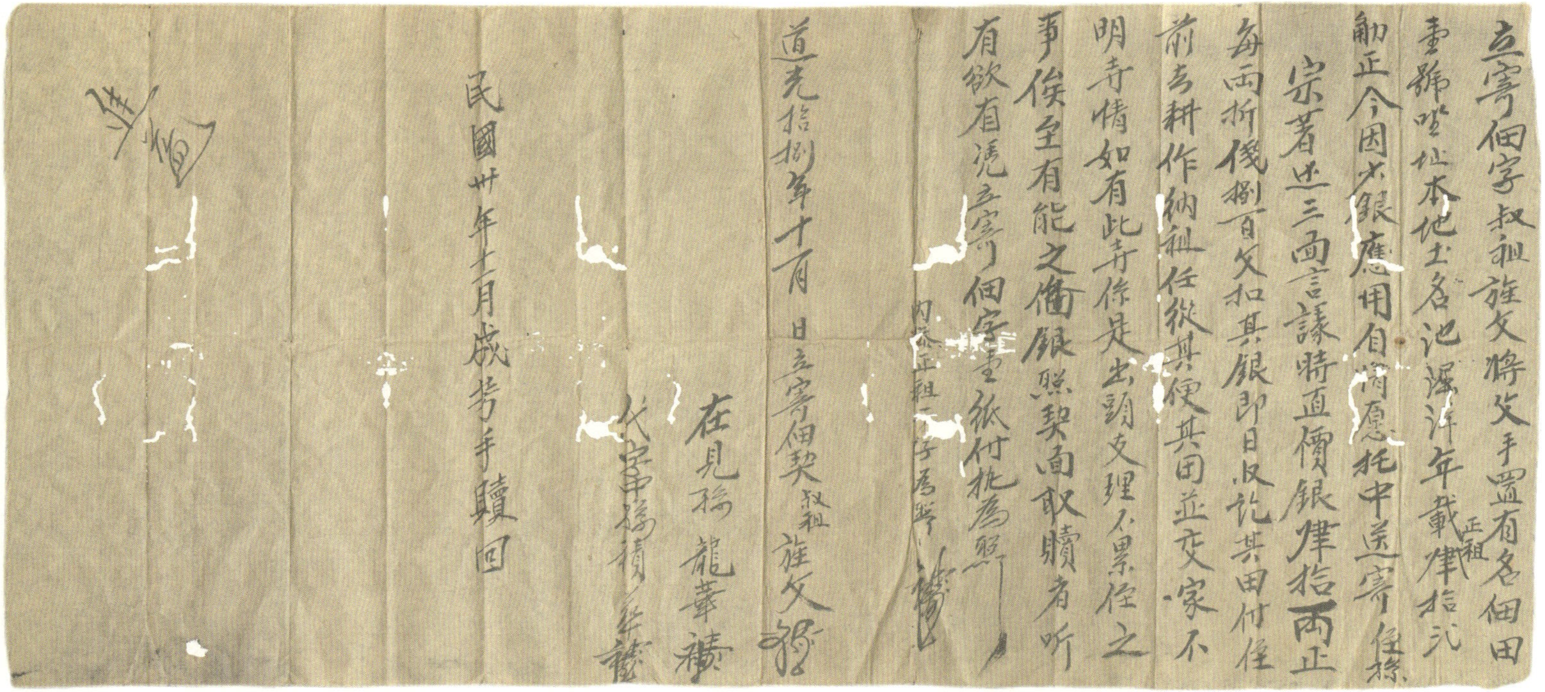
立寄佃字叔祖旌文將父手置有名佃田
壹號坐址本地土名池深汴年載正租律指弍
觔正今因乏銀應用自情愿托中送寄侄孫
宗著边三面言議特直價銀律指兩正
每兩折錢捌百文扣其銀即日收訖其田付侄
前去耕作納租任從其便其田並交家不
明寺情如有此寺係是出頭支理不累侄之
事俟至有能之備銀照契面取贖者听
有欲有憑立寄佃字壹紙付執為照
內添正租二字為照
道光指捌年十月 日立寄佃契叔祖旌文（押）
在見孫 龍華（押）
代字孫積[illegible]（押）
民國卅年十二月歲芳手贖回

4-4-1-54　清道光十八年十一月許旌文立寄佃田字

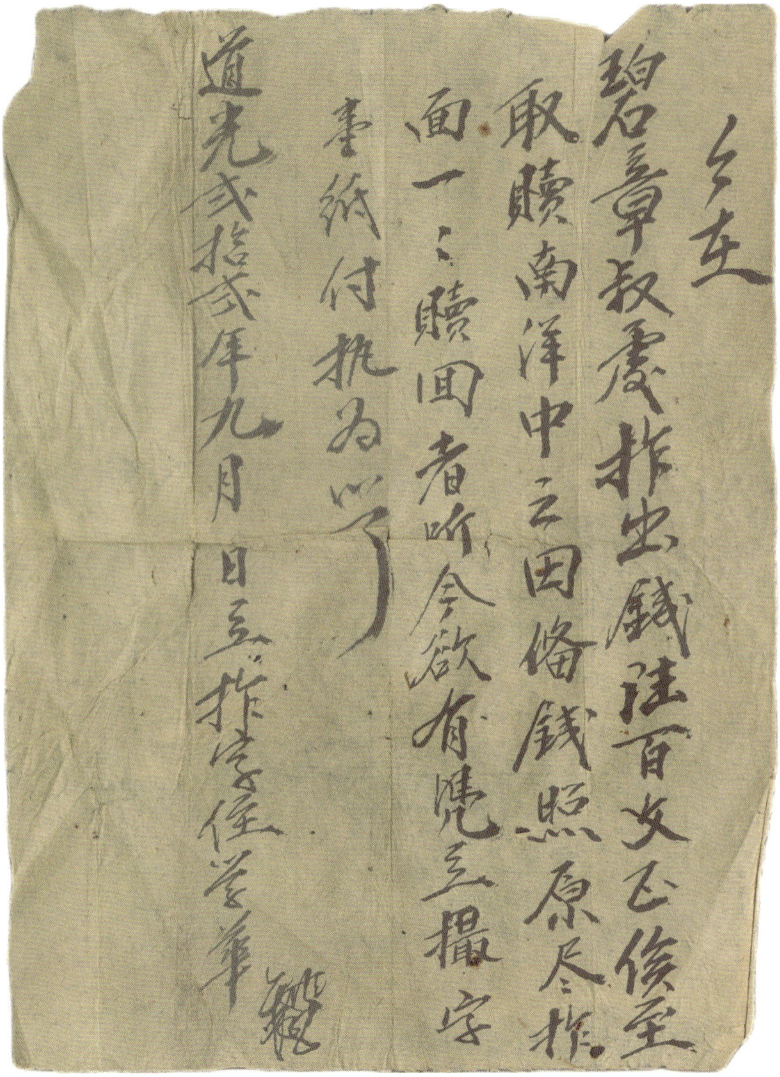
仝立
碧章叔處拃出錢陸百文正俟至
取贖南洋中之田倫錢照原盡拃
面一一贖回者聽今欲有憑立撮字
壹紙付執為照
道光弍拾弍年九月　日立拃字侄學華（押）

4-4-1-55　清道光二十二年九月許學華立撮字

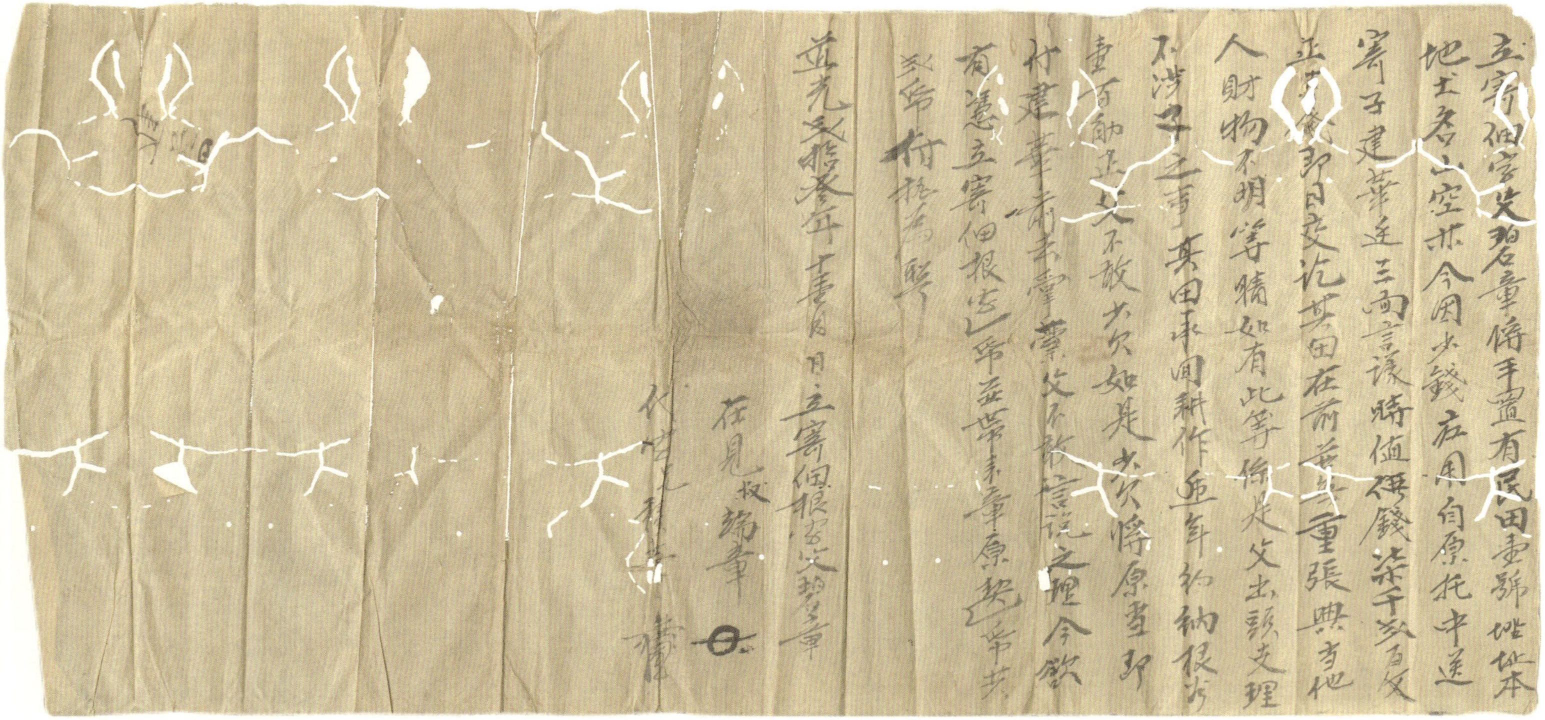

立寄佃字人碧章，倚手置有民田壹號，坐址本
地土名山空林，今因少錢應用，自原托中送
寄子建華邊三面言議，時值價錢柒千[illegible]百文
正，其錢即日交訖。其田在前並無重張典當他
人財物不明等情，如有此等，係是文出頭支理，
不涉子之事。其田承回耕作，逐年約納租谷
壹百觔正，不敢欠少，如是欠少，將原田即
付建華[illegible]文不敢言說之理。今欲
有憑，立寄佃根字一紙，並帶上手原契一紙，共
貳紙，付執為照。

道光二十三年十一月　日立寄佃根字人許碧章
在見叔　瑞章
代筆人　[illegible]

4-4-1-56　清道光二十三年十一月許碧章立寄佃民田字

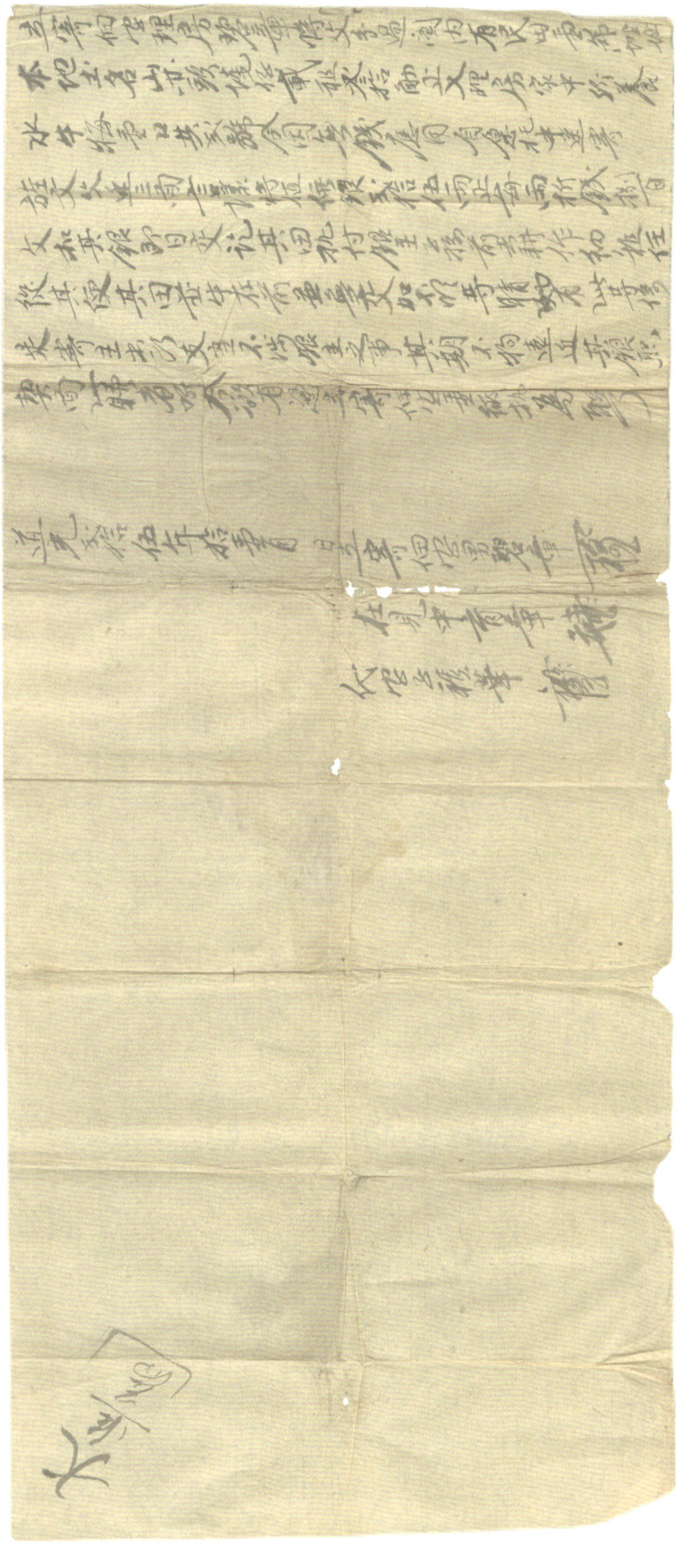

4-4-1-57　清道光二十五年十一月許碧章立寄佃民田字

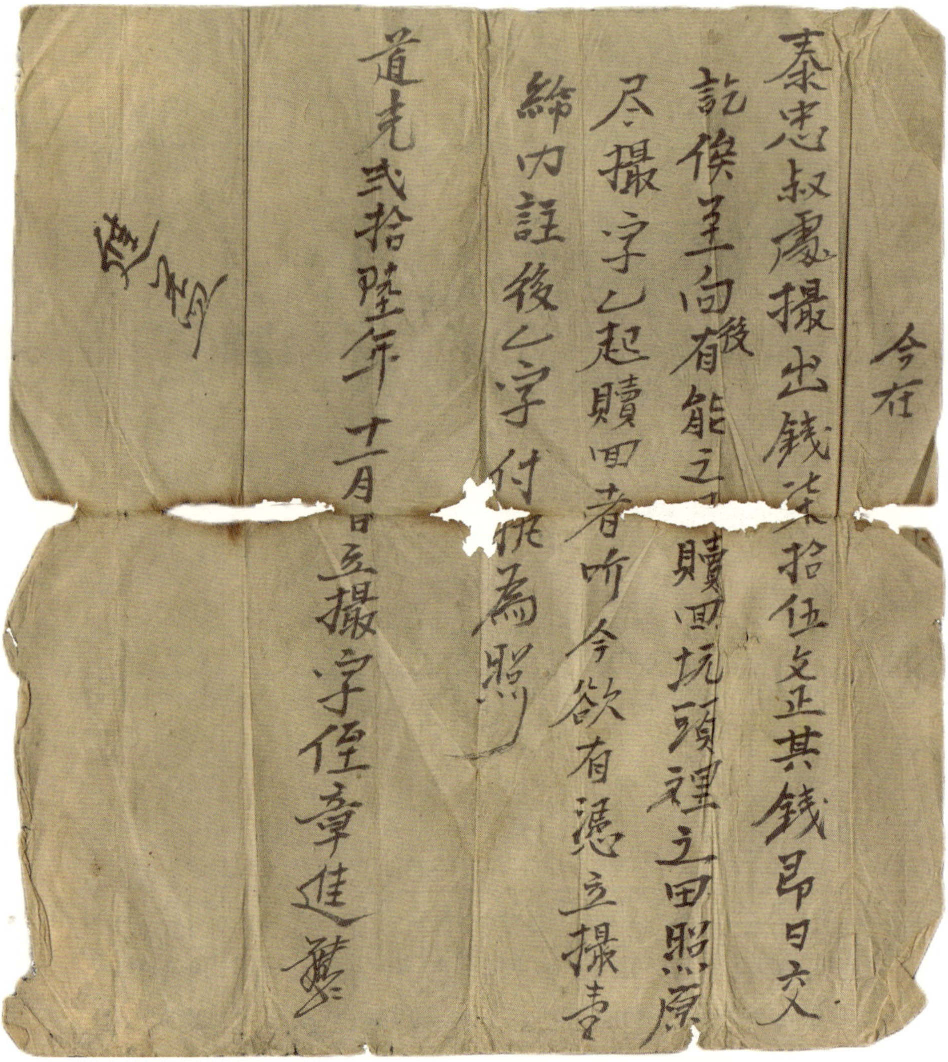
今在
秦忠叔處撮出錢柒拾伍文正其錢即日交
訖俟至向後有能之[illegible]贖回坑頭裡之田照原
尽撮字乙起贖回者听今欲有憑立撮壹
紙內註後乙字付執為照
道光貳拾陸年十一月日立撮字侄章進

4-4-1-58　清道光二十六年十一月許章進立撮字

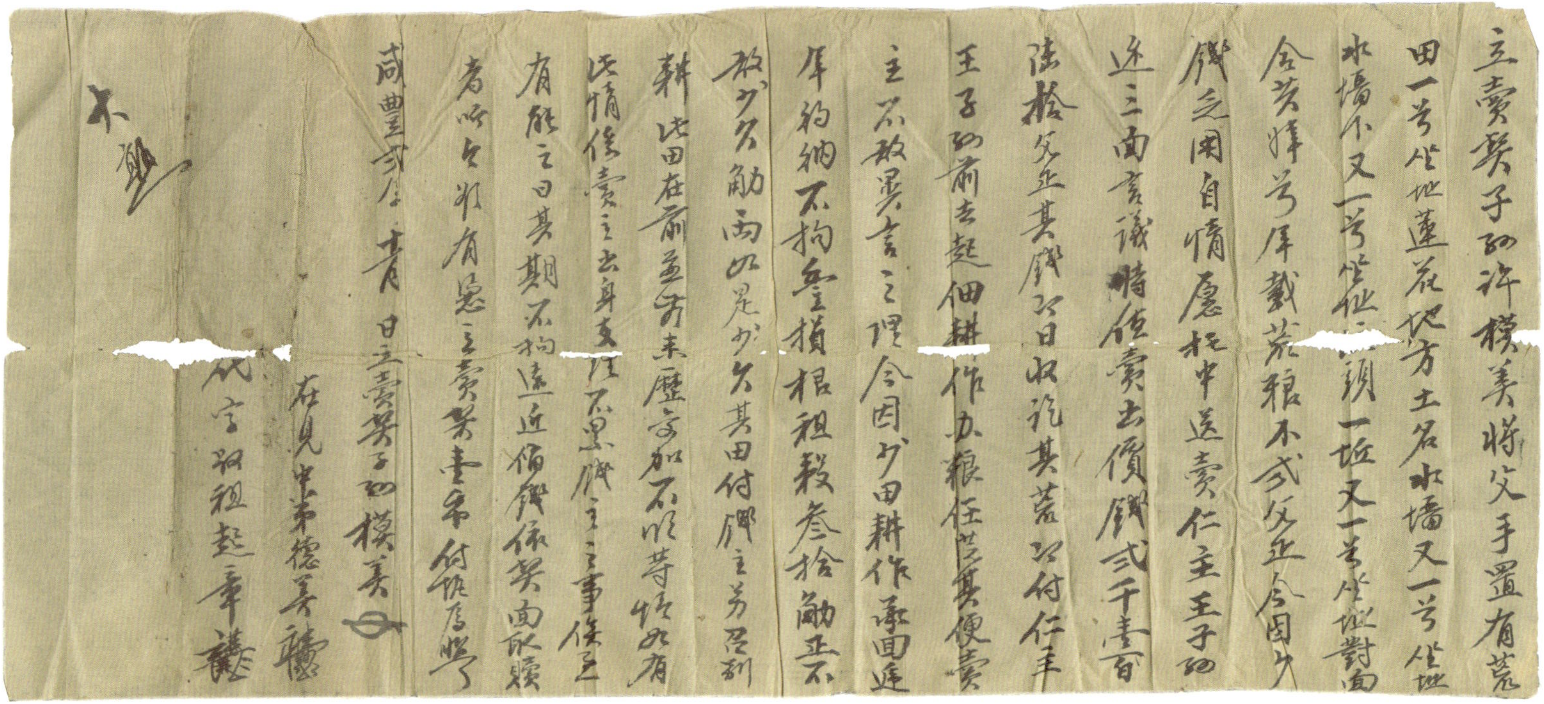

立賣契子叔許模美將父手置有荒
田一号坐址蓮花地方土名水墻又一号坐址
水墻下又一号坐址[illegible]頭一坵又一号坐址對面
仝苐肆号俱載荒粮不式分正今因少
錢之用自情愿托中送賣仁主王子叔
边三面言議時值賣出價錢式千壹百
陆拾文正其錢即日收訖其荒即付仁主
王子叔前去起佃耕作办粮任其便賣
主不敢異言之理今因少田耕作議回逐
年約納不拘豐損根租穀叁拾觔正不
敢少欠觔两如是少欠其田付與主另召別
耕此田在前並未歷交加不明等情如有
此情係賣主出身支理不患錢主之事係是
有能之日其期不拘遠近備錢依契面取贖
者恐口難有憑立賣契壹帋付與為照

咸豐式年十一 月 日立賣契子叔模美 押

在見中弟德美 押

代字叔祖起章 押

不贖

4-4-1-59 清咸豐二年十一月許模美立賣荒田契

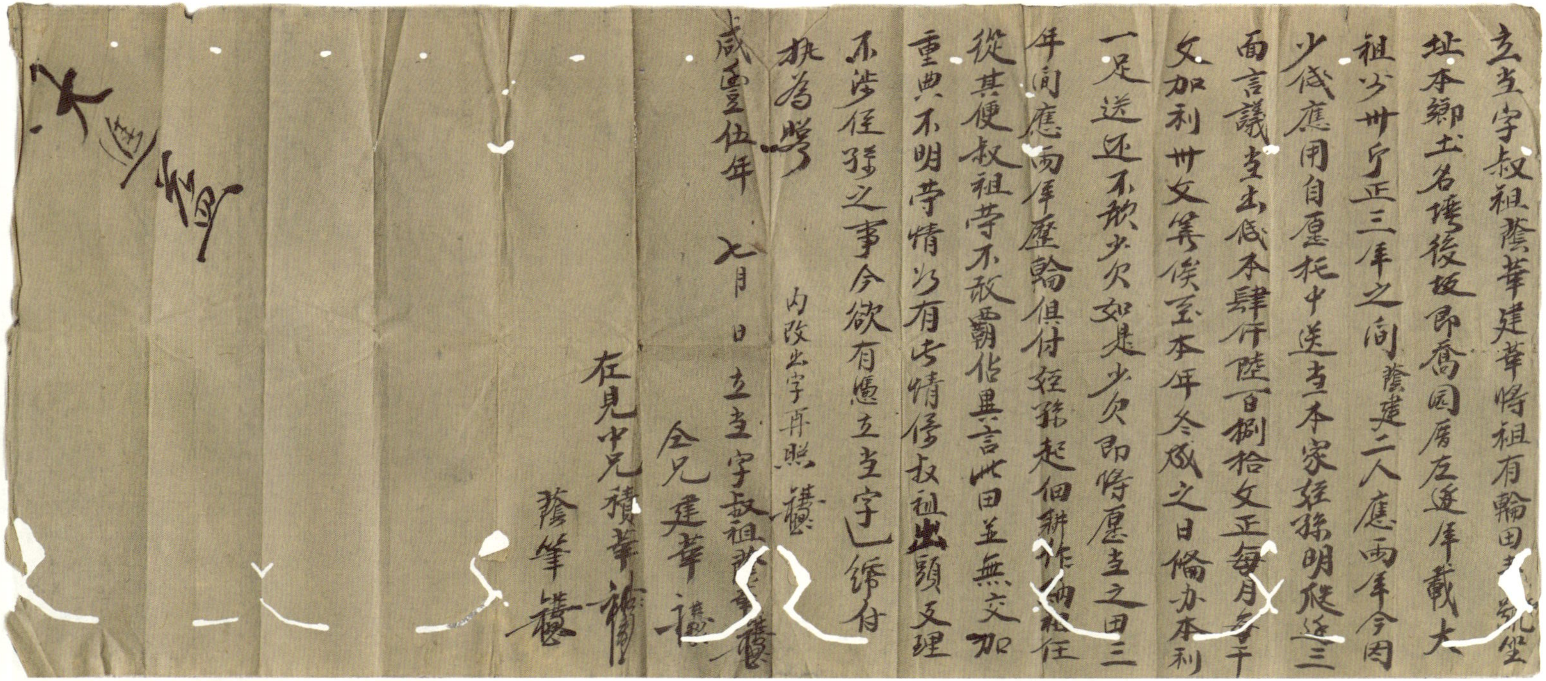
立当字叔祖蔭華建華將祖有輸田壹號坐
址本鄉土名塘後坂即喬园厝左邊年載大
祖谷卅斤正三年之间蔭建二人應两年今因
少錢應用自愿托中送当本家侄孫明從邊三
面言議当出錢本肆仟陸佰捌拾文正每月每千
文加利卅文算俟至本年冬成之日備办本利
一足送还不敢少欠如是少欠即將愿当之田三
年间應两年歷輪俱付侄孫起佃耕作納租任
從其便叔祖等不敢两霸佔異言此田並無交加
重典不明等情如有此情係叔祖出頭支理
不涉侄孫之事今欲有憑立当字一紙付
執為照
内改出字再照
咸豐伍年 七月 日 立当字叔祖蔭華
仝兄建華
在見中兄積華
蔭華筆

4-4-1-60 清咸豐五年七月許蔭華等立當輸田字

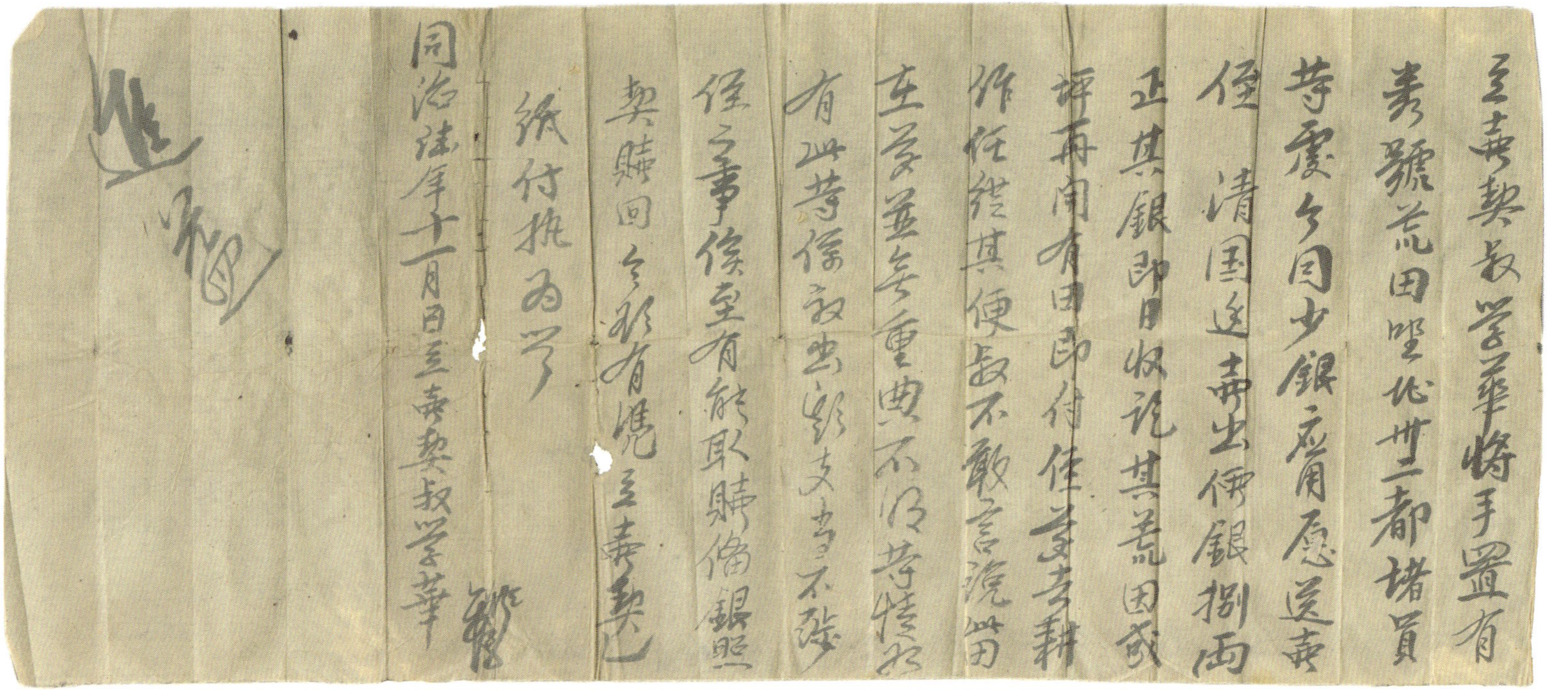

立賣契叔學華將手置有
土號荒田坐址廿三都諸貝
等處今因少銀應用愿送賣
侄　清國送賣出價銀捌兩
正其銀即日收訖其荒田或
坪再開有田即付侄处去耕
作任從其便叔不敢言說留
在等並無重典不明等情如
有此等條叔出頭支当不涉
侄之事係至有能取贖備銀照
契贖回今欲有憑立賣契一
紙付執為照
同治陸年十一月日立賣契叔學華

4-4-1-61　清同治六年十一月許學華立賣荒田契

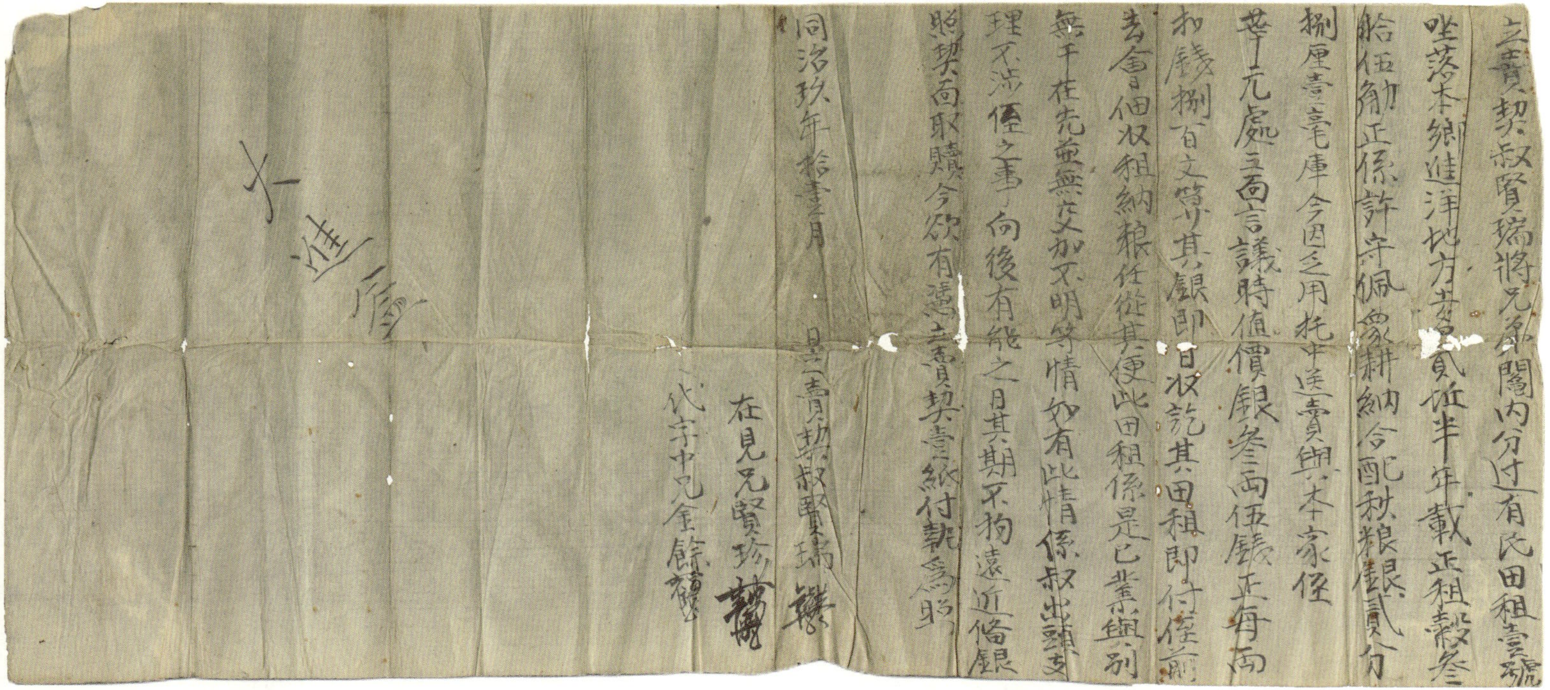

4-4-1-62　清同治九年十一月許賢瑞立賣民田租契

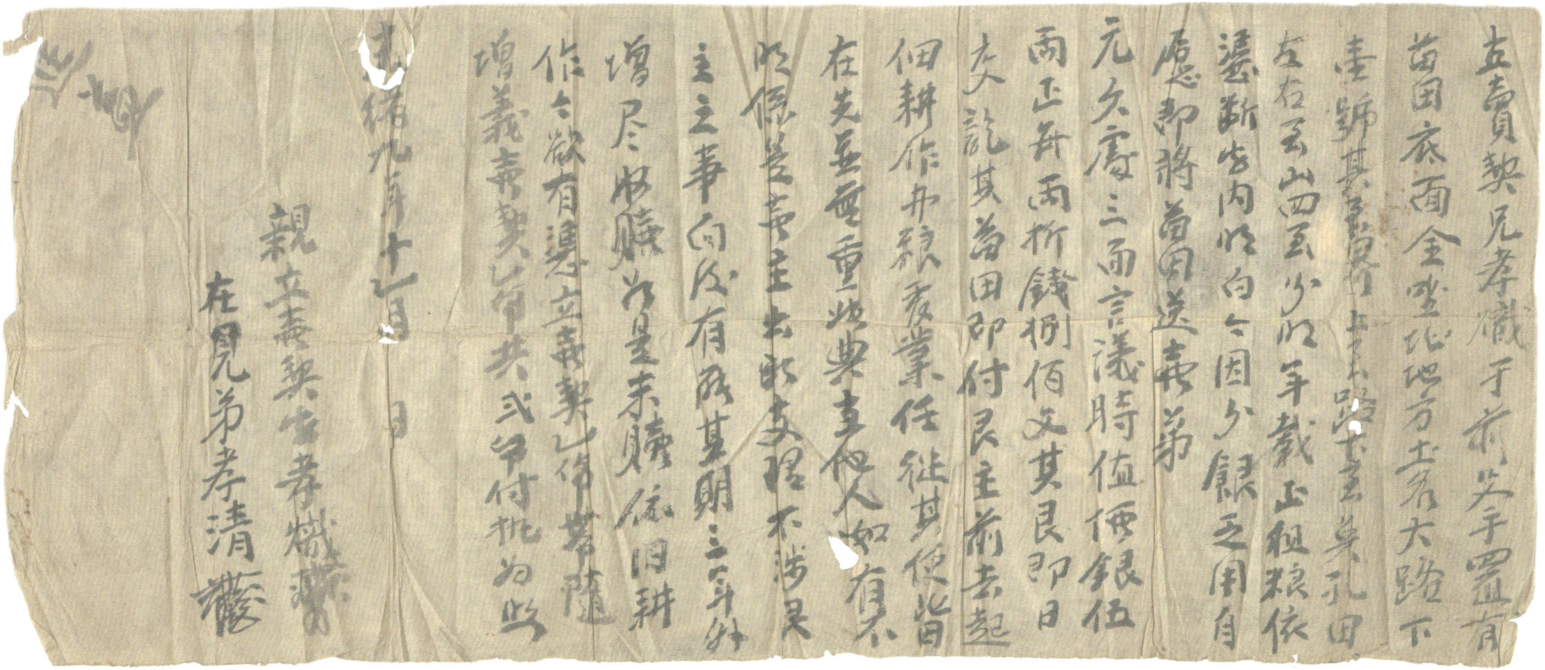
立賣契兄孝熾，承父手置有
苗田底面全坐址地方土名大路下
奎跡其[illegible]與孔田
左右至山，西至少，收年載正租粮依
憑斷出內收白。今因乏銀之用，自
愿將苗田送賣與弟
元久處，三面言議，時值價銀伍
兩正，并兩折錢捌佰文，其銀即日
交訖，其苗田即付銀主前去起
佃耕作，办粮交業，任從其便，皆
在先並無重疊典賣他人，如有不
明，係是賣主出頭支理，不涉買
主之事。向後有銀某明三年外
增盡收贖，為是未贖，依舊耕
作。今欲有憑，立賣契一紙，并帶隨
增義賣契一紙，共貳紙，付執為照。
光緒九年十一月　日
親立賣契字孝熾
在見兄弟孝清

4-4-1-63　清光緒九年十一月許孝熾立賣底面全苗田契

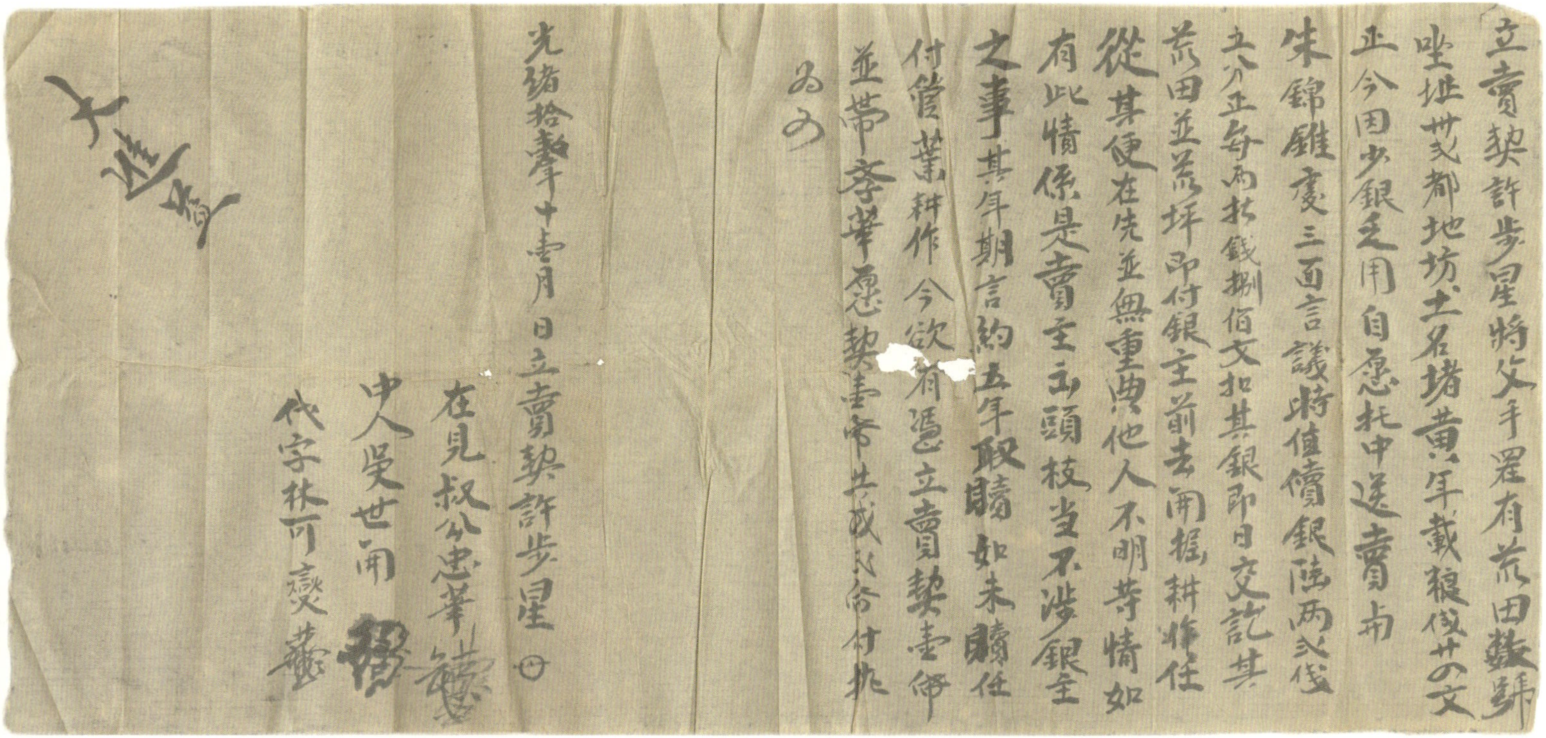

立賣契許步星將父手置有荒田壹號
坐址廿弍都地坊土名堵黄年載粮伍廿四文
正今因少銀乏用自愿托中送賣與
朱錦鏈處三面言議時值價銀陸兩弍錢
五分正每兩扣錢捌佰文扣其銀即日交訖其
荒田並荒坪即付銀主前去開掘耕作任
從其便在先並無重典他人不明等情如
有此情係是賣主頭枝當不涉銀主
之事其年期言約五年取贖如未贖任
付管業耕作今欲有憑立賣契壹帋
並帶李華愿契壹帋共成弍帋付執
為照

光緒拾壹年十壹月　日立賣契許步星 ⊕
在見叔公忠華
中人吳世開
代字林可燮

大進財

4-4-1-64　清光緒十一年十一月許步星立賣荒田契

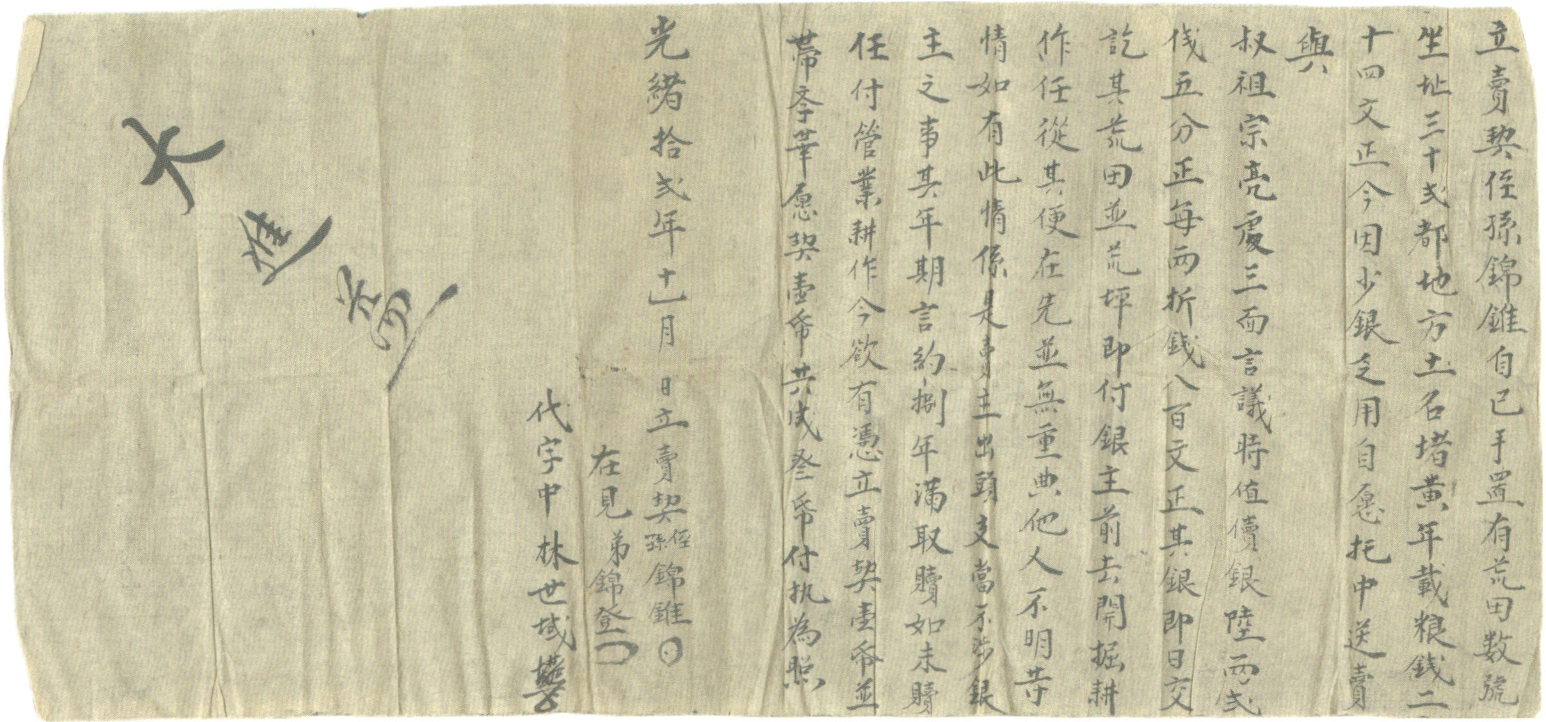

立賣契侄孫錦錐自己手置有荒田數號
坐址三十弍都地方土名增黄年載粮錢二
十四文正今因乏銀应用自愿托中送賣
與
叔祖宗亮處三面言議時值價銀陸兩弍
伐五分正每兩折錢八百文正其銀即日交
訖其荒田並荒坪即付銀主前去開掘耕
作任從其便在先並無重典他人不明等
情如有此情係是賣主出頭支當不涉銀
主之事其年期言約捌年滿取贖如未贖
任付管業耕作今欲有憑立賣契壹帋並
帶季華原契壹帋共成叁帋付执為照
光緒拾弍年十一月　日立賣契侄孫錦錐
在見弟錦登
代字中林世域
大進寶

4-4-1-65　清光緒十二年十一月許錦錐立賣荒田契

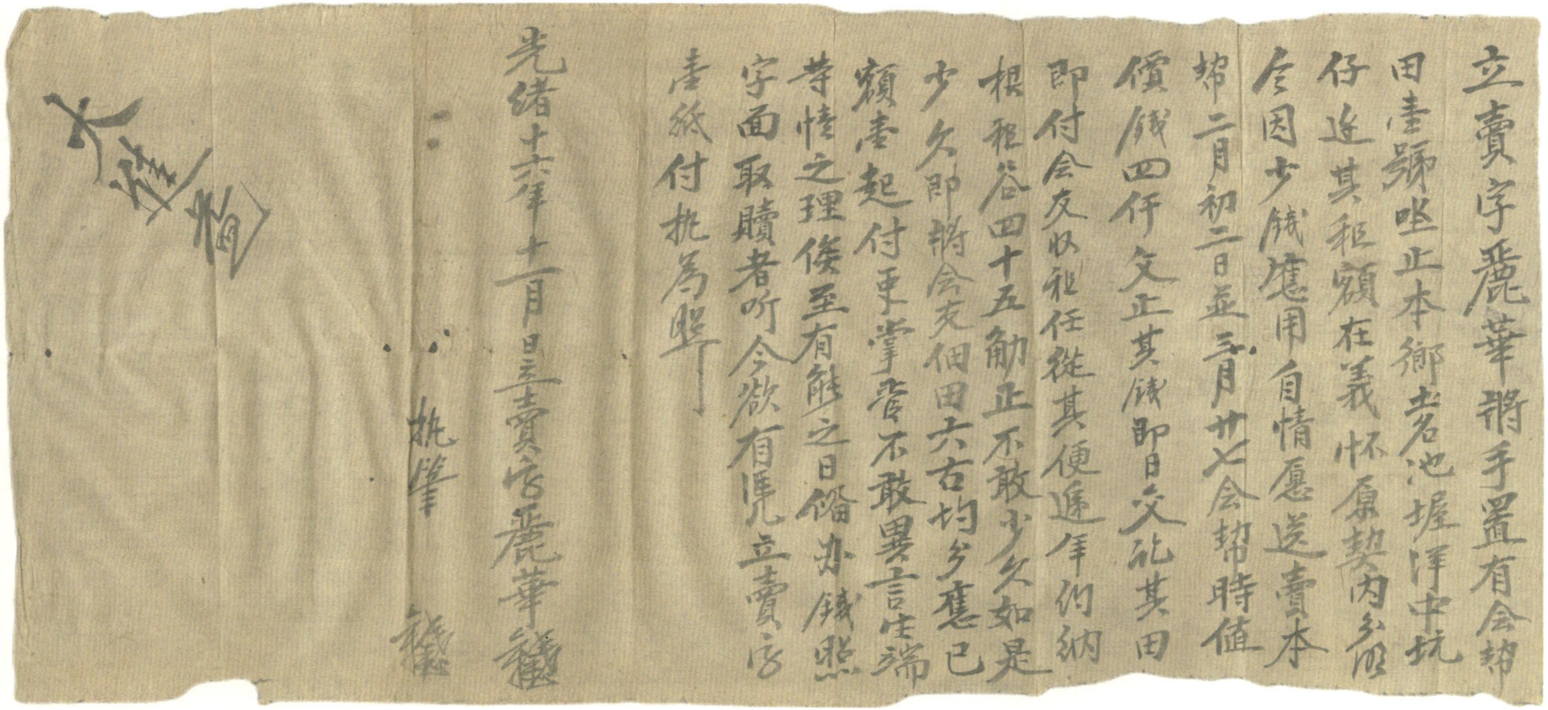
立賣字麗華將手置有会幇
田壹號坐址本鄉土名池塭洋中抗
仔近其租額在義怀原契内分明
今因少錢應用自情愿送賣本
幇二月初二日孟三月廿七会幇時值
價錢四仟文正其錢即日交訖其田
即付会友收租任從其便遞年仍納
根租谷四十五觔正不敢少欠如是
少欠即將会友佃田六古均分壅已
額壹起付東掌管不敢異言生端
等情之理倘至有能之日備办錢照
字面取贖者听今欲有凭立賣字
壹紙付执為照
光緒十六年十一月　日立賣字麗華（押）
执筆　（押）

4-4-1-66　清光緒十六年十一月許麗華立賣會幫田契

立斷字弟宋國將祖遺下置人如公輪
田并瑞佑公輪田于前六股應己壹股出
賣与星國兄其祖聲粮額俱載原契
內明白今因乏錢之用再向
星國兄處言議時值斷出錢陸百文正
其錢即日收訖其田仍旧原契內付兄掌
管自斷之後永不敢異言尽措生端支
節今欲有憑立斷字壹紙永遠為照

光緒拾玖年五月　日立斷字弟宋國○

在見兄和國㊉

代字侄廷桂（押）

大吉

4-4-1-67　清光緒十九年五月許宋國立斷輸田字

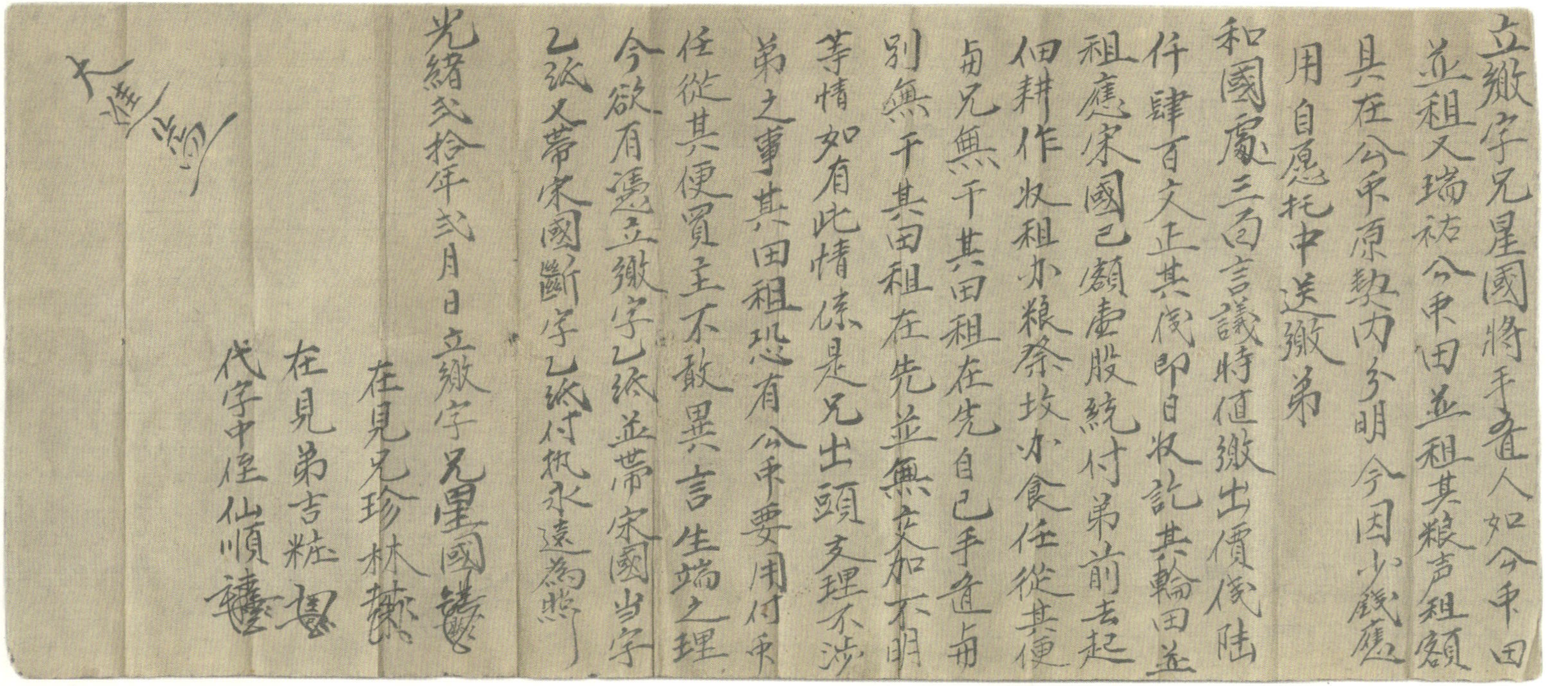
立繳字兄星國將手置人如公東田
並租又瑞祐公東田並租其粮声租額
具在公東原契内分明今因少錢應
用自愿托中送繳弟
和國處三面言議時値繳出價佛陆
仟肆百文正其佛即日收訖其輪田並
租應宋國已額壹股純付弟前去起
佃耕作收租办粮恭坟办食任從其便
爾兄無干其田租在先自己手置爾
別無干其田租在先並無交加不明
等情如有此情係是兄出頭支理不涉
弟之事其田租恐有公東要用付東
任從其便買主不敢異言生端之理
今欲有憑立繳字乙紙並帶宋國当字
乙紙又帶宋國斷字乙紙付執永遠為照
光緒弍拾年弍月日立繳字兄星國
在見兄珍林
在見弟吉粧
代字中侄仙順

4-4-1-68　清光緒二十年二月許星國立繳屯田字

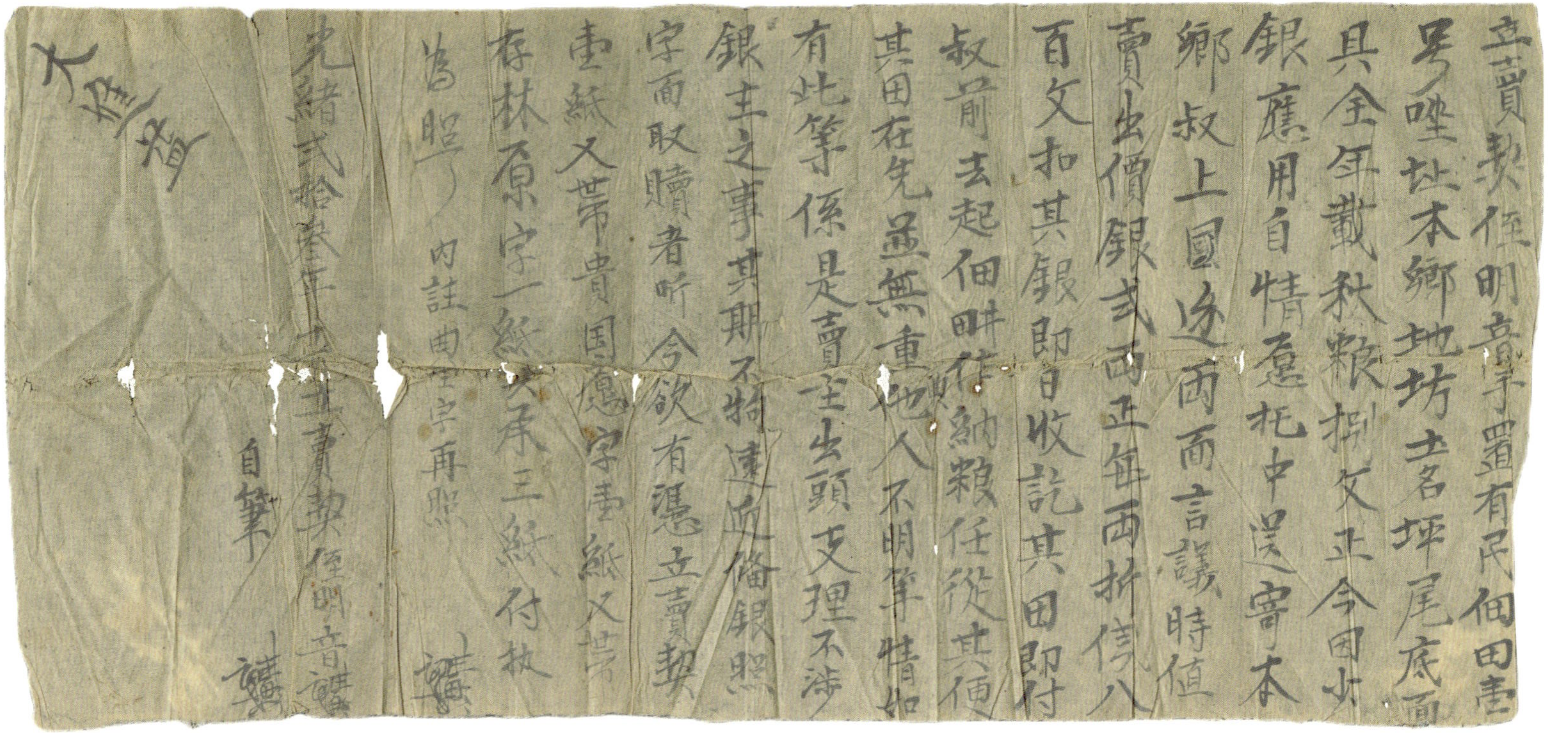

4-4-1-69　清光緒二十三年十一月許明音立賣民佃田契

立賣契許明音自手置有民佃田壹
段坐址本鄉地方土名坪厝底下
具全年載秋穀捌斗正今因乏
銀應用自情愿托中送賣本
鄉叔上國爲兩面言議時值
賣出價銀貳兩五角西折錢八
百文和其銀即日收訖其田即付
叔前去起佃耕作納糧任從其佃
其田在先並無重張他人不明等情如
有此等情係是賣主出頭支理不涉
銀主之事其耶不拘遠近備銀取贖
字面取贖者此今欲有憑立賣契字
壹紙又帶上手國憑字壹紙又字
存執爲照字一紙又字三紙付執
為照　內註田字再照　讚

光緒貳拾叁年十一月　日立賣契佃明音讚
自筆　讚

大吉利

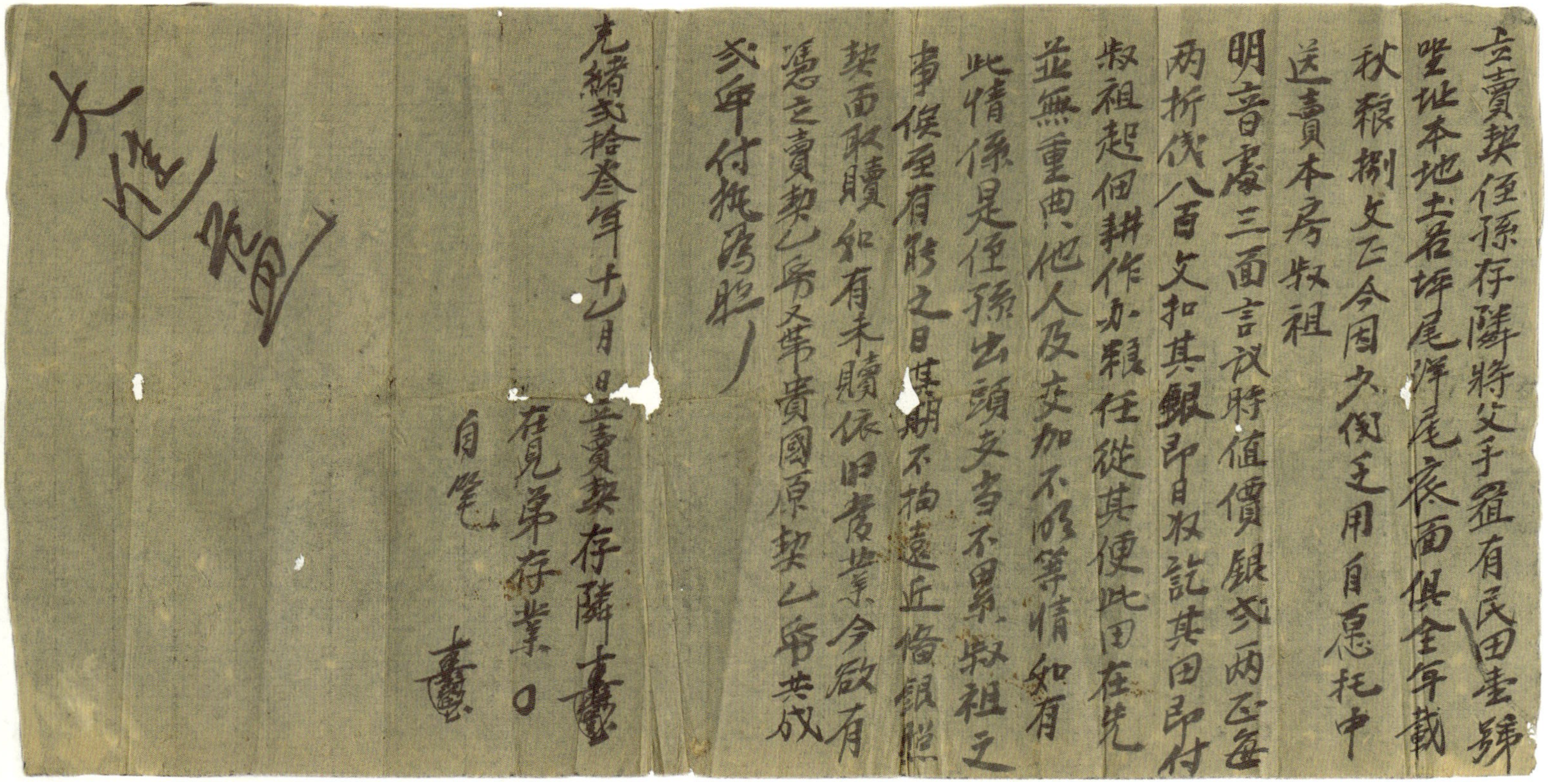
立賣契侄孫存隣將父手置有民田壹號
坐址本地土名坪尾洋尾裒面，仝年載
秋粮捌文正，今因乏銀應用，自愿托中
送賣本房叔祖
明音處三面言議，時值價銀弍兩正，每
兩折錢八百文，扣其銀即日收訖，其田即付
叔祖起佃耕作，办粮任從其便。此田在先
並無重典他人及交加不明等情；如有
此情，係是侄孫出頭支當，不累叔祖之
事。俟至有錢之日，其期不拘遠近，備銀照
契面取贖；如有未贖，依旧管業。今欲有
憑，立賣契乙紙，又帶貴國原契乙紙，共成
弍紙，付執爲照。
光緒弍拾叁年十一月　日立賣契存隣（押）
在見弟存業（押）
自筆（押）
[illegible]

4-4-1-70　清光緒二十三年十一月許存隣立賣民田契

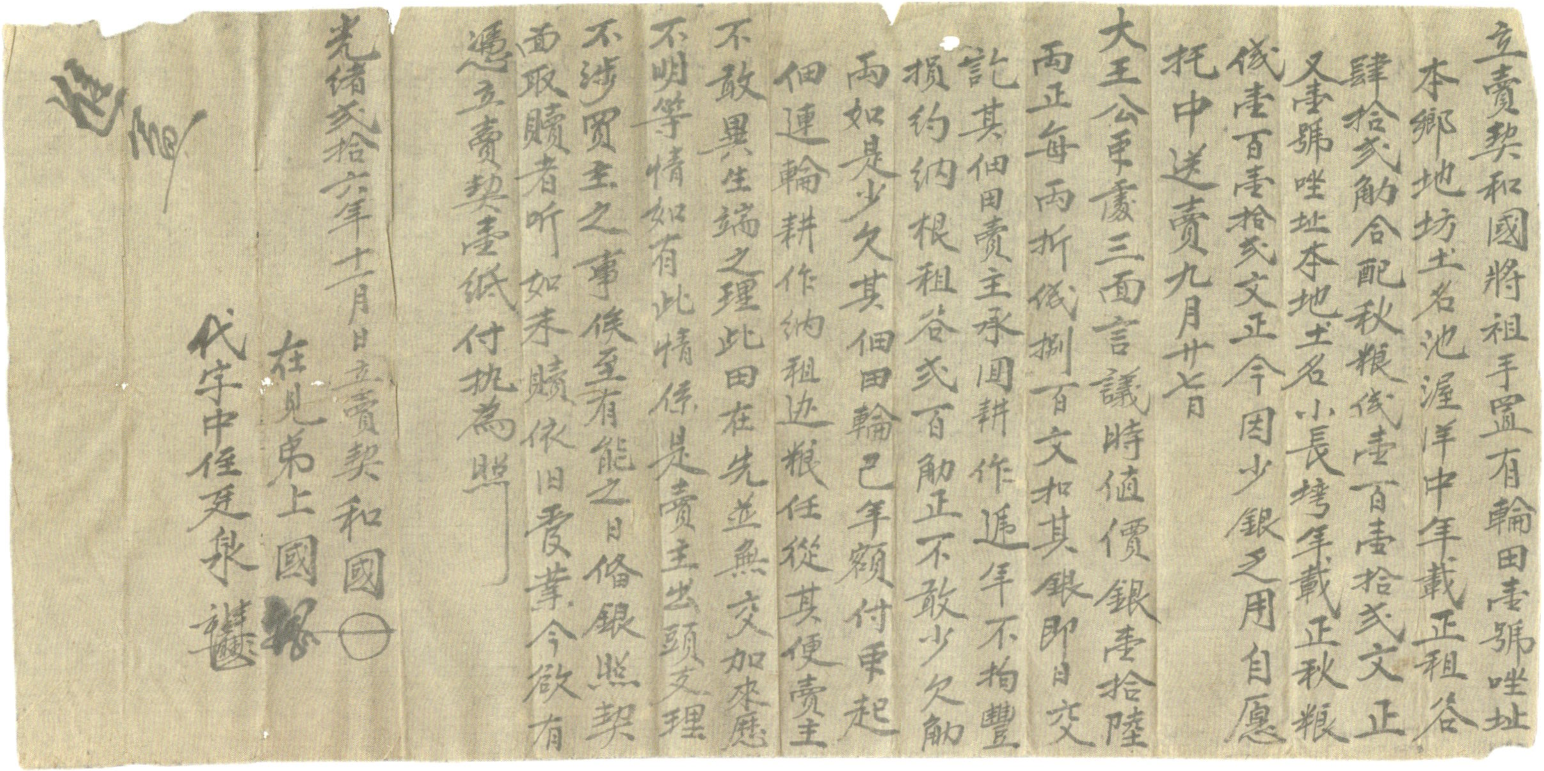

立賣契和國將祖手置有輪田壹號坐址
本鄉地坊土名池渥洋中年載正租谷
肆拾弍觔合配秋粮錢壹百壹拾弍文正
又壹號坐址本地土名小長垮年載正秋粮
錢壹百壹拾弍文正今因少銀乏用自愿
托中送賣九月廿七日
大王公手處三面言議時値價銀壹拾陸
兩正每兩折錢捌百文扣其銀即日交
訖其佃田賣主承回耕作遞年不拘豐
損約納根租谷弍百觔正不敢少欠觔
兩如是少欠其佃田輪已年額付手起
佃連輪耕作納租迄粮任從其便賣主
不敢異生端之理此田在先並無交加來歷
不明等情如有此情係是賣主出頭支理
不涉買主之事係至有能之日備銀照契
面取贖者听如未贖依旧管業今欲有
憑立賣契壹紙付執爲照

光緒弍拾六年十一月　日立賣契和國（押）
在見弟上國（押）
代字中任廷泉（押）

4-4-1-71　清光緒二十六年十一月許和國立賣輪田契

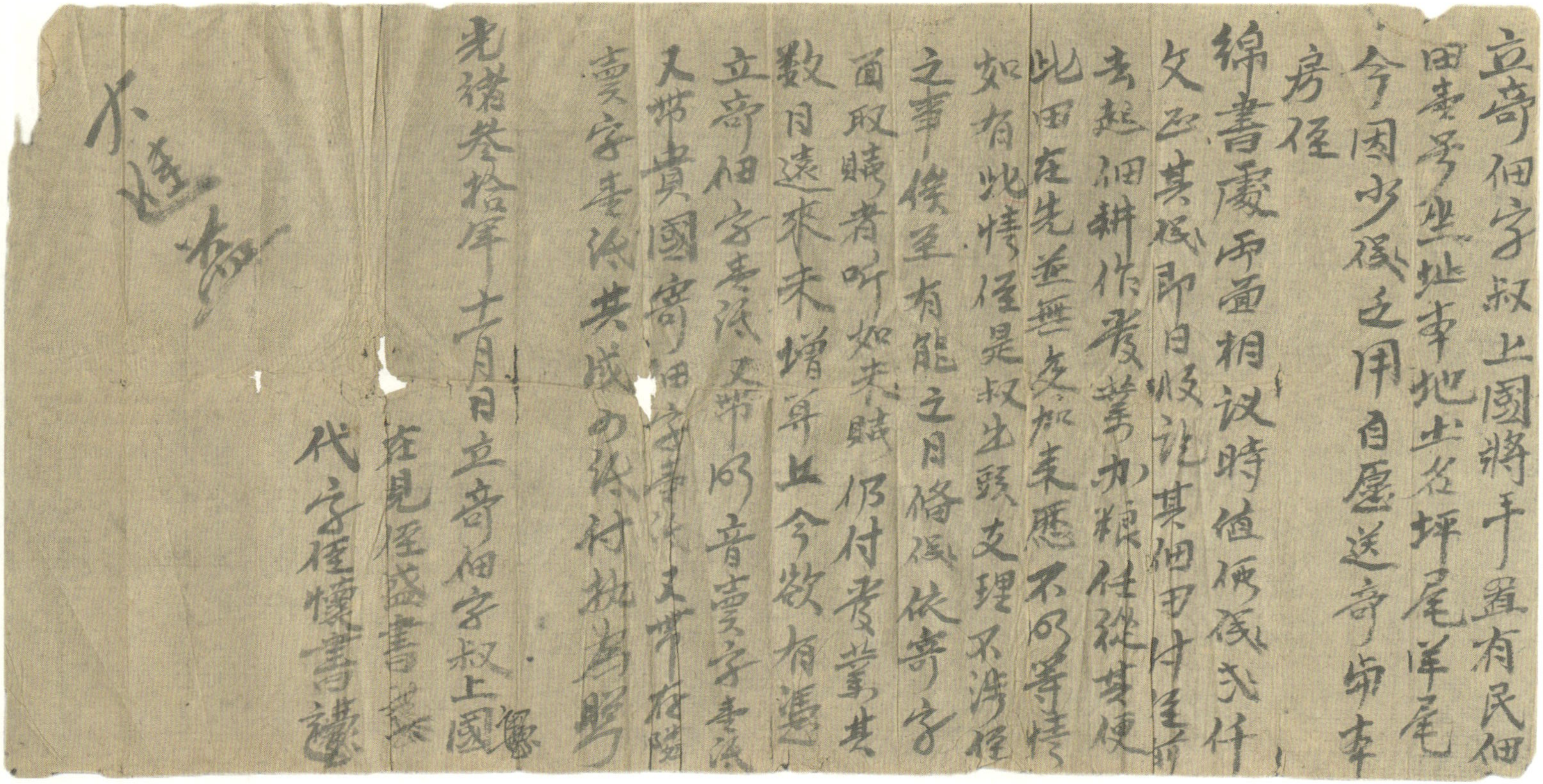
立寄佃字叔上國將手置有民佃
田壹号坐址本地土名坪尾洋尾
今因乏銀之用自愿送寄與本
房侄
綿書處兩面相議時值價銀弍仟
文正其銀即日收訖其佃田付侄前
去起佃耕作贌業力糧任從其便
此田在先並無文加來歷不明等情
如有此情侄是叔出頭支理不涉侄
之事候至有能之日備銀依寄字
面取贖者聽如未贖仍付贌業其
數目遠來未增寄ㄙ今欲有憑
立寄佃字壹紙又帶下手音壹字壹紙
又帶貴國寄佃字壹紙又帶在陵
壹字壹紙共成四紙付執為照
光緒叁拾年十一月日立寄佃字叔上國
在見侄盛書
代字侄懷書

4-4-1-72　清光緒三十年十一月許上國立寄民佃田字

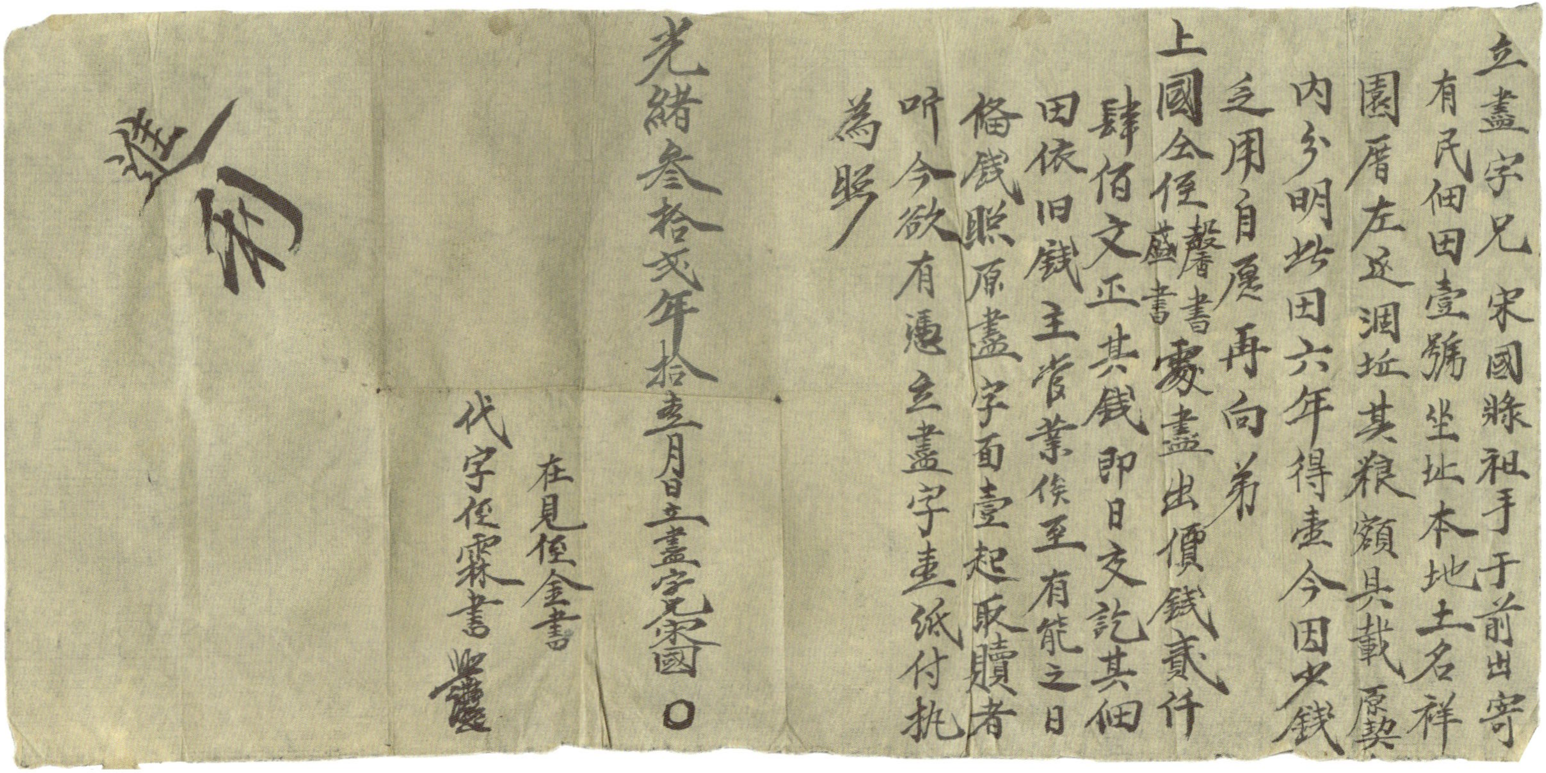

立盡字兄宋國缘祖手于前出寄
有民佃田壹號坐址本地土名祥
園厝左並洄坵其粮額具載原契
内分明此田六年得盡今因少錢
乏用自愿再向弟
上國仝侄馨書 盛書 處盡出價錢貳仟
肆佰文正其錢即日交訖其佃
田依旧錢主管業候至有能之日
备錢照原盡字面壹起取贖者
听今欲有憑立盡字壹紙付执
為照
光緒叁拾弍年拾壹月日立盡字兄宋國 ○
在見侄金書
代字侄霖書

4-4-1-73　清光緒三十二年十一月許宋國立盡民佃田字

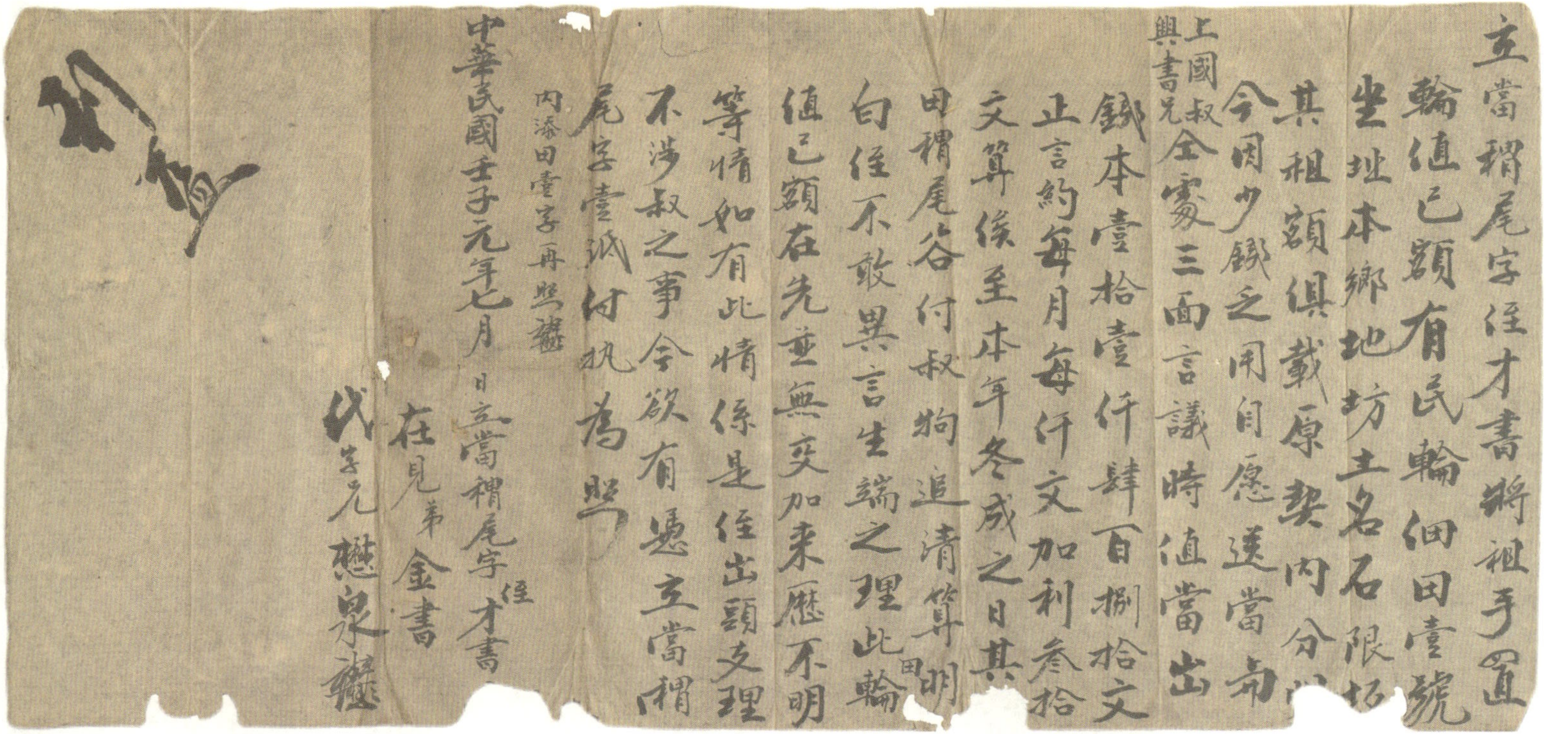

4-4-1-74　民國元年七月許才書立當稓尾字

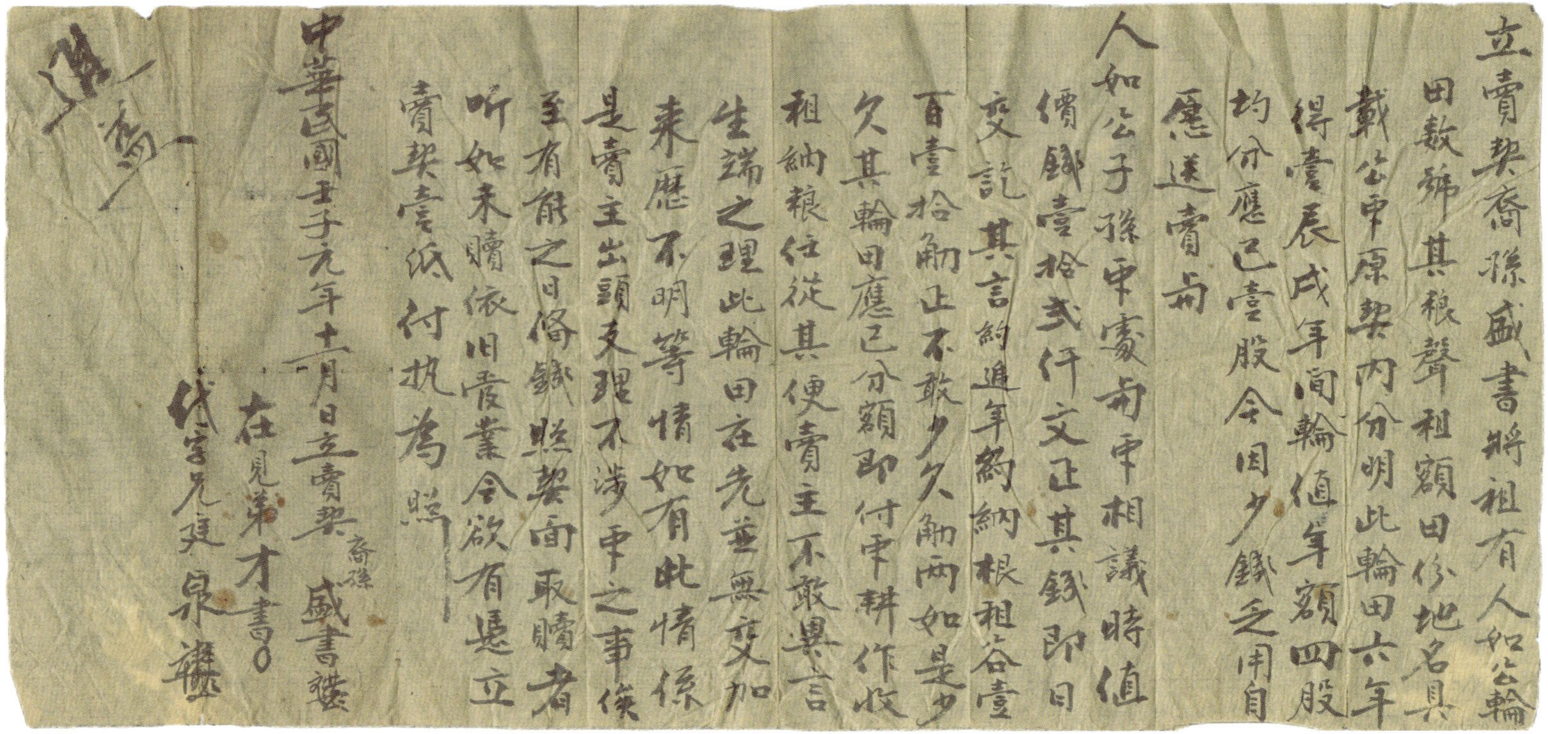

立賣契裔孫盛書將祖有人如公輪
田數號其粮聲祖額田份地名具
載公中原契内分明此輪田六年
得壹辰戌年間輪值年額四股
均分應己壹股今因乏錢應用自
愿送賣與
人如公子孫中處與中相議時值
價錢壹拾貳仟文正其錢即日
交訖其言約逐年約納粮租谷壹
百壹拾觔正不敢少欠觔兩如是少
欠其輪田應己分額即付中耕作收
租納粮任從其便賣主不敢異言
生端之理此輪田在先並無文加
來歷不明等情如有此情係
是賣主出頭支理不涉中之事倘
至有能之日備錢照契面取贖者
听如未贖依旧管業今欲有憑立
賣契壹紙付执為照
中華民國壬子元年十一月日立賣契裔孫盛書號
在見弟才書〇
代字兄廷泉號

4-4-1-75 民國元年十一月許盛書立賣輪田契

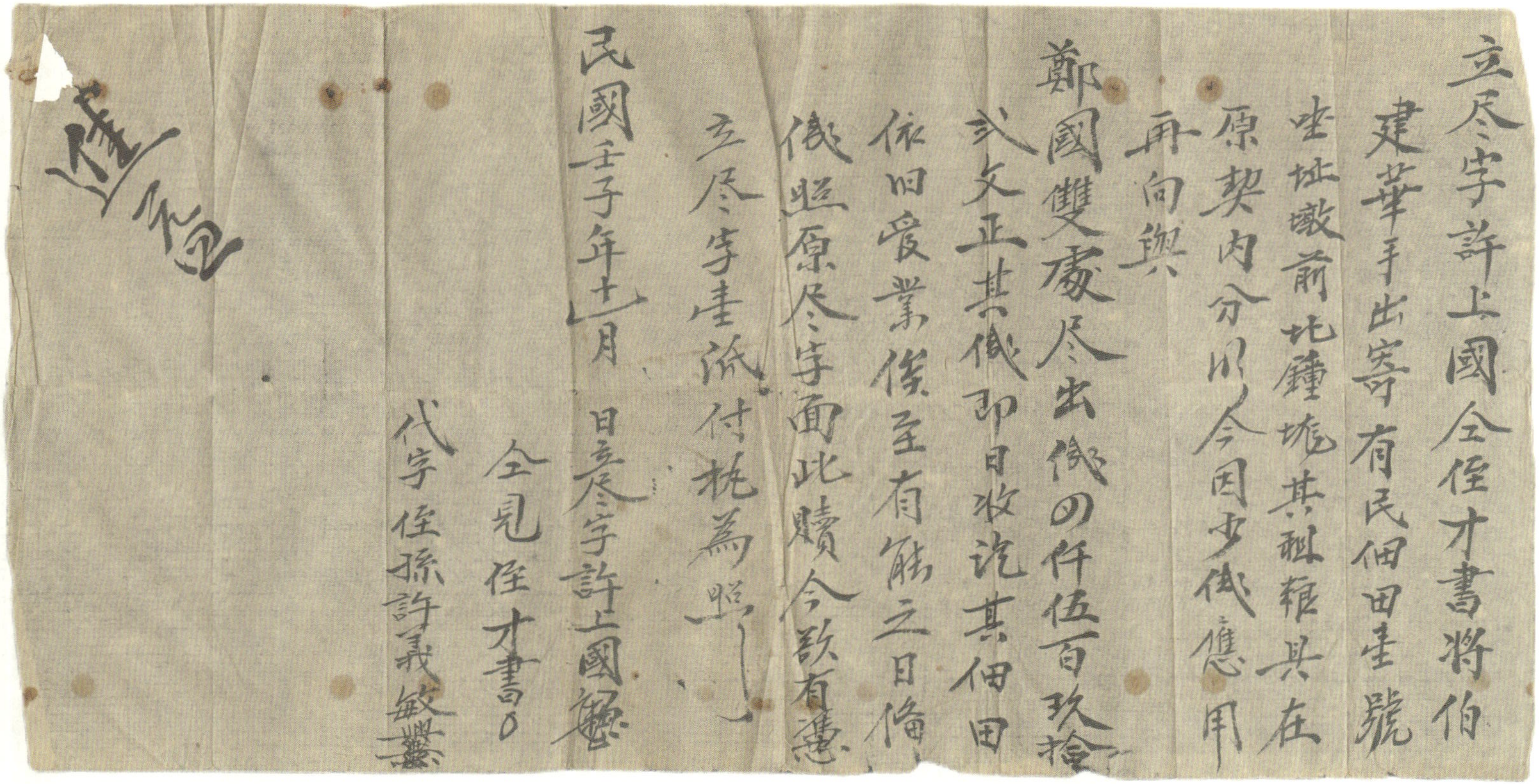
立尽字許上國全侄才書將伯
建華手出寄有民佃田壹號
坐址墩前杜鍾墘其租粮具在
原契内分明今因乏錢應用
再向與
鄭國雙處尽出錢四仟伍百玖拾
弍文正其錢即日收訖其佃田
依旧管業係至有能之日備
錢照原尽字面此贖今欲有憑
立尽字壹紙付執爲照
民國壬子年十一月　日立尽字許上國（押）
全見侄才書（押）
代字侄孫許義敏（押）
進益

4-4-1-76　民國元年十一月許上國立盡民佃田字

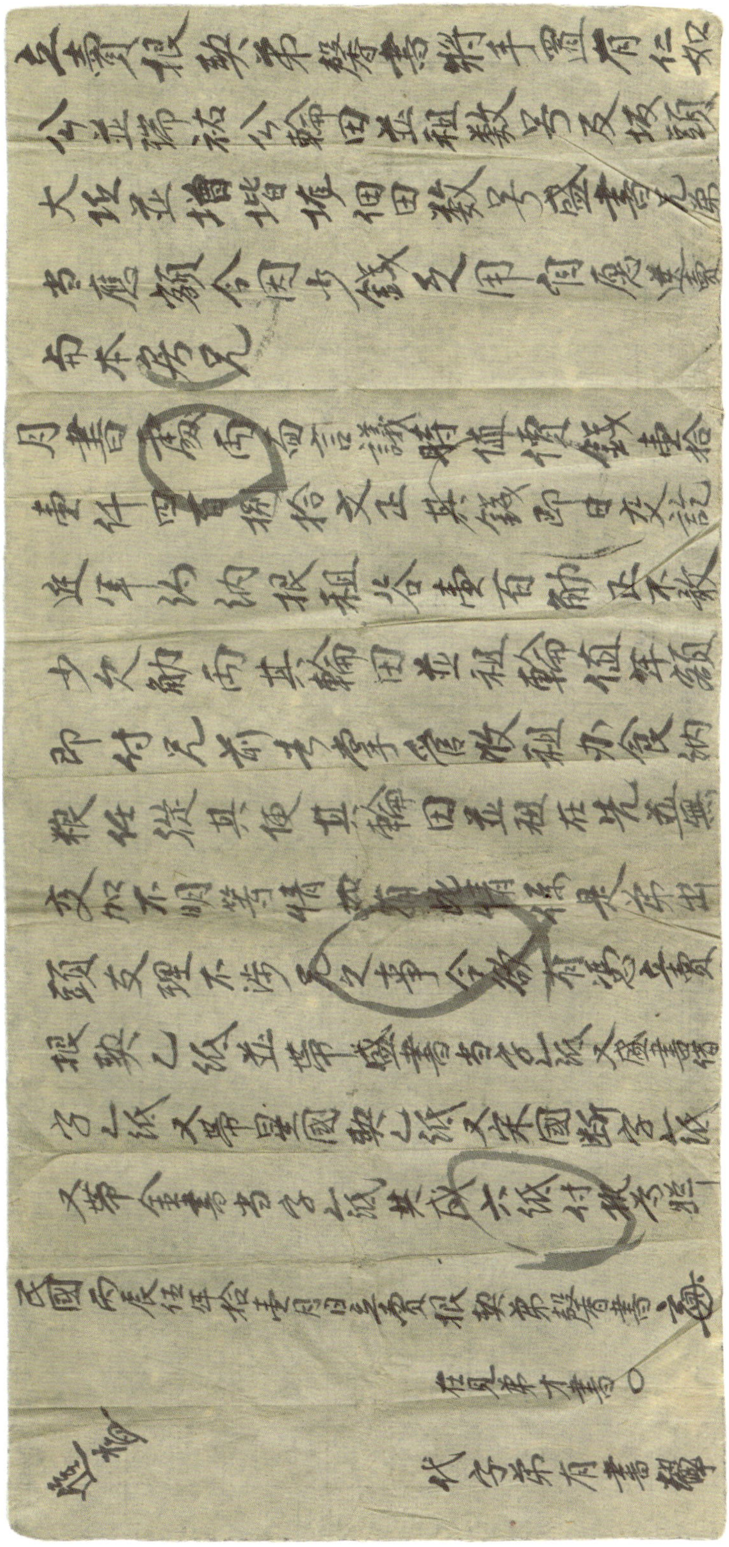
民國丙辰伍年拾壹月日立賣根契弟許馨書（押）
在見弟才書○
代字弟有書（押）

4-4-1-77　民國五年十一月許馨書立賣輪田根等契（廢契）

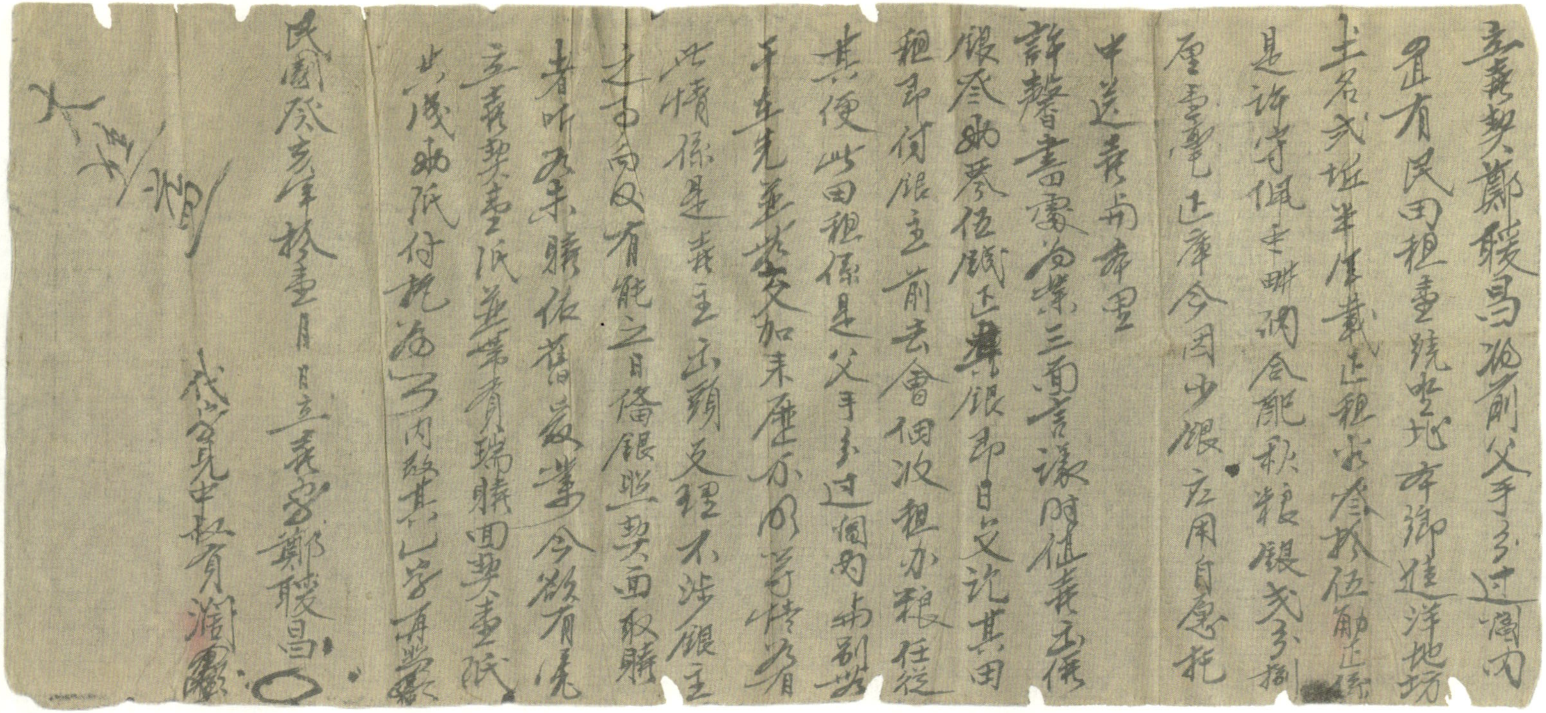
立賣契人鄭暖昌，因前父手分过鬮内
置有民田租壹號，坐址本鄉進洋地坊
土名弍垅半崖，載正租穀叁拾伍觔正
是許守佩耕，佃合配秋粮銀弍分捌
厘零毫正。今因少銀應用，自愿托
中送賣與本里
許馨書處為業，三面言議，时值賣正價
銀叁兩叁伍錢正，其銀即日交訖，其田
租即付銀主前去會佃收租办粮，任從
其便。此田租係是父手分过鬮内物，别無
干先並無交加來歷不明等情，如有
此情，係是賣主出頭支理，不涉銀主
之事。向后有能之日，備銀照契面取贖
者，聽來贖，依舊為業。今欲有憑，
立賣契壹紙，並帶有瑞贖回契壹紙，
共成兩紙，付執為照。内改其一字再照。
民國癸亥年拾壹月　日立賣契鄭暖昌（押）
代字見中叔有瀾（押）
大吉利　照

4-4-1-78　民國十二年十一月鄭暖昌立賣民田租契

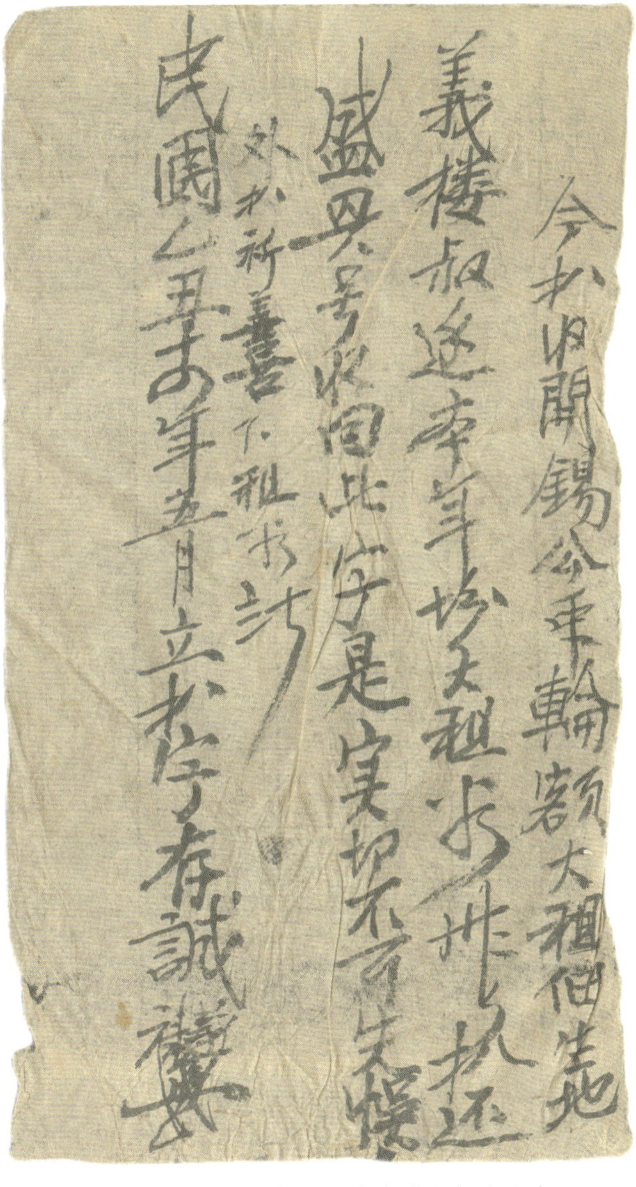
今扒出開錫公手輪額大租
義樓叔邊本年份大租米扒抵
盛興弟收回此字是實切不可失悮
外扒新善下租米訖
民國十四年五月立扒字存誠

4-4-1-79　民國十四年五月許存誠立扒大租字

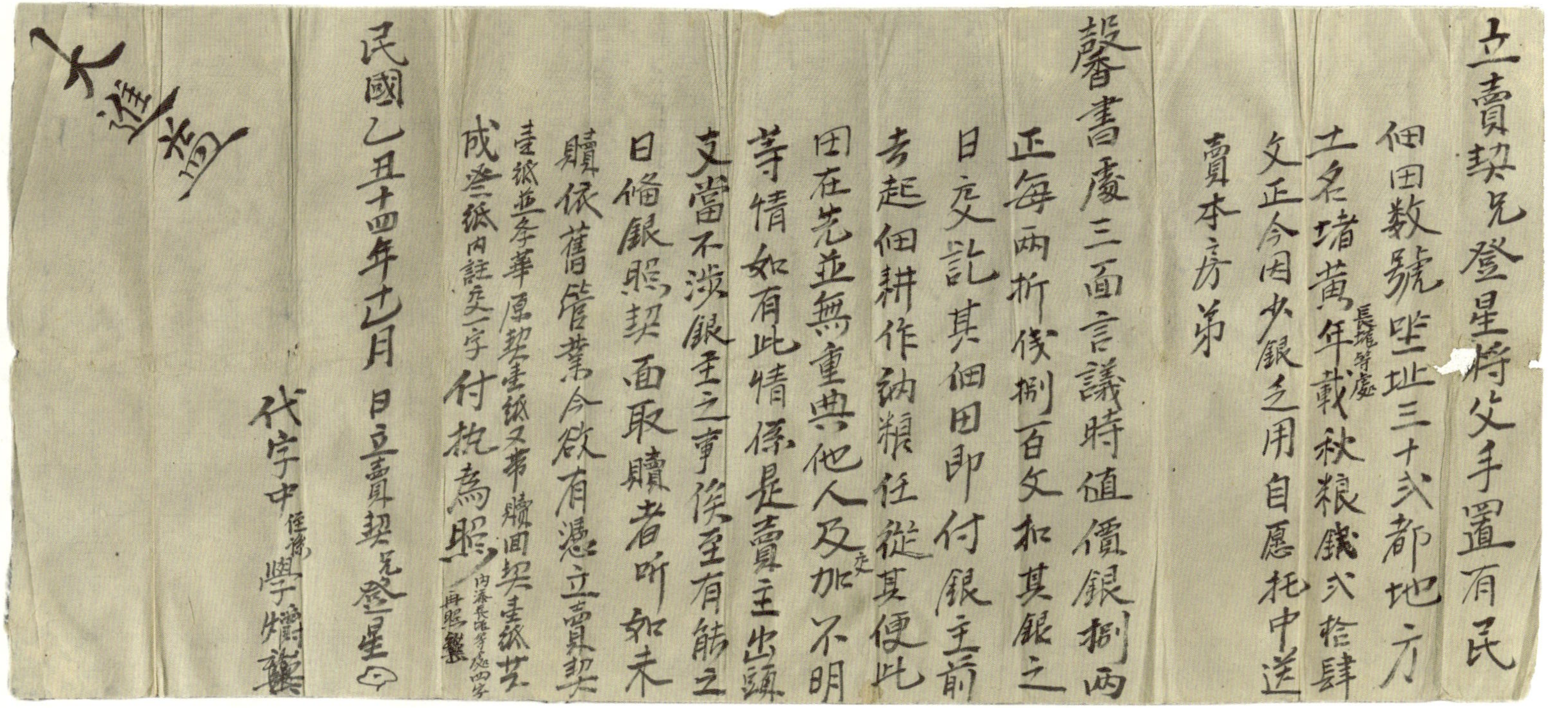

立賣契兄登星將父手置有民
佃田數號坐址三十弍都地方
土名堵黃長坑等處年載秋粮錢弍拾肆
文正今因少銀乏用自愿托中送
賣本房弟
馨書處三面言議時值價銀捌两
正每两折佛捌百文和其銀之
日交訖其佃田即付銀主前
去起佃耕作納粮任從其便此
田在先並無重典他人及加找不明
等情如有此情係是賣主出頭
支當不涉銀主之事後至有能之
日備銀照契面取贖者所如未
贖依舊管業今欲有憑立賣契
壹紙並李華原契壹紙又弟贖回契壹紙共
成叁紙內註乏一字付執為照 內添長坑等處四字 再照
民國乙丑十四年十一月 日立賣契兄登星（押）
代字中 侄孫 學孈（押）
大進[illegible]

4-4-1-80 民國十四年十一月許登星立賣民佃田契

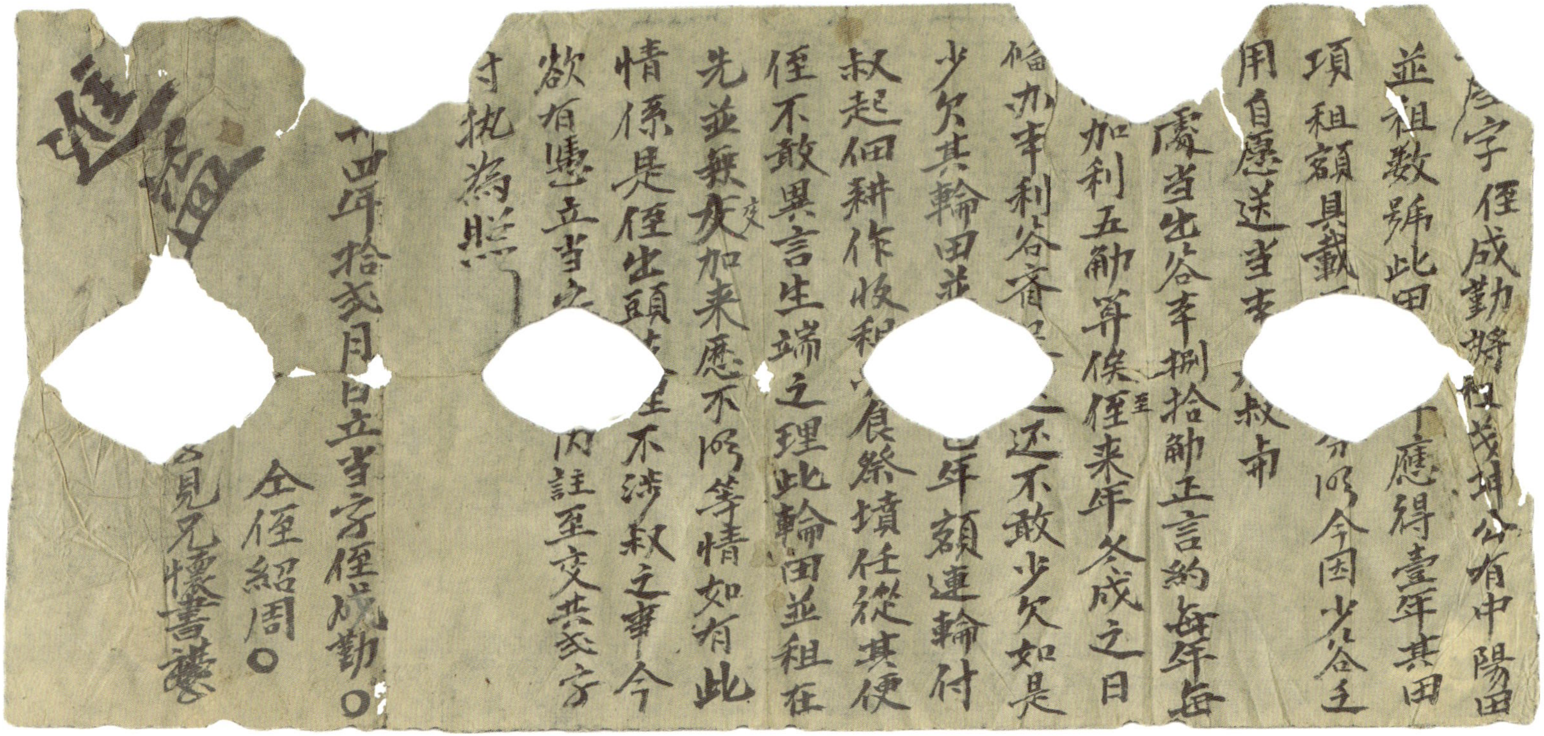
字侄成勤將祖戈坪公有中陽田
並祖數歸此田[illegible]應得壹年其田
項租額具載[illegible]所今因乏谷壬
用自愿送当本叔市
處当出谷本捌拾觔正言約每年每
加利五觔算條侄來年冬成之日
倫加本利谷齊[illegible]还不敢少欠如是
少欠其輪田並[illegible]年額連輪付
叔起佃耕作收租[illegible]食祭墳任從其便
侄不敢異言生端之理此輪田並租在
先並無交加來歷不明等情如有此
情係是侄出頭[illegible]不涉叔之事今
欲有憑立当字[illegible]内註至交其字
付執為照
[illegible]四年拾貳月日立当字侄成勤○
仝侄紹周○
見兄懷書[illegible]

4-4-1-81　晚清民國許成勤等立當陽田等字

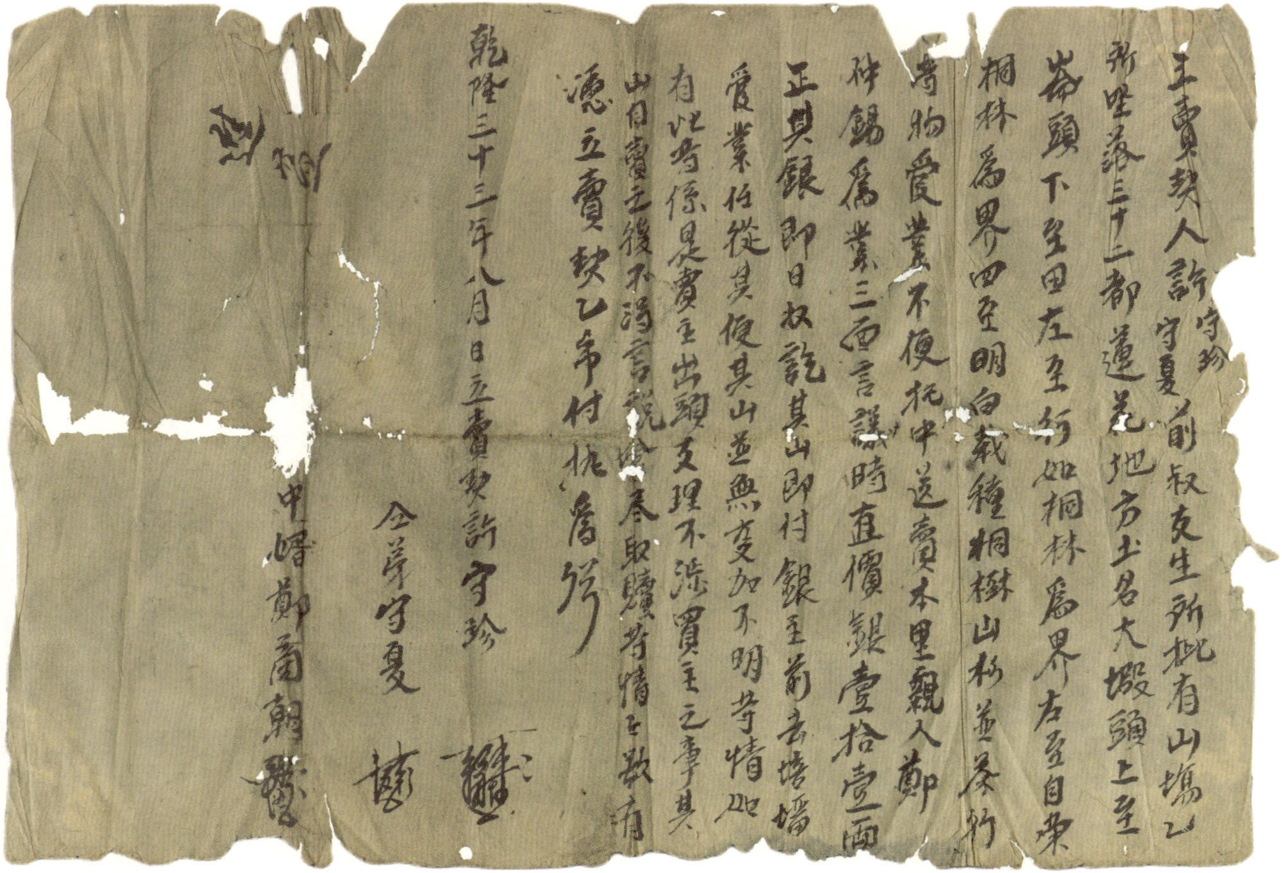

立賣契人許守珍、守夏，前叔支生所批有山場乙
所，坐落三十二都蓮花地方，土名大墩頭，上至
岭頭，下至田，左至行如桐林爲界，右至自柴
桐林爲界，四至明白，栽種桐樹、山杉並柴竹
等物。愛業不便，托中送賣本里親人鄭
仲錫爲業，三面言議，時直價銀壹拾壹兩
正，其銀即日收訖，其山即付銀主前去培塌
管業，任從其便。其山並無交加不明等情，如
有此等，係是賣主出頭支理，不涉買主之事。其
山自賣之後，不得言找[illegible]，永取贖等情。立數有
憑，立賣契乙帋付執爲照。

乾隆三十三年八月　日立賣契許守珍（押）
仝弟守夏（押）
中婿鄭開朝（押）
[illegible]

4-4-2-1　清乾隆三十三年八月許守珍等立賣山場契

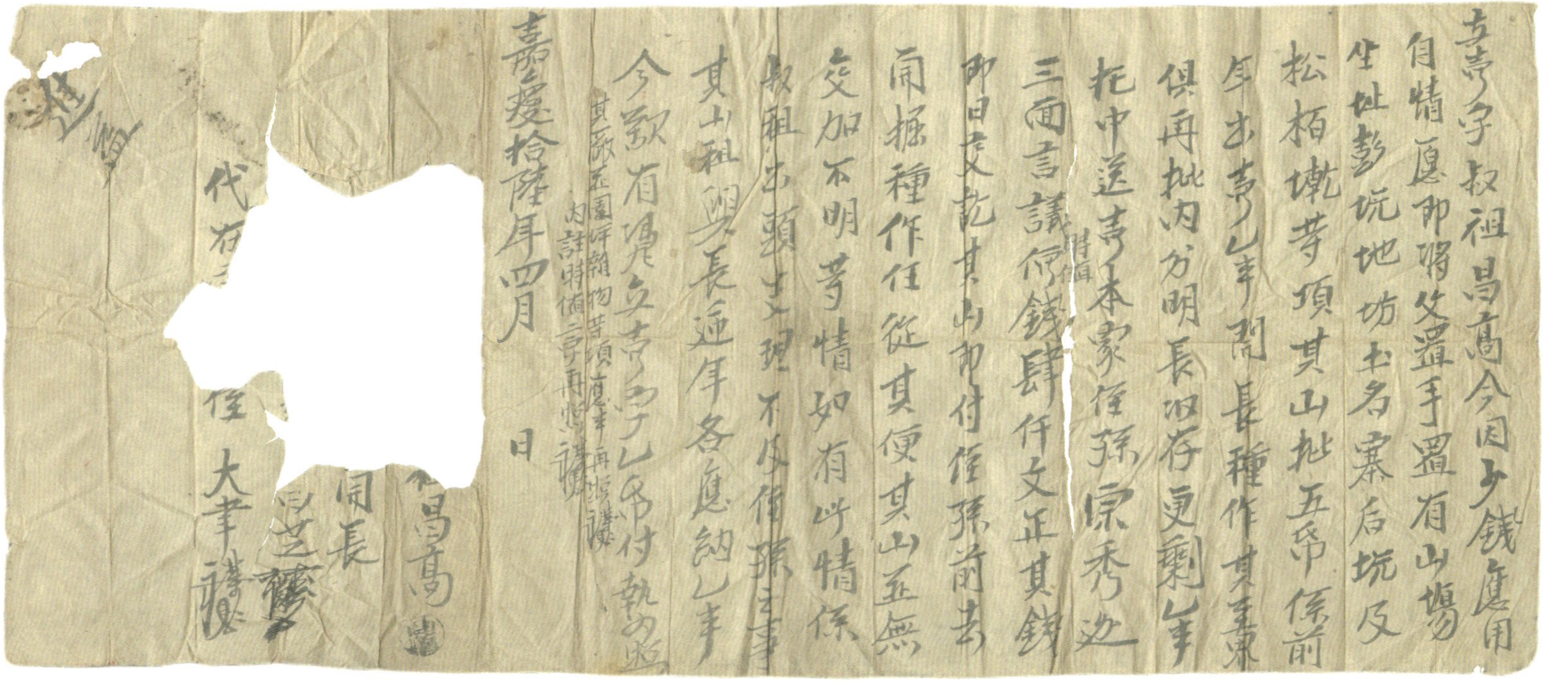

立賣字叔祖昌高今因少錢使用
自情愿將父置手置有山場
坐址彭坑地坊土名寨后坑及
松柏檆等項其山址五份係前
年出賣山場列長種作其業東
俱再批內分明長收存更剩半
托中送賣本家侄孫宗秀边
三面言議時值價錢肆仟文正其錢
即日交訖其山即付侄孫前去
開掘種作任從其便其山並無
交加不明等情如有此情係
叔祖出頭支理不干侄孫之事
其山租與長逐年各邊納山租
今欲有憑立賣山場付執为照
其廠並園坪雜物等項在內再批讓
內註時值二字再批讓
嘉慶拾陸年四月　日
昌高
同長
[illegible]
代[illegible]
侄大[illegible]

4-4-2-2　清嘉慶十六年四月許昌高立賣山場等字

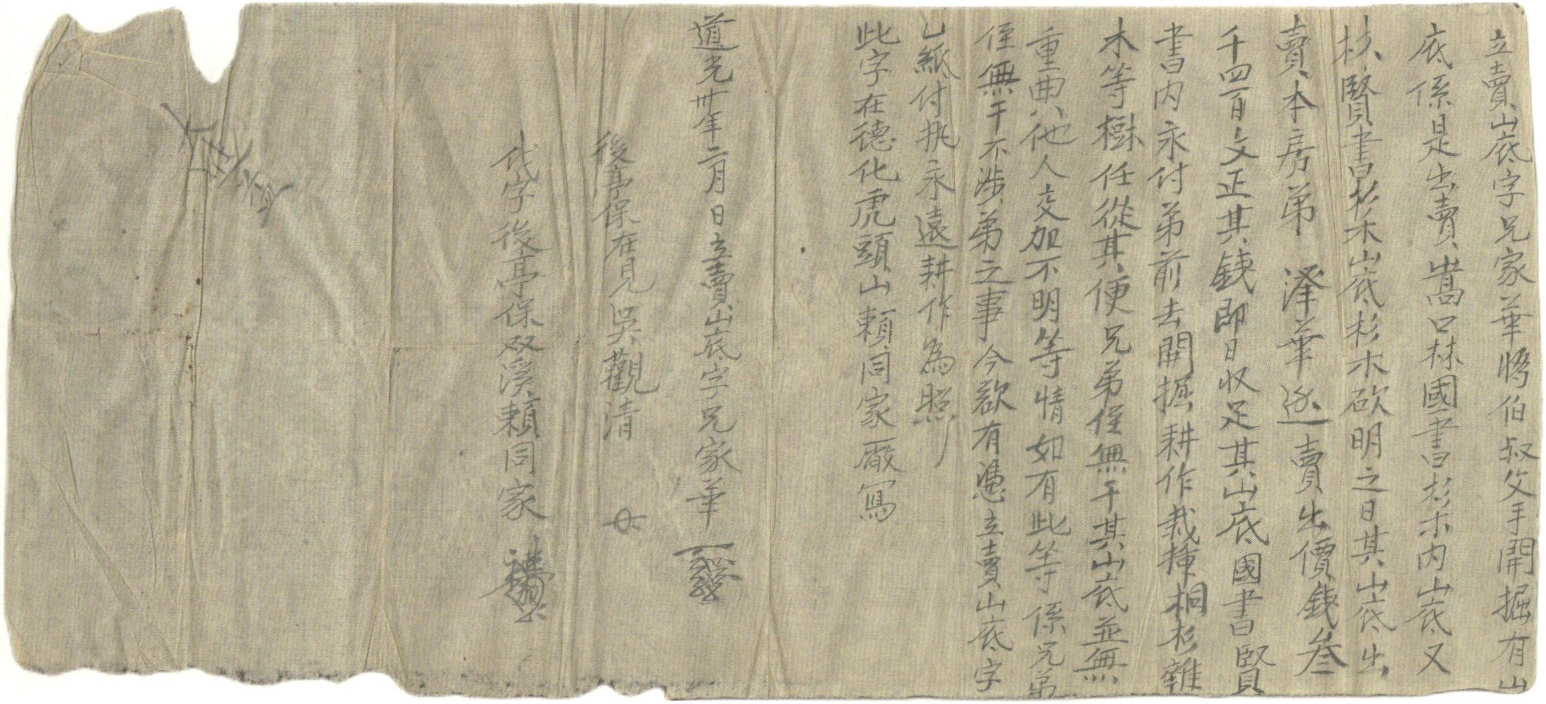
立賣山底字兄家華將伯叔父手開掘有山
底係是出賣嵩口林國書杉木內山底又
林賢書杉木山底杉木砍明之日其山底出
賣本房弟 澤華邊賣出價錢叁
千四百文正其錢即日收足其山底國書賢
書內永付弟前去開掘耕作栽種桐杉雜
木等樹任從其便兄弟侄無干其山底並無
重典他人交加不明等情如有此等係兄弟
侄無干不涉弟之事今欲有憑立賣山底字
山紙付批永遠耕作為照
此字在德化虎頭山賴同家嚴寫
道光卅年二月日立賣山底字兄家華
後再保在見吳觀清
代字後再保双溪賴同家

4-4-2-3　清道光三十年二月許家華立賣山底字

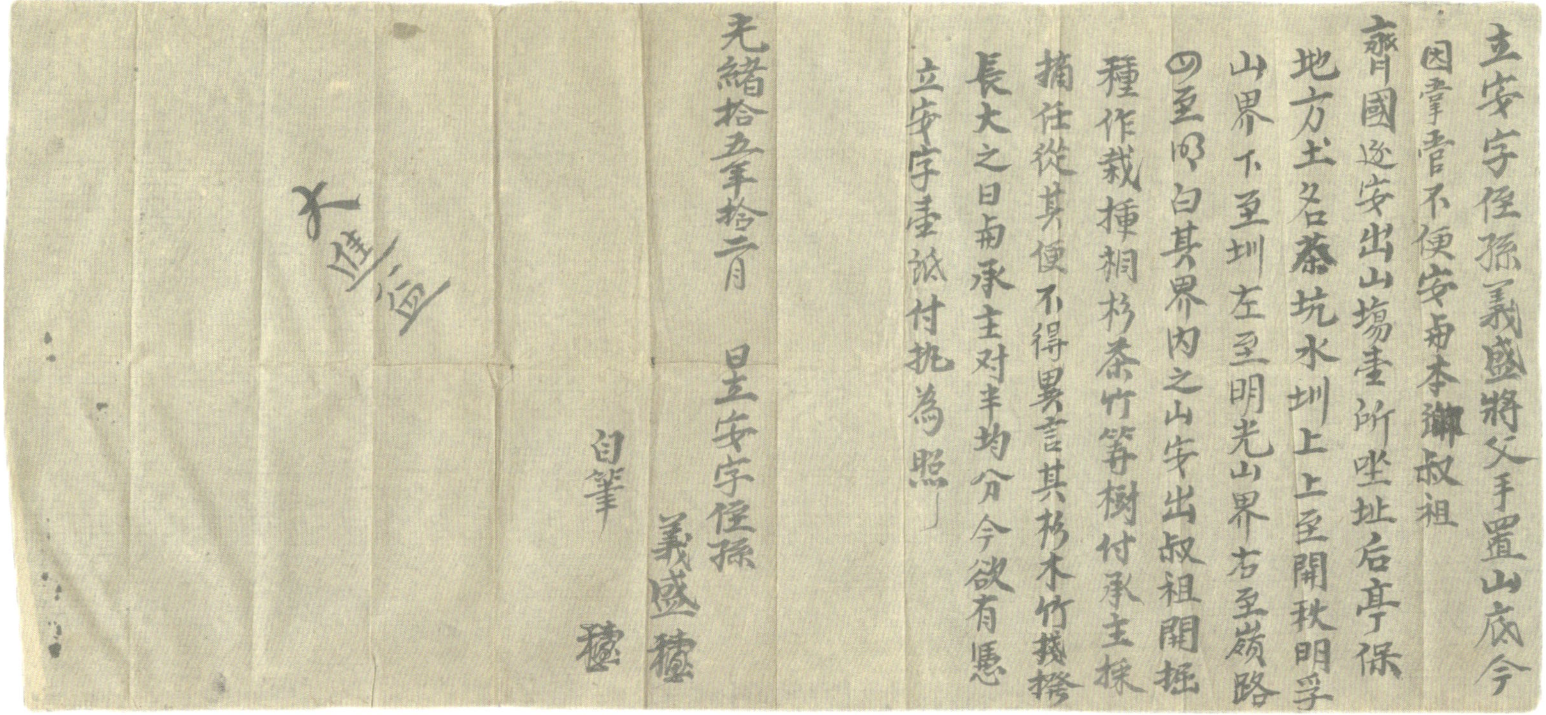

立安字侄孫許義盛將父手置山底，今因年老不便安南本謝敬祖

土名門園边安出山場壹所，坐址后直丁保

地方土名后蔡坑水圳上，上至開秋明字

山界，下至圳，左至明光山界，右至蔚路，

四至明白。其界內之山，安出敬祖開掘

種作栽插桐杉茶竹等樹，付承主掘

摘，任從其便，不得異言。其杉木竹株播

長大之日，南承主對半均分。今欲有憑，

立安字壹紙，付執為照。

光緒拾五年拾二月　日立安字侄孫許義盛（押）

自筆（押）

不必用

4-4-2-4　清光緒十五年十二月許義盛立安山底字

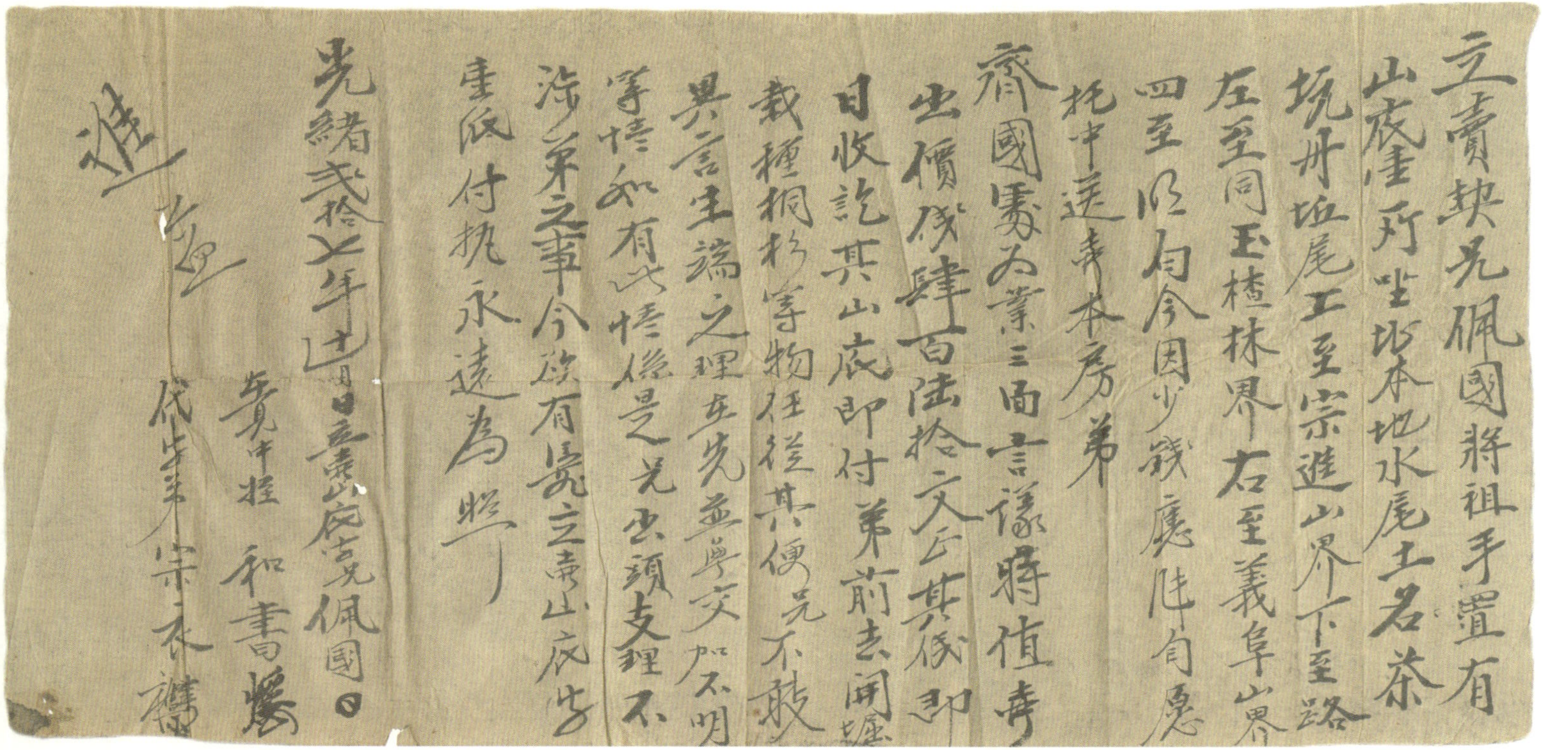

立賣契兄佩國將祖手置有
山底壹所坐址本地水尾土名茶
坑卅坵尾上至宗進山界下至路
左至同玉楂林界右至義阜山界
四至明白今因少錢應用自愿
托中送清本房弟
齊國邊爲業三面言議時值青
出價錢肆百陸拾文正其錢即
日收訖其山底即付弟前去開墾
栽種桐杉等物任從其便兄不敢
異言生端之理在先並無交加不明
等情如有此情總是兄出頭支理不
涉弟之事今欲有憑立賣山底字
壹紙付執永遠爲照
光緒貳拾七年十一月日立賣山底字兄佩國（押）
見中姪 和書（押）
代字姪 宗本（押）
進

4-4-2-5　清光緒二十七年十一月許佩國立賣山底契

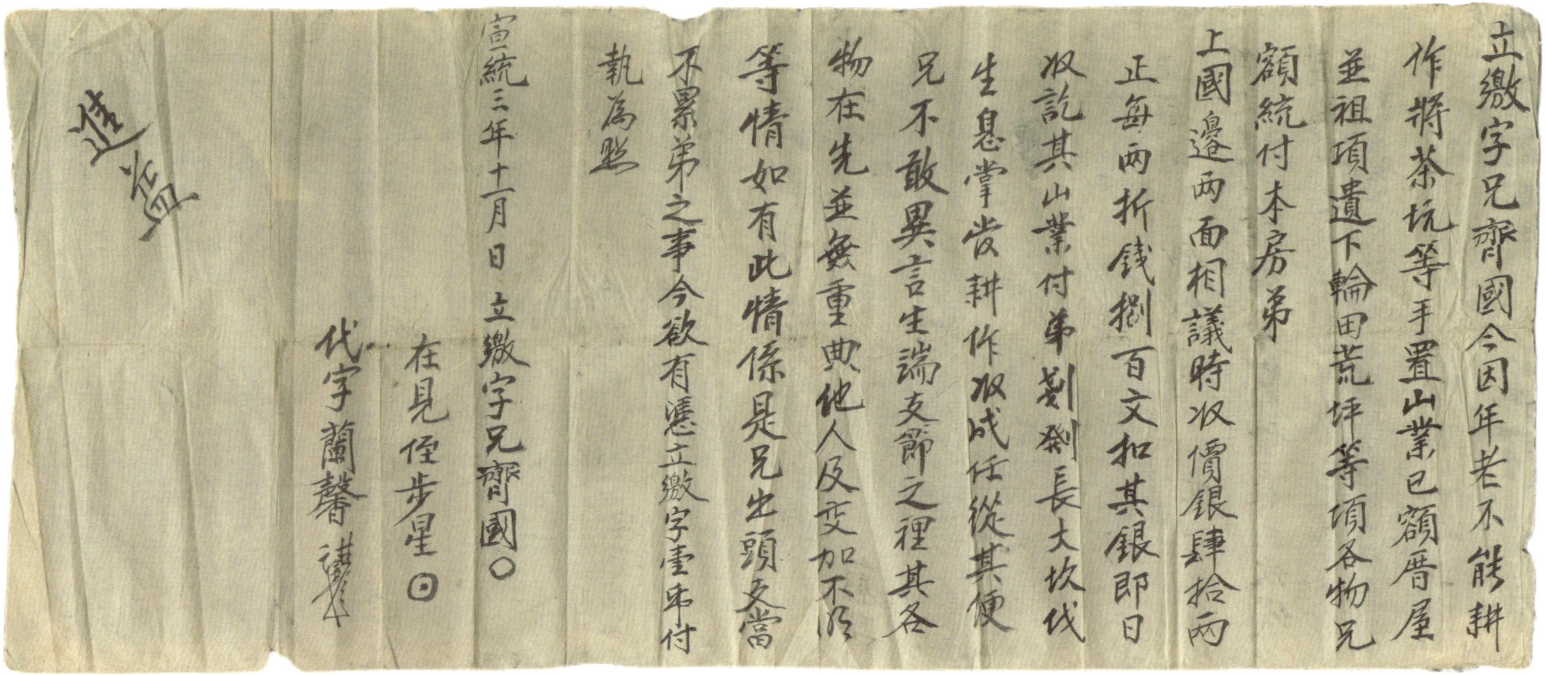

立繳字兄齊國今因年老不能耕
作將茶坑等手置山業已額曆屋
並祖項遺下輪田荒坪等項各物兄
額統付本房弟
上國邊兩面相議時收價銀肆拾兩
正每兩折钱捌百文和其銀即日
收訖其山業付弟劉剹長大坎伐
生息掌管耕作收成任從其便
兄不敢異言生端支節之裡其各
物在先並無重典他人反变加不明
等情如有此情係是兄出頭支當
不累弟之事今欲有憑立繳字壹帋付
執爲照
宣統三年十一月日 立繳字兄齊國○
在見侄步星㊞
代字蘭馨
進益

4-4-2-6　清宣統三年十一月許齊國立繳山業等字

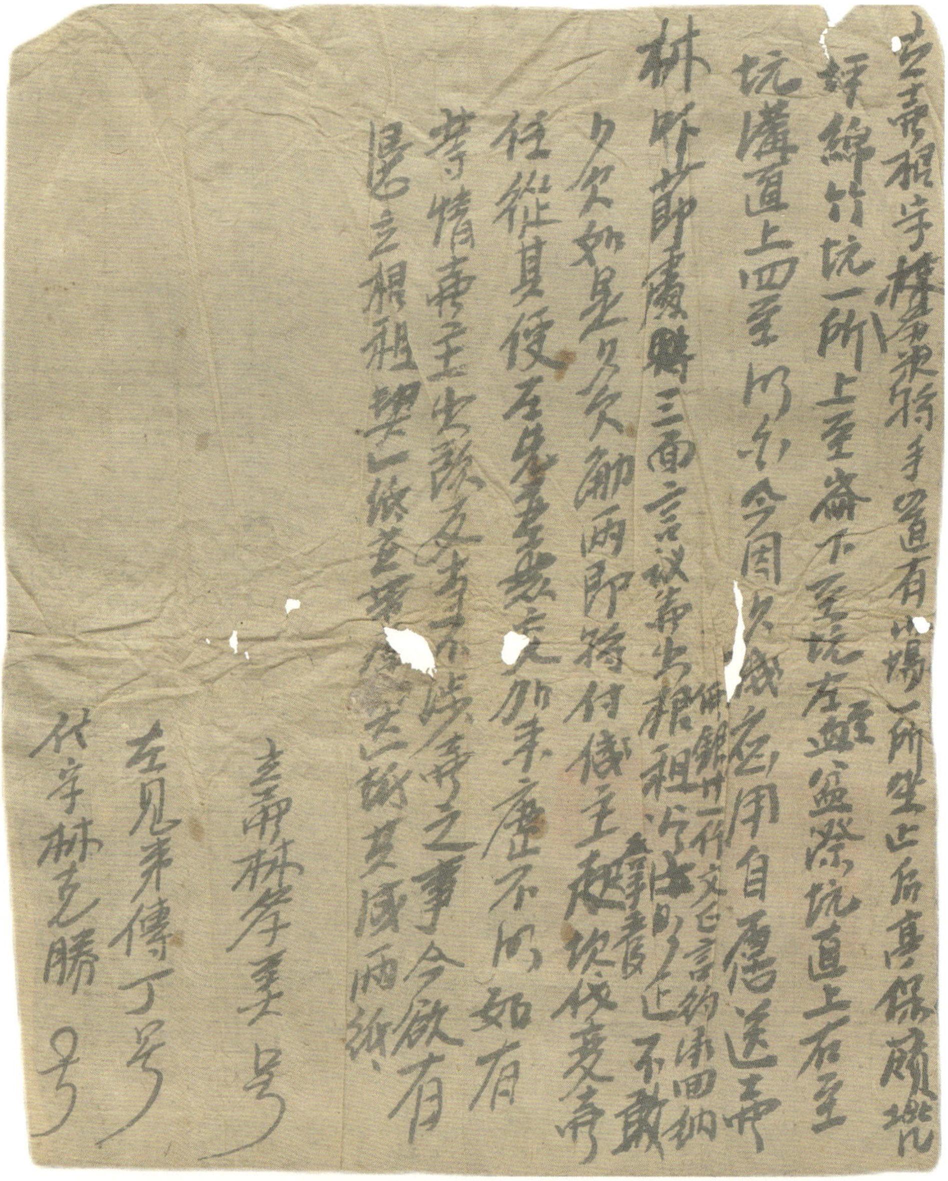

立賣根字林孪美將手置有山場一所，坐址后真保蘭坑
鋪綿竹坑一所，上至崙，下至坑，左至盤盆[illegible]坑直上，右至
坑壟直上，四至明白。今因乏錢應用，自願送賣
林[illegible]節處，賣價三兩，言議賣出根租，[illegible]佃銀卅一什文正，言約佃田納[illegible]不敢
少欠，如是少欠銅兩，即將付錢主起收，任從變賣
任從其便，屋先未曾重賣他人，來歷不明，如有
等情，賣主出頭支當，不涉買主之事。今欲有
憑，立根租契一紙，並帶老契一紙，共成兩紙。
立賣林孪美 号
在見弟傳丁 号
代字林克勝 号

4-4-2-7　林孪美立賣山場根字（年代不詳，抄契）

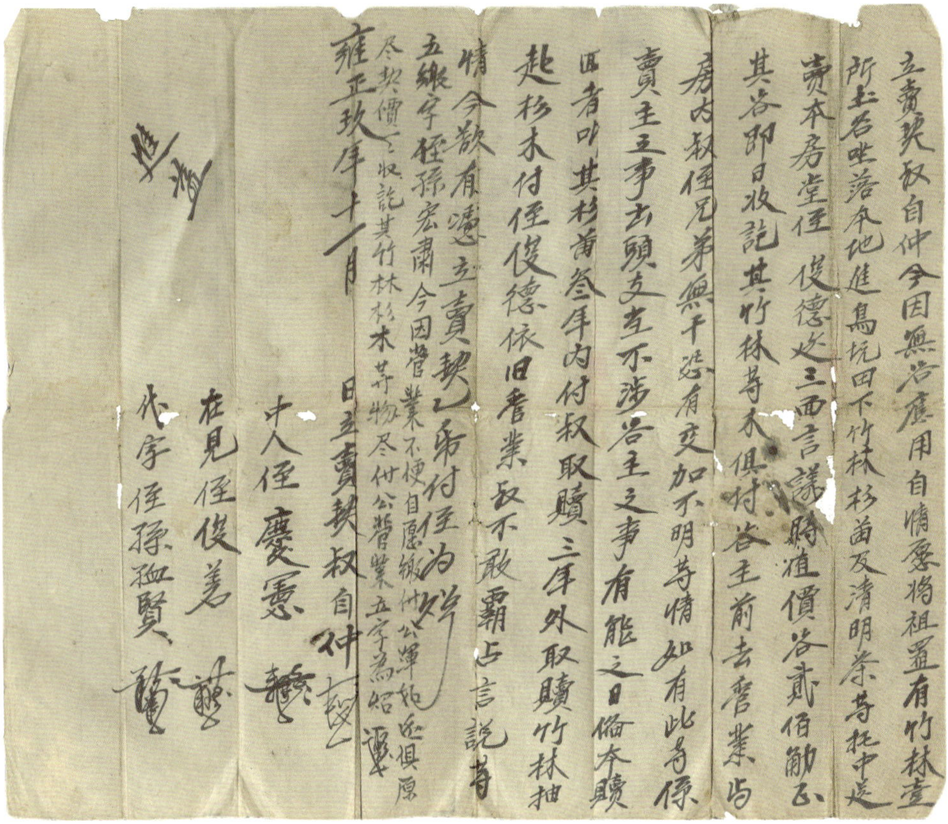
立賣契叔自仲今因無谷應用自情愿將祖置有竹林壹
所土名坐落本地進烏坑田下竹林杉苗及清明条等托中送
賣本房堂侄俊德边三面言議時值價谷貳佰觔正
其谷即日收訖其竹林等木俱付谷主前去管業尚
房内叔侄兄弟無干然有交加不明等情如有此等係
賣主之事出頭支当不涉谷主之事有能之日備本贖
回有叫其杉苗叁年内付叔取贖三年外取贖竹林抽
起杉木付侄俊德依旧管業叔不敢霸占言說昔
情今欲有憑立賣契為付侄為炤
立繳字侄孫宏肅今因管業不便自愿繳付公煇邊俱原
尽契價己收訖其竹林杉木等物尽付公煇管業立字為炤
雍正玖年十一月　日立賣契叔自仲
中人侄　慶憲
在見侄　俊善
代字侄孫　孤賢

4-4-3-1　清雍正九年十一月許自仲立賣竹林契

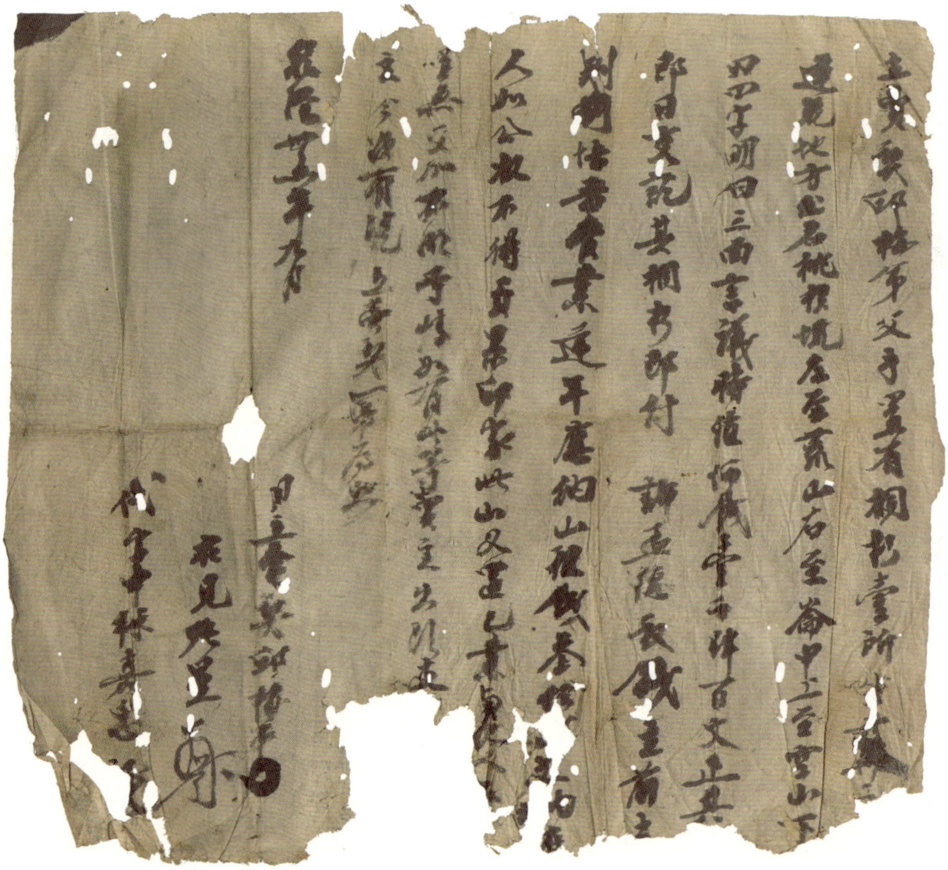
立賣契邱梅弟父手置有桐杉壹所[illegible]
[illegible]山右至嵛中上至雲山下
四至明白三面言議時值價錢壹千肆百文正其
錢即日交訖其桐杉即付[illegible]錢主前去
[illegible]出賣業主[illegible]山[illegible]
人如公叔不得異言[illegible]此山及[illegible]
並無交加不明[illegible]如有此等業主出頭支
當今欲有憑立賣契一紙存照
乾隆卅六年九
月　日立賣契邱梅弟
在見[illegible]
代字[illegible]

4-4-3-2　清乾隆三十六年九月邱梅弟立賣桐杉契

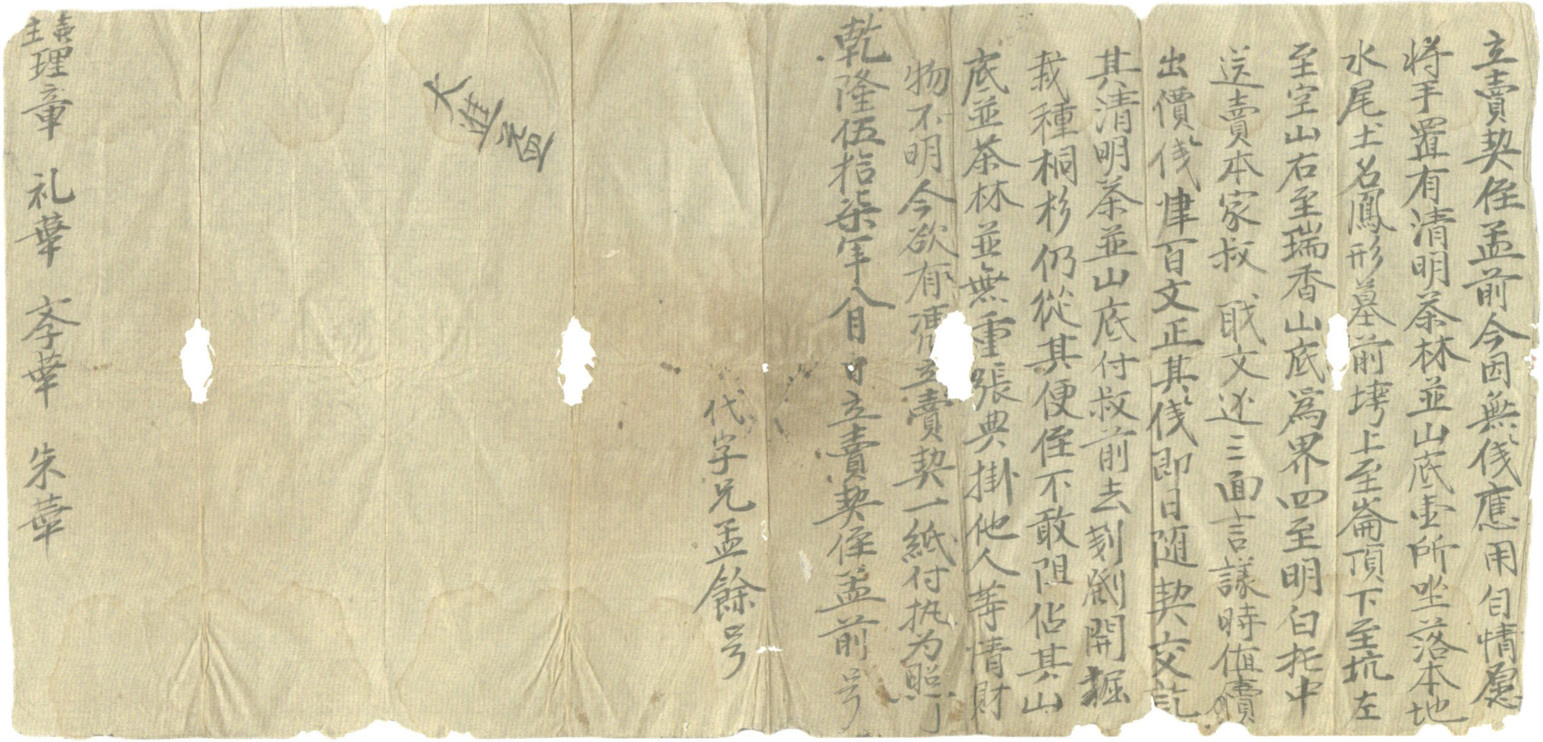
立賣契侄孟前，今因無錢應用，自情愿
將手置有清明茶林並山底壹所，坐落本地
水尾土名鳳形墓前，埒上至崙頂，下至坑，左
至空山，右至瑞香山底為界，四至明白，托中
送賣本家叔　文述三面言議，時值價
出價錢肆百文正，其錢即日隨契交訖，
其清明茶並山底付叔前去剗劄開掘
栽種桐杉，仍從其便，侄不敢阻佔，其山
底並茶林並無重張典掛他人等情，財
物不明，今欲有憑，立賣契一紙付執為照。
乾隆伍拾柒年八月　日立賣契侄孟前
代字兄孟餘

4-4-3-3　清乾隆五十七年八月許孟前立賣清明茶林等契

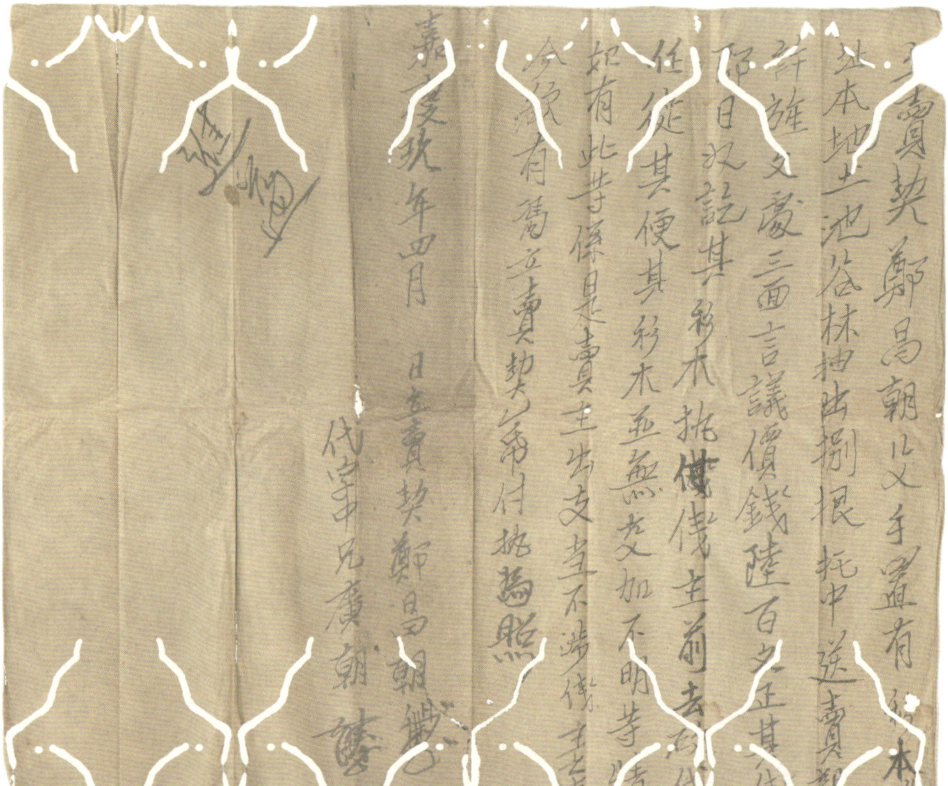
立賣契鄭昌朝今又手置有杉木坐
址本地土池谷林坳出捌根托中送賣與
許旌文處三面言議價錢陸百文正其價
即日收訖其杉木挑俵任前去砍伐
任從其便其杉木並無交加不明等情
如有此等係是賣主出支當不涉俵主之事
今欲有憑立賣契一紙付挑為照
嘉慶玖年四月　日立賣契鄭昌朝
代字中兄廣朝

4-4-3-4　清嘉慶九年四月鄭昌朝立賣杉木契

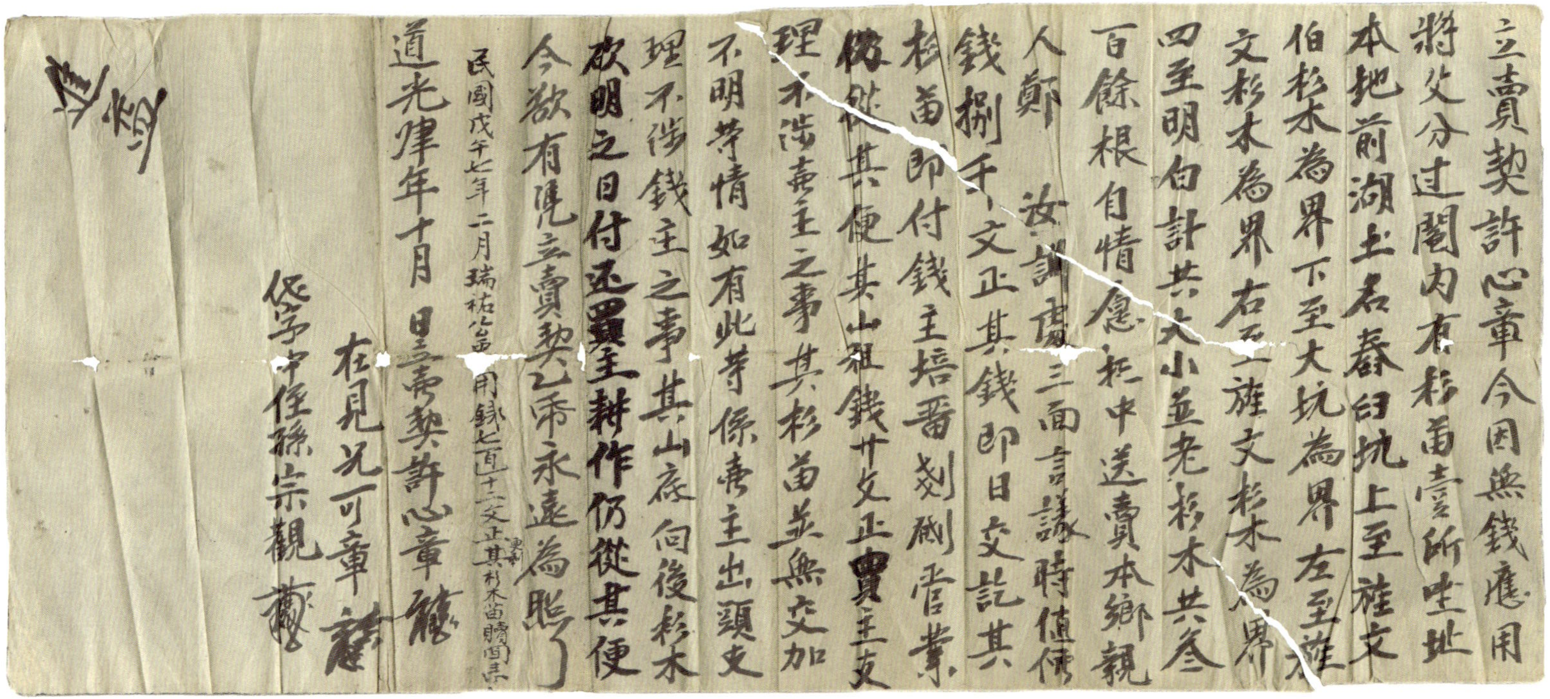
立賣契許心章今因無錢應用
將父分过閣內有杉苗壹所坐址
本地前湖土名舂臼坑上至旌文
伯杉木為界下至大坑為界左至旌
文杉木為界右至旌文杉木為界
四至明白計共大小並老杉木共叁
百餘根自情愿托中送賣本鄉親
人鄭　汝謨處三面言議時值價
錢捌千文正其錢即日交訖其
杉苗即付錢主培番劖剷管業
倘欲從其便其山祖錢廿文正貫主支
理不涉賣主之事其杉苗並無交加
不明等情如有此等係賣主出頭支
理不涉錢主之事其山底向後杉木
砍明之日付还買主耕作仍從其便
今欲有憑立賣契乙紙永遠為照
民國戊午七年二月瑞祐公當用錢七百四十二文正其杉木苗贖回清訖
道光肆年十月　日立賣契許心章
在見兄可章
代字中侄孫宗觀

4-4-3-5　清道光四年十月許心章立賣杉苗契

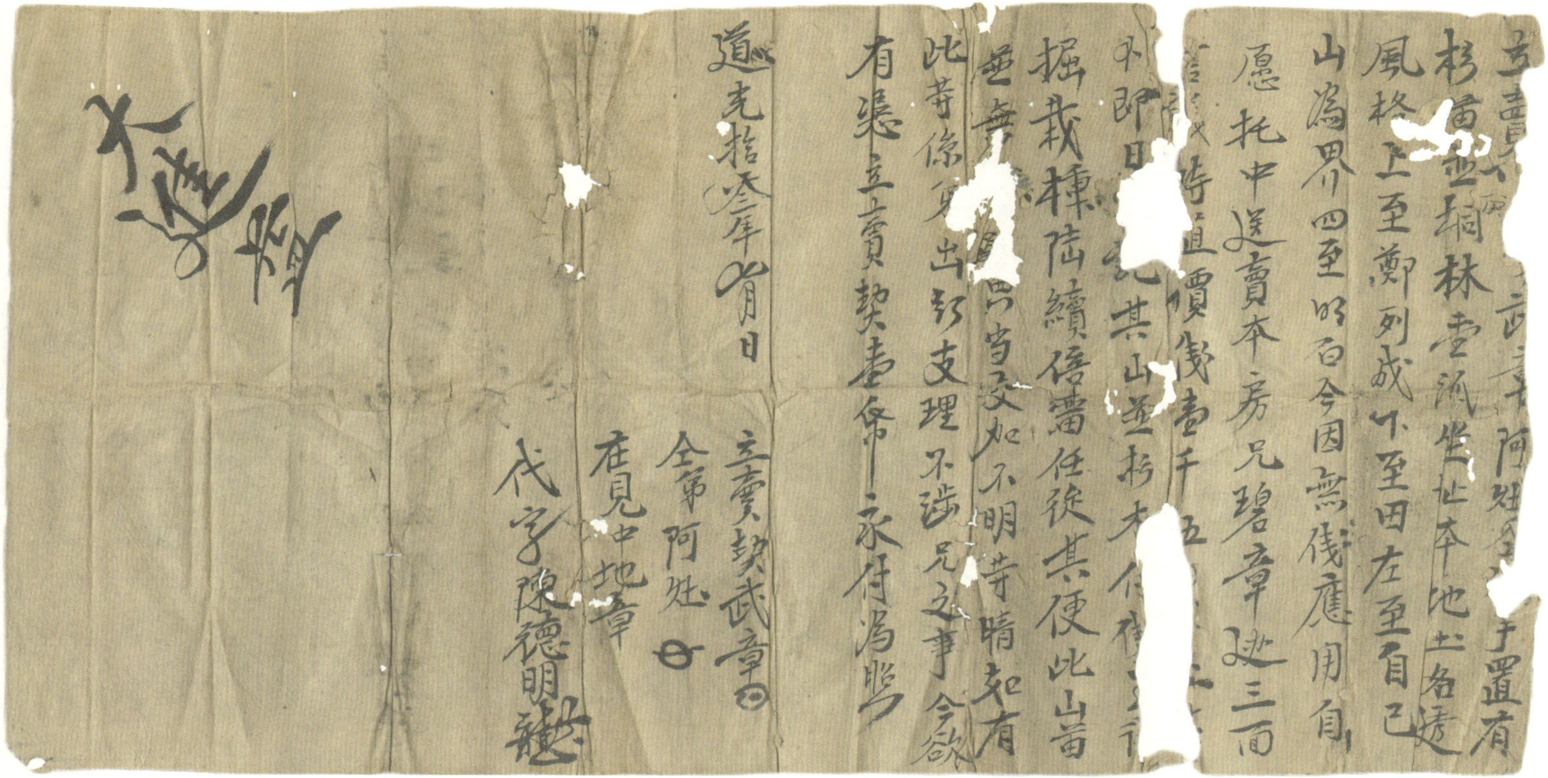

4-4-3-6　清道光十三年七月許武章等立賣杉苗等契

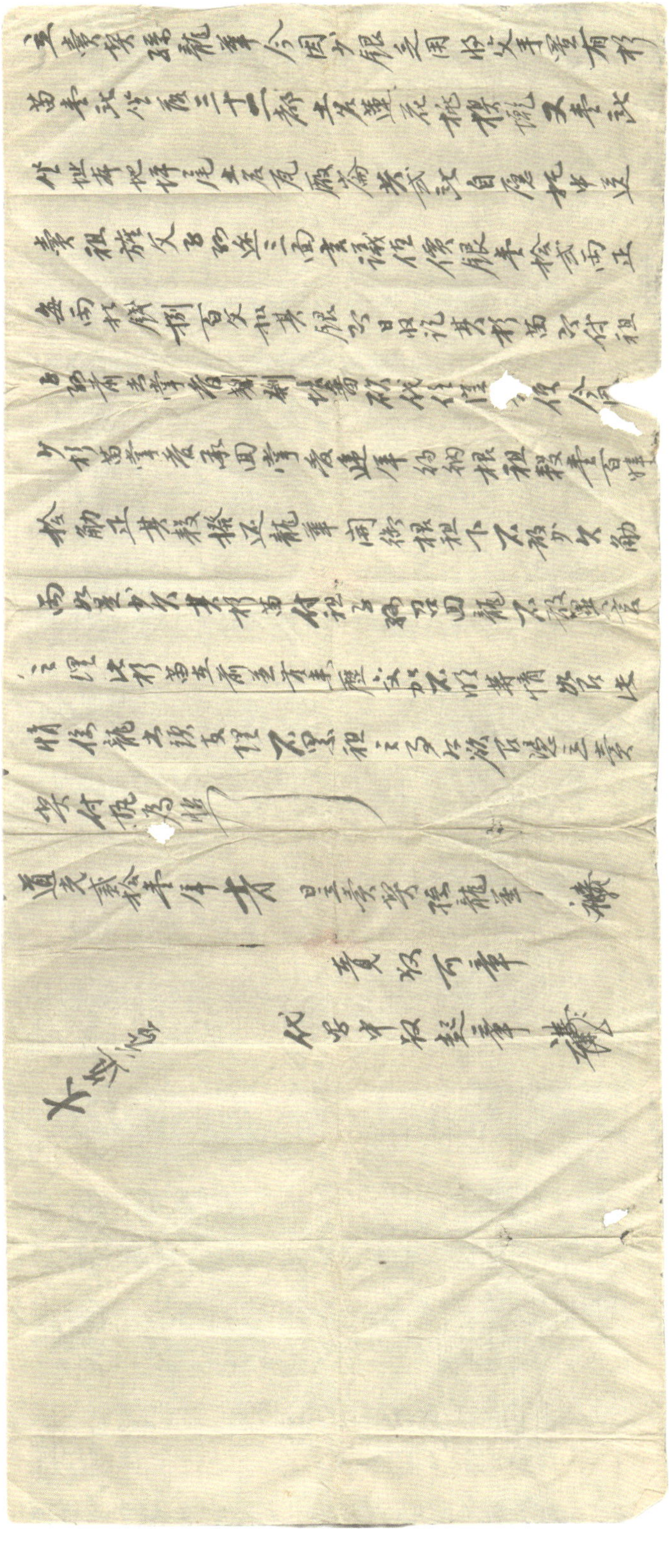

4-4-3-7 清道光二十一年十一月許龍華立賣杉苗契

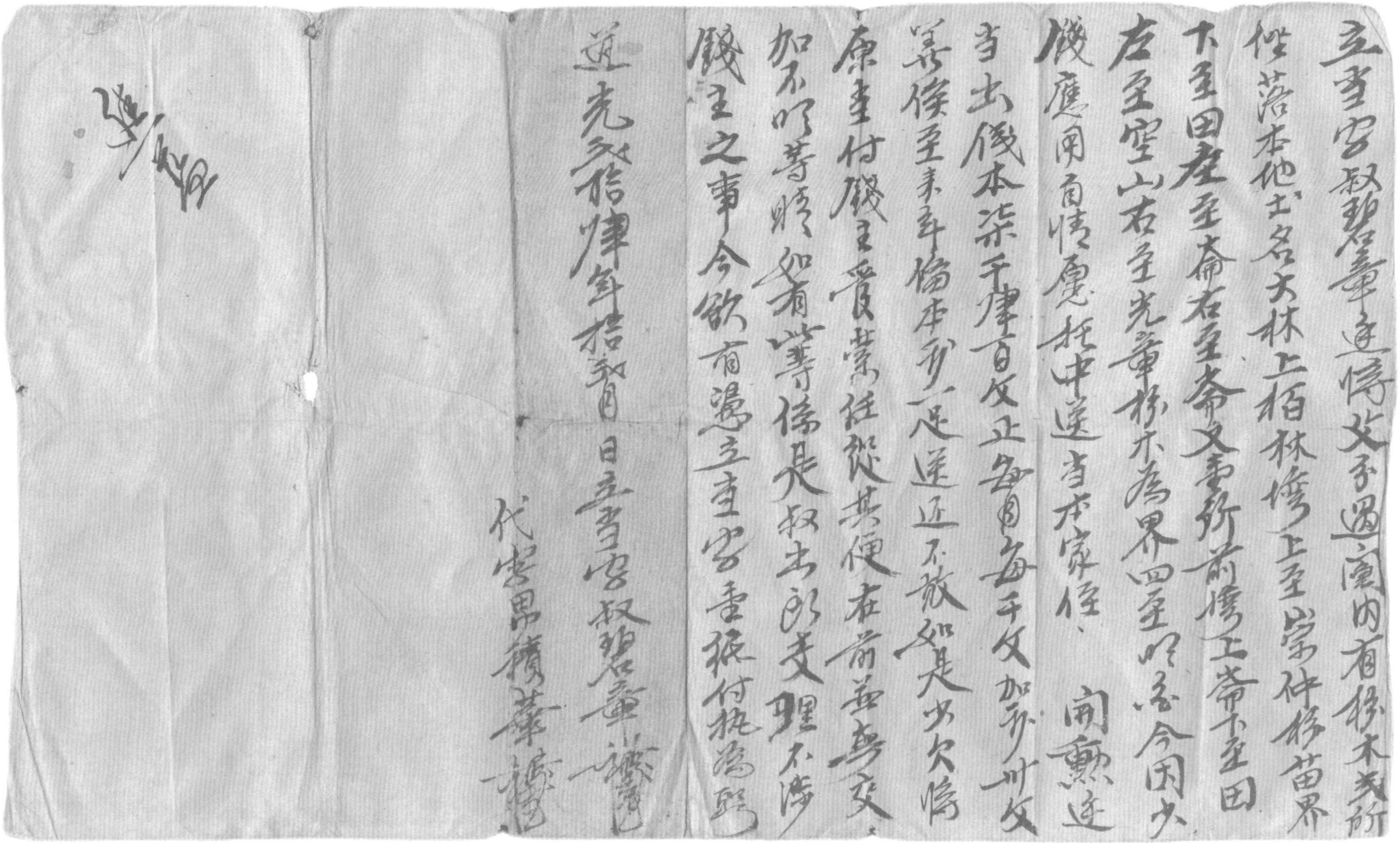
立當字叔碧章，遂將父手置邊園內有杉木一所，
坐落本地土名大林上柏林墘上，至嵩仔杉苗界，
下至田，左至大崙，右至大崙文章所前墘上崙，下至田，
左至空山，右至光章杉木為界，四至明白。今因乏
錢應用，自情愿托中送當於宗侄 闻勲邊，
當出錢本柒千肆百文正，每月每千文加利卅文
算，候至来年備本利一足送返，不敢欠少。如是欠少，
原主付錢主管業，任從其便。在前並無交
加不明等情，如有等情，是叔出頭支理，不涉
錢主之事。今欲有憑，立當字壹張付執為照。
道光弍拾肆年拾貳月　日立當字叔碧章（押）
代字男積華（押）

4-4-3-8　清道光二十四年十二月許碧章立當杉木字

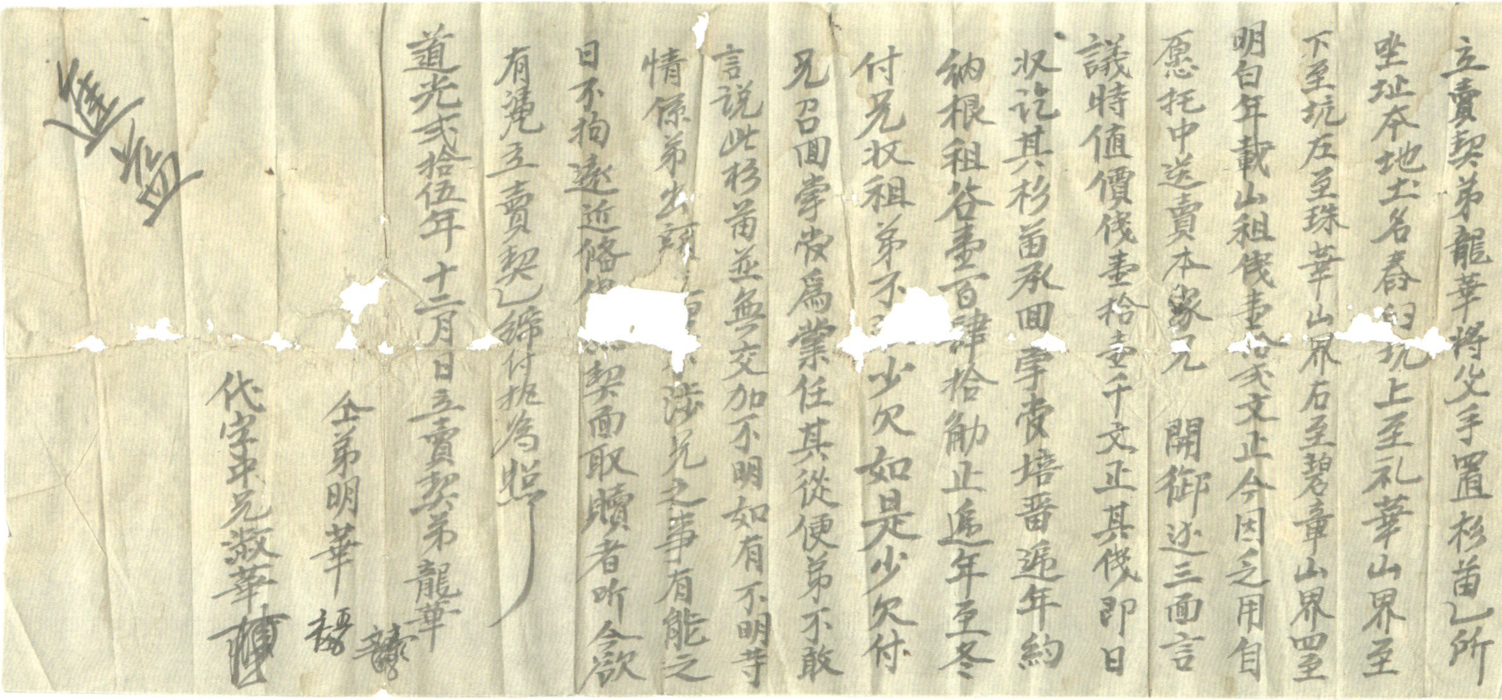
立賣契弟龍華將父手置杉苗乙所
坐址本地土名吞□坑上至礼華山界至
下至坑左至珠華山界右至碧章山界四至
明白年載山租錢壹百弍文正今因乏用自
愿托中送賣本家兄 開御邊三面言
議時值價錢壹拾壹千文正其錢即日
收訖其杉苗承回掌管培蕃遞年約
納根租谷壹百肆拾觔正遞年至冬
付兄收租弟不□少欠如是少欠付
兄召回掌管爲業任其從便弟不敢
言說此杉苗並無交加不明如有不明等
情係弟出頭□□涉兄之事有能之
日不拘遠近備□□契面取贖者听令欲
有憑立賣契乙紙付執爲照
道光弍拾伍年十二月 日立賣契弟龍華（押）
仝弟明華（押）
代字中兄淑華（押）
遂意

4-4-3-9　清道光二十五年十二月許龍華等立賣杉苗契

4-4-3-10　清咸豐元年八月許睦華立賣清明茶契

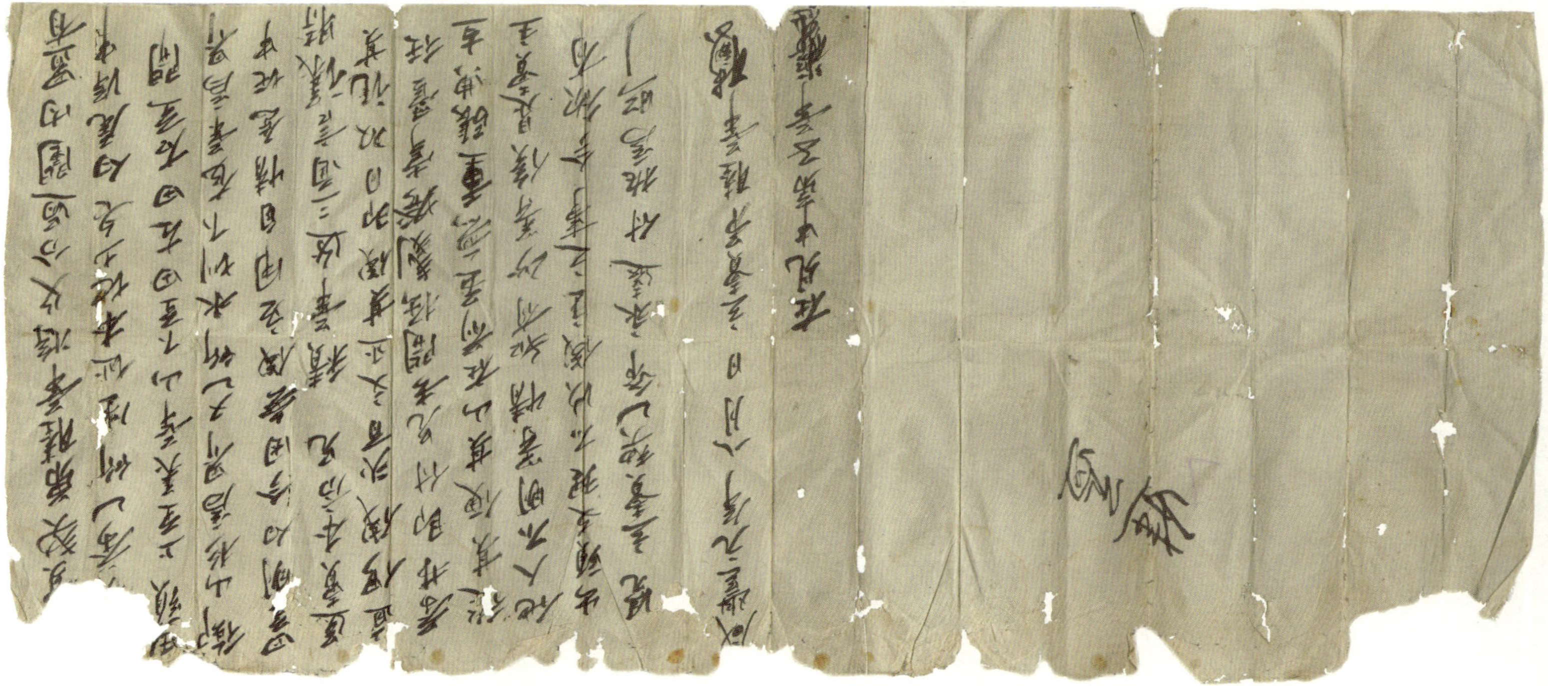

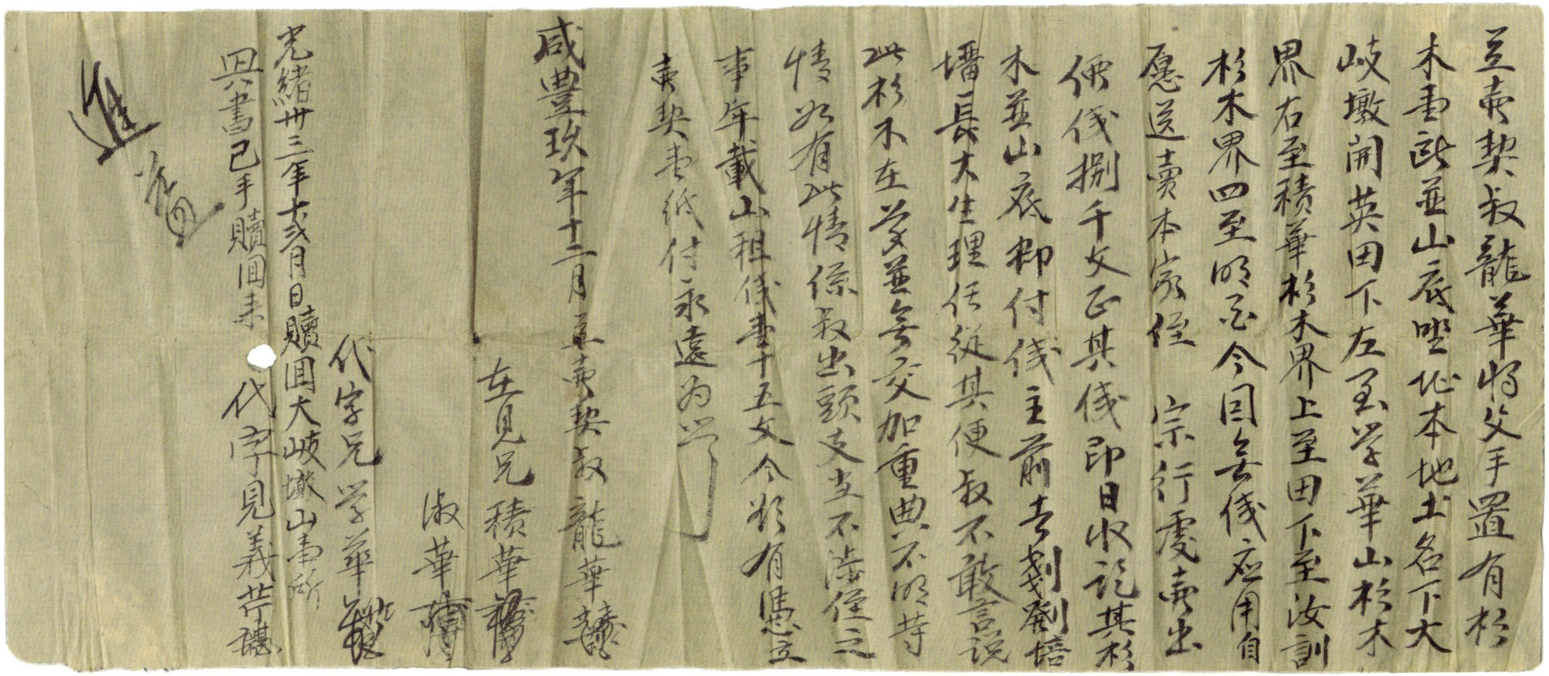
立賣契叔龍華將父手置有杉
木壹段並山底坐址本地土名下大
岐墩開英田下左至学華山杉木
界右至積華杉木界上至田下至汝訓
杉木界四至明白今因無錢應用自
愿送賣本家侄 宗行處爲業
俻錢捌千文正其錢即日收訖其杉
木並山底即付錢主前去剗劄培
墻長大生理任從其便叔不敢言說
此杉木在家並無交加重典不明等
情如有此情係叔出頭支当不涉侄之
事年載山租錢壹十五文今欲有憑立
賣契壹紙付永遠爲照
咸豐玖年十二月 日立賣契叔 龍華
在見兄 積華
淑華
代字兄 学華
光緒卅三年十弍月 日贖回大岐墩山壹所
與書己手贖回来 代字見 義芹

4-4-3-11　清咸豐九年十二月許龍華立賣杉木等契

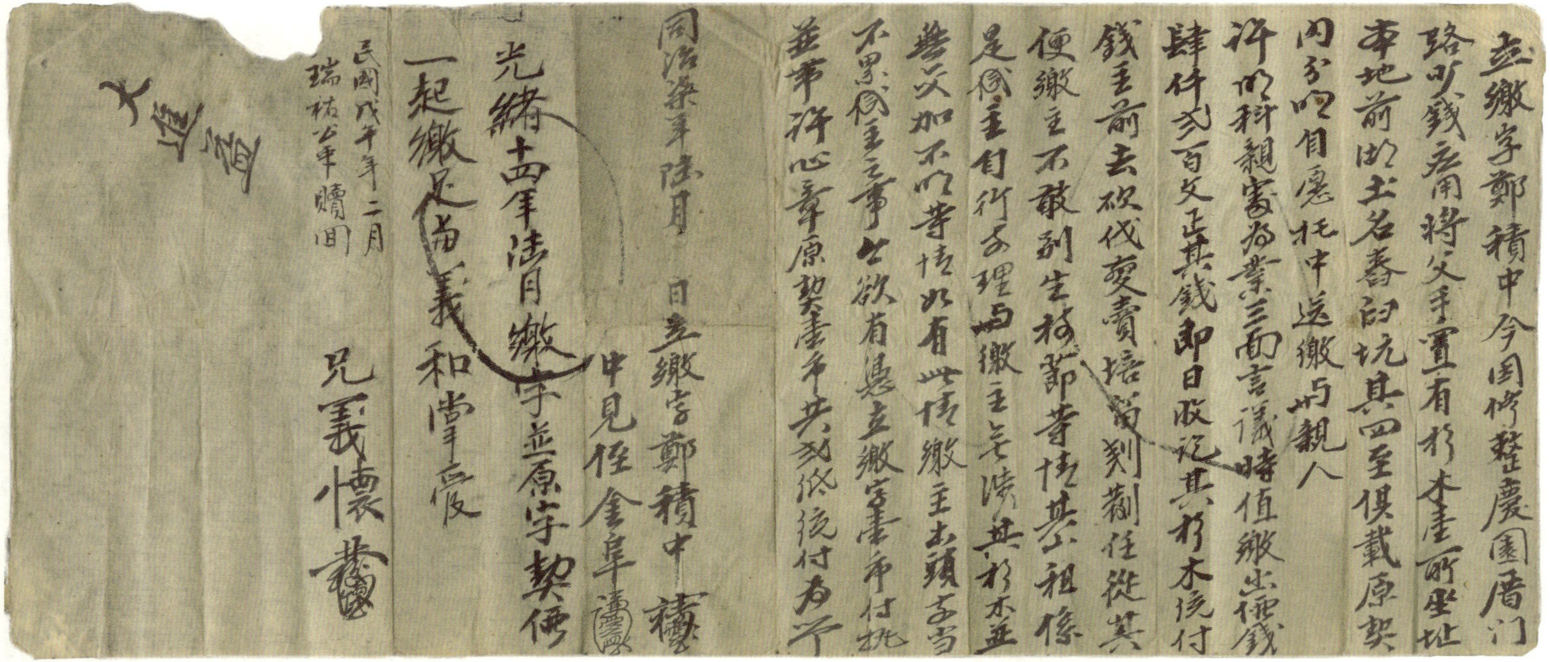
立繳字鄭積中今因將整慶園厝门
路邊錢糧[illegible]將父手置有杉木壹所坐址
本地前此土名壽[illegible]坑其四至俱載原契
内今因自愿托中送繳与親人
許[illegible]科親家為業三面言議時值繳出價錢
肆仟弍百文正其錢即日收訖其杉木听付
錢主前去砍伐变賣培[illegible]剡劏任從其
便繳主不敢刁生枝節等情其山祖係
是錢主自行分理與繳主無涉其杉木並
無父加不明等情如有此情繳主出頭支当
不累錢主之事也欲有憑立繳字壹帋付执
並带許心章原契壹帋共弍帋付為照
同治柒年陸月　日立繳字鄭積中
中見侄金阜
光緒十四年陸月繳字並原字契價
一起繳足尚義和掌管
民國戊午年二月
瑞祐公年贖回
兄義懷
大道[illegible]

4-4-3-12　清同治七年六月鄭積中立繳杉木字（廢契）

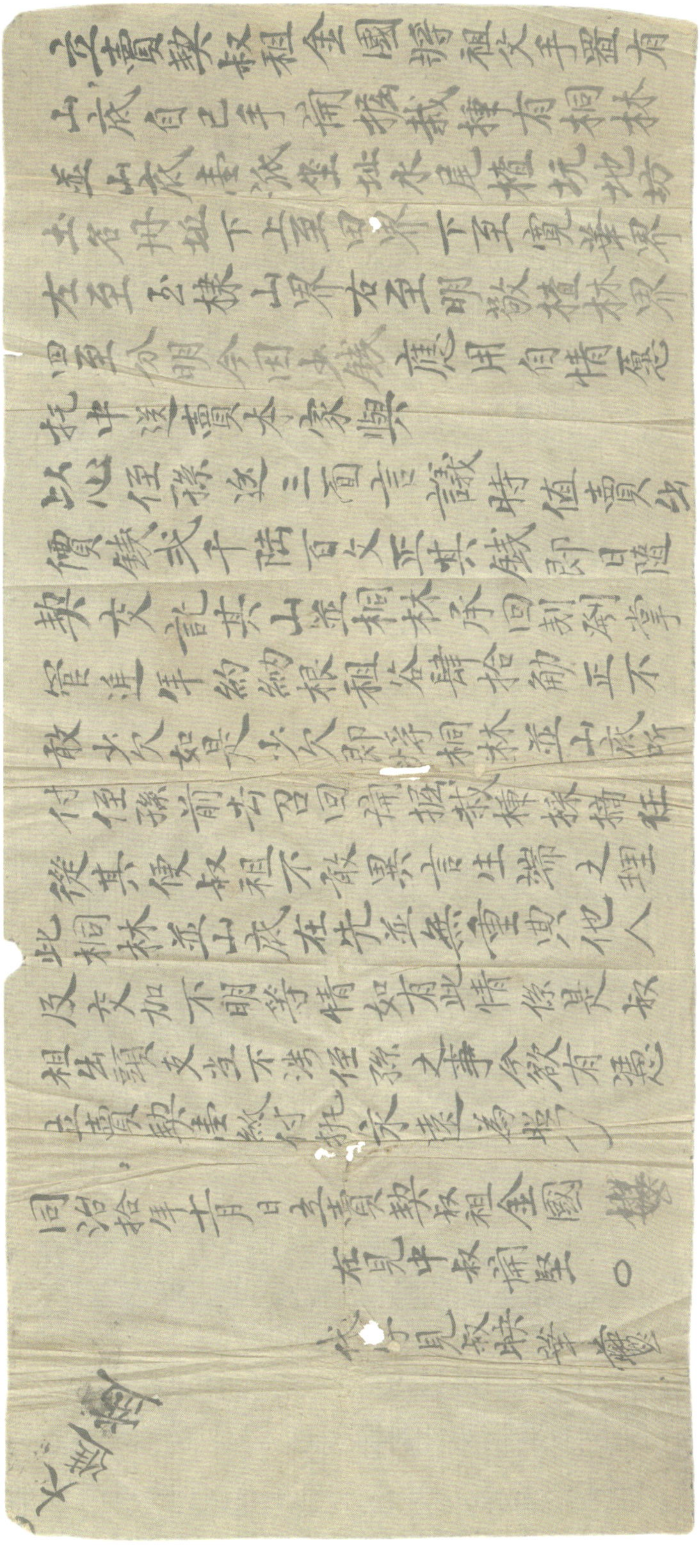
立賣契叔祖金國承祖父手置有
山一處，自己手分開坐載棲有桐林
壹山，處在本家坐址本底植抗地方
土名竹坵下，上至園界，下至寬美界，
左至己棣山界，右至明欽植林界，
四至分明。今因缺錢應用，自情愿
托中送賣與本家侄
孫進三為業，三面言議時值賣價
價錢貳千陸百文正，其錢即日隨
契交訖，其山並桐林付与侄孫前去管掌
管業，進年約納租谷肆拾觔正，不
敢少欠。如是少欠，即將桐林並山底聽
付侄孫前去召佃管掌栽插桐林
從其侄叔祖不敢異言生端之理。
此桐林並山底在先並無重典他人
及交加不明等情，如有此情，係是叔
祖出頭支當，不涉侄孫之事。今欲有憑，
立賣契壹紙，付執永遠為照。
同治拾年十一月　日立賣契叔祖金國（押）
在見中叔前堅　○
代字見叔瑞瑩（押）
大吉

4-4-3-13　清同治十年十一月許金國立賣桐林等契

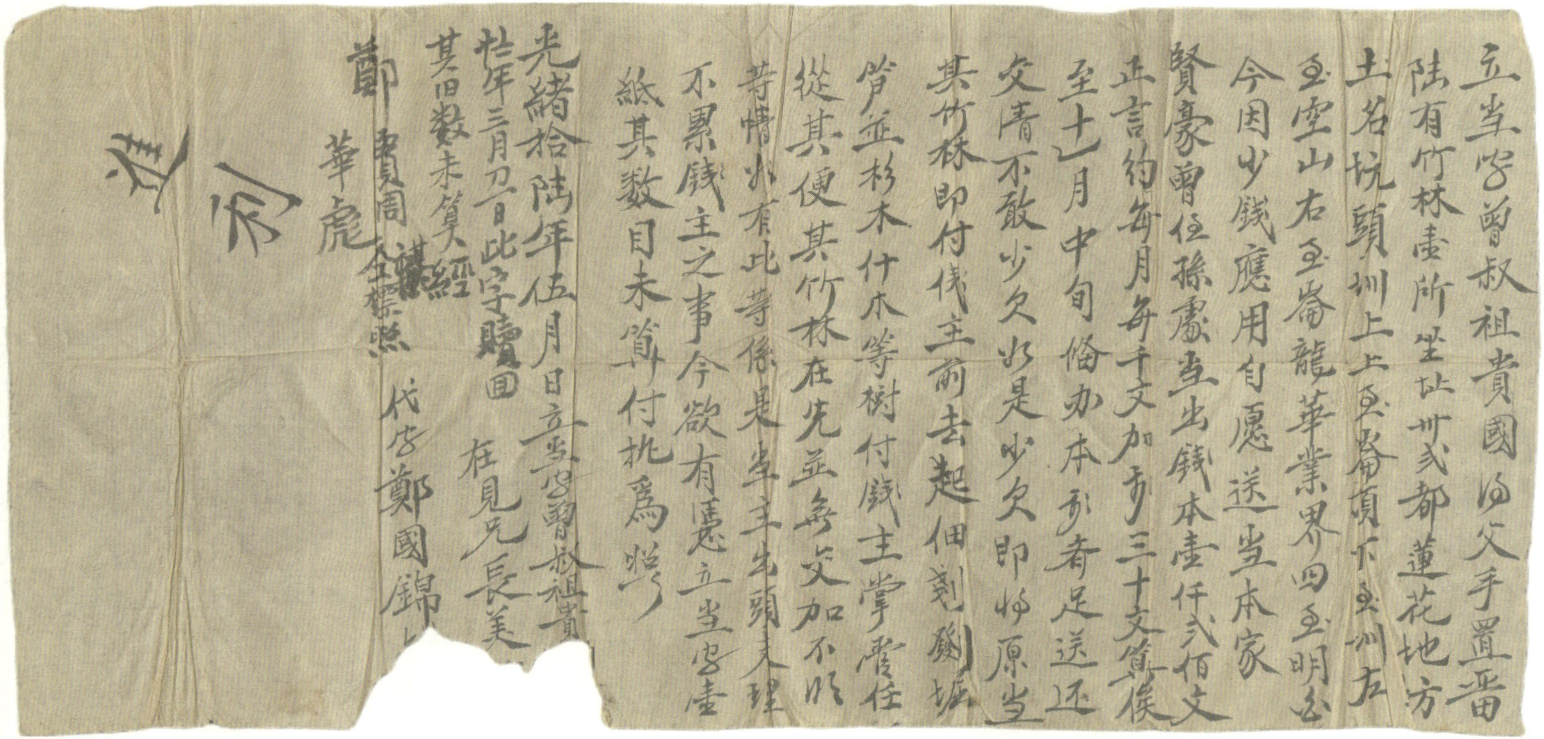

立当字曾叔祖貴國承父手置晋
陆有竹林壹所坐址卅弍都蓮花地方
土名坑頭圳上上至嵛頂下至圳左
至空山右至嵛龍華業界四至明白
今因少錢應用自愿送当本家
賢豪曾侄孫處当出錢本壹仟弍佰文
正言約每月每千文加齐三十文算候
至十二月中旬備办本利者足送还
交清不敢少欠如是少欠即将原当
其竹林即付錢主前去起佃割鋤坵
管並杉木什木等樹付錢主掌管任
從其便其竹林在先並無文加不明
等情如有此等係是当主出頭支理
不累錢主之事今欲有憑立当字壹
紙其數目未算付执為照
光緒拾陆年伍月日立当字曾叔祖貴國
廿年三月卅日此字贖回　在見兄長美
其旧數未算人經
鄭貴周 華彪 仝
代字鄭國錦

4-4-3-14　清光緒十六年五月許貴國立當竹林字

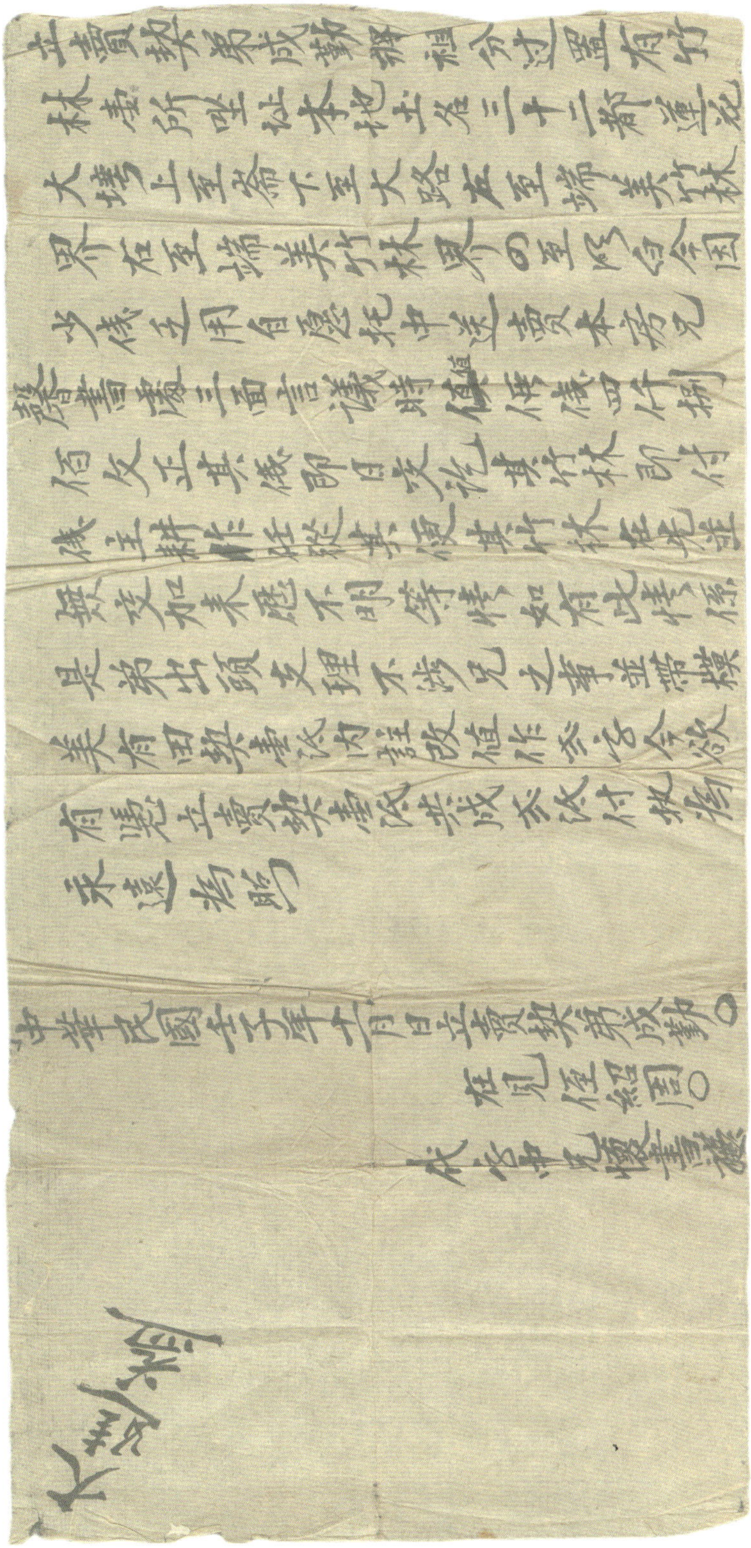

立賣竹林契弟成勤稱祖分己置有竹
林壹所坐址本地土名三十二都蒲蓮花
大墘上至崙下至大路左至端美竹林
界右至端美竹林界四至明白今因
少錢乏用自願托中送立賣本房兄
發春邊為業三面言議時值價錢四仟捌
佰文正其錢即日交訖其竹林即付
錢主耕作任從其便其竹林在先並
無交加未歷不明等情如有此等情係
是弟出頭支理不涉兄之事並帶樣
美有田契壹紙內註改植作杉木合約
有憑立賣竹林契壹紙并成交付執為
永遠為照

中華民國壬子年十一月 日立賣竹林契弟成勤〇
在見侄紹周〇
代字中兄懷書證

4-4-3-15 民國元年十一月許成勤立賣竹林契

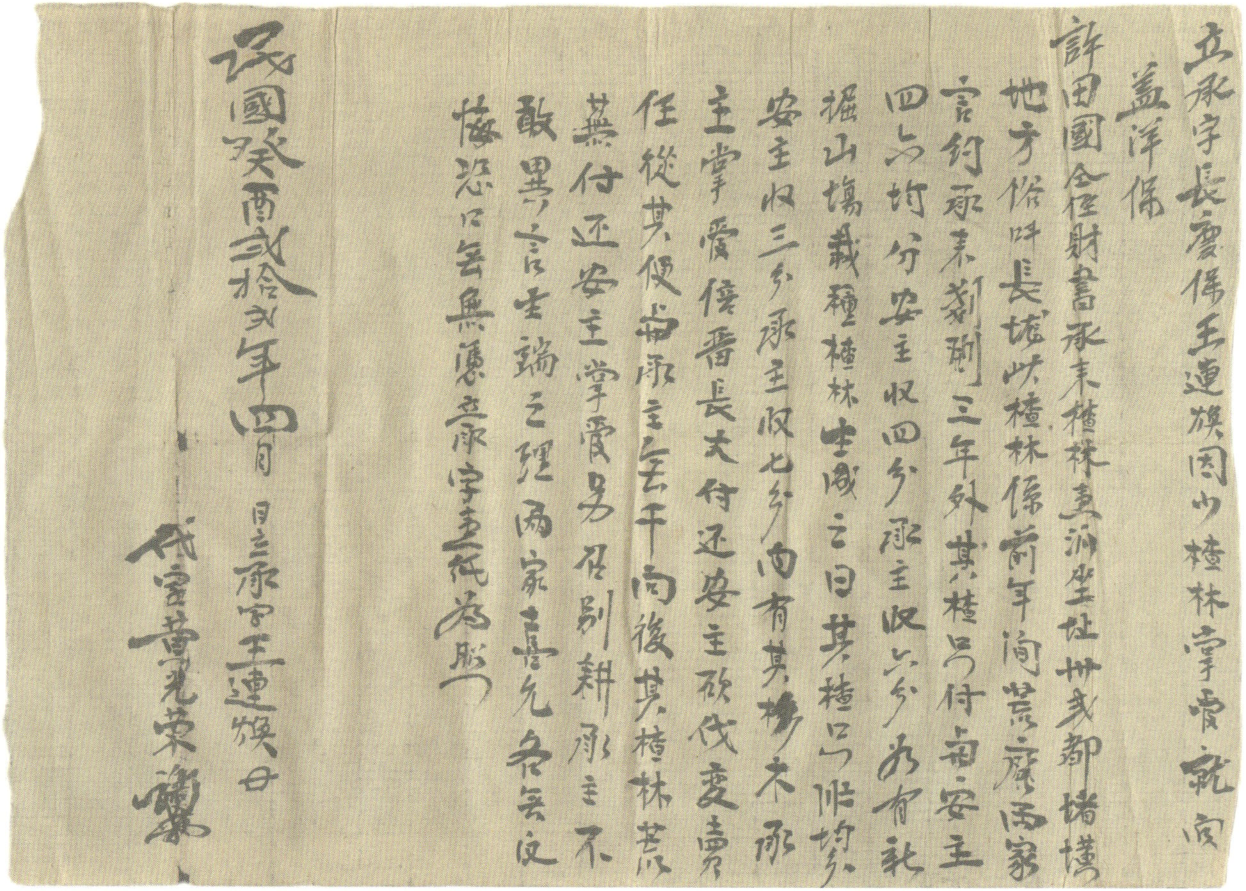
立承字長慶保王連煥，因山植林掌管，就[illegible]
益洋保
許田國全住財書承來植林，土名坐址卅貳都[illegible]
地方俗叫長垅岐植林，係前年間荒廢，兩家
言約承來劉剛三年外，其植只付南、安主
四六均分，安主收四分，承主收六分，亦有[illegible]
掘山墉栽種植林，[illegible]成之日，其植只作均分，
安主收三分，承主收七分，內有其杉木，承
主掌管，倘長大，付還安主砍伐變賣，
任從其便，與承主無干。向後其植林荒
蕪，付還安主掌管，另召別耕，承主不
敢異言生端之理。兩家喜允，各無反
悔，恐口無憑，立承字壹紙為照。
民國癸酉貳拾貳年四月　日立承字王連煥
代字黃光榮

4-4-3-16　民國二十二年四月王連煥立承植林契

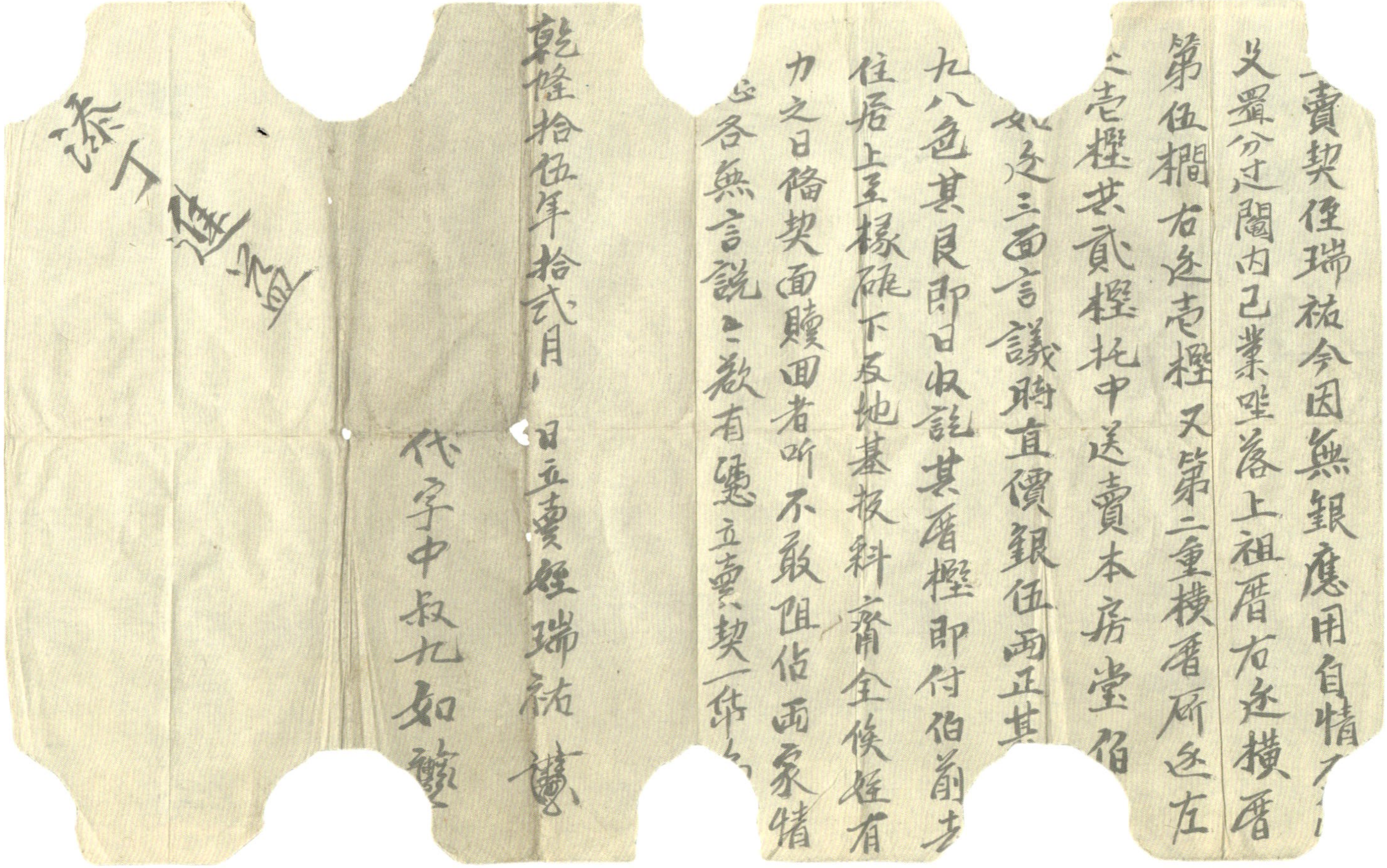

立賣契侄瑞祐，今因無銀應用，自情願將
父置分過鬮内己業，坐落上祖厝右边橫厝
第伍間右边壹櫃，又第二重橫厝所边左
边壹櫃，共貳櫃，托中送賣本房堂伯
處边三面言議，時直價銀伍两正。其
九八色，其艮即日收訖，其厝櫃即付伯前去
住居，上至椽碌，下及地基，板料齊全，候侄有
力之日，備契面贖回，伯不敢阻佔。两家情
愿，各無言説。今欲有憑，立賣契一紙，存照。
乾隆拾伍年拾貳月　日立賣侄瑞祐（押）
代字中叔九如（押）
添丁進[illegible]

4-4-4-1　清乾隆十五年十二月許瑞祐立賣橫厝契

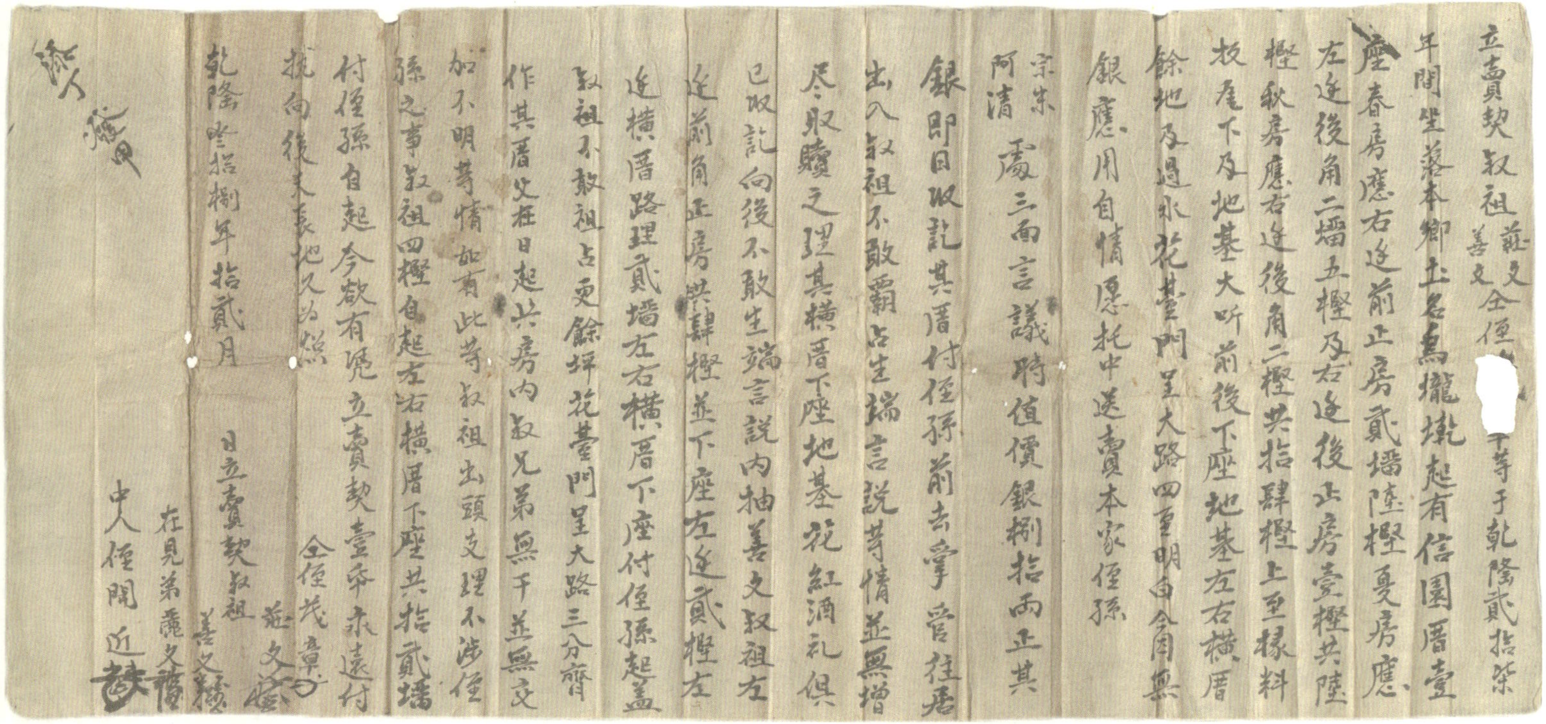

立賣契叔祖莊文 善文 仝侄[illegible]等于乾隆貳拾柒
年間坐落本鄉土名烏壠垅起有信園厝壹
座春房應右边前正房貳墻陸櫻夏房應
左边後角二墻五櫻及右边後正房壹櫻共陸
櫻秋房應右边後角二櫻共拾肆櫻上至椽料
板瓦下及地基大行前後下座地基左右横厝
餘地及過水花臺門至大路四至明白仝因無
銀應用自情愿托中送賣本家侄孫
宗朱 阿清 處三面言議時值價銀捌拾兩正其
銀即日收訖其厝付侄孫前去掌管住居
出入叔祖不敢霸占生端言説等情並無增
盡取贖之理其横厝下座地基花紅酒礼俱
已收訖向後不敢生端言説内抽善文叔祖左
边前角正房共肆櫻並下座左边貳櫻左
边横厝路理貳墻左右横厝下座付侄孫起蓋
叔祖不敢阻占更餘坪花臺門至大路三分齊
作其厝父在日起共房内叔兄弟無干並無交
加不明等情如有此等叔祖出頭支理不涉侄
孫之事叔祖四櫻自起左右横厝下座共拾貳墻
付侄孫自起今欲有憑立賣契壹紙永遠付
執向後未表地又為照　仝侄茂章（押）
乾隆叁拾捌年拾貳月　日立賣契叔祖 莊文（押） 善文（押）
在見弟 鹿文（押）
中人侄 閙 近（押）
添人 [illegible]

4-4-4-2　清乾隆三十八年十二月許莊文等立賣厝樫契

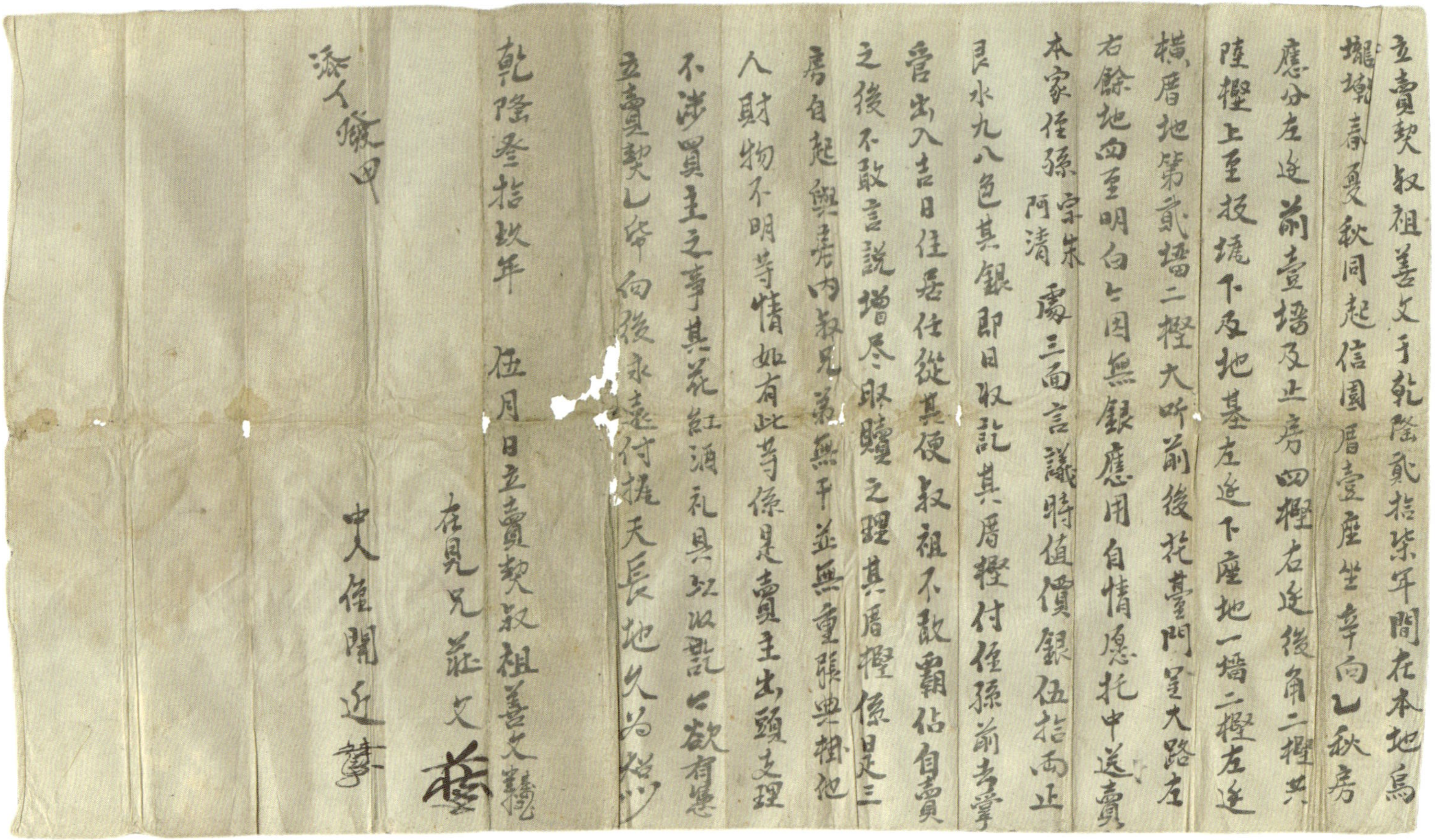

立賣契叔祖善文，于乾隆貳拾柒年間在本地烏
壠墩壽夏秋同起信園厝壹座，坐辛向乙，秋房
應分左邊前壹墻及正房四橙，右邊後角二橙，共
陸橙，上至枝墿下及地基，左邊下座地一墻二橙，左邊
横厝地第貳墻二橙，大听前後花臺門埕大路，左
右餘地四至明白。今因無銀應用，自情愿托中送賣
本家侄孫宗朱、阿清處，三面言議時值價銀伍拾兩正，
艮水九八色，其銀即日收訖，其厝橙付侄孫前去掌
管出入，吉日住居，任從其便，叔祖不敢霸佔。自賣
之後，不敢言說增盡取贖之理。其厝橙係是三
房自起，與叔兄弟無干，並無重張典掛他
人財物。不明等情，如有此等，係是賣主出頭支理，
不涉買主之事。其花紅酒礼具収訖。今欲有憑，
立賣契乙帋，向後永遠付據，天長地久為照。
乾隆叁拾玖年　伍月　日立賣契叔祖善文（押）
在見兄莊文（押）
中人侄開近（押）
添人殘甲

4-4-4-3　清乾隆三十九年五月許善文立賣厝屋契

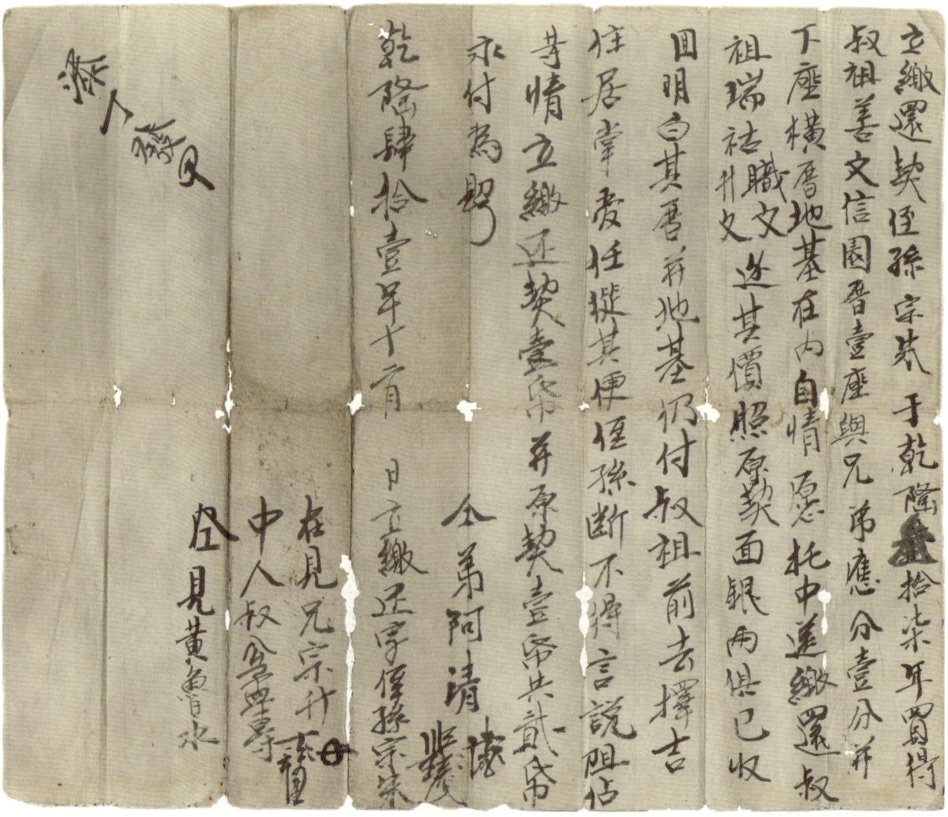

4-4-4-4　清乾隆四十一年十二月許宗朱等立繳還地基契

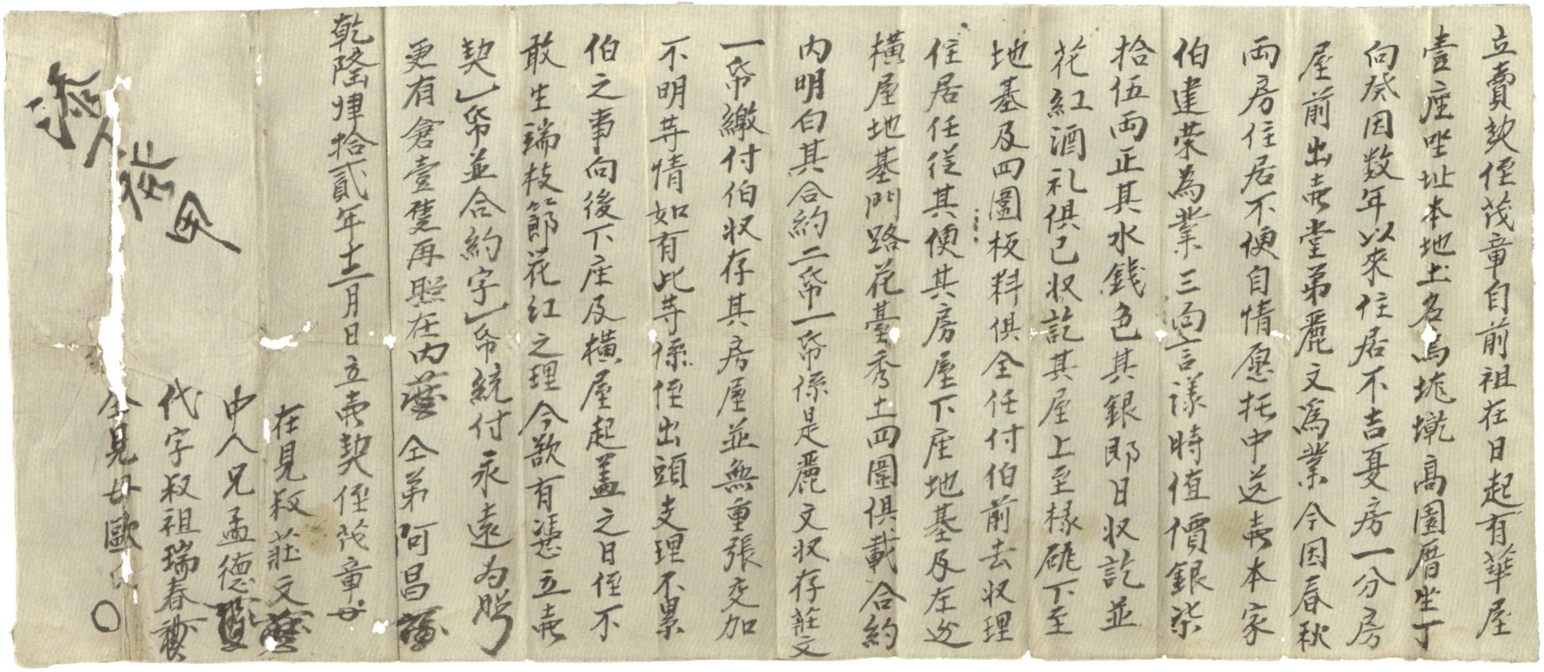
立賣契侄茂章自前祖在日起有華屋
壹座坐址本地土名烏垅墘高園厝坐丁
向癸因數年以來住居不吉要房一分房
屋前出賣堂弟麗文爲業今因春秋
兩房住居不便自情愿托中送賣本家
伯建榮爲業三面言議時值價銀柒
拾伍兩正其水錢色其銀即日收訖並
花紅酒礼俱已收訖其屋上至椽瓦下至
地基及四圍板料俱全付伯前去收理
住居任從其便其房屋下座地基及左邊
橫屋地基門路花臺秀土四圍俱載合約
内明白其合約二帋一帋係是麗文收存莊文
一帋繳付伯收存其房屋並無重張交加
不明等情如有此等係侄出頭支理不累
伯之事向後下座及橫屋起蓋之日侄不
敢生端枝節花紅之理今欲有憑立賣
契一帋並合約字一帋統付永遠爲照
更有倉壹隻再照在内☐　仝弟河昌☐
乾隆肆拾貳年十二月日立賣契侄茂章
在見叔莊文
中人兄孟德
代字叔祖瑞春
仝見母歐氏　○
[illegible]

4-4-4-5　清乾隆四十二年十二月許茂章立賣華屋契

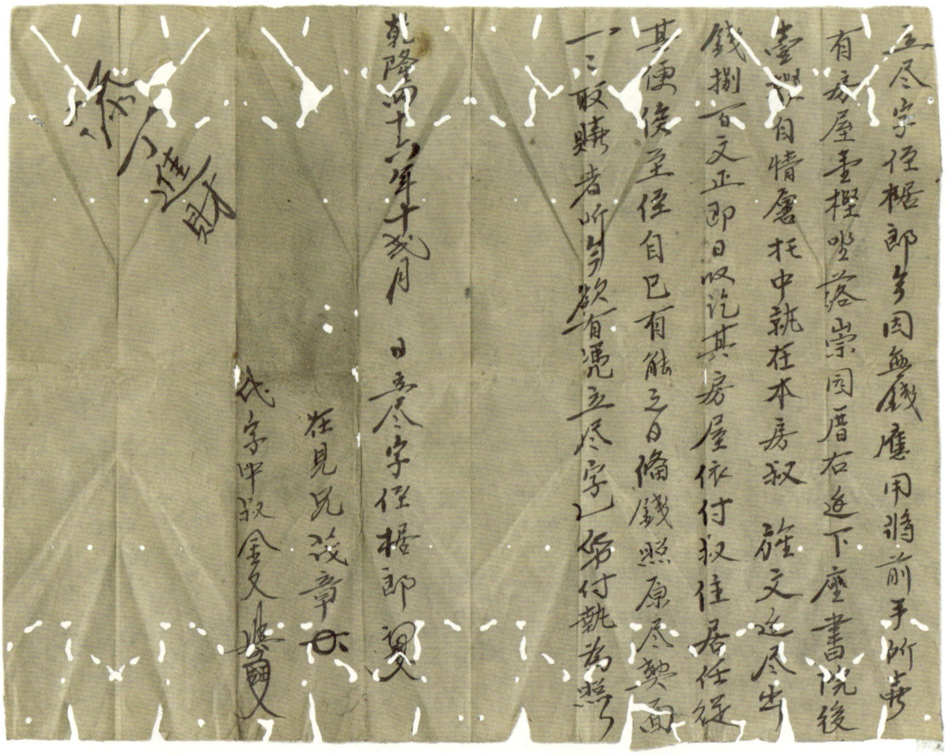
立盡字侄椐郎今因無錢應用將前手所置
有房屋壹座坐落崇園厝右邊下壓書院後
壹間自情愿托中就在本房叔 旌文邊盡出
錢捌百文正即日收訖其房屋依付叔住居任從
其便侄至侄自己有能之日備錢照原盡契面
一二取贖者所今欲有憑立盡字一紙付執爲照

乾隆四十六年十二月　日立盡字侄椐郎(押)
在見兄筱章(押)
代字中叔金文(押)

添丁進財

4-4-4-6　清乾隆四十六年十二月許椐郎立盡房屋字

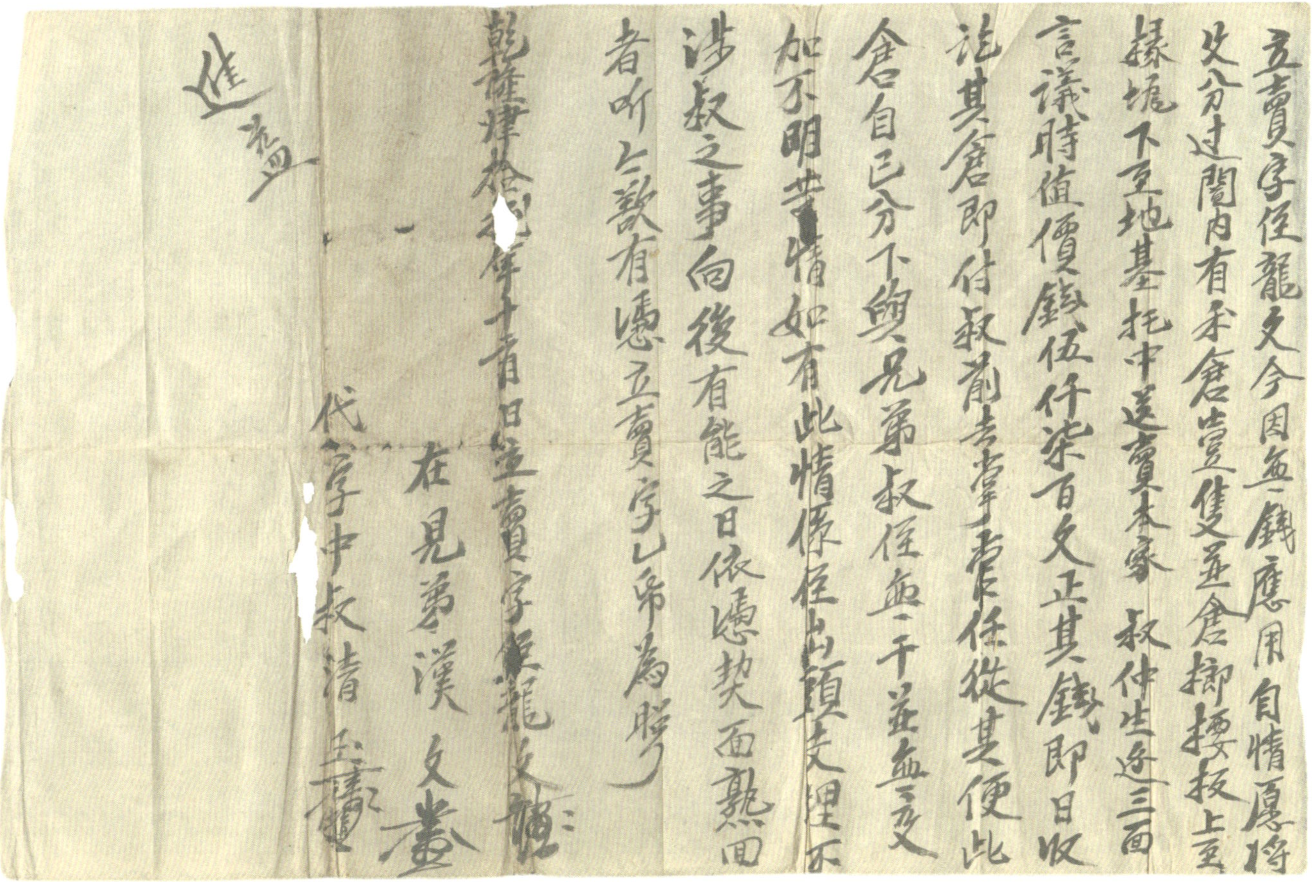
立賣字侄龍文今因無錢應用自情愿將
父分过闔內有禾倉壹隻並倉脚樓板上至
椽桷下至地基托中送賣本家　叔仲生边三面
言議時值價錢伍仟柒百文正其錢即日收
訖其倉即付叔前去掌管任從其便此
倉自己分下與兄弟叔侄無干並無重支
如不明[illegible]情如有此情係侄出頭支理不
涉叔之事向後有能之日依憑契面熟回
者听亡欵有憑立賣字一帋為照
乾隆肆拾捌年十二月日立賣字侄龍文
在見弟漢文
代字中叔清玉
進[illegible]

4-4-4-7　清乾隆四十八年十二月許龍文立賣禾倉字

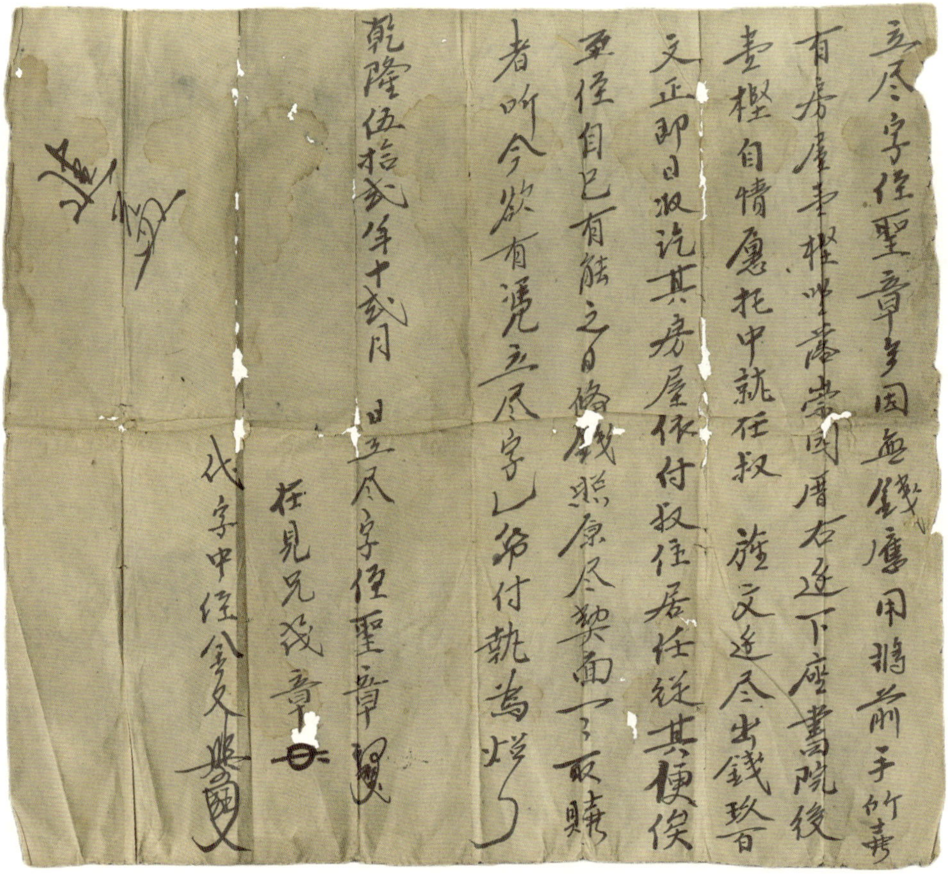

4-4-4-8　清乾隆五十二年十二月許聖章立盡房屋字

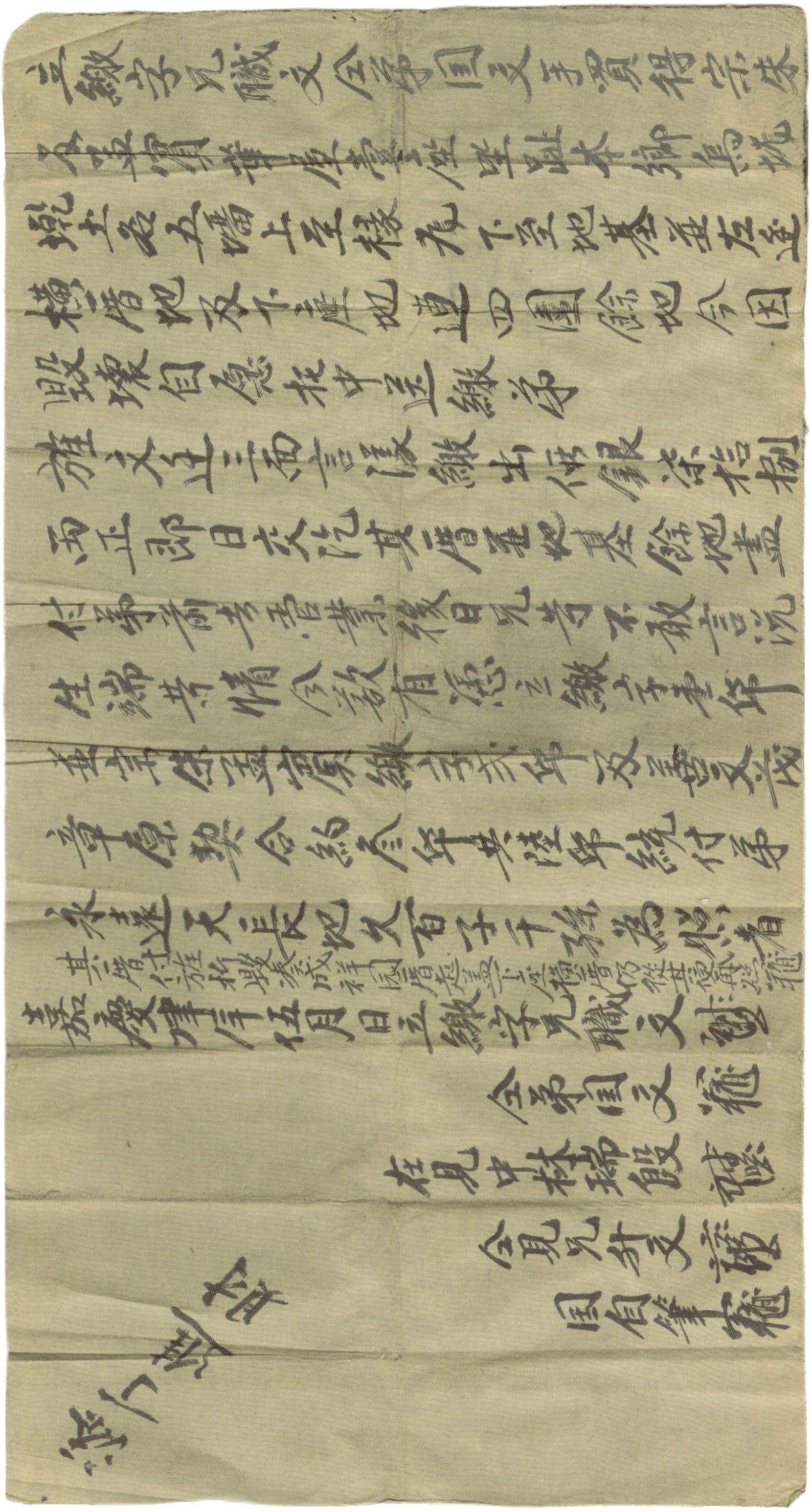

4-4-4-9　清嘉慶四年五月許職文等立繳華屋字

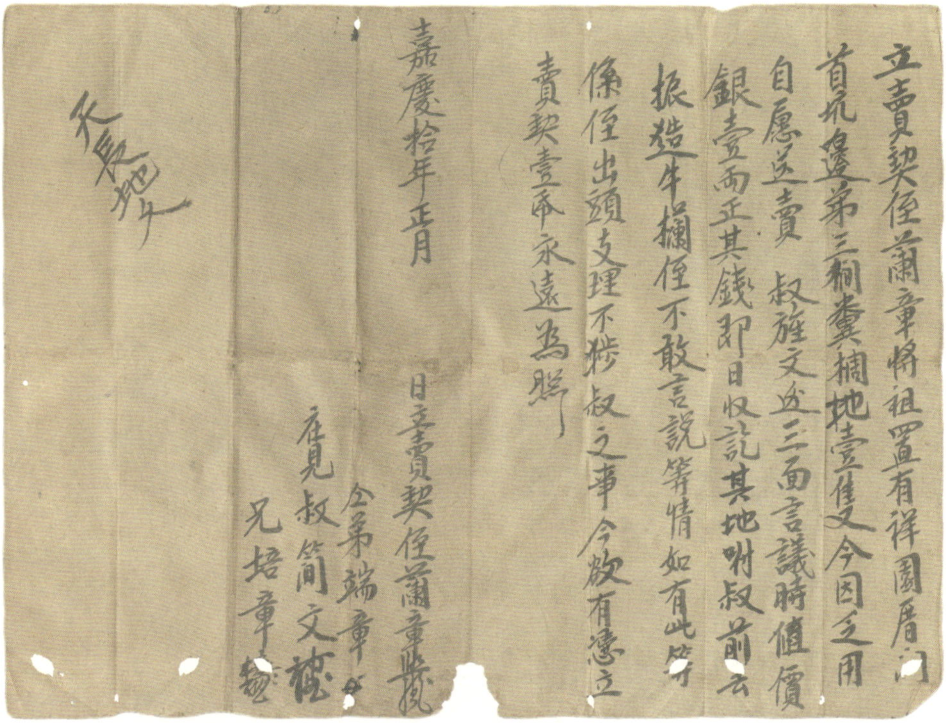
立賣契侄蘭章將祖置有祥園厝門首坑邊第三桐糞桐地壹隻，今因乏用，自愿送賣 叔旋文邊，三面言議時值價銀壹兩正，其錢即日收訖，其地咐叔前去振造牛欄，侄不敢言說等情。如有此等，係侄出頭支理，不干叔之事。今欲有憑，立賣契壹紙，永遠為照。

嘉慶拾年正月　日立賣契侄蘭章（押）

全弟端章（押）

在見叔簡文（押）

兄培章（押）

承長地文

4-4-4-10　清嘉慶十年正月許蘭章等立賣糞桐地契

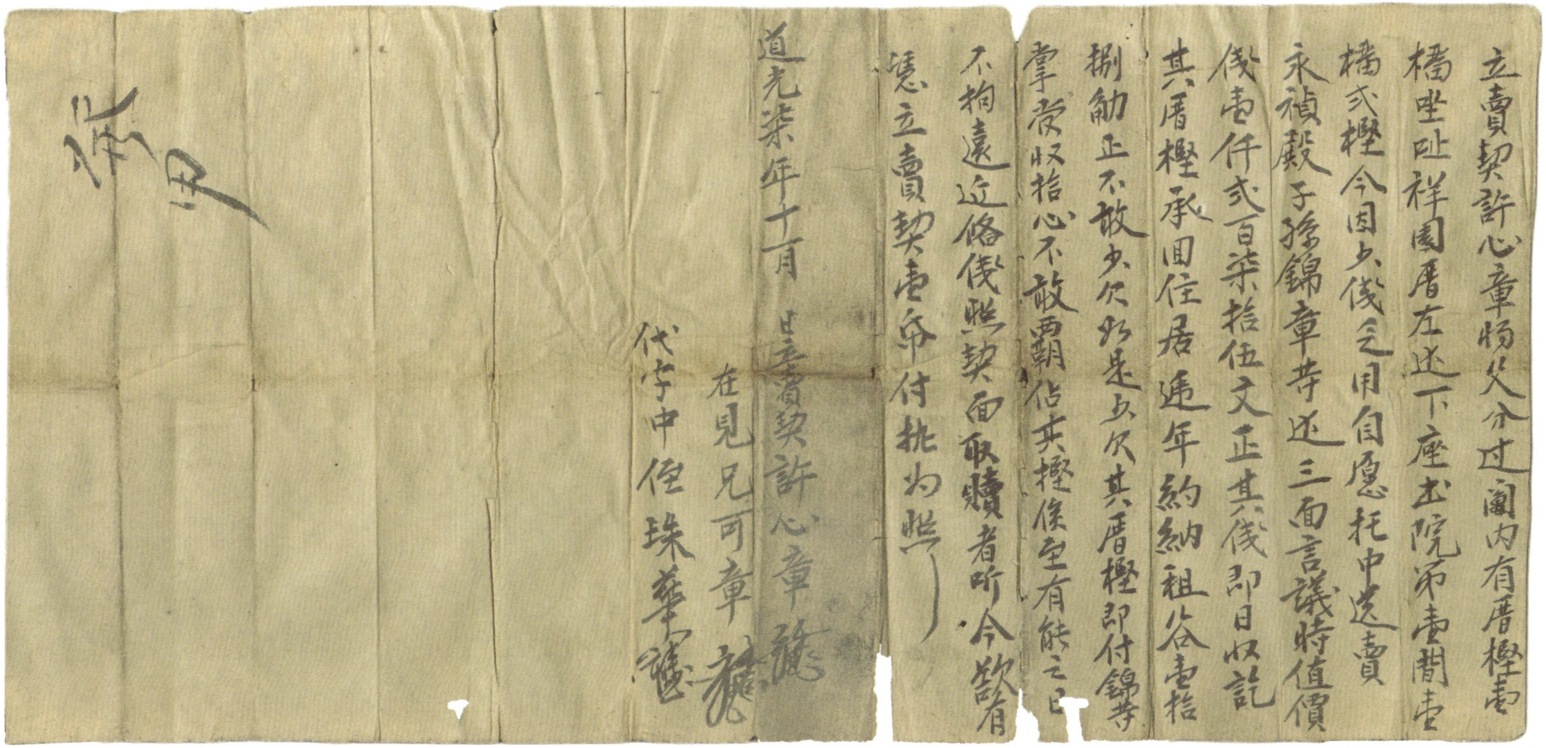
立賣契許心章㮒父分过阑內有厝樫壹
橋坐址祥園厝左迷下座北院弟壹間壹
橋弍樫今因乏錢乏用自愿托中送賣
永禎叔子孫錦章等迷三面言議時值價
錢壹仟弍百柒拾伍文正其錢即日収訖
其厝樫承旧住居遞年納納租谷壹拾
捌觔正不敢少欠如是少欠其厝樫即付錦等
掌管收指心不敢覇佔其樫俟至有餘之日
不拘遠近備錢照契面取贖者听令歸有
憑立賣契壹帋付批为照」
道光柒年十一月　日立賣契許心章（押）
在見兄可章（押）
代字中侄珠華（押）

4-4-4-11　清道光七年十一月許心章立賣厝樫契

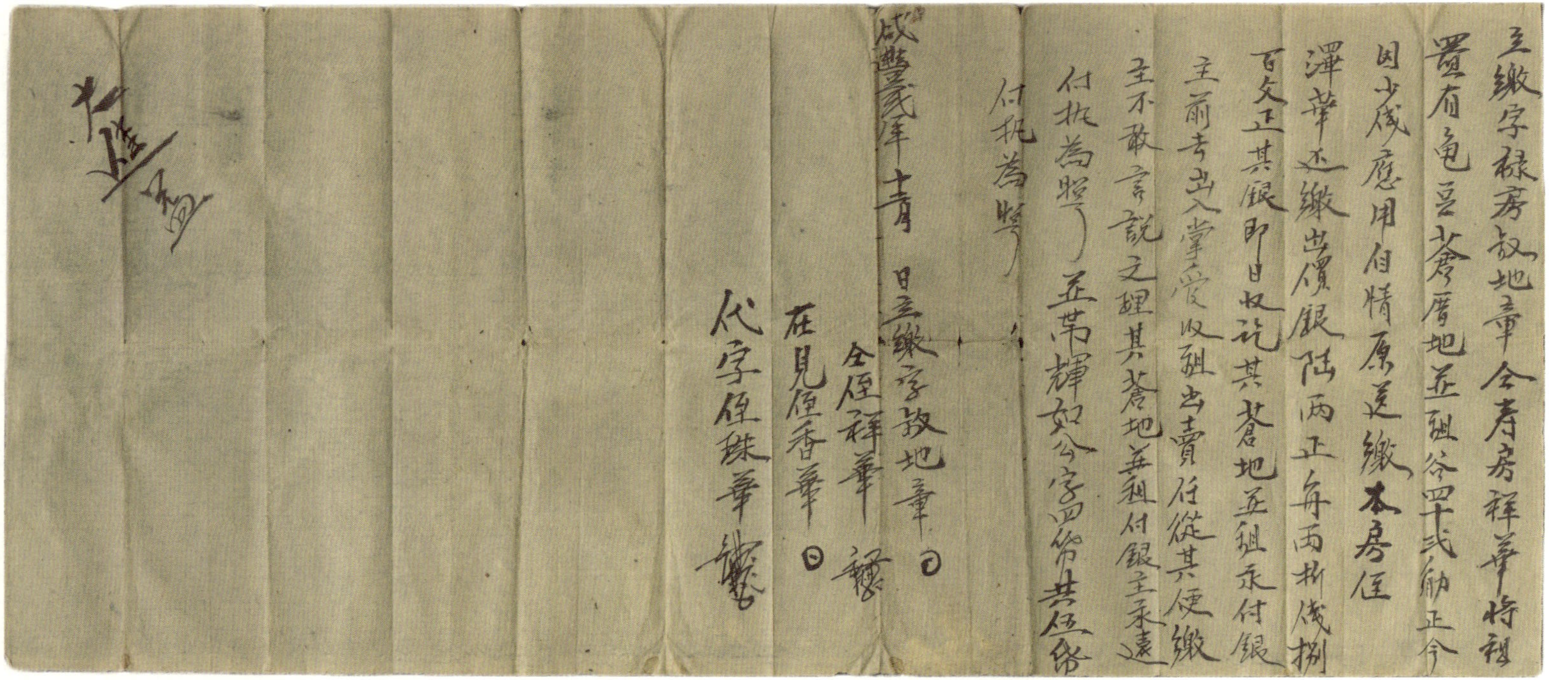

立繳字祿房叔地章仝侄房祥華特將
置有色邑土蒼厝地並租谷四斗弍𠕇正今
因乏錢應用自情愿送繳本房侄
渾華邊繳出價銀陆两正每两折錢捌
百文正其銀即日收訖其蒼地並租永付銀
主前去出入掌管收租出賣任從其便繳
主不敢言說之理其蒼地並租付銀主永遠
付執為照 並帯輝如公字四紙共伍紙
付執為照
咸豐貳年十二月 日立繳字叔地章
仝侄祥華
在見侄香華
代字侄珠華

4-4-4-12 清咸豐二年十二月許地章等立繳房屋等字

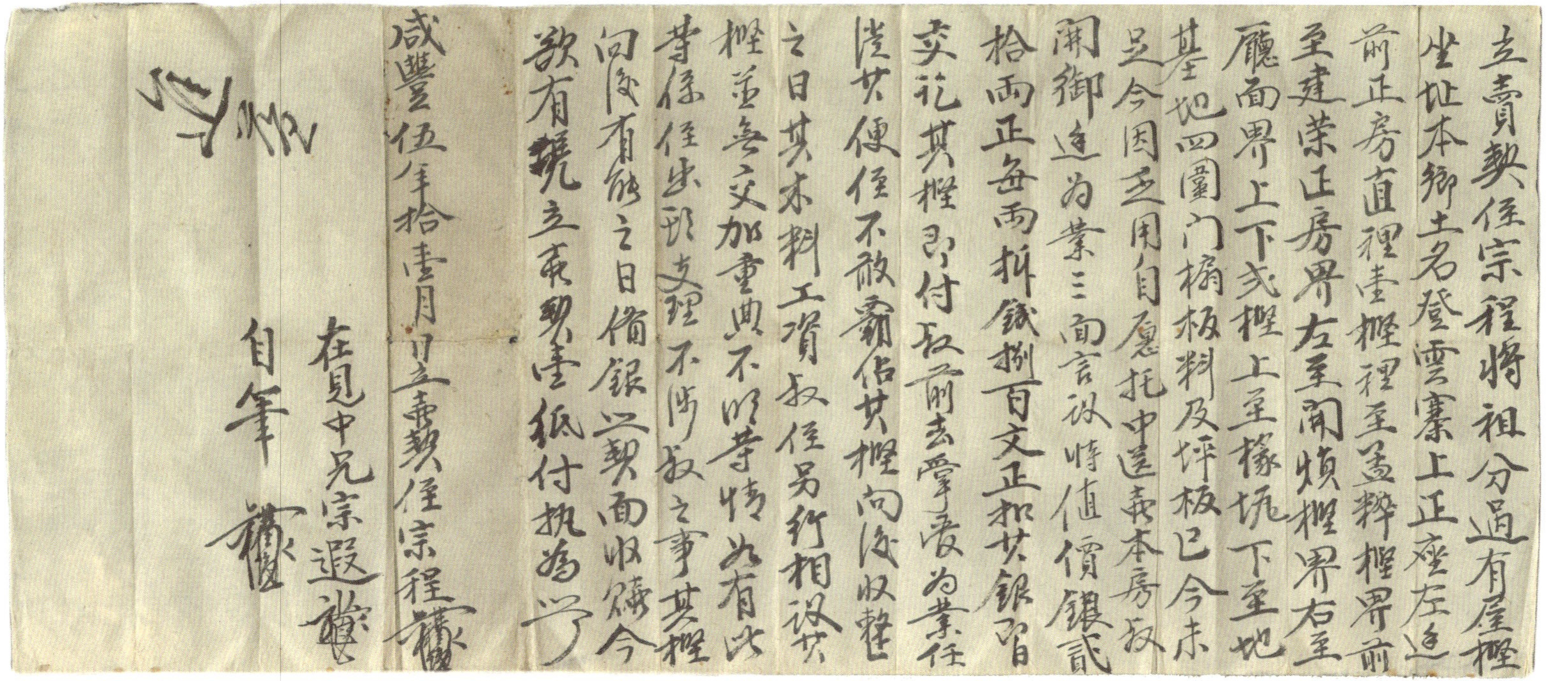
立賣契人侄宗程將祖分過有屋樫
坐址本鄉土名登雲寨上正座左邊
前正房直裡壹樫裡至蓋粹樫界前
至建榮正房界右至聞慎樫界右至
廳面界上下弍樫上至椽坑下至地
基地四圍门㮇板料及坪板已今未
足今因乏用自愿托中送與本房叔
聞御边为業三面言议時值價銀貳
拾兩正每兩折錢捌百文正私其銀即
交訖其樫即付叔前去掌管为業任
從其便侄不敢霸佔其樫向後收整
之日其木料工資叔侄另行相設其
樫並無文加重典不明等情如有此
等係侄出頭支理不干叔之事其樫
向後有能之日備銀照契面收贖今
欲有憑立賣契壹紙付執為照
咸豐伍年拾壹月　日立賣契侄宗程（押）
在見中兄宗遐（押）
自筆（押）

4-4-4-13　清咸豐五年十一月許宗程立賣屋樫契

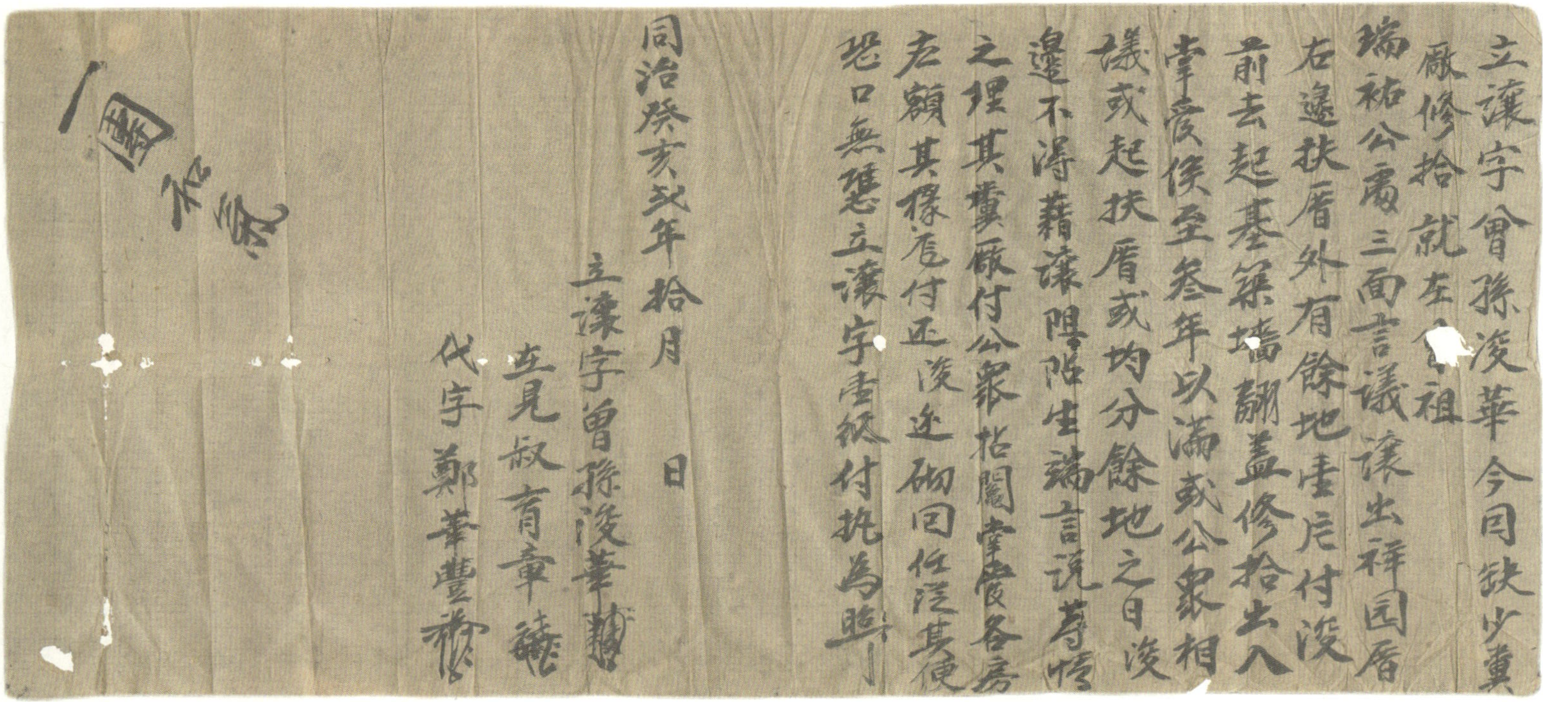

立讓字曾孫浚華今同缺少糞
厰修拾就左[illegible]祖
瑞祐公處三面言議讓出祥园厝
右邊扶厝外有餘地壹片付浚
前去起基築墻翻蓋修拾出入
韋茂侯至叁年以滿或公衆相
議或起扶厝或均分餘地之日浚
邊不得藉讓阻阯生端言說等情
之理其糞厰付公衆拈鬮韋茂各房
左額其糞厝付还浚邊砌回任從其便
恐口無憑立讓字壹紙付執為照

同治癸亥年拾月　　日
立讓字曾孫浚華（押）
在見叔育章（押）
代字鄭華豐（押）

4-4-4-14　清同治二年十月許浚華立讓餘地字

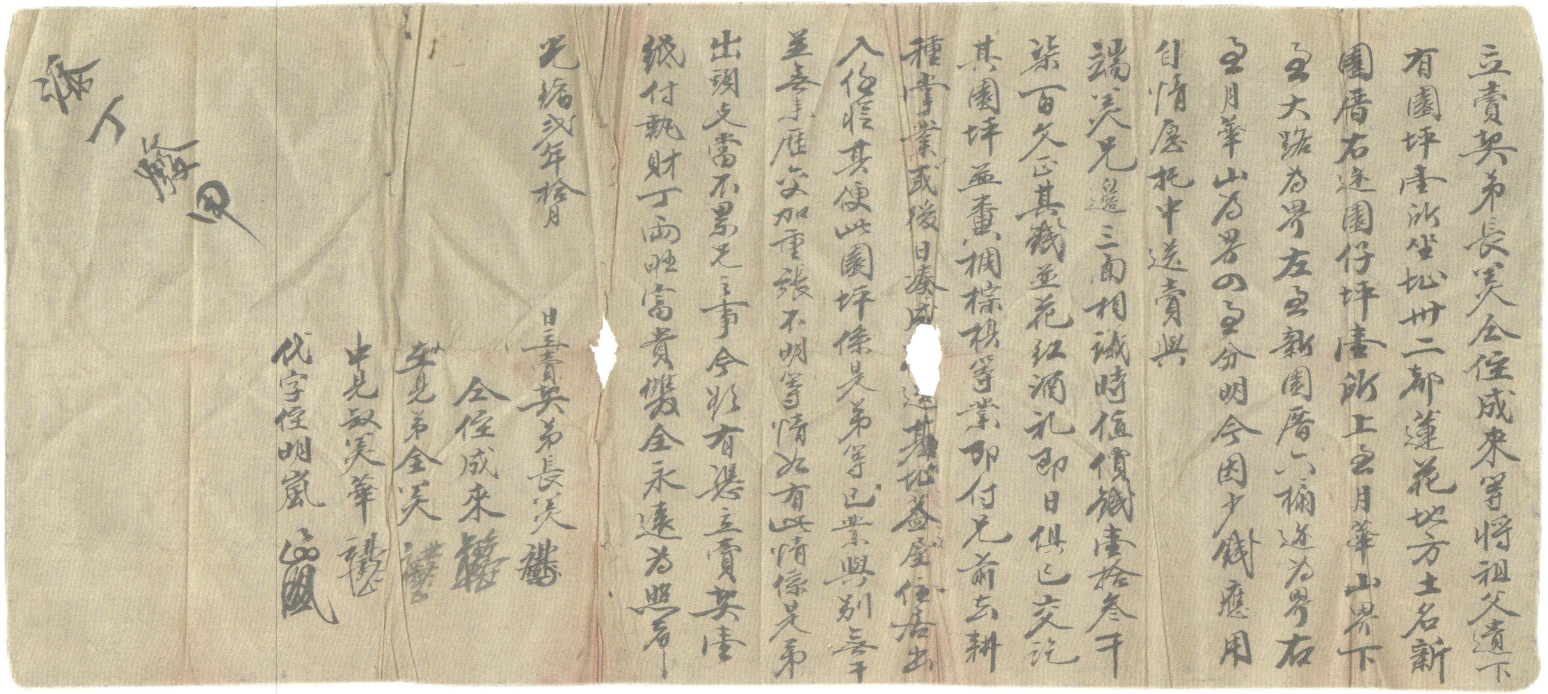

立賣契弟長美仝侄成來等將祖父遺下
有園坪壹所坐址卅二都蓮花垅方土名新
園厝右邊園仔坪壹所上至月華山界下
至大路為界左至新園厝六桶邊為界右
至月華山為界四至分明今因乏錢應用
自情愿托中送賣與
端美兄邊三面相議時值價錢壹拾叁千
柒百文正其錢並花紅酒礼即日俱已交訖
其園坪並薰桐棕櫚等業即付兄前去耕
種管業或後日凑成[illegible]蓋屋住居出
入任從其便此園坪係是弟等己業與別房
並無干涉亦無重張不明等情如有此情係是弟
出頭支當不累兄之事今欲有憑立賣契壹
紙付執財丁兩旺富貴雙全永遠為照者

光緒弍年拾月　日立賣契弟長美

仝侄成來

叔見弟金美

中見叔美華

代字侄明嵐

添丁發甲(?)

4-4-4-15　清光緒二年十月許長美等立賣園坪契

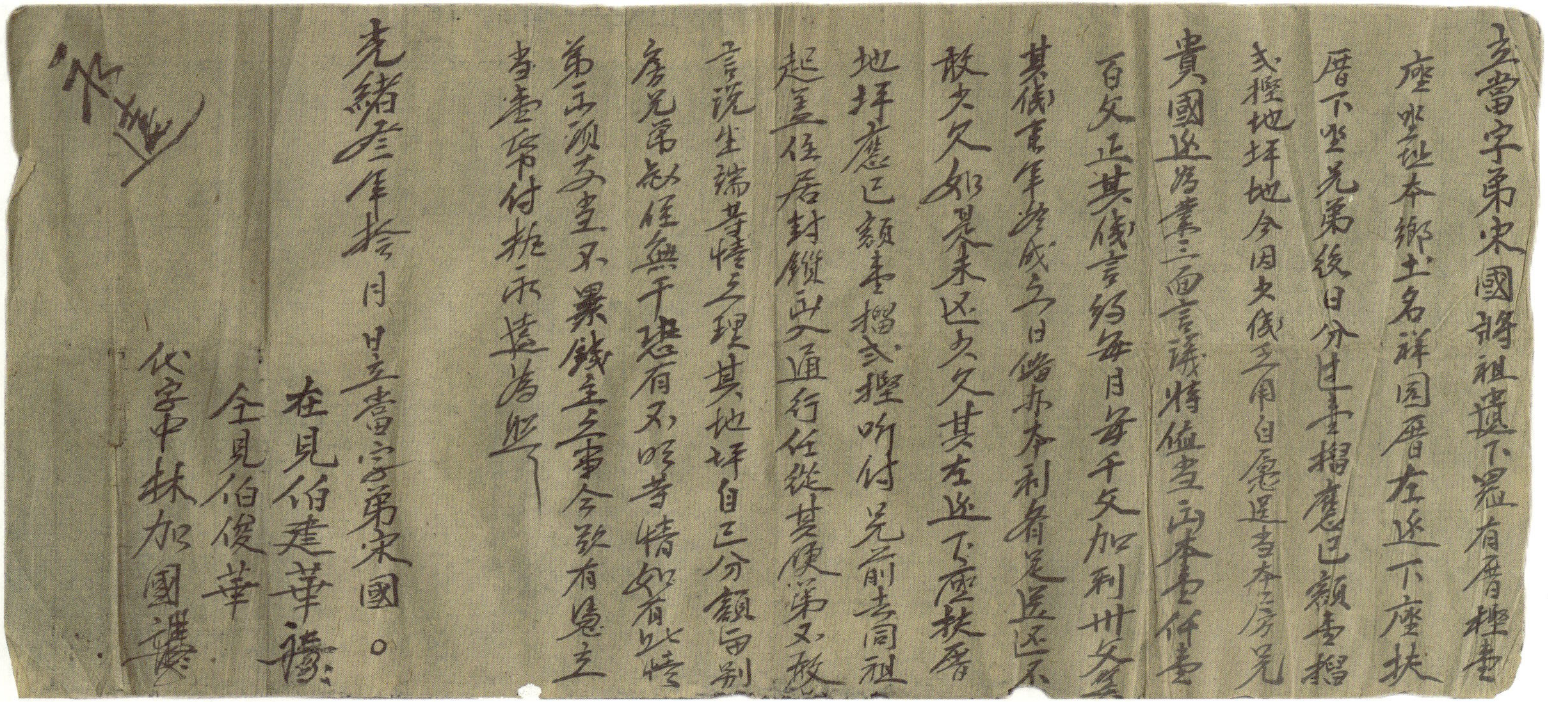

立當字弟宋國將祖遺下鼎有厝樫壹
座，坐址本鄉土名祥園厝，在从下座扶
厝下坐，兄弟後日分甘壹摺，應已額壹摺
式樫地坪地，今因乏錢乏用，自愿送當本房兄
貴國邊，當出三面言議，時值當出本錢壹仟壹
百文，正其錢言約每月每千文加利卅文，當
其錢當年終成之日，備本利齊足還清，不
敢欠欠，如是未還欠久，其在从下座扶厝
地坪應已額壹摺式樫，聽付兄前去同祖
起蓋，任居封鎖，出入通行，任從其便，弟不敢
言說生端等情之理，其地坪自己分額田別
房兄弟叔侄無干，恐有不明等情，如有此情
弟自須支出，不累錢主之事，今欲有憑，立
當壹帋付執，永遠為照。

光緒叁年拾月　日立當字弟宋國〇

在見伯建華（押）

全見伯俊華

代字中林加國（押）

4-4-4-16　清光緒三年十月許宋國立當厝樫字

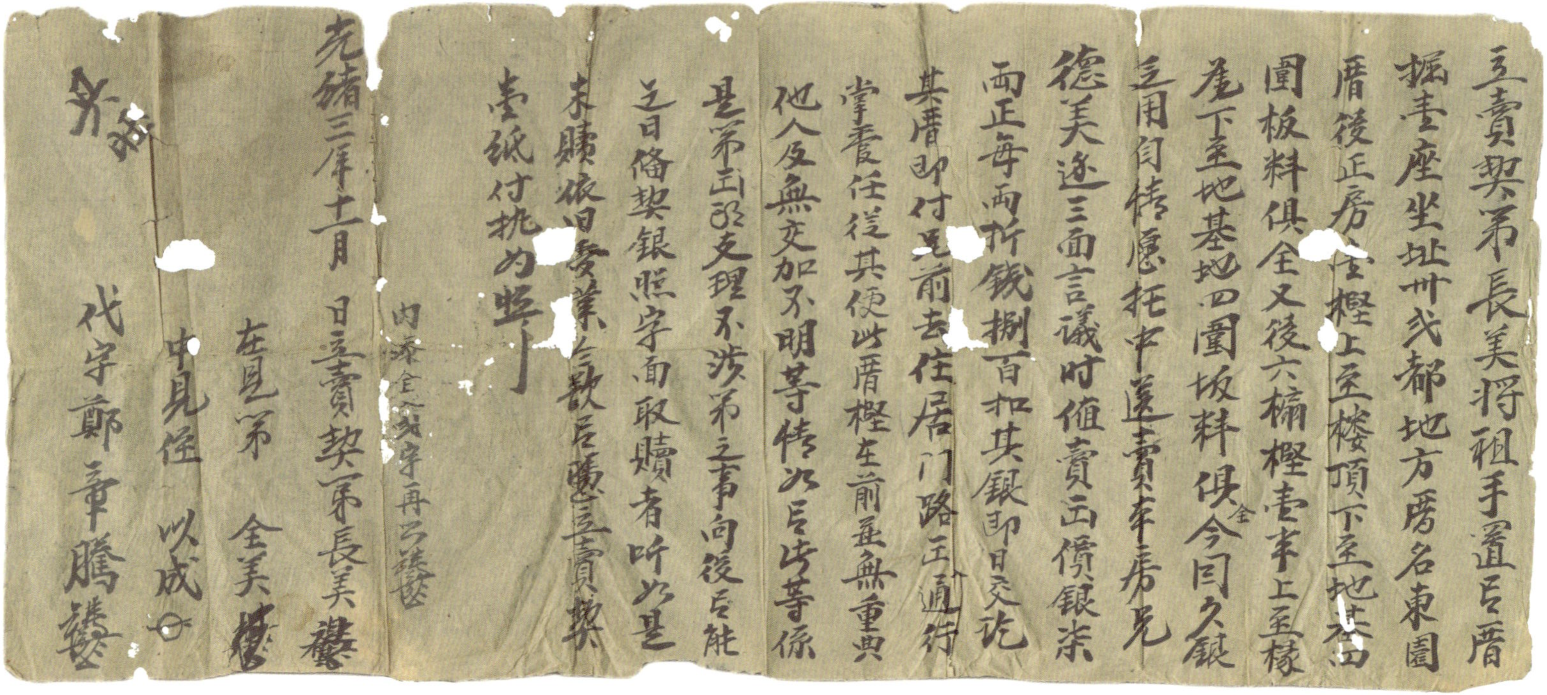
立賣契弟長美將祖手置己厝
掘圭座坐址卅弍都地方厝名東園
厝後正房全樫上至樓頂下至地基
園板料俱全又後六楠樫壹半上至椽
尾下至地基四圍板料俱全今因乏銀
應用自情愿托中送賣與房兄
德美邊三面言議时值賣出價銀柒
兩正每兩折錢捌百扣其銀即日交訖
其厝即付兄前去住居门路照舊通行
掌管任從其便此厝樫左前並無重典
他人及無交加不明等情此是些等係
是弟出頭支理不涉兄之事向後兄能
立日備契銀照字面取贖者听此是
未贖依旧受業合欵已照立賣契
壹紙付执为照
内添全字再照
光緒三年十一月　日立賣契弟長美
在見弟　全美
中見侄　以成
代字鄭章騰
大吉

4-4-4-17　清光緒三年十一月許長美立賣厝樫契

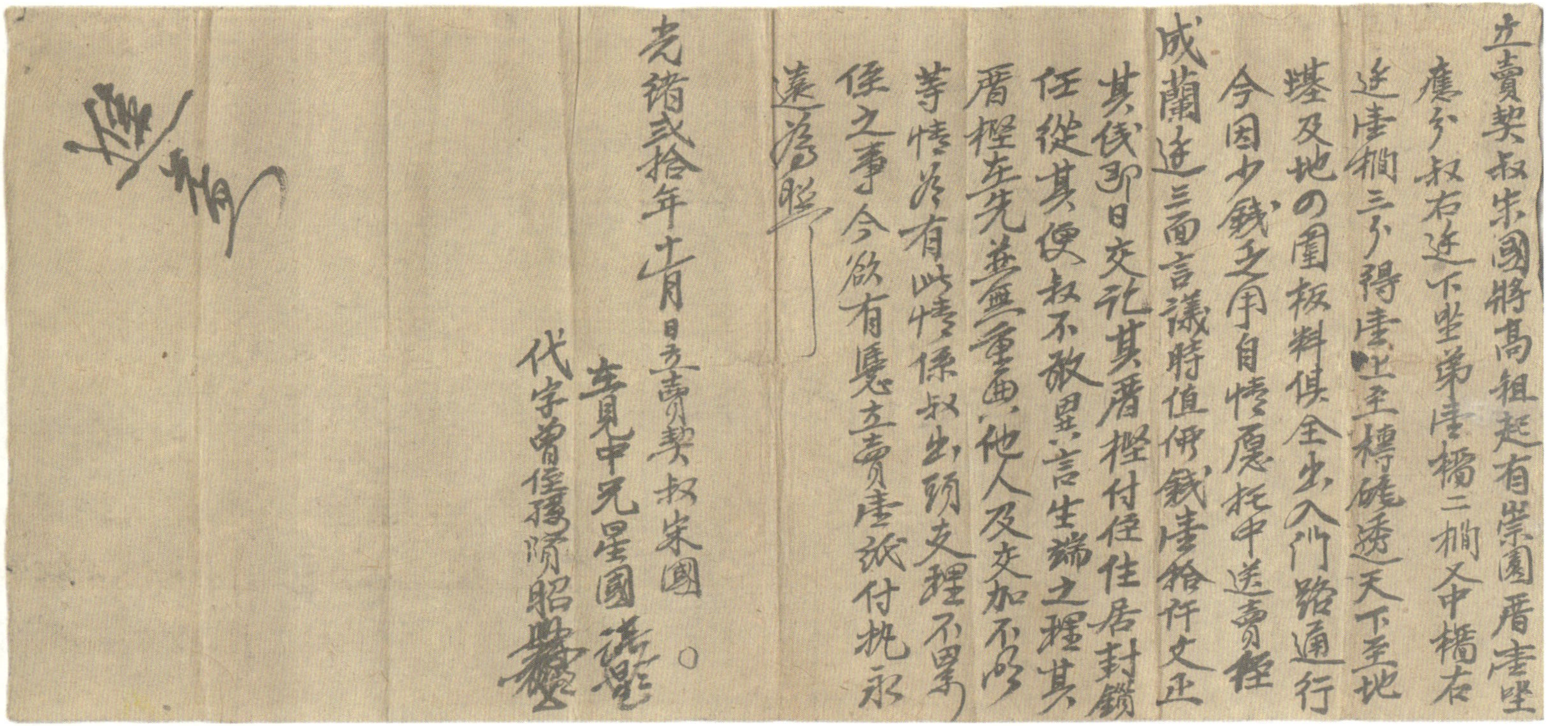
立賣契叔宋國將高祖起有崇園厝壹坐
應分叔右述下坐弟厝櫥二櫥又中櫥右
述厝櫥三分得厝地至樽碗透天下至地
墘及地の園板料俱全出入門路通行
今因少錢之用自情愿托中送賣與
成蘭述三面言議時值價錢壹拾仟文正
其錢即日交訖其厝墘付侄住居封鎖
任從其便叔不敢異言生端之理其
厝墘在先並無重典，他人及交加不明
等情如有此情係叔出頭支理不累
侄之事今欲有憑立賣厝紙付執永
遠為照

光緒貳拾年十一月　日立賣契叔宋國　○
在見中兄星國
代字曾侄孫賢昭

4-4-4-18　清光緒二十年十一月許宋國立賣厝墘契

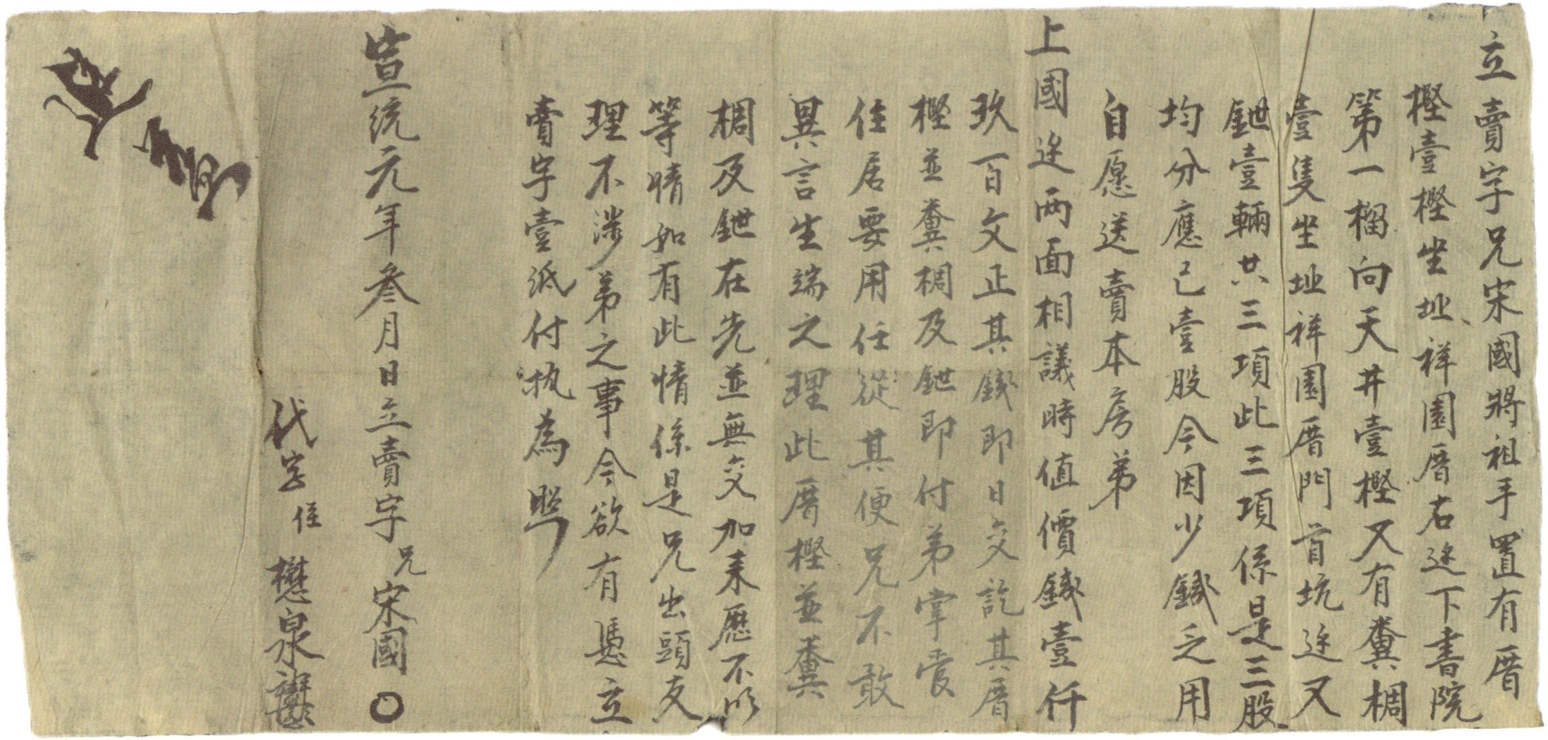

立賣字兄宋國將祖手置有厝
墼壹墼坐址祥園厝右边下書院
第一榴向天井壹墼又有糞桶
壹隻坐址祥園厝門首坑边又
鈯壹輛共三項此三項係是三股
均分應己壹股今因少錢之用
自愿送賣本房弟
上國边兩面相議時值價錢壹仟
玖百文正其錢即日交訖其厝
墼並糞桶及鈯即付弟掌管
任居要用任從其便兄不敢
異言生端之理此厝墼並糞
桶及鈯在先並無交加來歷不明
等情如有此情係是兄出頭支
理不涉弟之事今欲有憑立
賣字壹紙付執為照

宣統元年叁月　日立賣字兄宋國 ○
代字侄　樾泉

4-4-4-19　清宣統元年三月許宋國立賣厝墼字

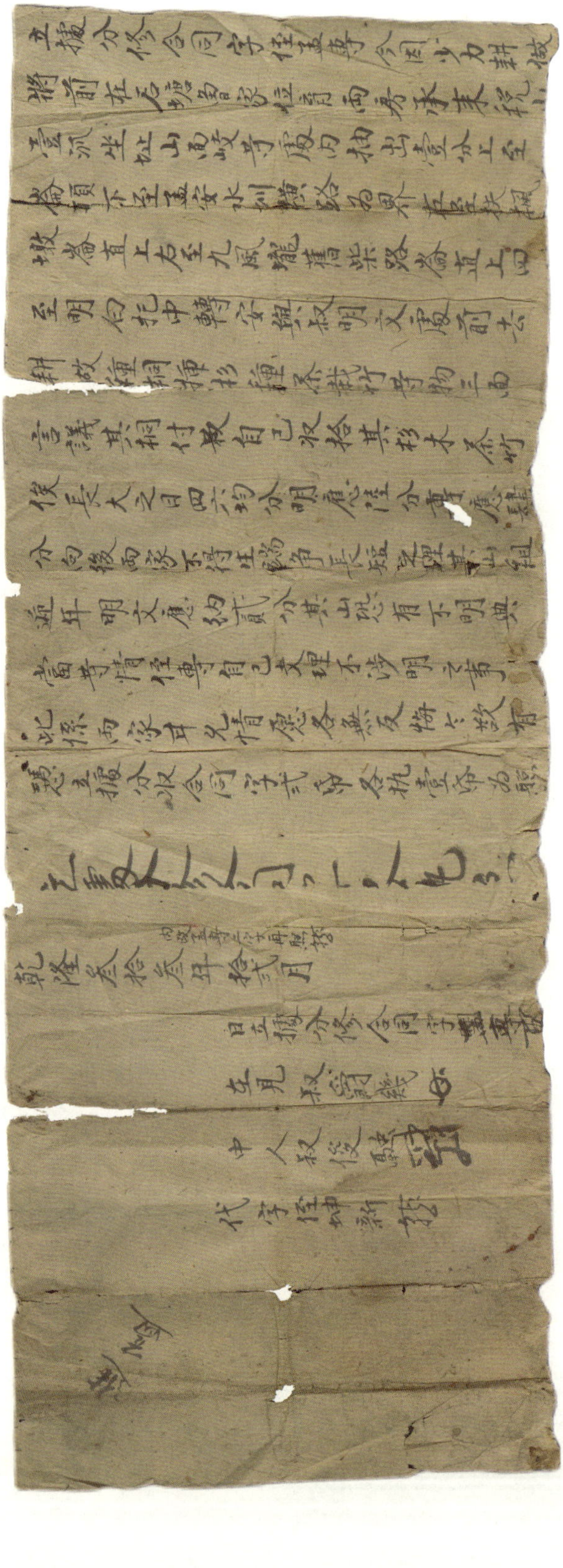
立據分修合同字侄孟専今因少力耕做
將前在石[illegible]侄[illegible]兩房承[illegible]
壹派坐址山尾岐尋處內[illegible]出壹分正全
崙頭下至孟安山圳橫路為界左[illegible]
墩崙直上右至九鳳龍頭此崇路崙直上回
至明白托中轉字與叔明文處爲前去
耕做種植杉木種茶栽竹其物三面
言議其相付與自己收拾其杉木茶竹
俟長大之日四六均分明房侄分[illegible]
分內與兩家不得生端爭長短之理其山[illegible]
並非明文處納貳分其山恐有不明典
當等情侄専自己支理不涉明之事
此係兩家甘允情愿各無反悔恐口無憑
憑立據分收合同字貳紙各執壹紙為照
[illegible]
內批[illegible]
乾隆叁拾叁年拾貳月　日立據分修合同字侄孟専
在見叔[illegible]
中人叔侯[illegible]
代字侄[illegible]

4-4-5-1　清乾隆三十三年十二月許孟専立據分修合同字

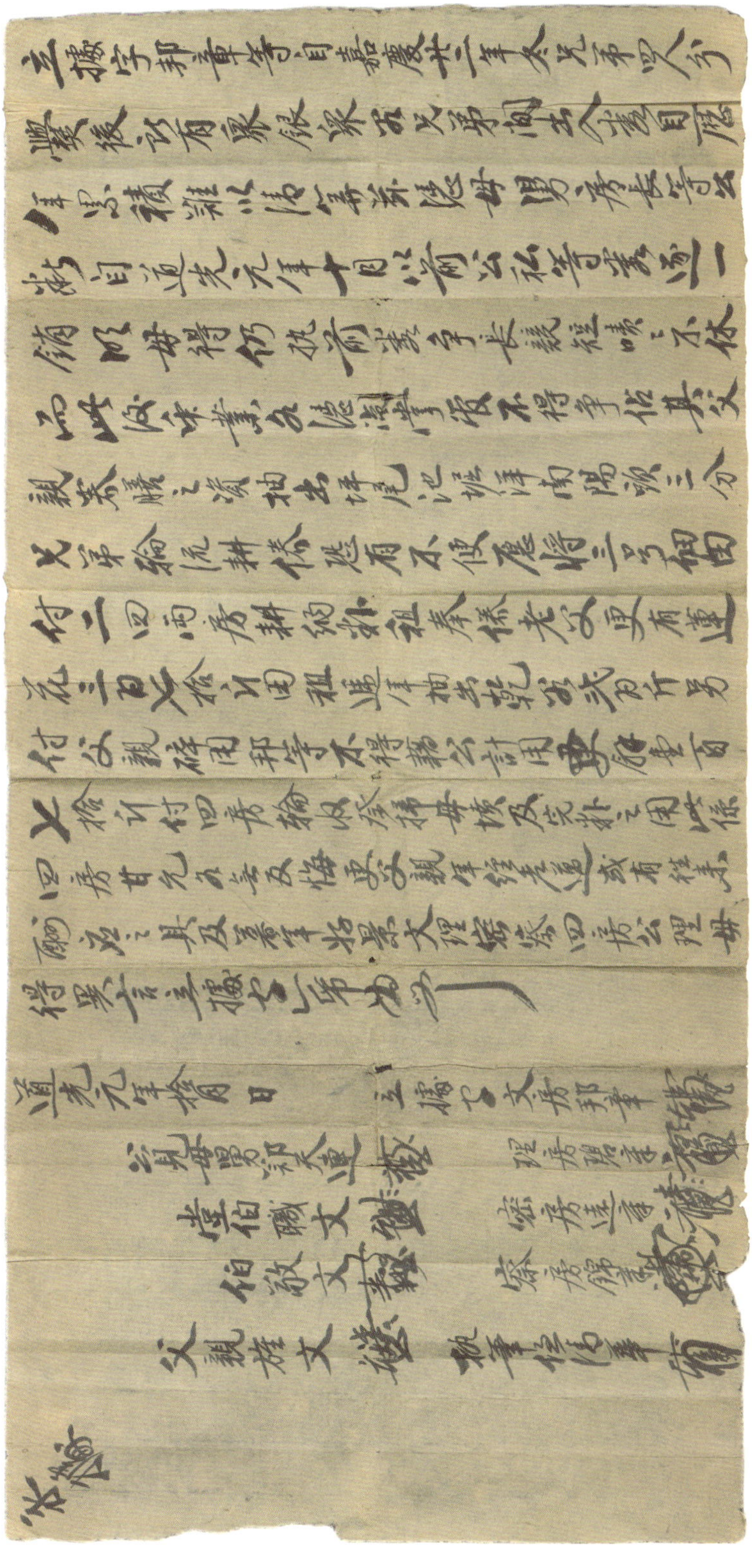

4-4-5-2　清道光元年十月許邦章等立據字

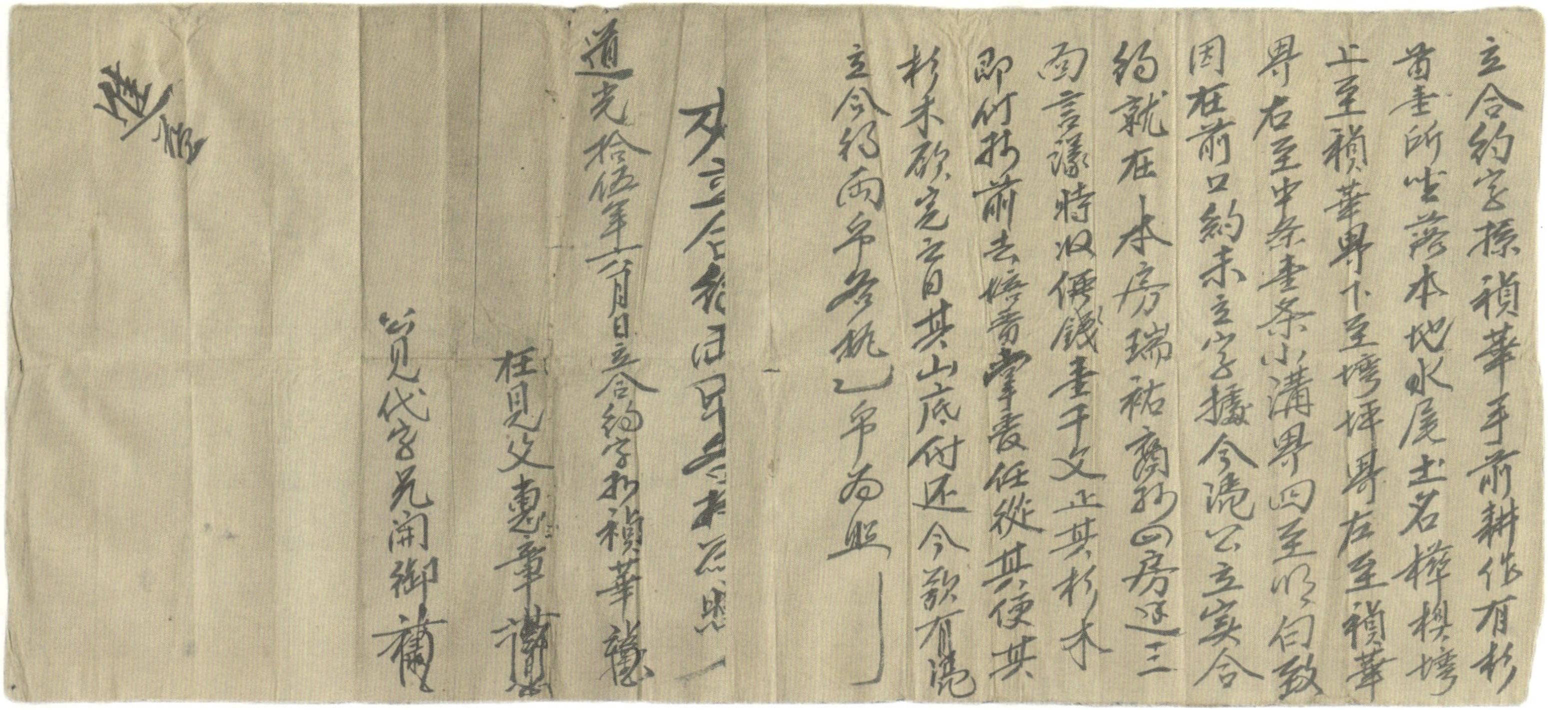

立合約字許禎華手前耕作有杉
苗壹所坐落本地水尾土名樟樹塆
上至禎華界下至塆坪界左至禎華
界右至中条壹条小溝界四至明白致
因在前口約未立字據今憑公立寔合
約就在本房瑞祐裔孫四房述[?]三
面言議特收價錢壹千文正其杉木
即付孫前去培[?]育[?]掌管任從其便其
杉木砍完之日其山底付还今欵有憑
立合約兩帋各執乙帋為照
又[?]立合約[illegible]照一
道光拾伍年六月日立合約字孫禎華
在見父惠章
代字兄開御

4-4-5-3　清道光十五年六月許禎華立合約字

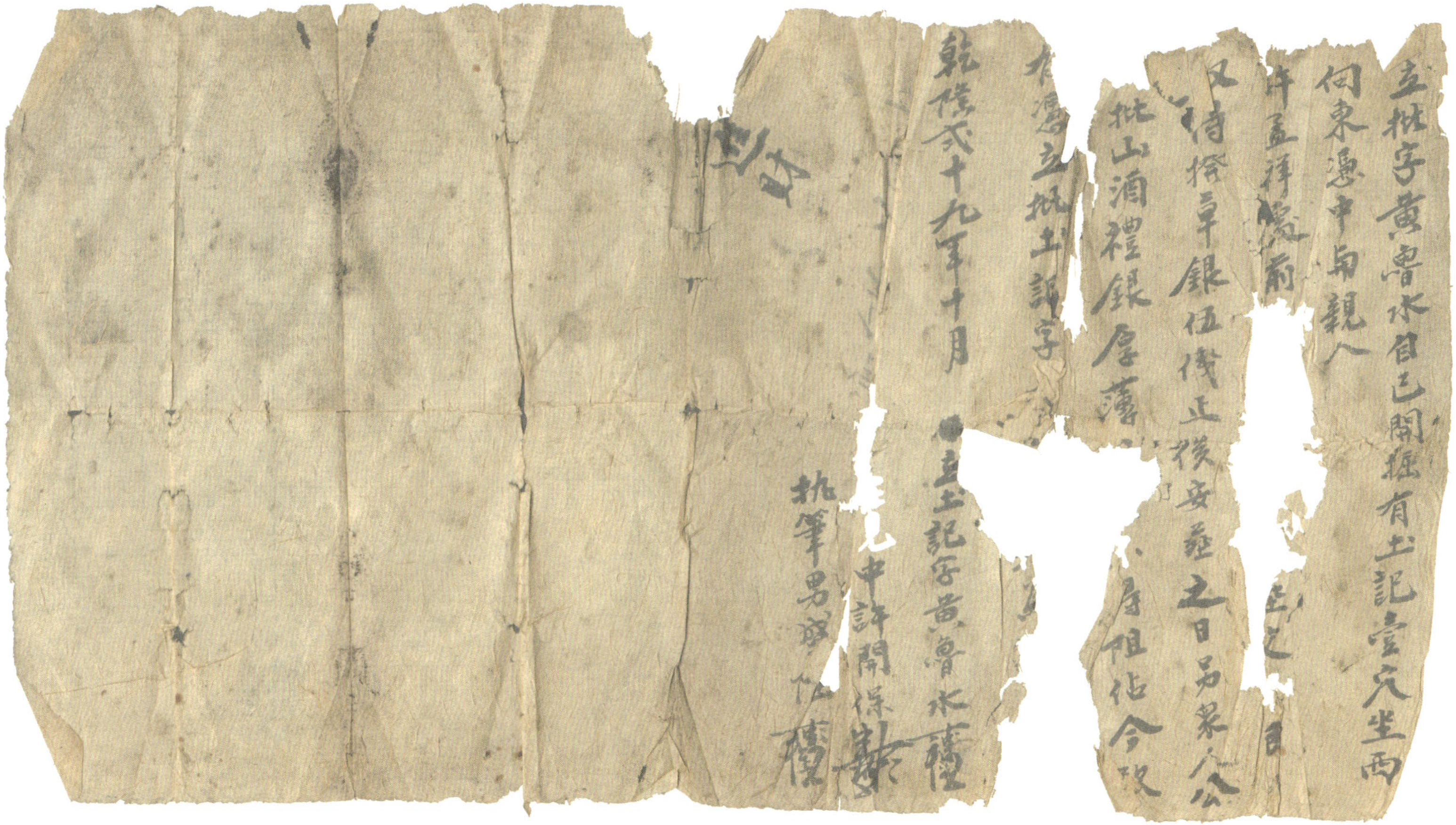

4-4-6-1　清乾隆二十九年十月黃魯水立批土記字

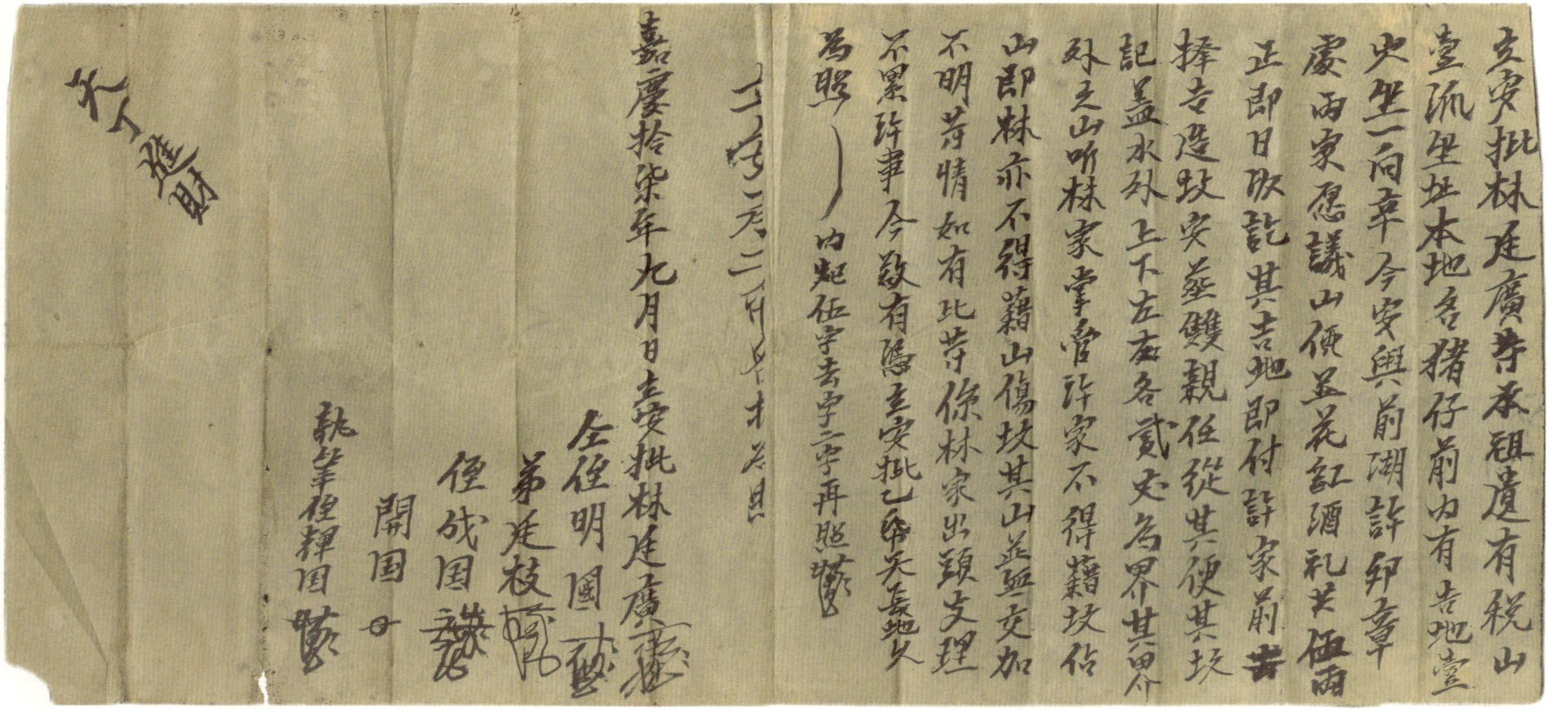
立安批林廷廣等承祖遺有税山
壹流，坐址本地名猪仔前山，有吉地壹
穴，坐乙向辛，今安與前湖許卯章
處，兩家愿議山價並花紅酒禮共伍兩
正，即日收訖，其吉地即付許家前去
擇吉造坟，安葬雙親，任從其便，其坟
記蓋水外上下左右各貳丈為界，其界
外之山，听林家掌管，許家不得藉坟佔
山，即林亦不得藉山傷坟，其山並無交加
不明等情，如有此等，係林家出頭支理，
不累許事。今欲有憑，立安批乙紙付與許家
為照。｜　內起伍字，去字二字再照。
[illegible]
嘉慶拾柒年九月　日立安批林廷廣（押）
仝侄明國（押）
弟廷枝（押）
侄成國（押）
開國（押）
執筆侄輝國（押）
[illegible]

4-4-6-2　清嘉慶十七年九月林廷廣等立安批吉地字

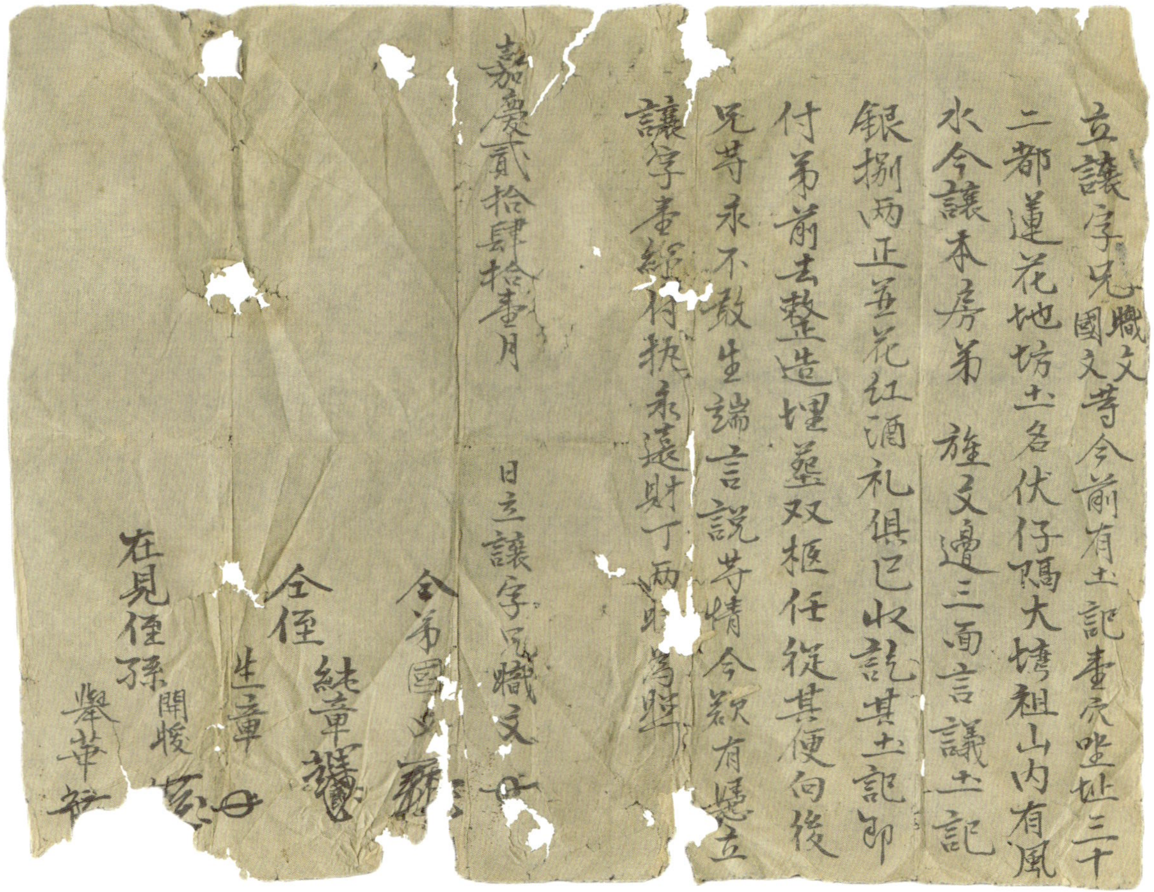
立讓字兄職文、國文等，今前有土記壹所，坐址三十
二都蓮花地坊，土名伏仔嗎大塆祖山內，有風
水今讓本房弟　旋文邊三面言議土記
銀捌兩正，並花紅酒礼俱已收訖，其土記即
付弟前去整造埋塟双柩，任從其便，向後
兄等永不敢生端言說等情。今欲有憑，立
讓字壹紙，付執，永遠財丁兩旺，為照。
嘉慶貳拾肆拾壹月
日立讓字兄職文（押）
仝弟國文（押）
仝侄純章（押）
生章（押）
在見侄孫開悛（押）
舉章（押）

4-4-6-3　清嘉慶二十四年十一月許職文等立讓土記字

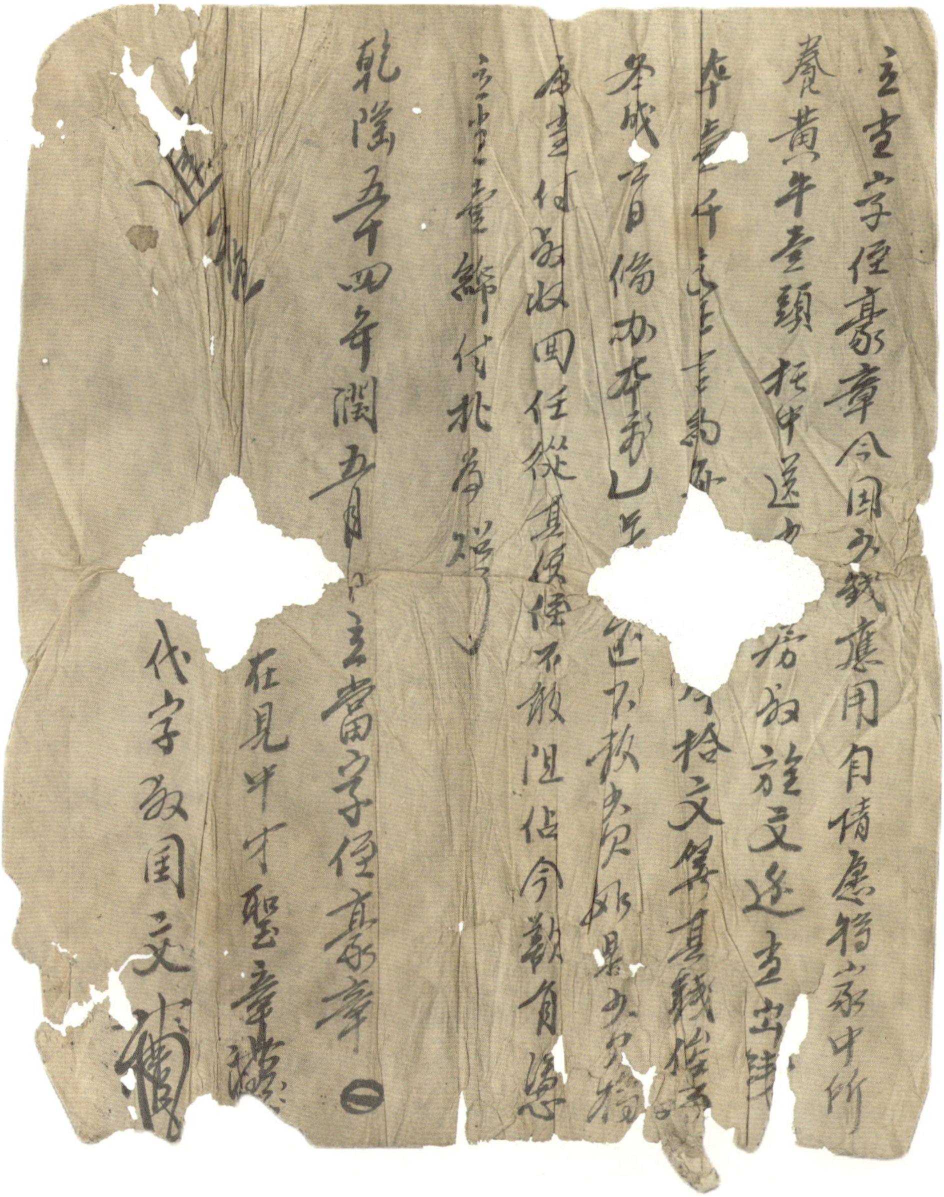
立當字侄豪章今因乏錢應用自情愿將家中所
養黄牛壹頭托中送與房叔旋文邊出當錢
本壹千[illegible]拾文算其錢從[illegible]
冬成備辦本利[illegible]不敢欠少如是少欠將
牛壹付叔收回任從其便侄不敢阻佔今欲有憑
立當字壹紙付執為照
乾隆五十四年閏五月　日立當字侄豪章
在見中叔聖章
代字叔國文

4-4-7-1　清乾隆五十四年閏五月許豪章立當黄牛字

立當字人劉有興承自己養有黃牛牳壹
隻其牛牳係肆股應得壹股內將自己應得
壹股今因少錢應用自愿托當與蓋洋
前路　許碧庠家三面言議時值當出
錢叁仟貳佰文正其錢言約每仟文每月加
利叁拾文算其錢言約來年冬成之日備
办本利一足送還不敢少欠如是少欠將此
牳自己壹股即付錢主收回當主不敢異
言生端之理其牛牳在前并無重典他人
財物及無交加不明等情如有此等係當
主出頭支当不涉錢主之事今欲有憑立
當字一紙為照
道光拾捌年十二月　日立當字人劉有興（押）
看養羅功金（押）
代字溫煒章（押）

4-4-7-2　清道光十八年十二月劉有興立當黃牛牳字

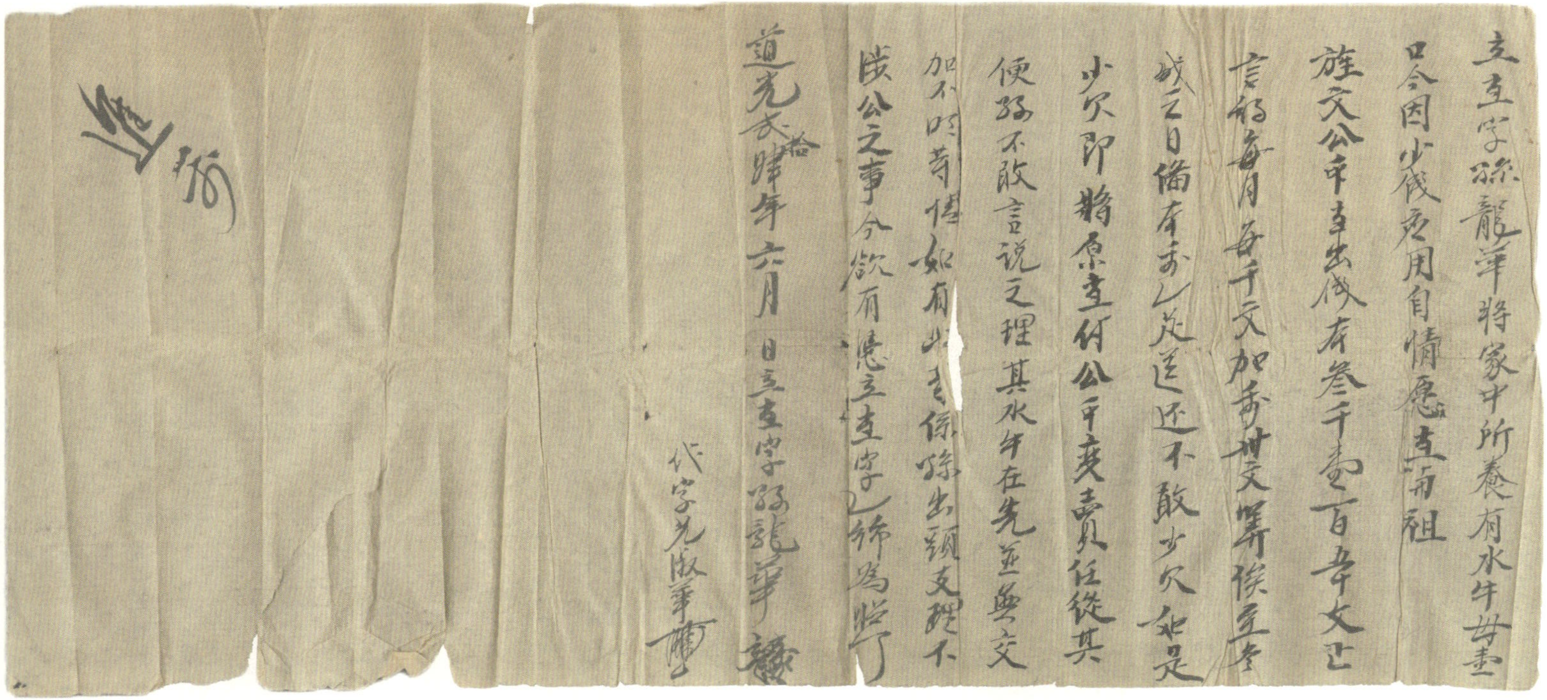

立当字許龍華將家中所養有水牛母壹
口，今因少錢應用，自情愿当与房祖
旌文公中出錢本叁千壹百叁十文正，
言約每月每千文加利卅文算，候至冬
成之日備本利一足送還，不敢少欠。如是
少欠，即將原當付公中變賣，任從其
便，龍不敢言說之理。其水牛在先並無交
加不明等情，如有此等係龍出頭支理，不
涉公之事。今欲有憑，立当字一紙為照。
道光貳拾肆年六月　日立当字許龍華（押）
代字兄啟華（押）

4-4-7-3　清道光二十四年六月許龍華立當水牛母字

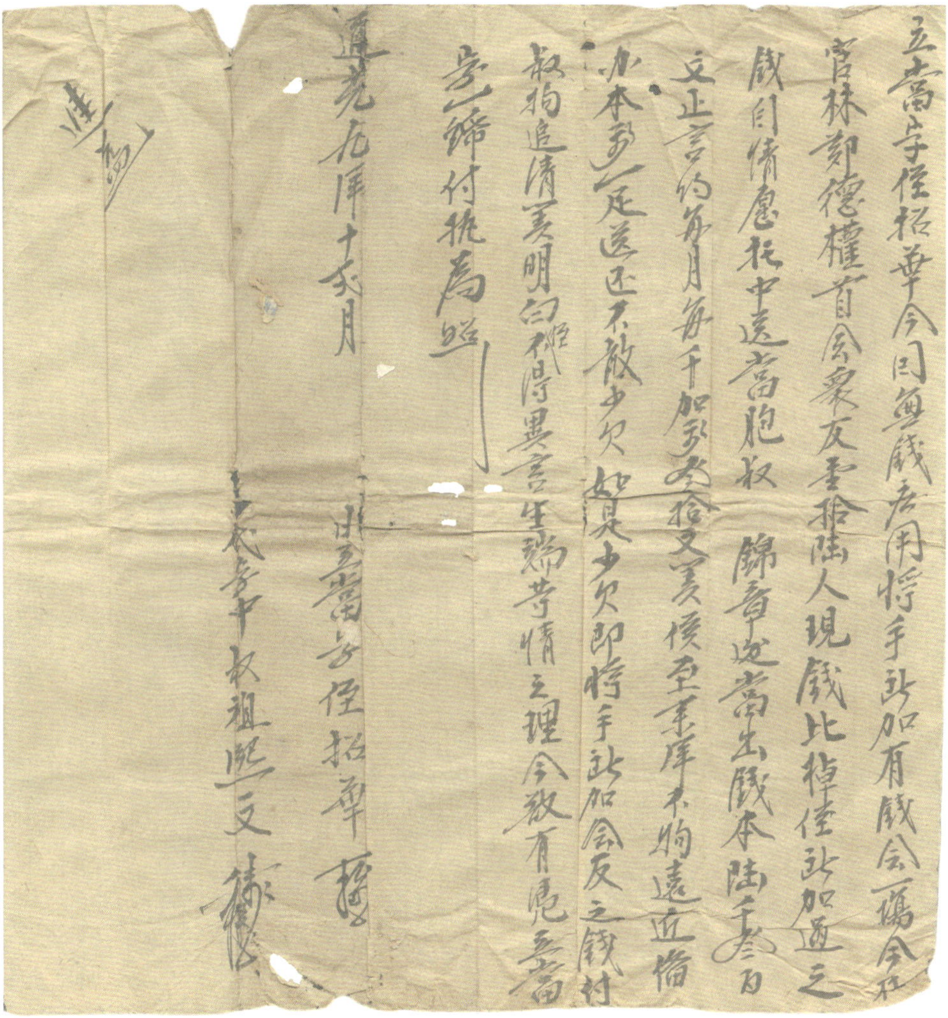
立當字侄拓華，今因無錢應用，將手內加有錢会一脚，会在
宮林鄭德權首会，衆友壹拾陆人，現錢比樟侄內加通之
錢，自情愿托中送當胞叔錦章边當出錢本陆千叁百
文正，言約每月每千加弍文，拾文美候至来年，不拘远近，備
办本多一足送还，不敢少欠。如是少欠，即將手內加会友之錢付
叔將追清，美明勾机得異言生端等情之理，今欲有憑，立當
字一帋付执為照。
道光九年十二月　日　立當字侄　拓華（押）
在見字中　叔祖　熙文（押）

4-4-8-1　清道光九年十二月許拓華立當錢會股份字

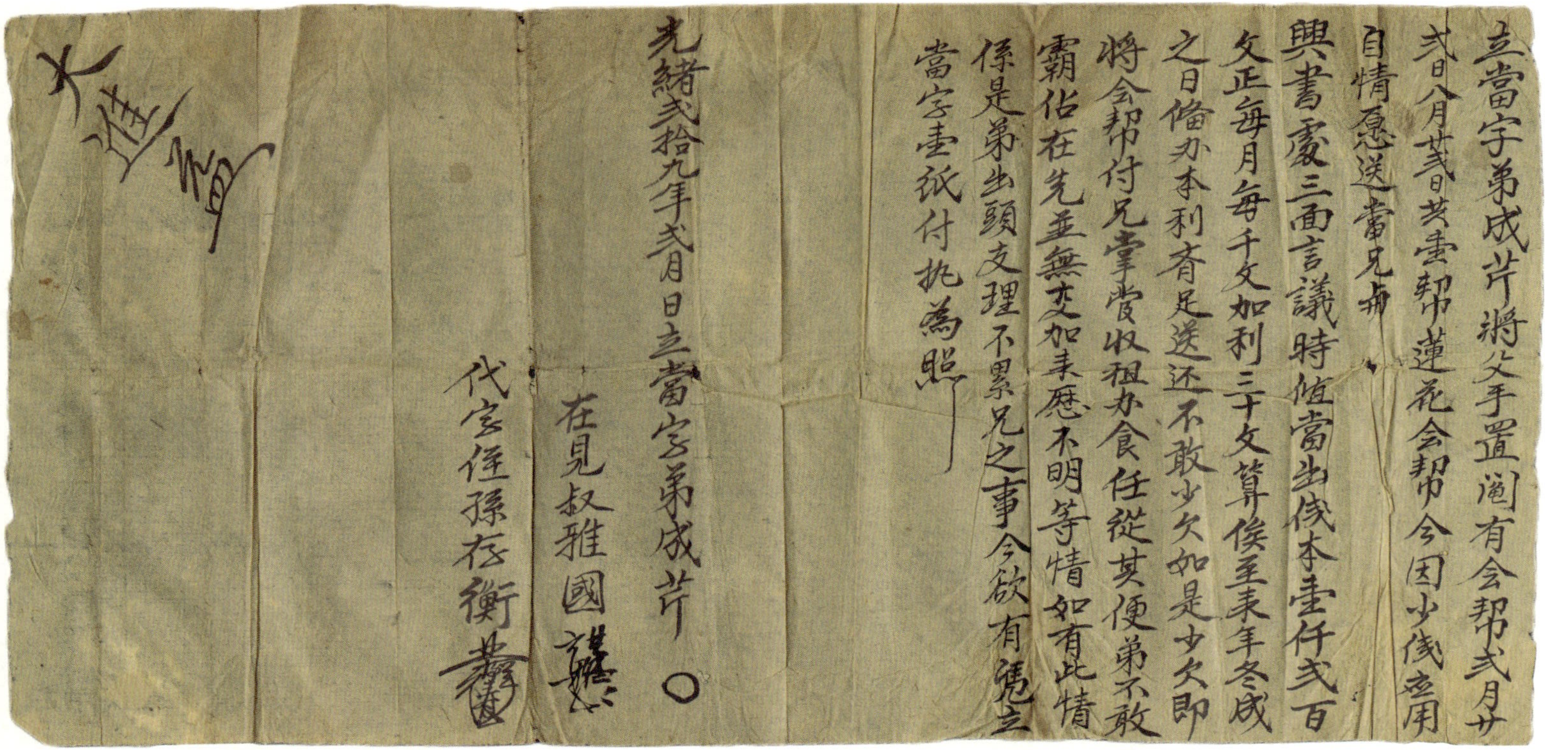

立當字弟成芹將父手置閹有会帮弍月廿
弍日八月廿弍日共壹帮巾蓮花会帮巾今因少錢應用
自情愿送當兄芾
興書處三面言議時値當出錢本壹仟弍百
文正每月每千文加利三十文算俟至來年冬成
之日倫办本利齊足送还不敢少欠如是少欠即
將会帮付兄掌管收租办食任從其便弟不敢
霸佔在先並無交加來歷不明等情如有此情
係是弟出頭支理不累兄之事今欲有凭立
當字壹紙付執為照

光緒弍拾九年弍月日立當字弟成芹 ○
在見叔雅國
代字侄孫存衡

大進益

4-4-8-2　清光緒二十九年二月許成芹立當會幫字

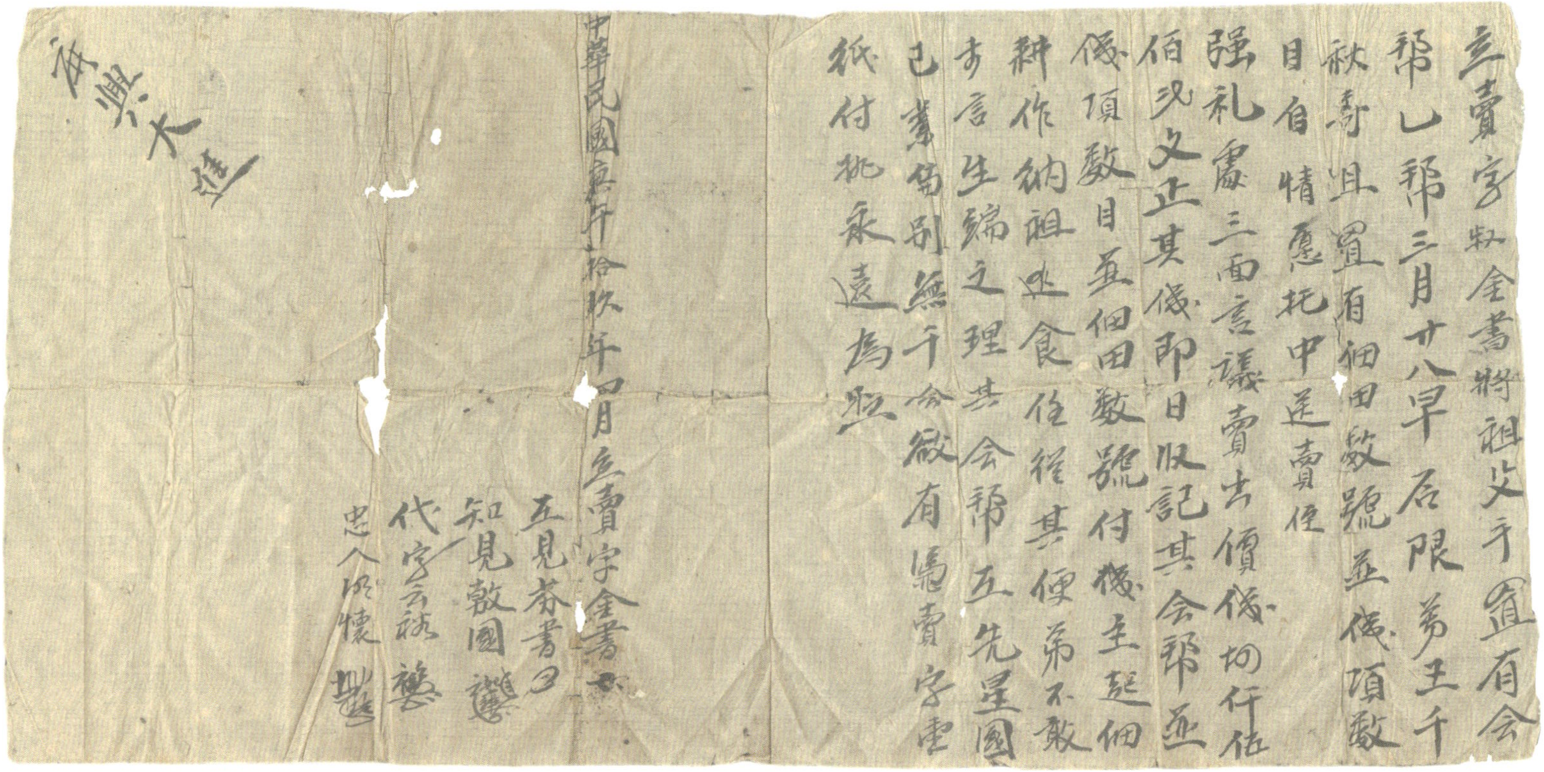
立賣字叔金書將祖父手置有会
帮一帮，三月十八早召，限弟壬午
秋壽，且置有佃田數號，並係項敵
目，自情愿托中送賣侄
强礼處，三面言議，賣出價錢仟伍
佰文正，其錢即日收訖，其会帮並
係項數目並佃田數號付侄主起佃
耕作，納租送食，任從其便，弟不敢
寸言生端之理，其会帮立先是國
己業，毋別無干。今欲有憑，賣字壹
紙付執永遠為照。

中華民國庚午拾玖年四月　立賣字金書（押）
立見　孝書（押）
知見　敦國（押）
代字　云詠（押）
忠入　懷（押）

安興大進

4-4-8-3　民國十九年四月許金書立賣會幫股份字

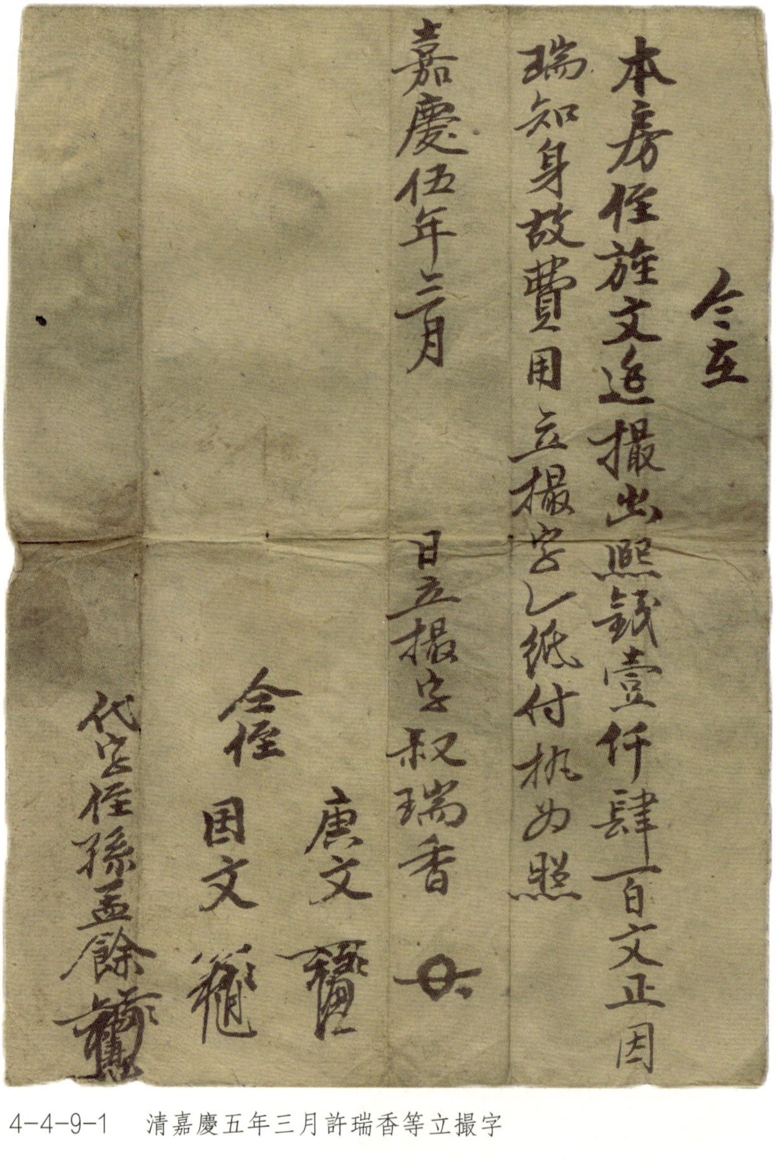

仝立
本房侄旌文追撮出凞錢壹仟肆百文正因
瑞知身故費用立撮字乙紙付執為照
嘉慶伍年三月
日立撮字 叔瑞香
庚文
仝侄
因文
代字侄孫孟餘

4-4-9-1　清嘉慶五年三月許瑞香等立撮字

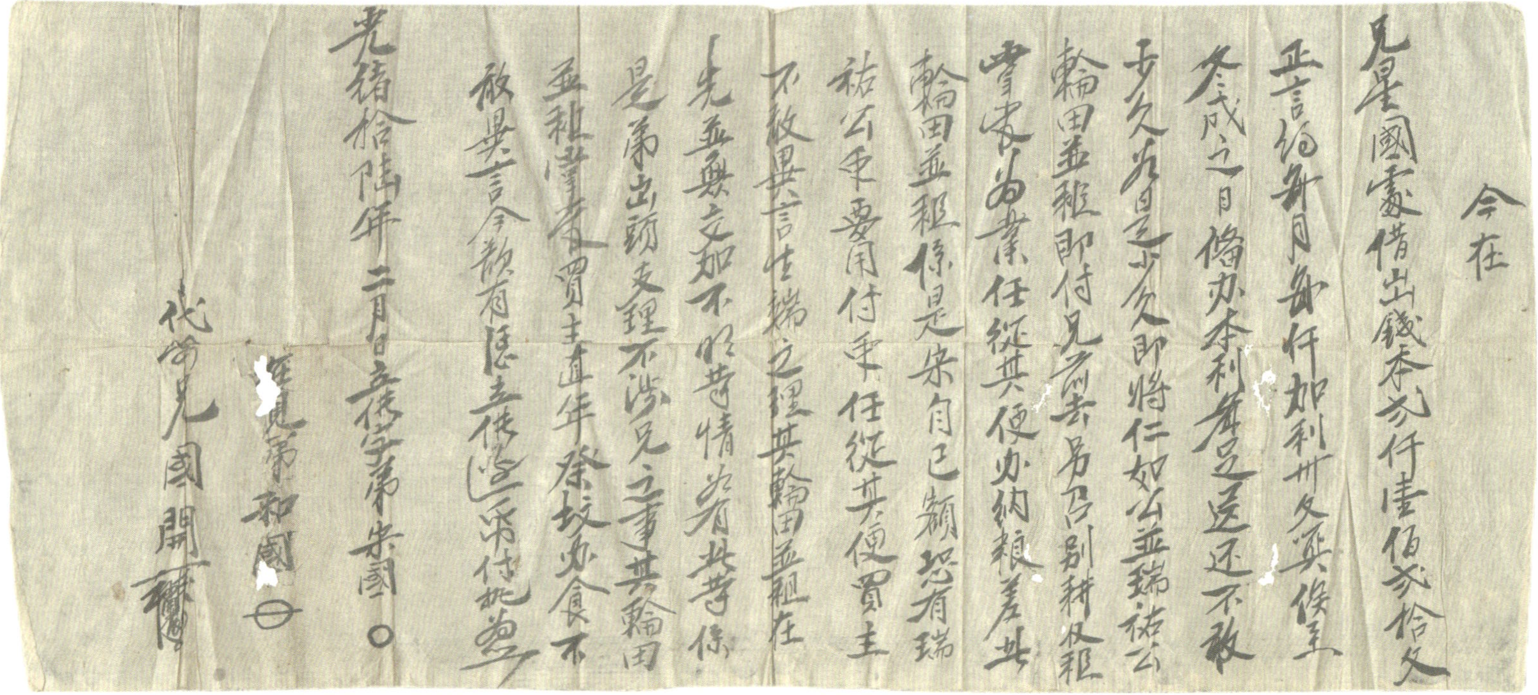

今在
兄星國處借出錢本乙仟壹佰弍拾文
正，言約每月每仟加利卅文，其錢俟至
冬成之日備办本利，無足送還，不敢
少欠。若是少欠，即將仁如公並瑞祜公
輪田並租，即付兄前去另召别耕收租
當家為業，任從其便办納粮差。此
輪田並租係是宋自己額，恐有瑞
祜公要用，付兄任從其便，買主
不敢異言生端之理。其輪田並租在
先並無交加不明等情，如有此等係
是弟出頭支理，不涉兄之事。其輪田
並租當付買主過年粢以办食，不
敢異言。今欲有憑，立借退字付执爲照。
光緒拾陸年二月　日立借字弟宋國 ○
在見弟　和國 ㊀
代筆兄　□國 開□

4-4-10-1　清光緒十六年二月許宋國立借錢字

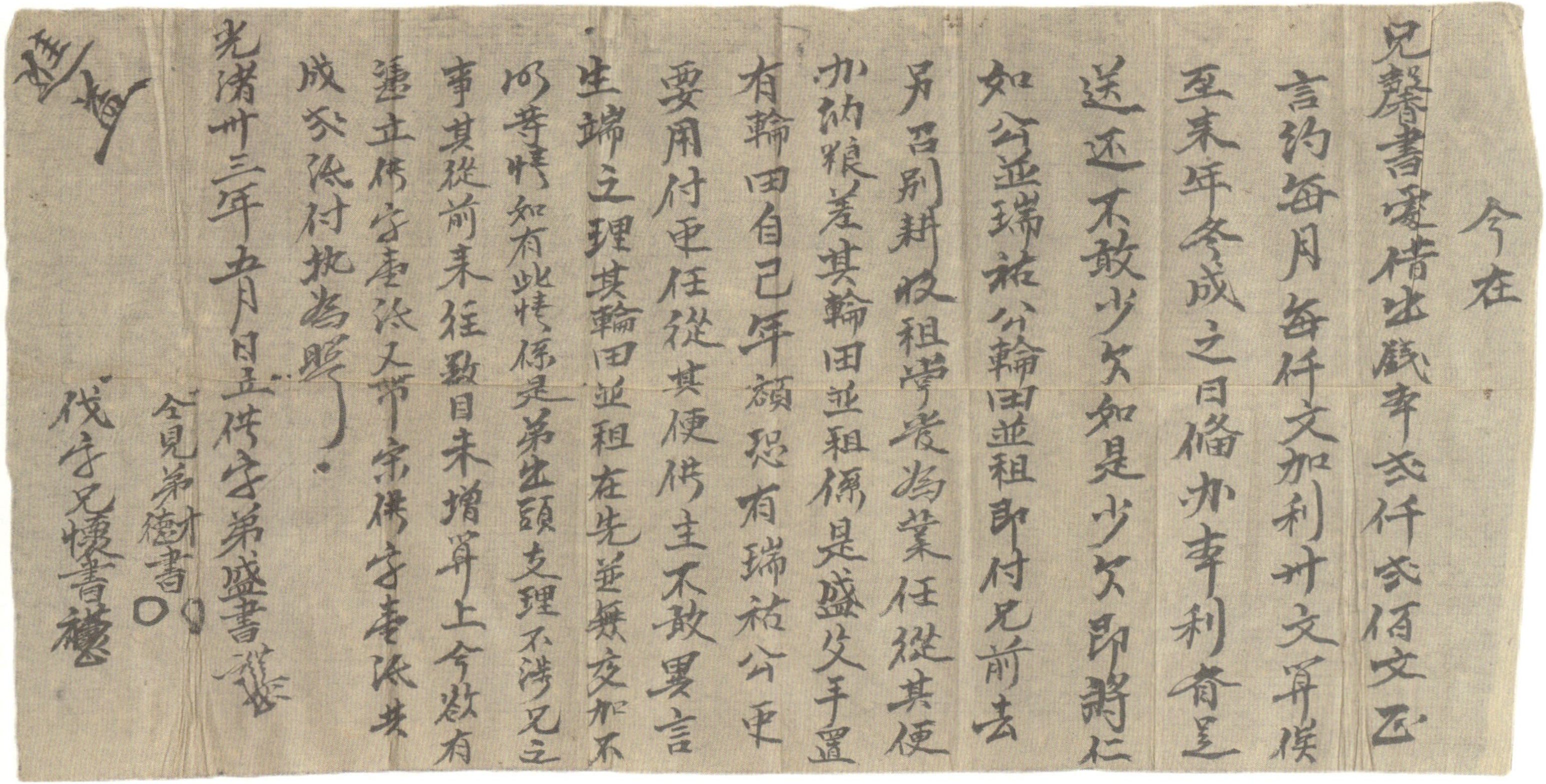
今在
兄馨書處借出錢本弍仟弍佰文正
言約每月每仟文加利卅文算候
至來年冬成之日備办本利齊足
送还不敢少欠如是少欠即將仁
如公並瑞祐公輪田並租即付兄前去
另召別耕收租掌管為業任從其便
办納粮差其輪田並租係是盛父手置
有輪田自己年額恐有瑞祐公更
要用付更任從其便借主不敢異言
生端之理其輪田並租在先並無交加不
明等情如有此情係是弟出頭支理不涉兄之
事其從前來往數目未增算上今欲有
憑立借字壹紙又帶字宗借字壹紙共
成叁紙付執為照。
光緒卅三年五月日立借字弟盛書
仝見弟樹書
代字兄懷書

4-4-10-2　清光緒三十三年五月許盛書等立借錢字

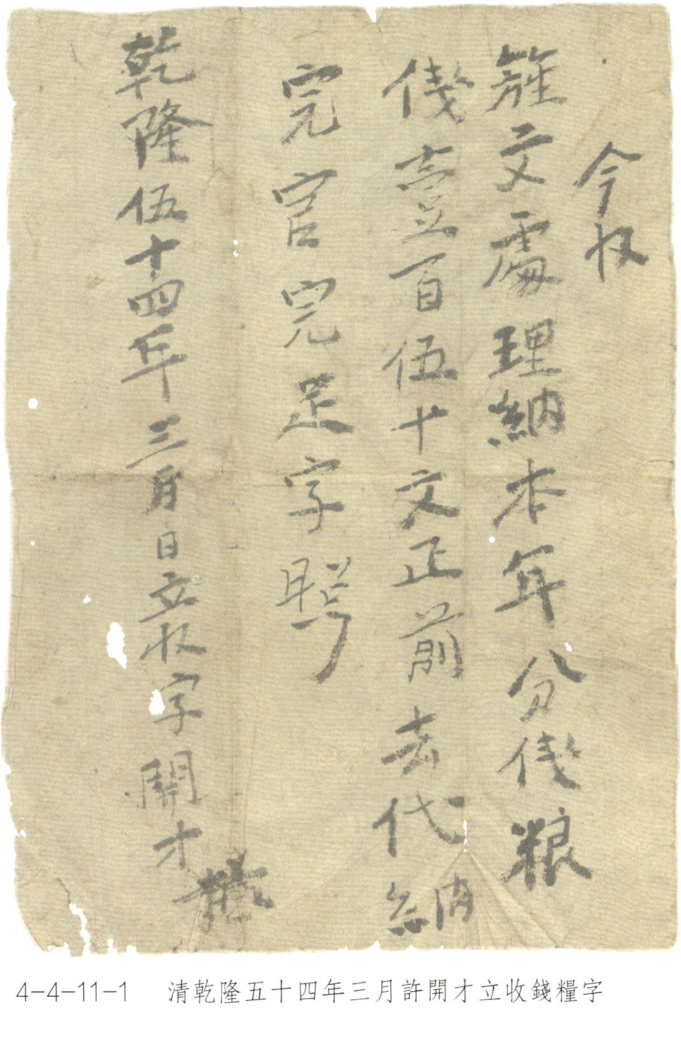
今収
雜文為理納本年分錢粮
錢壹百伍十文正前去代納
完官完足字照
乾隆伍十四年三月日立収字開才（押）

4-4-11-1　清乾隆五十四年三月許開才立收錢糧字

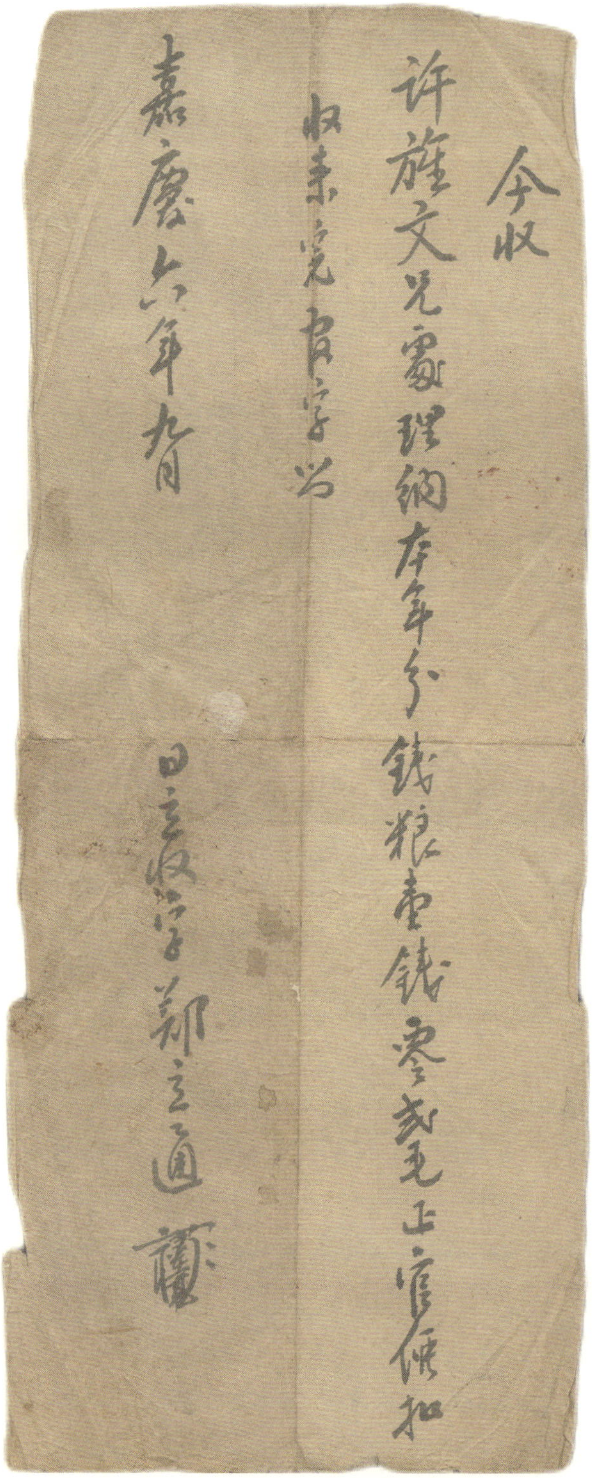
今收
許旗文兄處理納本年分錢粮壹錢零貳毛正官便扣
收未完貝字号
嘉慶六年九月　日立收字　鄭立通

4-4-11-2　清嘉慶六年九月鄭立通立收錢糧字

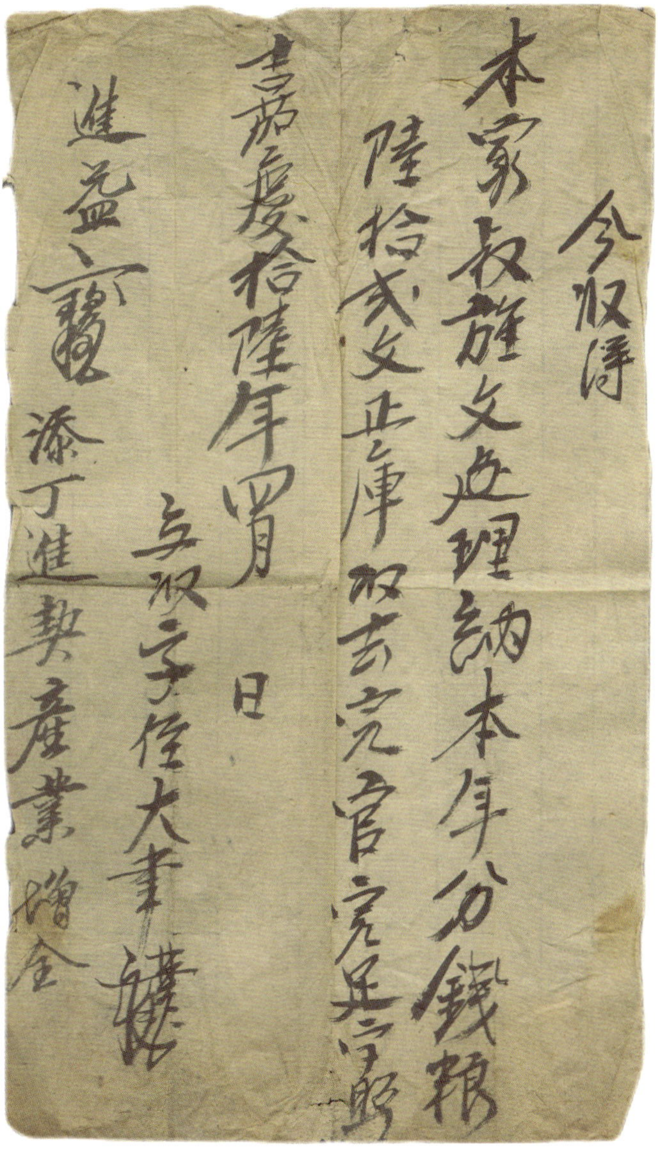
今收得
本家叔旌文邊理納本年分錢粮
陸拾弍文正庫收去完官完足字照
嘉慶拾陸年四月　日
立收字侄大聿（押）
進益　審　添丁進契　産業　增金

4-4-11-3　清嘉慶十六年四月許大聿立收錢糧字

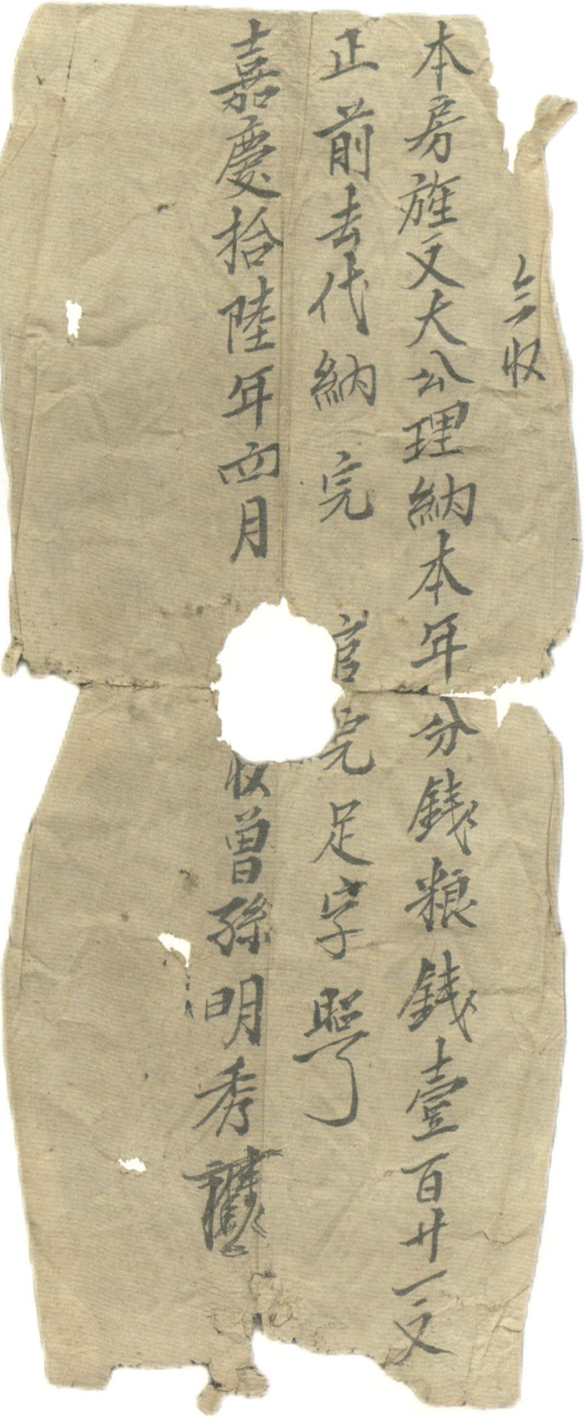

立收
本房旌文大公理納本年分錢粮錢壹百廿一文
正前去代納完□兑足字照了
嘉慶拾陸年四月　收曾孫明秀[illegible]

4-4-11-4　清嘉慶十六年四月許明秀立收錢糧字

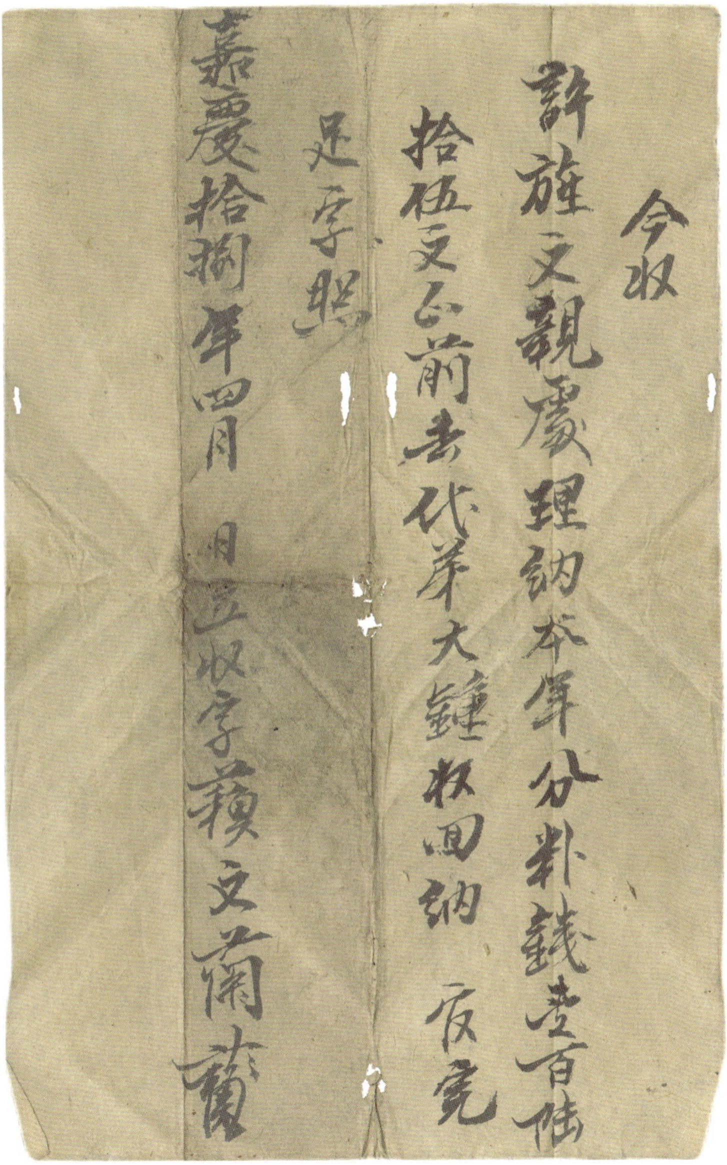
今收
許旋文親處理納本年分粮錢壹百陸拾伍文正前去代莘大鍾收回納　夜完
足字照
嘉慶拾捌年四月　日立收字蘇文蘭

4-4-11-5　清嘉慶十八年四月蘇文蘭立收糧錢字

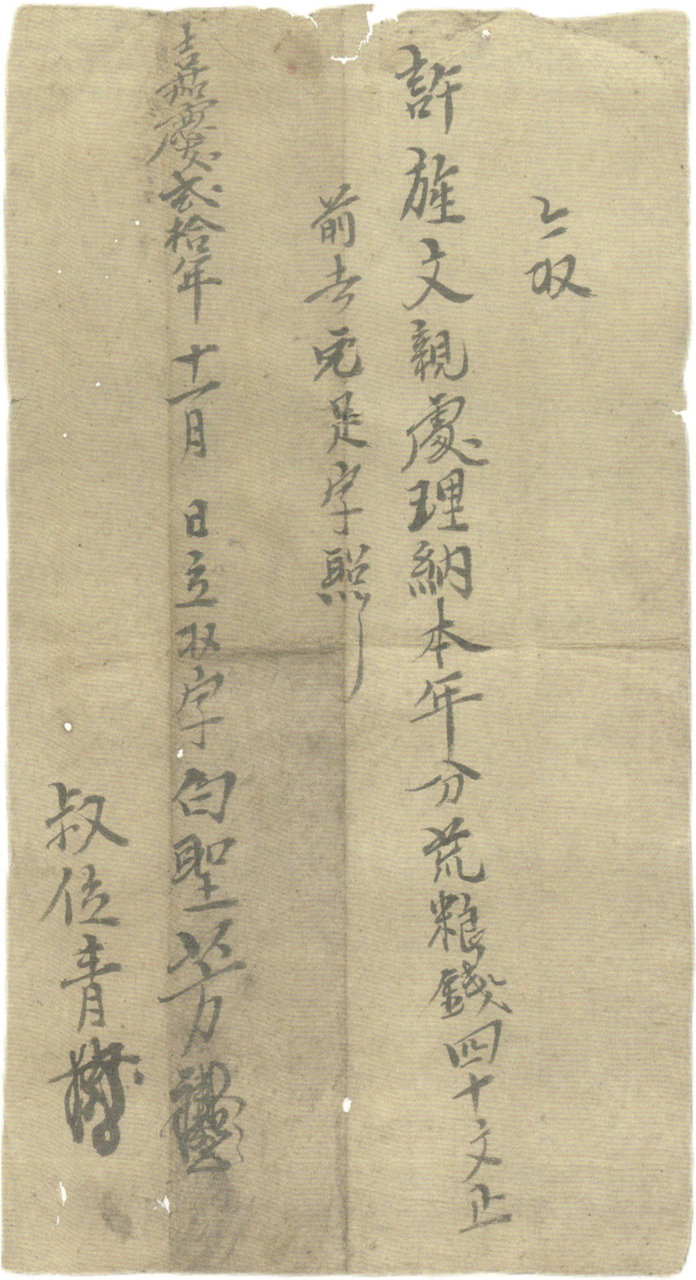
仝收
許旌文親處理納本年分荒糧錢四十文正
前去完足字照
嘉慶貳拾年十一月　日立收字白聖芳（押）
叔侄青

4-4-11-6　清嘉慶二十年十一月白聖芳等立收糧錢字

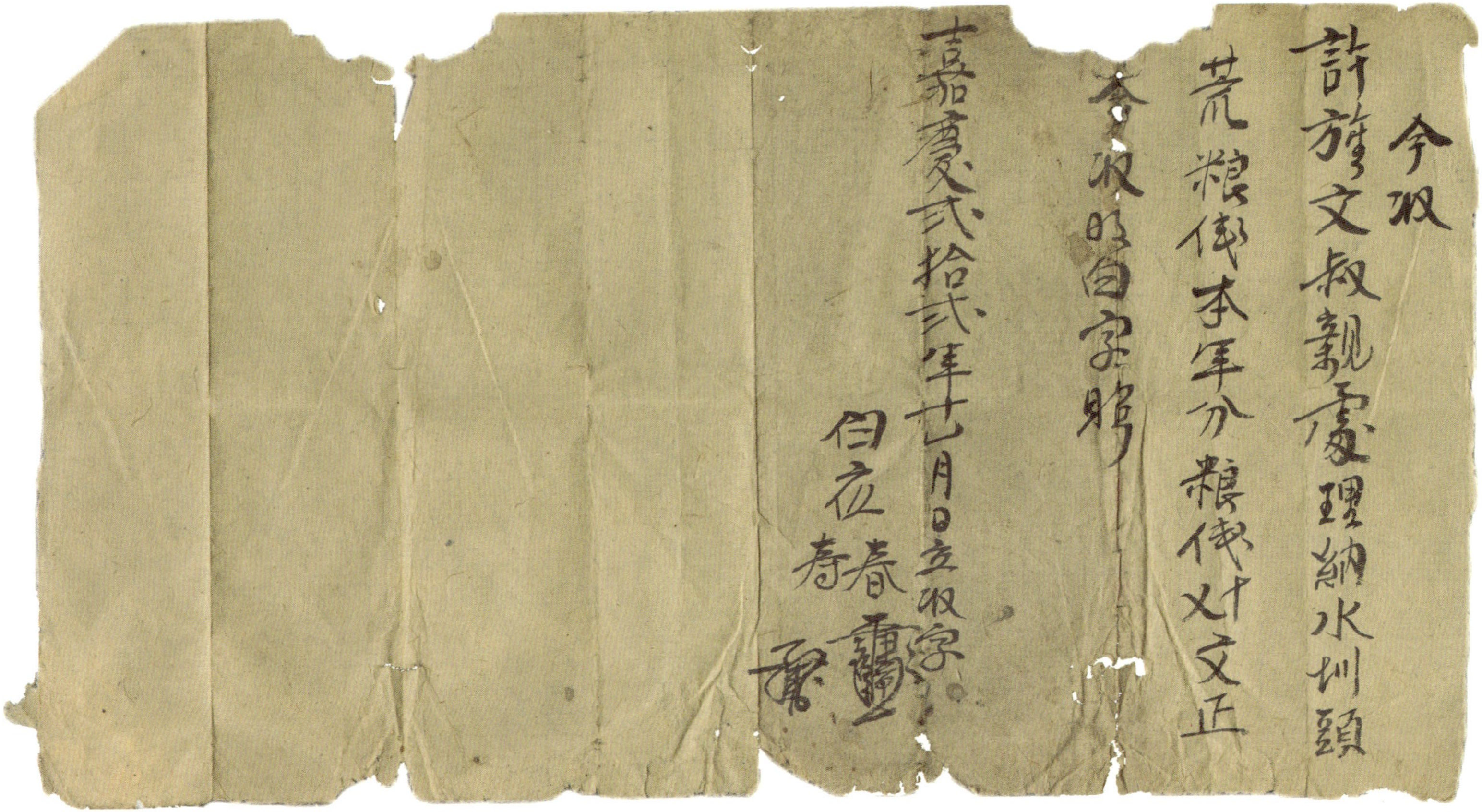

今收
許旗文叔親處理納水圳頭
荒粮錢本年分粮錢[illegible]文正
今收明白字照
嘉慶貳拾貳年十一月日立收字
白位春
白應春

4-4-11-7　清嘉慶二十二年十一月白位春等立收糧錢字

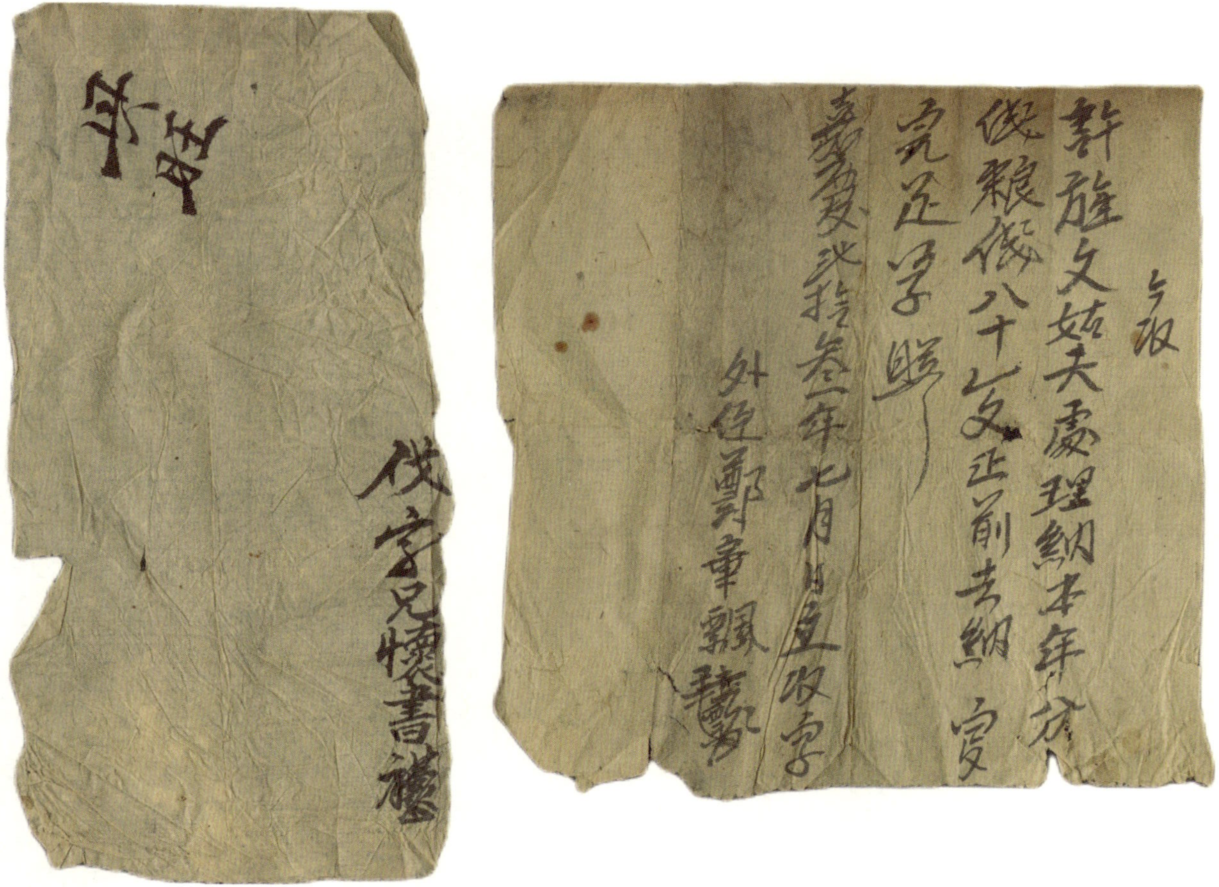

乡收
許旌文姑夫處理納本年分
錢糧錢八十六文正前去納完
完足字照
嘉慶貳拾叁年七月日立收字
外侄鄭章飄
侄字兄懷書

4-4-11-8　清嘉慶二十三年七月鄭章飄立收錢糧字

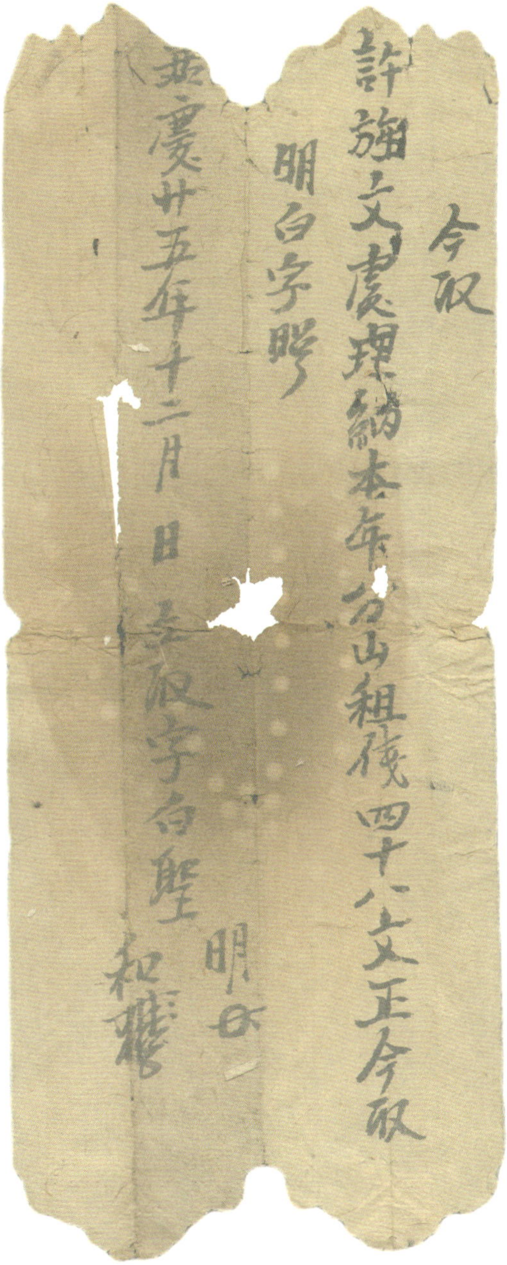

今收
許旋文處理納本年分山租錢四十八文正今收
明白字照
嘉慶廿五年十二月 日 立收字白聖明
和權

4-4-11-9　清嘉慶二十五年十二月白聖明等立收山租字

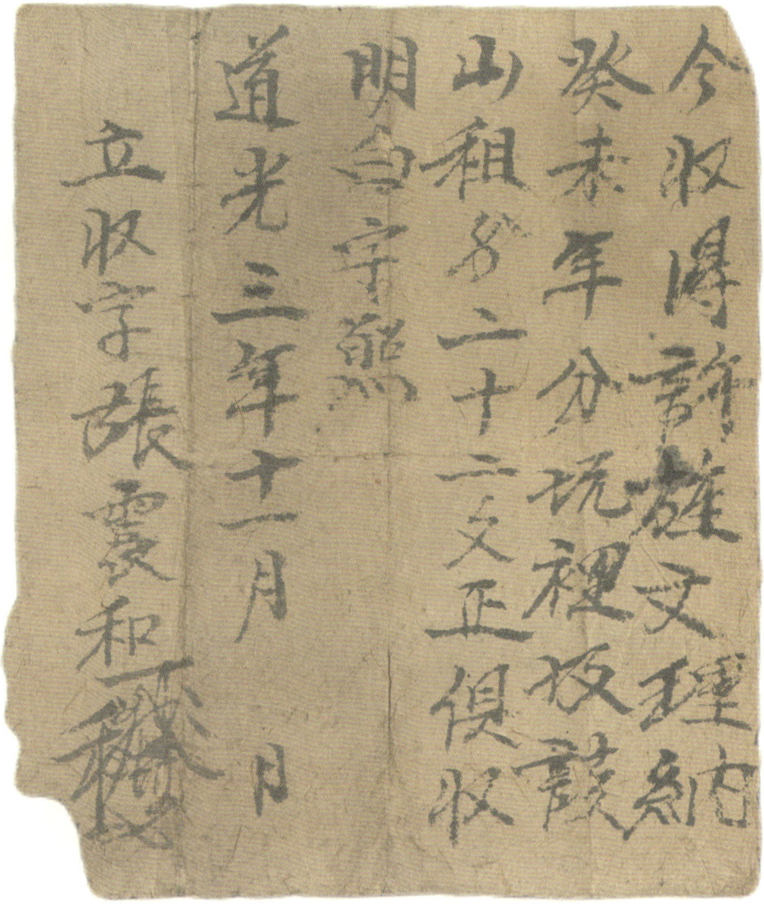

4-4-11-10　清道光三年十一月張震和立收山租字

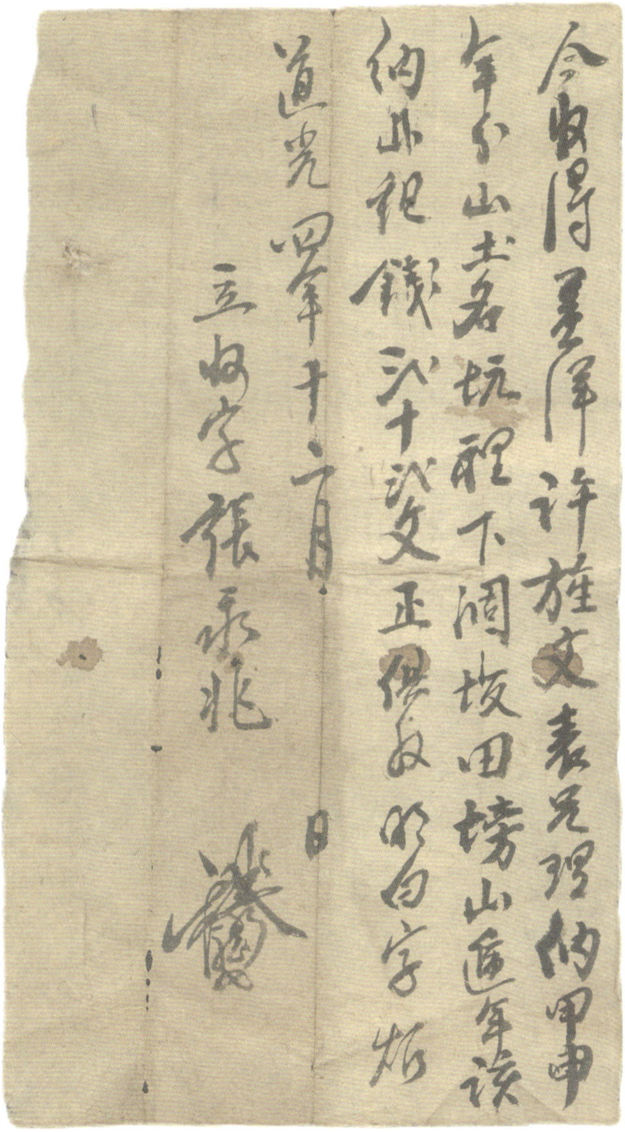
今收得蓋洋許旌文表兄理納甲申
年分山土名坑程下洞坂田塝山匠年該
納山租錢弍十弍文正俱收明白字炤
道光四年十二月　日
立收字張永兆（押）

4-4-11-11　清道光四年十二月張永兆立收山租字

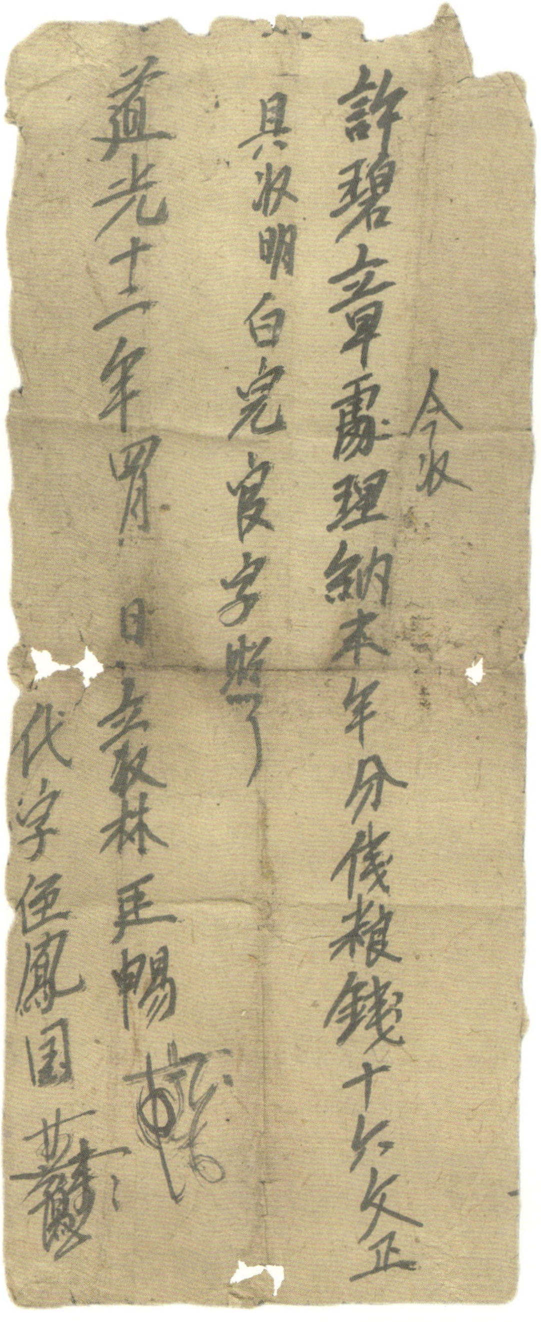
今收
許碧章處理納本年分錢粮錢十六文正
其收明白完官字照
道光十二年四月　日立收林廷暢（押）
代字侄鳳同（花押）

4-4-11-12　清道光十二年四月林廷暢立收錢糧字

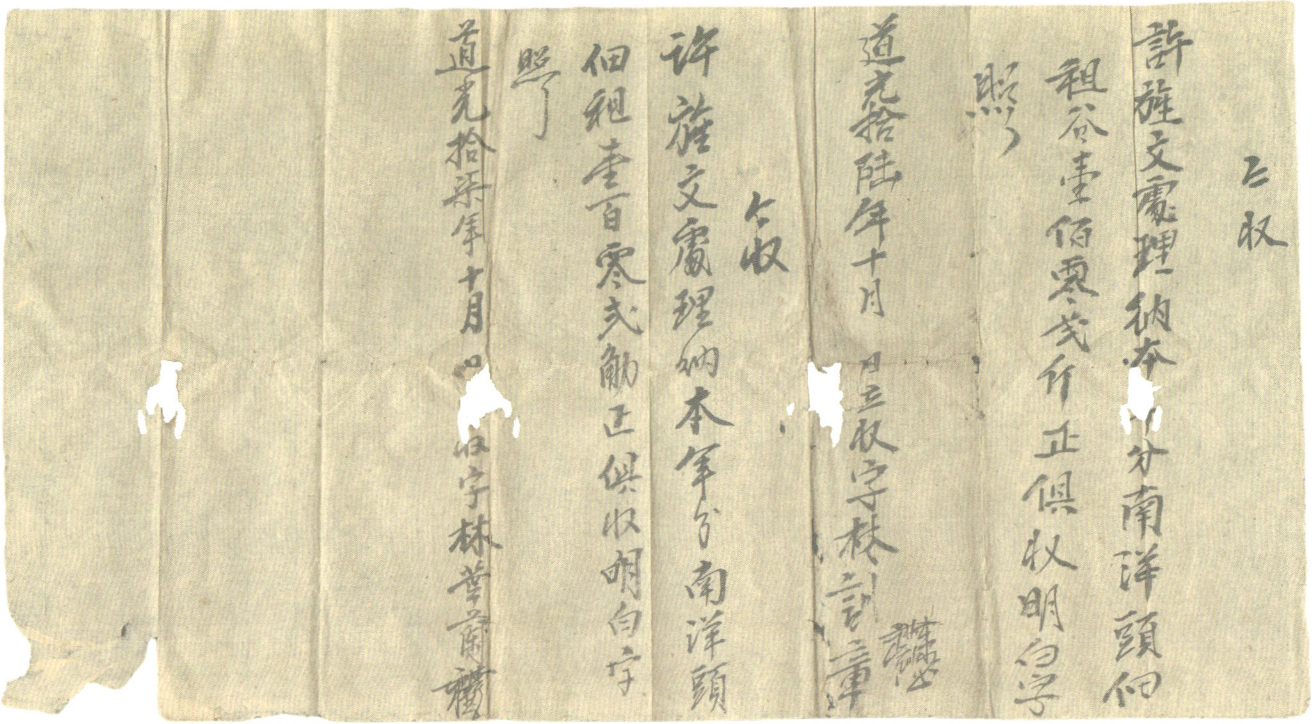
立收
許旌文處理納本年分南洋頭佃
租谷壹佰零貳斤正俱收明白字
照。
道光拾陸年十月　日立收字林訓章（押）

立收
許旌文處理納本年分南洋頭
佃租壹百零貳觔正俱收明白字
照。
道光拾柒年十月　日立收字林章□（押）

4-4-11-13　清道光十六年十月林訓章立收佃租字

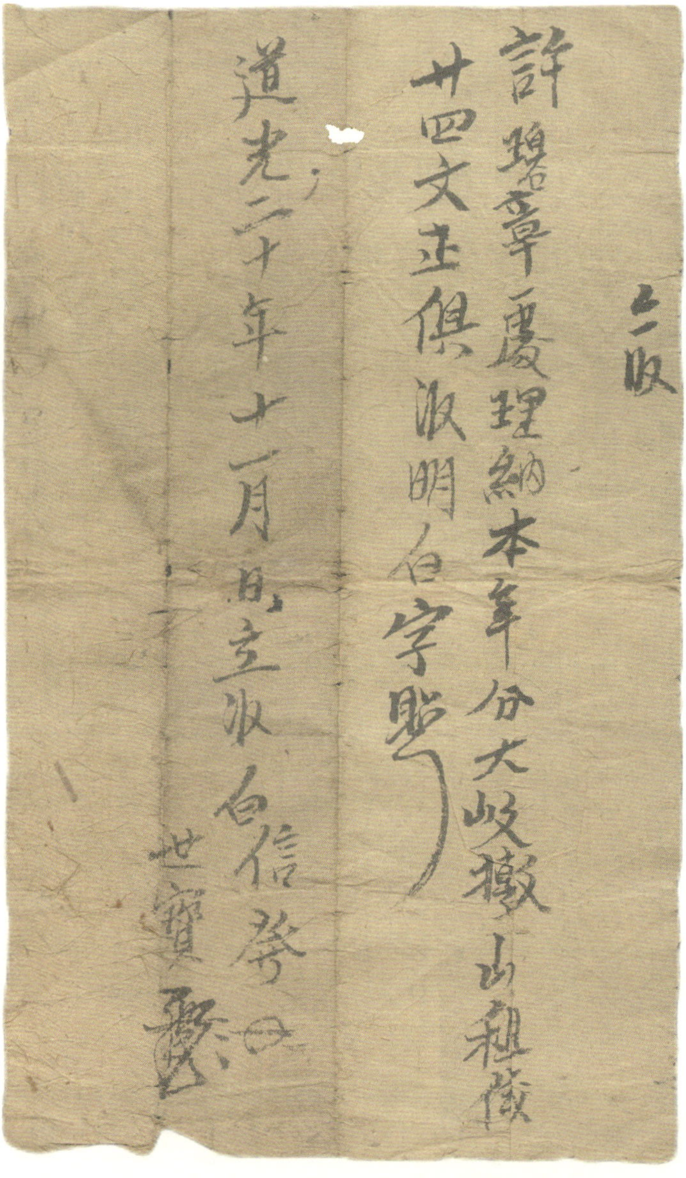

二收

許璐章處理納本年分大岐墩山租錢

廿四文正俱收明白字照

道光二十年十一月日立收白信發

世寶

4-4-11-14　清道光二十年十一月白信發等立收山租字

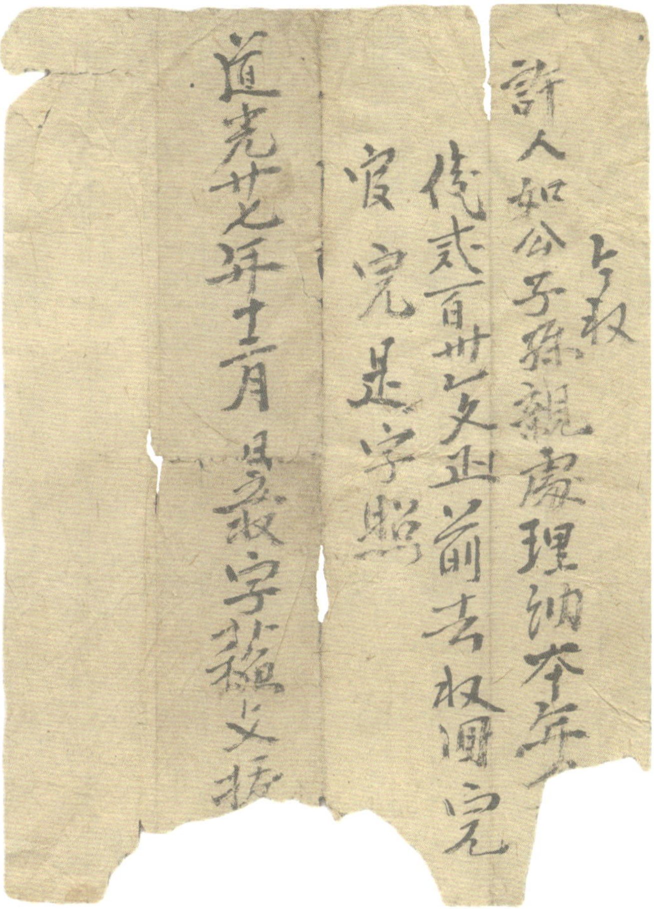
立收
許人如公子孫親處理納本年[糧]
錢貳百卅七文正前去收迴完
官完足字照
道光廿七年十二月　日立收字蘇文拔

4-4-11-15　清道光二十七年十二月蘇文拔立收錢糧字

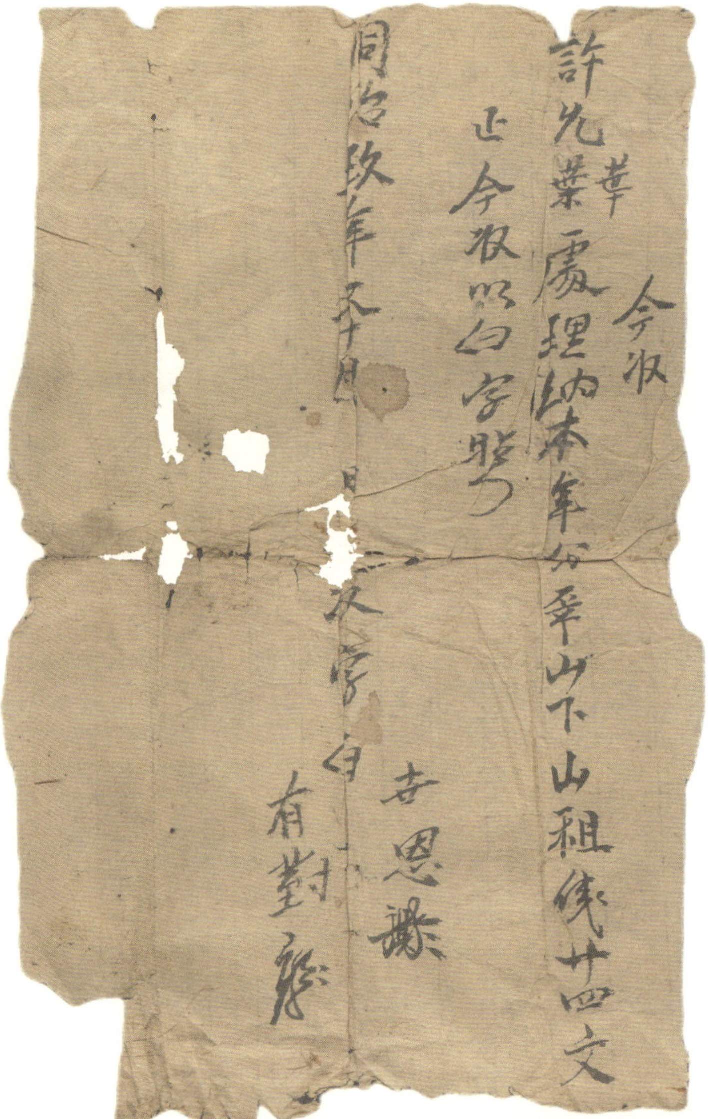
許先葉華處今收理納本年分平山下山租錢廿四文
正今收以白字照
同治玖年十月　日立收字白
世恩
有對

4-4-11-16　清同治九年十月白世恩等立收山租字

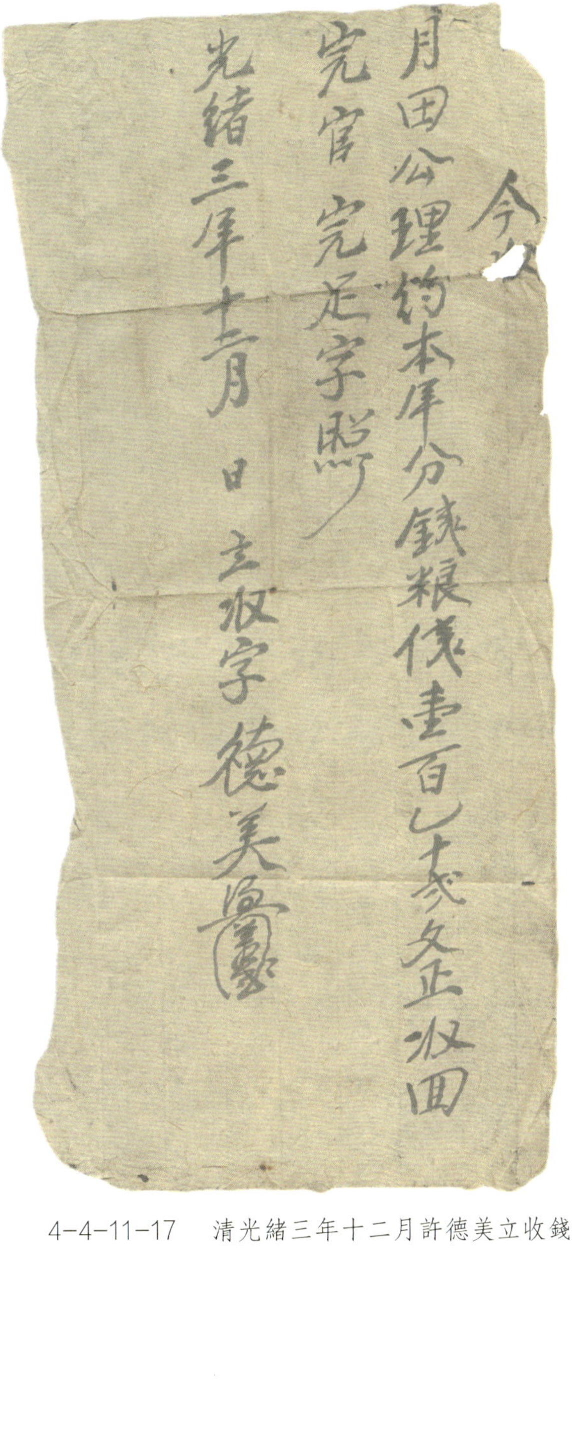
今收
月田公理納本年分錢粮錢壹百七十叁文正收回
完官完足字照
光緒三年十二月　日　立收字德美（押）

4-4-11-17　清光緒三年十二月許德美立收錢糧字

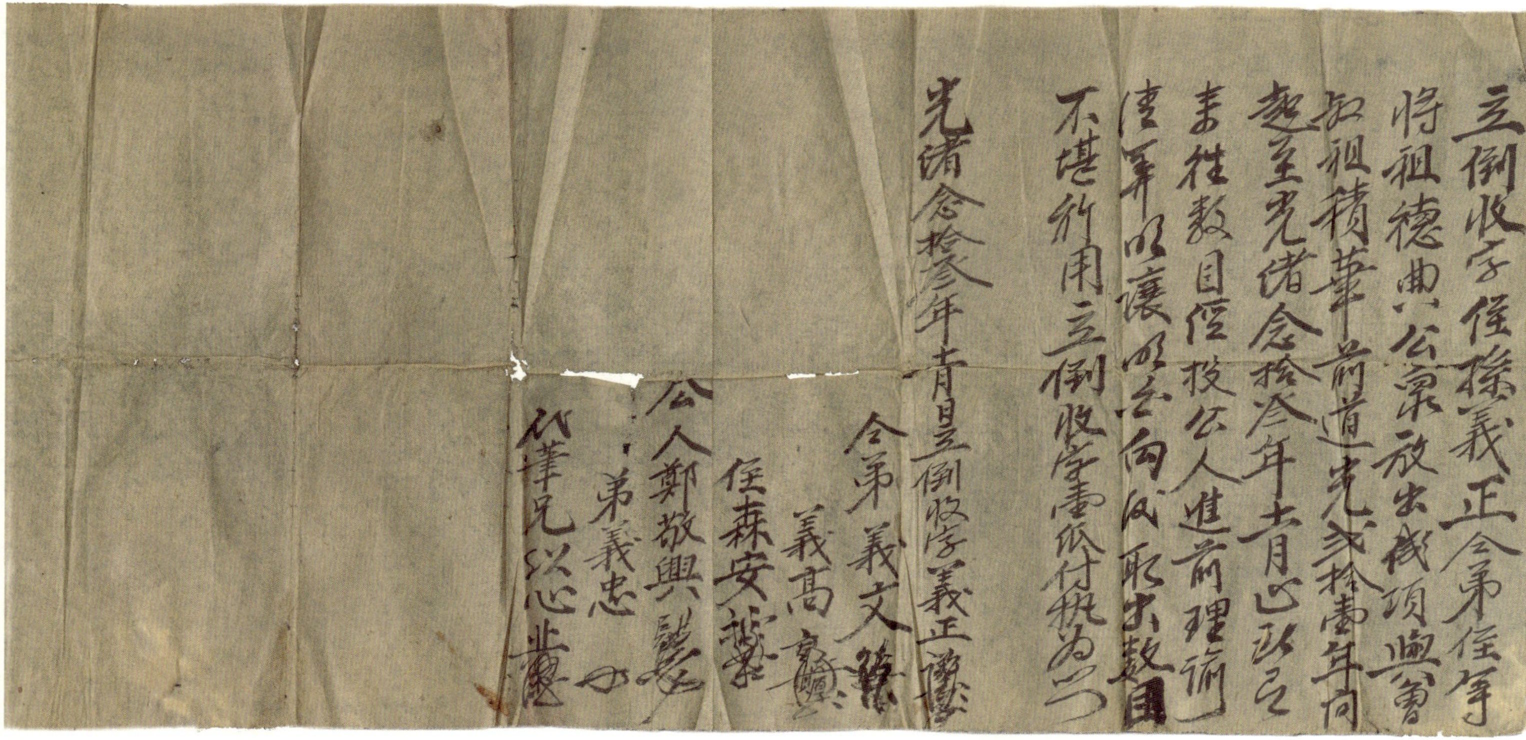
立倒收字侄孫義正仝弟侄等
將祖德典公衆放出錢項與曾
叔祖積華前道光弍拾壹年間
起至光緒念拾叁年十一月止所已
未往數目經投公人進前理論
連年所讓所存向找取出數目
不堪所用立倒收字壹紙付執為照

光緒念拾叁年十一月　日立倒收字　義正
仝弟　義文
義高
侄森安
公人鄭敬興
弟義忠
代筆兄以心

4-4-11-18　清光緒二十三年十一月許義正等立倒收字

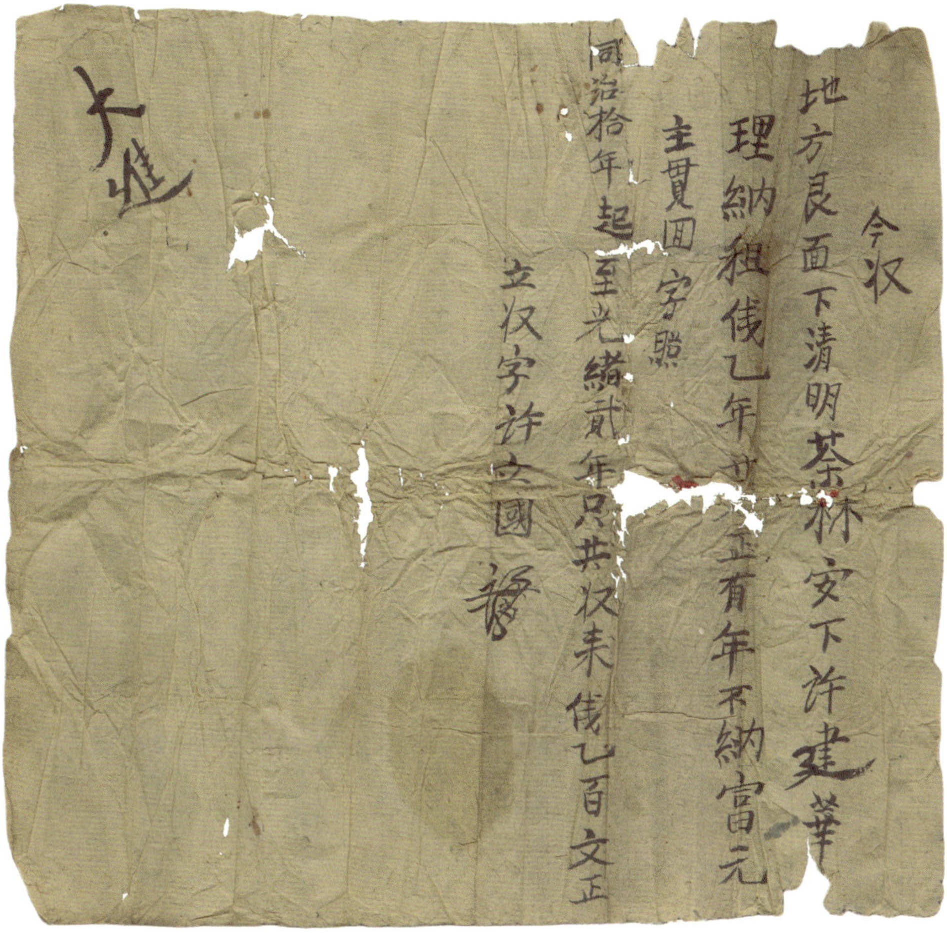
今收
地方良面下清明茶林安下許建華
理納租錢乙年共立有年不納富元
主貫田字號
同治拾年起至光緒貳年只共收未錢乙百文正
立收字許立國（押）
大進

4-4-11-19　清光緒年間許立國立收租錢字

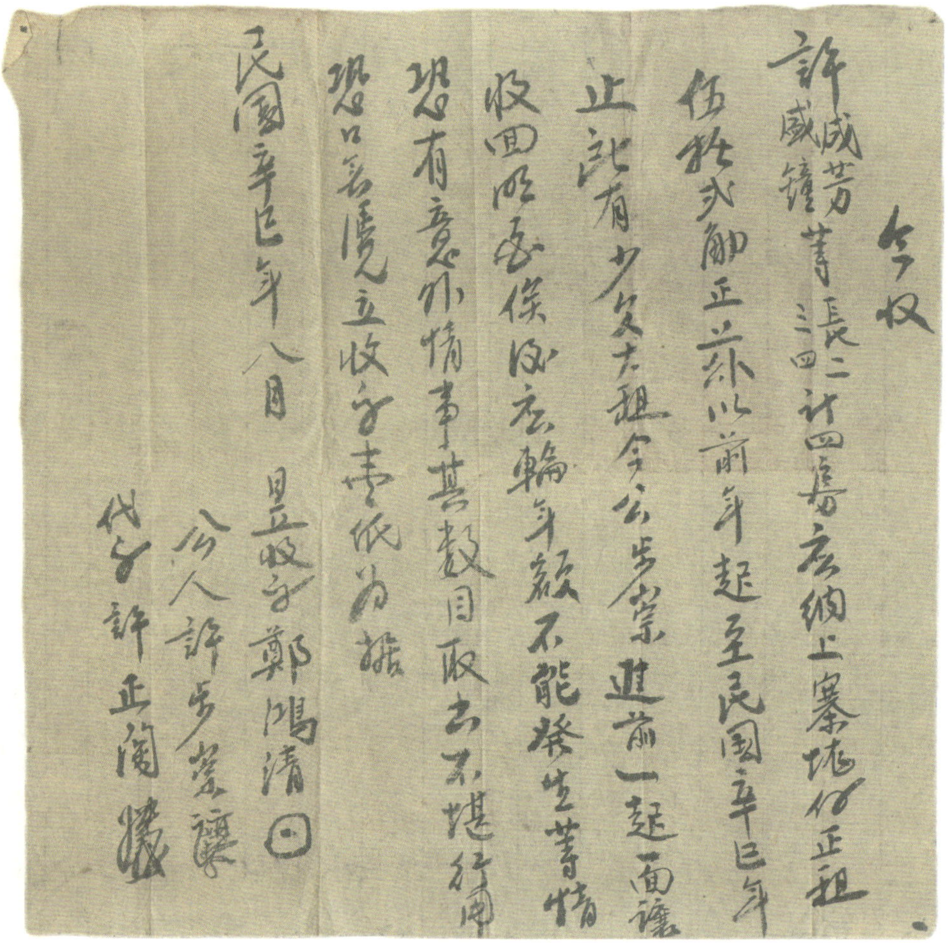
今收
許成芳/盛鐘等長二/三四計四房應納上寮坵佃正租
伍拾貳觔正並以前年起至民國辛巳年
止訖有少欠大租全公步棠進前一起面讓
收回收悉係以應輪年額不能發生等情
恐有意外情事其數目取出不堪行用
恐口無憑立收字壹紙為據
民國辛巳年八月　日立收字鄭鴻清（押）
公人許步棠讓
代字許正閣撰

4-4-11-20　民國三十年八月鄭鴻清立收正租字

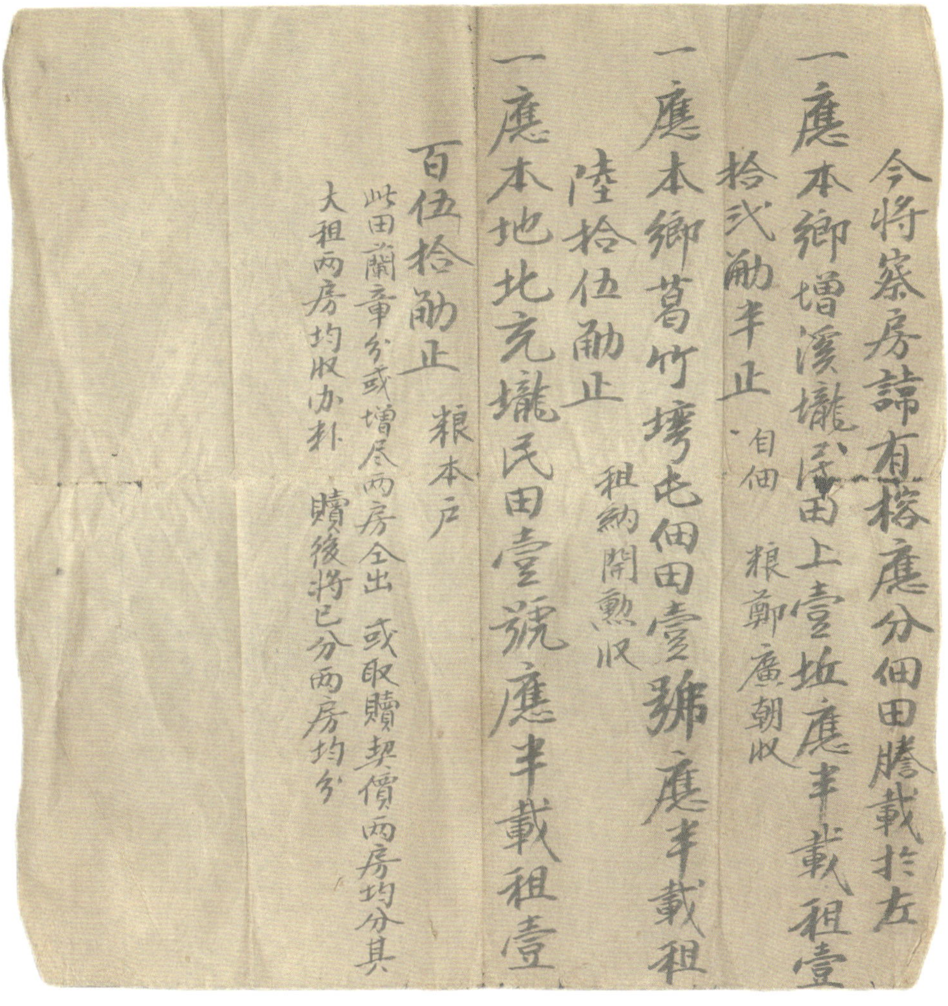
今将蔡房諱有榕應分佃田謄載於左
一應本鄉墻溪墘下洋田上壹坵應半載租壹
拾弍觔半正 自佃 粮鄭廣朝收
一應本鄉葛竹墺屯佃田壹號應半載租
陸拾伍觔正 租納開勲收
一應本地北充墘民田壹號應半載租壹
百伍拾觔正 粮本户
此田蘭章分或增盡两房全出 或取贖契價两房均分其
大租两房均收办粮 贖後将已分两房均分

4-4-12-1　許有榕應分佃田清單（年代不詳）

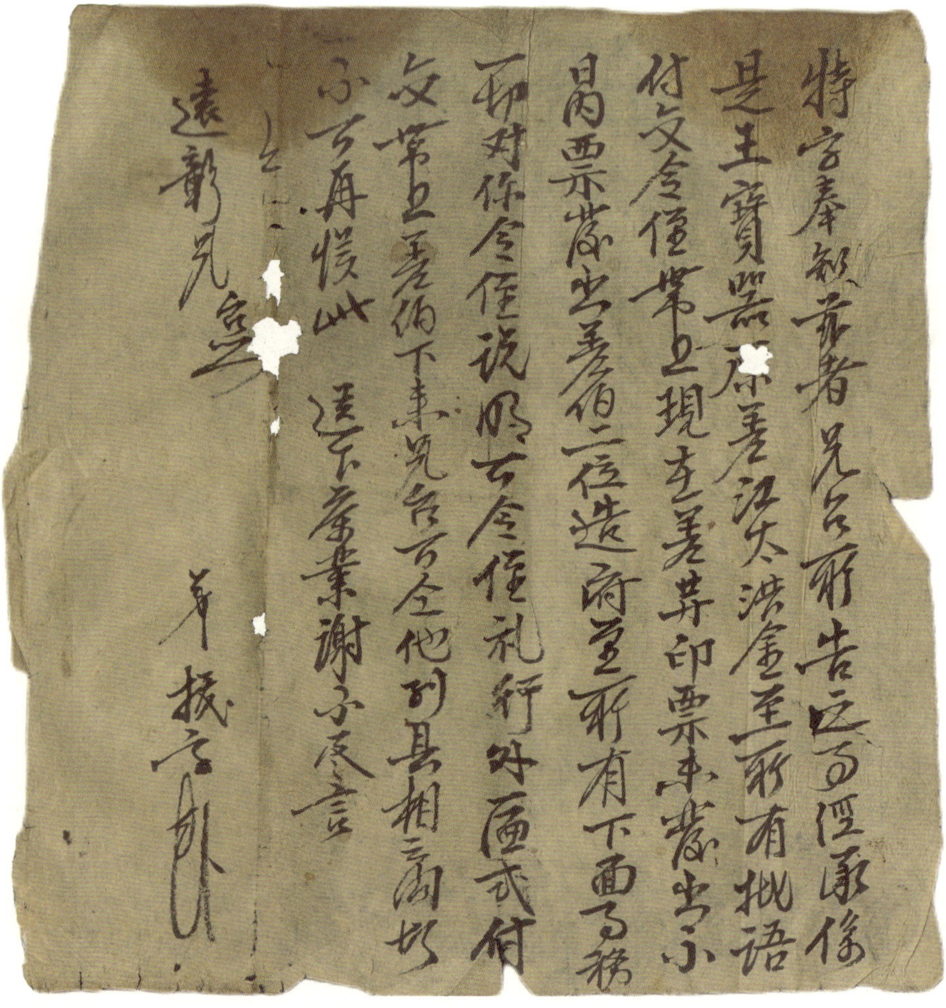
特
字奉叙者兄台所告之事經承係
是王寶器原差江太洪全至所有批語
付交令侄常上現在差弄印票未發出示
昌丙票發出差役二位造府並所有下面之務
聊対你令侄說明古今侄禮行外匯式付
交常上差役下來兄台古全他到县相商好
一示古再慢此　送下案業謝不及言
亠
遠彰兄　台
華　拔　字　頓

4-4-13-1　許華拔致許遠彰書信（年代不詳）

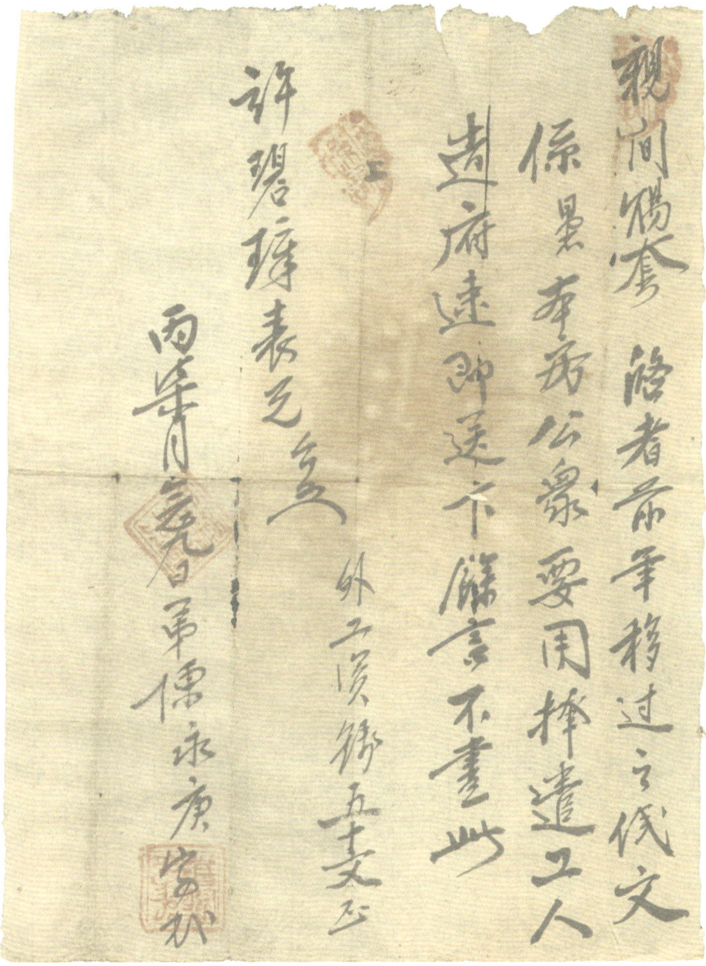
親閣賜覽 啓者前年移过之伐文
係果本族公眾要用捧遣工人
貴府速即送下 餘言不盡 此
外工資錢五千文正
許碧璋表兄台
丙年月日 弟陳永庚字

4-4-13-2　陳永庚致許碧璋書信（年代不詳）

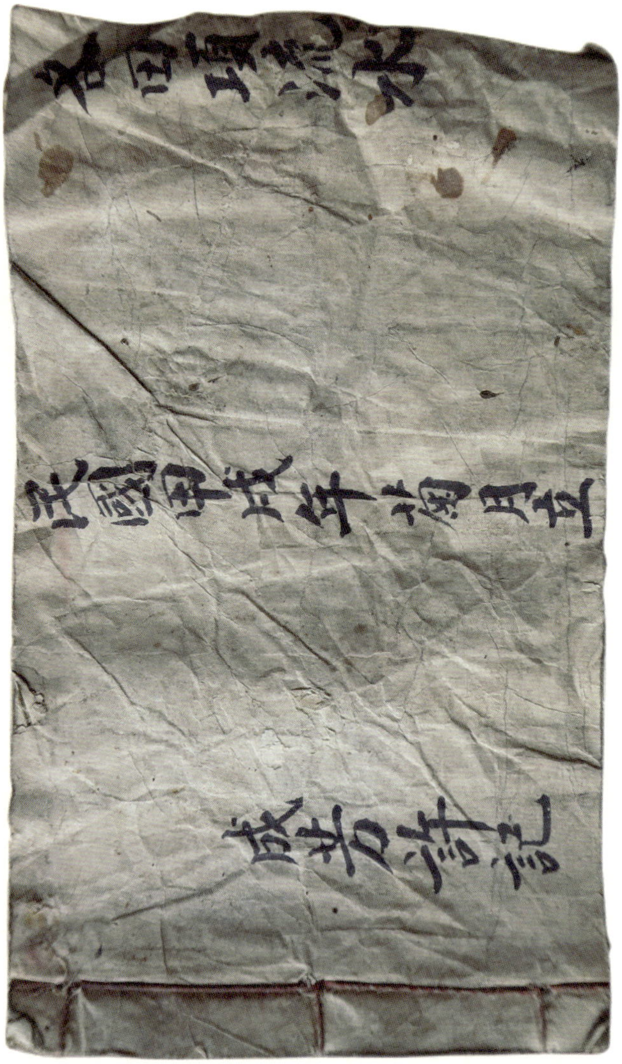

4-4-14-1　民國二十三年許成芳記各田項流水（一）

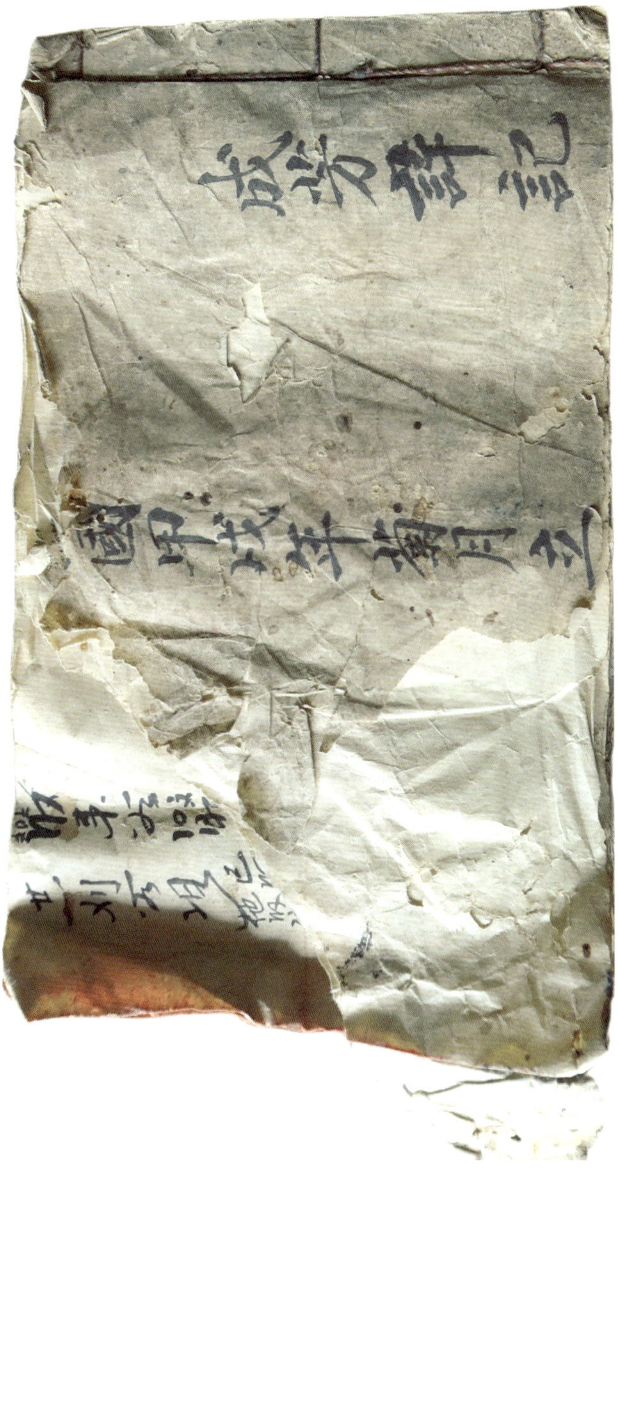

4-4-14-2　民國二十三年許成芳記各田項流水（二）

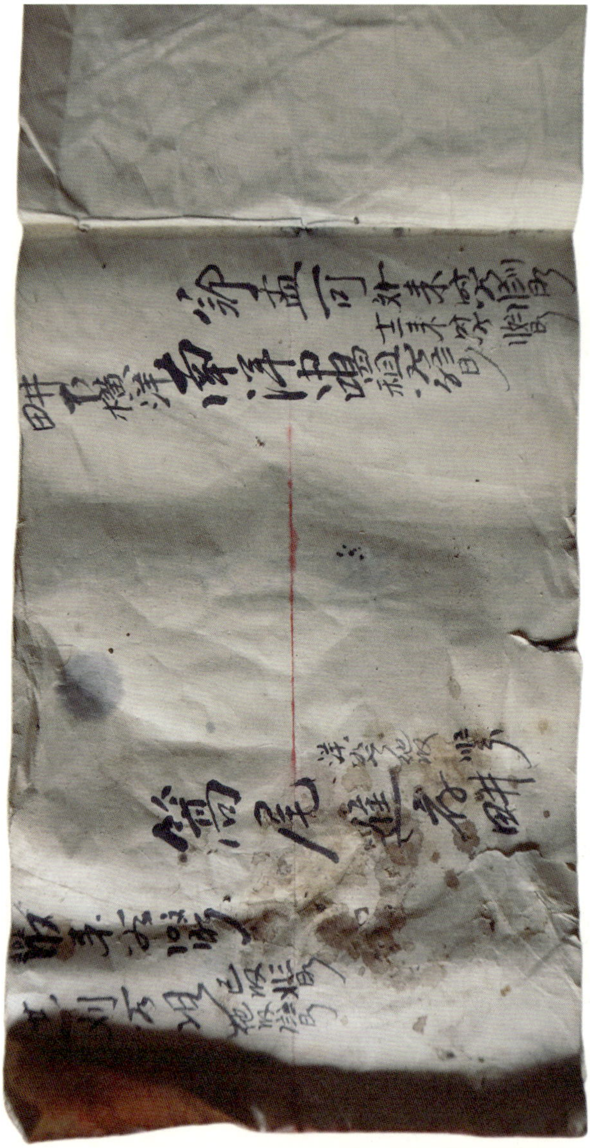

4-4-14-3　民國二十三年許成芳記各田項流水（三）

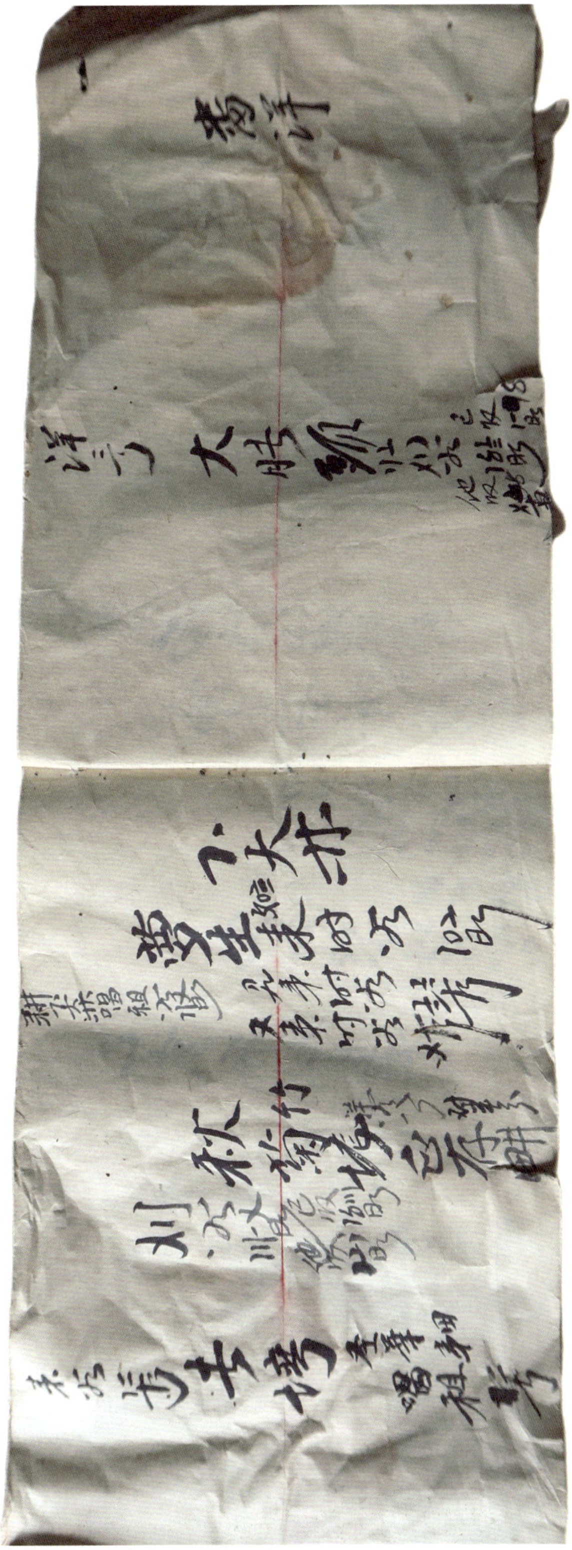

4-4-14-4　民國二十三年許成芳記各田項流水（四）

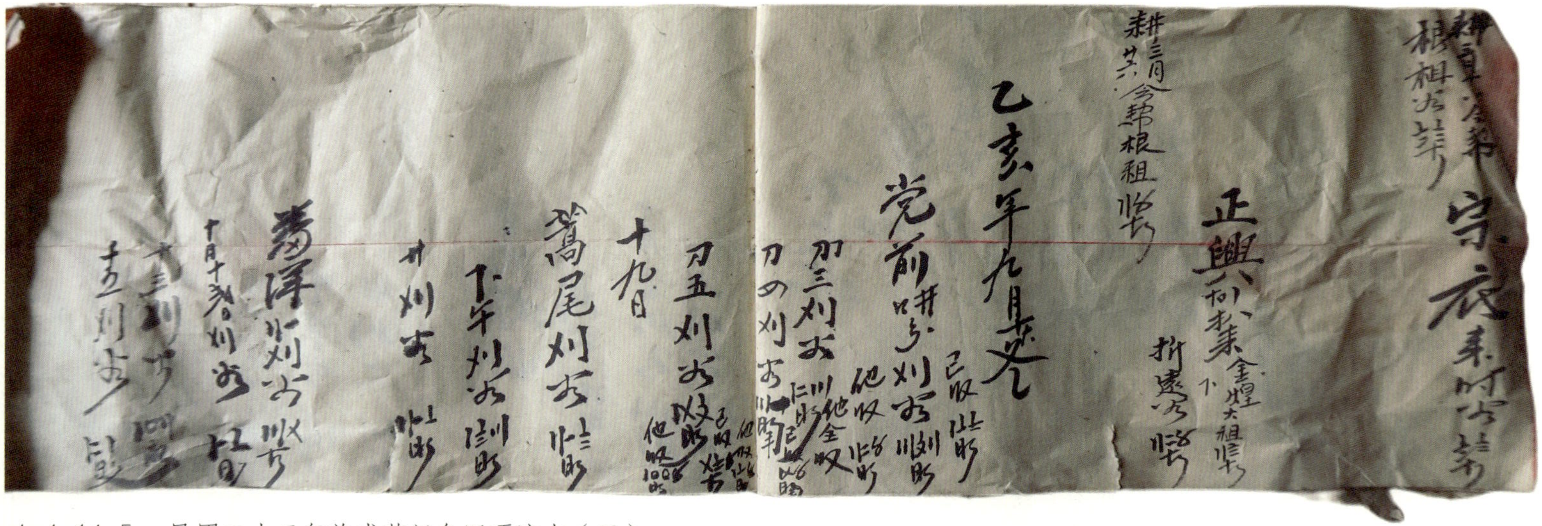

4-4-14-5　民國二十三年許成芳記各田項流水（五）

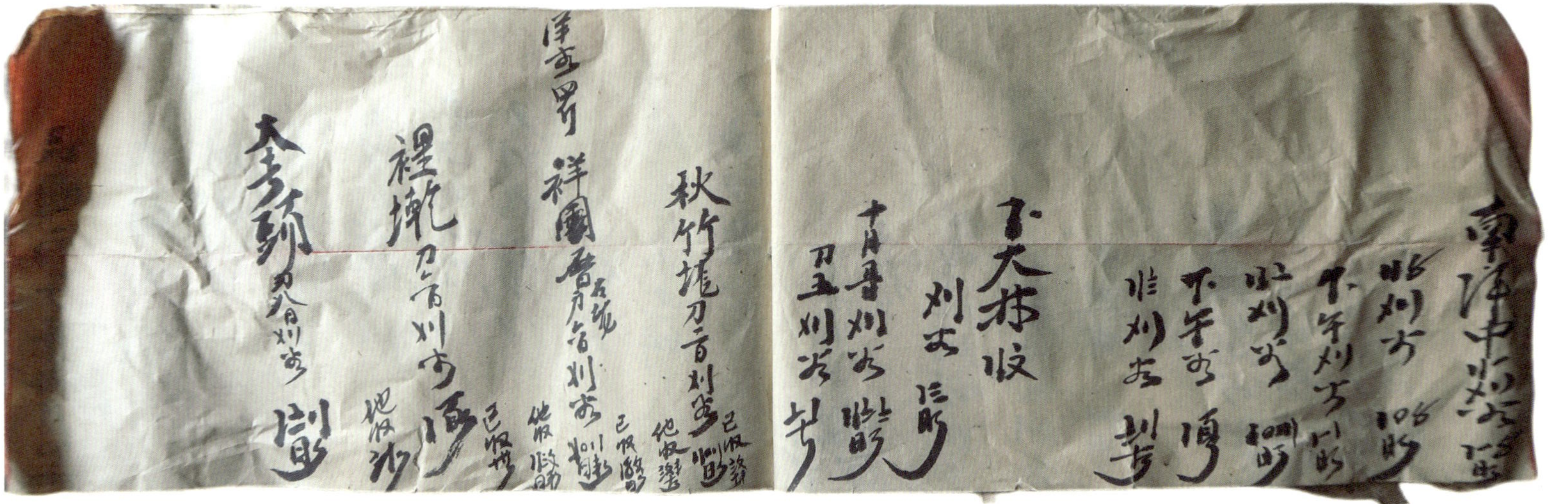

4-4-14-6　民國二十三年許成芳記各田項流水（六）

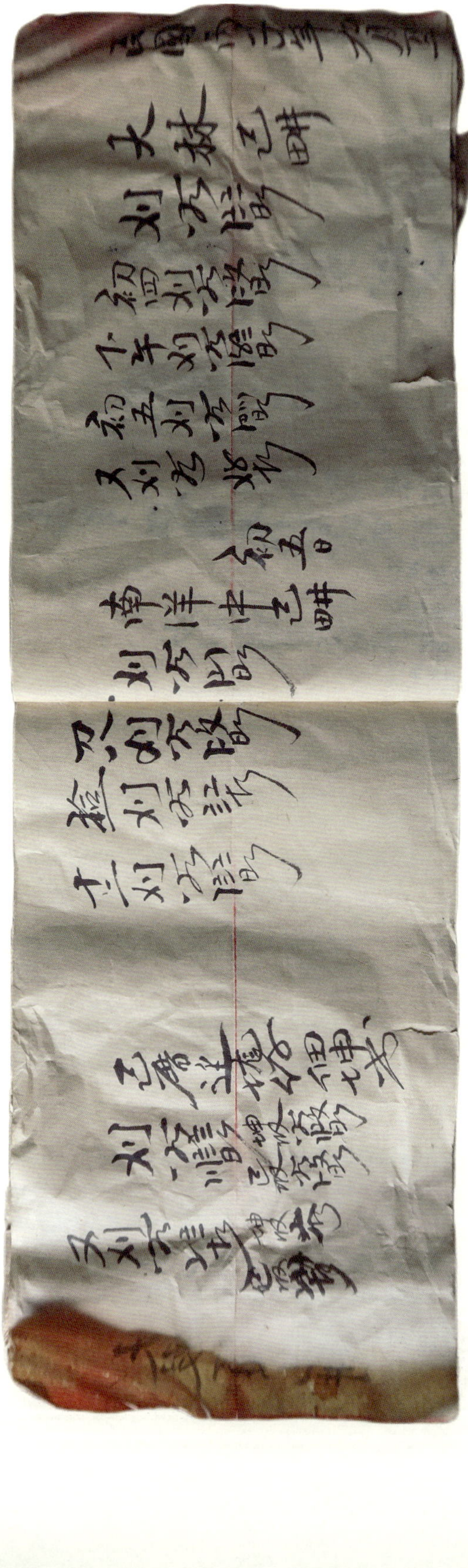

4-4-14-7 民國二十三年許成芳記各田項流水（七）

4-4-14-8　民國二十三年許成芳記各田項流水（八）

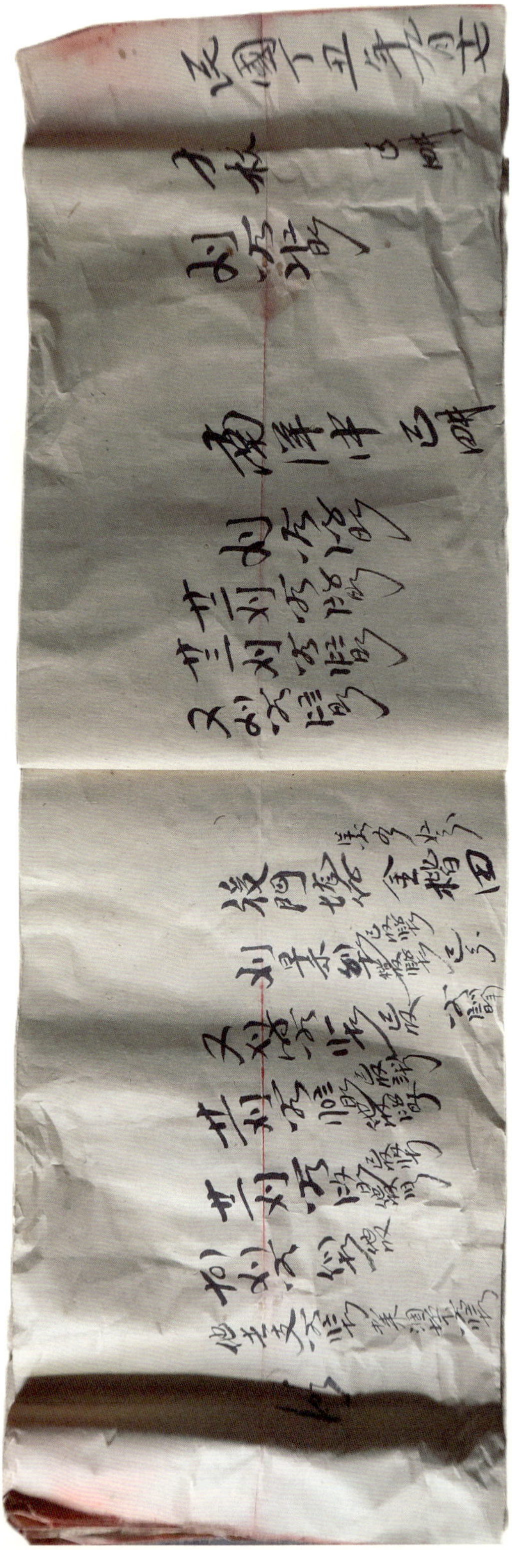

4-4-14-9　民國二十三年許成芳記各田項流水（九）

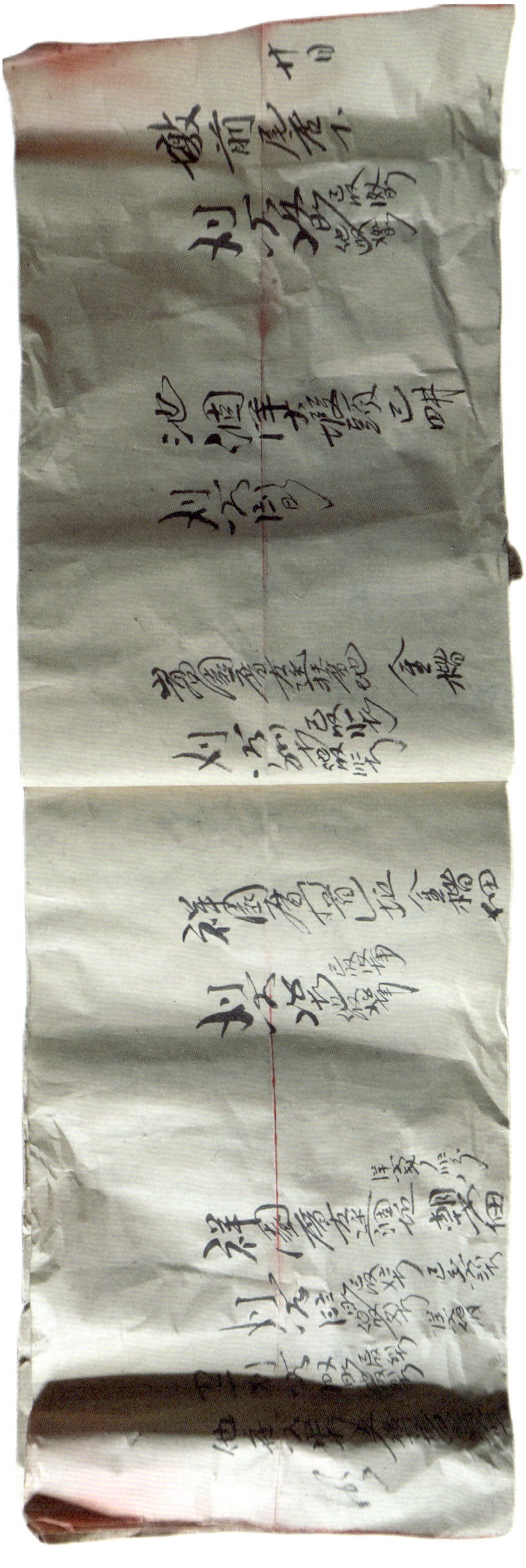

4-4-14-10　民國二十三年許成芳記各田項流水（一〇）

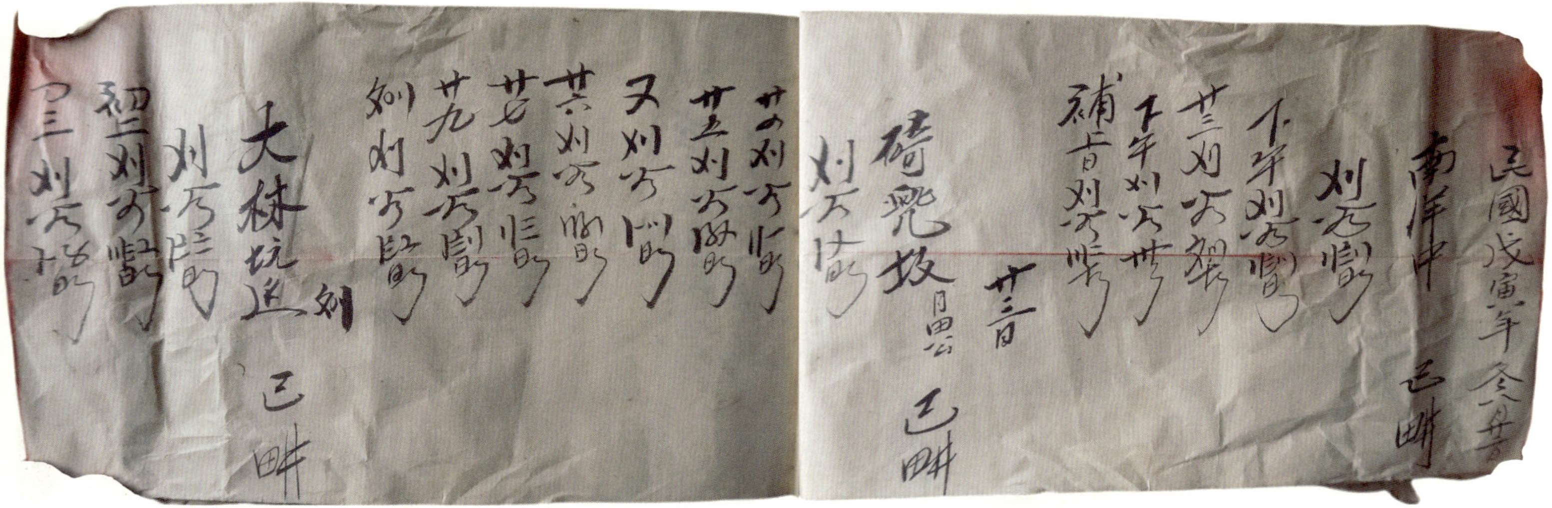

4-4-14-11　民國二十三年許成芳記各田項流水（一一）

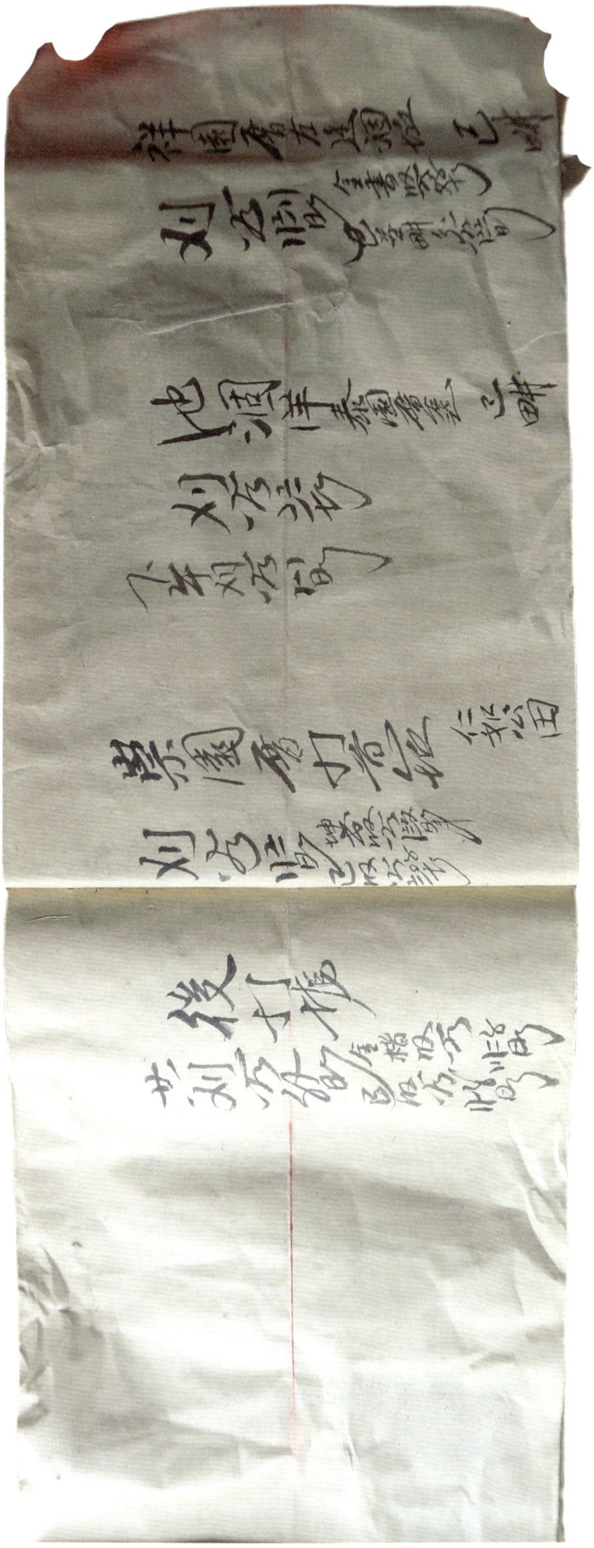

4-4-14-12　民國二十三年許成芳記各田項流水（一二）

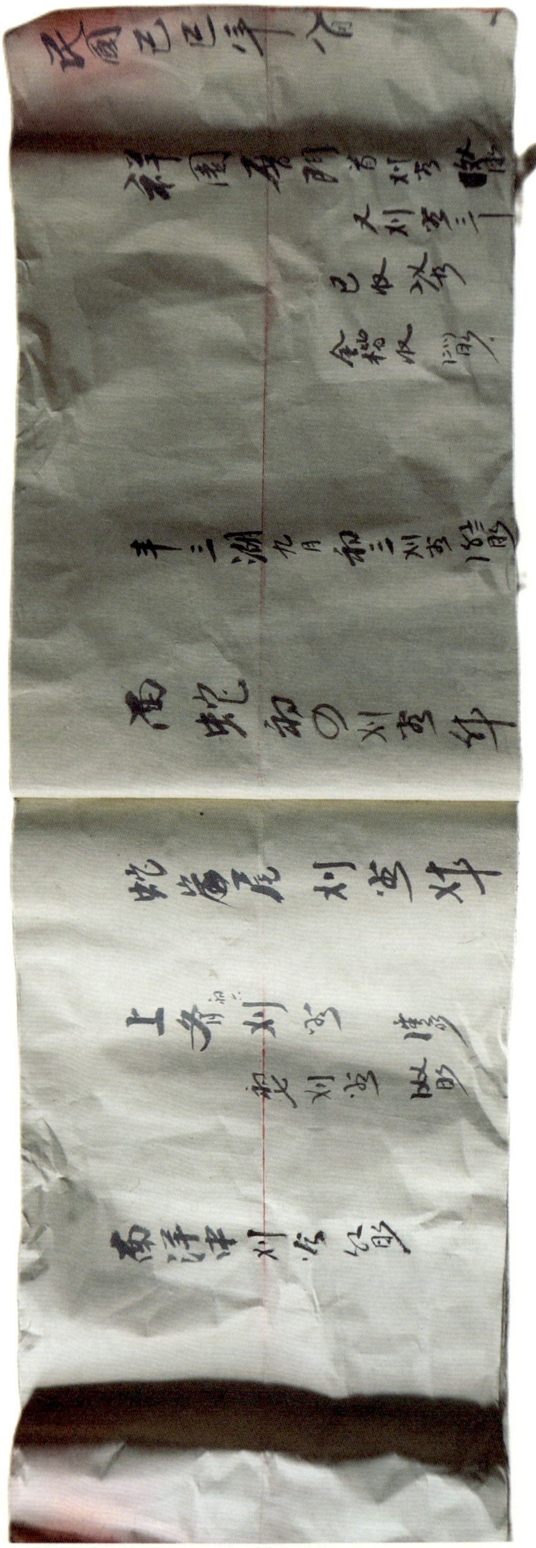

4-4-14-13　民國二十三年許成芳記各田項流水（一三）

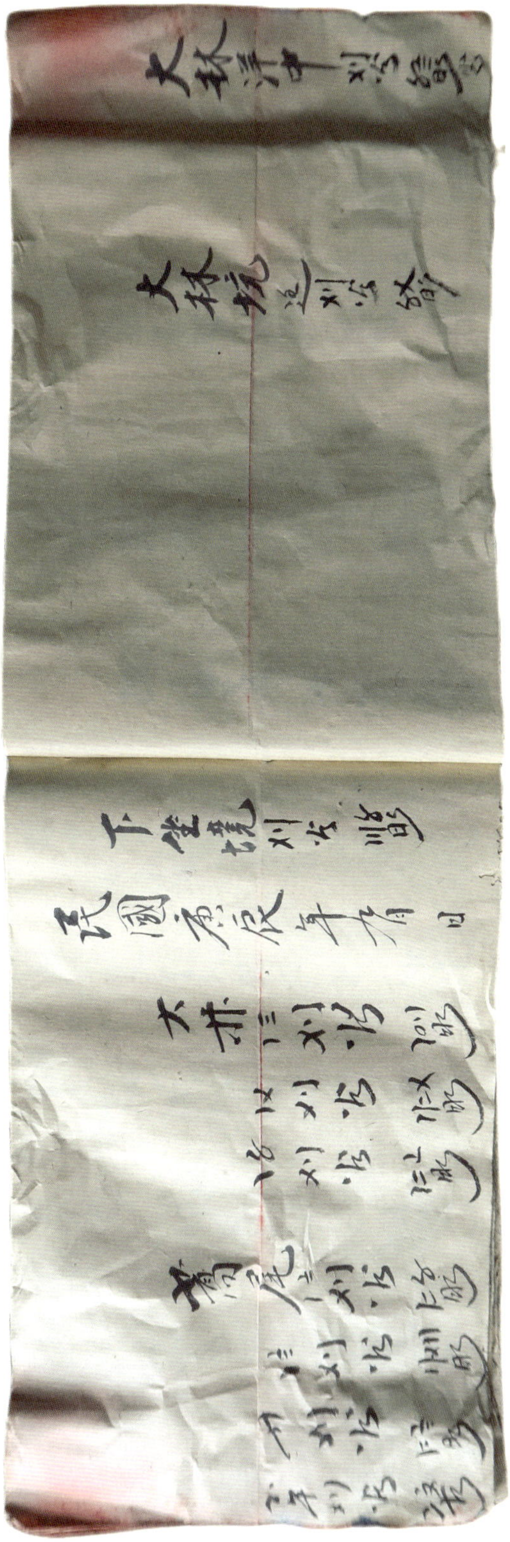

4-4-14-14　民國二十三年許成芳記各田項流水（一四）

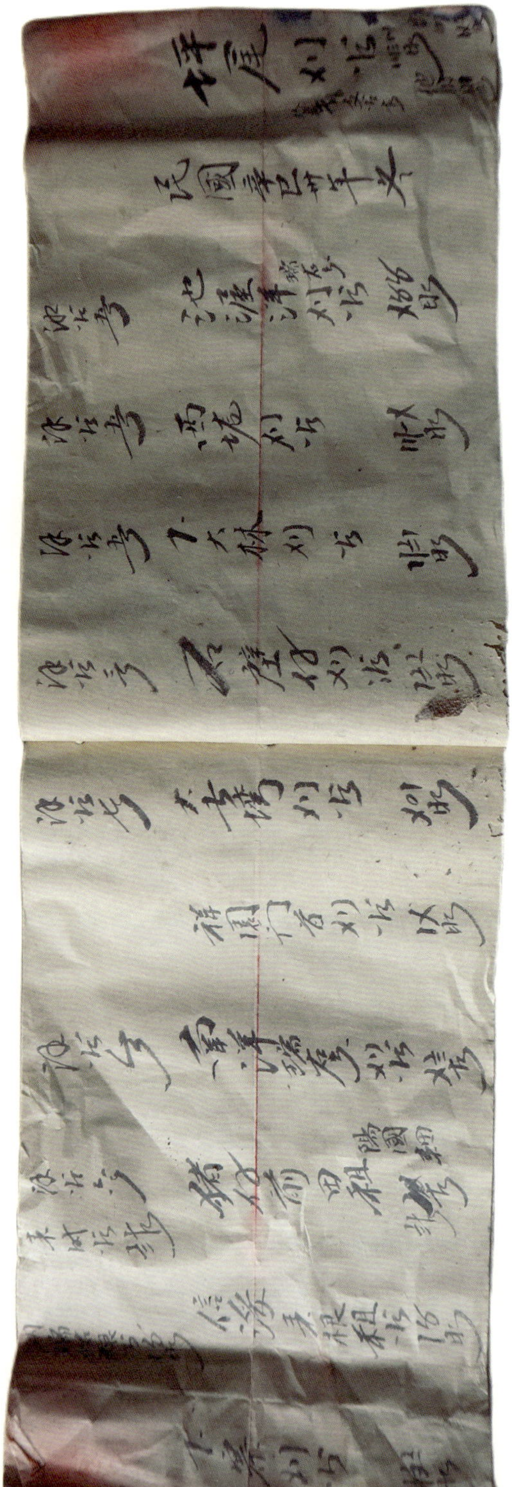

4-4-14-15　民國二十三年許成芳記各田項流水（一五）

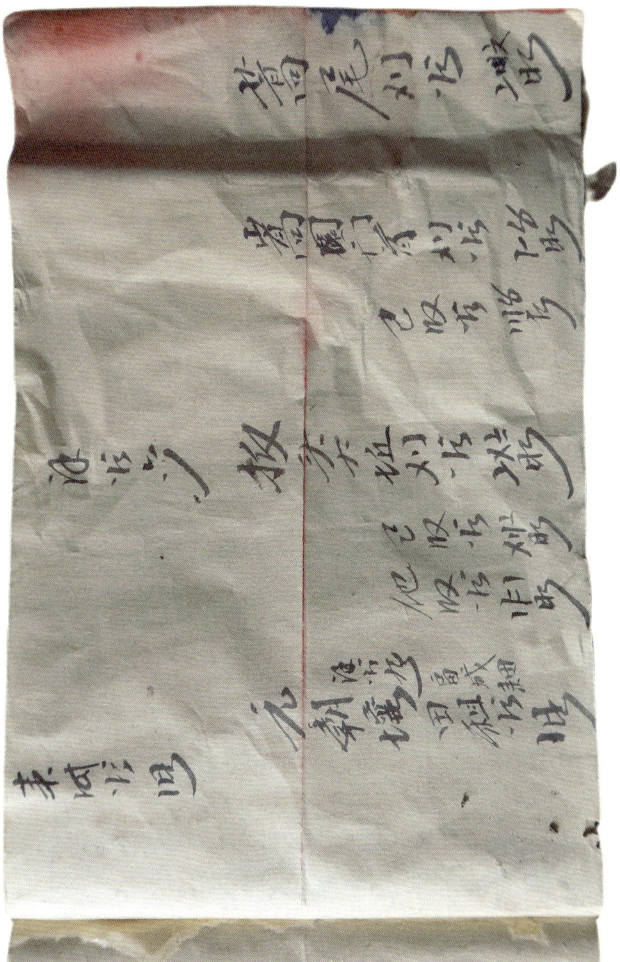

4-4-14-16　民國二十三年許成芳記各田項流水（一六）

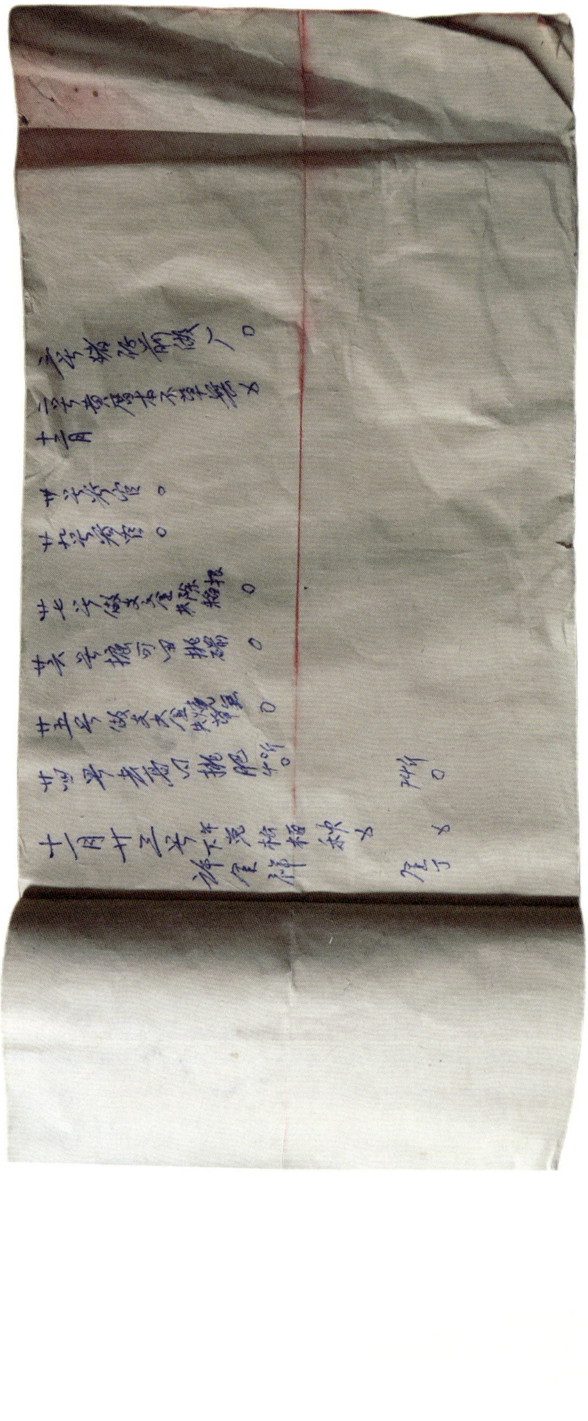

4-4-14-17　民國二十三年許成芳記各田項流水（一七）

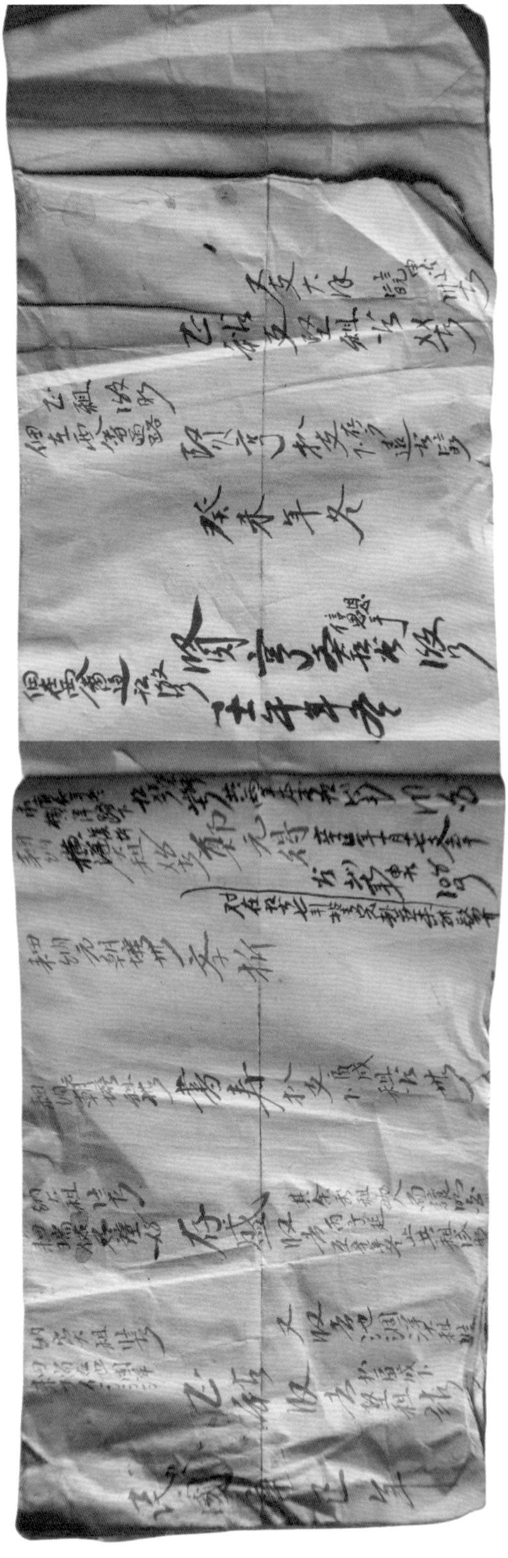

4-4-14-18　民國二十三年許成芳記各田項流水（一八）

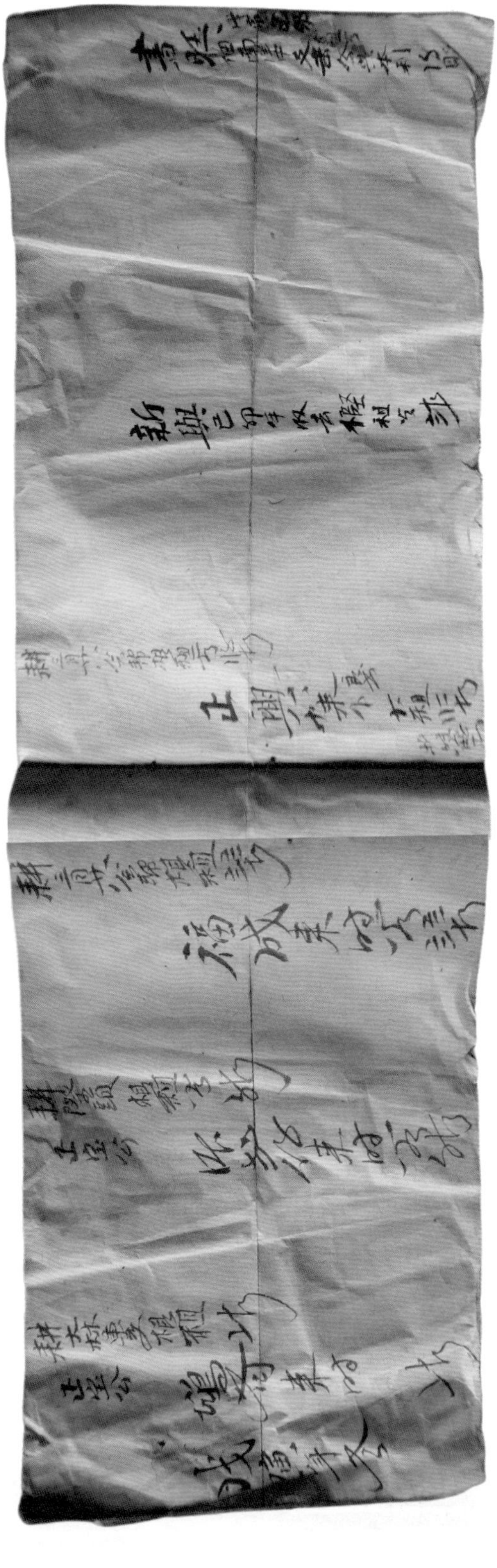

4-4-14-19　民國二十三年許成芳記各田項流水（一九）

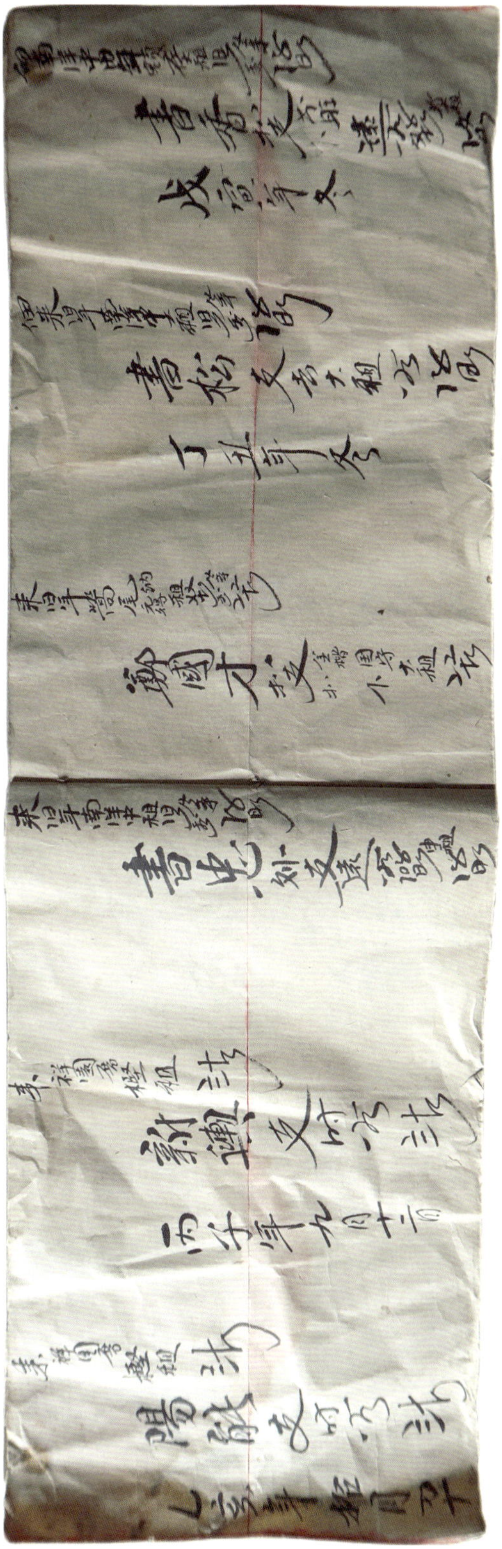

4-4-14-20　民國二十三年許成芳記各田項流水（二〇）

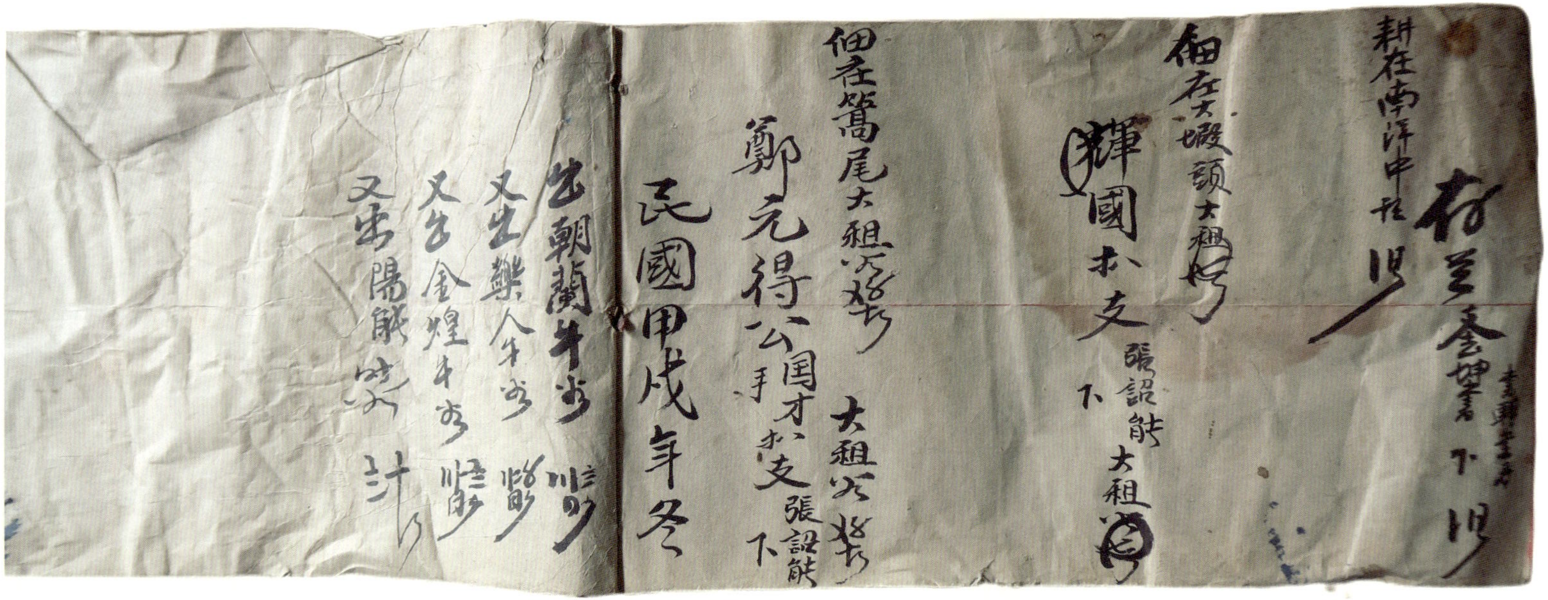

4-4-14-21　民國二十三年許成芳記各田項流水（二一）

第五帙　鄭勇藏件

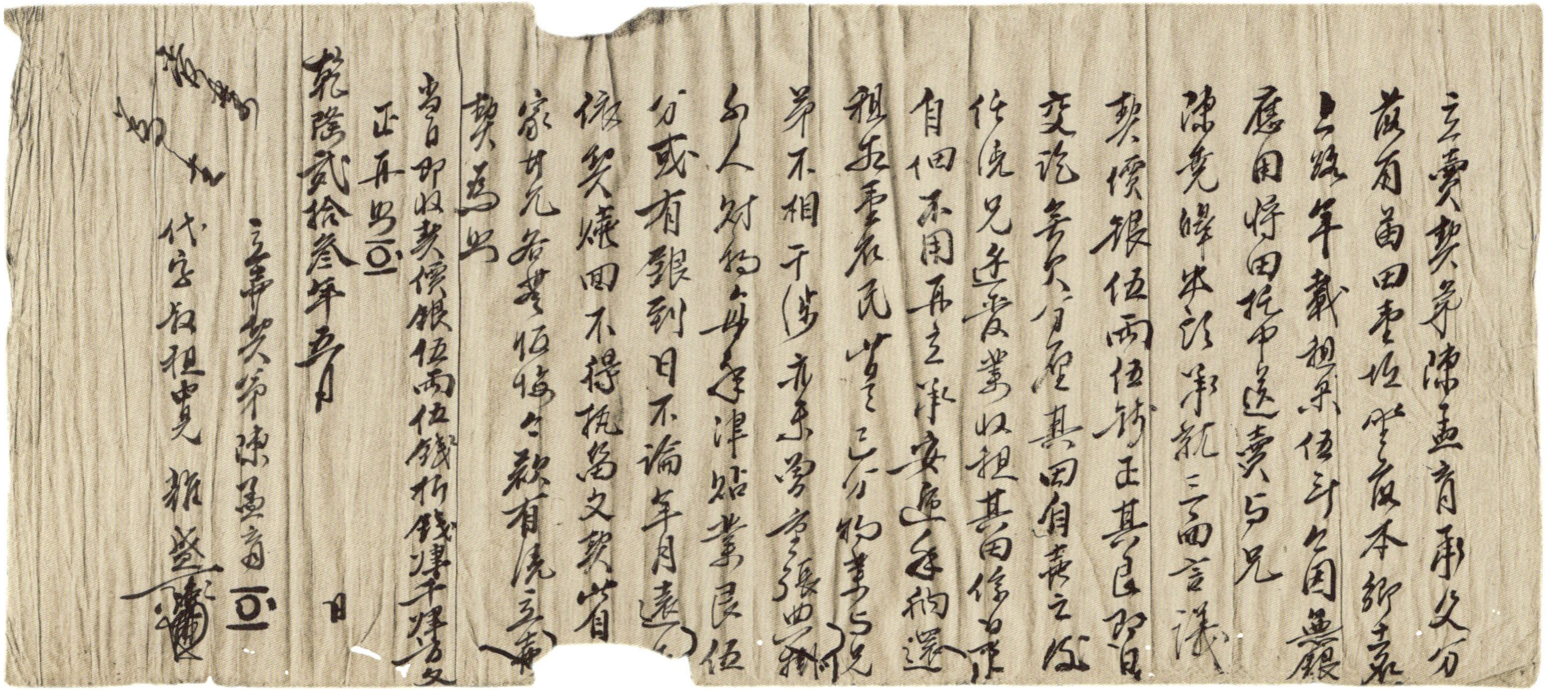

4-5-1-1　清乾隆二十三年五月陳孟育立賣苗田契

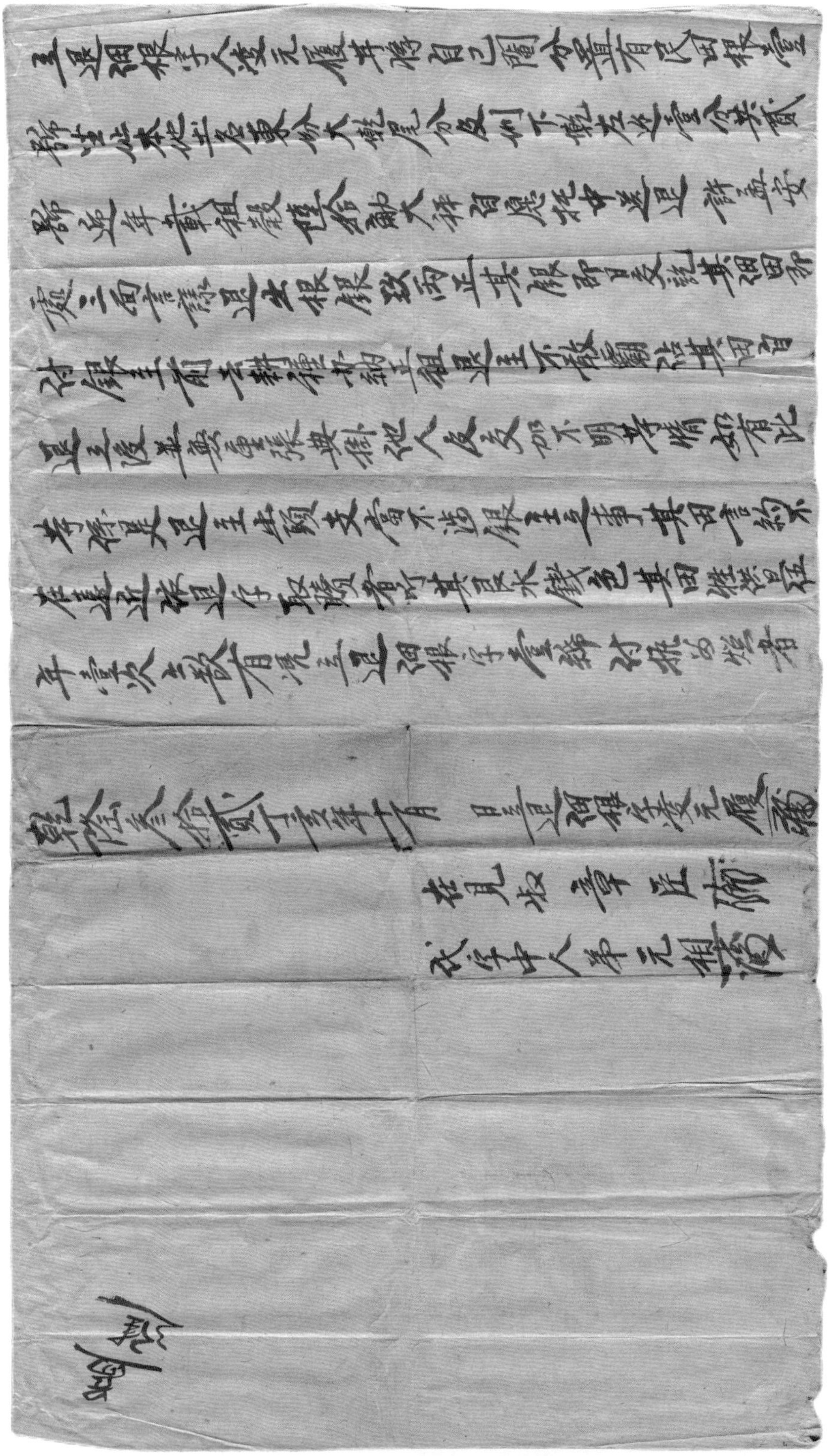

4-5-1-2　清乾隆三十二年十一月凌元履立退佃民田根字

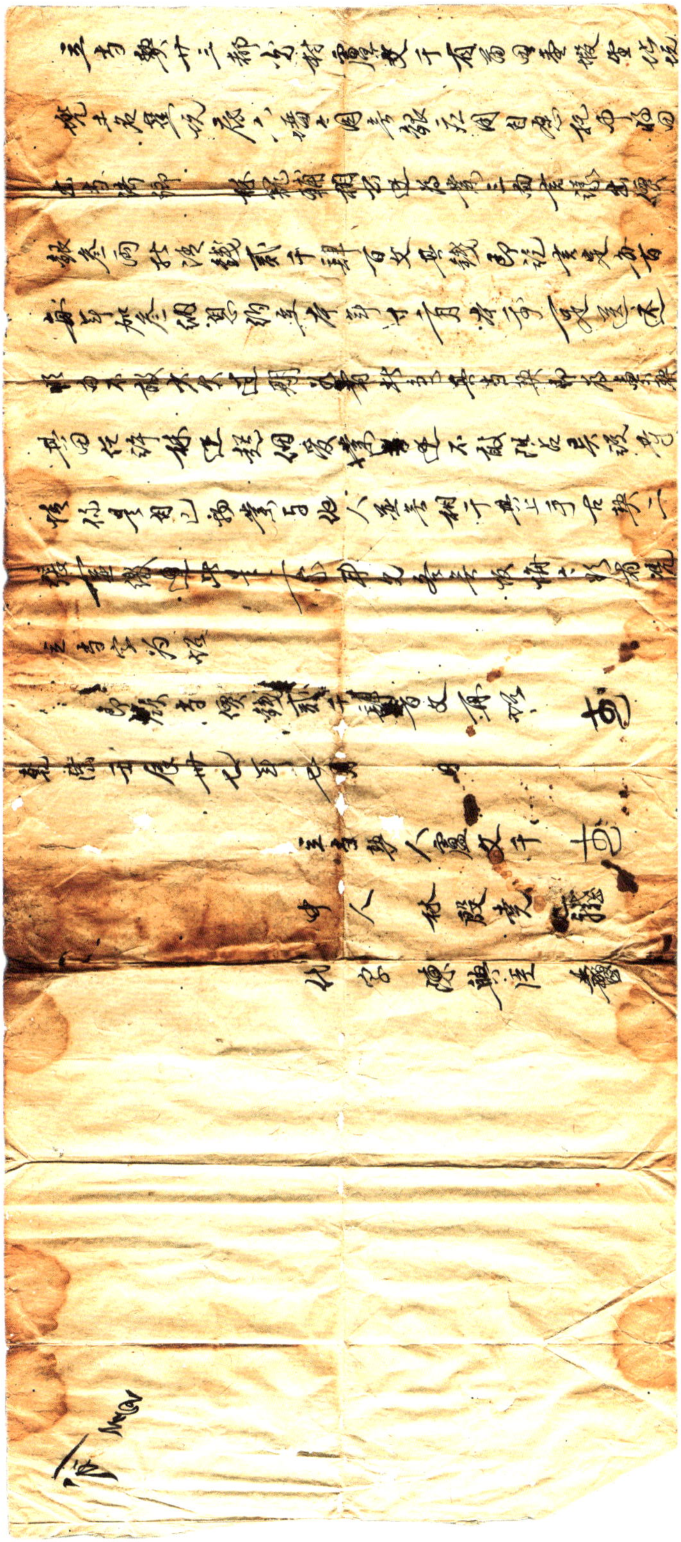

4-5-1-3 清乾隆三十七年七月盧文千立當苗田契

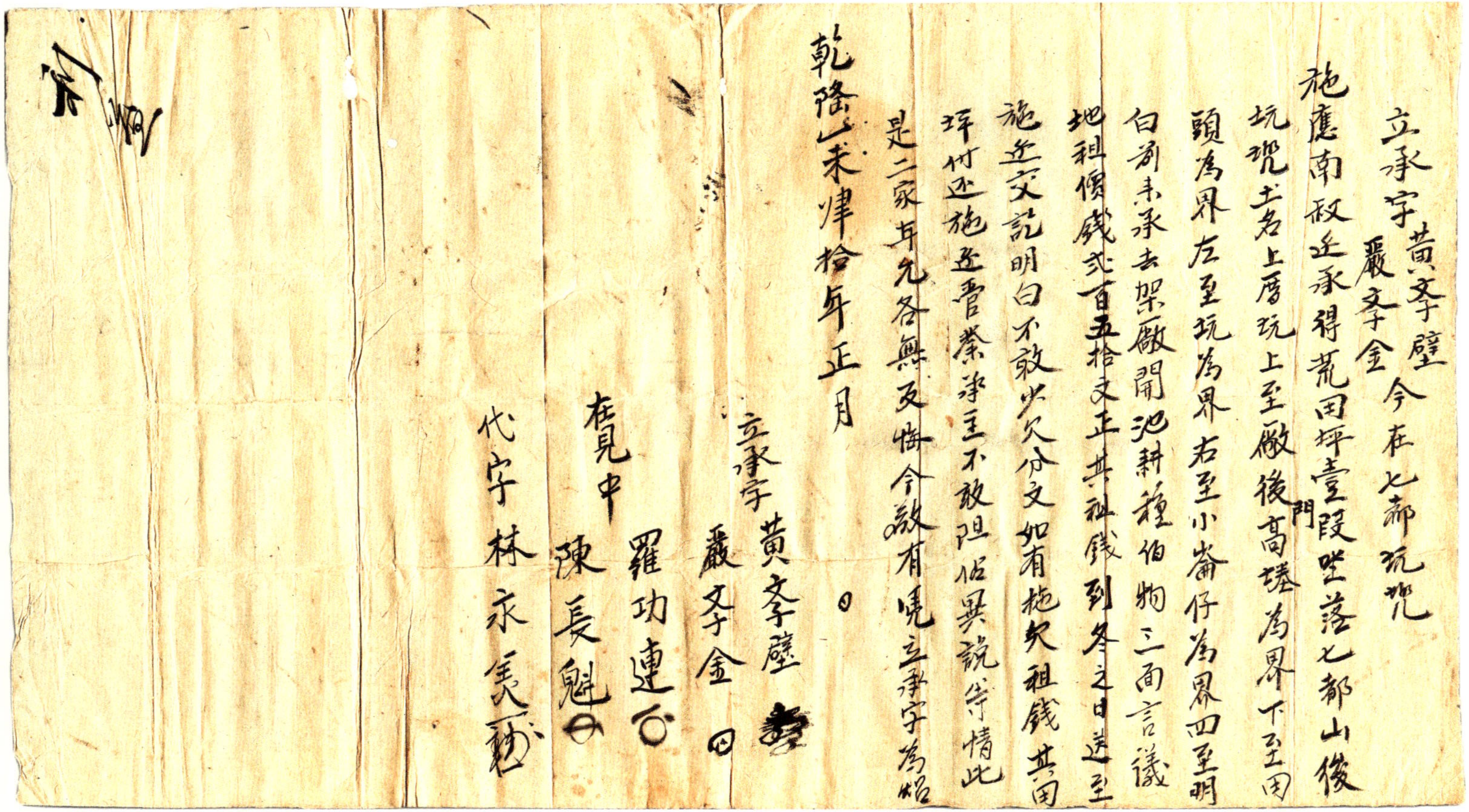

立承字黃文孝璧、嚴文孝金，今在七都坑兜
施應南叔邊承得荒田坪壹段，坐落七都山後
坑兜，土名上厝坑，上至厰後門高墈為界，下至田
頭為界，左至坑為界，右至小崙仔為界，四至明
白，前未承去架厰開池耕種伯物。三面言議
地租價錢弍百五拾文正，其租錢到冬之日送至
施邊交訖明白，不敢少欠分文。如有拖欠租錢，其田
坪付还施邊賣禁，承主不敢阻佔異說等情。此
是二家甘允，各無反悔。今欲有憑，立承字為炤。
乾隆乙未肆拾年正月　日
立承字　黃文孝璧（押）
　　　　嚴文孝金（押）
在見中　羅功連（押）
　　　　陳長魁（押）
代字　林永[illegible]（押）

4-5-1-4　清乾隆四十年正月黃孝璧等立承荒田坪字

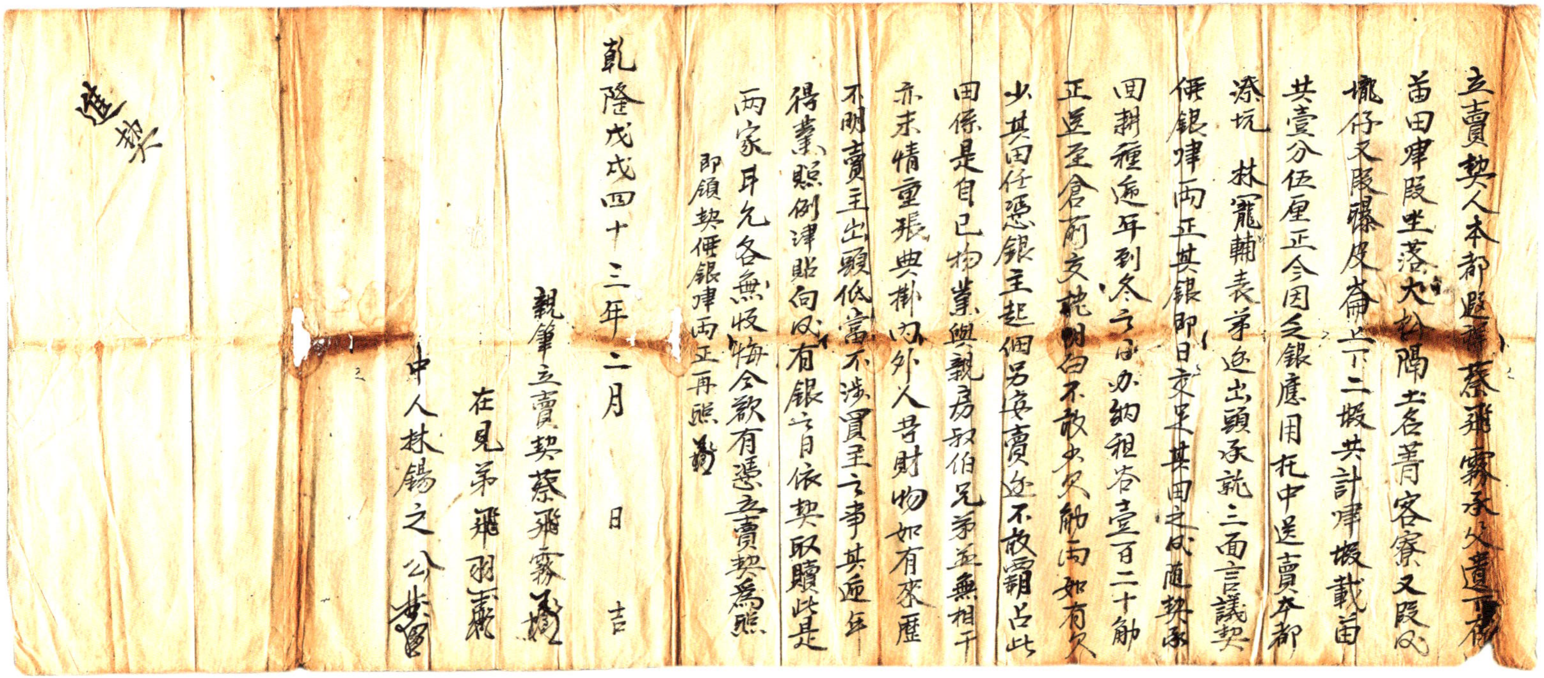
立賣契人本都蓋洋蔡飛霧承父遺下有
苗田肆段，坐落大松隔，土名菁客寮，又段
壠仔，又段碌皮，又段上下二墘，共計肆墘，載苗
共壹分伍厘正。今因乏銀應用，托中送賣本都
添坑林寵輔表弟邊出頭承就，三面言議，契
價銀肆兩正。其銀即日交足，其田之底業承
佃耕種，遞年到冬，亦納租谷壹百二十觔
正，送至倉前交糶明白，不敢少欠觔兩。如有欠
少，其田任憑銀主起佃另安，賣主不敢霸佔。此
田係是自己物業，與親房叔伯兄弟並無相干，
亦未情重張典掛他外人等財物。如有來歷
不明，賣主出頭低當，不涉買主之事。其田遞年
得業，照例津貼向米，有銀之日依契取贖。此是
兩家甘允，各無反悔。今欲有憑，立賣契為照。
即領契價銀肆兩正，再照。（押）

乾隆戊戌四十三年二月　日　吉

親筆立賣契蔡飛霧（押）

在見弟飛羽（押）

中人林錫之（押）

進契

4-5-1-5　清乾隆四十三年二月蔡飛霧立賣苗田契

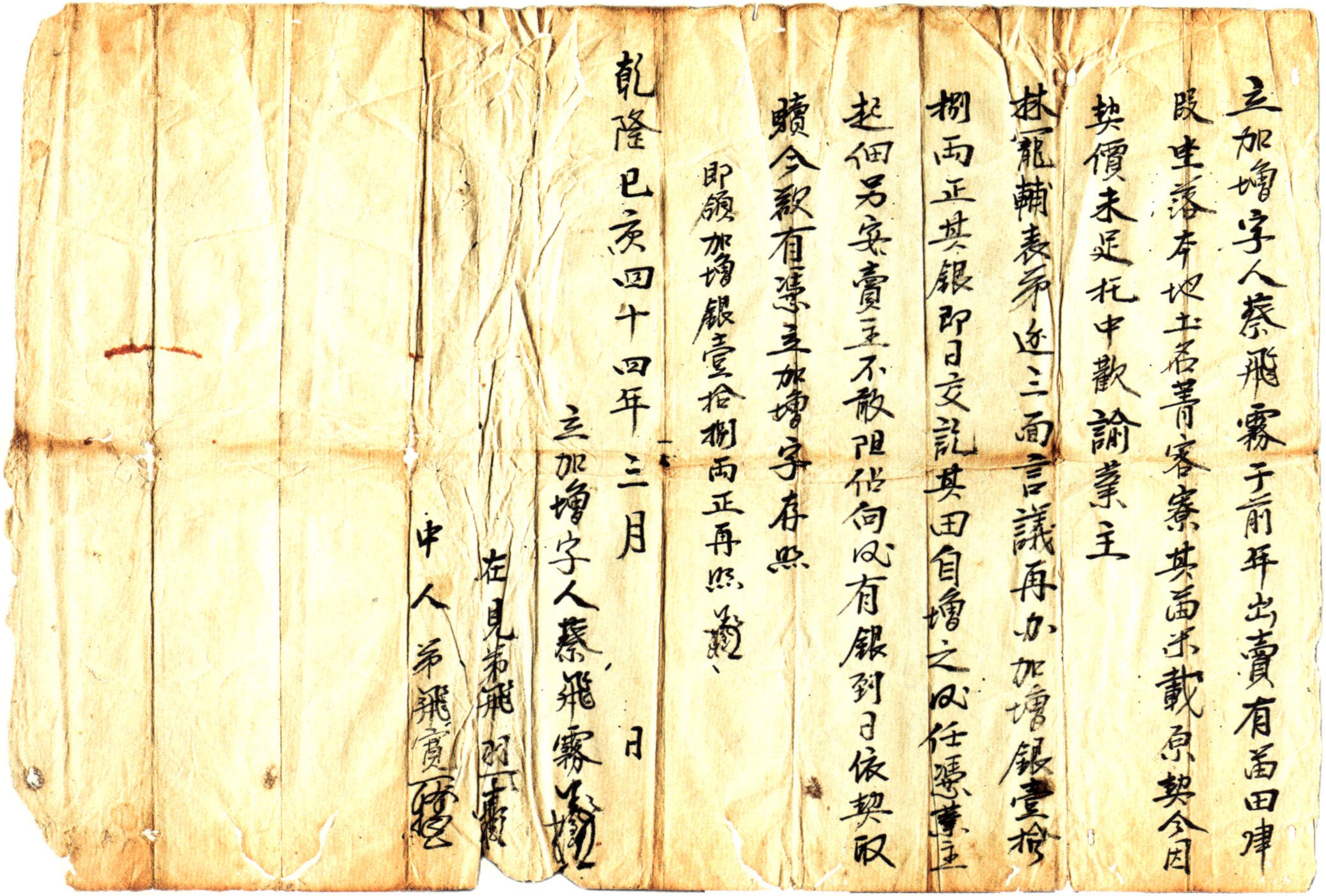

立加增字人蔡飛霧于前年出賣有苗田肆
段，坐落本地土名菁客寮，其苗米載原契，今因
契價未足，托中歡諭業主
林龍輔表弟，迭三面言議，再加加增銀壹拾
捌両正。其銀即日交訖，其田自增之後，任憑業主
起佃另安，賣主不敢阻佔，向後有銀，到日依契取
贖。今欲有憑，立加增字存照。
即領加增銀壹拾捌両正，再照。
乾隆己亥四十四年三月　日
立加增字人蔡飛霧
在見弟飛羽
中人弟飛賓

4-5-1-6　清乾隆四十四年三月蔡飛霧立加增苗田字

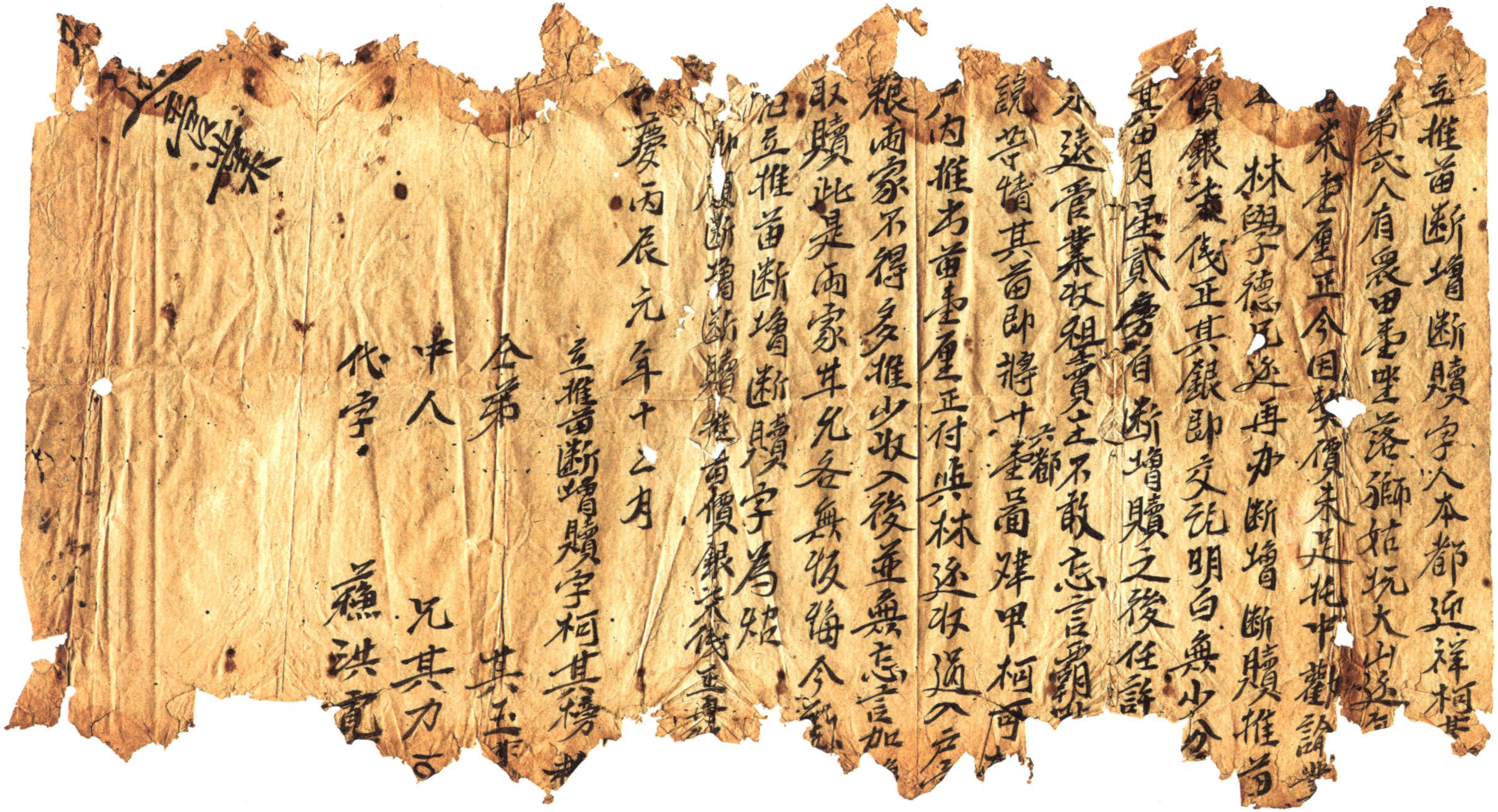
立推苗斷增斷贖字人本都迎祥柯其[illegible]
弟弍人有晨田壹坐落鄉姑坑大山邊[illegible]
田米壹厘正今因無價未足托中勸諭[illegible]
林學德兄邊再办斷增斷贖推苗
價銀壹錢正其銀即交訖明白無少分
其田月(?)星貳(?)[illegible]首斷增贖之後任許
永遠管業收租實主不敢忘言覇[illegible]
說兹情其苗即將廿六都壹啚肆甲柯[illegible]
戶内推出苗壹厘正付與林邊收過入戶[illegible]
粮兩家不得多推少收入後並無忘言加[illegible]
取贖此是兩家甘允各無狡悔今欲[illegible]
憑立推苗斷增斷贖字為炤
即日收過斷增斷贖推苗價銀壹錢正再照
嘉慶丙辰元年十二月
立推苗斷增斷贖字柯其榜
仝弟　其玉
中人　兄其力
代字　蘇洪寬

4-5-1-7　清嘉慶元年十二月柯其榜等立推苗斷增斷贖字

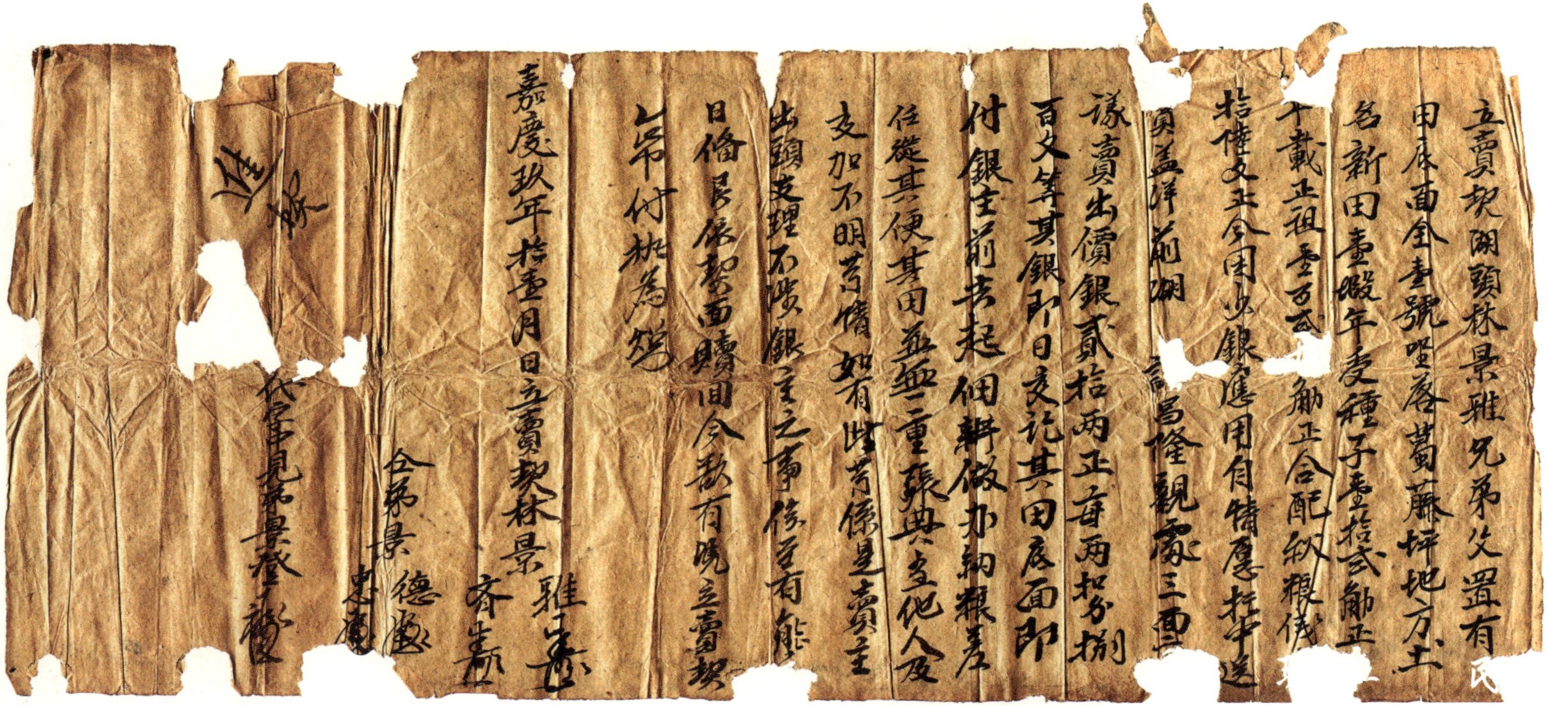
立賣契□□林景雅兄弟父置有
田底面全壹號坐落蔔蔴坪地方土
名新田壹墩年受種子壹拾貳觔正
年載正租壹石貳□觔正合配紋粮
拾陸文正今因乏銀應用自情愿托中送
賣益洋前溯□言昌隆親家三面
議賣出價銀貳拾兩正每兩扣分捌
百文算其銀即日交訖其田底面即
付銀主前去起佃耕作办納粮差
任從其便其田並無重張典當他人及
交加不明等情如有此等係是賣主
出頭支理不涉銀主之事倘有能
日備足原契面贖回今欲有憑立賣契
一帋付執為照
嘉慶玖年拾壹月　日立賣契林景雅（押）　斉（押）
仝弟景德（押）　忠（押）
代字中見弟景登（押）

4-5-1-8　清嘉慶九年十一月林景雅等立賣底面全民田契

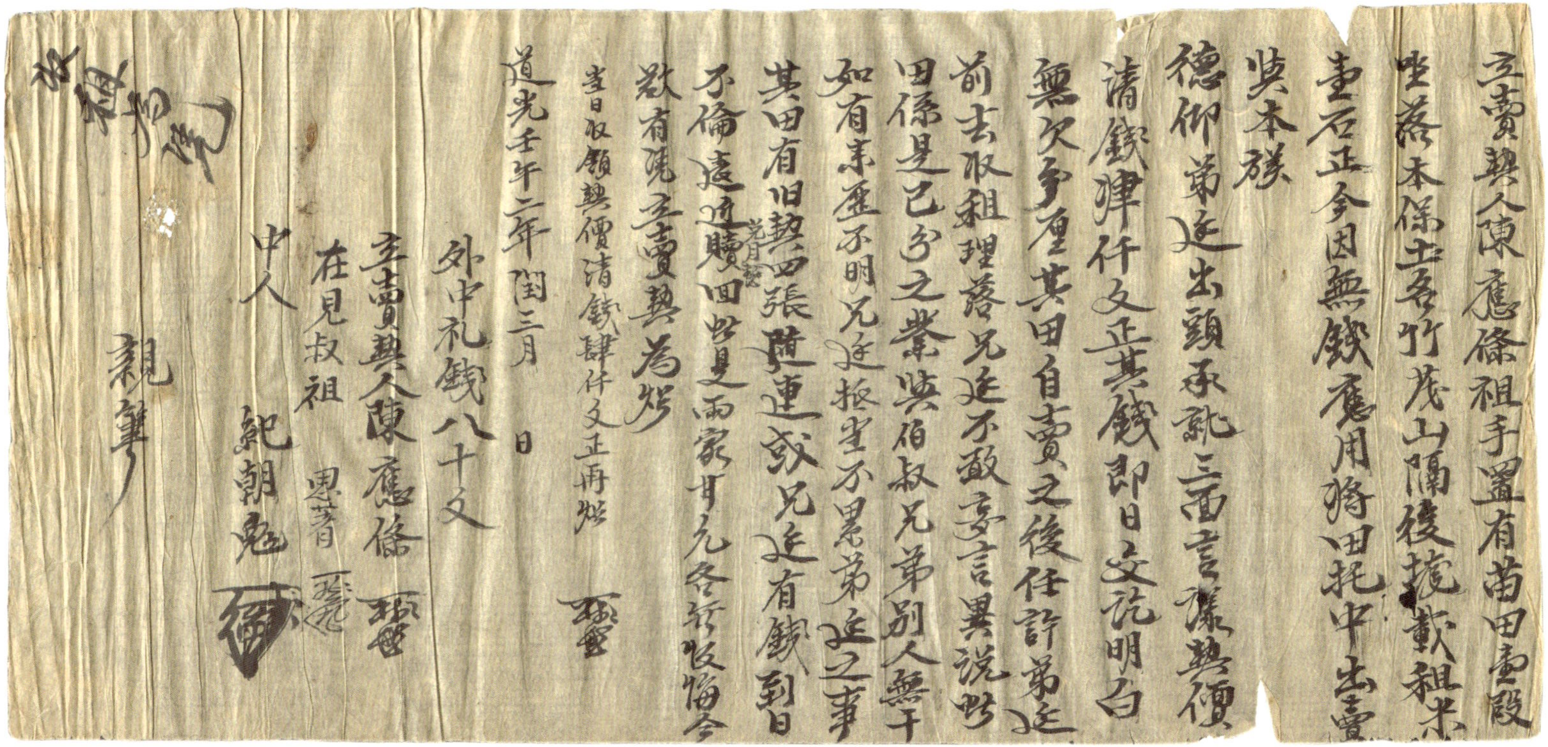

立賣契人陳應條祖手置有苗田壹段
坐落本保土名竹茂山隔後揽載租米
壹石正今因無錢應用將田托中出賣
與本族
德仰弟近出頭承就三面言議契價
清錢肆仟文正其錢即日交訖明白
無欠分厘其田自賣之後任許弟近
前去收租理落兄近不敢言異說此
田係是己分之業與伯叔兄弟别人無干
如有來歷不明兄近抵當不累弟近之事
其田有旧契四張（批明塗）隨連交兄近有錢到日
不論遠近贖回此是兩家甘允各無反悔今
欲有憑立賣契為炤
當日收領契價清錢肆仟文正再炤
道光壬午二年閏三月　日
外中礼錢八十文
立賣契人陳應條
在見叔祖　恩著
中人　紀朝魁
親筆

4-5-1-9　清道光二年閏三月陳應條立賣苗田契

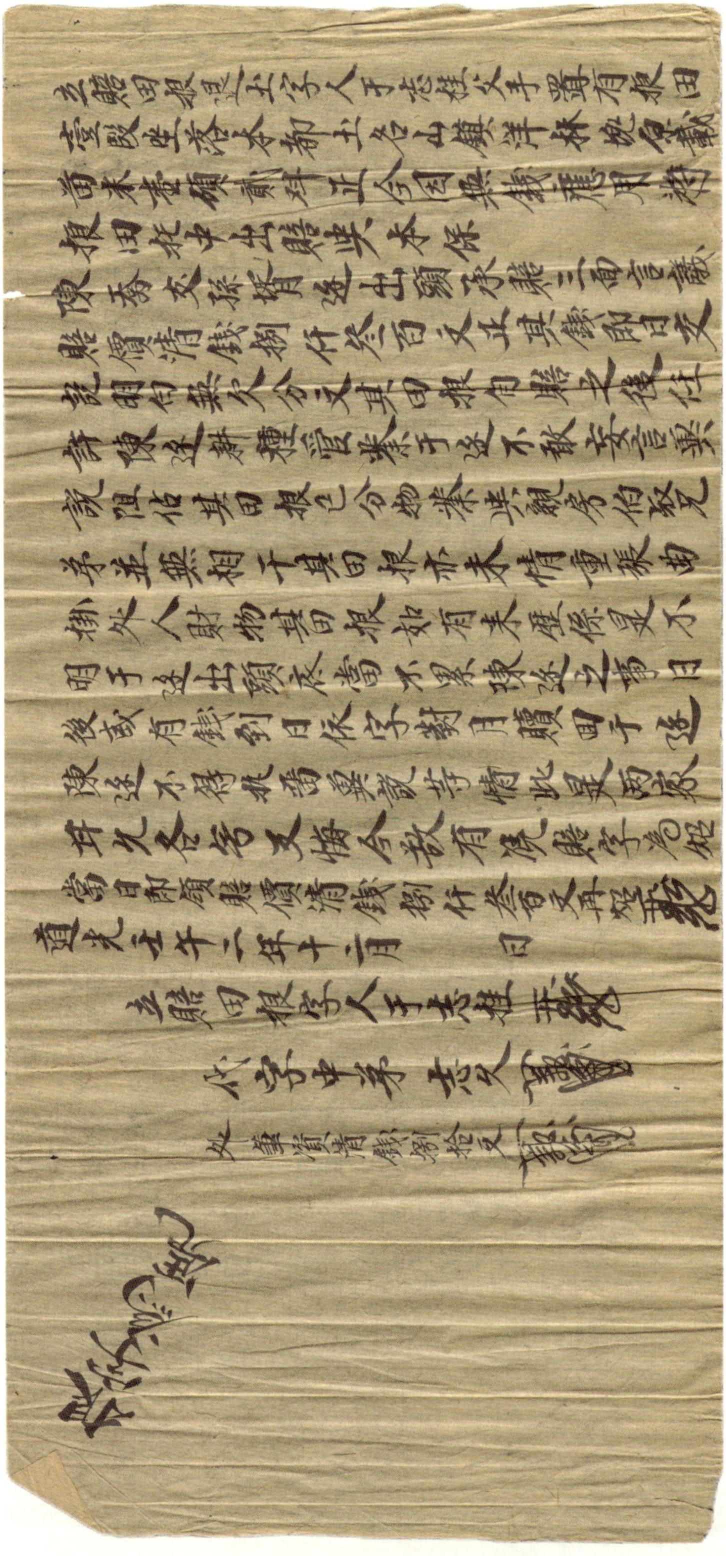
立賠田根退□字人于志桂父手置有根田
壹段坐落本都土名山鎖洋林地名□載
苗米壹碩貳斗正今因無錢應用將
根田於中出賠與本保
陳秀來孫等邊出頭承賠三面言議
賠價清錢捌仟叁百文正其錢即日交
足明白無欠分文其田根自賠之後任
許陳邊耕種管業于邊不敢言異
就但佑其田根之分物業並親房伯叔兄
弟並無相干其田根亦未情重張曲
掛外人財物其田根如有來歷係是不
明于邊出頭承當不累陳邊之事日
後或有錢到日依字對月贖回于邊
陳邊不得執留異說此情此是兩家
甘允各無反悔今欲有憑立賠字為照
當日即領賠價清錢捌仟叁百文再照
道光壬午二年十二月　日
立賠田根字人于志桂
代字中弟　志光
外筆價清錢捌拾文

4-5-1-10　清道光二年十二月于志桂立賠田根字

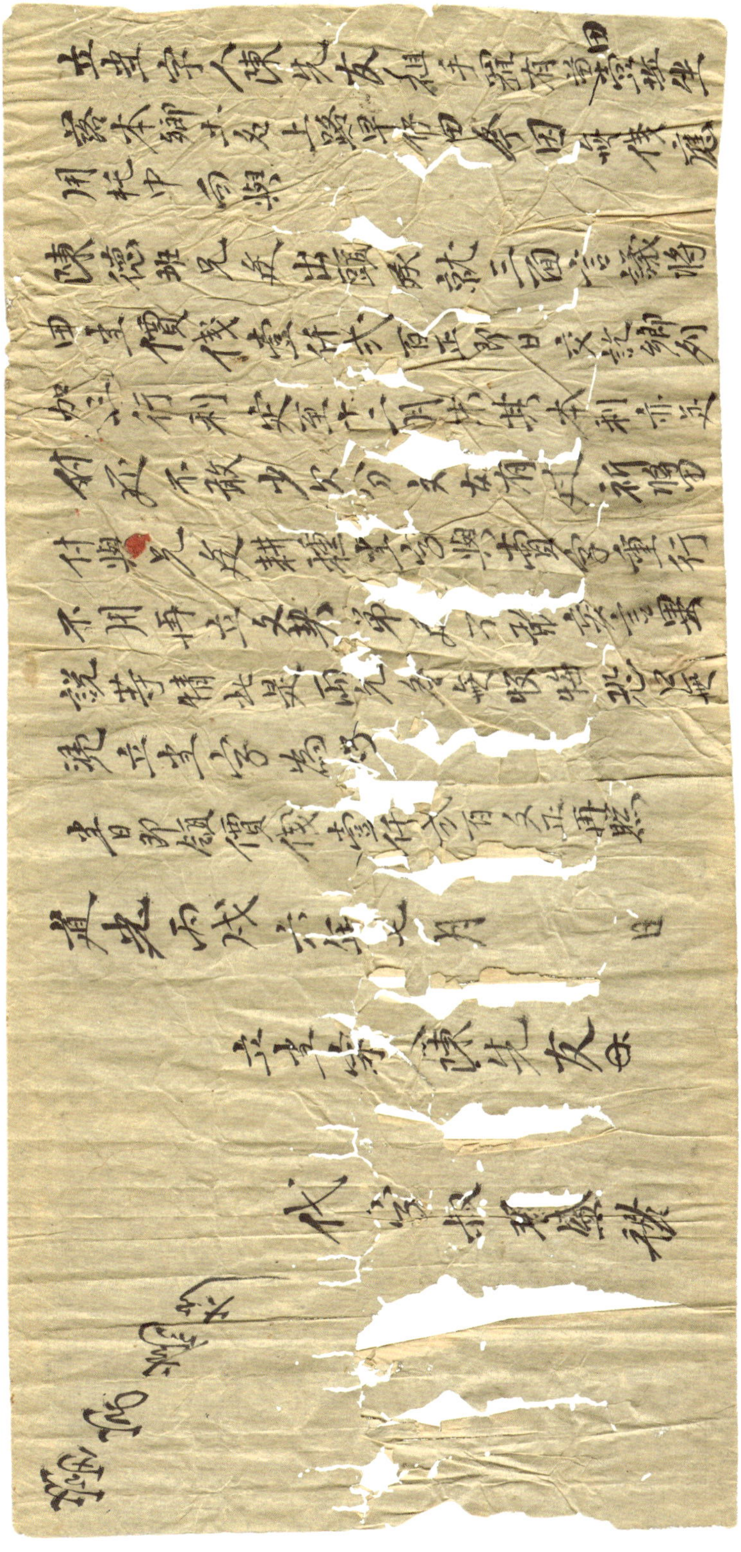

4-5-1-11　清道光六年七月陳先友立當苗田字

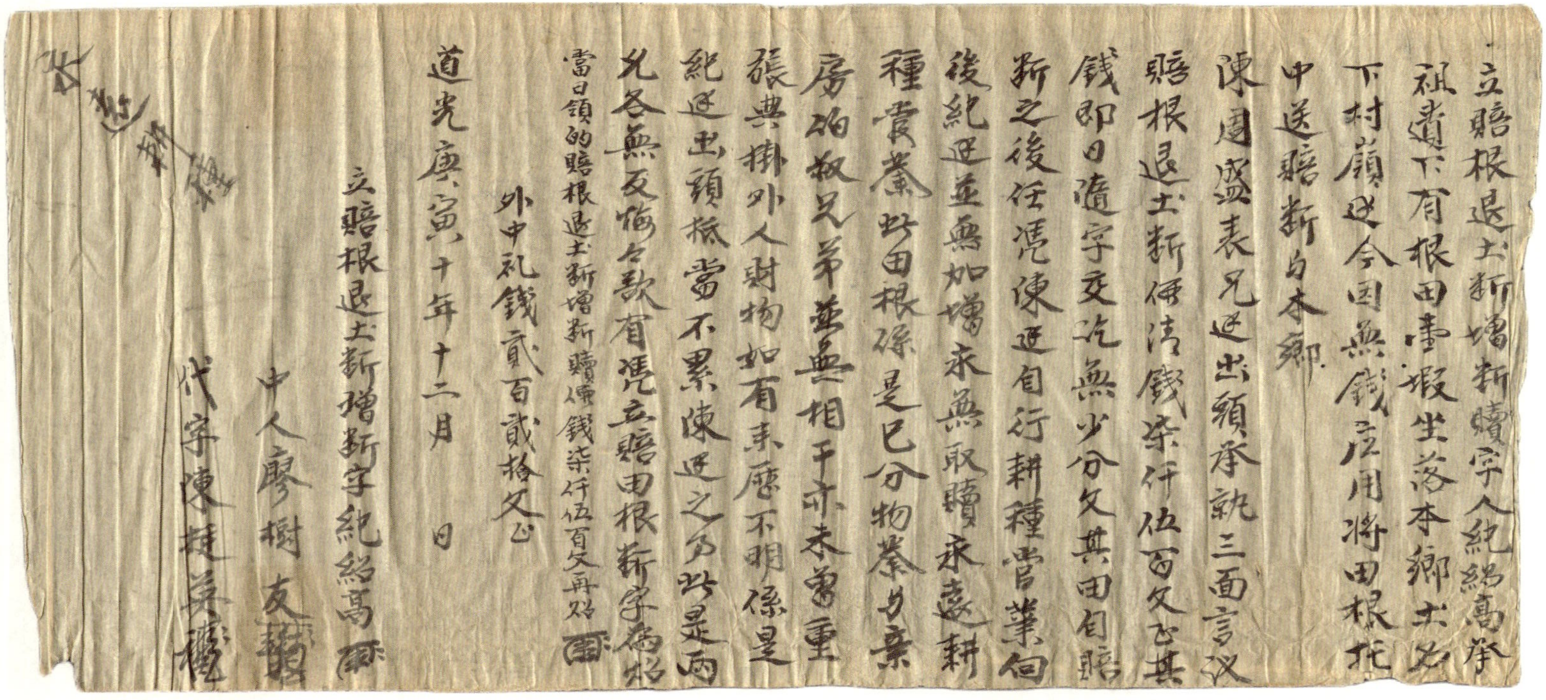
立賠根退土斷增斷贖字人紀紹高，承
祖遺下有根田壹段，坐落本鄉土名
下村嶺，迭今因無錢應用，將田根托
中送賠斷與本鄉
陳國盛表兄邊出頭承執，三面言议
賠根退土斷價清錢柒仟伍百文正，其
錢即日隨字交訖，無少分文，其田自賠
斷之後，任憑陳邊自行耕種管業，向
後紀邊並無加增，永無取贖，永遠耕
種管業。此田根係是已分物業，與棄
房伯叔兄弟並無相干，亦未曾重
張典掛外人財物，如有來歷不明，係是
紀邊出頭抵當，不累陳邊之事。此是兩
允各無反悔，今欲有憑，立賠田根斷字為炤。
當日領的賠根退土斷增斷贖價錢柒仟伍百文再炤
外中礼錢貳百貳拾文正
道光庚寅十年十二月　日
立賠根退土斷增斷字紀紹高
中人廖樹友
代字陳挺英
永遠耕種

4-5-1-12　清道光十年十二月紀紹高立賠根退土斷增斷贖字

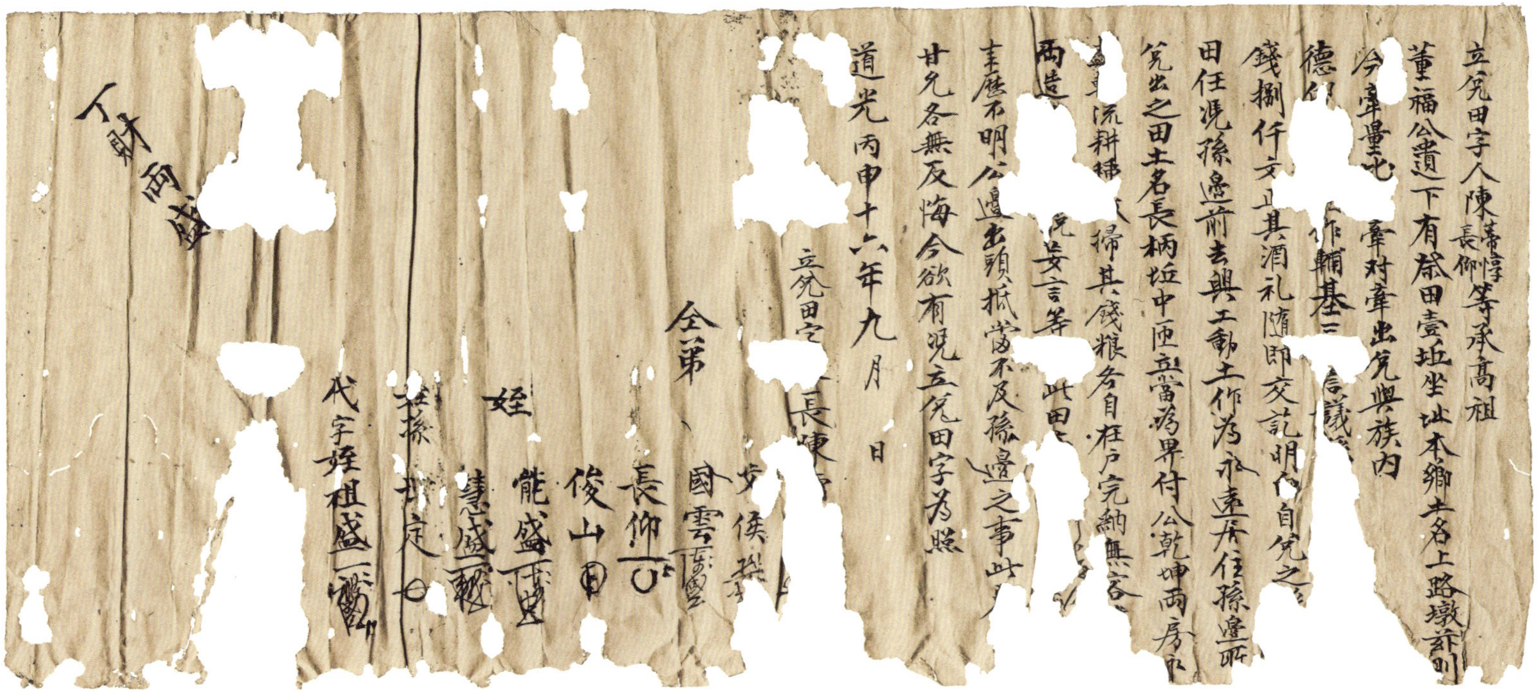

4-5-1-13　清道光十六年九月陳蒂惇等立兑祭田字

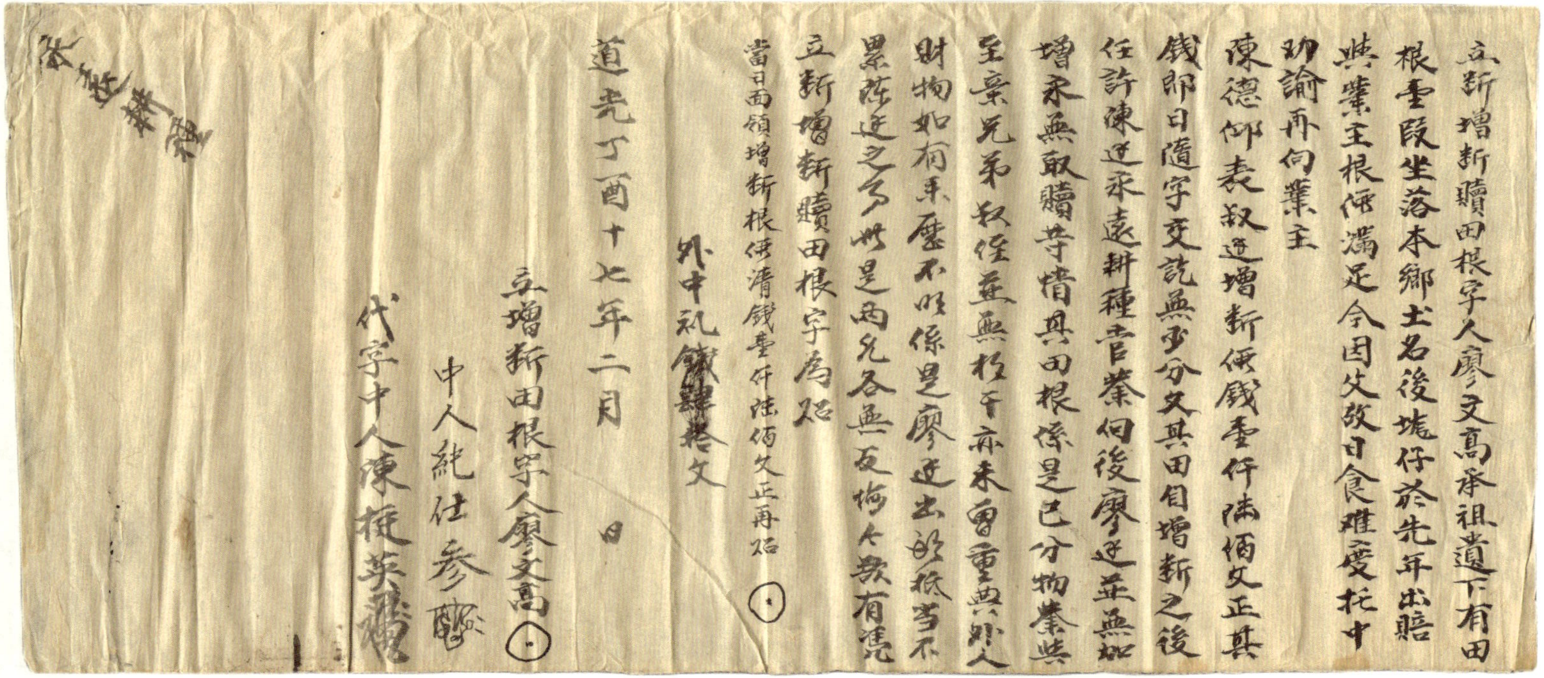

4-5-1-14　清道光十七年二月廖文高立斷增斷贖田根字

立兑田契人陳恢宜盛承祖遺下有苗根田
壹坵坐址本鄉土名坑逐嶺今當中寧對
寧出兑一小角兑與族内
德御姪逐整徵後門花台三面言議
逐辦酒席一筵付與叔逐自兑之後其
田任憑姪逐與工動土整徵園牆住
居叔逐人等不得妄言異說等情此田原
係已業與至親人無涉如有來歷不明叔逐出
頭抵当不及姪逐之事但姪逐兑祈出
土名前樓壹小坵付與叔逐永遠耕種
嘗業　兩造之田有兑之後其苗粮各自在
户完納　無庸推収此是兩允無悔今□□
憑立兑田字永遠為炤

道光庚子二十年十二月　日
立兑田契人陳恢盛　押
仝弟　宜盛　押
經筆族長叔祖章士　押
在見叔　思慎　押
姪　世權　押
中人　蘭士翰　押
代字中林廷龍　押

4-5-1-15　清道光二十年十二月陳恢盛等立兑苗根田契

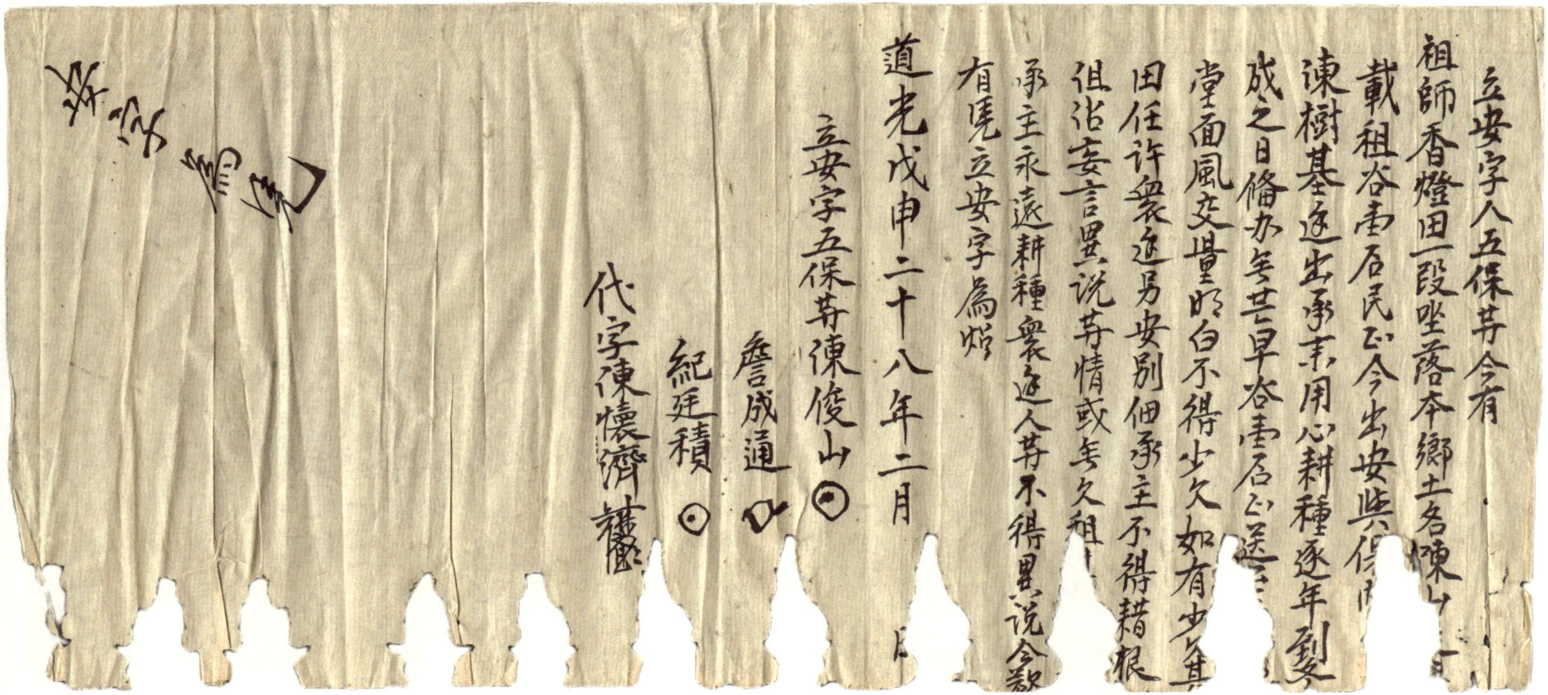
立安字人五保等今有
祖師香燈田一段坐落本鄉土名陳山[illegible]
載租谷壹石民〇今出安與佃[illegible]
陳樹基邊出承耕用心耕種逐年[illegible]
成之日備办筭芒早谷壹石〇送[illegible]
堂面風交量明白不得少欠如有少[illegible]
田任許衆邊另安別佃承主不得藉根
俎沿妄言異說等情或無欠租[illegible]
承主永遠耕種衆邊人等不得異說今欲
有憑立安字為炤
道光戊申二十八年二月　日
立安字五保等陳俊山（押）
詹成通（押）
紀廷積（押）
代字陳懷濟（押）

4-5-1-16　清道光二十八年二月陳俊山等立安香燈田字

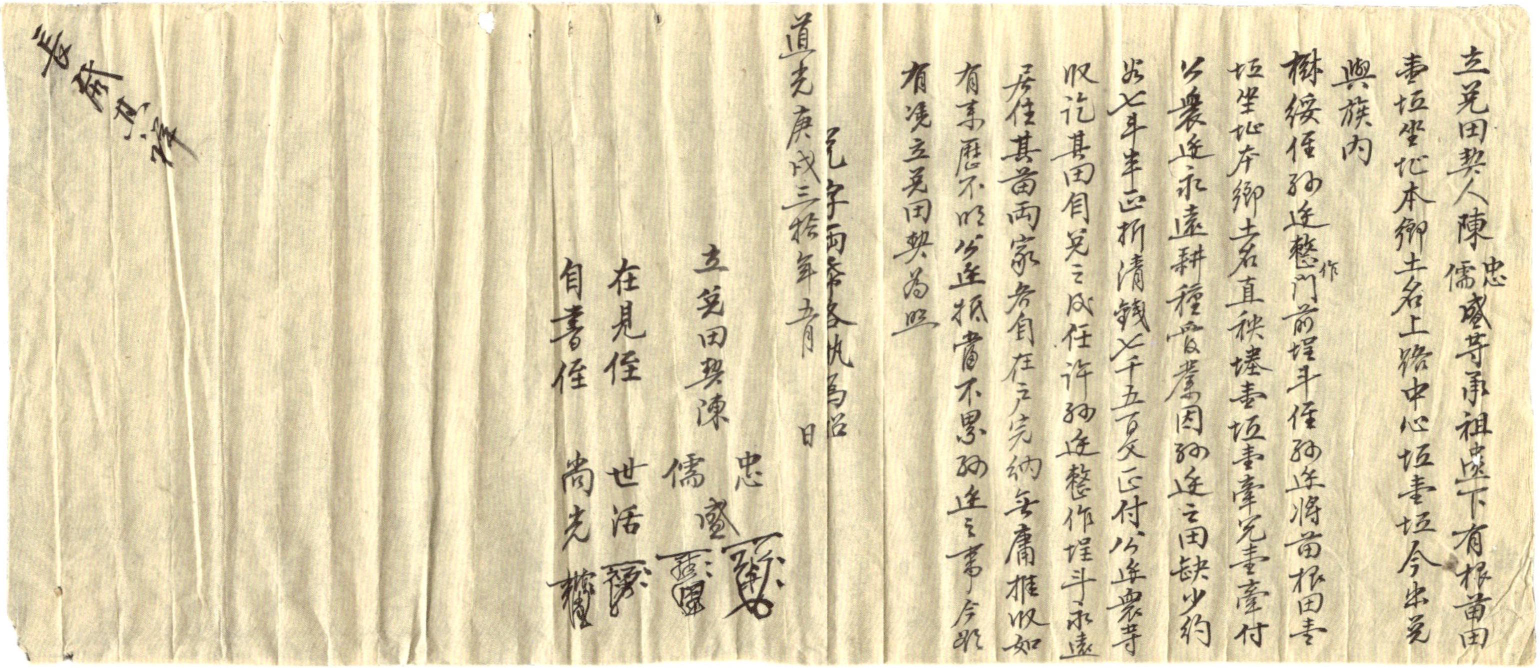

立兑田契人陳忠儒盛等承祖[illegible]下有根苗田
壹坵坐址本鄉土名上路中心坵壹坵今出兑
與族内
樹綏侄孫邊整作門前埕斗侄孫邊將苗根田壹
坵坐址本鄉土名直秧墘壹坵壹號兑壹臺付
以邊永遠耕種管業因孫邊之田缺少納
米七斗半正折清錢七千五百文正付以邊衆等
收訖其田自兑之後任許孫邊整作埕斗永遠
居住其苗兩家各自在之完納無庸推收如
有來歷不明以邊抵當不累孫邊之事今欲
有憑立兑田契為照
兑字兩帋各執為照
道光庚戌三拾年五月　日
立兑田契陳忠盛
　　　　　　儒盛
在見侄　世活
自書侄　尚光

[illegible]

4-5-1-17　清道光三十年五月陳忠盛等立兑根苗田契

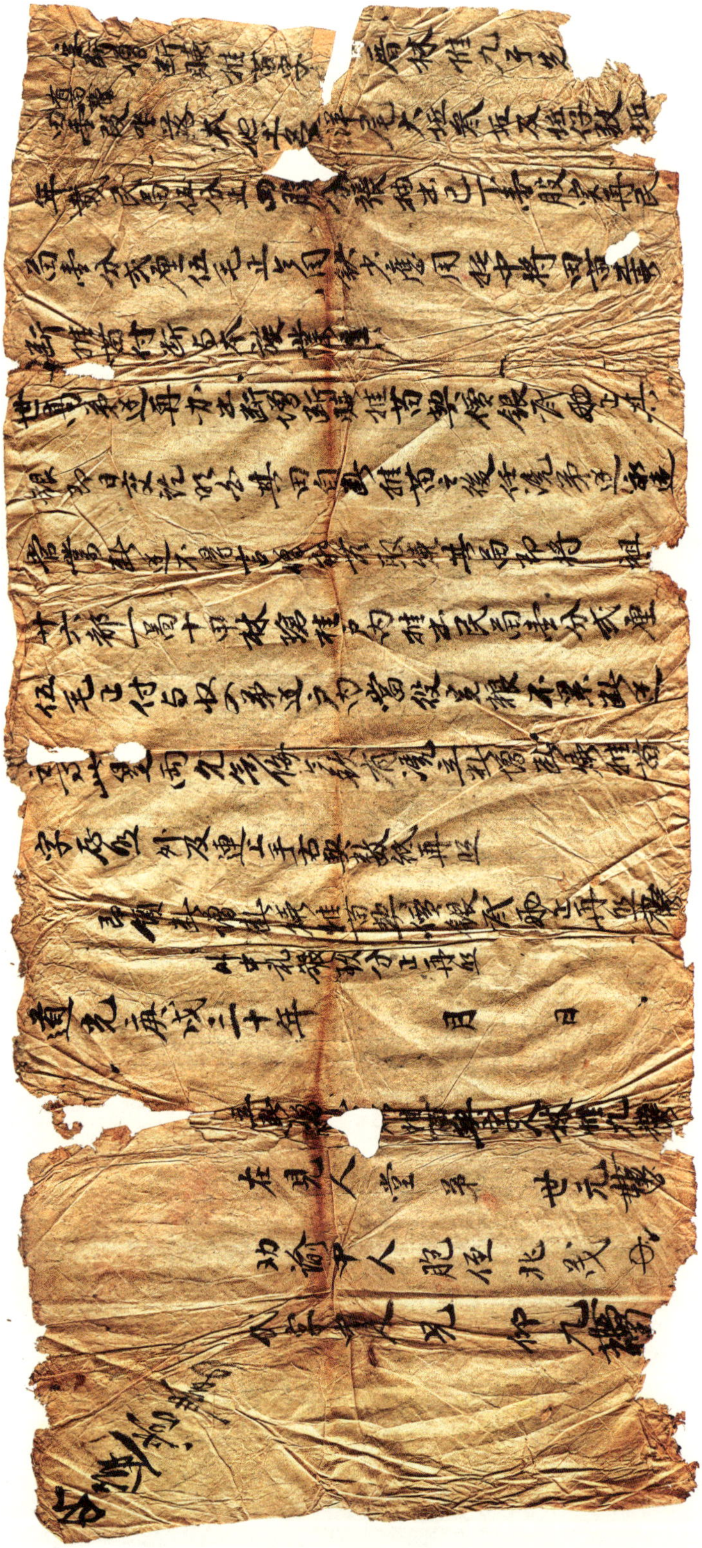

4-5-1-18　清道光三十年林惟九立斷增斷贖推苗字

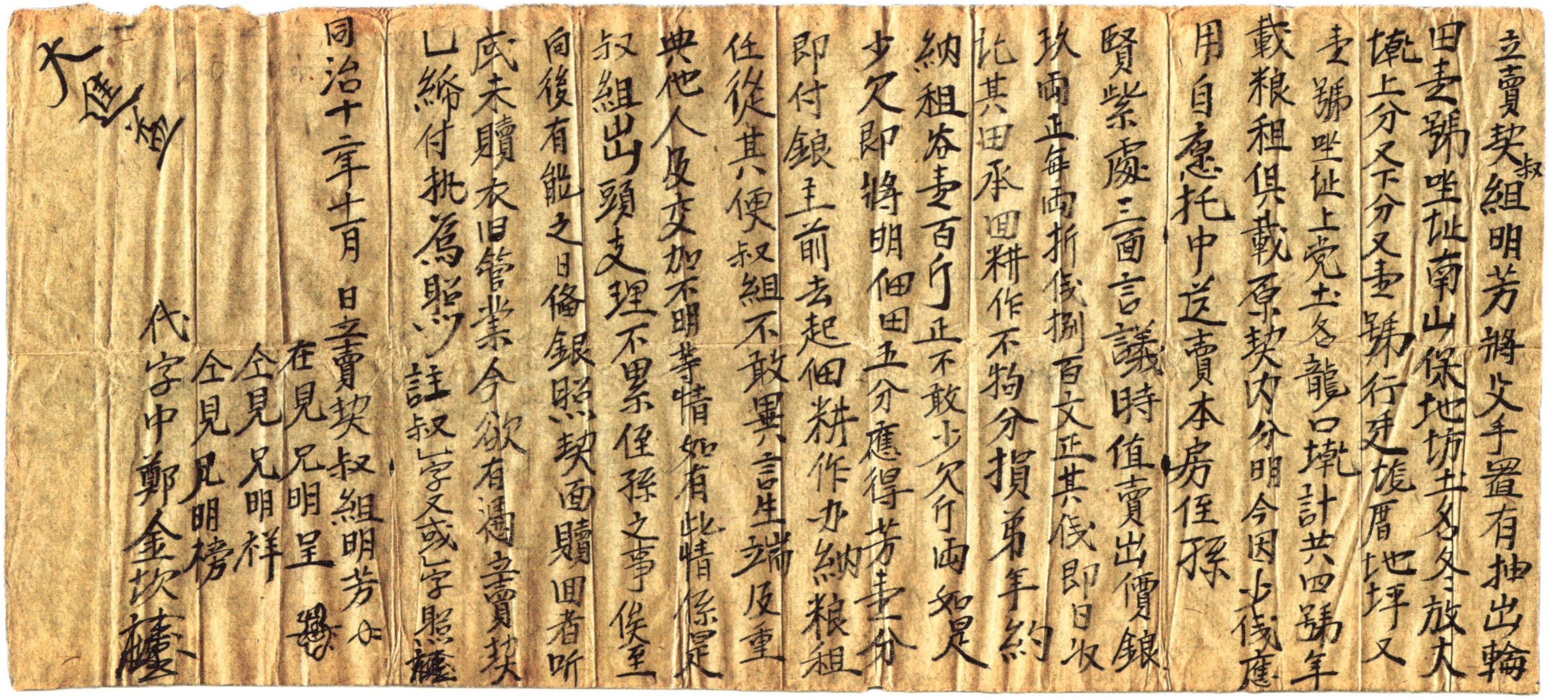
立賣契叔組明芳將父手置有抽出輪
田壹號坐址南山保地坊土名冬放大
墘上分又下分又壹號行廷旋厝地坪又
壹號坐址上党土名龍口墘計共四號年
載粮租俱載原契內分明今因乏錢應
用自愿托中送賣本房侄孫
賢紫處三面言議時值賣出價銀
玖兩正每兩折錢捌百文正其錢即日收
訖其田承佃耕作不得分損第年約
納租谷壹百斤正不敢少欠斤兩如是
少欠即將明佃田五分應得芳壹分
即付銀主前去起佃耕作辦納粮租
任從其便叔組不敢異言生端及重
典他人及交加不明等情如有此情係是
叔組出頭支理不累侄孫之事候至
向後有能之日備銀照契面贖回者聽
底未贖衣舊管業今欲有憑立賣契
乙紙付執爲照　註叔亡字又戒亡字照號
同治十二年十一月　日立賣契叔組明芳
在見兄明呈
仝見兄明祥
仝見兄明榜
代字中鄭金坎
大進[illegible]

4-5-1-19　清同治十二年十一月許明芳立賣輪田契

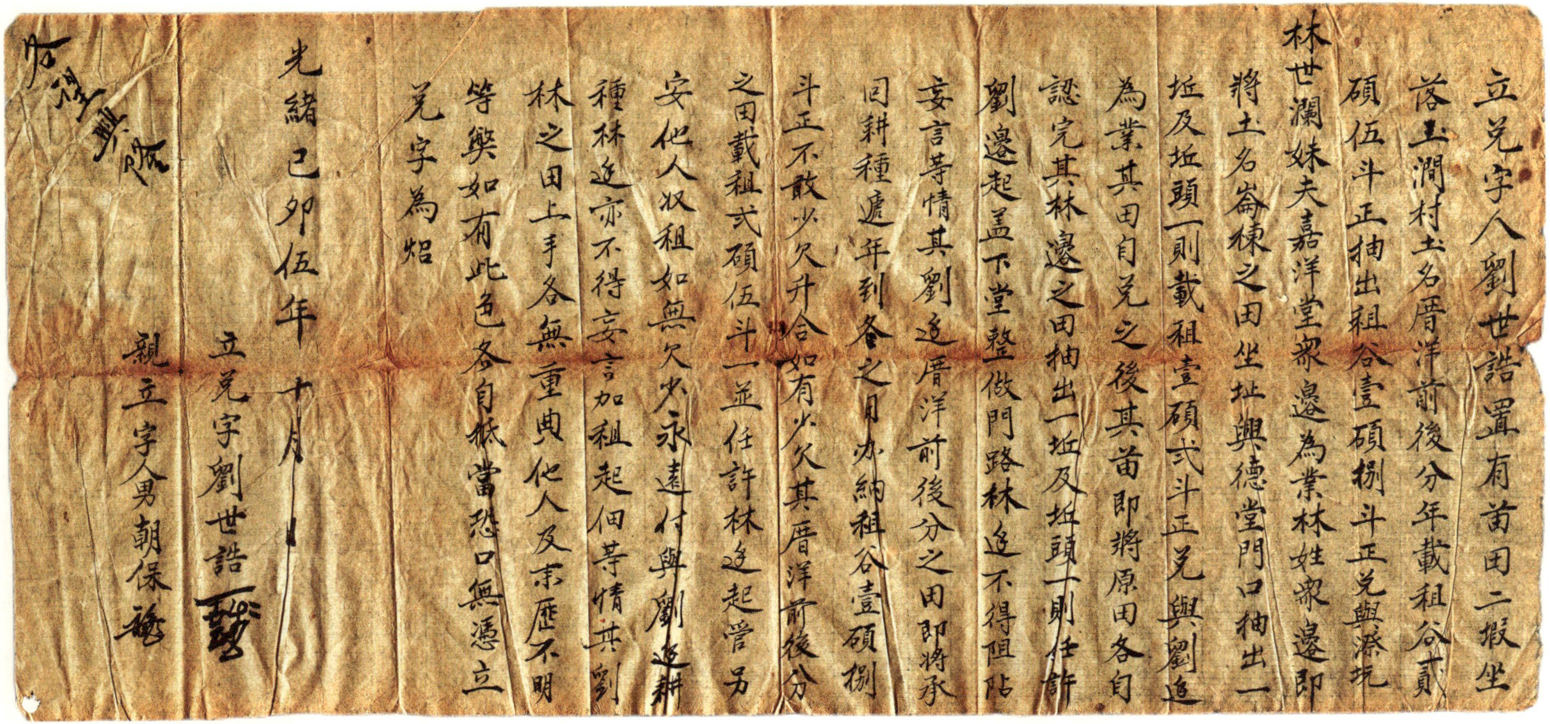

立兑字人劉世諧置有苗田二段坐
落土名潤村土名厝洋前後分年載租谷貳
碩伍斗正抽出租谷壹碩捌斗正兑與潘兆
林世瀾妹夫嵩洋壹丘帶邊為業林姓帶邊即
將土名命線之田坐址與德堂門口抽出一
坵及坵頭一圳載租壹碩弍斗正兑與劉邊
為業其田自兑之後其苗即將原田各自
認完其林邊之田抽出一坵及坵頭一圳任許
劉邊起蓋不堂毀做門路林邊不得阻執
妄言等情其劉邊厝洋前後分之田即將承
回耕種遞年劉邊之田亦納租谷壹碩捌
斗正不敢少欠斗合如有少欠其厝洋前後分
之田載租弍碩伍斗一並任許林邊起管另
安他人收租如無欠少永遠付與劉邊耕
種林邊亦不得言安言加租起佃等情其劉
林之田上手各無重典他人及來歷不明
等弊如有此色各自抵當恐口無憑立一
兑字為炤

光緒己卯伍年十月 日

立兑字劉世諧（押）

親立字人男朝保（押）

仝口[illegible]

4-5-1-20 清光緒五年十月劉世諧立兑苗田字

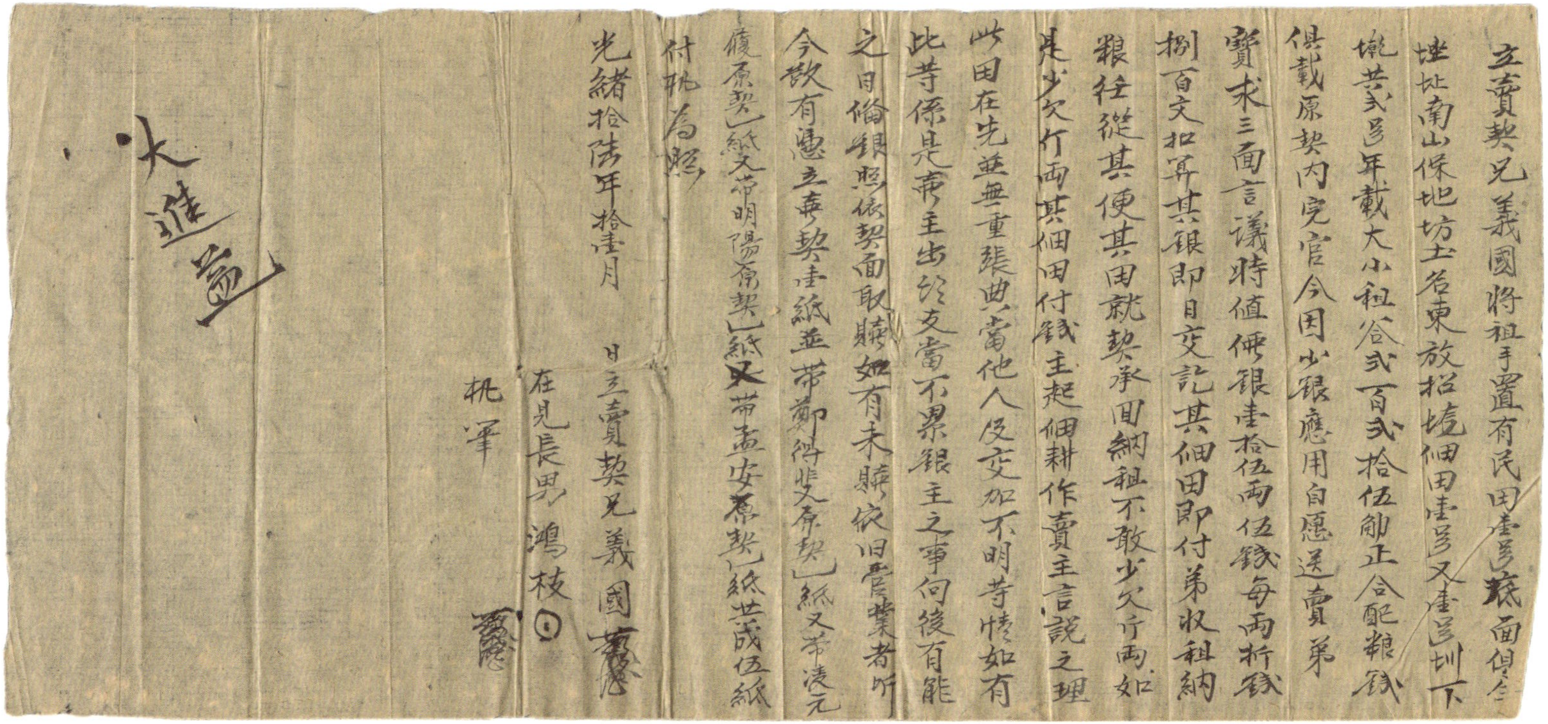
立賣契兄義國將祖手置有民田壹号底面俱全
坐址南山保地坊土名東放招墘佃田壹号又壹号圳下
墘共贰号年載大小租谷贰百贰拾伍觔正合配粮钱
俱載原契內完官今因少銀應用自愿送賣弟
寶求三面言議時値價銀壹拾伍兩伍钱每兩折钱
捌百文扣算其銀即日交訖其佃田即付弟收租納
粮任從其便其田就契承回納租不敢少欠斤兩如
是少欠斤兩其佃田付钱主起佃耕作賣主言說之理
此田在先並無重張典當他人及交加不明等情如有
此等係是賣主出頭支當不累銀主之事向後有能
之日備銀照依契面取贖如有未贖依旧管業者所
今欲有憑立賣契壹紙並帶鄭得安原契一紙又帶淩元
履原契一紙又帶明陽原契一紙又帶孟安原契一紙共成伍紙
付執爲照
光緒拾陆年拾壹月　日立賣契兄義國（押）
在見長男鴻枝（押）
執筆（押）

4-5-1-21　清光緒十六年十一月許義國立賣底面全民田契

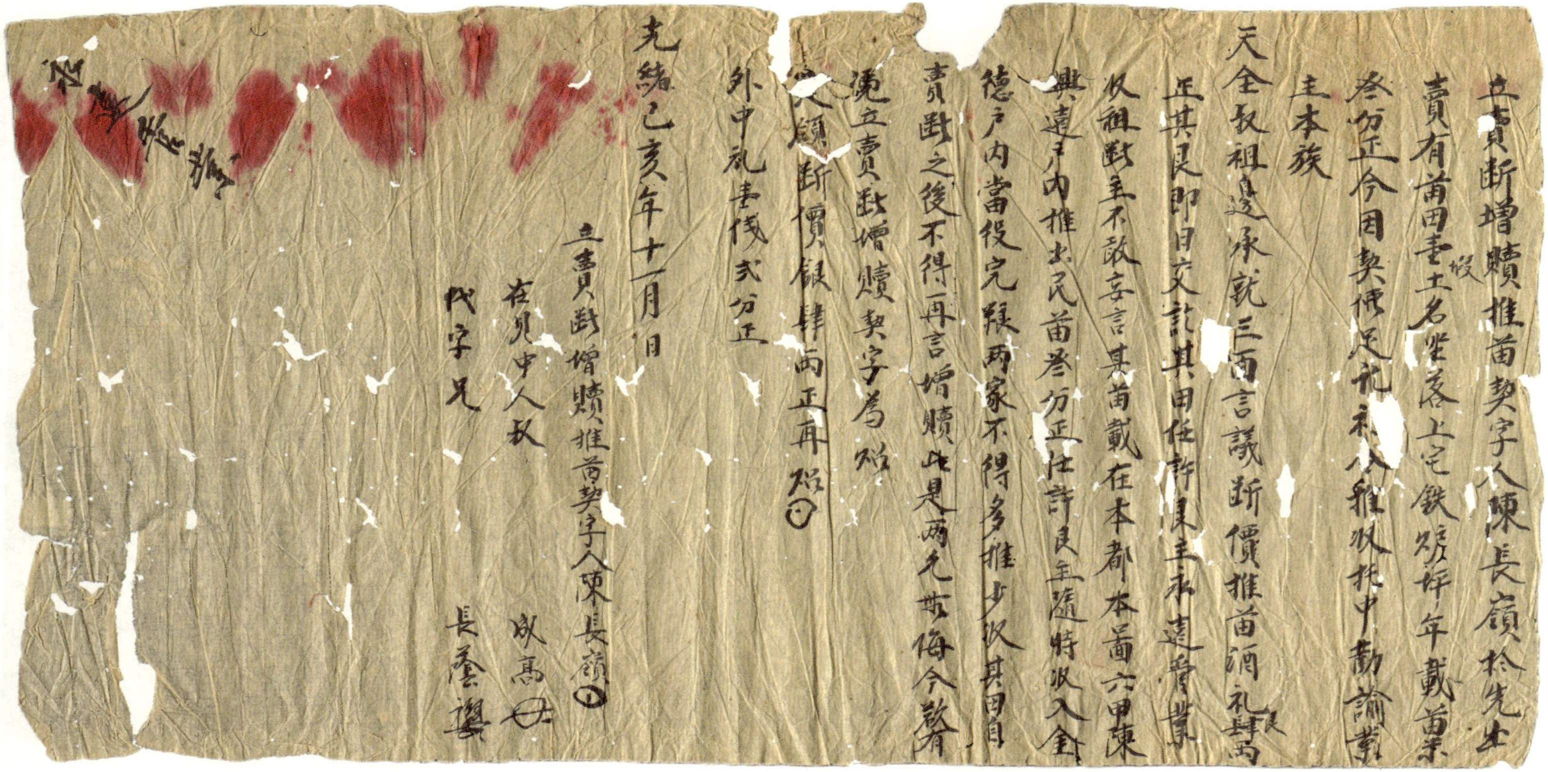

立賣斷增贖推苗契字人陳長嶺，於先年
賣有苗田壹坵，土名坐落上宅鐵炉坪，年載苗粟
叁石正，今因契價足訖，無人推收，托中勸諭業
主本族
天全叔祖邊承就，三面言議斷價推苗酒禮銀肆兩
正，其銀即日交訖，其田任許業主永遠管業
收租，斷主不敢字言。其苗載在本都本圖六甲陳
興遠戶內推出民苗叁石正，任許業主隨時收入金
德戶內當役完糧，兩家不得多推少收。其田自
賣斷之後，不得再言增贖，此是兩允，無悔，今欲有
憑，立賣斷增贖契字為照。
今領斷價銀肆兩正，再照。
外中禮書錢式分正
光緒己亥年十一月　日
立賣斷增贖推苗契字人陳長嶺（押）
在見中人叔　欽高（押）
代字兄　長鎏（押）

4-5-1-22　清光緒二十五年十一月陳長嶺立賣斷增贖推苗契

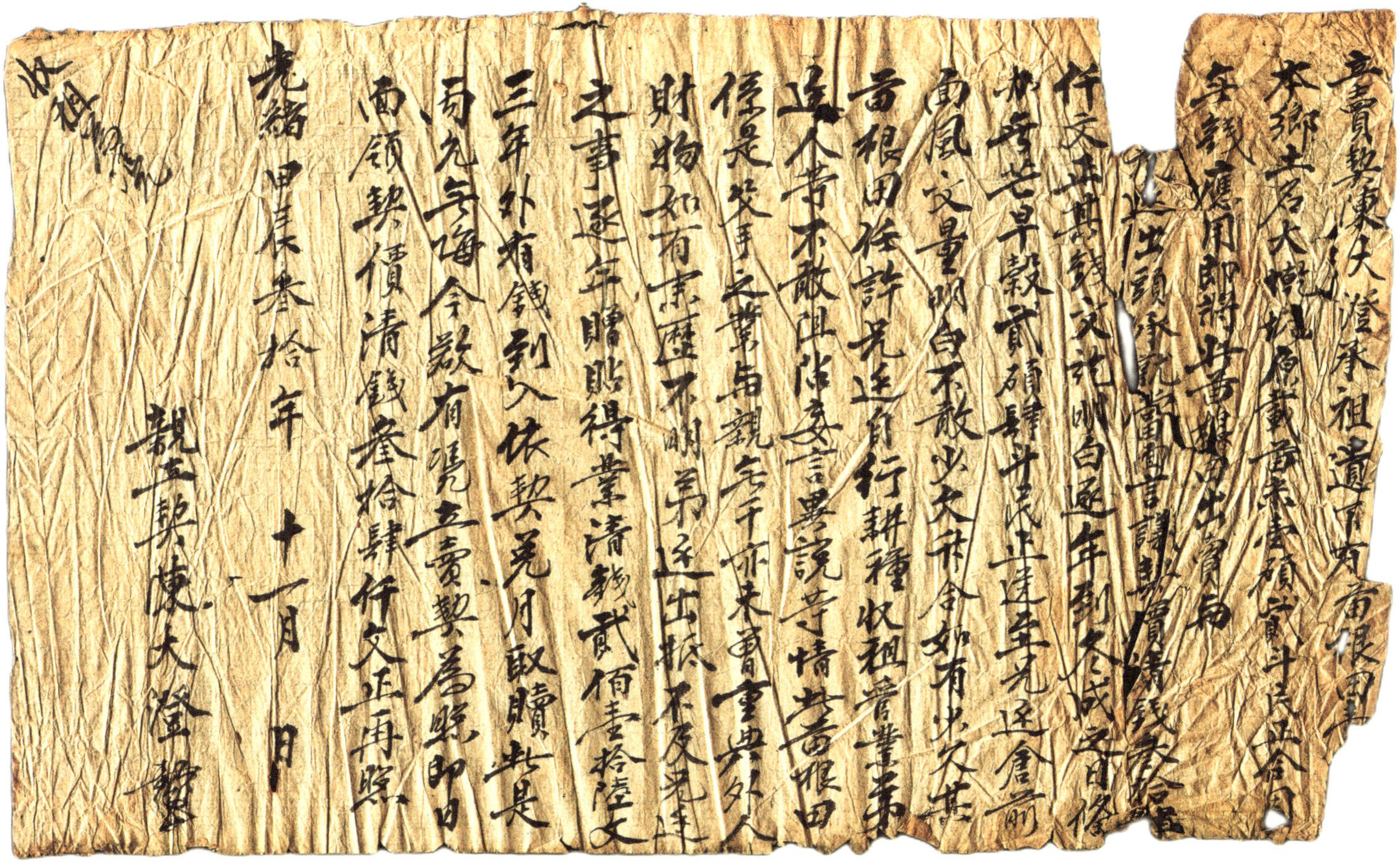
立賣契陳大澄承祖遺下有苗根田壹
本鄉土名大坪坵原載苗米壹碩貳斗五合
今錢應用即將此苗根田出賣與
出頭承買當日三面言議斷賣價錢叁拾
仟文其錢文即日交足分文不少其田係
承管早穀貳碩肆斗正其年先送倉前
面風乾量明白不敢少欠升合如有少欠其
苗根田任許先從自行耕種收租管業永
遠人等不敢阻擋生言異說等情此苗根田
係是澄手之業與親兄弟侄叔無干亦未重典外人
財物如有來歷不明係澄出抵不及買主
之事遠年贖賠得業清錢貳佰壹拾陸文
三年外有錢到入依契兌月取贖此是
兩允無悔今欲有憑立賣契為照即日
面領契價清錢叁拾肆仟文正再照
光緒甲辰叁拾年　十一月　日
親立契陳大澄
[illegible]

4-5-1-23　清光緒三十年十一月陳大澄立賣苗根田契

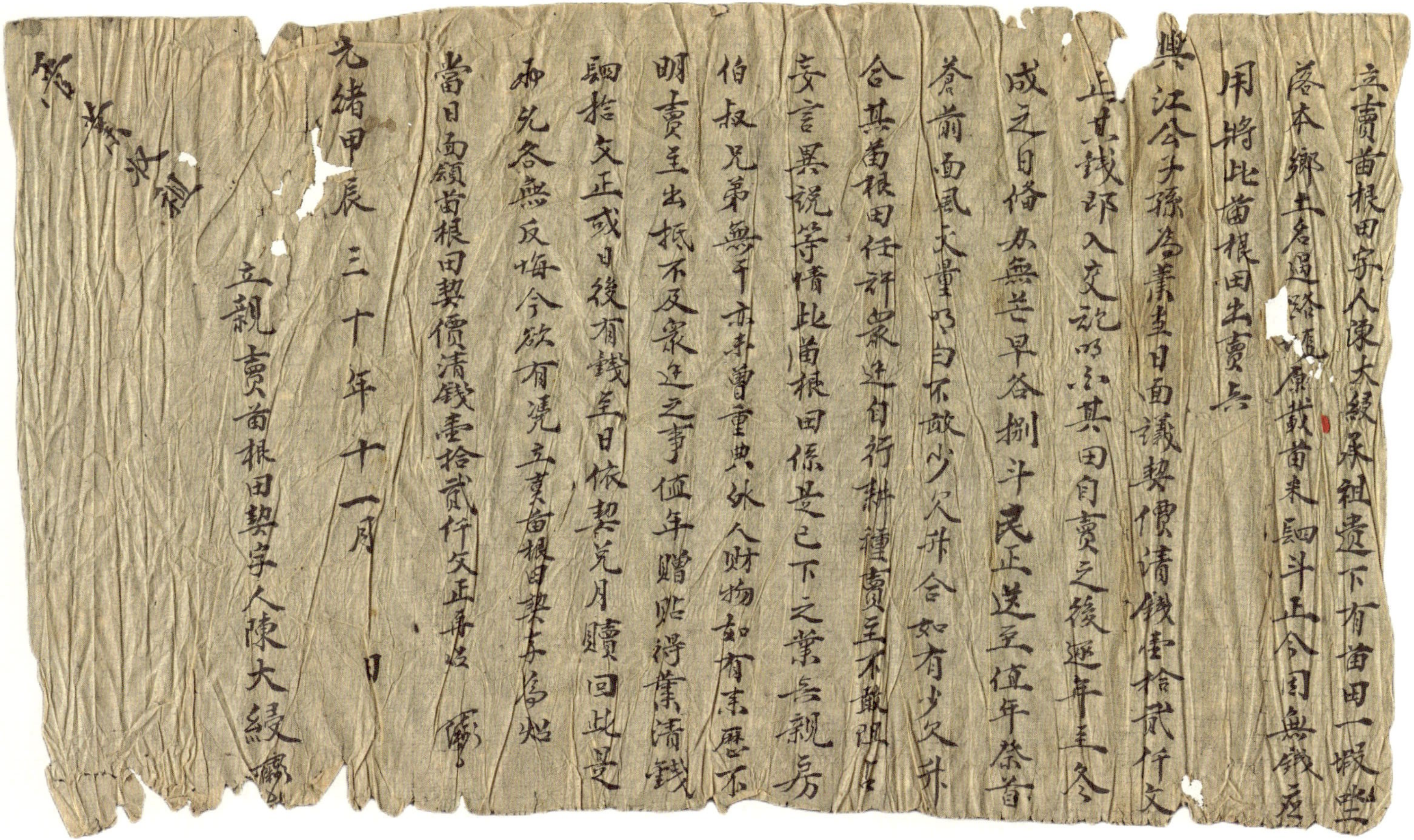

立賣苗根田字人陳大綬承祖遺下有苗田一段坐
落本鄉土名過路塘，原載苗米細斗正，今因無錢應
用，將此苗根田出賣與
興江公子孫爲業，當日面議契價清錢壹拾貳仟文
正。其錢即入交訖，明白。其田自賣之後，逐年至冬
成之日，备办無芒早谷捌斗民正，送至值年祭首
蒼前面風丈量，不敢少欠升合，如有少欠升
合，其苗根田任許衆迭自行耕種，賣主不敢阻执
妄言異說等情。此苗根田係是己下之業，與親房
伯叔兄弟無干，亦未曾重典外人財物，如有來歷不
明，賣主出抵，不及衆迭之事。值年贈貼得業清錢
細拾文正。或日後有錢，至日依契充月贖回，此是
兩允，各無反悔。今欲有憑，立賣苗根田契一紙爲照。
當日面領苗根田契價清錢壹拾貳仟文正，再照。

光緒甲辰三十年十一月　日

立親賣苗根田契字人陳大綬

管業收租

4-5-1-24　清光緒三十年十一月陳大綬立賣苗根田契

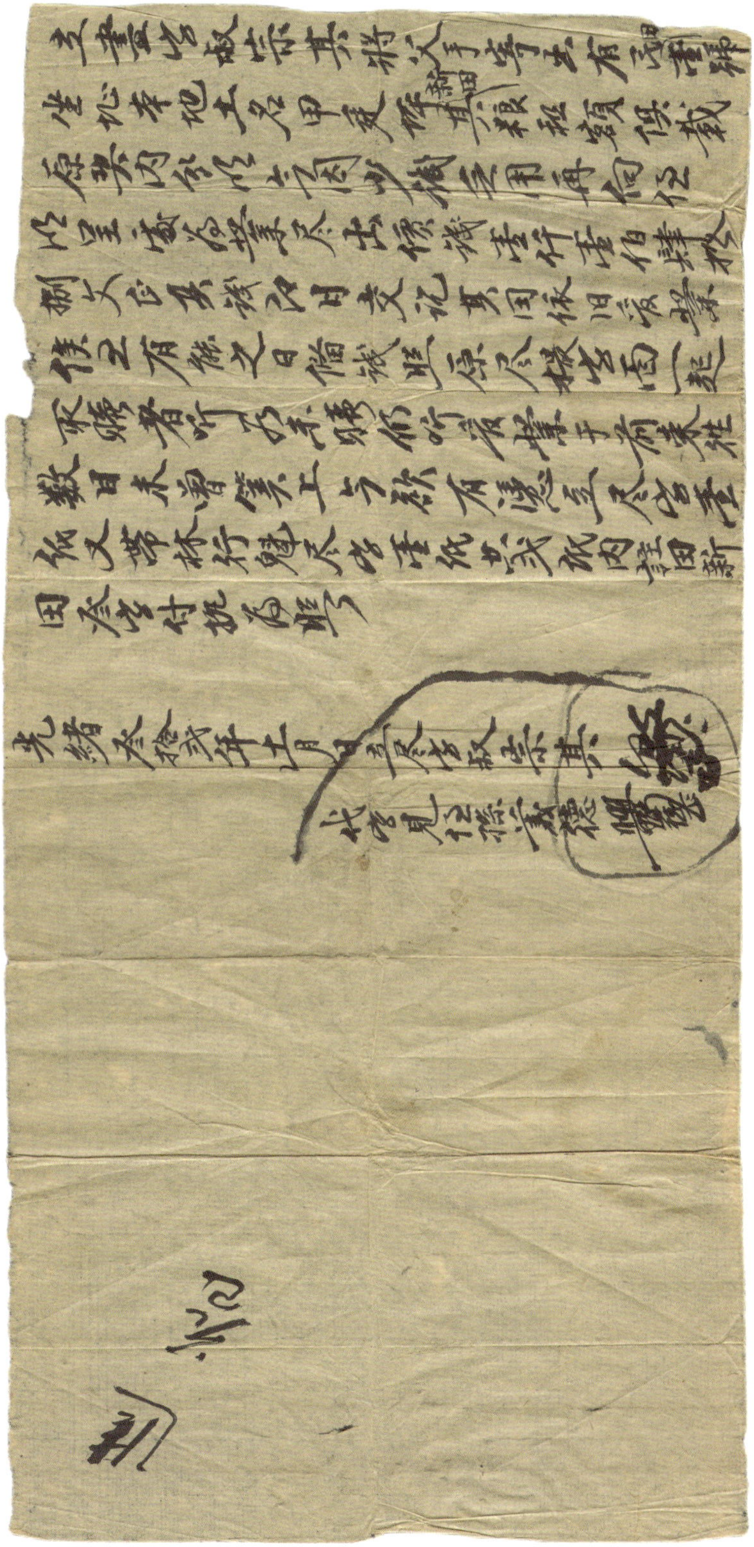

4-5-1-25　清光緒三十二年十一月許宗其立盡民田字（廢契）

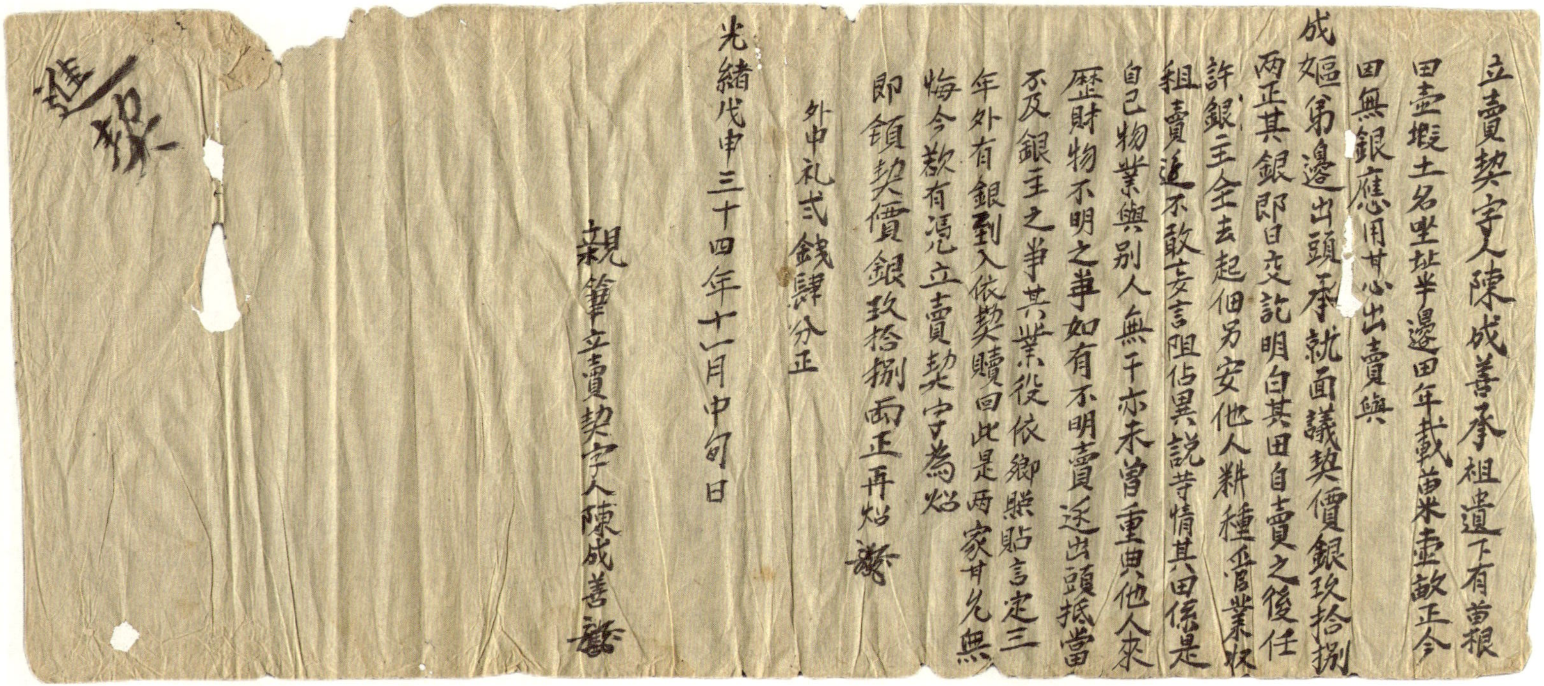
立賣契字人陳成善承祖遺下有苗根
田壹坵土名坐址半邊田年載苗米壹畝正今
因無銀應用甘心出賣與
成嫗弟邊出頭承就面議契價銀玖拾捌
兩正其銀即日交訖明白其田自賣之後任
許銀主全去起佃另安他人耕種管業收
租賣邊不敢妄言阻佔異說等情其田係是
自己物業與別人無干亦未曾重典他人來
歷財物不明之事如有不明賣邊出頭抵當
不及銀主之事其業役依鄉賠貼言定三
年外有銀到入依契贖回此是兩家甘允無
悔今欲有憑立賣契字為照
即領契價銀玖拾捌兩正再照
外中礼式錢肆分正
光緒戊申三十四年十一月中旬日
親筆立賣契字人陳成善
進契

4-5-1-26　清光緒三十四年十一月陳成善立賣苗根田契

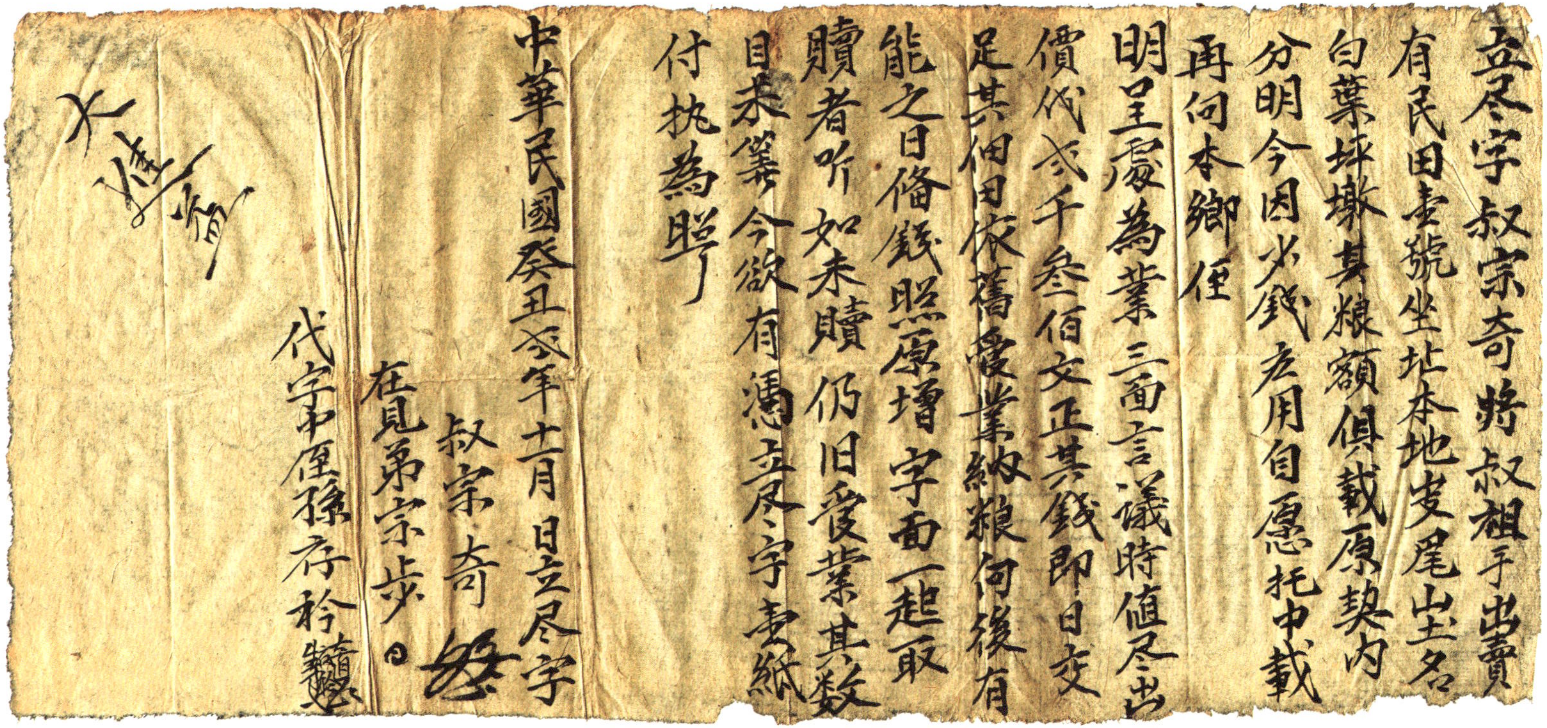

立盡字叔宗奇將叔祖手出賣
有民田壹號坐址本地岌尾山土名
白葉坪墘其粮額俱載原契内
分明今因乏錢應用自愿托中載
再向本鄉侄
明呈處為業三面言議時值盡出
價代叁千叁佰文正其錢即日交
足其佃田依舊處業納粮向後有
能之日備錢照原增字面一起取
贖者听如未贖仍旧處業其数
目未簽今欲有憑立盡字壹紙
付執為照

中華民國癸丑年十一月　日立盡字
叔宗奇
在見弟宗步
代字中侄孫存衿

4-5-1-27　民國二年十一月許宗奇立盡民田字

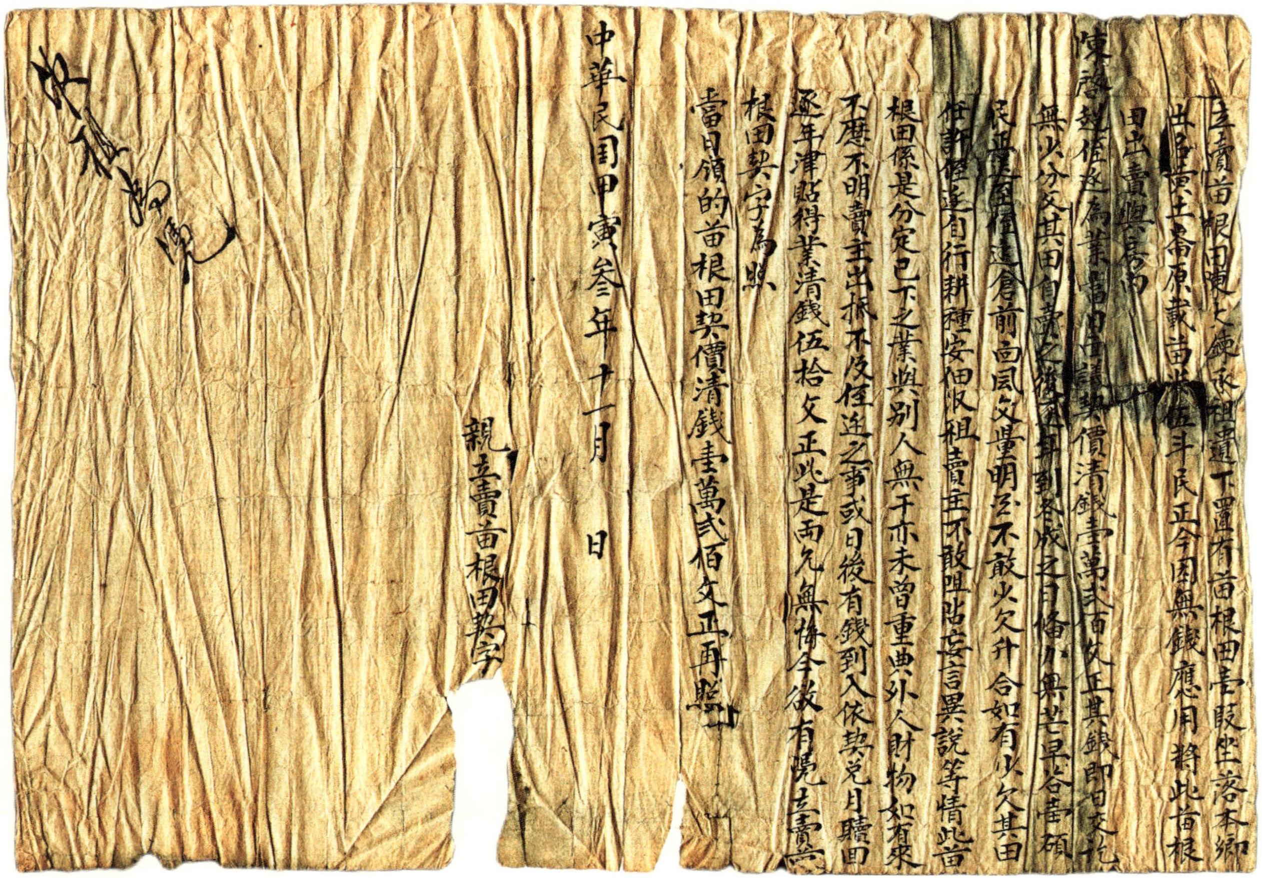
立賣苗根田陳大鍊承祖遺下置有苗根田壹號坐落本鄉
土名黃土窩原載苗米伍升民正今因無錢應用將此苗根
田出賣與房內
陳啟鈺經手為業當日[illegible]議契價清錢壹萬式佰文正其錢即日交乞
無少分文其田自賣之後任[illegible]到各收之日備[illegible]典芒早谷壹碩
民正送至倉前面風交量明白不敢少欠升合如有少欠其田
任許從主自行耕種安佃收租賣主不敢阻阻妄言異說等情此苗
根田係是分定已下之業與別人無干亦未曾重典外人財物如有來
歷不明賣主出抵不及銀主之事或日後有錢到入依契見月贖回
逐年津貼得業清錢伍拾文正此是兩允無悔今欲有憑立賣苗
根田契字為照
當日領的苗根田契價清錢壹萬式佰文正再照
中華民國甲寅叁年十一月　日
親立賣苗根田契字

4-5-1-28　民國三年十一月陳大鍊立賣苗根田契字

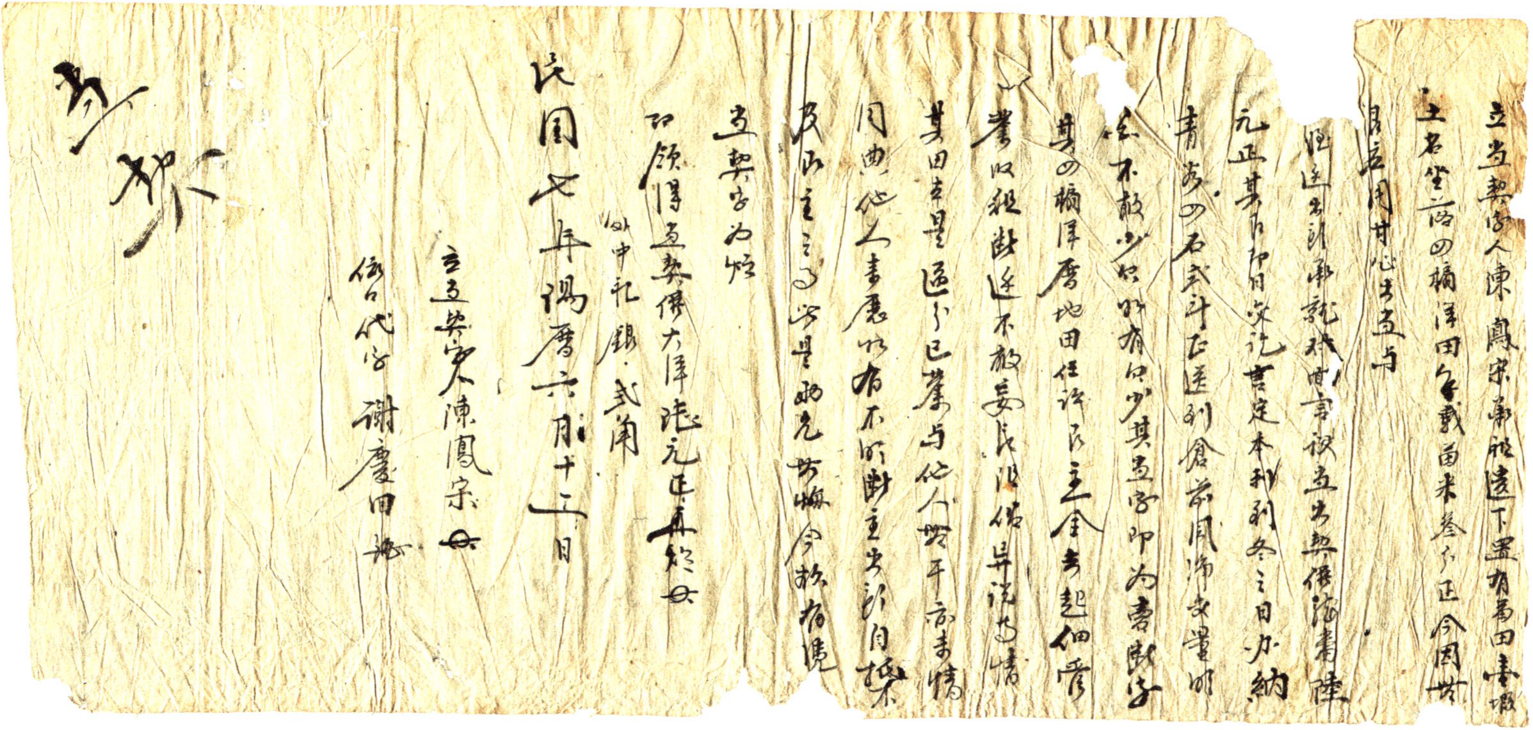
立當契字人陳鳳宋，承祖遺下置有苗田壹坵，
土名坐落四橋洋田，年載苗米叁斗正。今因要
銀應用，甘心出當與
[illegible]出頭承就，當日三面言議出契價洋陸
元正。其洋即日交訖，言定本利到冬之日加納
青谷四石弍斗正，送到倉前風淨交量明
白，不敢少欠。如有欠少，其當字即為書斷字，
其四橋洋厝地田任許錢主全去起佃耕
業，收租斷送，不敢妄言阻留。此係二比甘情，
其田未曾逗已業與他人無干，亦無重情
同典他人來歷不明，如有不明，當主出頭自理，不
涉錢主之事。此是兩允，各無反悔，今欲有憑，
立當契字為照。
即領得立契價大洋陸元正，再照。
以中孔銀弍角
民國七年戊午陽曆六月十二日
立當契字人陳鳳宋
信代字謝慶田
當契

4-5-1-29　民國七年六月陳鳳宋立當苗田契字

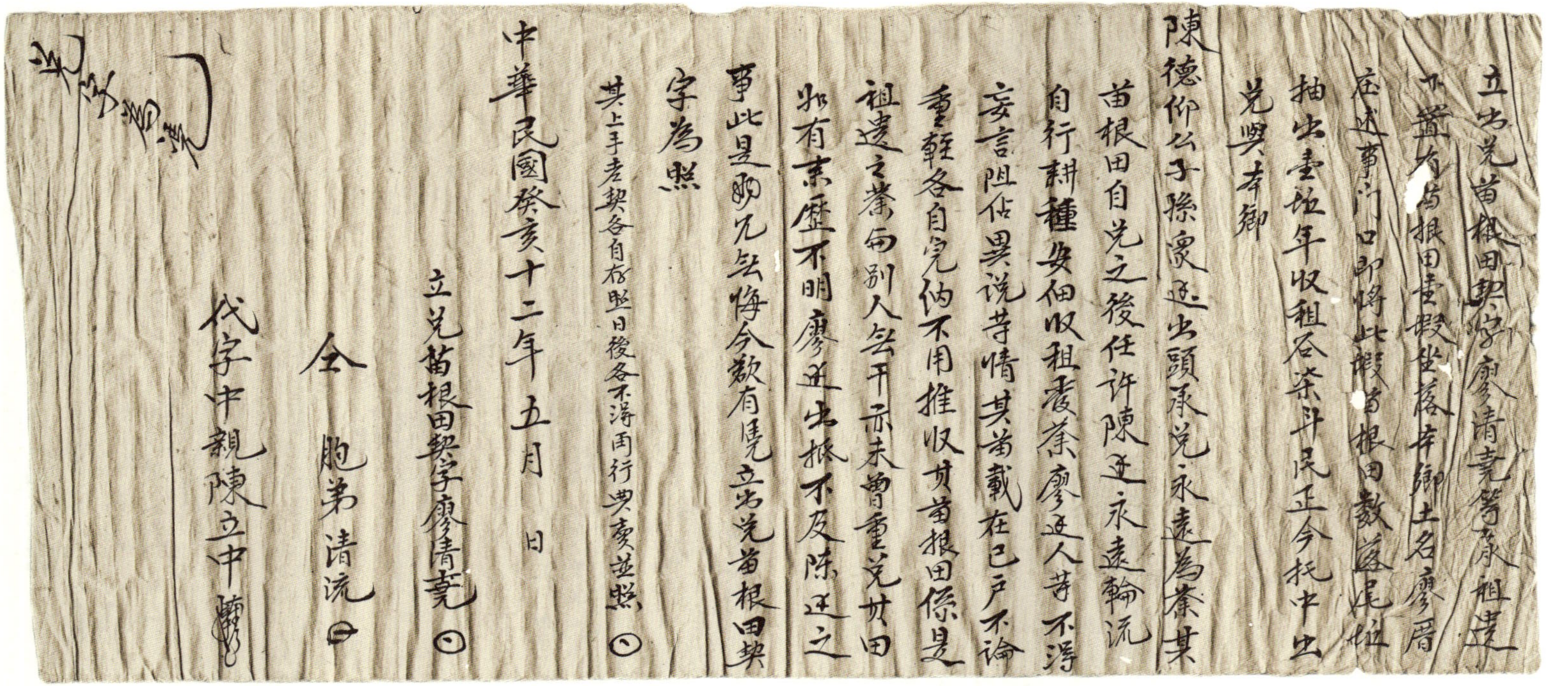

立出兑苗根田契字廖清堯等承祖遺
下有苗根田壹段坐落本鄉土名廖厝
庄边事门口即將此段苗根田數落崐位
抽出壹拾年收租谷柒斗民正今托中出
兑與本鄉
陳德仰公子孫處邊出頭承兑永遠為業其
苗根田自兑之後任許陳邊永遠輪流
自行耕種安佃收租廖蔡廖邊人等不得
妄言阻佔異説等情其苗載在己戶不論
重輕各自完納不用推收其苗根田係是
祖遺之業與別人無干亦未曾重兑其田
如有來歷不明廖邊出抵不及陳邊之
事此是兩兑無悔今欲有憑立出兑苗根田契
字為照

其上手老契各自存照日後各不得同行異賣並照

中華民國癸亥十二年五月　日

立兑苗根田契字廖清堯

全　胞弟清流

代字中親陳立中

4-5-1-30　民國十二年五月廖清堯立兑苗根田契字

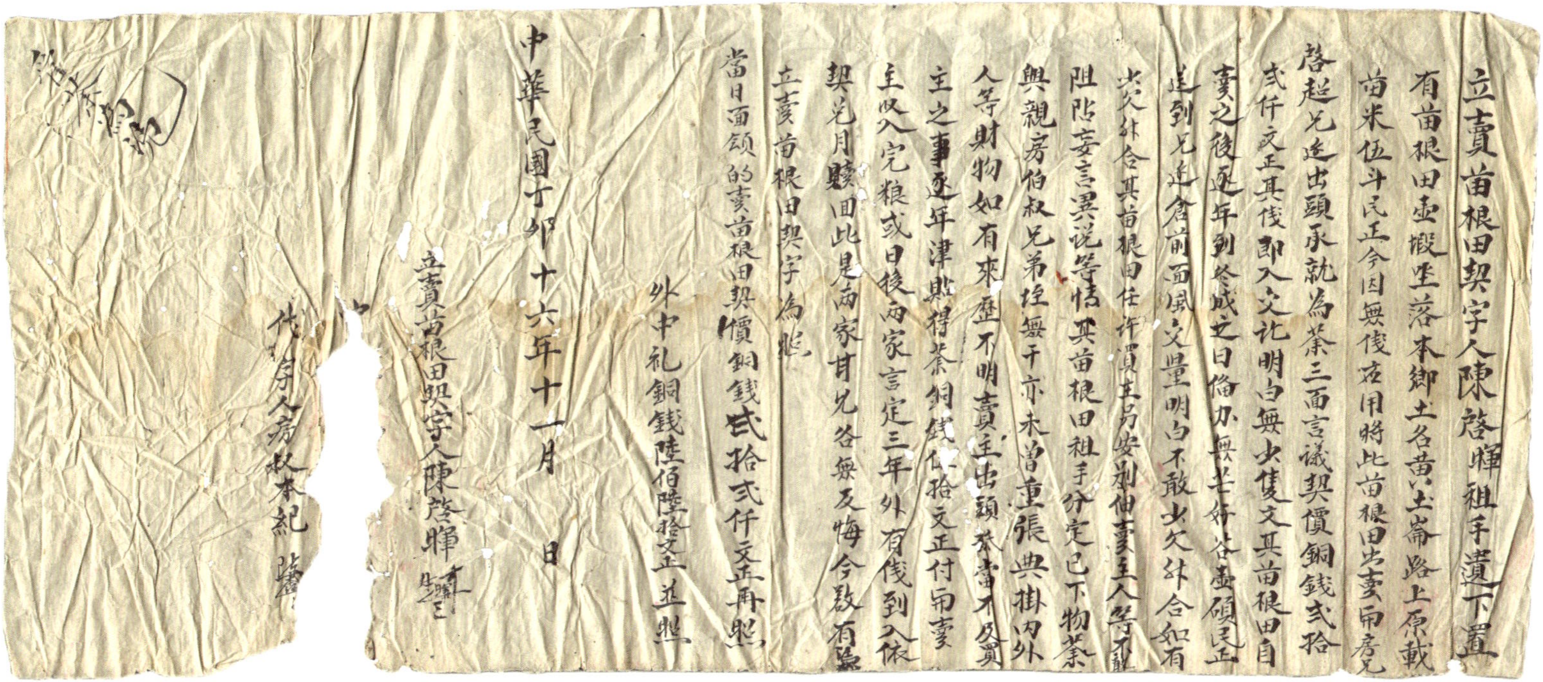

4-5-1-31　民國十六年十一月陳啓暉立賣苗根田契字

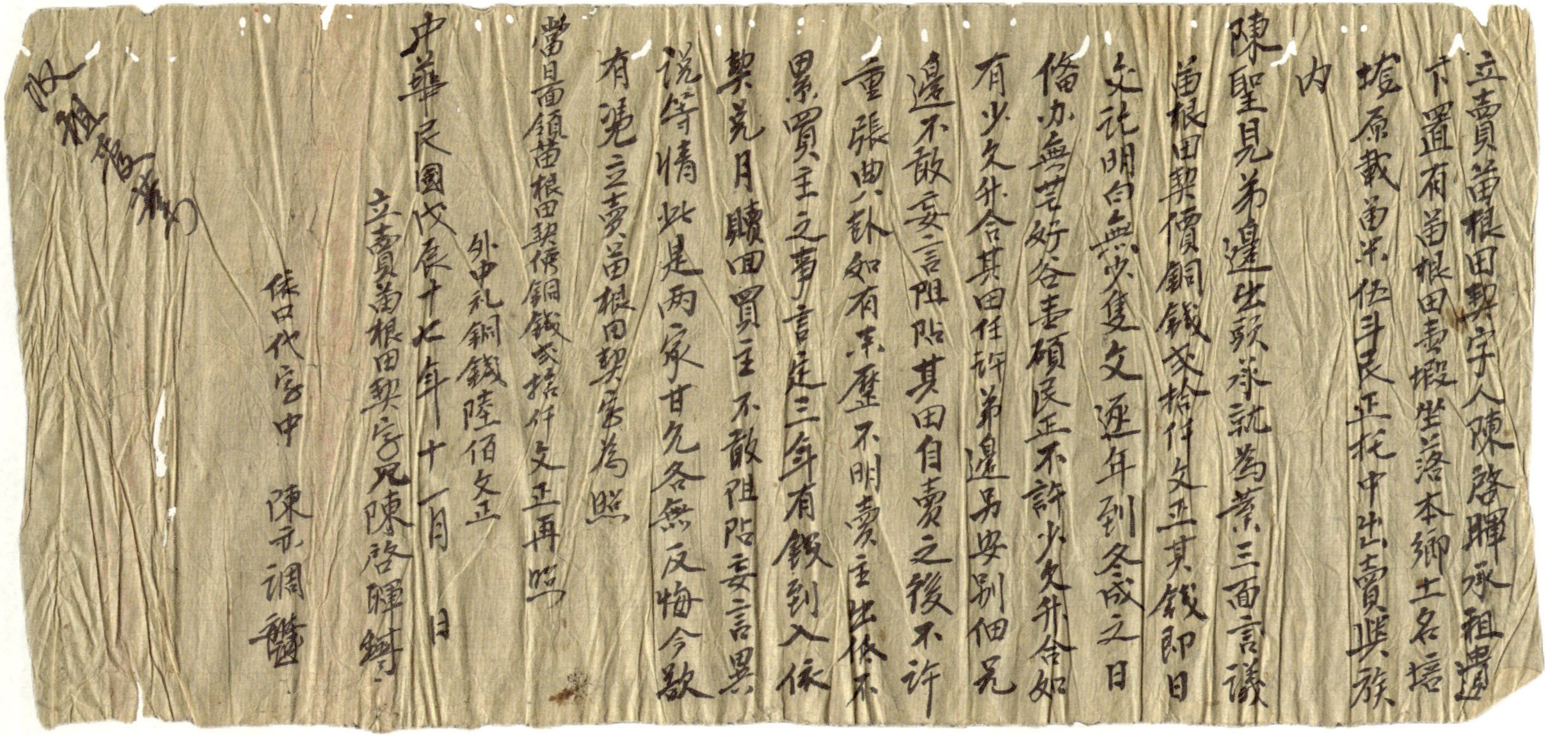
立賣苗根田契字人陳啓暉承祖遺
下置有苗根田壹坵坐落本鄉土名墘
墘原載苗米伍斗民正托中出賣與族
內
陳聖見弟邊出頭承就為業三面言議
苗根田契價銅錢叁拾仟文正其錢即日
交訖明白無少隻文逐年到冬成之日
備办無芝好谷壹碩民正不許少欠升合如
有少欠升合其田任許弟邊另安別佃兄
邊不敢妄言阻阽其田自賣之後不許
重張典卦如有來歷不明賣主出依不
累買主之事言定三年有錢到入依
契元月贖田買主不敢阻阽妄言異
說等情此是兩家甘允各無反悔今欲
有憑立賣苗根田契字為照
當日面領苗根田契價銅錢叁拾仟文正再照
外中礼銅錢陸佰文正
中華民國戊辰十七年十一月　日
立賣苗根田契字兄陳啓暉
依口代字中　陳亦調

4-5-1-32　民國十七年十一月陳啓暉立賣苗根田契字

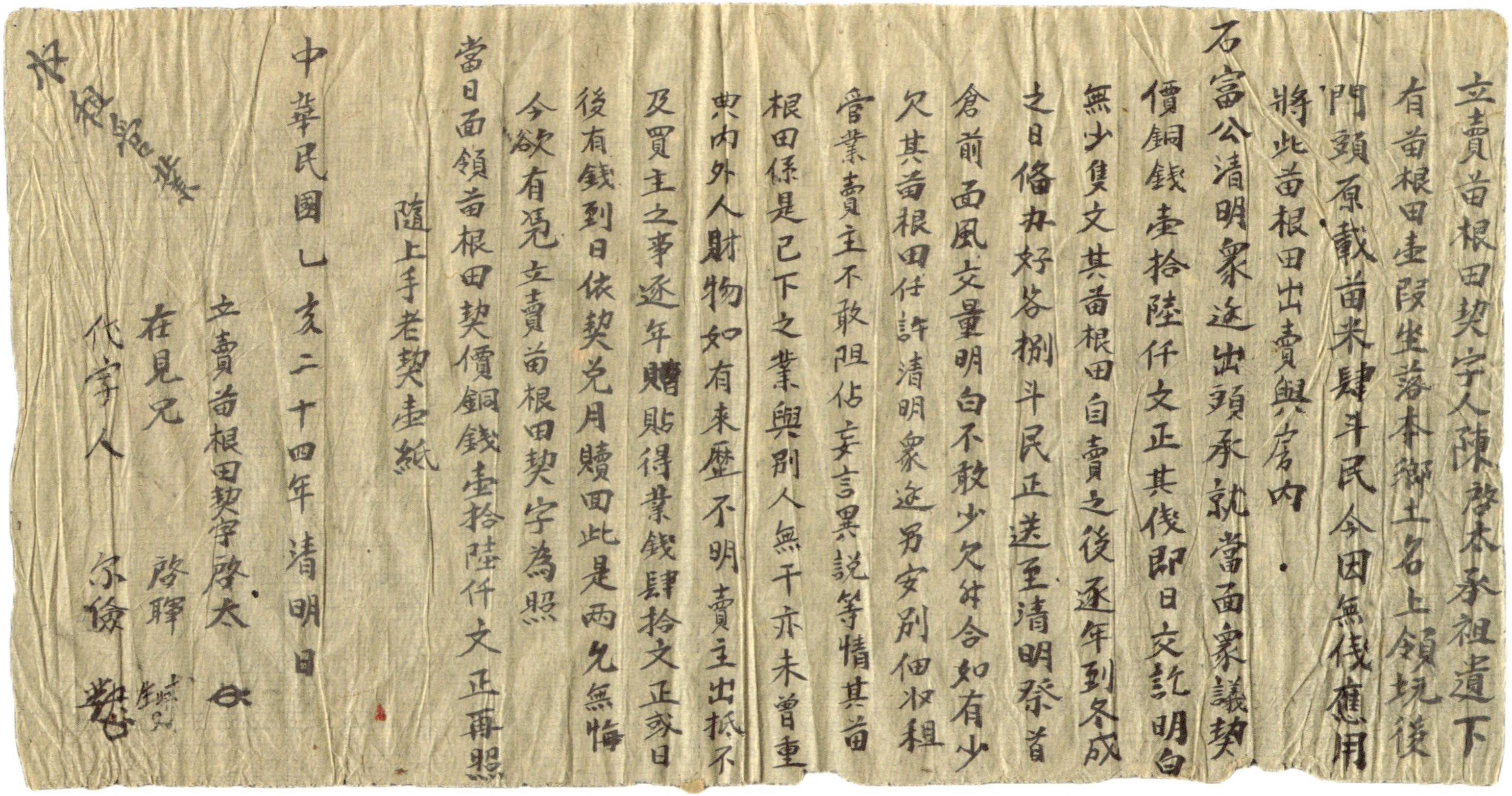

立賣苗根田契字人陳啓太承祖遺下
有苗根田壹段坐落本鄉土名上領坑後
門頭原載苗米肆斗民，今因無錢應用，
將此苗根田出賣與房内
石富公清明衆邊出頭承就，當面議契
價銅錢壹拾陸仟文正，其錢即日交訖明白，
無少負文。其苗根田自賣之後，逐年到冬成
之日備办好谷捌斗民正，送至清明祭首
倉前面風交量明白，不敢少欠。如有少
欠，其苗根田任許清明衆邊另安別佃收租
管業，賣主不敢阻佔妄言異說等情。其苗
根田係是己下之業，與別人無干，亦未曾重
典内外人財物。如有來歷不明，賣主出抵，不
及買主之事。逐年贈貼得業錢肆拾文正。或日
後有錢到日，依契充月贖回，此是兩允無悔。
今欲有憑，立賣苗根田契字為照。
當日面領苗根田契價銅錢壹拾陸仟文正再照。
隨上手老契壹紙。

中華民國乙亥二十四年清明日
立賣苗根田契字啓太（押）
在見兄　啓驛
代字人　宗儉（押）

永遠管業

4-5-1-33　民國二十四年清明陳啓太立賣苗根田契字

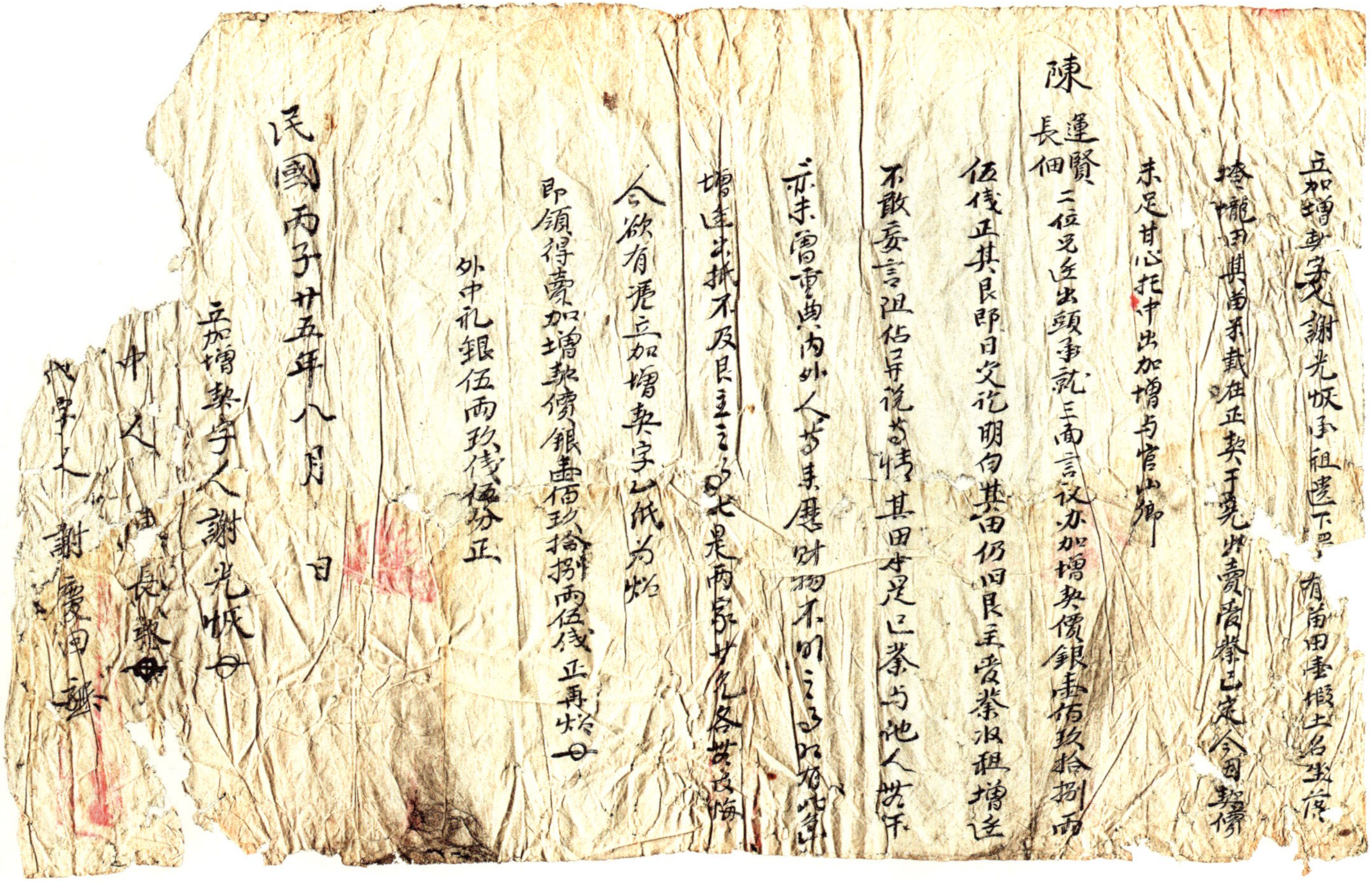

4-5-1-34　民國二十五年八月謝光恢立加增苗田字

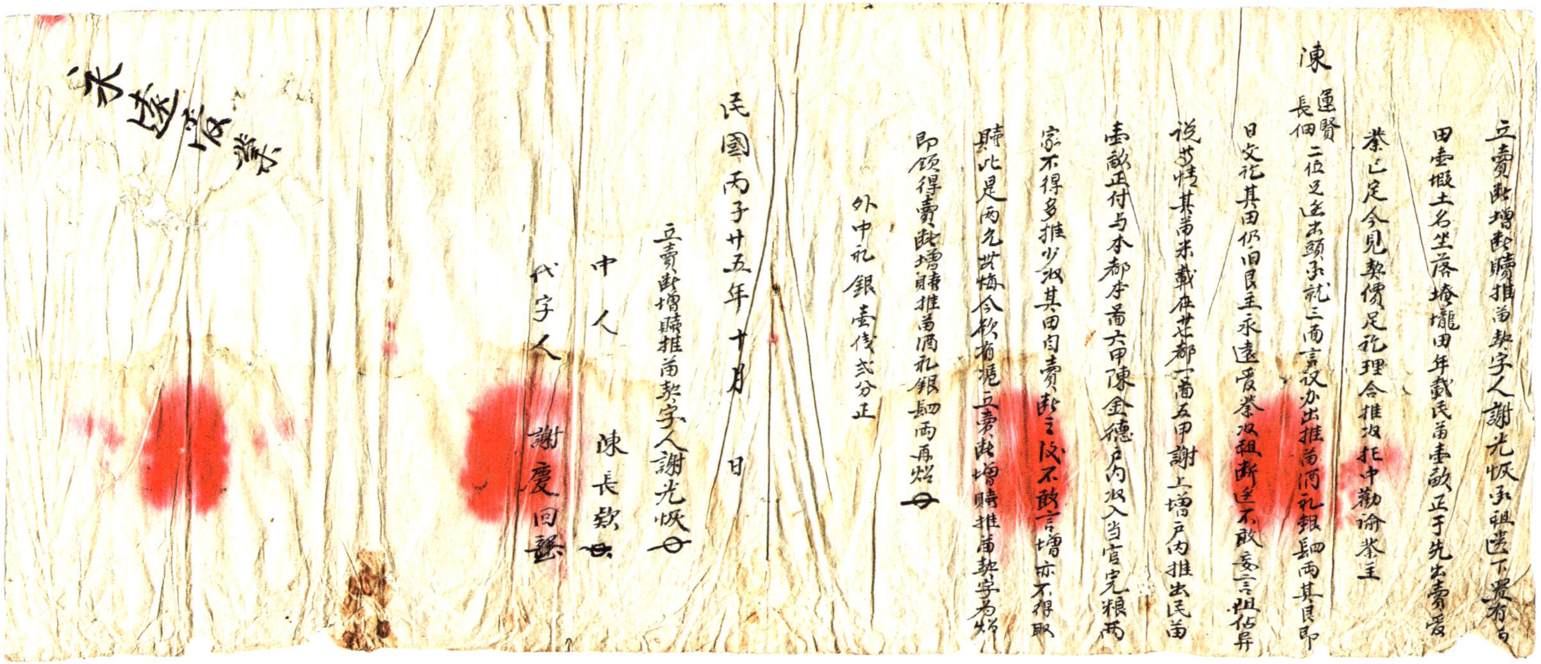
立賣斷增斷贖推苗契字人謝光攸承祖遺下置有㘵
田壹段土名坐落墘壠田年載民苗壹畝正于先出賣與
叅亡足今見契價足訖理合推收托中勸諭叅至
陳
運賢
長佃 二位叉丘出頭承就三面言议加出推苗酒礼银𠦜両其艮即
日交訖其田仍旧艮主永遠管業收租断送不敢妄言想佔異
說𦒿情其苗米載在廿都一啚五甲謝上增户内推出民苗
壹畝正付与本都本啚六甲陳金德户内收入当官完粮两
家不得多推少收其田自賣斷之後不敢言增亦不得取
贖此是两允甘悔今欲有憑立賣斷增贖推苗契字為炤
即領得賣斷增贖推苗酒礼銀𠦜両再炤（押）
外中礼銀壹仟弍分正
民國丙子廿五年十月 日
立賣斷增贖推苗契字人謝光攸（押）
中人 陳長欽（押）
代字人 謝慶回（押）
永遠管業

4-5-1-35 民國二十五年十月謝光攸立賣斷增斷贖推苗契字

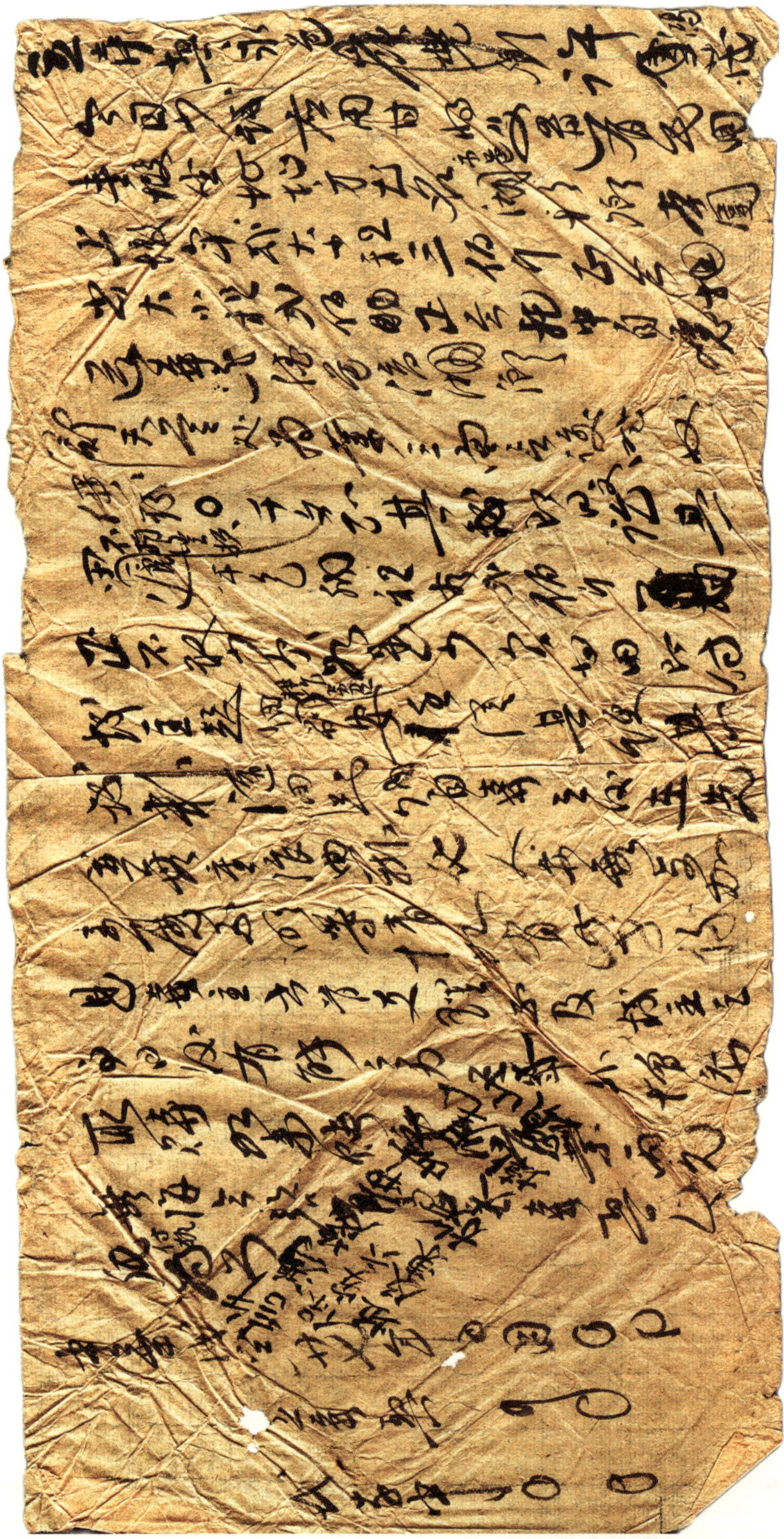

4-5-1-36 民國二十七年許鴻茂立賣民田契（草契）

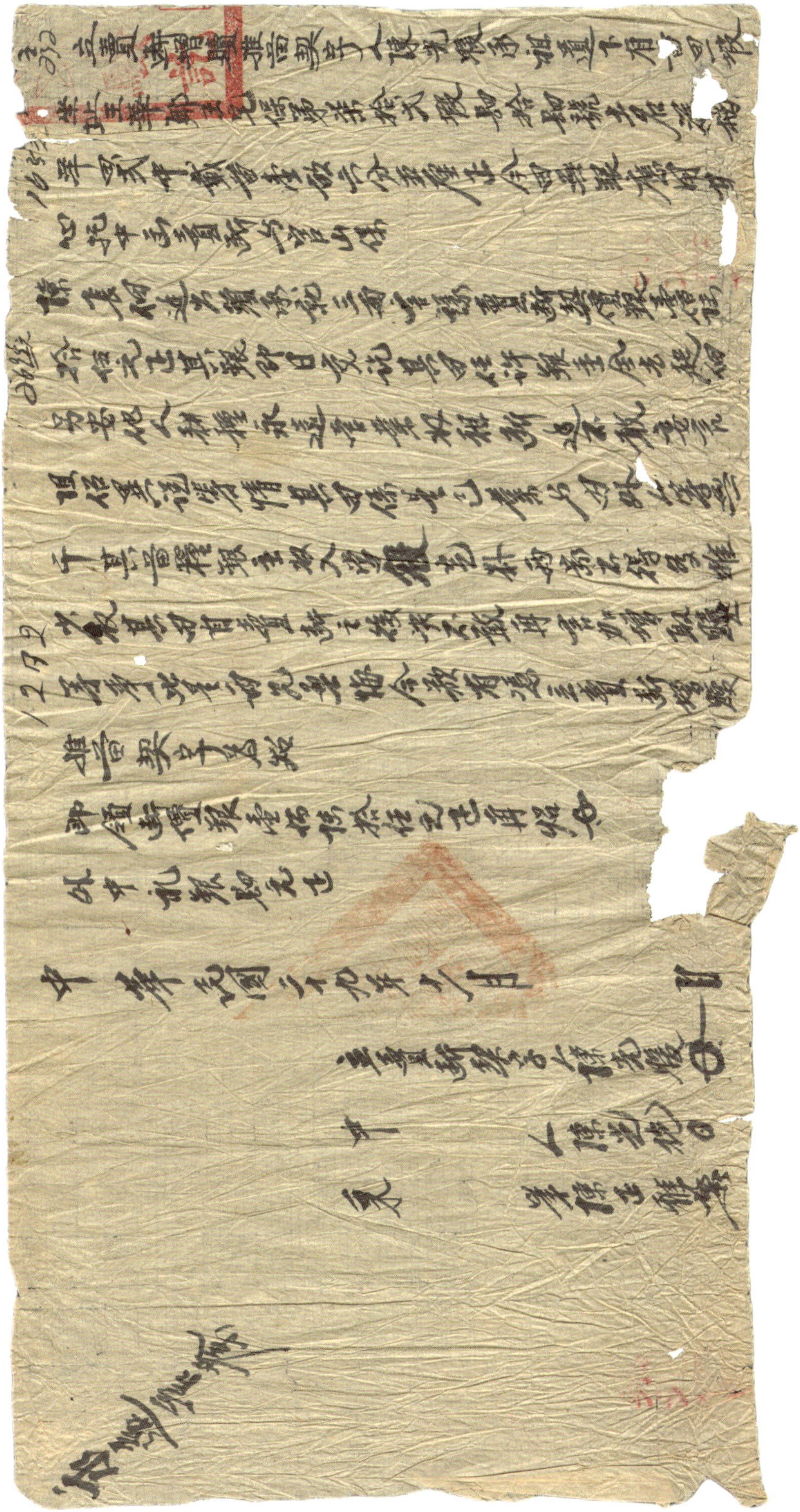

4-5-1-37　民國二十九年十一月陳光暖立賣斷增贖推苗契字（紅契）

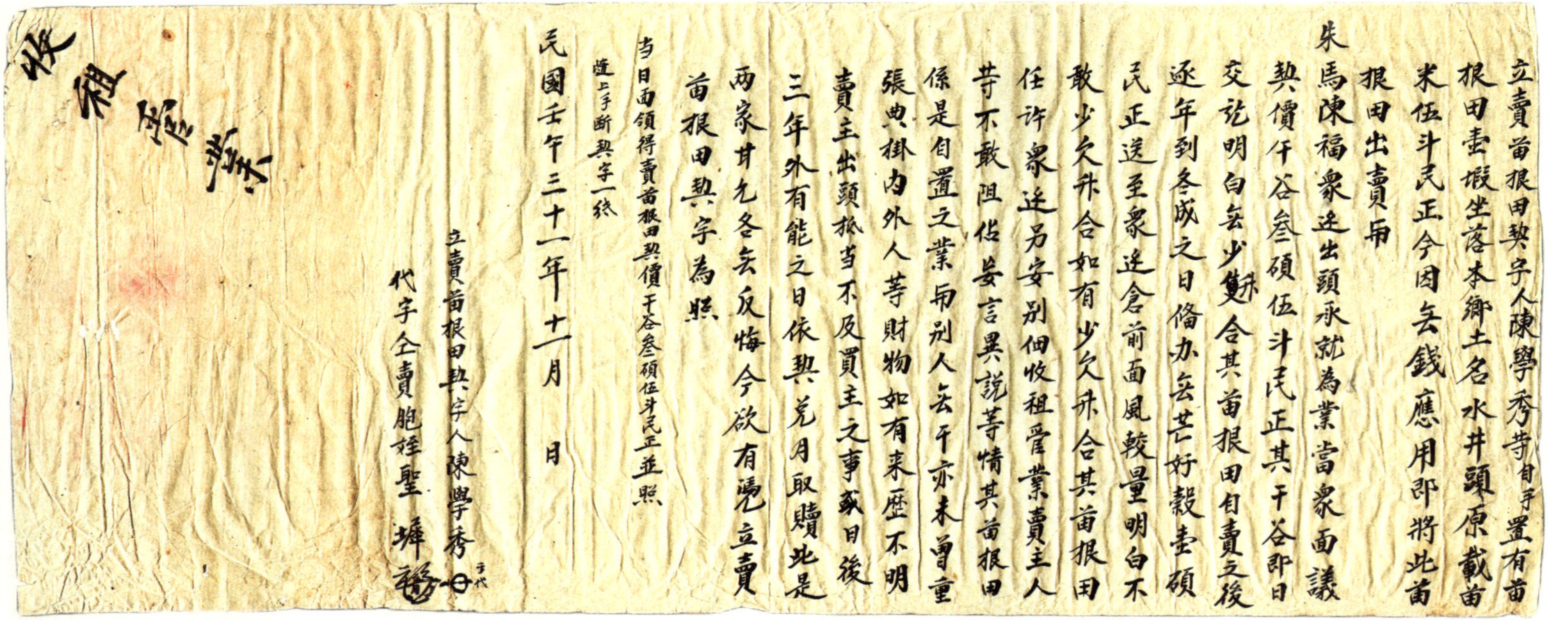

立賣苗根田契字人陳學秀等自手置有苗
根田壹坵坐落本鄉土名水井頭原載苗
米伍斗民正今因乏錢應用即將此苗
根田出賣与
朱馬陳福衆送出頭承就為業當衆面議
契價仟谷叁碩伍斗民正其干谷即日
交訖明白無少斤合其苗根田自賣之後
逐年到冬成之日备办無芒好穀壹碩
民正送至衆送倉前面風較量明白不
敢少欠升合如有少欠升合其苗根田
任許衆送另安別佃收租管業賣主人
等不敢阻佔妄言異說等情其苗根田
係是自置之業与別人無干亦未曾重
張典掛內外人等財物如有來歷不明
賣主出頭抵当不及買主之事或日後
三年外有能之日依契見月取贖此是
兩家甘允各無反悔今欲有憑立賣
苗根田契字為照
当日面領得賣苗根田契價干谷叁碩伍斗民正並照
遺上手断契字一紙
民國壬午三十一年十一月　日
立賣苗根田契字人陳學秀 手代
代字仝賣胞姪聖墀
收租管業

4-5-1-38　民國三十一年十一月陳學秀立賣苗根田契字

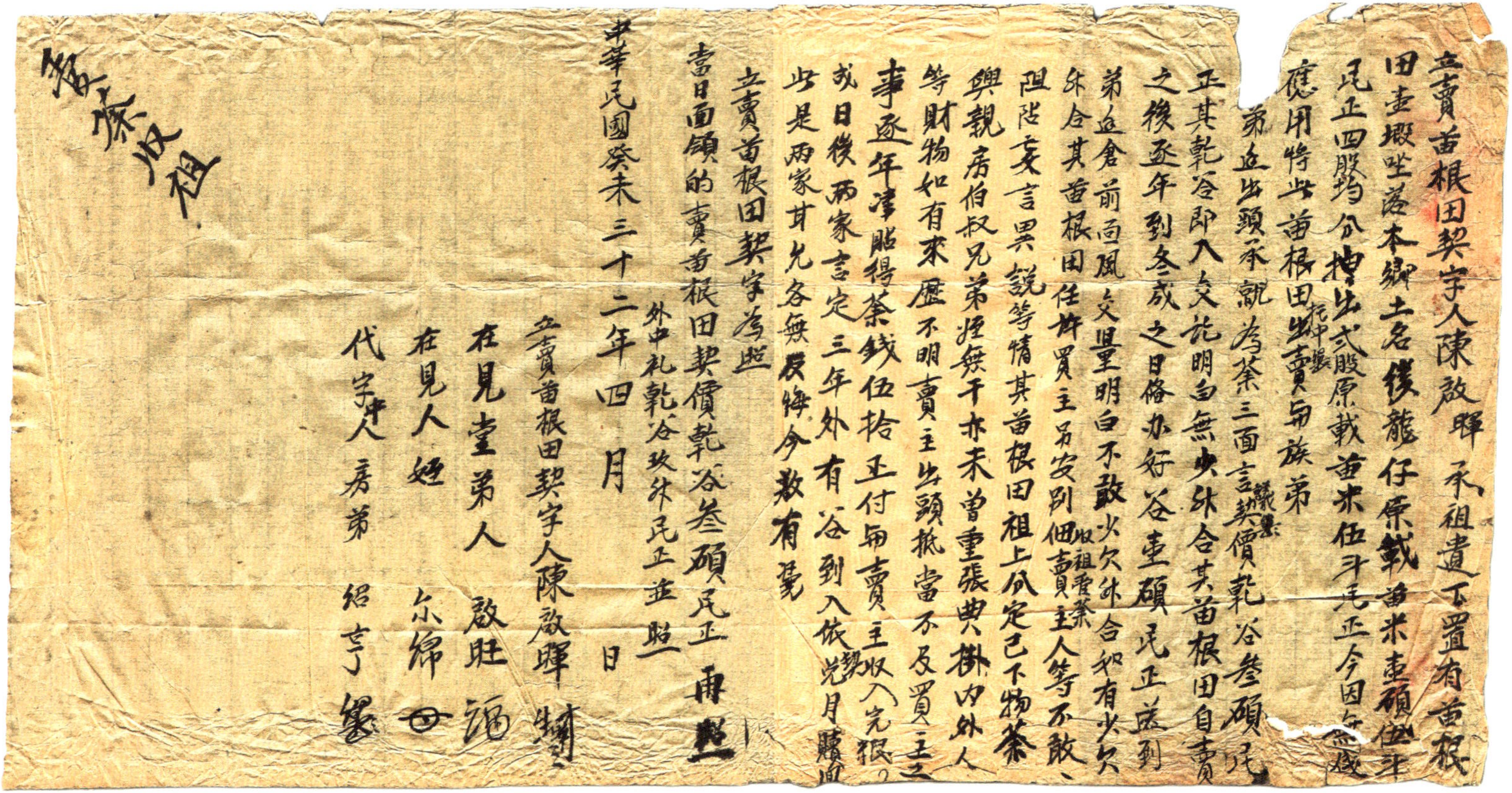

立賣苗根田契字人陳啓暉，承祖遺下置有苗根田壹坵，坐落本鄉，土名後龍仔，原載苗米壹碩伍斗民正，四股均分，抽出弍股，原載苗米伍斗民正。今因缺錢應用，將此苗根田托中出賣與族弟弟𨓺出頭承就為業。三面言議契價乾谷叁碩民正，其乾谷即入交訖明白，無少升合。其苗根田自賣之後，逐年到冬成之日，备办好谷壹碩民正，送到弟𨓺倉前，凾風交量明白，不敢少欠升合。如有少欠升合，其苗根田任聽買主另安別佃，收租管業，賣主人等不敢阻陞言異説等情。其苗根田祖上分定己下物業，與親房伯叔兄弟侄無干，亦未曾重張典掛內外人等財物。如有來歷不明，賣主出頭抵當，不及買主之事。逐年津貼得茶錢伍拾正，付與賣主收入完粮。或日後兩家言定三年外有谷到入，依契光月贖回。此是兩家甘允，各無反悔，今欲有憑，立賣苗根田契字為照。

當日面領的賣苗根田契價乾谷叁碩民正　再照

外中札乾谷玖升民正　並照

中華民國癸未三十二年四月　日

立賣苗根田契字人陳啓暉（押）

在見堂弟人　啓旺（押）

在見人　姪　尔綿（押）

代字中人　房弟　紹亨（押）

4-5-1-39　民國三十二年四月陳啓暉立賣苗根田契字

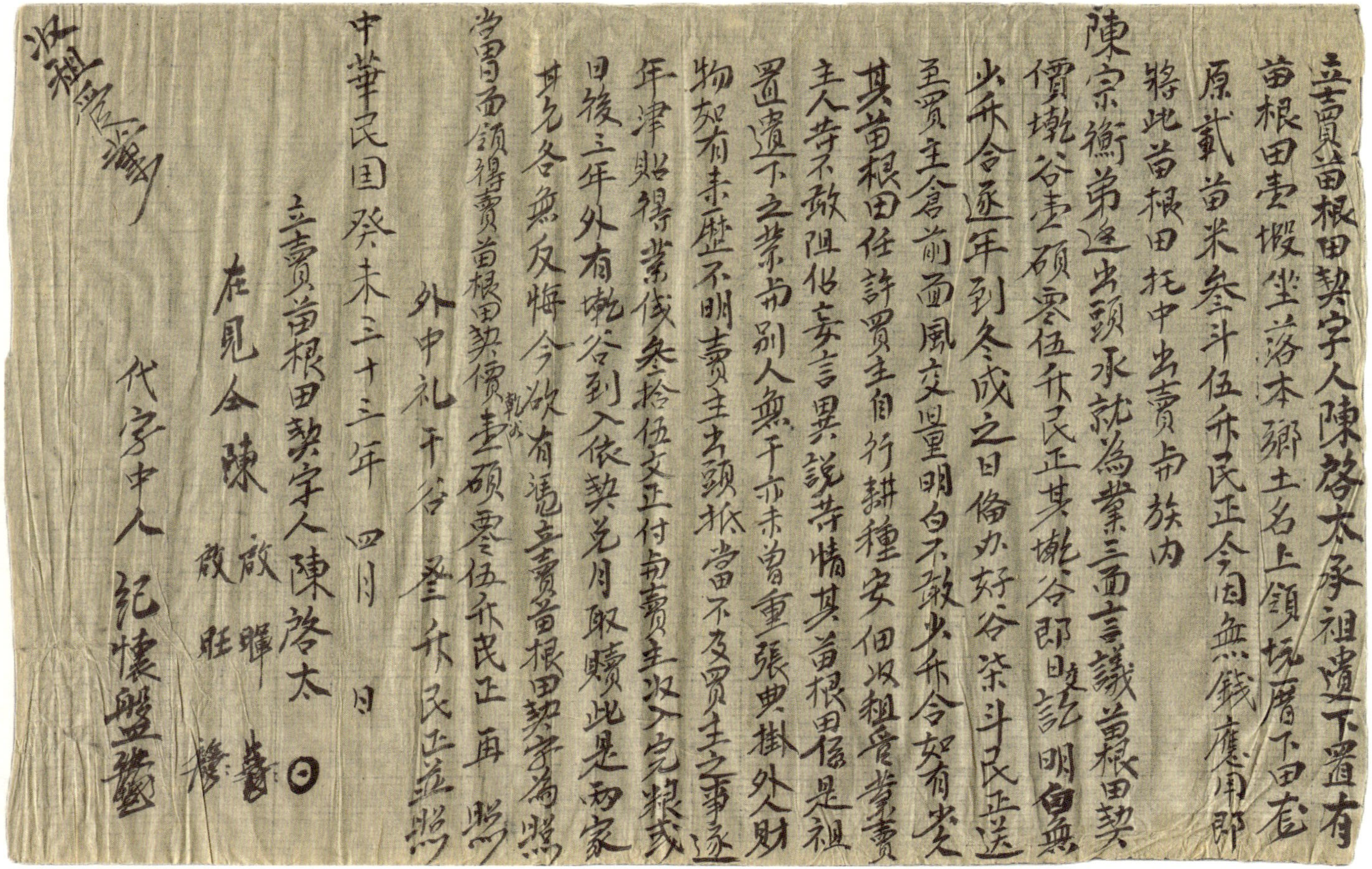
立賣苗根田契字人陳啓太承祖遺下置有
苗根田壹塅坐落本鄉土名上領坵厝下田套
原載苗米叁斗伍升民正今因無錢應用即
將此苗根田托中出賣與族內
陳宗衙弟邊出頭承就為業三面言議苗根田契
價塅谷壹碩零伍升民正其塅谷即日訖明白無
少升合逐年到冬成之日備办好谷茶斗民正送
至買主倉前面風交量明白不敢少升合如有尖
其苗根田任許買主自行耕種安佃收租管業賣
主人等不敢阻佔妄言異說等情其苗根田係是祖
置遺下之業與別人無干亦未曾重張典掛外人財
物如有來歷不明賣主出頭抵當不及買主之事逐
年津貼得業伐叁拾伍文正付與賣主收入完粮式
日後三年外有塅谷到入依契見月取贖此是兩家
甘允各無反悔今欲有憑立賣苗根田契字為照
當面領得賣苗根田契價乾谷壹碩零伍升民正 再照
外中礼干谷 叁升民正並照
中華民国癸未三十三年 四月 日
立賣苗根田契字人陳啓太
在見仝陳 啟暉 啟旺
代字中人 紀懐盤

4-5-1-40　民國三十三年四月陳啓太立賣苗根田契字

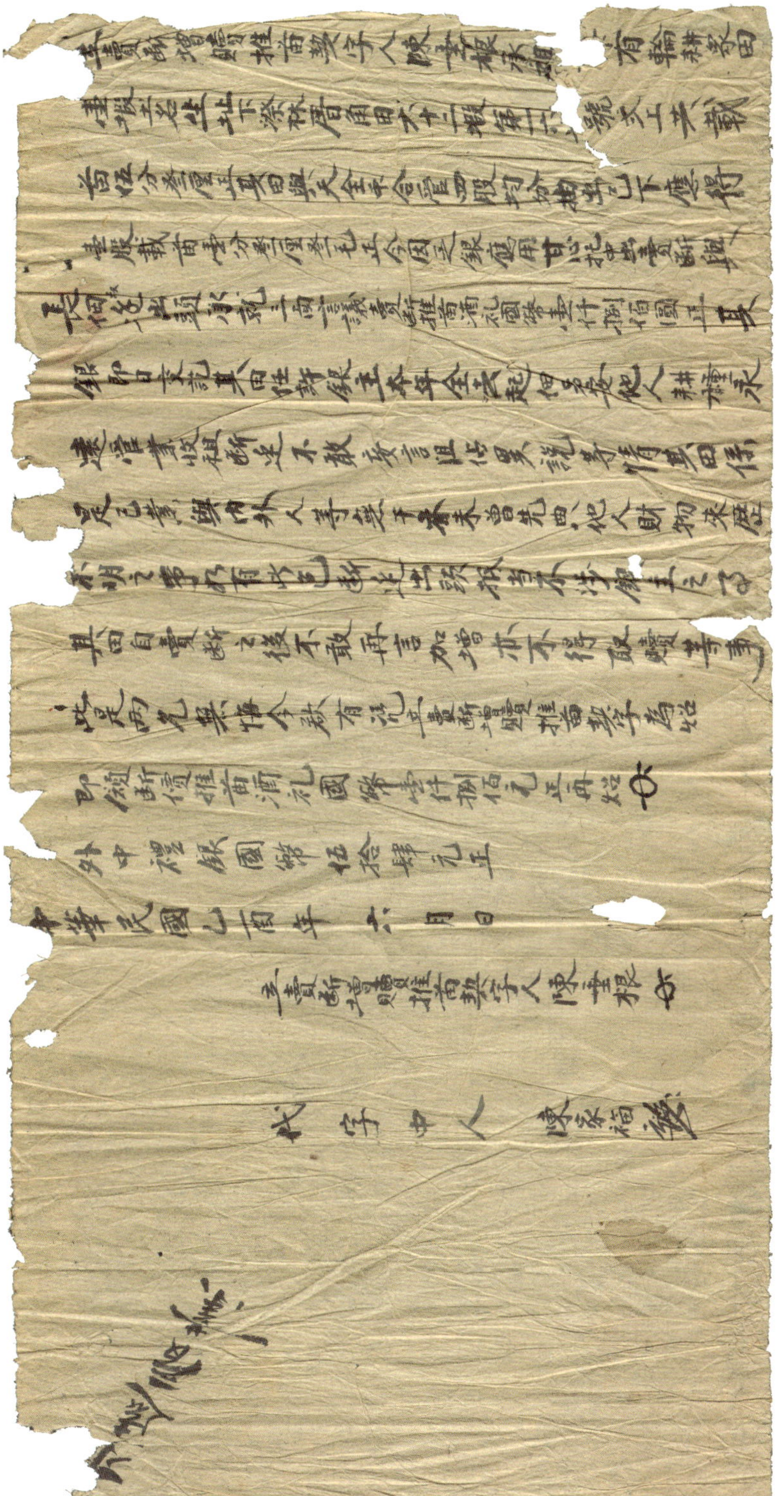

立賣斷增贖推苗契字人陳垂根承祖有輪耕家田
壹坵土名坐址下祭林厝角田大十二坵第一六[illegible]號丈工式載
苗伍分叁厘正其田與天全禾合管四股均分抽出己下應得
壹股載苗壹分叁厘叁毛正今因乏銀應用甘心托中出賣斷與
長佃叔從出頭承就三面言議賣斷推苗酒礼國幣壹仟捌佰圓正其
銀即日交訖其田任許銀主本年全年起佃另安他人耕種永
遠管業收租斷逆不敢妄言阻佔異說等情其田係
是己業與內外人等無干並未曾先典他人財物來歷
不明之事如有此色斷逆出頭抵當不涉銀主之事
其田自賣斷之後不敢再言加增亦不得取贖等事
此是兩允無悔今欲有憑立賣斷增贖推苗契字為炤
即領斷價推苗酒礼國幣壹仟捌佰元正再炤 押
外中禮銀國幣伍拾肆元正
中華民國乙酉年六月日
立賣斷增贖推苗契字人陳垂根 押
代字中人陳家福 押

4-5-1-41 民國三十四年六月陳垂根立賣斷增贖推苗契字

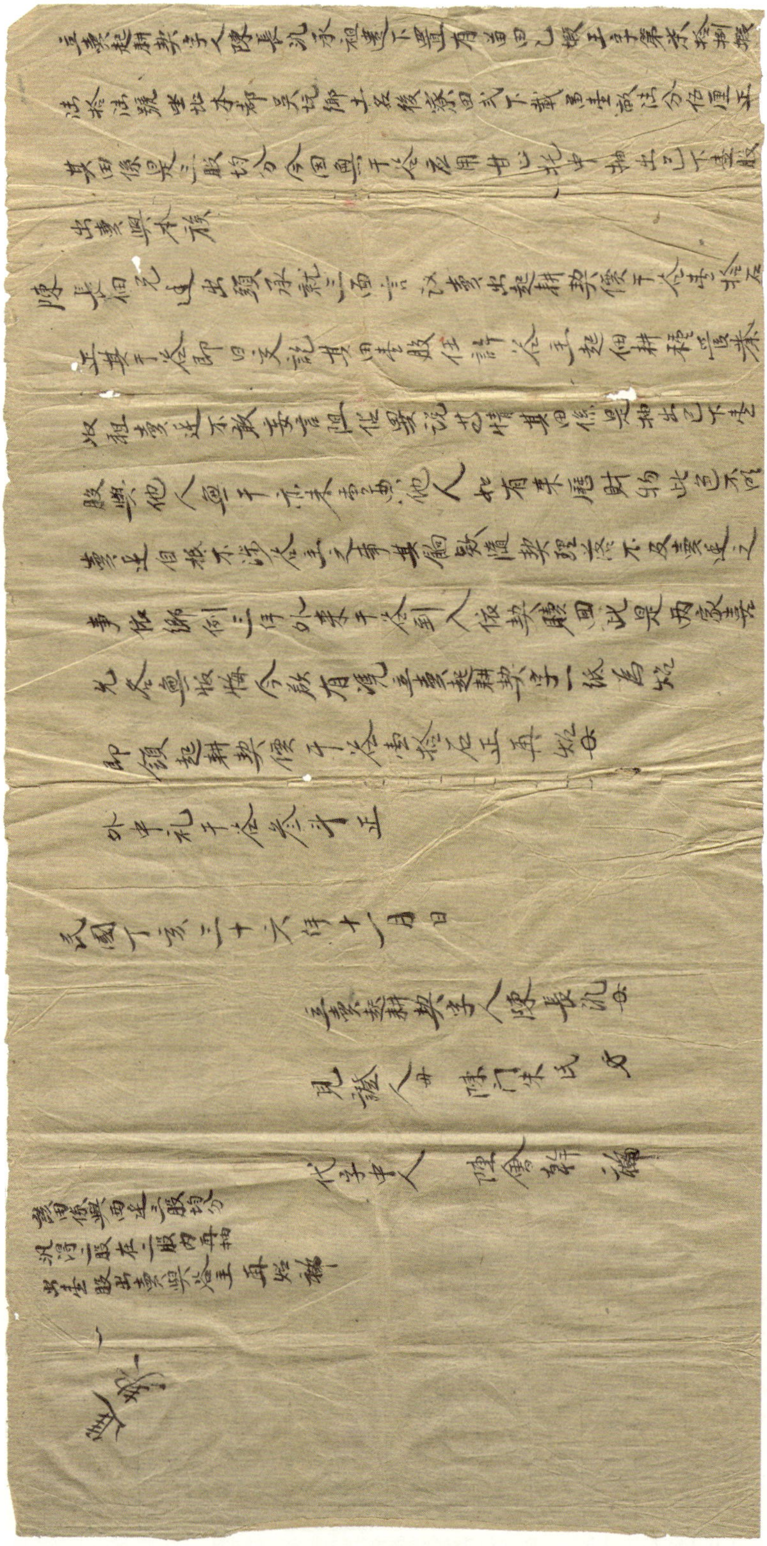

4-5-1-42　民國三十六年十一月陳長沉立賣起耕苗田契字

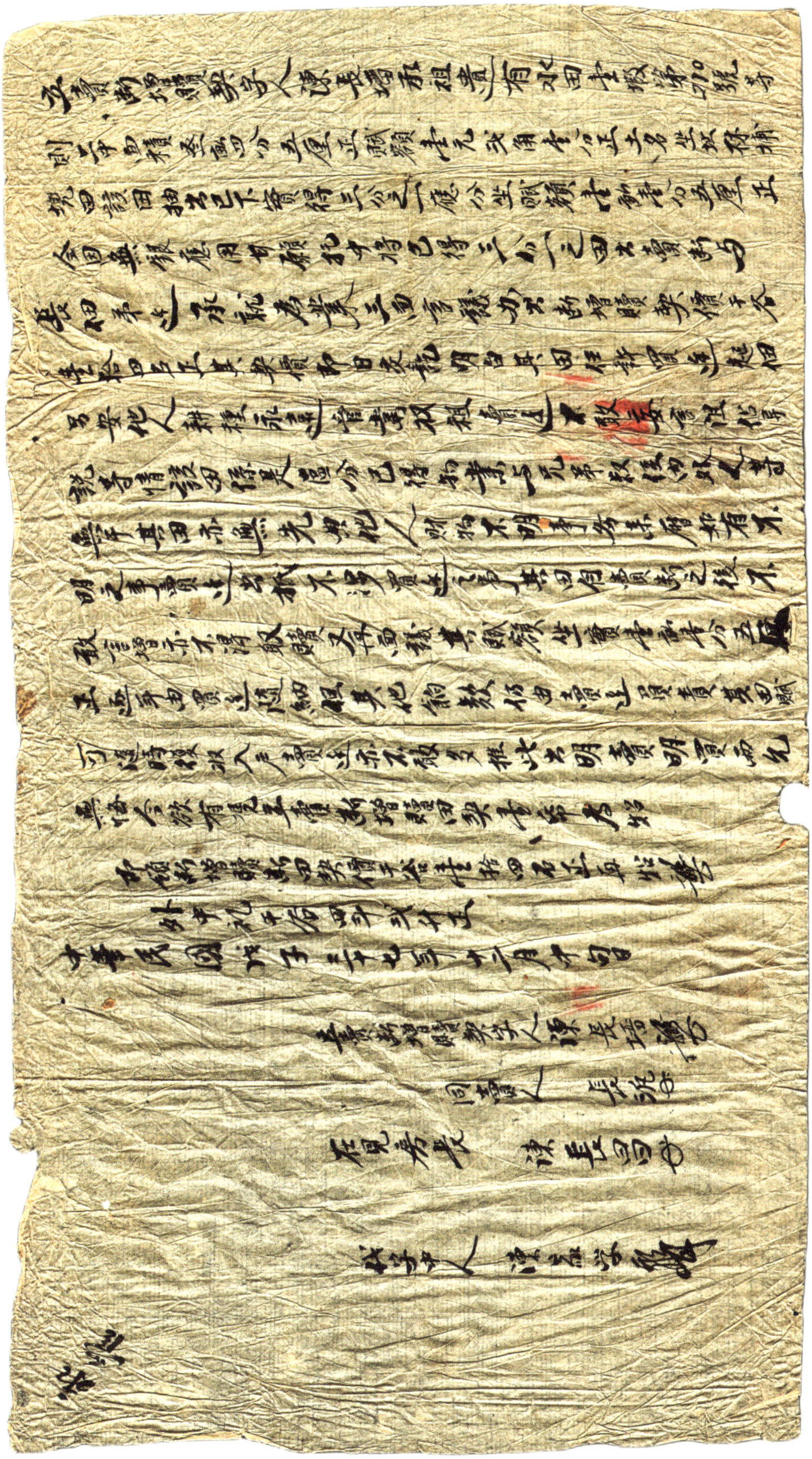

4-5-1-43　民國三十七年十二月陳長增立賣斷增贖水田契字

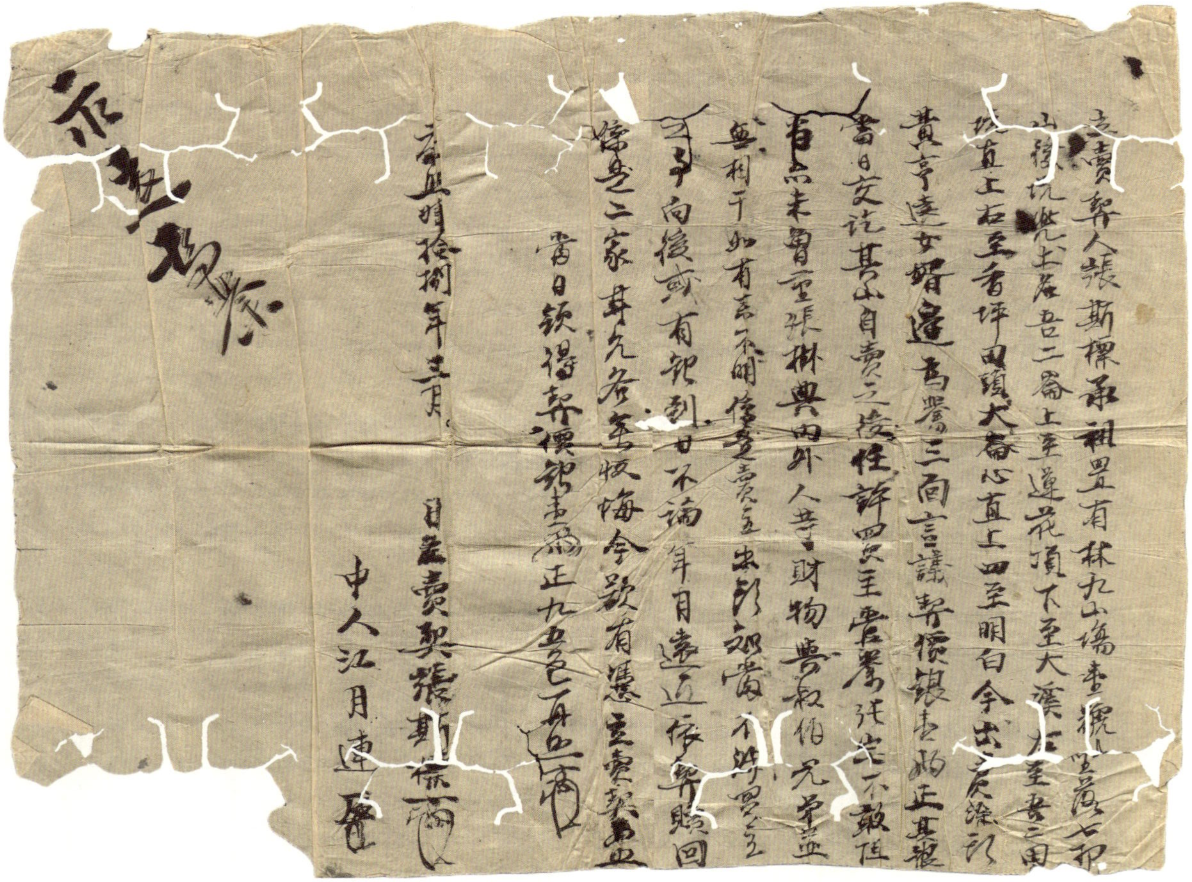

4-5-2-1　清康熙四十八年三月張斯標立賣山場契

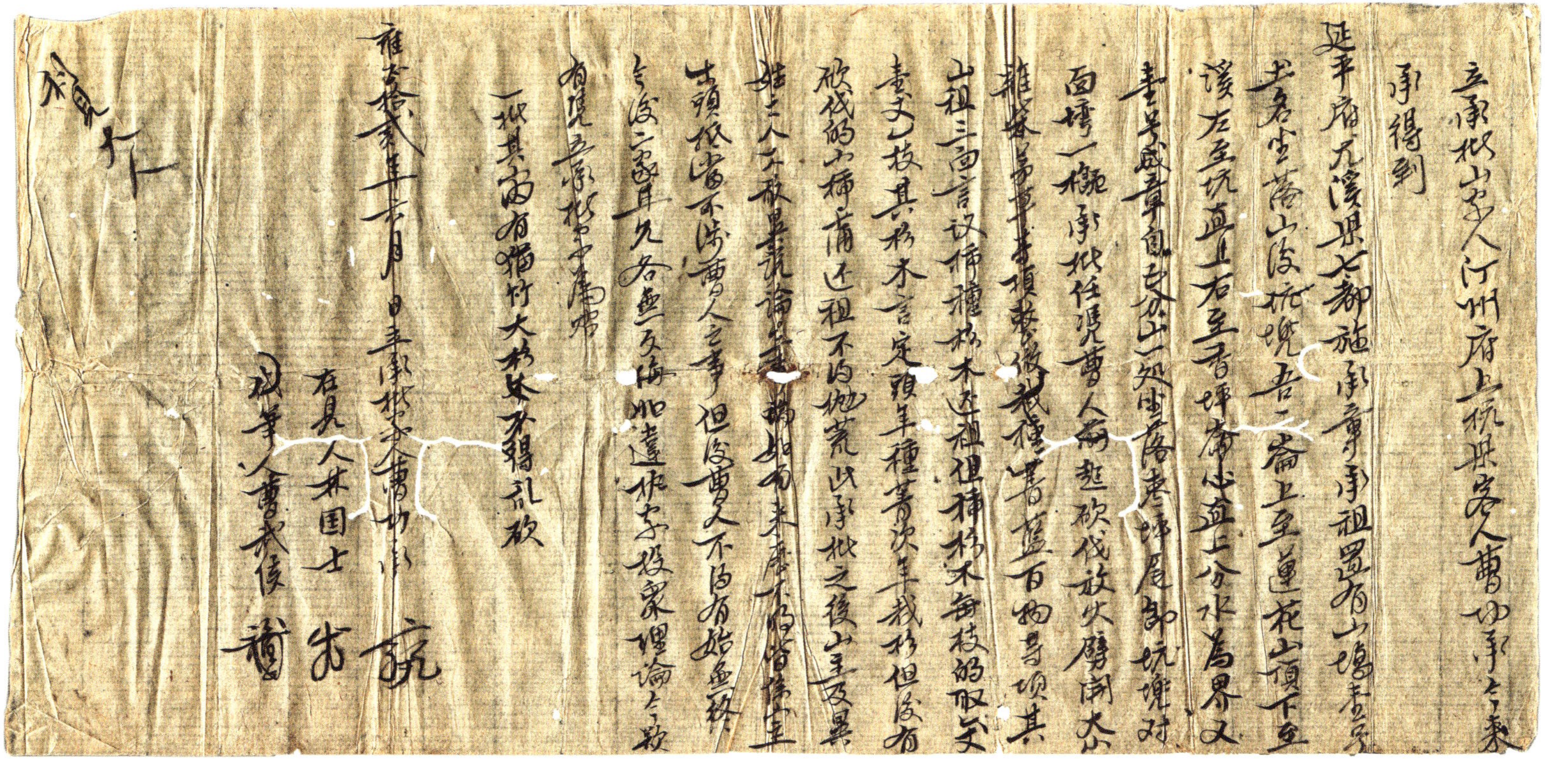

立承批山字人汀州府上杭県客人曹功承，今來
承得到
延平府尤溪県七都施厝章厝祖置有山場壹所，
土名坐落山後坑境吾一畲，上至蓮花山頂，下至
溪，左至坑直上，右至香坪廟心直上分水為界。又
壹号處章厝邊山一処，土名落坑坪尾鄭坑境，对
面墘一橫。承批任憑曹人前去砍伐放火劈開，大小
雜樹係曹人栽種，菁蓋百物等項。其
山租三面言议，俱種杉木，还祖租，杉木每枝的取艾
壹丈一抜。其杉木言定頭年種菁，次年栽杉，但後有
砍伐的山稱甫还祖，不得抛荒。此承批之後，山主及異
姓之人不敢異言說論生端，如有來歷不明，皆係山主
出頭抵當，不涉曹人之事。但後曹人不得有始無終。
今後二家并允，各無反悔，如違，依字投众理論。今欲
有憑，立承批字壹紙為照。
一批：其內有猫竹大杉，曹不得乱砍。
雍正拾貳年六月　日立承批字人曹功承
在見人林国士
代筆人曹成侯

4-5-2-2　清雍正十二年六月上杭曹功承立承批山場字

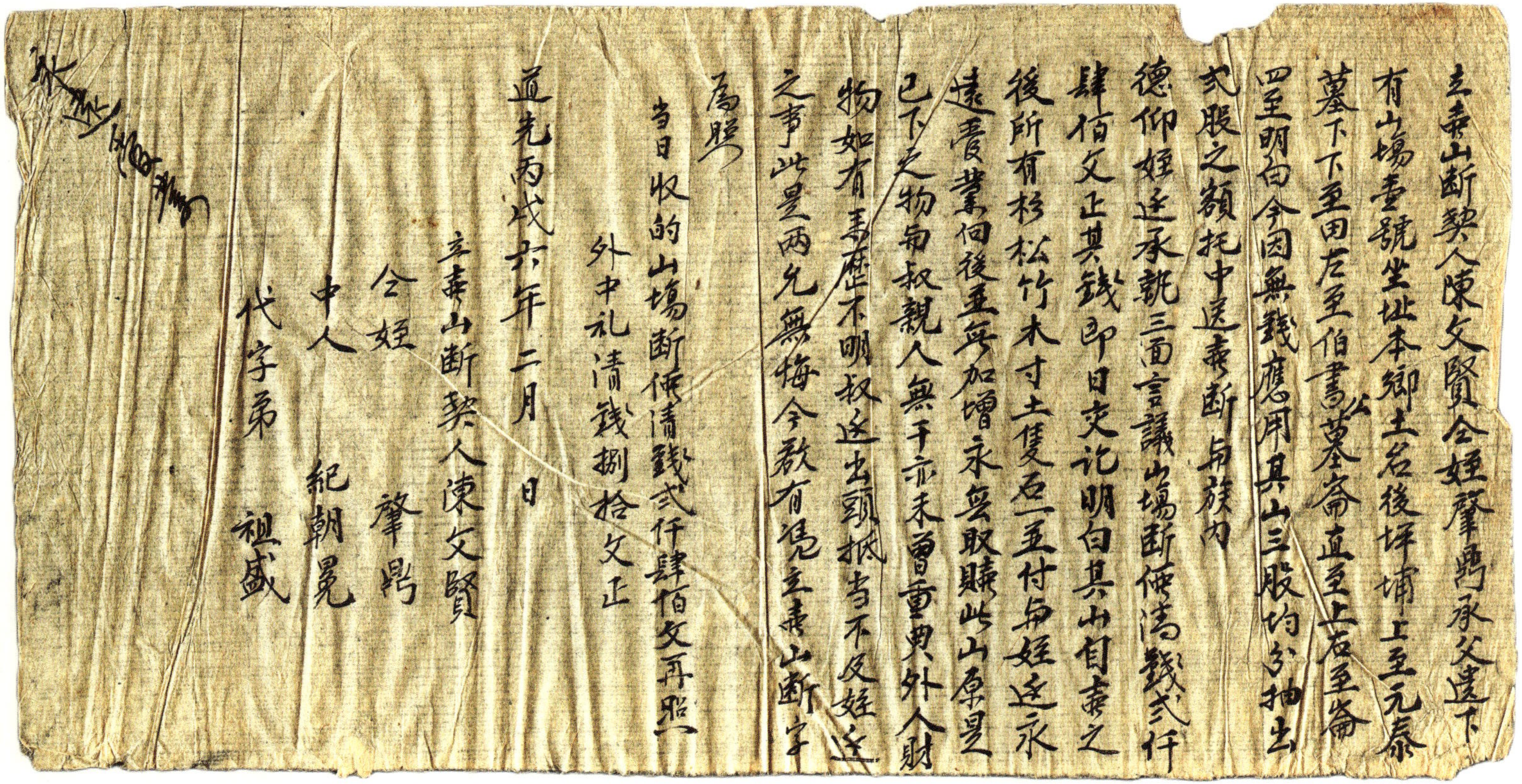
立賣山斷契人陳文賢仝姪肇昌承父遺下
有山場壹號坐址本鄉土名後坪埔上至元泰
墓下下至田左至伯書公墓前直至上右至崙
四至明白今因無錢應用其山三股均分抽出
弍股之額托中送賣斷與族內
德仰姪邊承就三面言議山場斷價清錢弍仟
肆佰文正其錢即日交訖明白其山自賣之
後所有杉松竹木寸土隻石一并付與姪邊永
遠管業伺後並無加增永無取贖此山原是
己下之物與叔親人無干亦未曾重典外人財
物如有來歷不明叔邊出頭抵當不及姪邊
之事此是兩允無悔今欲有憑立賣山斷字
為照
當日收的山場斷價清錢弍仟肆佰文再照
外中礼清錢捌拾文正
道光丙戌六年二月　日
立賣山斷契人陳文賢
仝姪　肇昌
中人　紀朝晃
代字弟　祖盛

4-5-2-3　清道光六年二月陳文賢等立賣斷山場契

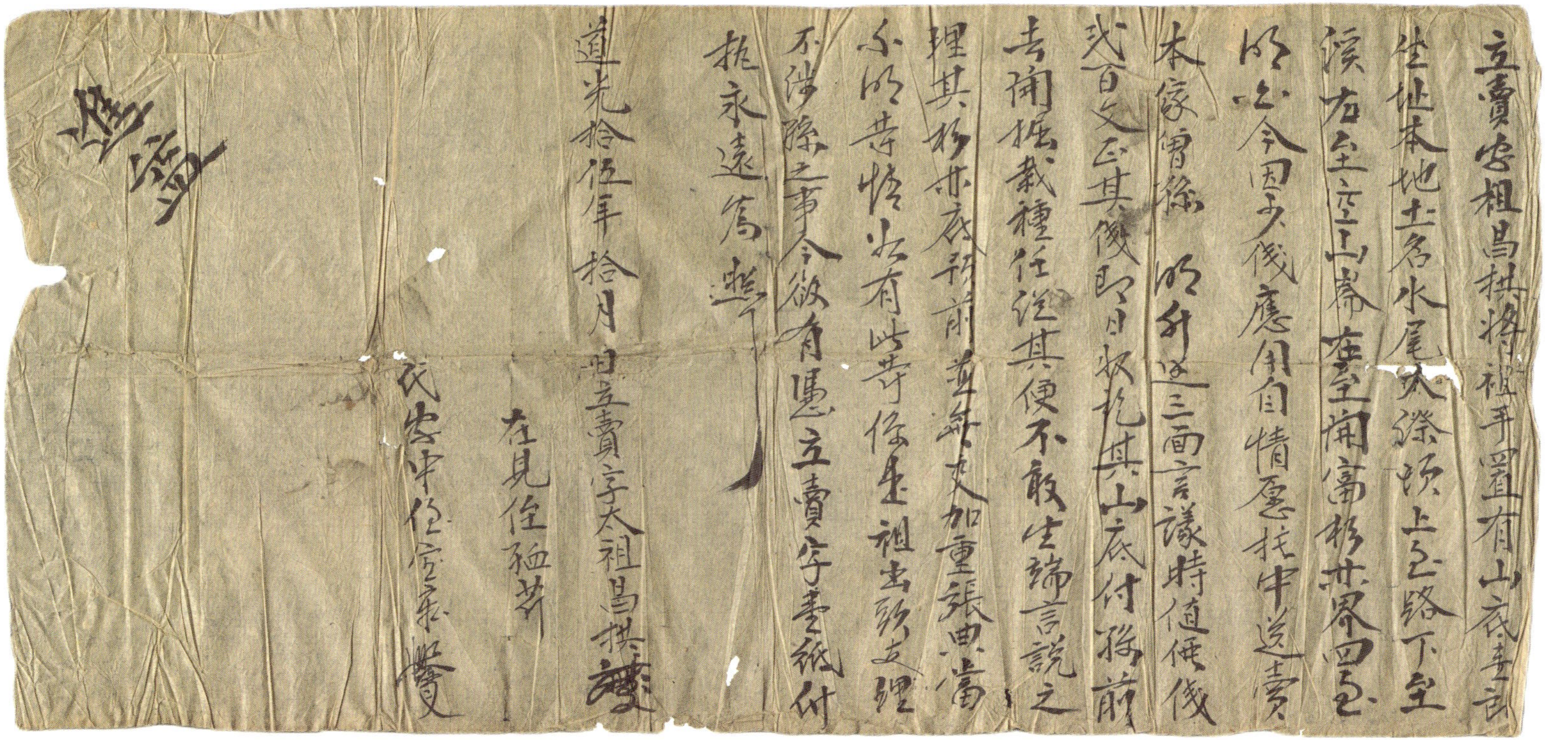
立賣字[illegible]祖昌拱將祖手置有山底壹所
坐址本地土名水尾[illegible]蓀坂上至路下至
溪左至[illegible]山爲界右至開富彬山界四至
明白今因乏錢應用自情愿托中送賣
本家曾孫　明升　邊三面言議時值價錢
弍百文正其錢即日收訖其山底付孫前
去開墾栽種任從其便不敢生端言說之
理其彬山底前並無交加重張典當
亦明未有此等係是祖出頭支理
不涉孫之事今欲有憑立賣字壹紙付
執永遠爲照
道光拾伍年拾月　日立賣字太祖昌拱
在見侄孫[illegible]
代字中侄[illegible]

4-5-2-4　清道光十五年十月許昌拱立賣山底字

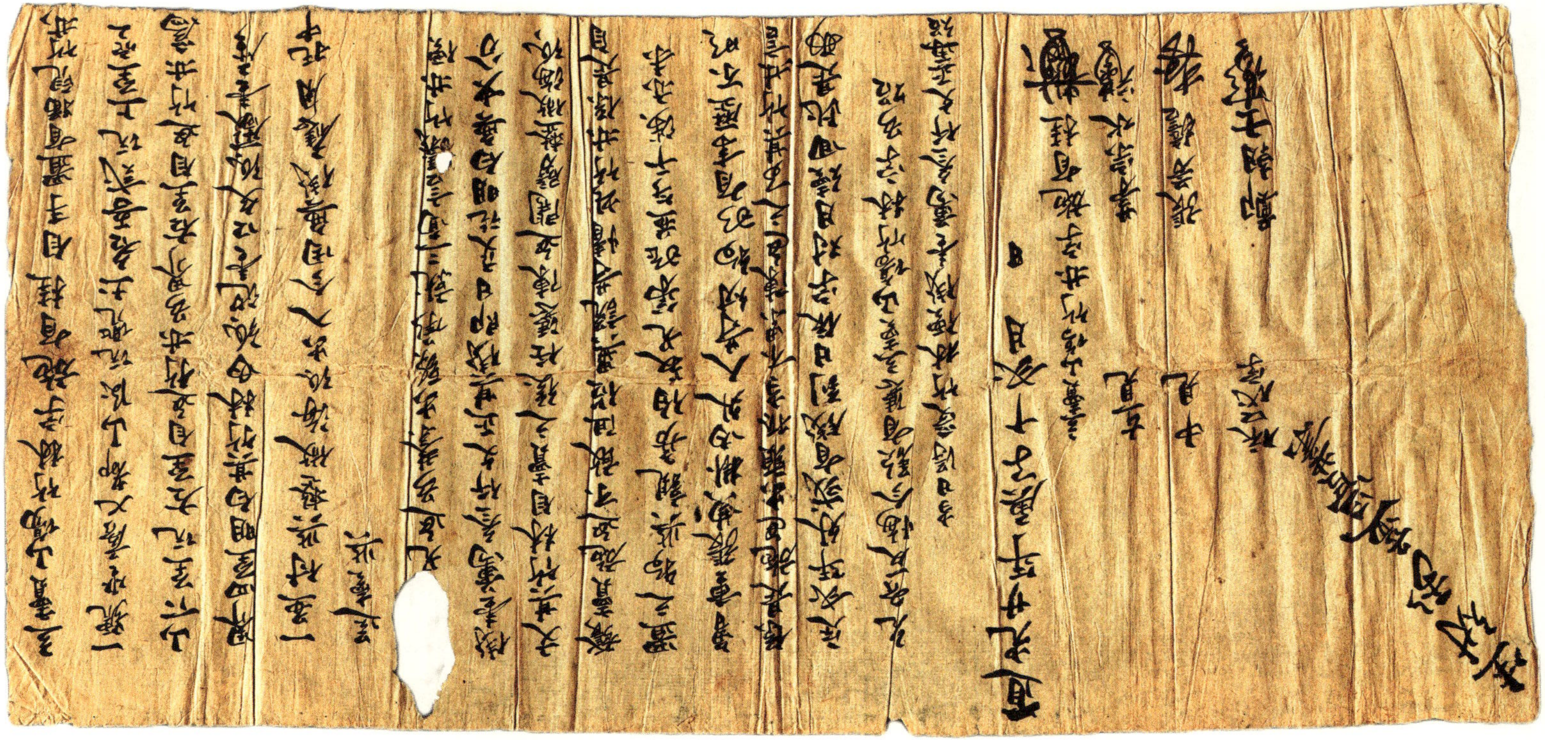

4-5-2-5　清道光二十年十二月施有桂立賣山場等字

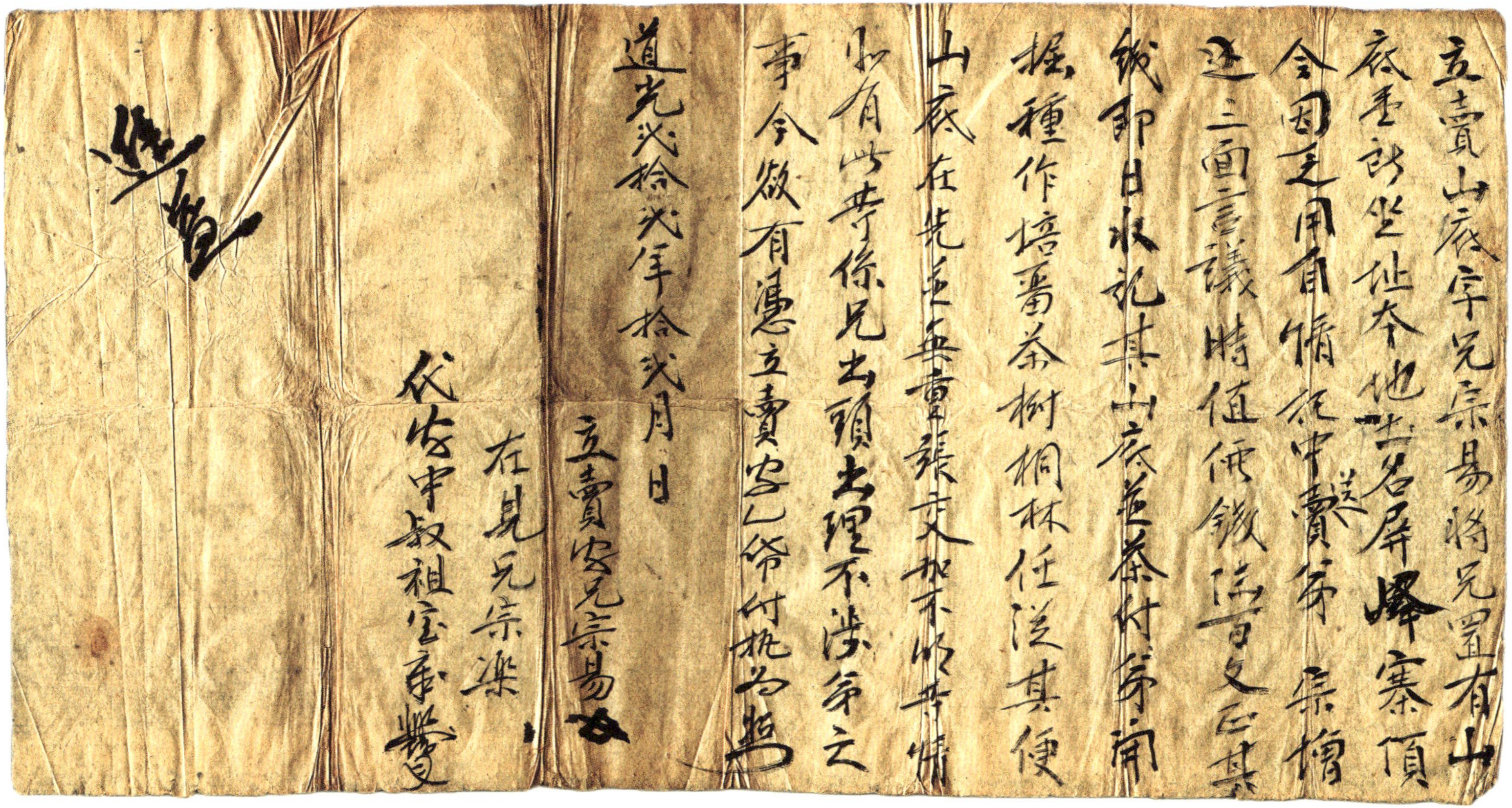
立賣山底字兄宗易將兄置有山
底壹號坐址本地土名屏峰寨頂
今因乏用自情托中賣送弟宗榗
進三面言議時值價錢陸百文正其
錢即日收訖其山底並茶付弟開
掘種作培蓄茶樹桐林任從其便
山底在先並無重張交加不明等情
如有此等係兄出頭支理不涉弟之
事今欲有憑立賣字乙紙付執為照
道光弍拾弍年拾弍月　日
立賣字兄宗易
在見兄宗楽
代字中叔祖宝康鑾
進益

4-5-2-6　清道光二十二年十二月許宗易立賣山底字

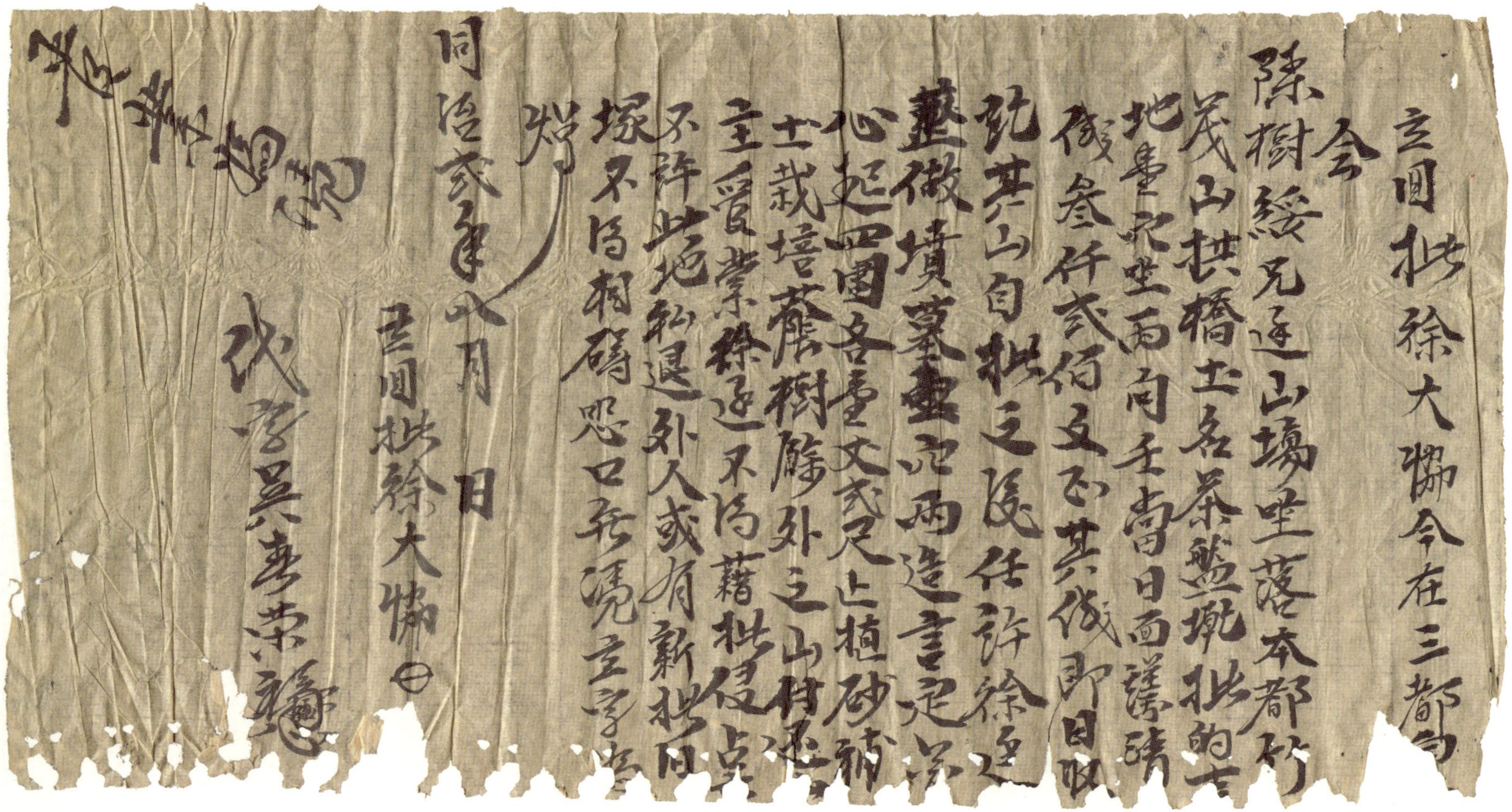
立回批徐大協今在三都[illegible]
会
陳樹綏兄邊山場坐落本都竹
民山拱橋土名茶盤坑批的土
地壹穴坐西向壬寅日面議時
價叁仟贰佰文正其价即日收
訖其山自批之後任許徐邊
壘做墳墓壹穴兩造言定從
心起四圍各壹丈贰尺上植砂衛
土栽培蔭樹餘外之山付還
主管業徐邊不得藉批侵占
不許此地私退外人或有新批
塚不得相碍恐口無憑立字為
照
同治贰年八月　日　立回批徐大協㊞
代筆吳惠荣[illegible]
[illegible]

4-5-2-7　清同治二年八月徐大協立回批山場字

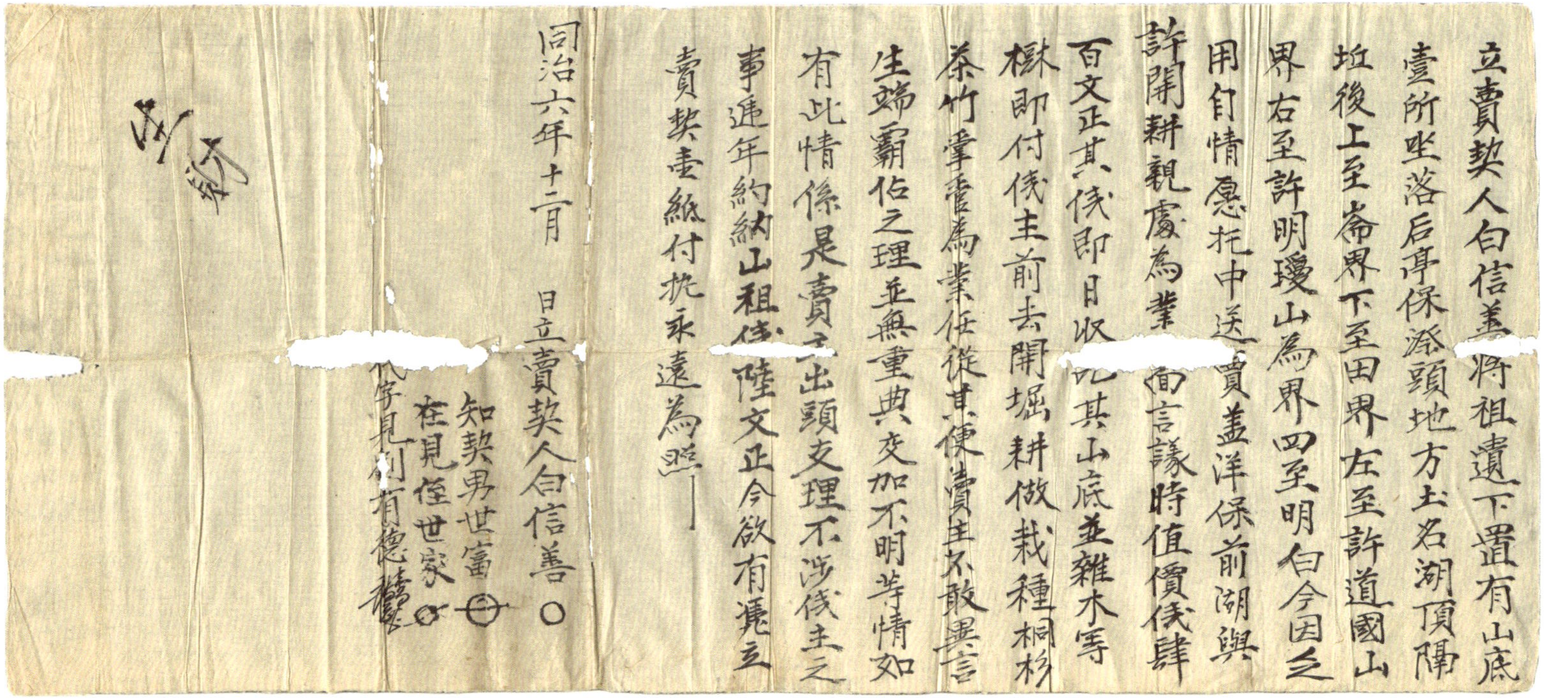

立賣契人白信善將祖遺下置有山底
壹所坐落后亭保漈頭地方土名湖頂牌
垃後上至上衙界下至田界左至許道國山
界右至許明瓊山爲界四至明白今因乏
用自情愿托中送賣蓋洋保前湖鄭
村開耕親處爲業當日三面議時值價錢肆
百文正其錢即日收訖其山底並雜木寄
樹即付錢主前去開掘耕做栽種桐杉
茶竹掌管爲業任從其便保此賣主不敢異言
生端斷無取贖之理並無重典交加不明等情如
有此情係是賣主出頭支理不涉錢主之
事逐年納山租錢壹文正今欲有憑立
賣契壹紙付執永遠爲照

同治六年十二月　日立賣契人白信善 ○
知契男世富 ○
在見侄世榮 ○
代字見則有德

收訖

4–5–2–8　清同治六年十二月白信善立賣山底契

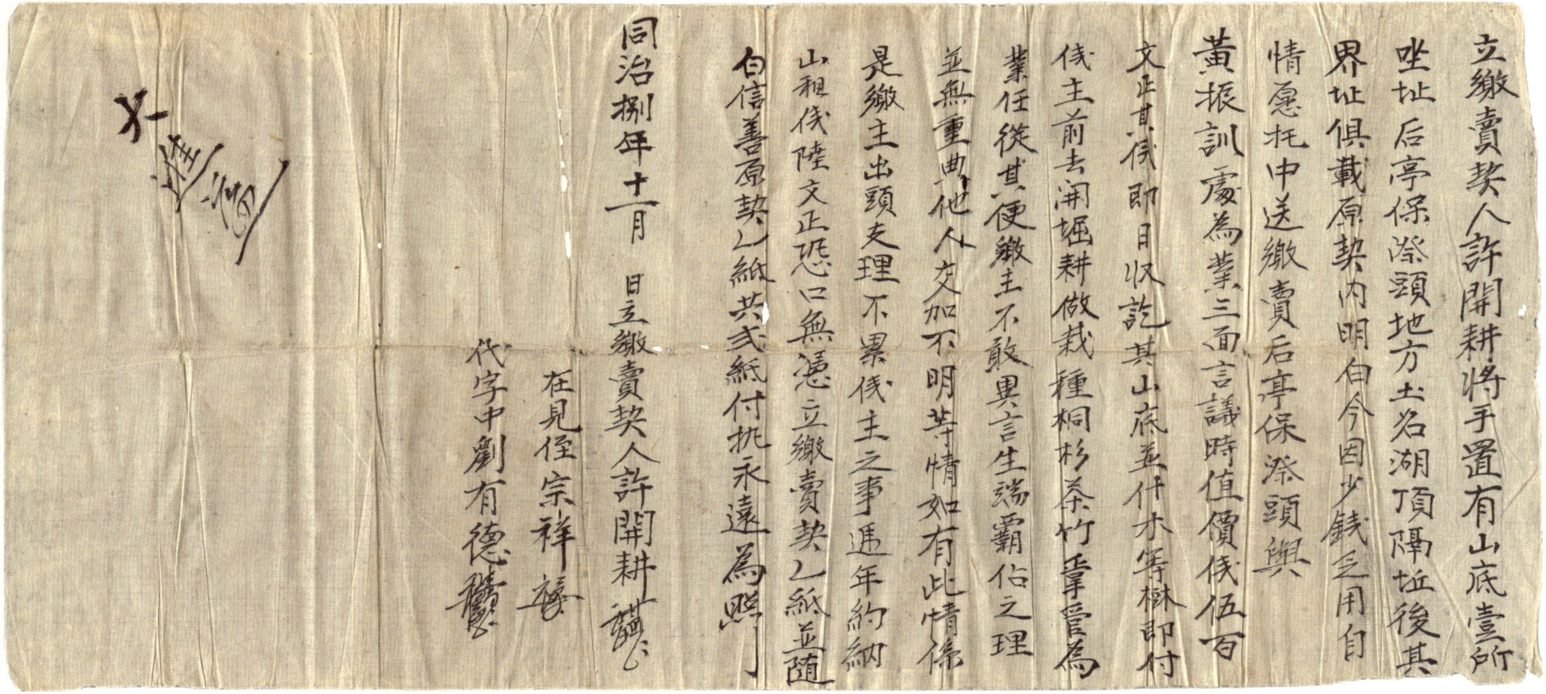
立繳賣契人許開耕將手置有山底壹所
坐址后亭保漈頭地方土名湖頂陽垅後其
界址俱載原契内明白今因乏錢乏用自
情愿托中送繳賣后亭保漈頭與
黃振訓處為業三面言議時值價錢伍百
文正其錢即日收訖其山底並什木等椕即付
錢主前去開掘耕做栽種桐杉茶竹掌管為
業任從其便繳主不敢異言生端霸佔之理
並無重典他人交加不明等情如有此情係
是繳主出頭支理不累錢主之事逓年約納
山租錢陸文正恐口無憑立繳賣契一紙並隨
白信善原契一紙共弍紙付執永遠為照
同治捌年十一月　日立繳賣契人許開耕（押）
在見侄宗祥（押）
代字中劉有德（押）

4-5-2-9　清同治八年十一月許開耕立繳賣山底契

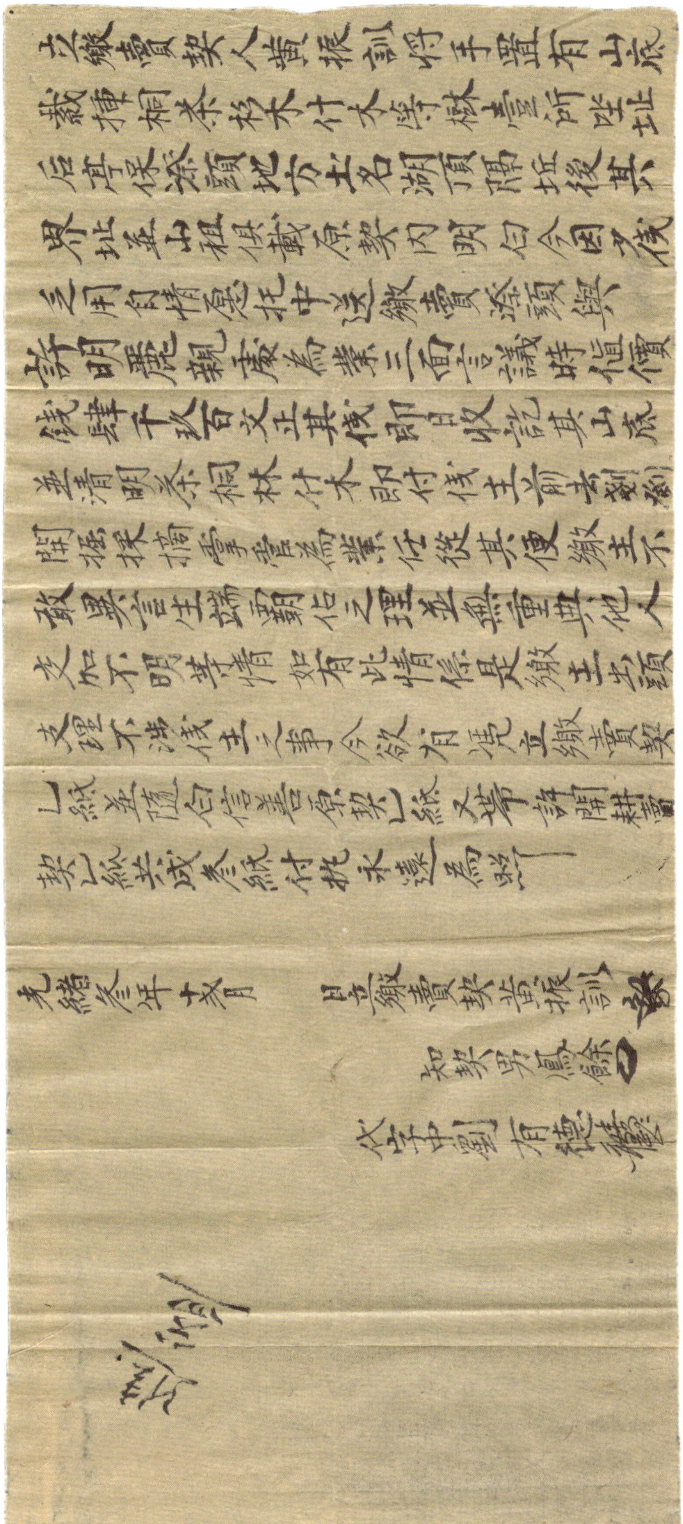
立缴賣契人黄振訓將手置有山底
栽種桐茶杉木竹木等林壹所坐址
后亞保洛頭地方土名湖頭隔坵後其
界址並山祖俱載原契內明白今因乏
乏用自情愿托中送缴賣與
許明麗觀康為業三面言議時值價
錢肆千玖百文正其錢即日收訖其山底
並清明茶桐林竹木即付錢主前去剗削
開掘採摘管業為業任從其便缴主不
敢異言生端霸佔之理並無重典他人
交加不明等情如有此情係是缴主出頭
支理不涉錢主之事今欲有憑立缴賣契
一紙並隨付上手原契一紙又並許開耕賣
契一紙共成叁紙付執永遠為照

光緒叁年十弍月　日立缴賣契黄振訓（押）
知契男鳳儀（押）
代字中劉有德（押）

4-5-2-10　清光緒三年十二月黄振訓立缴賣山底契

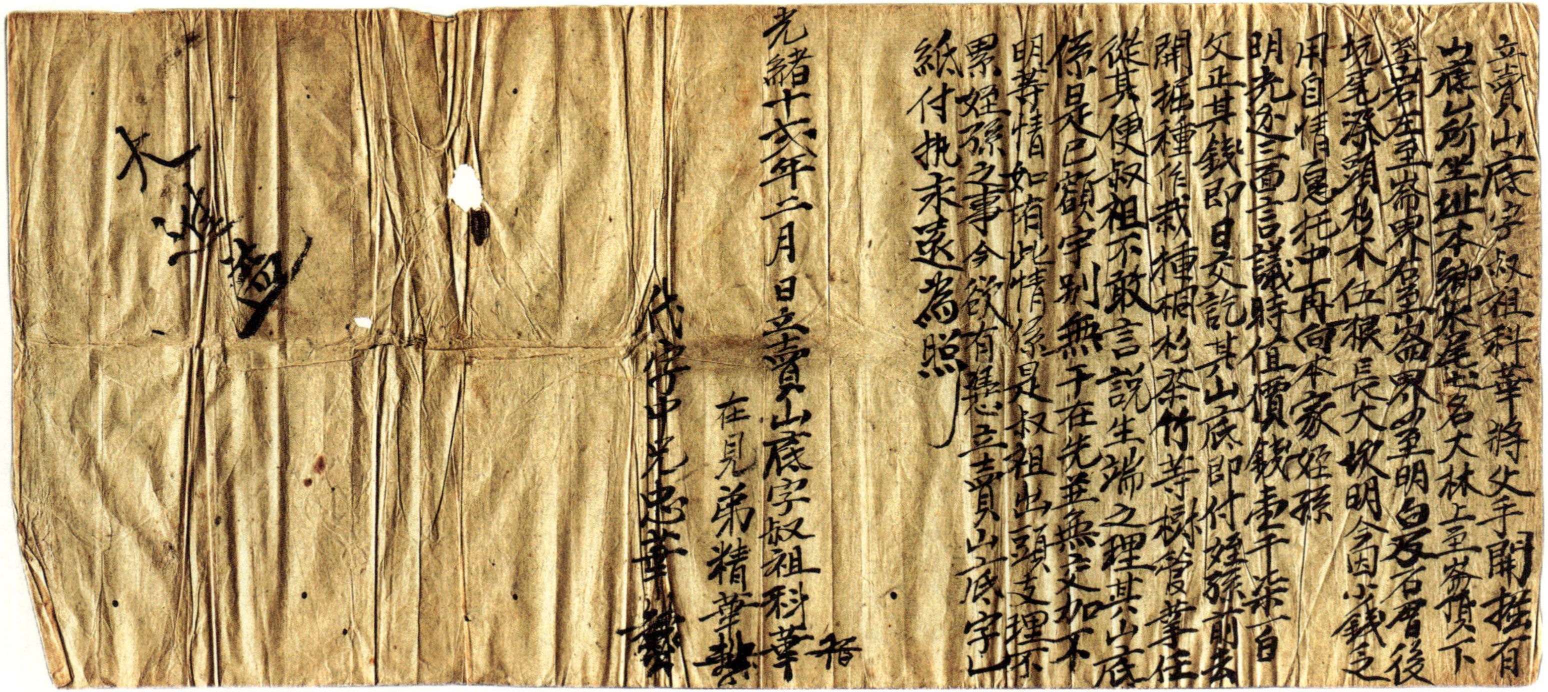

立賣山底字叔祖科華將父手開掘有
山底山一所坐址本鄉朱尾崗土名大林上至崙頂下
至岩左至崙界右至崙界四至明白爰石層後
坑尾承頂杉木伍根長大難以明今因乏錢
用自情愿托中再向本家姪孫
明光邊三面言議時值價錢壹千柒百
文正其錢即日交訖其山底即付姪孫前去
開掘種作栽種桐杉茶竹等樹管業任
從其便叔祖不敢言說生端之理其山底
係是已額字別無干在先並無文加不
明等情如有此情係是叔祖出頭支理不
累姪孫之事今欲有憑立賣山底字一
紙付執永遠為照

光緒十六年二月　日立賣山底字叔祖科華　押
在見弟精華　押
代字中光忠華　押

大進財

4-5-2-11　清光緒十二年二月許科華立賣山底字

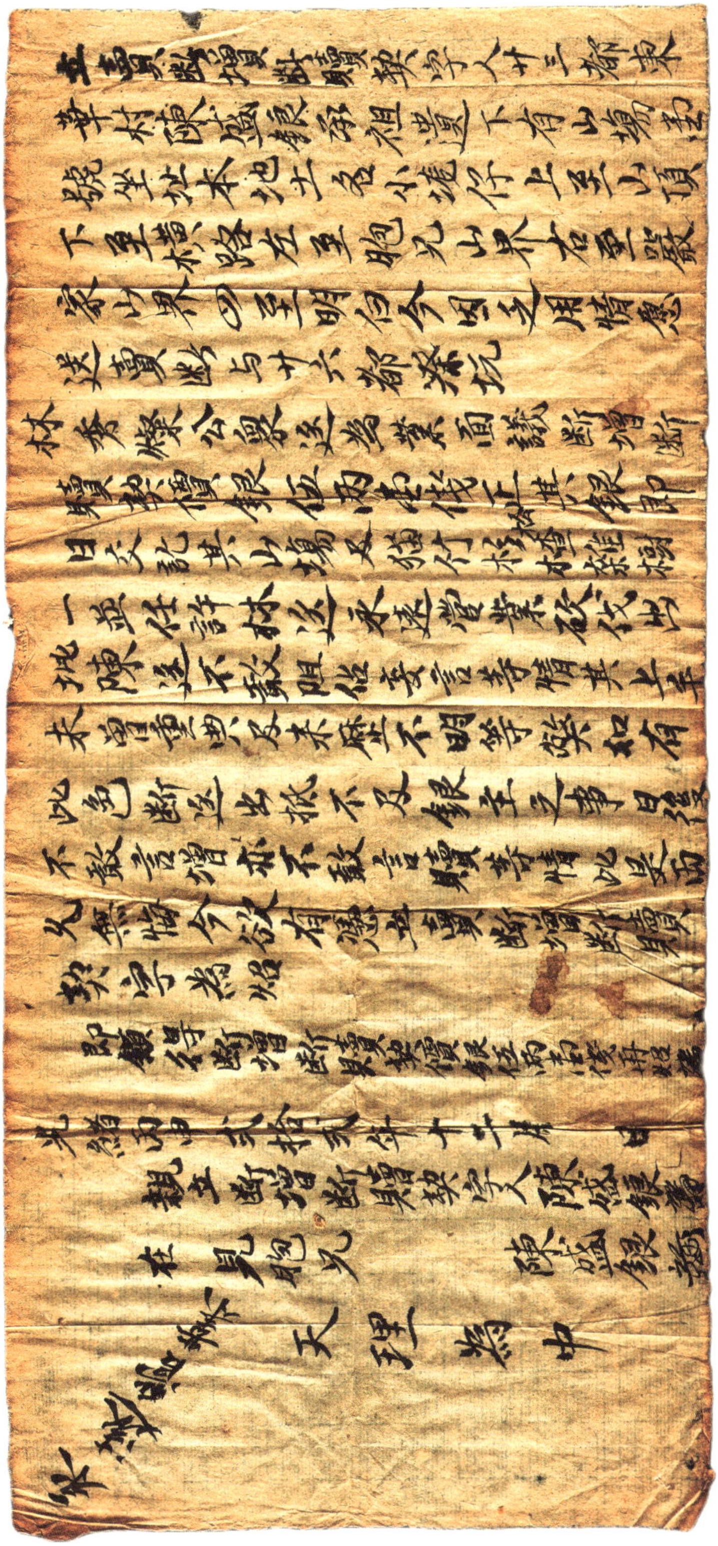

立賣斷增賣斷契字人卅三都東
華村陳盛銀，承祖遺下有山場壹
號，坐址本地土名小坑仔，上至山頂，
下至橫路，左至胞兄山界，右至路
家山界，四至明白。今因乏用，情愿
送賣與卅六都蒜坑
林秀樑公衆邊為業，面議斷增斷
賣斷價銀伍兩正，其銀即
日交訖。其山場及樹竹杉苗雜樹
一並付許林邊承管業，砍伐出山，
批陳邊不敢阻佔支言等情。其上手
來[illegible][illegible][illegible]與及來歷不明等情，係[illegible]有
此邊自斷之出抵，不及銀主之事。日後
不敢言增，亦不敢言贖等情。此係兩
允無悔，今欲有憑，立賣斷增斷賣
契一字為照。
即親得斷增斷賣契價銀伍兩正，收訖足。

光緒丙申貳拾貳年十二月　日
親立斷增斷賣契字人陳盛銀（押）
在見胞兄　陳盛錫
天理　為中

永遠管業

4-5-2-12　清光緒二十二年十二月陳盛銀立賣斷增斷贖山場契

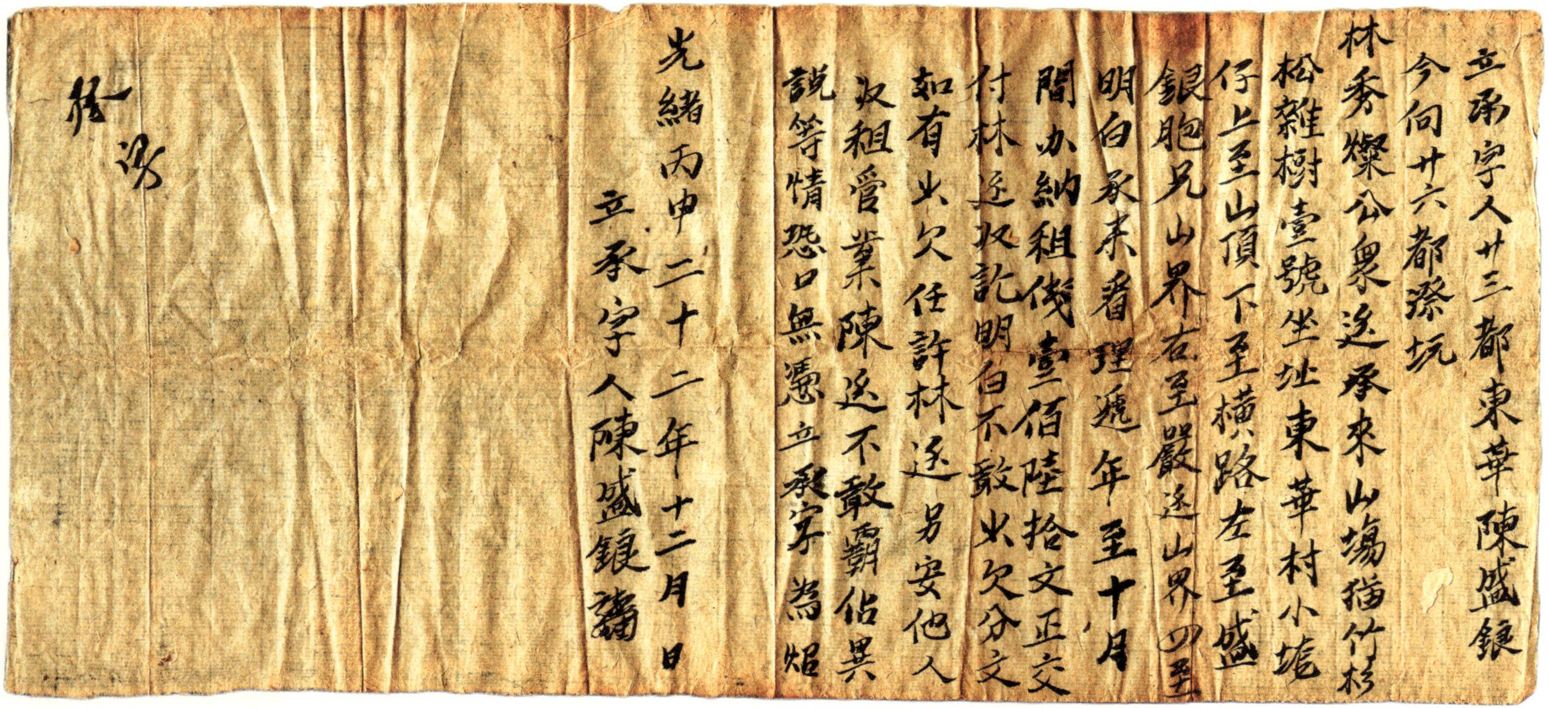

立承字人廿三都東華陳盛銀
今向廿六都溪坑
林秀爍公衆邊承來山場猫竹杉
松雜樹壹號坐址東華村小坵
仔上至山頂下至横路左至盛
銀胞兄山界右至嚴邊山界四至
明白承來耆理遞年至十月
間办納租錢壹佰陸拾文正交
付林邊收訖明白不敢少欠分文
如有少欠任許林邊另安他人
收租管業陳邊不敢霸佔異
說等情恐口無憑立承字為炤
光緒丙申二十二年十二月日
立承字人陳盛銀
[illegible]泐

4-5-2-13　清光緒二十二年十二月陳盛銀立承山場等字

立賣斷贖契字人陳長戢承祖遺下
有山場壹號土名坐落寔猎苦菜壙
上至長昂山為界下至成中山為界左至
羅山為界右至長穗山內界四至明白
今因無銀應用甘心出賣斷與
成媪叔邊出頭承就面議斷契價銀玖
錢正其銀即日交訖明白其山場到
有杉松雜木土石一并任許銀主全去栽
種永遠管業應不敢妄言阻挡生端
等情其山場係是己業與外人無
干亦未情交曲他人來歷財物不明
之事如有此色自賣主出頭抵當不涉銀
主之事其山場自賣出之後不敢言增
贖等情此是兩允甘愿各無反悔今欲有憑立賣
斷增斷贖契字為照
即領斷價銀玖錢正再照
外筆資礼壹錢正　內添両字書
光緒丁未年十二月十八日
立賣斷增斷贖契字人陳長戢
依口代字　人叔成秀

4-5-2-14　清光緒三十三年十二月陳長戢立賣斷增斷贖山場契字

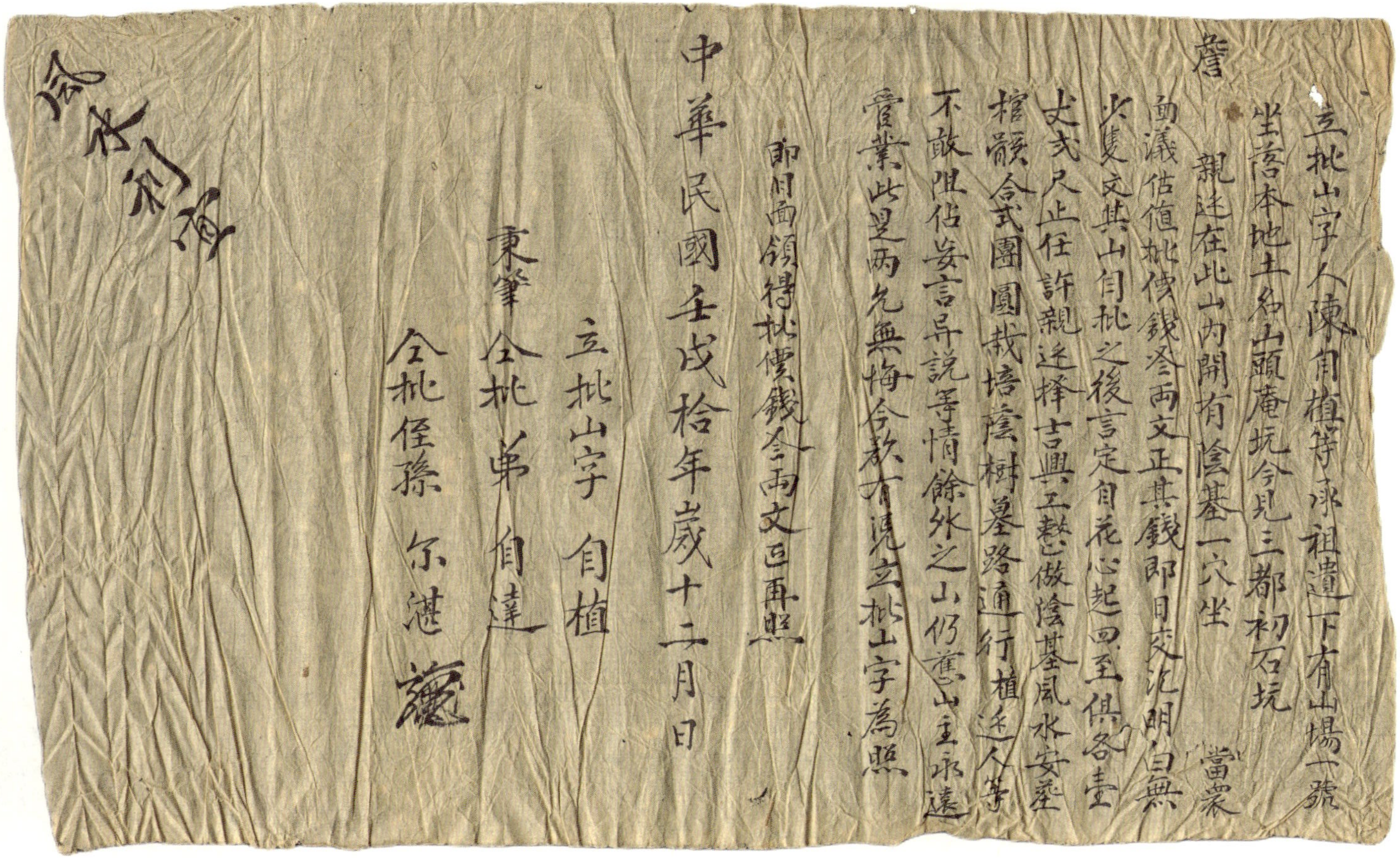
立批山字人陳自植等承祖遺下有山場一號
坐落本地土名山頭庵坑今見三都初石坑
詹
親迷在此山内開有陰基一穴坐　當衆
面議估值批價錢叁兩文正其錢即日交訖明白無
少其文其山自批之後言定自花心起四至俱各壹
丈式尺止任許親迷擇吉興工整做陰基風水安葬
棺骸合式團圓栽培蔭樹墓路通行植迷人等
不敢阻佔妄言异説等情餘外之山仍應山主永遠
管業此是兩允無悔今欲有憑立批山字爲照
即日面領得批價錢叁兩文正再照
中華民國壬戌拾年歲十二月　日
立批山字　自植
東筆仝批弟　自達
仝批侄孫　尔湛

4-5-2-15　民國十年十二月陳自植等立批山場字

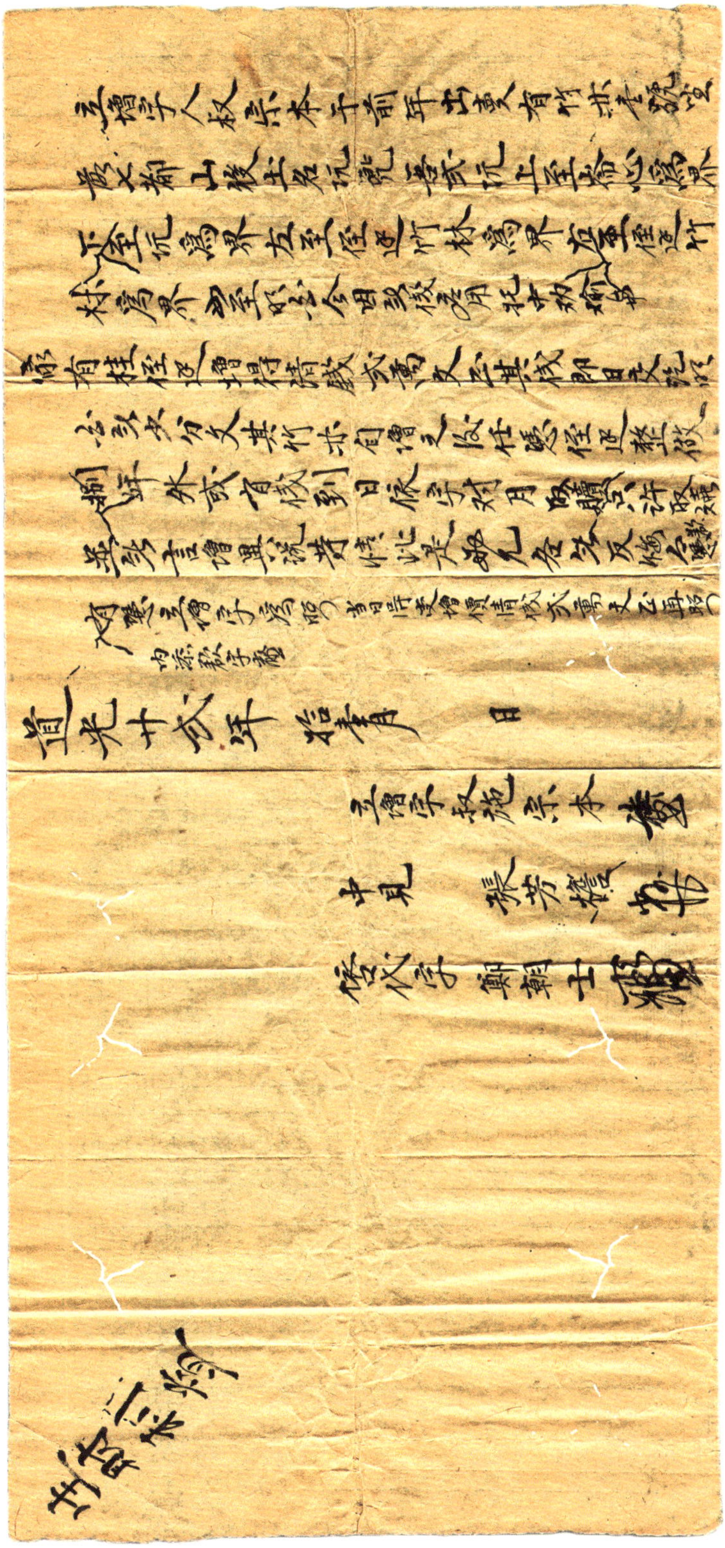

4-5-3-1　清道光二十二年十一月施宗本立增竹林字

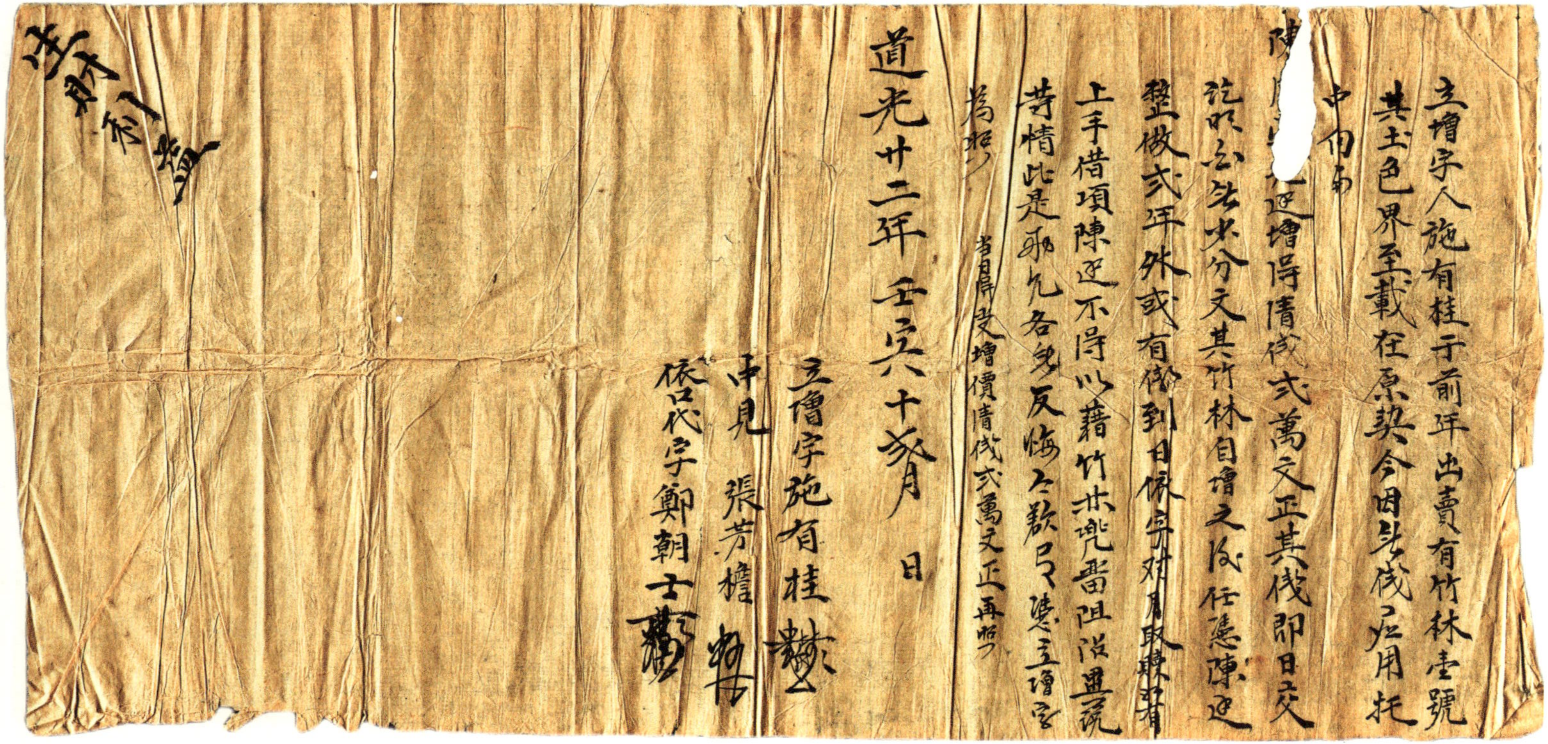
立增字人施有桂于前年出賣有竹林壹號
其土色界至載在原契，今因乏錢應用，托
中向到
陳[illegible]邊增得價錢弍萬文正，其錢即日交
訖明白，並無少分文。其竹林自增之後，任憑陳邊
登做弍年外，或有備到日，係字對月取贖，若
上手借項，陳邊不得以藉竹林兜留阻滯異說，
并情此是兩允，各無反悔。今欲有憑，立增字
為照。
當日得受增價錢弍萬文正，再照。
道光廿二年壬寅六十貳月　日
立增字施有桂
中見　張芳權
依口代字鄭朝士

4-5-3-2　清道光二十二年十二月施有桂立增竹林字

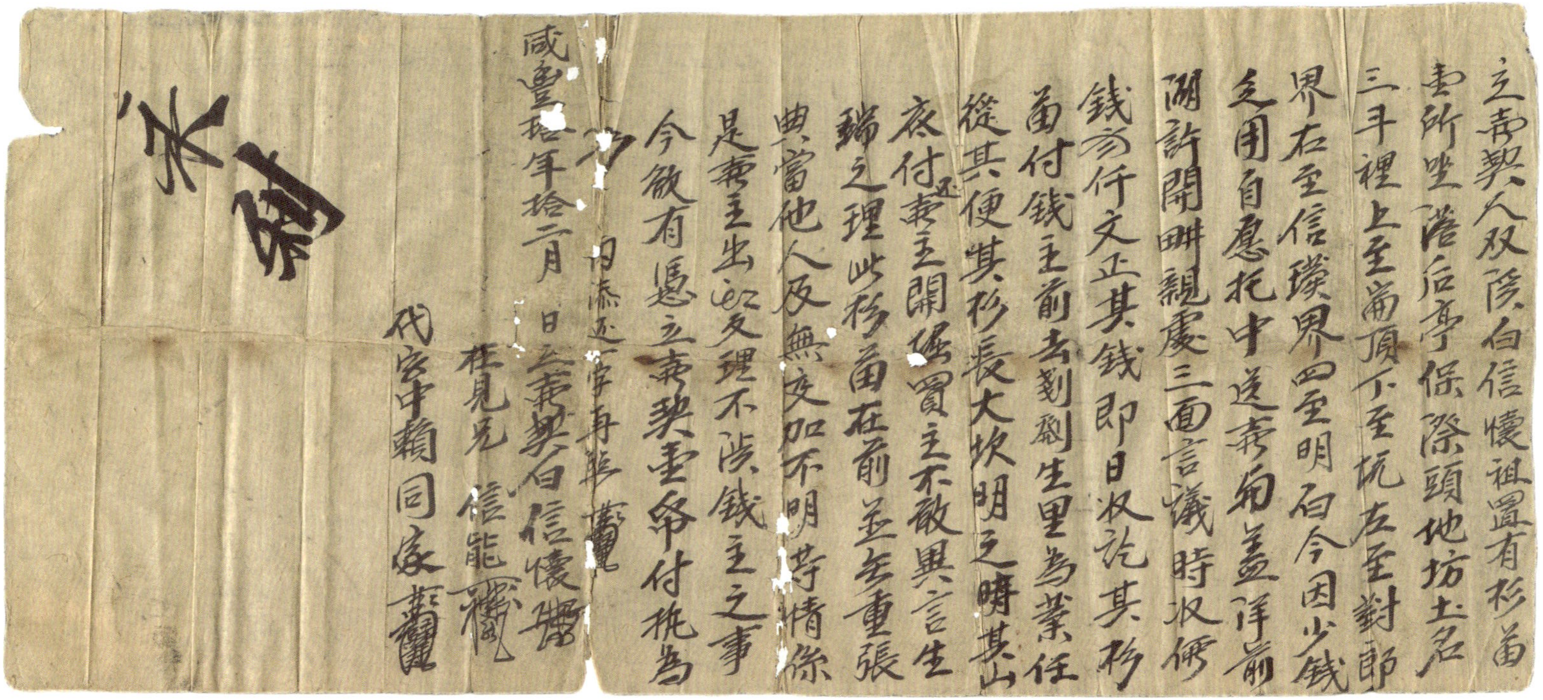

立賣契人叔侄白信懷祖置有杉苗
壹所坐落后亭保際頭地坊土名
三手裡上至崙頂下至坑左至對面
界右至信璞界四至明白今因少錢
乏用自愿托中送賣與蓋洋前
湖許開畊親處三面言議時價
錢叁仟文正其錢即日收訖其杉
苗付錢主前去劉剷生里爲業任
從其便其杉長大坎明之時其山
底付還賣主開掘買主不敢異言生
端之理此杉苗在前並無重張
典當他人及無交加不明等情係
是賣主出頭支理不涉錢主之事
今欲有憑立賣契壹紙付執爲
照　內添還一字再照
咸豐拾年拾二月　日立賣契白信懷
在見兄　信能
代字中賴同安
永

4-5-3-3　清咸豐十年十二月白信懷立賣杉苗契

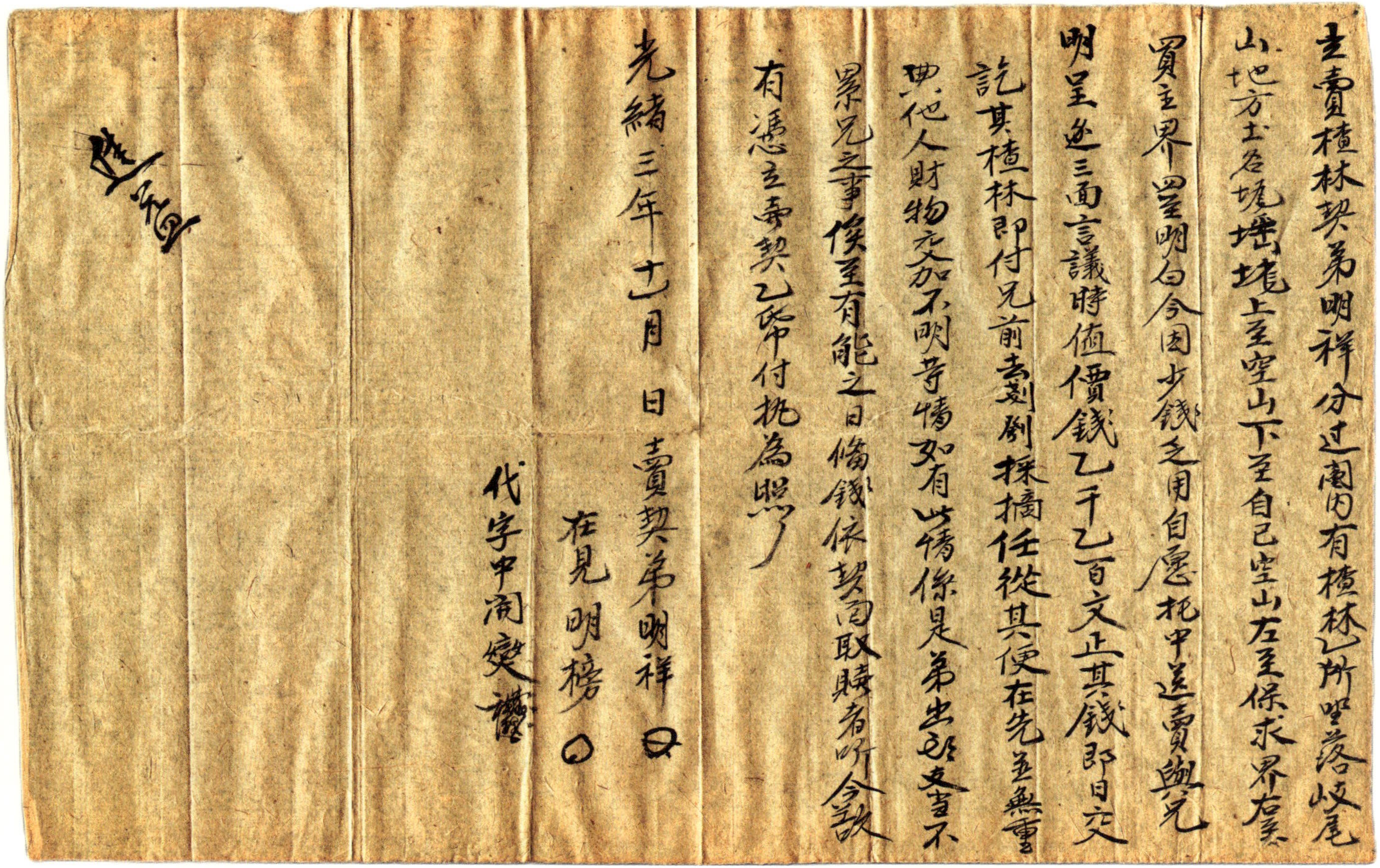

4-5-3-4　清光緒三年十一月許明祥立賣植林契

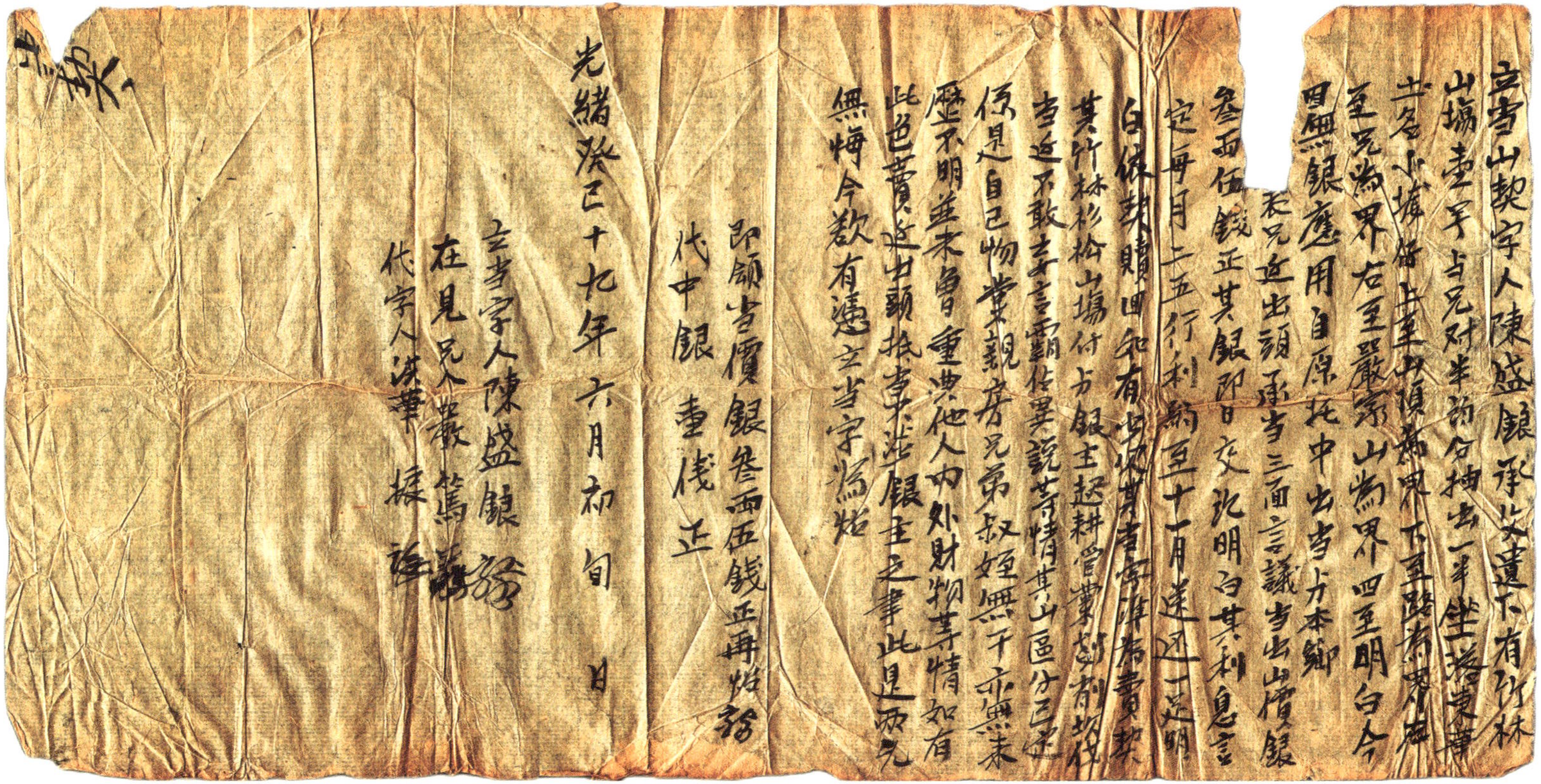

立當山契字人陳盛銀承父遺下有竹林
山場壹所坐落土名對半洋合抽出一半坐落東至
土名小塆路上至山頂為界下至路為界西
至兄為界右至嚴家山為界四至明白今
因無銀應用自原托中出當與本鄉
表兄邊出頭承當三面言議當出山價銀
叁兩伍錢正其銀即日交訖明白其利息言
定每月二五行利約至十一月送還一足明
白依契贖回如有此山竹林苗青契
其竹林杉松山場付與銀主起耕管業砍削
當邊不敢生言霸佔異說等情其山區分已定
係是自己物業親房兄弟叔姪無干亦無來
歷不明並未曾重典他人內外財物等情如有
此色賣邊出頭抵當不涉銀主之事此是兩允
無悔今欲有憑立當字為照

即領當價銀叁兩伍錢正再照
代中銀　壹伐　正

光緒癸巳十九年六月初　旬　日

立當字人陳盛銀
在見兄人嚴篤
代字人洪華

4-5-3-5　清光緒十九年六月陳盛銀立當竹林山場等字

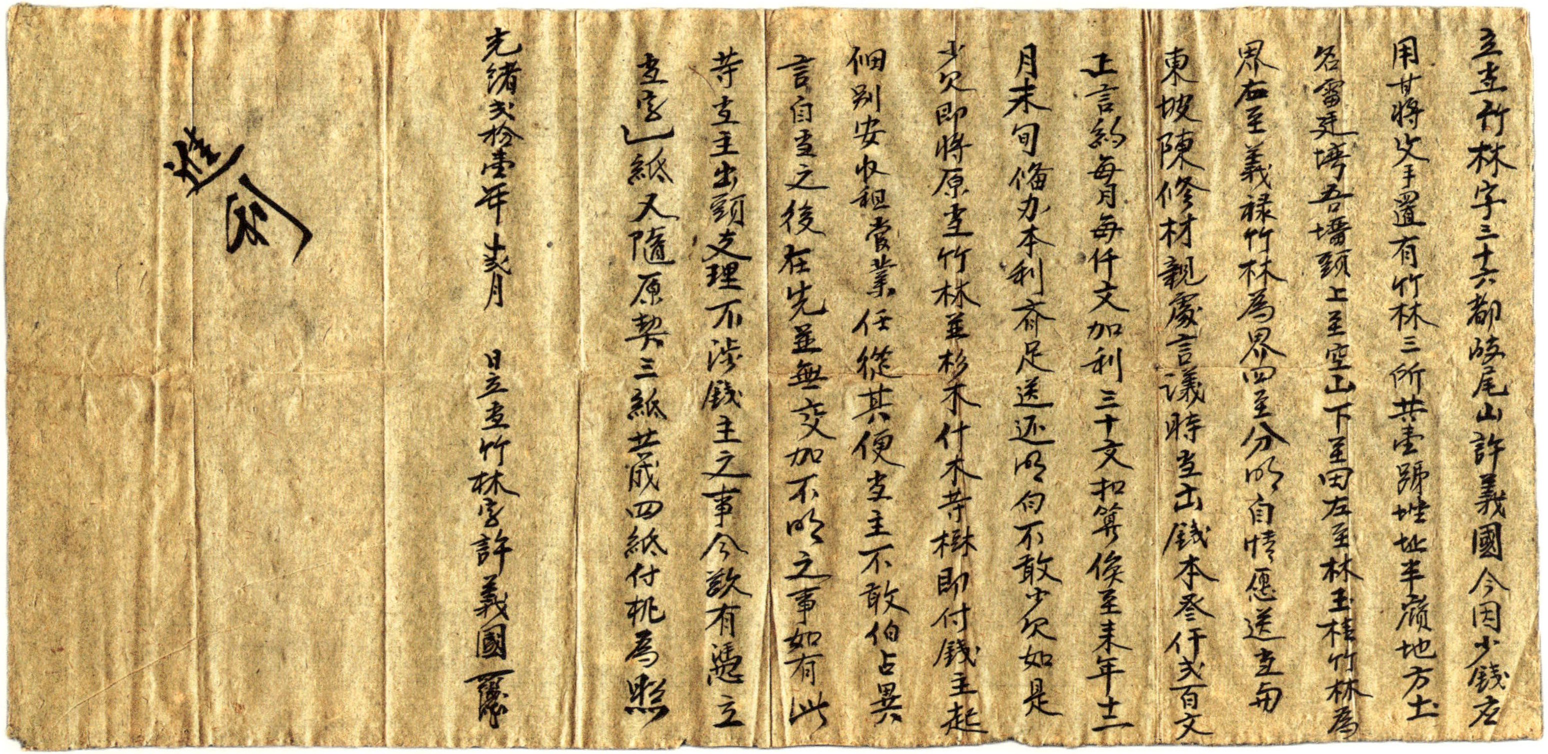
立當竹林字三十六都岐尾山許義國，今因少錢應
用，甘將父手置有竹林三所，共壹號土址半嶺地方，土
名當廷博吾墻頭，上至空山，下至田，左至林主桂竹林爲
界，右至義祿竹林爲界，四至分明。自情愿送當與
東坡陳修材親處，言議時當出錢本叁仟弍百文，
其言約每月每仟文加利三十文扣算，候至來年十二
月末旬備办本利齊足送还收回，不敢少欠。如是
少欠，即將原當竹林並杉木什木等樹，即付錢主起
佃別安收租管業，任從其便，當主不敢伯占異
言。自當之後，在先並無交加不明之事，如有此
等，當主出頭支理，不涉錢主之事。今欲有憑，立
當字一紙，又隨原契三紙，共成四紙，付執爲照。
光緒弍拾壹年十弍月　日立當竹林字許義國（押）
進贖

4-5-3-6　清光緒二十一年十二月許義國立當竹林字

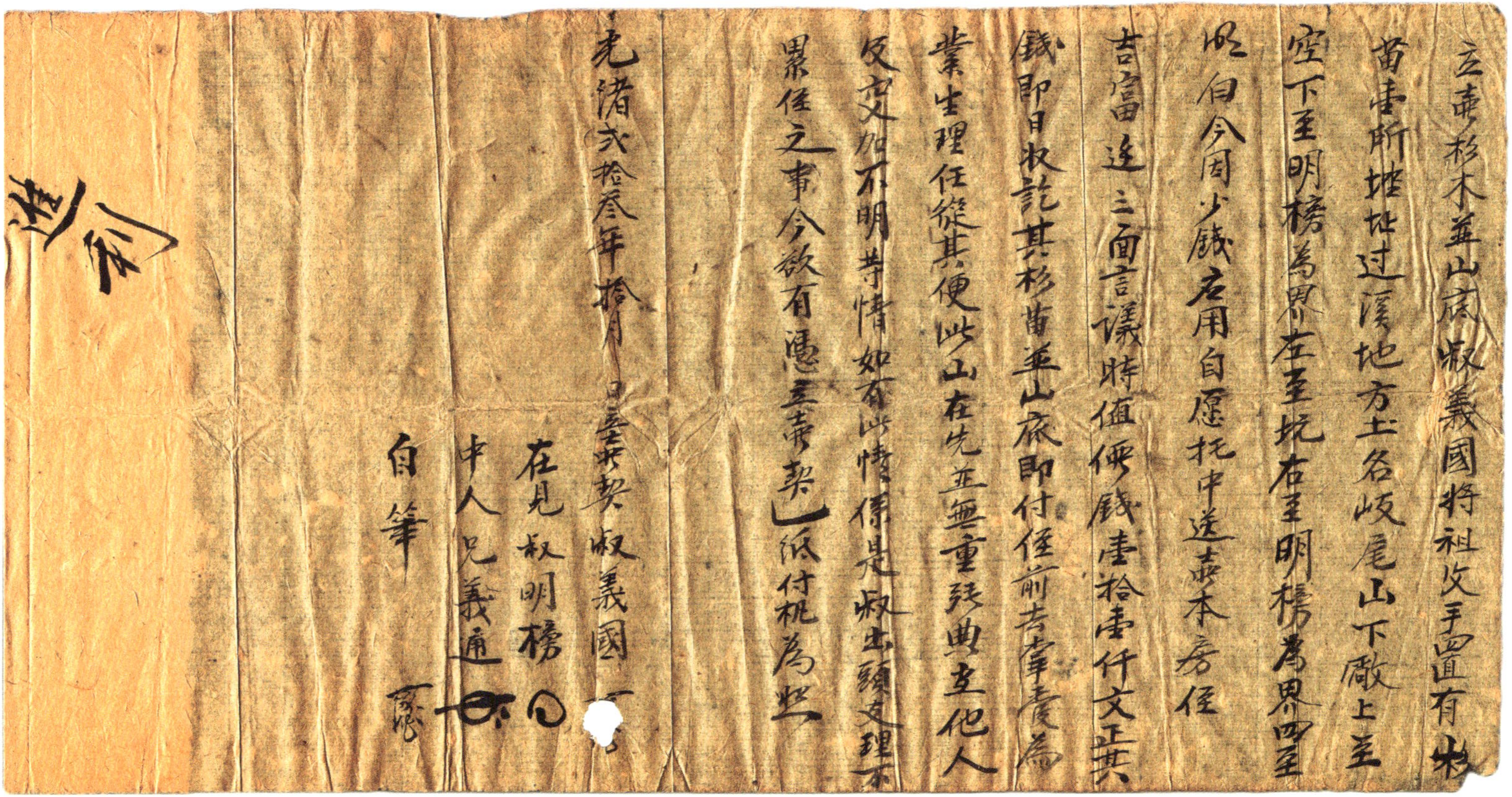
立賣杉木並山底契叔義國，將祖父手置有杉
苗壹所，坐址土名坡尾山下廠上，至
空，下至明榜為界，左至坑，右至明榜為界，四至
明白。今因少錢應用，自愿托中送賣本房侄
吉富邊，三面言議，時值價錢壹拾壹仟文正，其
錢即日收訖。其杉苗並山底即付侄前去掌管為
業，生理任從其便。此山在先並無重張典在他人
反交加不明等情，如有此情，係是叔出頭支理，不
累侄之事。今欲有憑，立賣契一紙，付執為照。
光緒貳拾叁年拾月　日立賣契叔義國（押）
在見叔明榜（押）
中人兄義通（押）
自筆

4-5-3-7　清光緒二十三年十月許義國立賣杉木等契

立賣斷增斷贖契字廿五都赫騰坑林能兩
父手出賣猫竹林弍號坐址土名旺坑田下仑
下傍尾其界至載在前契今因契價未足托
中劝諭業主
林應回宗兄邊再加出斷增斷贖契價銀拾兩正
其銀即日交訖其竹林及竹林內杉樹雜樹一
並任許銀主永遠管業砍伐出批浸做
海紙發售斷〇不敢妄言異說兩情其竹林
父手出賣銀主管掌已久並無來歷不明重
典等弊今既賣斷日後不敢另生枝節妄言
增贖兩情此允無悔今欲有憑立賣斷增
斷贖契字為炤
即領得斷增斷贖契價銀拾兩正再炤
光緒庚子廿陆年五月 日
立賣斷增斷贖契字人林能兩
中人 兄 喑蘭
代字人 叔 儒直
永遠管業

4-5-3-8 清光緒二十六年五月林能兩立賣斷增斷贖竹林契字

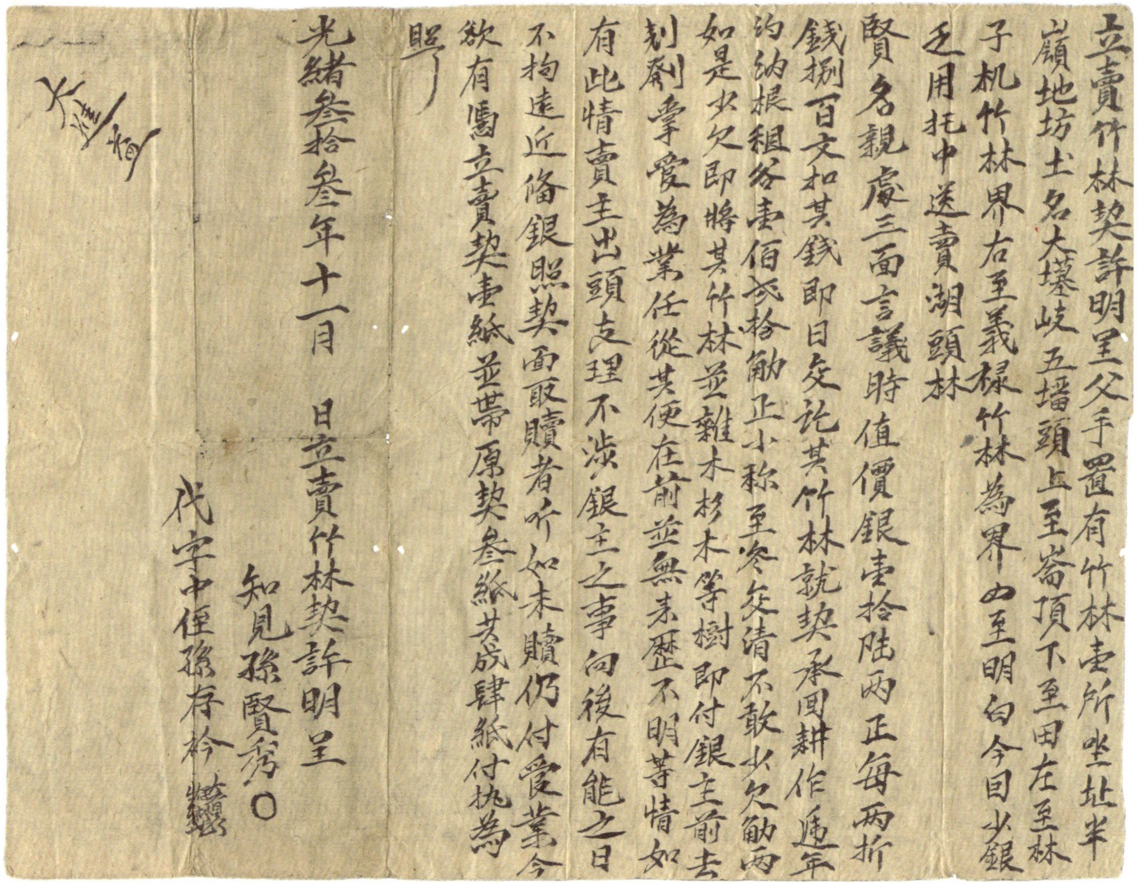

立賣竹林契許明呈，父手置有竹林壹所，坐址半
嶺地坊，土名大墩岐五墙頭，上至崙頂，下至田，左至林
子机竹林界，右至義禄竹林為界，四至明白。今因乏銀
乏用，托中送賣湖頭林
賢名親處，三面言議，時值價銀壹拾陆兩正，每兩折
錢捌百文扣，其錢即日交訖。其竹林就契承回耕作，逐年
约纳根租谷壹佰叁拾觔正，小称，至冬交清，不敢少欠觔兩。
如是少欠，即將其竹林並雜木杉木等樹，即付銀主前去
剳剟掌管為業，任從其便。在前並無來歷不明等情，如
有此情，賣主出頭支理，不涉銀主之事。向後有能之日，
不拘遠近，備銀照契面取贖，者竹如未贖，仍付管業。今
欲有憑，立賣契壹紙，並帶原契叁紙，共成肆紙，付執為
照。

光緒叁拾叁年十一月　日立賣竹林契許明呈
知見孫賢秀○
代字中侄孫存衿

4-5-3-9　清光緒三十三年十一月許明呈立賣竹林契

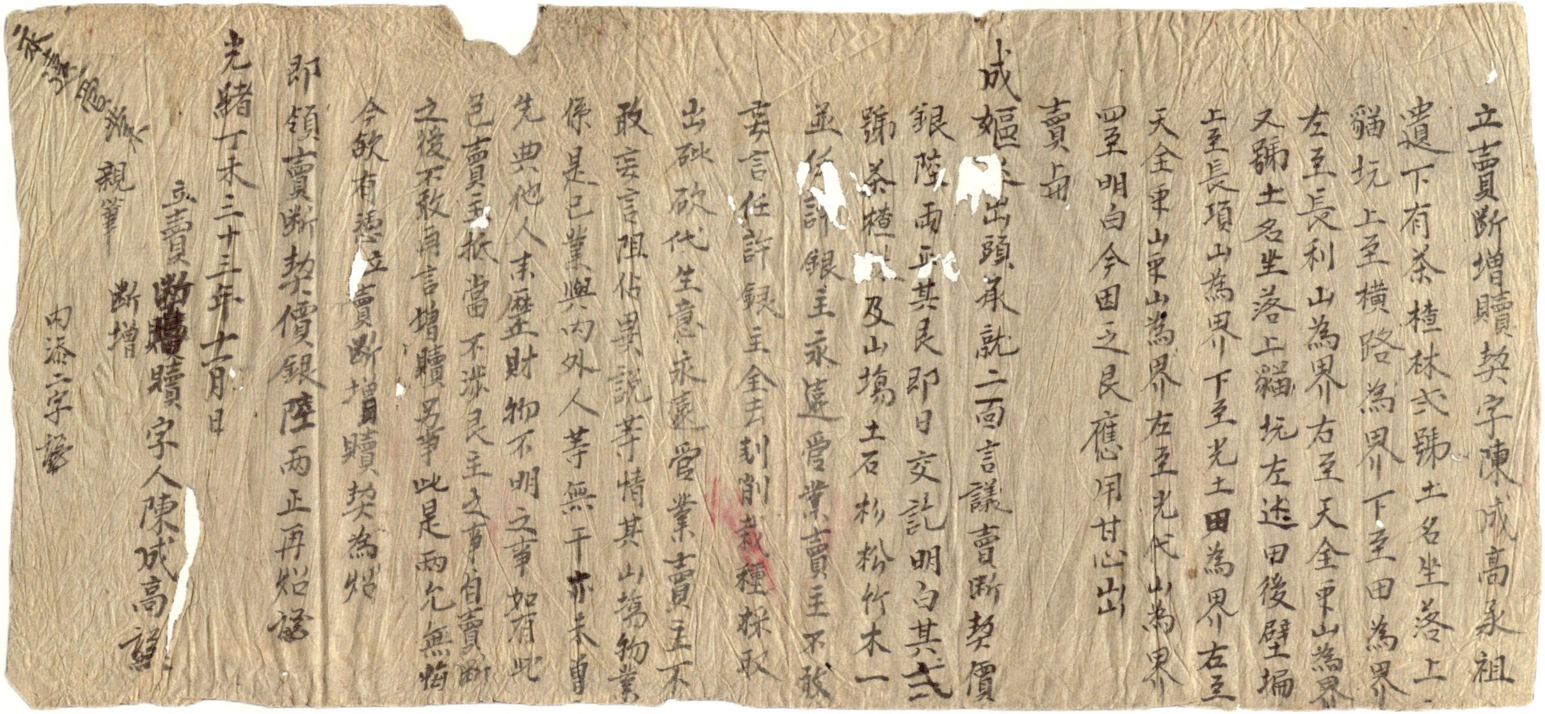

立賣斷增贖契字陳成高承祖
遺下有茶楂林壹號土名坐落上
鄰坑上至横路為界下至田為界
左至長利山為界右至天全平山為界
又壹號土名坐落上鄰坑左邊田後壁[illegible]
上至長頂山為界下至光土田為界左至
天全平山平山為界右至光民山為界
四至明白今因乏銀應用甘心出
賣與
成[illegible]兄出頭承就三面言議賣斷契價
銀陸兩正其銀即日交訖明白其茶
壹號茶楂林及山場上下杉松竹木一
並付與銀主永遠管業賣主不敢
異言任從銀主全手剝削栽種收
出[illegible]於他並無求贖[illegible]業賣主不
敢異言阻[illegible]界說等情其山場物業
係是己業與內外人等無干亦未曾
先與他人重疊典當財物不明之事如有此
色賣主抵當不涉銀主之事自賣斷
之後不敢再言增贖另[illegible]此是兩允無悔
今欲有憑立賣斷增贖契為照
計領賣斷契價銀陸兩正再照
光緒丁未三十三年十一月　日
立賣斷增贖契字人陳成高(押)
親筆
內添三字(押)
[illegible]

4-5-3-10　清光緒三十三年十一月陳成高立賣斷增贖茶楂林契

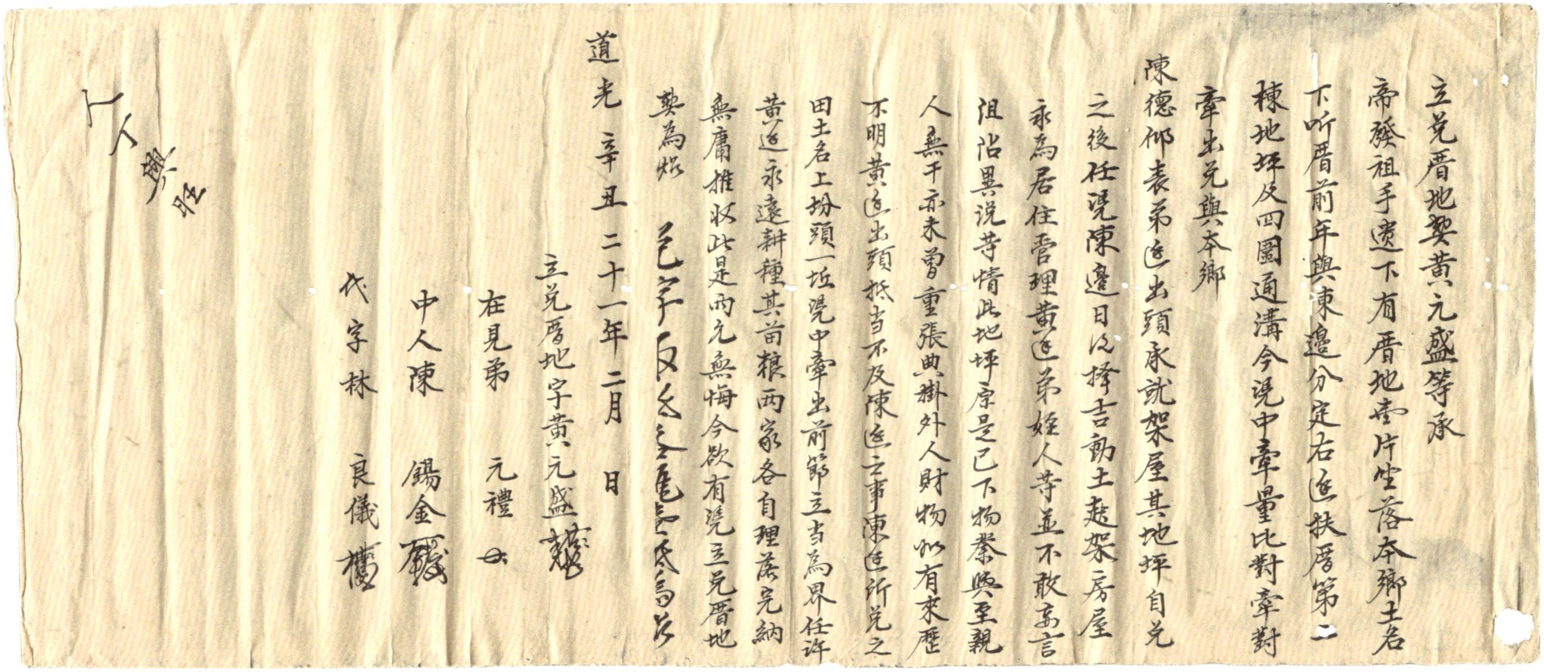

立兑厝地契黃元盛等承
帝發祖手遺下有厝地壹片坐落本鄉土名
下吓厝前年與陳邊分定右邊扶厝第二
棟地坪及四圍通溝今凴中牽量比對牽對
牽出兑與本鄉
陳德仰表弟邊出頭承就架屋其地坪自兑
之後任凴陳邊日后擇吉動土起架房屋
永為居住管理黃邊弟姪人等並不敢言
阻詒異說等情此地坪系是已下物業與至親
人無干亦未曾重張典掛外人財物如有來歷
不明黃邊出頭抵当不及陳邊之事陳邊所兑之
田土名上坋頭一坵凴中牽出前節立当為界任許
黃邊永遠耕種其苗粮兩家各自理落兑納
無庸推收此是兩允無悔今欲有凴立兑厝地
契為炤　[illegible]

道光辛丑二十一年二月　日
立兑厝地字黃元盛
在見弟　元禮
中人陳　錫金
代字林　良儀

4-5-4-1　清道光二十一年二月黃元盛立兑厝地字

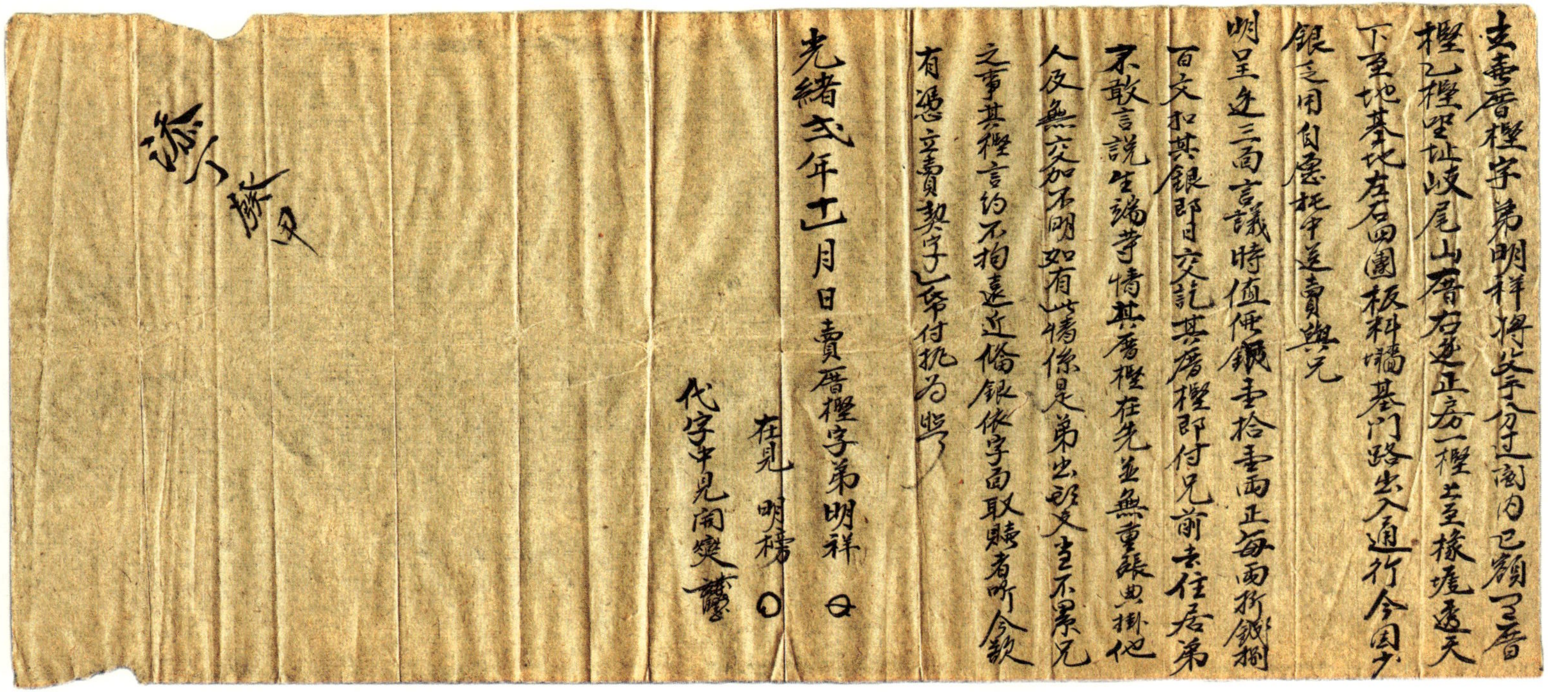

4-5-4-2　清光緒二年十一月許明祥立賣厝榁字

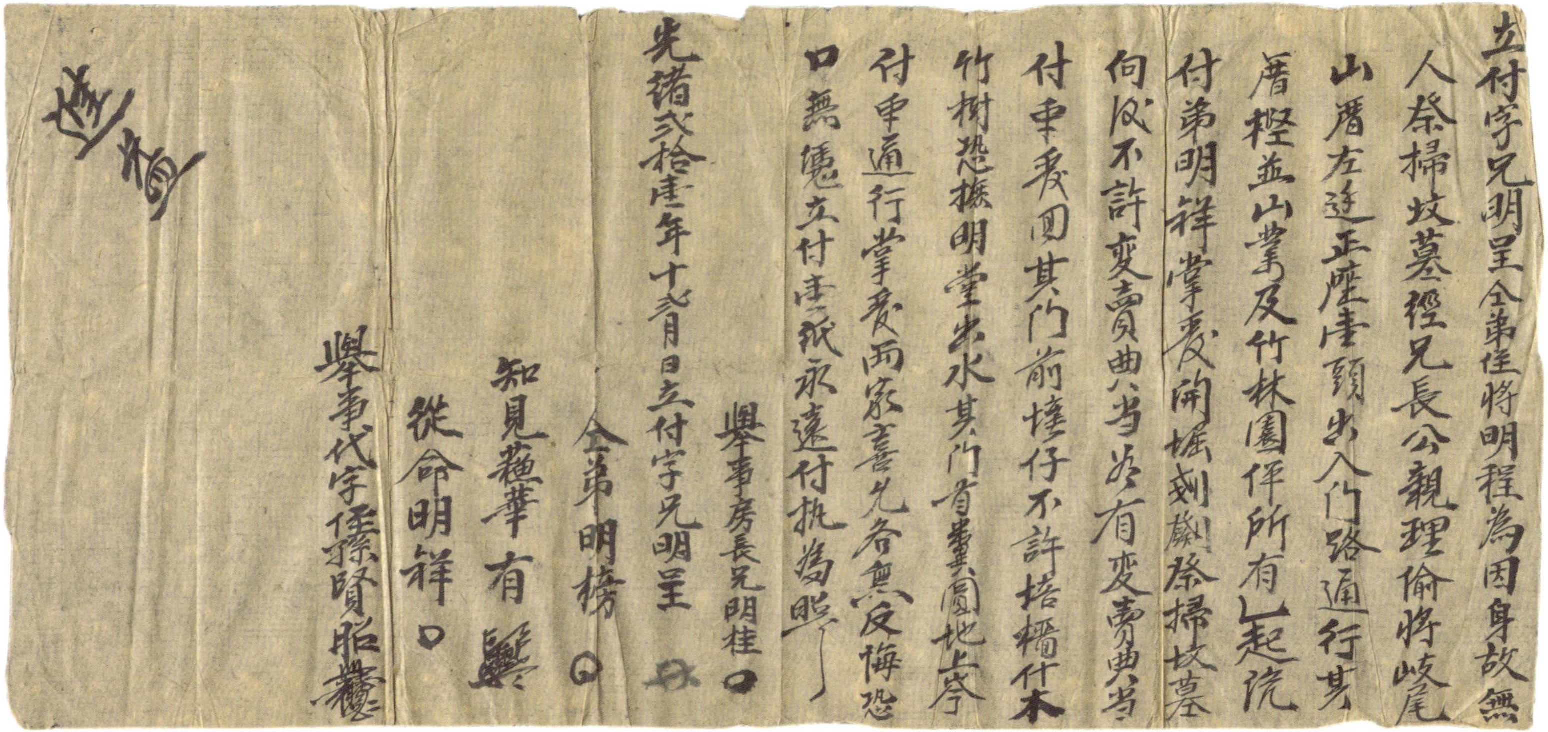
立付字兄明呈仝弟侄將明程為因身故無
人祭掃坟墓，經兄長公親理論，將峽尾
山厝左邊正座厝頭出入門路通行，其
厝埕並山業及竹林園伻所有上起流
付弟明祥掌管開墾剷除，祭掃坟墓，
向後不許變賣典當，如有變賣典當，
付弟管回。其門前墘仔不許搭欄什木
竹樹，恐妨明堂出水。其門首叢園地基
付弟通行掌管，兩家喜允，各無反悔，恐
口無憑，立付字一紙，永遠付執為照。
在場房長兄明桂 ○
光緒式拾壹年十二月 日立付字兄明呈（押）
仝弟 明榜 ○
知見 蘊華 有（押）
從命 明祥 ○
在場代字侄孫賢聪（押）
達意

4-5-4-3　清光緒二十一年十二月許明呈等立付厝屋字

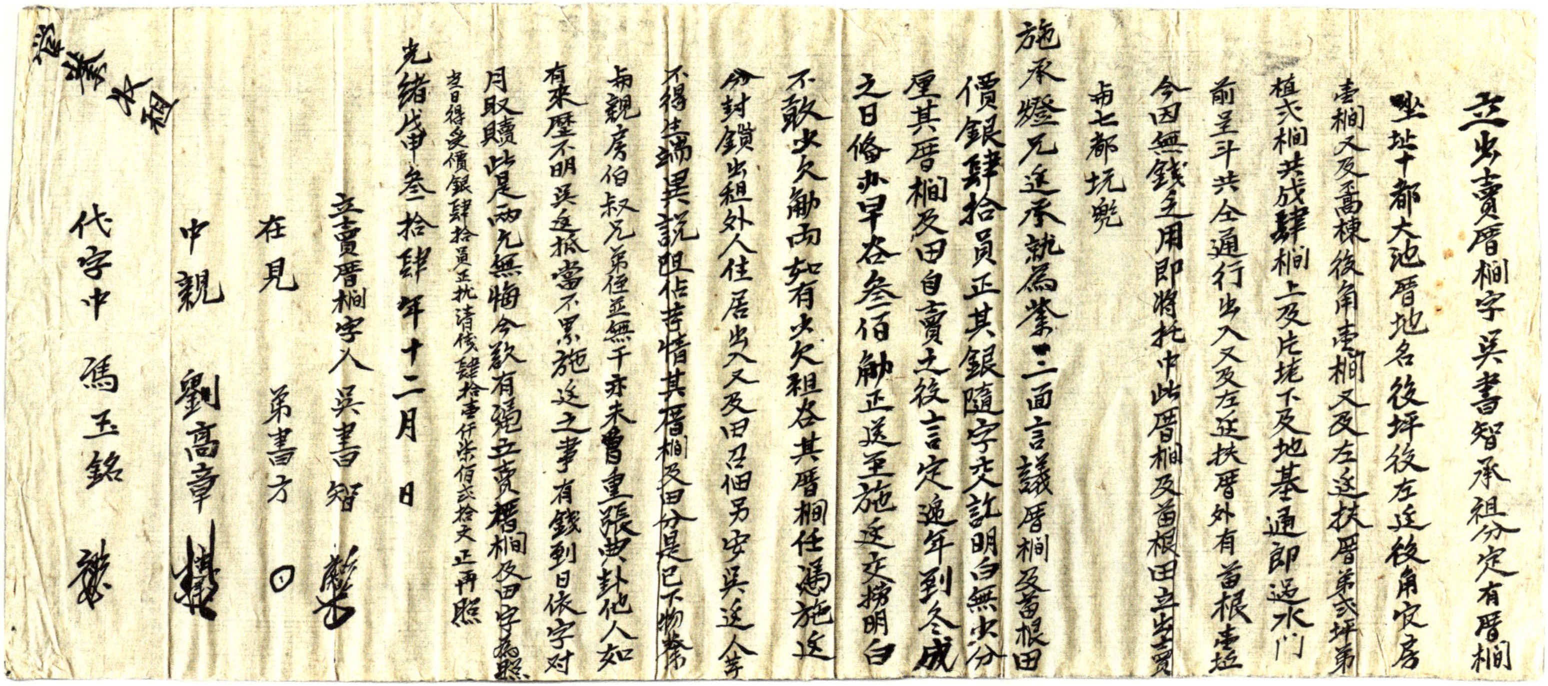

立出賣厝榍字吳書智承祖分定有厝榍
坐址十都大池厝地名後坪後左邊後角安房
壹榍又及高棟後角壹榍又及左邊扶厝第弍坪第
植弍榍共成肆榍上及片垅下及地基通郎過水門
前至斗共仝通行出入又及左邊扶厝外有菌根壹坵
今因無錢乏用即將托中此厝榍及菌根田立出賣
與七都坑兜
施承燈兄邊承就爲業三面言議厝榍及菌根田
價銀肆拾員正其銀隨字交訖明白無少分
厘其厝榍及田自賣之後言定逾年到冬成
之日備办早谷叁佰觔正送至施邊交擠明白
不敢少欠觔両如有少欠租谷其厝榍任憑施邊
分封鎖出租外人住居出入又及田召佃另安吳邊人等
不得生端異説阻佔等情其厝榍及田分是已物業
與親房伯叔兄弟侄邊無干亦未曾重張典卦他人如
有來歷不明吳邊抵當不累施邊之事有錢到日依字對
月取贖此是兩允無悔今欲有憑立賣厝榍及田字爲照
即日得受價銀肆拾員正批 清錢肆拾叁仟柒佰弍拾文正再照
光緒戊申叁拾肆年十二月　日
立賣厝榍字人吳書智（押）
在見　弟書方（押）
中親　劉高章（押）
代字中　馮玉銘（押）

4-5-4-4　清光緒三十四年十二月吴書智立賣厝榍字

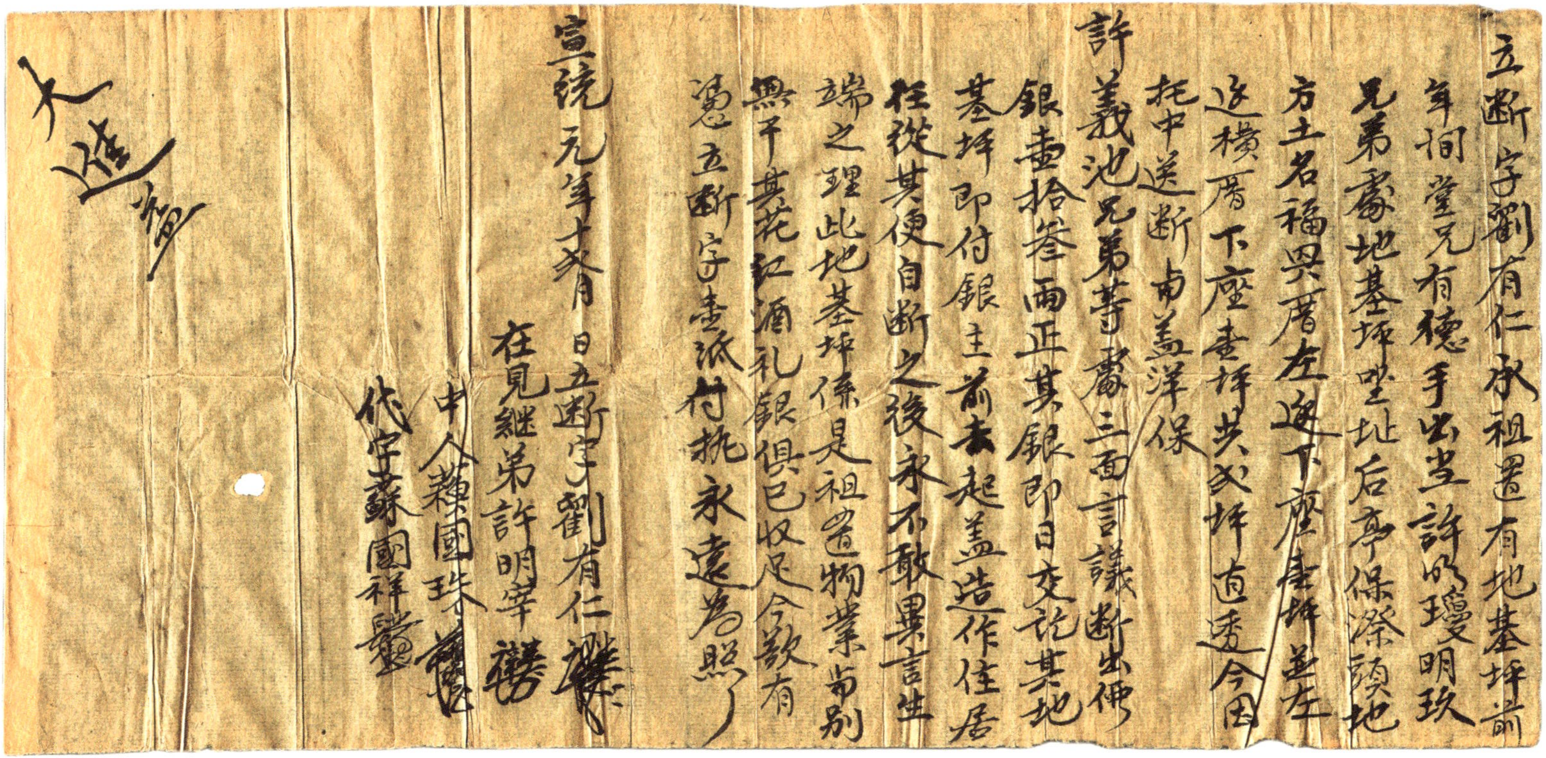
立斷字劉有仁承祖遺有地基坪前
年間堂兄有德手出賣許以瓊明玖
兄弟為地基坪坐址后亭保漈頭地
方土名福興厝左邊下座厝坪並左
邊橫厝下座壹坪共弍坪直透今因
托中送斷與蓋洋保
許義池兄弟等為三面言議斷出佛
銀壹拾叁兩正其銀即日交訖其地
基坪即付銀主前來起蓋造作住居
任從其便自斷之後永不敢異言生
端之理此地基坪係是祖遺物業與別
無干其花紅酒礼銀俱已收足今欲有
憑立斷字壹紙付執永遠為照了

宣統元年十弍月　日立斷字劉有仁
在見繼弟許明宰
中人賴國珠
代字蘇國祥

大進益

4-5-4-5　清宣統元年十二月劉有仁立斷地基坪字

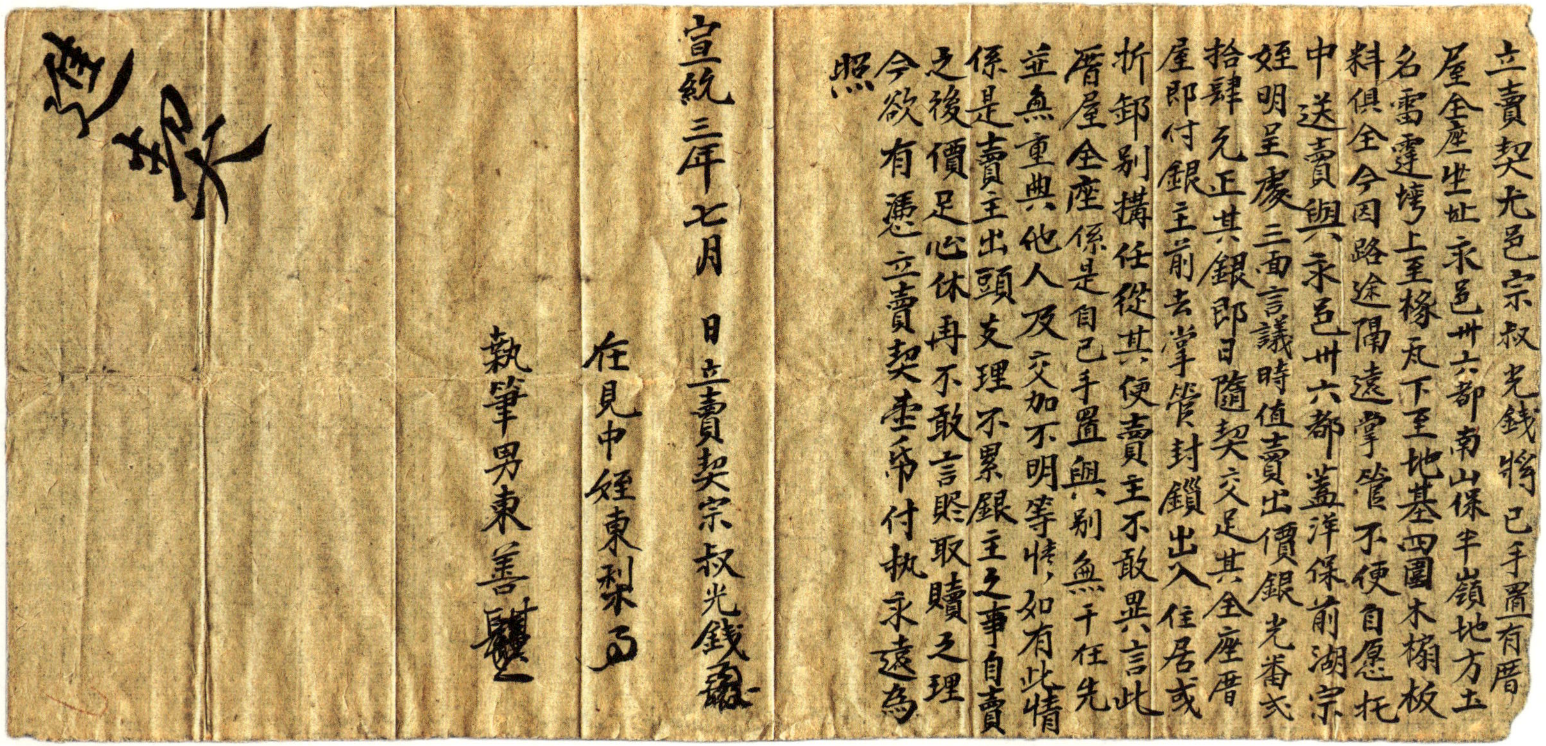
立賣契尤邑宗叔光錢將己手置有厝
屋全座坐址永邑卅六都南山保半嶺地方土
名雷霆塆上至椽瓦下至地基四圍木榻板
料俱全今因路途隔遠掌管不便自愿托
中送賣與永邑卅六都蓋洋保前湖宗
姪明呈處三面言議時值賣出價銀光番弍
拾肆元正其銀即日隨契交足其全座厝
屋即付銀主前去掌管封鎖出入住居或
折卸別搆任從其便賣主不敢异言此
厝屋全座係是自己手置與別無干任先
並無重典他人及交加不明等情，如有此情
係是賣主出頭支理不累銀主之事自賣
之後價足心休再不敢言贖取贖之理
今欲有憑立賣契壹帋付執永遠為
照
宣統三年七月　日立賣契宗叔光錢
在見中姪東梨
執筆男東善

4-5-4-6　清宣統三年七月尤溪許光錢立賣厝屋契

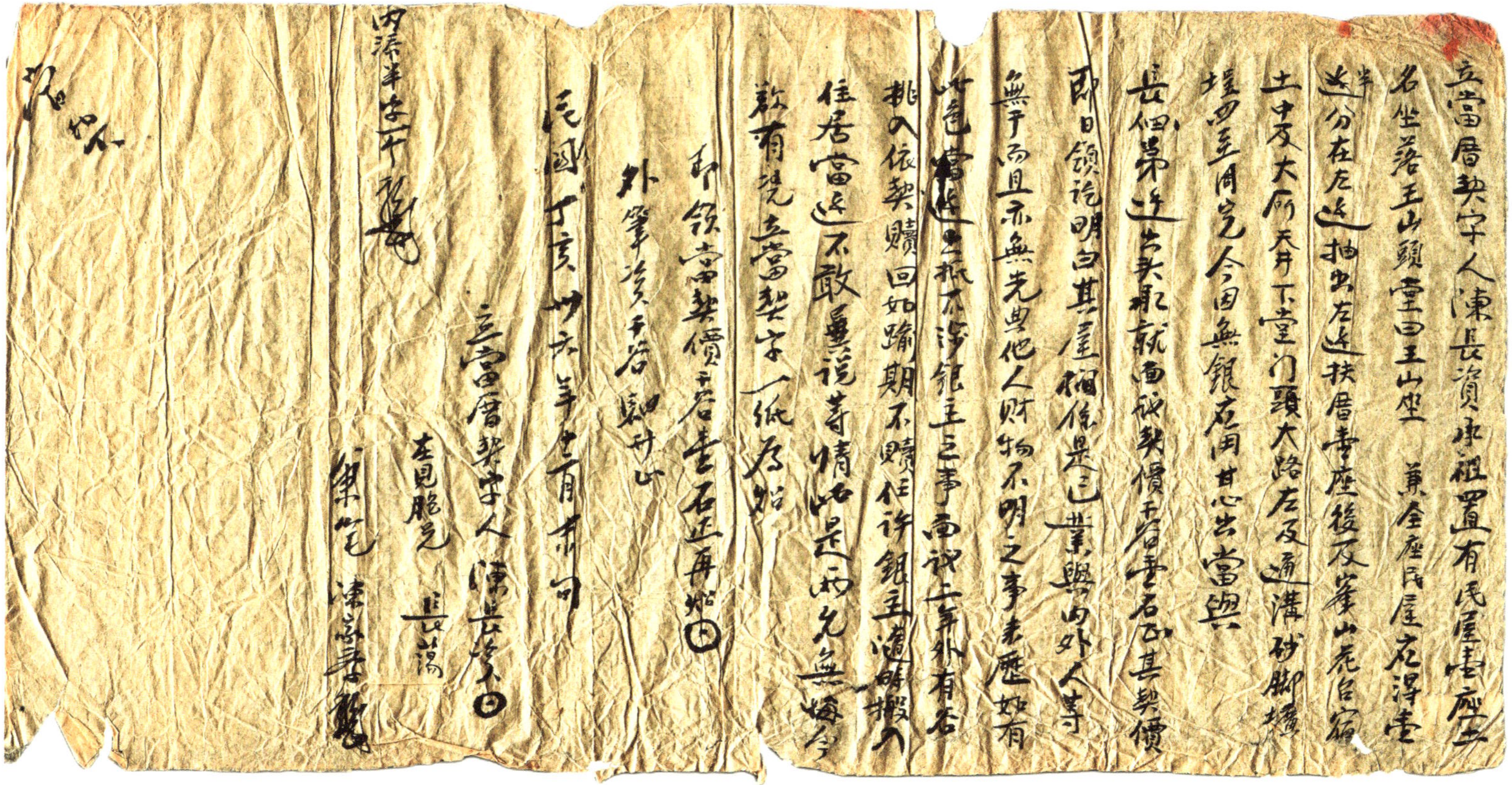

立當厝契字人陳長資承祖置有民屋壹座土
名坐落王山頭壹回王山坐　兼全座民屋在得壹
半邊分在左邊抽出左邊扶厝壹座後及峯山花台宿
土中及大厝天井下堂门頭大路左及通溝砂腳墻
墘四至周完今因無銀應用甘心出當與
長佃弟邊出頭承就當訖契價千谷壹石正其契價
即日領訖明白其屋確係是己業與內外人等
無干而且亦無先典他人財物不明之事未歷如有
此色當邊之祇不涉銀主之事當訖二年外有谷
挑入依契贖回如踰期不贖任許銀主隨時搬入
住居當邊不敢異說等情此是兩允無悔今
欲有憑立當契字一紙爲始
即領當契價千谷壹石正再炤
外筆資千谷[illegible]升正
民國丁亥卅六年十二月　日
立當厝契字人陳長資
在見胞兄　長揚
代筆　陳[illegible][illegible]
內添半字一个

4-5-4-7　民國三十六年十二月陳長資立當民屋契

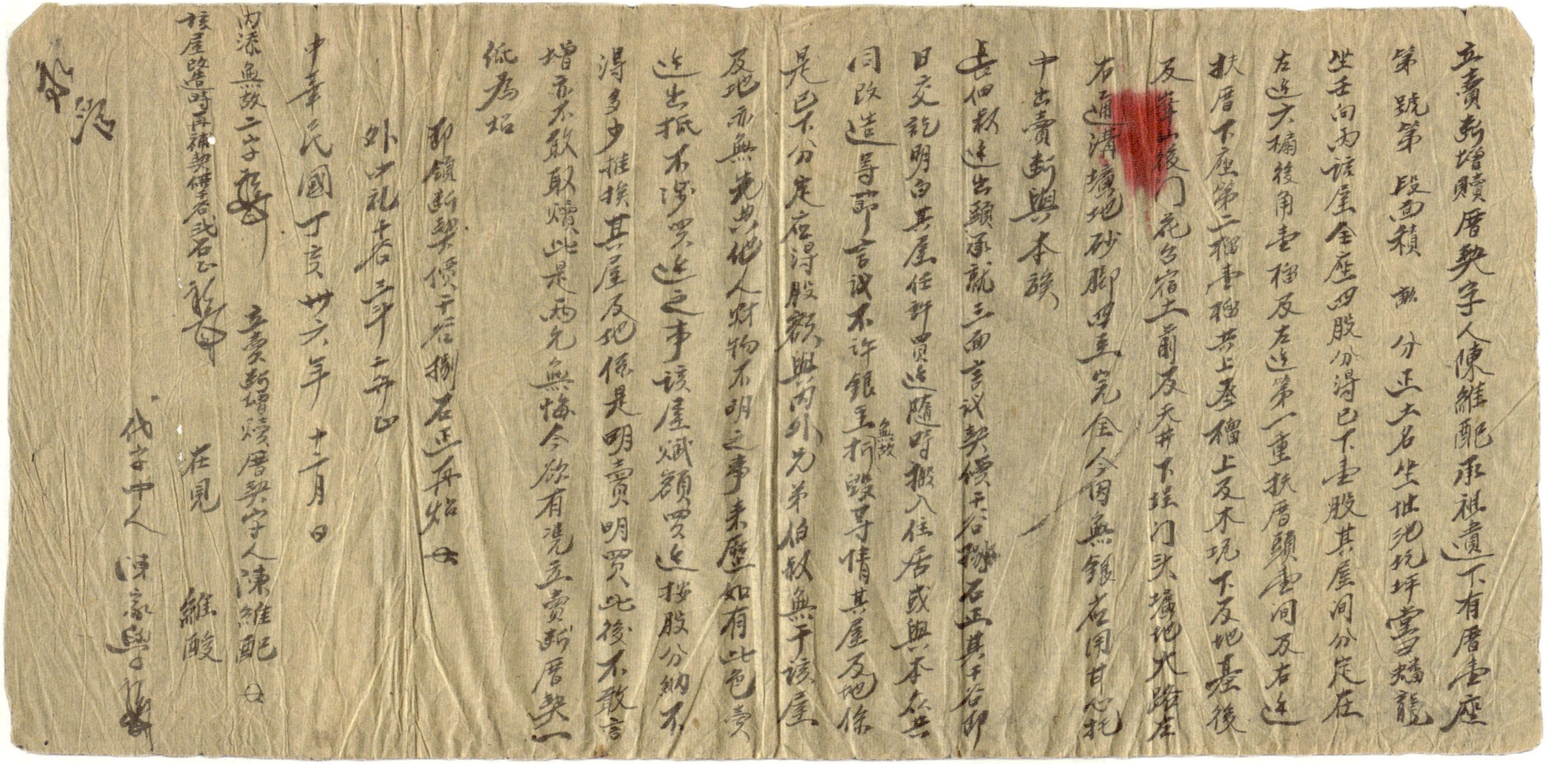
立賣斷增贖厝契字人陳維配承祖遺下有厝壹座
第　號第　段面積　畝　分正，土名坐址池坑坪堂蟠龍
坐壬向丙，該屋全座四股，分得己下壹股，其屋間分定在
左邊大橘後角壹橺，及左邊第一重扶厝頭壹間，及右邊
扶厝下座第二橺壹橺，共上层樓上及木坭下及地基，後
及[illegible]後門，花台、宿土，前及天井、下埕、门头、墻地，大路左
右通溝墻地、砂脚，四至完全。今因無銀應用，甘心托
中出賣斷與本族
長佃叔邊出頭承就，三面言議契價干谷捌石正，其干谷即
日交訖明白，其屋任聽買邊隨時搬入住居，或與本無
同段造葬，言議不許銀主扞毀葬情，其屋及地係
是己不分定應得股數，與內外兄弟伯叔無干，該屋
及地亦無重典他人財物不明之事，來歷如有此色，賣
邊出抵，不涉買邊之事。該屋賦額，買邊按股分納，不
得多少推挨。其屋及地係是明賣明買，此後不敢言
增，亦不敢取贖，此是兩允無悔，今欲有憑，立賣斷厝契一
紙為炤。
即領斷契價干谷捌石正，再炤 ㊉
外批[illegible]
中華民國丁亥卅六年十二月　日
內添無鼓二字 [illegible]
該屋路進時再補契價干谷弍石正 [illegible]
立賣斷增贖厝契字人陳維配 ㊉
在見　維酸
代字中人　陳家學 [illegible]
[illegible]

4-5-4-8　民國三十六年十二月陳維配立賣斷增贖厝契

立據字借過山路徑人韓荣服々左蓮花山做
有火薪數合路拖在于
施應南親家山場坐址七都坑兜土名壹貳坑山
經過々內々　施宅借過山場開路繳運火薪
三面言議租價錢壹百六十文其錢交訖其山內田
上至化生崎頂下至溪邊為界前至崙嶺田
崙為界若培有松杉竹木等物言定不敢濫
亂強砍如或人工濫砍以價倍價口恐無憑立
借據字為炤

乾隆癸未廿八年四月　日

立借過據字韓荣服（押）

中見兄　荣光（押）

4-5-5-1　清乾隆二十八年四月韓荣服立借過山路徑據字

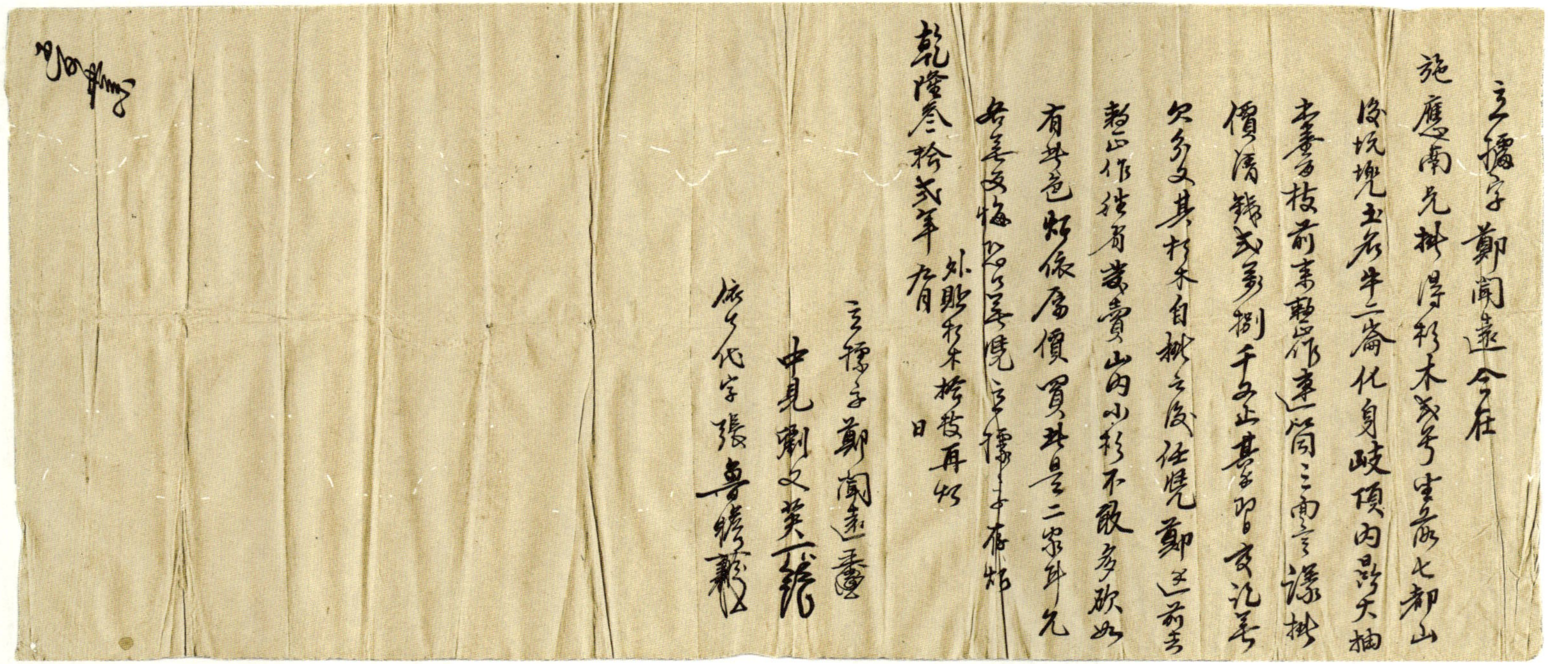

立據字鄭聞遠今在
[illegible]慶南允樹得杉木前手[illegible]北都山
後坑[illegible]名下共二[illegible]自岐頭內外大柵
[illegible]前手[illegible]立據
價[illegible]千五[illegible]其錢即日交訖
其[illegible]杉木[illegible]任從鄭[illegible]前去
[illegible]出[illegible]賣[illegible]山內[illegible]不敢[illegible]
有[illegible]係[illegible]價買此日立二家甘允
[illegible]立據乙紙付[illegible]
外有[illegible]再炤
乾隆叁拾貳年九月　日
立據字鄭聞遠（押）
中見劉文[illegible]（押）
代字張[illegible]（押）

4-5-5-2　清乾隆三十二年九月鄭聞遠立據字

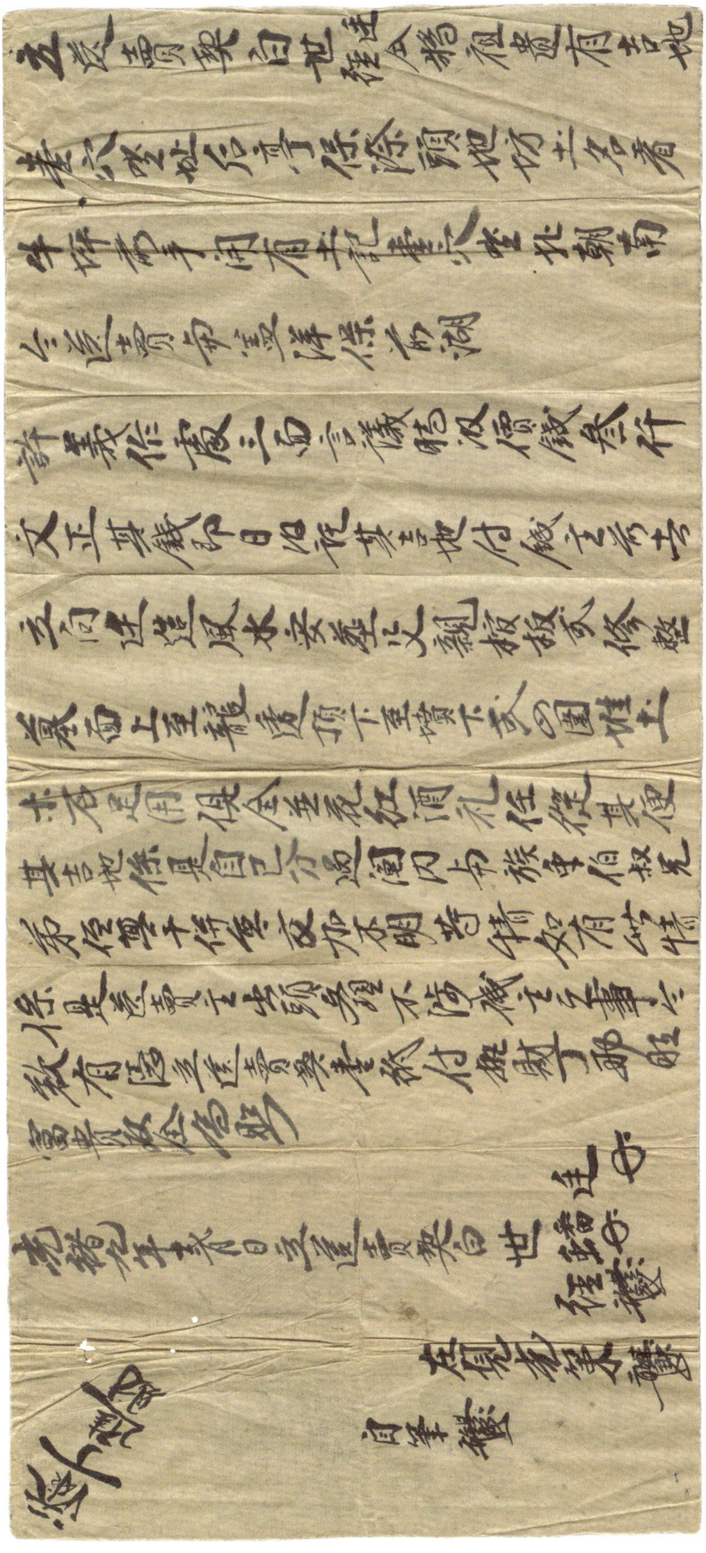

4-5-6-1　清光緒九年十二月白世廷等立送賣吉地契

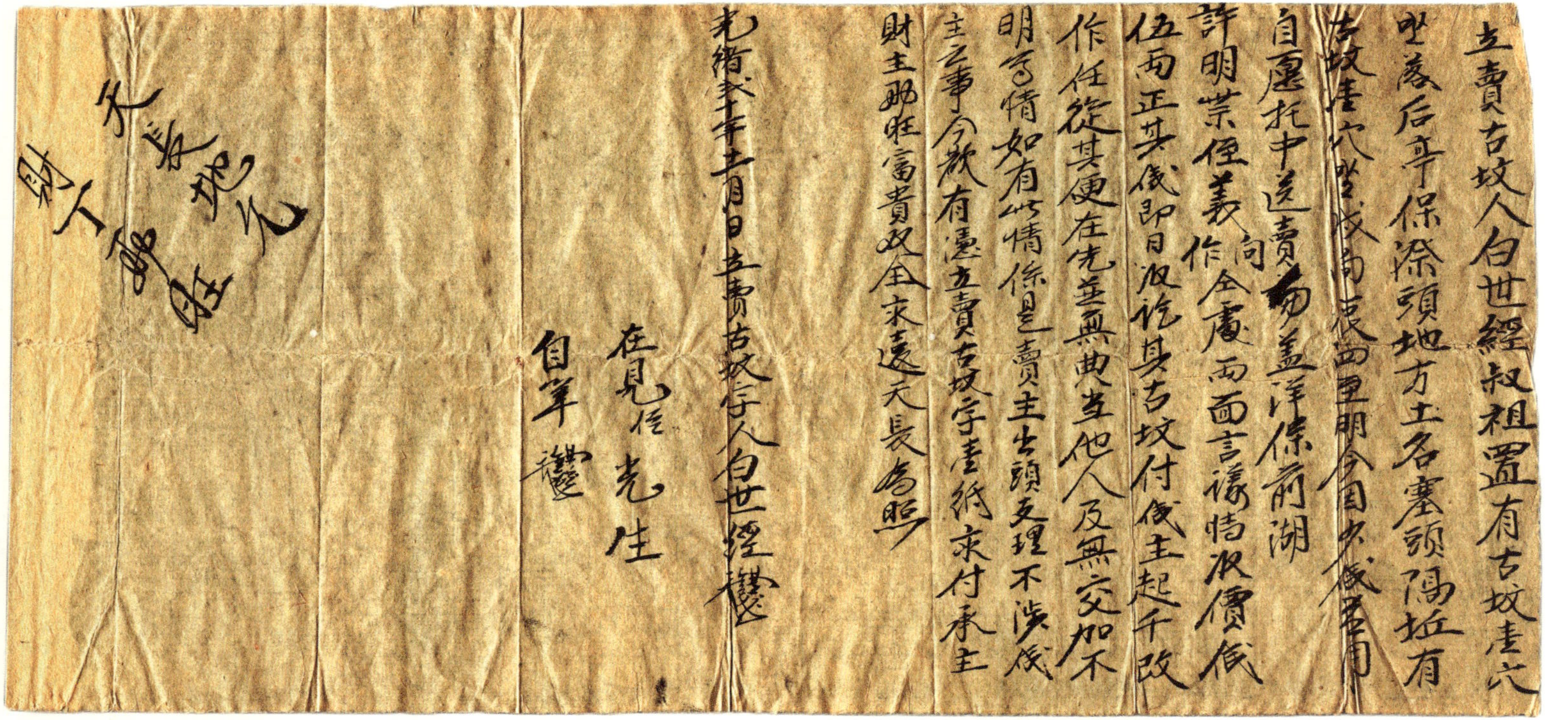

立賣古坟人白世經叔祖置有古坟壹穴
坐落后亭保滁頭地方土名塞頭陽垢有
古坟壹穴坐戌向辰東西至明今因欠錢應用
自愿托中送賣向盖洋係前湖
許明崇侄義作今處面面言議情愿價錢
伍兩正其錢即日收訖其古坟付錢主起扦改
作任從其便在先並無典當他人及無交加不
明等情如有此情係是賣主出頭支理不涉錢
主之事今欲有憑立賣古坟字壹紙付承主
財主興旺富貴雙全永遠天長為照
光緒弍十年十一月　日立賣古坟字人白世經（押）
在見侄　光生
自筆（押）
天長地久
財丁兩旺

4-5-6-2　清光緒二十年十一月白世經立賣古墳字

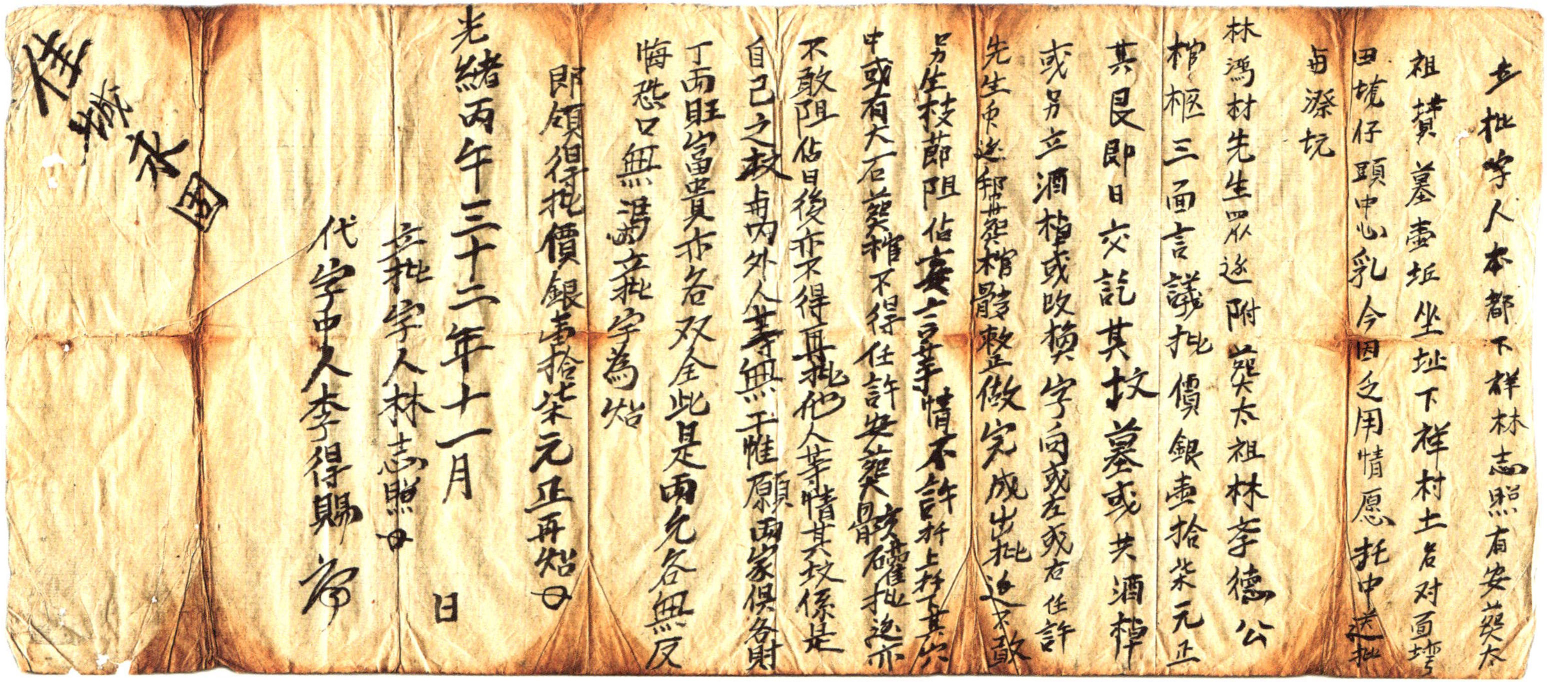
立批字人本都下祥林林志照有安葬太
祖考墓壹垃坐址下祥村土名对面墘
田墘仔頭中心乳今因乏用情愿托中送批
與滌圮
林湾村先生邊附葬太祖林孝德公
棺柩三面言議批價銀壹拾柒元正
其艮即日交訖其坟墓或共酒椁
或另立酒椁或改換字向或左或右任許
先生邊擇葬棺骸整做完成出批之後不敢
另生枝節阻佔要言等情不許祈上行下其穴
中或有大石葬棺不得任許安葬鏨鑿石碍批之亦
不敢阻佔日後亦不得再批他人等情其坟係是
自己之坟與內外人等無干惟愿兩家俱各財
丁兩旺富貴亦各双全此是兩允各無反
悔恐口無憑立批字為照
即領得批價銀壹拾柒元正再照
光緒丙午三十二年十一月　日
立批字人林志照
代字中人李得賜　筆
佳城永固

4-5-6-3　清光緒三十二年十一月林志照立批墳墓字

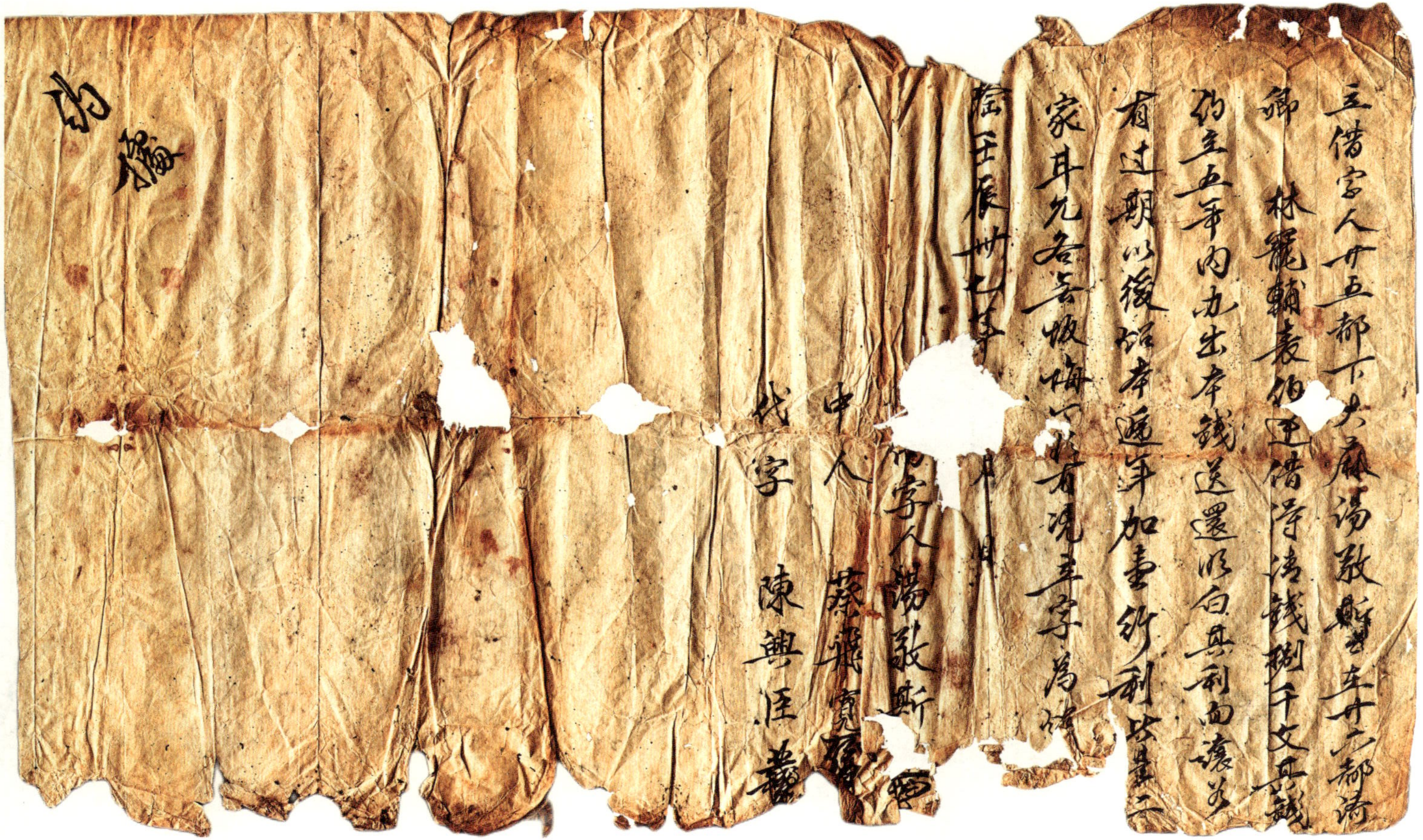
立借字人廿五都下大麻湯敬斯，今在廿六都請
歸 林寵輔表伯邊借得清錢捌千文正，其錢
約至五年內出本錢送還，明白無利，面議至
有過期以後，照本逐年加壹分利，此是二
家甘允，各無反悔，今欲有憑，立字為照。
隆壬辰卅七年 月 日
立借字人 湯敬斯
中人 蔡飛寬
代字 陳興臣

4-5-7-1　清乾隆三十七年□月湯敬斯立借錢字

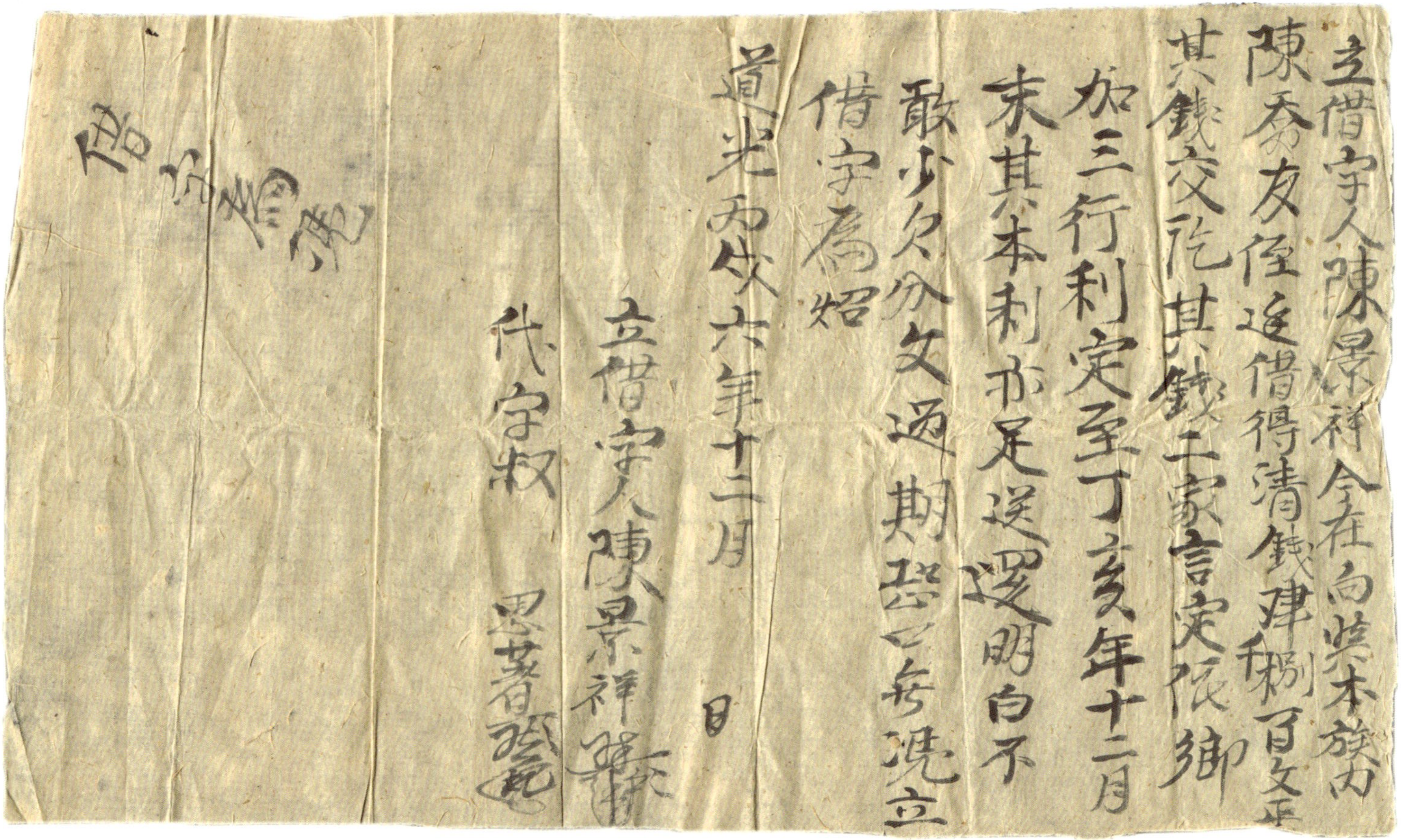
立借字人陳景祥今在向與本族內
陳秀友侄邊借得清錢肆千捌百文正
其錢交訖其錢二家言定限御
加三行利定至丁亥年十二月
末其本利亦足送還明白不
敢少欠分文過期恐口無憑立
借字為炤
道光丙戌六年十二月　日
立借字人陳景祥（押）
代字叔　思蓍（押）
借字壹紙

4-5-7-2　清道光六年十二月陳景祥立借錢字

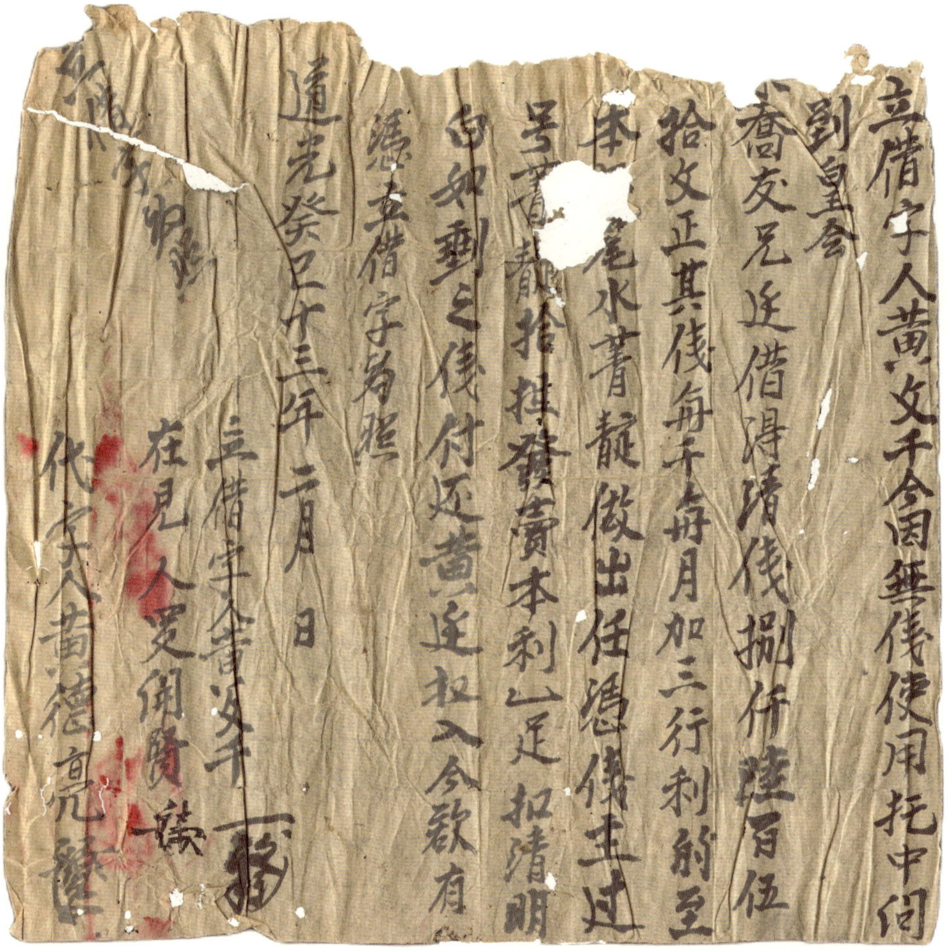

立借字人黄文千今因無錢使用托中向
到皇舍
喬交兄廷借得清錢捌仟陸百伍
拾文正其錢每千每月加三行利約至
本□尾水菁靛做出任憑錢主过
号□菁靛拾担發賣本利一足扣清明
白如到之錢付廷黄廷扣入今欲有
憑立借字為照
道光癸巳十三年二月　日
立借字人黄文千
在見人吳佃賢
代字人黄德亮

4-5-7-3　清道光十三年二月黄文千立借錢字

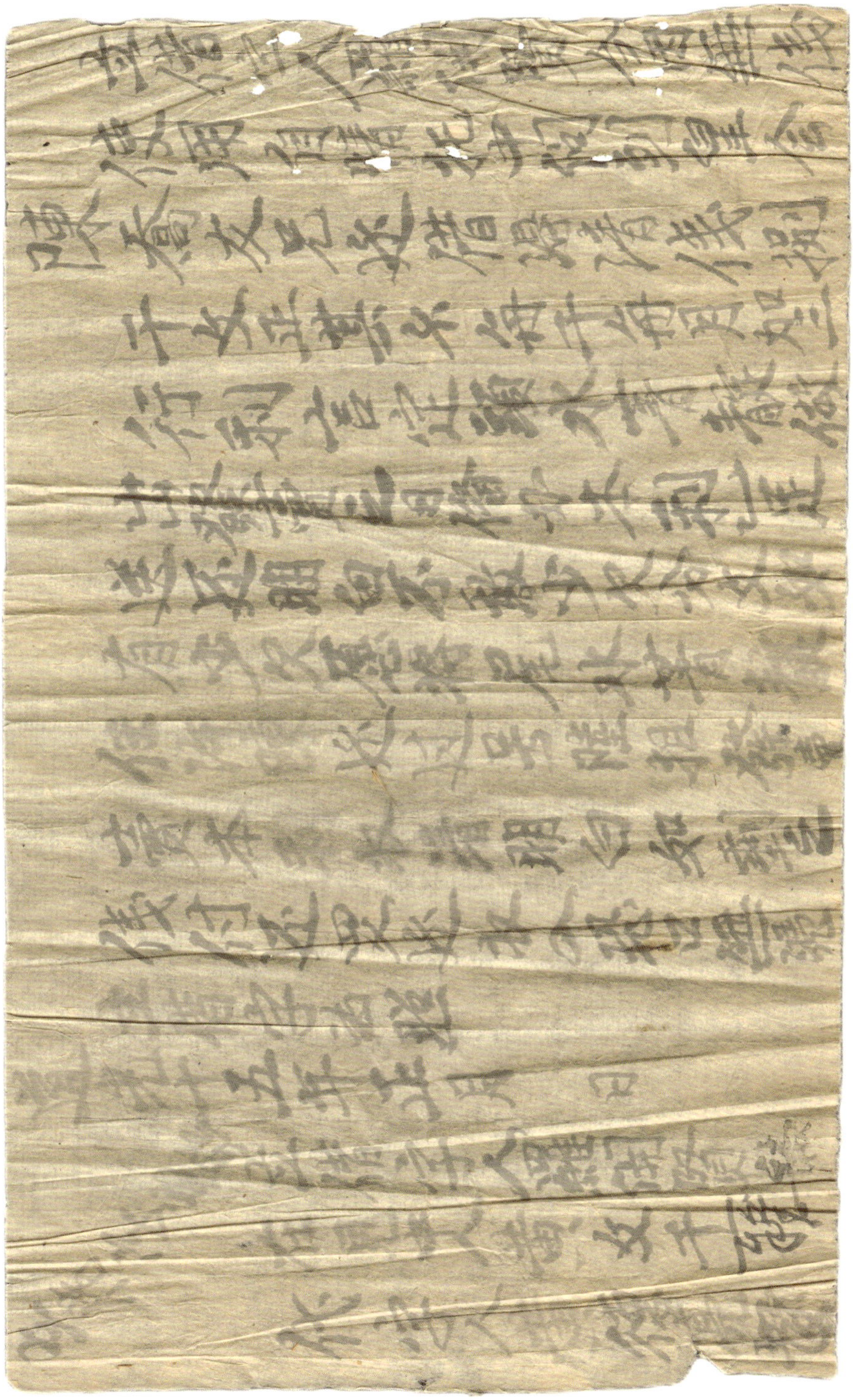

4-5-7-4　清道光十五年正月羅開賢立借錢字

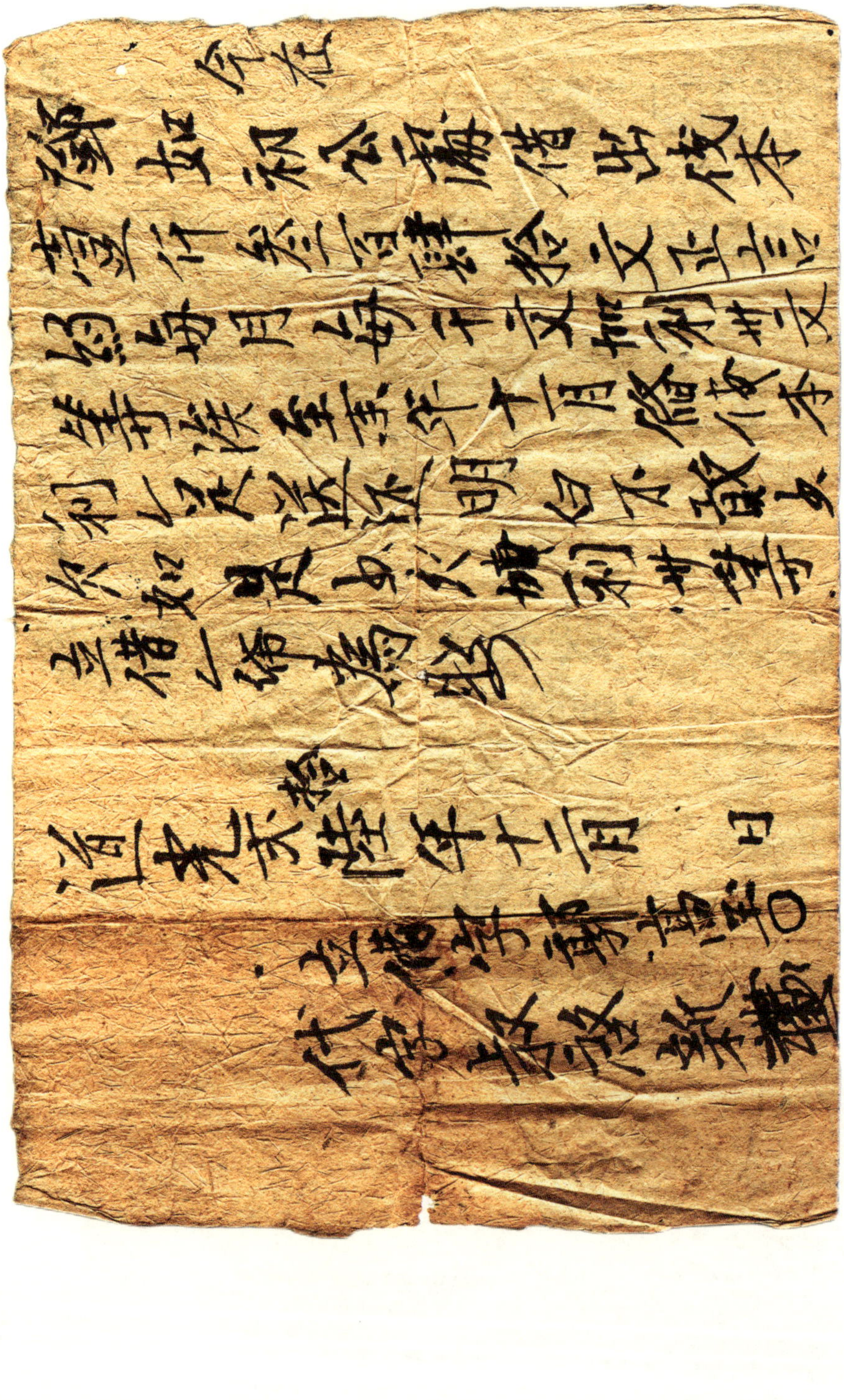

4-5-7-5　清道光二十六年十二月郭高玉立借錢字

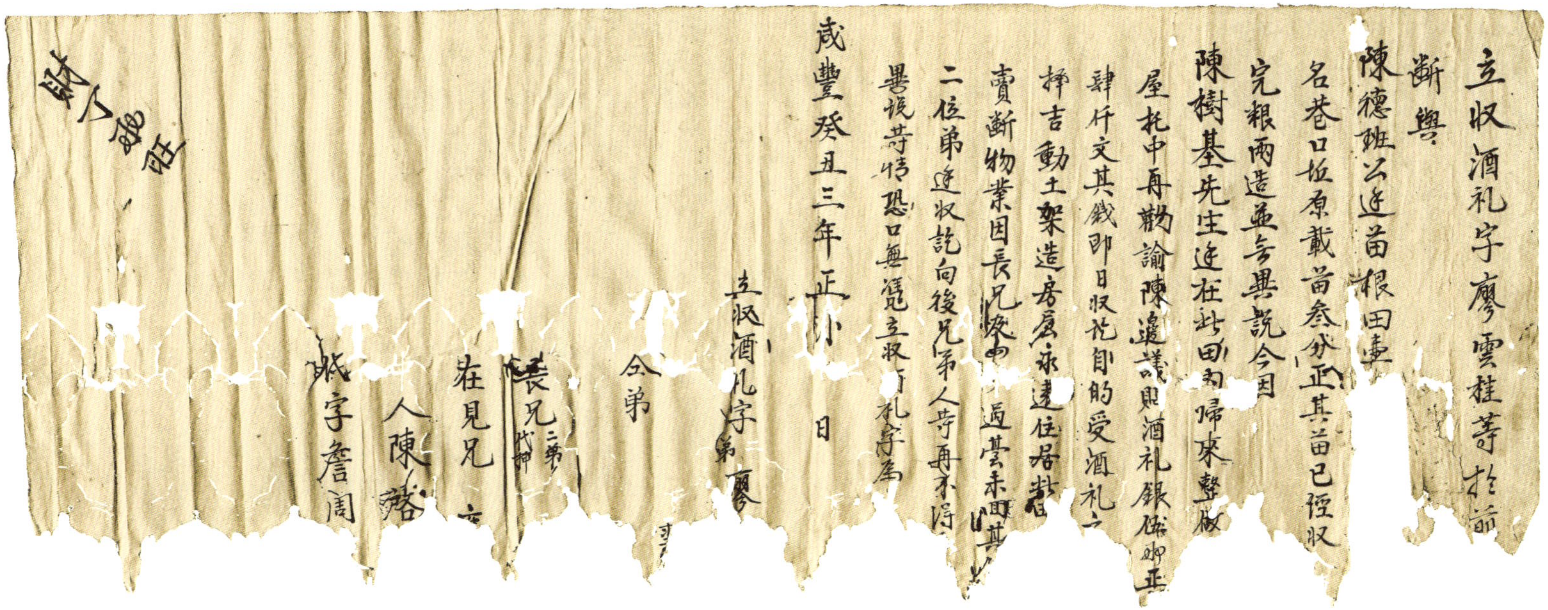

立收酒礼字廖雲桂壽於前
斷與
陳德班公這苗根田壹
名巷口坵原載苗叁分正其苗已經收
完根兩造並無異說今因
陳樹基先生這在此田內歸來整做
屋托中再勸諭陳邊議貼酒礼銀伍兩正
肆仟文其錢即日收訖自的受酒礼之
擇吉動土架造房屋永遠住居對
賣斷物業因長兄後由□過雲未田其
二位弟這收訖向後兄弟人等再不得
異說苛恃恐口無憑立收酒礼字為
咸豐癸丑三年正月　日
立收酒礼字弟廖
仝弟
長兄　二弟　代押
在見兄
人陳
代字詹周

4-5-8-1　清咸豐三年正月廖雲桂等立收酒禮字

圖書在版編目（CIP）數據

福建民間契約文書. 第四卷：1册／鄭振滿主編. --福州：福建人民出版社，2022.10
（八閩文庫. 專題彙編）
ISBN 978-7-211-08912-3

Ⅰ. ①福…　Ⅱ. ①鄭…　Ⅲ. ①契約—文書—彙編—福建　Ⅳ. ①D927.570.369

中國版本圖書館CIP數據核字（2022）第161539號

福建民間契約文書（第四卷）

主　　編：鄭振滿
編　　者：厦門大學民間歷史文獻研究中心
責任編輯：趙遠方　張輝蘭　宋一明
裝幀設計：張志偉
美術編輯：陳培亮
出版發行：福建人民出版社
電　　話：0591—87533169（發行部）
網　　址：http://www.fjpph.com
電子郵箱：fjpph7221@126.com
地　　址：福建省福州市東水路76號
經　　銷：福建新華發行（集團）有限責任公司
印刷裝訂：雅昌文化（集團）有限公司
地　　址：深圳市南山區深雲路19號
電　　話：0755—86083235
開　　本：787毫米×1092毫米 1/16
印　　張：28
版　　次：2022年10月第1版第1次印刷
書　　號：ISBN 978-7-211-08912-3
定　　價：600.00元（全1册）